高等职业技术教育建筑设备类专业规划教材

建筑水暖及空调设备安装

主　编　龚明树　陈　旭
副主编　贾琛霞　吴　琪

武汉理工大学出版社
·武　汉·

内 容 简 介

本书分为建筑水暖管道安装基本知识和室内水暖及空调系统安装施工工艺，主要介绍了管道工程基本知识，管材、管件及附件，管材加工及管道的连接，管道支、吊架及防腐、保温，室内给排水系统安装，消防系统安装，室外给排水管道安装，民用燃气系统安装，供热采暖系统安装，通风空调系统安装等内容。

本书可作为建筑设备类相关专业的教学用书，也可作为从事设备安装工程技术人员的参考用书。

图书在版编目(CIP)数据

建筑水暖及空调设备安装/龚明树，陈旭主编．—武汉：武汉理工大学出版社，2016.2
ISBN 978-7-5629-5031-8

Ⅰ．①建…　Ⅱ．①龚…　②陈…　Ⅲ．①房屋建筑设备-给排水系统-工程施工　②房屋建筑设备-采暖设备-工程施工　③房屋建筑设备-空气调节设备-工程施工　Ⅳ．①TU8

中国版本图书馆 CIP 数据核字(2016)第 022598 号

项目负责人：杨学忠　张淑芳
责任编辑：张淑芳
责任校对：张莉娟
封面设计：一　尘
出版发行：武汉理工大学出版社
地　　址：武汉市洪山区珞狮路 122 号
邮　　编：430070
网　　址：http：//www.wutp.com.cn
经　　销：各地新华书店
印　　刷：崇阳文昌印务股份有限公司
开　　本：787×1092　1/16
印　　张：23.5
字　　数：580 千字
版　　次：2016 年 2 月第 1 版
印　　次：2016 年 2 月第 1 次印刷
印　　数：3000 册
定　　价：46.00 元

高等职业技术教育建筑设备类专业规划教材
出 版 说 明

随着教学改革的不断深化和社会发展对人才的现实需求，根据教育部“高等职业教育应以服务为宗旨，以就业为导向，走产学研结合的发展道路”的办学方向和“要加强学生实践能力、技术运用能力的培养，充分反映新兴技术、新兴产业对技能培养的要求，满足经济结构战略性调整、技术结构优化升级和高科技产业迅速发展对人才培养的要求”的职业技术教育培养目标，以及职业技术教育“要逐步建立以能力培养为基础的、特色鲜明的专业教材和实训指导教材”的教材建设要求，武汉理工大学出版社经过广泛的调查研究，与全国20多所高等专科学校、高等职业技术学院的建筑设备和建筑电气工程技术方面的教育专家、学者共同探讨，于2007年组织编写了一套适应高等职业教育建筑设备相关专业人才培养和教学要求的、具有鲜明职业教育特色的实用性教材《高等职业技术教育建筑设备类专业规划教材》。

本套教材是根据教育部、住房和城乡建设部高职高专建筑设备类专业教学指导委员会制订的培养方案和各课程教学大纲组织编写的，具有如下特点：

(1)教材的编写坚持“以应用为目的，专业理论知识以必需、够用为度”的原则，着重培养学生从事工程设计、施工和管理等方面的专项能力，体现能力本位的教育思想。

(2)教材的理论体系、组织结构、编写方法，以突出实践性教学和使学生容易掌握为准则，同时全面体现本领域的新法规、新规范、新方法、新成果，与施工企业与机构的生产、工作实际紧密结合，力求达到学以致用的目的。

(3)本套教材努力使用和推广现代化教学手段，将分步组织编写、制作和出版与教材配套的案例、实训教材、模拟试题、教学大纲及电子教案。

本套教材出版后被多所院校长期使用，普遍反映内容质量良好，突出了职业教育注重能力培养的特点，符合当前职业教育的教学要求，其中多种教材被评为普通高等教育“十二五”住房和城乡建设部规划教材，《建筑给水排水工程》被评为“十二五”职业教育国家规划教材。

随着国家标准、技术规范的不断更新，近期我们也对本套教材进行了全面修订，以适应经济技术发展和职业教育对技能型应用人才培养的需要。

高等职业技术教育建筑设备类专业规划教材编委会

2015年1月

前　言

随着建筑水、暖、气及空调工程施工技术的发展，各种新材料、新设备、新技术、新工艺不断出现，加之高等职业技术教育人才培养新模式要求以能力为本位、以就业为导向，提出了以“零距离”为就业目标。因此，让建筑安装工程专业的高职学生能系统地掌握更多先进、适用的建筑水、暖、气及空调工程施工技术方面的知识，缩短学校和工作岗位之间的距离，是我们编写本书的主要目的。本书根据编者多年的工程实践经验和教学经验，沿着管道安装基本知识——管材、管件——水、暖、气及空调工程施工常用工具——水、暖、气及空调工程管道连接方法——各系统(给排水、消防、暖通、燃气、通风及空调)安装施工工艺这条主线，系统地介绍了建筑水、暖、气及空调工程施工过程中的基本知识，工程常用管材、管件的加工和连接方法，安装过程中常用工具设备，以及各系统管道和设备的安装施工工艺等。本书重视理论与实践的结合，着重培养学生的实际操作能力和工程管理能力；保持内容的系统性和实用性，充分体现学以致用；重点介绍本专业的新工艺、新技术、新材料、新设备，贯彻新规范、新标准。

本书依照工程的实施程序编写，内容丰富而不杂乱，适用而不落后。在编写过程中突出了如下特点：

(1)认真贯彻现行国家标准及相关强制性文件；

(2)在每个系统的安装工艺中既有技术内容又有管理内容；

(3)施工技术力求准确到位，可操作性强；

(4)每个系统的安装工艺中都加入了安全环保措施，符合现代建筑业发展的需求；

(5)通过大量数据、文字、图表形式对工艺流程进行详尽描述，具有很强的现场指导性；

(6)在针对施工技术进行指导的过程中，融入工程管理知识，符合现代高职教育的培养目标，即培养适应生产和管理一线需要，运用所学专业技术和管理知识进行现场施工与技术管理的应用型人才，体现现代高职教育的特色。

本书为高职高专建筑设备安装类专业教材，同时可作为从事建筑水、暖、气及空调工程施工安装专业技术人员的培训教材和参考资料。

本书由成都航空职业技术学院龚明树、四川建筑职业技术学院陈旭担任主编，四川建筑职业技术学院贾琛霞、周口科技学院吴琪担任副主编。具体编写分工为：第1、6、7章由龚明树编写；第2、3、4章分别由四川建筑职业技术学院梁建莉、孙园园、赵莹编写；第5章由陈旭编写；第8章由吴琪编写；第9章由成都航空职业技术学院霍海娥编写；第10章由四川建筑职业技术学院贾琛霞编写。

本书在编写过程中得到了相关建筑设计院、施工单位、建筑工程管理部门以及各兄弟院校专家学者的大力支持，尤其是四川省第三建筑工程公司安装分公司禹建设高级工程师和四川省工业设备安装公司退休干部、四川省安装协会常务副秘书长、中国安装协会管道专业委员会委员张志贤高级工程师为本书编写提出了许多宝贵意见。在此表示衷心的感谢。

由于编者水平有限，加之编写时间仓促，书中难免有不足或疏漏之处，敬请广大读者和同行专家批评指正。

本书配有电子课件，选用本教材的老师可拨打 13971389897 索取。

编　者
2015年10月

前言

目　录

第一部分　建筑水暖管道安装基本知识

第二部分　室内水暖及空调系统安装施工工艺

第一部分　建筑水暖管道安装基本知识

1　管道工程基本知识

知识目标

本章主要包括：管道公称直径、公称压力、试验压力、工作压力等基本概念以及它们之间的关系；管道的分类及组成；水暖工程中常用的专业术语。

能力目标

通过本章学习，应着重培养以下能力：

1. 认识和了解管道基本知识；

2. 形成对管道通用标准的应用能力；

3. 培养对专业术语的规范化应用能力。

1.1　公称直径、公称压力、试验压力及工作压力

1.1.1　公称直径

公称直径是管子及其附件工程标准化的主要内容，是国家为保证管子及其附件的通用性和互换性而制定的通用标准。管子、管件和管路附件的公称直径(也叫公称通径或名义直径)既不是实际的内径，也不是实际的外径，它的主要作用是使管子及其附件相互连接时具有普遍的通用性。所以，无论管子的实际外径(或内径)多大，只要公称直径相同就能相互连接，并且有互换性。

公称直径用“DN”表示，如 $DN100$ 表示公称直径为 100mm。

我国现行的管子及其附件的公称通径示例见表 1.1。此外，在工程中，无缝钢管常用外径 ϕ 加壁厚 δ 表示，如 $\phi200\times4.5$ 表示外径为 200mm，壁厚为 4.5mm 的管子；塑料管常用 $d_n\times e_n$(外径×壁厚)或者用 d_e(公称外径)×e(壁厚)表示。

表 1.1 管子及其附件的公称通径

	公称通径							
DN	8	40	150	350	800	1400	2400	3600
	10	50	175	400	900	1500	2600	3800
	15	65	200	450	1000	1600	2800	4000
	20	80	225	500	1100	1800	3000	
	25	100	250	600	1200	2000	3200	
	32	125	300	700	1300	2200	3400	

1.1.2 公称压力

用各种材料制成的管子、管件和附件制品在管路中所能承受的压力是受温度影响的,不同材料的耐压强度各不相同,一般同一材料的耐压强度随着介质温度的升高而逐渐降低。为了判断和识别制品的耐压强度,必须选定某一温度为基准,该温度称为"基准温度"。制品在基准温度下的耐压强度称为"公称压力"。制品的材质不同,其基准温度也不同。一般碳素钢制品的基准温度取 200℃。

公称压力用符号"PN"表示,符号后的数值表示公称压力值,单位为 MPa(通常不写出)。例如,PN1.0 表示公称压力为 1.0MPa。

1.1.3 试验压力

试验压力通常是指制品在常温下的耐压强度,是用来检验管子及其附件的机械强度和气密性的压力标准。管子、管件和附件等制品,在出厂之前以及管道工程竣工之后,均应进行压力试验,以检查其强度和气密性。

试验压力用"P_s"表示,符号后的数值表示试验压力值,单位为 MPa(通常不写出)。例如,P_s1.5 表示试验压力为 1.5MPa。

1.1.4 工作压力

工作压力是指管道内给定温度下流体介质的实际压力,或称操作压力。由于管材的机械强度会随介质温度的升高而降低,所以当管道内的介质温度不同时,管道所承受的压力也不同。工程上通常按照制品的最高耐温界限把工作温度划分成若干等级,并计算出每一工作温度等级下的最大允许工作压力。例如,碳素钢制品通常划分为 7 个工作温度等级,见表 1.2。

表 1.2 碳素钢制品的工作温度等级

温度等级	温度范围(℃)	温度等级	温度范围(℃)
1	0～200	5	351～400
2	201～250	6	401～425
3	251～300	7	426～450
4	301～350		

工作压力用符号“P_t”表示，t 为介质最高温度值 1/10 的整数倍，符号后的数值表示工作压力值，单位为 MPa（通常不写出）。例如，P_{25} 表示在介质最高温度为 250℃时的允许工作压力。

1.1.5　公称压力、试验压力和工作压力的关系

试验压力、公称压力与工作压力之间的关系为 $P_s \geqslant PN \geqslant P_t$。

大多数情况下，制品在标准状态下的耐压强度接近于常温下的耐压强度，故公称压力十分接近常温材料的耐压强度。一般情况下，在工程中可根据系统所输送介质的参数（压力大小），按公称压力直接选择管子及其附件，无须再进行强度计算。当介质温度大于 200℃时，管子及其附件的选择应考虑因温度升高而引起的强度降低。

碳素钢制品的公称压力、试验压力与某温度下的允许工作压力 P_t 的关系见表 1.3（表中的试验压力只针对材料而不适用于管道系统。各种管道系统的试验压力标准见有关的验收规范）。

表 1.3　碳素钢制品的公称压力、试验压力与某温度下的允许工作压力　（单位：MPa）

公称压力 PN	试验压力（低于 100℃的水）P_s	介质工作温度（℃）						
		≤200	250	300	350	400	425	450
		某温度下的允许工作压力 P_t						
		P_{20}	P_{25}	P_{30}	P_{35}	P_{40}	P_{42}	P_{45}
0.10	0.20	0.10	0.10	0.10	0.07	0.06	0.06	0.05
0.25	0.40	0.25	0.23	0.20	0.18	0.16	0.14	0.11
0.40	0.60	0.40	0.37	0.33	0.29	0.26	0.23	0.18
0.60	0.90	0.60	0.55	0.50	0.44	0.38	0.35	0.27
1.00	1.50	1.00	0.92	0.82	0.73	0.64	0.58	0.45
1.60	2.40	1.60	1.50	1.30	1.20	1.00	0.90	0.70
2.50	3.80	2.50	2.30	2.00	1.80	1.60	1.40	1.10
4.00	6.00	4.00	3.70	3.30	3.00	2.80	2.30	1.80
6.40	9.60	6.40	5.90	5.20	4.30	4.10	3.70	2.90
10.00	15.00	10.00	9.20	8.20	7.30	6.40	5.80	4.50

1.2　管道的分类及组成

1.2.1　管道的分类

管道的种类很多，根据对象的不同有各种不同的分类方法，与建筑工程、水暖工程施工工艺有关的分类方法有以下几种：

1.2.1.1　按管道的服务对象分类

按管道的服务对象可分为工业管道和水暖管道两大类。

工业管道是为工业生产服务的，为生产输送各种介质，一般与生产设备相连接，如输送氧气、氮气、煤气、压缩空气等介质的管道。工业管道又可分为直接为产品生产输送主要物料的工艺管道和为生产设备输送动力媒介物的动力管道。前者如酱油厂输送豆饼颗粒的管道；后者如压缩空气管道、蒸汽管道等。

水暖管道是为生活服务的，通常又称为暖卫管道，如给排水管道、采暖管道以及为改变生活和劳动卫生条件而设的通风管道等。

1.2.1.2 按管道输送的介质压力分类

1. 工业管道

工业管道一般分为以下四级：

(1)低压管道 $PN \leqslant 2.5$MPa。

(2)中压管道 PN 为 4.0～6.4MPa。

(3)高压管道 PN 为 10～100MPa。

(4)超高压管道 $PN > 100$MPa。

2. 水暖管道

水暖管道属于低压管道，$PN < 2.5$MPa。

3. 几种特定介质的管道

(1)压缩空气管道

按工作压力一般分为三级：

①低压管道 $PN < 2.5$MPa。

②中压管道 PN 为 2.5～10MPa。

③高压管道 $PN > 10$MPa。

(2)乙炔管道

按工作压力一般分为三级：

①低压管道 $PN < 0.007$MPa。

②中压管道 PN 为 0.007～0.15MPa。

③高压管道 $PN > 0.15$MPa。

(3)燃气管道

按工作压力一般分为五级：

①低压管道 $PN \leqslant 0.005$MPa。

②中压管道 PN 为 0.005～0.15MPa。

③次高压管道 PN 为 0.15～0.3MPa。

④高压管道 PN 为 0.3～0.8MPa。

⑤超高压管道 PN 为 0.8～1.2MPa。

(4)热力管道

热力管道包括蒸汽管道和热水管道。按工作压力一般分为三级：

①低压管道 蒸汽管道 $PN \leqslant 2.5$MPa，热力管道 $PN \leqslant 4.0$MPa。

②中压管道 蒸汽管道 PN 为 2.6～6.0MPa，热力管道 PN 为 4.1～9.9MPa。

③高压管道 蒸汽管道 PN 为 6.1～10MPa，热力管道 PN 为 10～18.4MPa。

1.2.1.3 按介质温度分类

按管道所输送介质的工作温度不同分为四级：

(1)常温管道 管内介质温度为－40～120℃。

(2)低温管道 管内介质温度在－40℃以下。

(3)中温管道 管内介质温度为121～450℃。

(4)高温管道　管内介质温度超过450℃。

1.2.1.4　按介质的性质分类

(1)水汽介质管道

输送介质为冷水、热水或饱和水蒸气、过热水蒸气的管道,如自来水管道、蒸汽和热水采暖管道等。

(2)腐蚀性介质管道

输送的介质为腐蚀性介质或介质中含有腐蚀性物质的管道。常见的腐蚀性介质有硫酸、硝酸、盐酸、烧碱以及氯化物、硫化物等。工程中,常根据介质对材料的腐蚀速度不同,将介质分为以下三类:

①低腐蚀性介质　对碳素钢材料的腐蚀速度小于或等于0.1mm/a。

②中腐蚀性介质　对碳素钢材料的腐蚀速度为0.1～1.0mm/a。

③高(强)腐蚀性介质　对碳素钢材料的腐蚀速度大于1.0mm/a。

(3)化学危险品介质管道

输送的介质属于化学危险品(易燃、易爆或有毒)的管道,如输送煤气、氢气、乙炔、甲醇、天然气等的管道。

(4)易凝固、易沉淀的介质管道

管道内输送的介质在输送途中由于散热、温度下降等原因而导致其黏度增加甚至凝固,例如输送原油的管道。

而另一些介质在输送的过程中由于温度降低或本身特性等原因将产生结晶沉淀物,如尿素溶液在输送过程中容易析出结晶沉淀物。

当采用管道输送易凝固、易结晶沉淀的介质时,必须保证管道内的介质温度不低于凝固温度或结晶温度。为此,常用做法是采用管外保温或设蒸汽伴热管。

1.2.2　管道的组成

管道又称管路,通常由管子、管道附件和连接配件组成。

管道附件是指附属于管路的部分,如各种阀门、水龙头等。

连接配件是指用于管路连接的配件。它又分为管件和连接件(紧固件)两部分,前者如三通、四通、弯头、大小头、补心等,后者如法兰、螺栓、螺母、垫片等。

1.3　水暖工程术语

(1)给水系统(water supply system)

通过管道及辅助设备,按照建筑物和用户的生产、生活和消防的需要,将水有组织地输送到用水地点的网络。

(2)排水系统(drainage system)

通过管道及辅助设备,把屋面雨水及生活和生产过程中所产生的污水、废水及时排放出去的网络。

(3)热水供应系统(hot water supply system)

为满足人们在生活和生产过程中对水温的某些特定要求而由管道及辅助设备组成的输送

热水的网络。

(4)卫生器具(sanitary fixtures)

用来满足人们日常生活中各种卫生要求,收集和排放生活及生产中的污水、废水的设备。

(5)给水配件(water supply fittings)

在给水和热水供应系统中,用以调节、分配水量和水压,关断和改变水流方向的各种管件、阀门和水嘴的统称。

(6)建筑中水系统(intermediate water system of buildings)

以建筑物的冷却水、淋浴排水、盥洗排水、洗衣排水等为水源,经过物理、化学方法的工艺处理,用于厕所冲洗便器、绿化、洗车、道路浇洒、空调冷却及水景等的供水系统称为建筑中水系统。

(7)辅助设备(auxiliaries)

建筑给水、排水及采暖系统中,为满足用户的各种使用功能和提高运行质量而设置的各种设备。

(8)试验压力(test pressure)

对管道、容器或设备进行耐压强度和气密性试验规定所要达到的压力。

(9)额定工作压力(rated working pressure)

指锅炉及压力容器出厂时所标定的最高允许工作压力。

(10)管道配件(pipe fittings)

管道与管道或管道与设备连接用的各种零、配件的统称。

(11)固定支架(fixed trestle)

限制管道在支撑点处发生径向和轴向位移的管道支架。

(12)活动支架(movable trestle)

允许管道在支撑点处发生轴向位移的管道支架。

(13)整装锅炉(integrative boiler)

按照运输条件所允许的范围,在制造厂内完成总装整台发运的锅炉,也称快装锅炉。

(14)非承压锅炉(boiler without bearing)

以水为介质,锅炉本体有规定水位且运行中直接与大气相通,使用中始终与大气压强相等的固定式锅炉。

(15)安全附件(safety accessory)

为保证锅炉及压力容器安全运行而必须设置的附属仪表、阀门及控制装置。

(16)静置设备(still equipment)

在系统运行时,自身不作任何运动的设备,如水箱及各种罐类。

(17)分户热计量(household-based heat metering)

以住户的户(套)为单位,分别计量向户内供给的热量的计量方式。

(18)热计量装置(heat metering device)

用以测量热媒的供热量的成套仪表及构件。

(19)卡套式连接(compression joint)

由带锁紧螺帽和丝扣管件组成的专用接头(卡套、卡箍)而进行管道连接的一种连接形式。

(20)防火套管(fire-resisting sleeves)

由耐火材料和阻燃剂制成的，套在硬塑料排水管外壁可阻止火势沿套管贯穿部位蔓延的短管。

(21)阻火圈(firestops collar)

由阻燃膨胀剂制成的，套在硬塑料排水管外壁可在发生火灾时将管道封堵，防止火势蔓延的套圈。

(22)低温热水地板辐射供暖

以不高于60℃的热水作热媒，将加热管埋设在地板中的低温辐射采暖。

(23)聚丁烯管

以聚丁烯-1树脂添加适量助剂，经挤出成型的热塑性管材，通常以PB标记。

(24)交联聚乙烯管

以密度大于或等于0.94g/cm^{3}的聚乙烯或乙烯共聚物，添加适量助剂，通过化学或物理的方法使其线型的大分子交联成三维网状的大分子结构，由此种材料制成的管材，通常以PE-X标记。

(25)无规共聚聚丙烯管

以丙烯和适量乙烯的无规共聚物，添加适量助剂，经挤出成型的热塑性管材，通常以PP-R标记。

(26)交联铝塑复合管

内层和外层为密度大于或等于0.94g/cm^{3}的聚乙烯或乙烯共聚物，中间层为增强铝管，层间用热熔胶紧密粘合为一体的管材。当用作地板辐射采暖的加热管时，内、外层均应为交联聚乙烯，通常以XPAP标记。

(27)城镇燃气(city gas)

从城市、乡镇或居民点中的地区性气源点，通过输配系统供给居民生活、商业活动、工业企业生产、采暖通风和空调等各类用户，且符合燃气质量要求的可燃气体。城镇燃气一般包括天然气、液化石油气和人工煤气。

(28)调压装置(regulator device)

将较高燃气压力降至所需的较低压力的调压单元的总称，包括调压器及其附属设备。

(29)调压箱(调压柜)(regulator box)

将调压装置放置于专用箱体，设于用气建筑物附近，承担用气压力的调节，包括调压装置和箱体。悬挂式和地下式箱称为调压箱，落地式箱称为调压柜。

思考与练习

1.1 管道可分为哪几种？

1.2 管道由哪几部分组成？

1.3 什么是管道的公称直径？用什么符号表示？

1.4 什么是管道的公称压力？用什么符号表示？

1.5 什么是管道的工作压力？用什么符号表示？

1.6 什么是管道的试验压力？用什么符号表示？

1.7 公称压力、工作压力、试验压力之间的关系如何？

2　管材、管件及附件

知识目标

本章主要包括：焊接钢管的种类及其适用标准，焊接钢管常用管件的规格；无缝钢管的种类及适用标准，无缝钢管常用管件的规格；铸铁管（给水铸铁管、排水铸铁管）及其管件；常用非金属管材及管件；常用复合管材及管件；阀门的类型及表示方法，常用阀门的结构形式、分类及常用阀门的安装技术要求。

能力目标

通过本章学习，应着重培养以下能力：

1. 掌握建筑水、暖、气及空调设备安装常用管材分类；
2. 能够正确识别各种管材及管件，并能灵活应用；
3. 熟悉常用阀门的种类、表示方法、结构、原理及适用范围；
4. 了解常用阀门的安装技术要求并能灵活应用。

2.1　常用金属管材及管件

金属管材根据制造工艺和材料不同有很多种类。按所用材料不同可分为黑色金属和有色金属；按制造方法可分为无缝钢管、有缝钢管和铸造管。在建筑管道中，常见的金属管材有钢管、铸铁管、铜管等。

2.1.1　钢管及其管件

钢管具有强度高、耐振动、质量较轻、长度大、接头少、管壁光滑、水力条件好等特点，在给水、采暖、供热、燃气、压缩空气等管道中得到了广泛的应用。常用的钢管有焊接钢管和无缝钢管。

2.1.1.1　焊接钢管及其管件

1. 管材

(1)管材的分类

①按生产工艺分，有低压流体输送用焊接钢管、直缝卷制电焊钢管、螺旋缝焊接钢管。

a. 低压流体输送用焊接钢管　由碳素软钢制造，常用公称直径范围为 $DN15 \sim DN80$，是管道工程中最常用的一种小直径的管材，适用于输送水、燃气、蒸气等介质；

b. 直缝卷制电焊钢管　可分为电焊钢管[其纵向有一条缝，有的缝迹很明显，有的则不太明显，其特征如图 2.1(*a*)所示]和现场用钢板分块卷制焊成的直缝卷焊钢管[图 2.1(*b*)]；

c. 螺旋缝焊接钢管　分为自动埋弧焊接钢管和高频焊接钢管两种，属于卷板钢管的一种，其特征如图 2.2 所示。

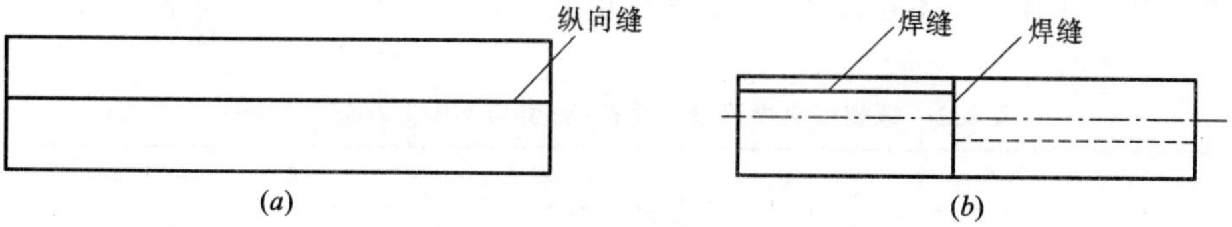

图 2.1 直缝卷制电焊钢管的特征

(a)电焊钢管;(b)直缝卷焊钢管

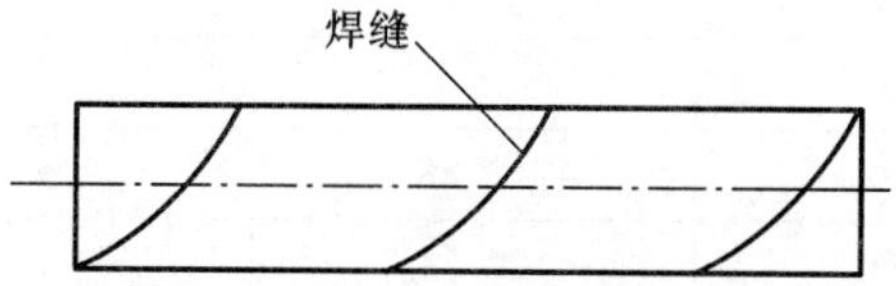

图 2.2 螺旋缝焊接钢管的特征

②按表层是否镀锌可分为镀锌钢管(又称白铁管)和不镀锌钢管(即黑铁管)。

③按壁厚分为一般管和加厚管等。

(2)管材常用规格

管材常用规格见表 2.1、表 2.2、表 2.3。

表 2.1 低压流体输送用焊接钢管规格(引自 GB/T 3091—2008)

DN (mm)	*DN* (in)	外径 *D* (mm)	普通管		加厚管		每米管分配的管接头质量(以每 6m 1 个管接头计算)(kg)
			壁厚 (mm)	理论质量 ($kg \cdot m^{-1}$)	壁厚 (mm)	理论质量 ($kg \cdot m^{-1}$)	
8	$\frac{1}{4}$	13.5	2.25	0.62	2.75	0.73	
10	$\frac{3}{8}$	17	2.25	0.82	2.75	0.97	
15	$\frac{1}{2}$	21.3	2.75	1.26	3.25	1.45	0.01
20	$\frac{3}{4}$	26.8	2.75	1.63	3.50	2.01	0.02
25	1	33.5	3.25	2.42	4.00	2.91	0.03
32	$1\frac{1}{4}$	42.3	3.25	3.13	4.00	3.78	0.04
40	$1\frac{1}{2}$	48	3.50	3.84	4.25	4.58	0.06
50	2	60	3.50	4.88	4.50	6.16	0.09
65	$2\frac{1}{2}$	75.5	3.75	6.64	4.50	7.88	0.13
80	3	88.5	4.00	8.34	4.75	9.81	0.2
100	4	114	4.00	10.85	5.00	13.44	0.4
125	5	140	4.50	15.04	5.50	18.24	0.6
150	6	165	4.50	17.81	5.50	21.63	0.8

(3)适用范围

直缝卷制电焊钢管适用于工作压力小于或等于 1.6MPa,工作温度不超过 200℃的气、水等介质管道,例如燃气、水泵房(水泵配管)等管道系统;螺旋缝焊接钢管适用于工作压力小于或等于1.6MPa,工作温度不超过200℃的管径较大的管路系统,例如室外燃气、凝结水、输油等管道。

表2.2 螺旋缝电焊钢管常用规格(引自GB/T 2653—2008)

外径 D(mm)	壁厚(mm)			
	7	8	9	10
	理论质量(kg·m⁻¹)			
219	36.60			
245	41.09			
273	45.92	52.28		
325	54.90	62.54		
377	63.87		81.67	
426	72.33	82.47	92.55	
478	81.31	92.73	104.07	
529	90.11	102.90	115.40	
630	107.50	122.70	137.80	
720	123.50	140.50	157.80	175.10

表2.3 直缝卷制电焊钢管常用规格(引自GB/T 246—2007)

外径 D(mm)	壁厚(mm)					
	6	7	8	9	10	12
	质量(kg·m⁻¹)					
219	31.51					
245		41.09				
273	39.50		52.30			
325	47.20		62.60			
377	54.90			81.60		
426	62.10			92.60		
480	70.14			104.50		
530	77.30			115.60		
630				137.80	152.90	
720				157.80	175.09	
820				180.00	199.75	
920				202.20	224.41	
1020				224.40	249.07	
1220					298.39	357.47

2. 管件

焊接钢管用管件种类比较多，常用的有以下几种(图 2.3)：

(1)管接头　用于公称直径相同的管子的连接。

(2)活接头　用于需要拆装处的两根公称直径相同的管子的连接。

(3)弯头　分为等径和异径弯头两种，弯头的角度一般为 90°和 45°两种。

(4)三通　分为等径与异径三通两种，用于直管上接出支管。

(5)四通　分为等径和异径四通两种，用于连接四根垂直相交的管子。

(6)大小头　又叫异径管，用于连接两根公称直径不同的管子。

(7)内外螺纹管接头　其作用与大小头相同。

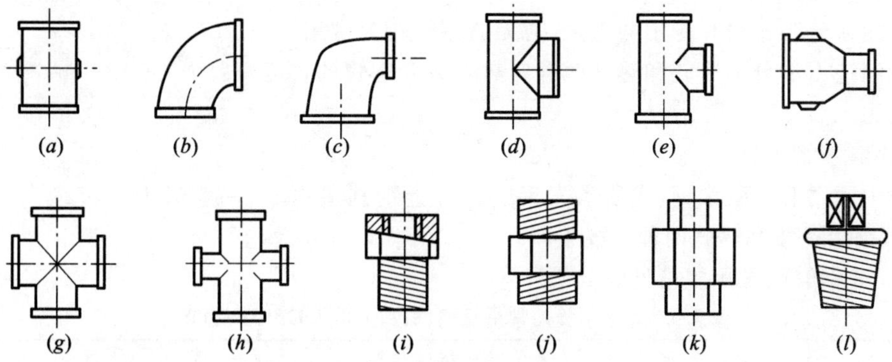

图 2.3　焊接钢管用管件

(a)管接头；(b)90°弯头；(c)异径弯头；(d)等径三通；(e)异径三通；(f)异径管；

(g)等径四通；(h)异径四通；(i)内外螺纹管接头；(j)外接头；(k)活接头；(l)管塞

(8)外接头　又叫双头外螺丝，用于连接两个公称直径相同的内螺纹管件或阀门。

(9)管塞　用于堵塞管路，常与管接头、弯头、三通等内螺纹管件配合使用。

(10)其他管件

①焊接异径管，又称焊接大小头，分为同心与偏心大小头两种，如图 2.4(c)、(d)所示。

②焊接弯头，又叫虾米腰，弯头的角度分为 90°和 45°两种，如图 2.5 所示。

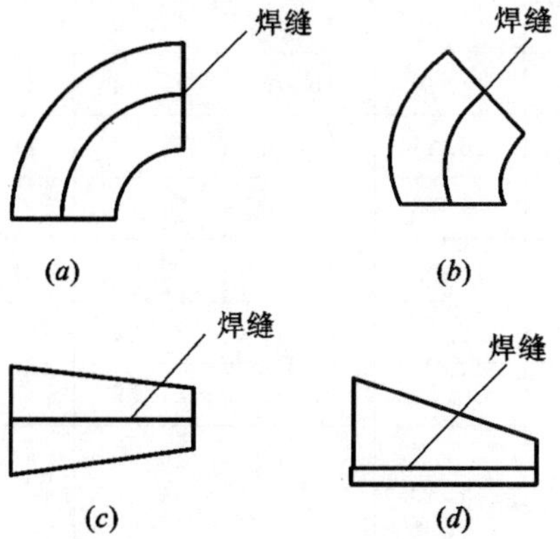

图 2.4　有缝冲压弯头及有缝异径管

(a)90°弯头；(b)45°弯头；

(c)同心异径管；(d)偏心异径管

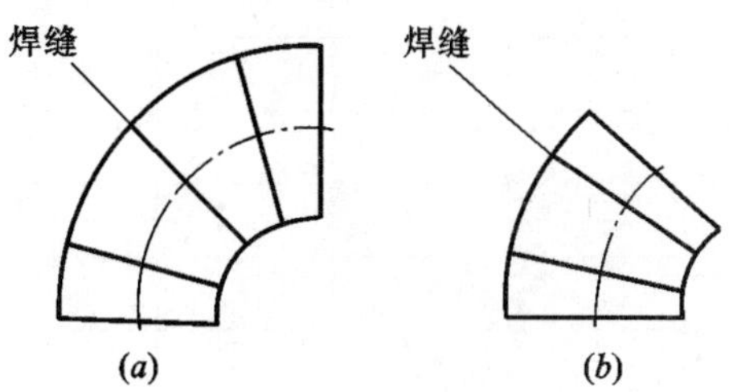

图 2.5　焊接弯头

(a)90°弯头；(b)45°弯头

3.管材、管件的规格表示

①低压流体输送用焊接钢管及管件的规格，以公称直径表示。例如白铁管的直径是25mm，表示为*DN*25。

②螺旋缝电焊钢管及其管件的规格，以“外径×壁厚”表示。例如螺旋缝电焊钢管的外径为273mm，壁厚7mm，表示为*D*273×7。

③直缝卷制电焊钢管及其管件的规格表示与螺旋缝电焊钢管的表示方法相同。例如，直缝电焊钢管的外径是377mm，壁厚是9mm，表示为*D*377×9。

2.1.1.2 无缝钢管及其管件

1.管材

(1)管材的分类

①按用途分为普通和专用两种，普通无缝钢管较为常用。

②按制造方法分为冷轧和热轧两种。热轧无缝钢管的长度一般为4～12.5m，冷拔无缝钢管的长度为1.5～7m。

(2)无缝钢管的材质

无缝钢管由普通碳素钢、优质碳素钢或低合金钢制造而成，一般以10号、20号、35号及45号低碳钢用冷拔和热轧两种方式生产。

(3)无缝钢管的常用规格见表2.4。

表2.4 无缝钢管的常用规格(引自GB/T 17395—2008)

外径 *D* (mm)	壁厚(mm)								
	2.5	3.0	3.5	4.0	4.5	5.0	6.0	7.0	8.0
	理论质量(kg·m^{-1})								
57	3.36	4.00	4.62	5.23	5.83	6.41	7.55	8.63	9.67
60	3.55	4.22	4.88	5.52	6.16	6.78	7.99	9.15	10.26
73	4.35	5.18	6.00	6.81	7.60	8.38	9.91	11.39	12.82
76	4.35	5.40	6.26	7.10	7.93	8.75	10.36	11.91	13.12
89	5.33	6.36	7.38	8.38	9.38	10.36	12.28	14.16	15.98
102	6.13	7.32	8.50	9.67	10.82	11.96	14.21	16.40	18.55
108	6.50	7.77	9.02	10.26	11.49	12.70	15.09	17.44	19.73
114				10.48	12.15	13.44	15.98	18.47	20.91
133				12.73	14.26	15.78	18.79	21.75	24.66
140				13.42	15.04	16.65	19.83	22.96	26.04
159					17.15	18.99	22.64	26.24	29.79
168						20.10	23.97	27.79	31.57
219							31.52	36.60	41.63
245								41.09	46.76
273								45.92	52.28

(4)无缝钢管的适用场所

无缝钢管适用于高层建筑高压供热系统的热、冷水管。一般气压在0.6MPa以上的管路都采用无缝钢管,例如氧气、乙炔、室外蒸汽管道。

2.管件

无缝钢管所用管件的种类不多,常用的有以下两种:

(1)无缝冲压弯头　通常分为90°和45°两种角度的弯头,其材质一般与相应无缝钢管的材质相同,如图2.6(*a*)、(*b*)所示。

(2)无缝异径管　无缝异径管也称为无缝大小头,分为同心和偏心大小头两种。其材质一般与相应无缝钢管的材质相同,如图2.6(*c*)、(*d*)所示。

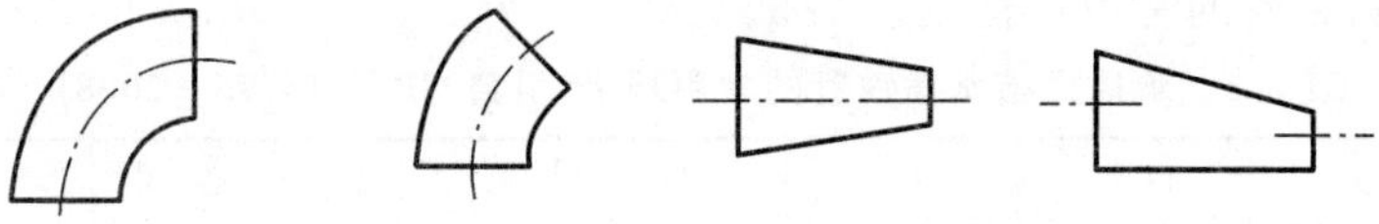

(*a*)　(*b*)　(*c*)　(*d*)

图2.6　无缝冲压弯头及无缝异径管

(*a*)90°弯头;(*b*)45°弯头;(*c*)同心异径管;(*d*)偏心异径管

3.管材、管件的规格表示

无缝钢管在同一外径下往往有几种壁厚,所以这种管材(管件)的规格一般不用公称直径表示,而以实际的外径乘以实际的壁厚来表示,通常以符号"外径×壁厚"表示。例如,无缝钢管的外径是57mm,壁厚4mm,表示为$D57\times4$。

2.1.2　铸铁管及其管件

铸铁是含碳量大于2.11%的铁碳合金,具有耐腐蚀、减震、耐磨等性能,广泛用于建筑管道工程。

铸铁管是采用铸造生铁以离心浇铸法或砂型法铸造而成。由于铸铁管焊接、套螺纹、摵弯等加工困难,因此,它采用承插口及法兰连接两种方式。

建筑管道用铸铁管主要有给水铸铁管和排水铸铁管两种。

2.1.2.1　给水铸铁管及其管件

给水铸铁管的耐腐蚀性比钢管好,既适宜埋地敷设,也适合明装敷设。室外给水铸铁管常用砂型离心铸铁管,使用时应根据给水的相应压力选择管材和管件。

1.管材

(1)管材的材质

给水铸铁管通常用灰口铸铁或球墨铸铁浇铸而成,出厂前内外表面涂防锈沥青漆(有的在管内壁搪一层水泥)。

(2)管材的分类

①按接口形式可分为承插式和法兰式两种。其中,常用的是承插式,如图2.7所示。承插接口还可以细分为柔性接口和刚性接口。

②按压力分为高压给水铸铁管(工作压力为1MPa)、中压给水铸铁管(工作压力为0.75MPa)、低压给水铸铁管(工作压力为0.45MPa)三种。其中使用较多的是高压给水铸铁管。

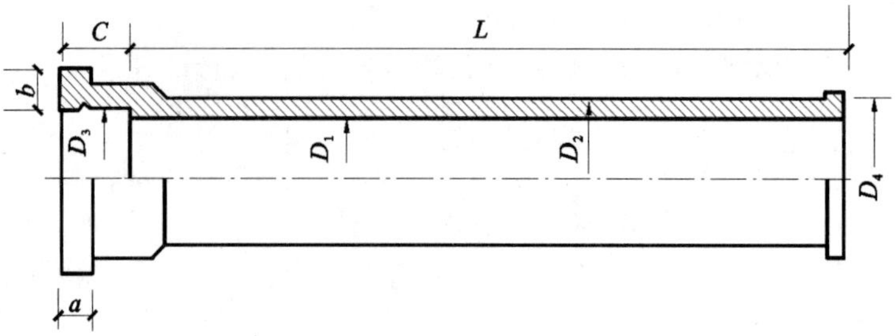

图 2.7 承插式给水铸铁管

(3)管材的规格

承插式给水铸铁管的常用规格见表 2.5。

表 2.5 承插式给水铸铁管的常用规格(引自 GB/T 13295—2008)

DN(mm)	D_1	D_2	D_3	D_4	a	b	C	L
	(mm)							m
75	75	93.0	113.0	103.5	36	28	90	3～4
100	100	118.0	138.0	128.0	36	28	95	4
125	125	143.0	163.0	163.0	36	28	95	4
150	150	169.0	189.0	179.0	36	28	100	4～5
200	200	220.0	240.0	230.0	38	30	100	5
250	250	271.0	293.6	281.0	38	32	105	5
300	300	322.8	344.8	332.8	38	33	105	6
350	350	374.0	396.0	384.0	40	34	110	6
400	400	425.6	477.6	435.6	40	36	110	6
450	450	476.8	498.8	486.8	40	37	115	6

(4)管材的适用场合

高压给水铸铁管通常用于室外给水管道;中、低压给水铸铁管可用于室外燃气、雨水等管道。

2. 管件

给水铸铁管的管件也是用灰口铸铁铸造而成的,如图 2.8 所示。

3. 管材、管件的规格表示

给水铸铁管及其管件的规格以公称直径表示。例如,给水铸铁管的直径为 100mm,表示为 DN100。

2.1.2.2 排水铸铁管及其管件

1. 管材

(1)管材的材质

排水铸铁管通常是用灰口铸铁浇铸而成,其管壁较薄,承口较小。出厂之前管子内外表面不涂刷沥青漆。

(2)管材的种类

接口形式只有承插式一种,如图 2.9 所示。

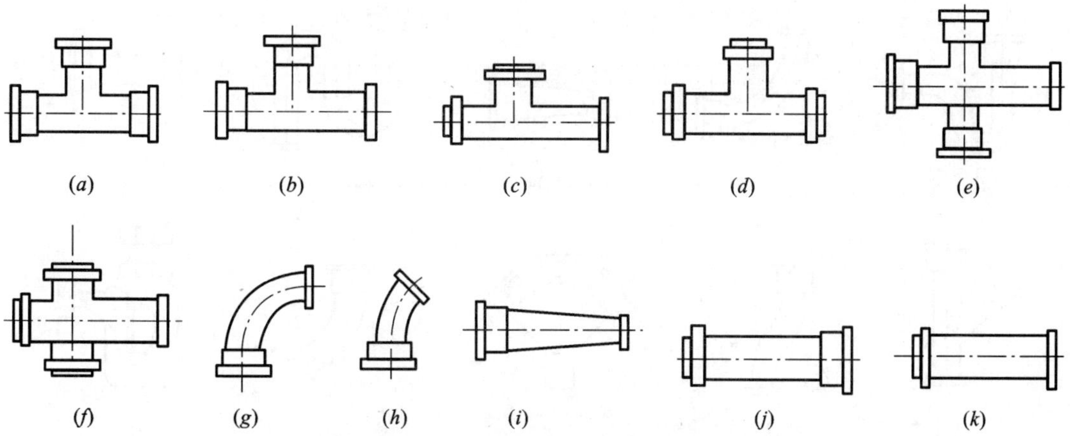

图 2.8　给水铸铁管的管件

(*a*)三承三通;(*b*)双承三通;(*c*)双盘三通;(*d*)三盘三通;(*e*)三承四通;
(*f*)三盘四通;(*g*)90°弯头;(*h*)45°弯头;(*i*)大小头;(*j*)承盘短管;(*k*)插盘短管

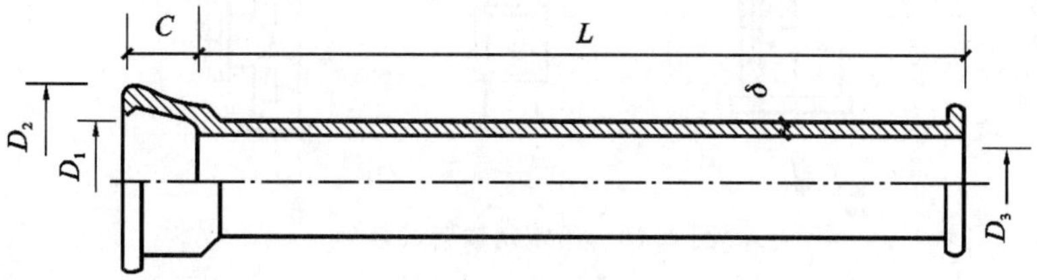

图 2.9　排水铸铁管

(3)管材的规格

管材的种类用灰口铁铸造而成,壁厚小,不承压,采用承插式连接,规格见表 2.6。

表 2.6　排水铸铁管的常用规格(引自 GB/T 12772—2008)

DN(mm)	D_1	D_2	D_3	δ	C	L
	mm					m
50	80	92	50	5	60	0.5～1.5
75	105	117	75	5	65	0.9～1.5
100	130	142	100	5	70	0.9～1.5
125	157	171	125	6	75	1.0～1.5
150	182	198	150	6	75	1.5
200	234	250	200	7	80	1.5

(4)管材的适用场合

排水铸铁管主要用于室内生活污水、雨水等重力流的管道。

2. 管件

排水铸铁管的管件也是用灰口铸铁浇铸而成,其种类和样式比较多,常用的有斜三通(立体三通)、斜四通(立体四通)、出户大弯、清扫口(扫除口)、立管检查口、存水弯(分 P 形、S 形、盅形)等,如图 2.10 所示。

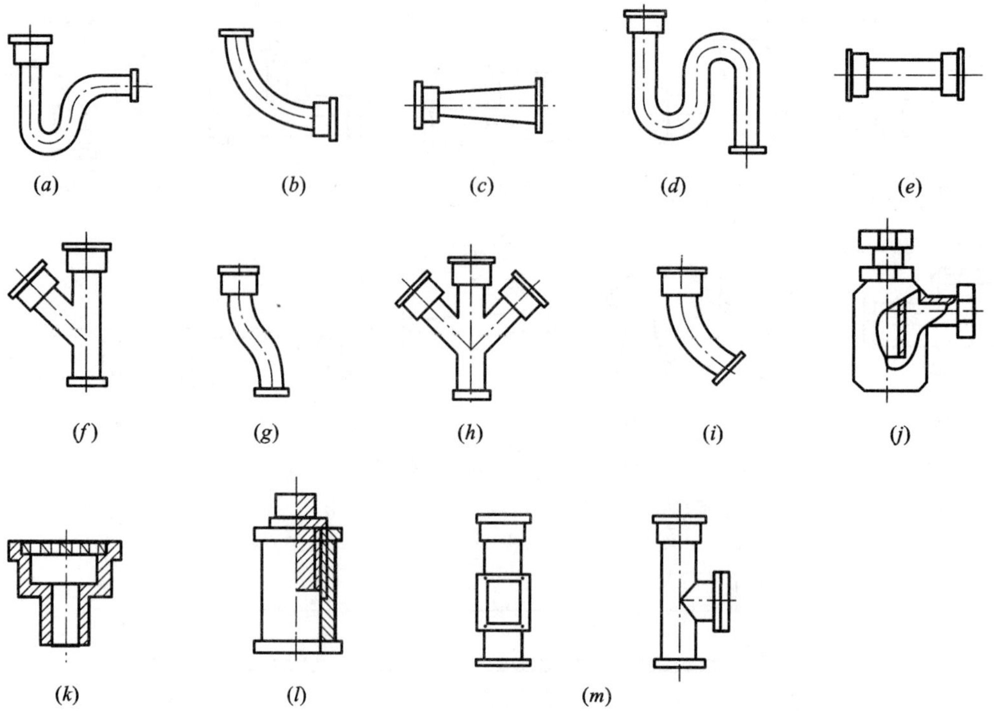

图 2.10 给水铸铁管的管件

(a)P形存水弯;(b)出户大弯;(c)大小头;(d)S形存水弯;(e)套袖;(f)斜三通;(g)乙字弯;
(h)斜四通;(i)45°弯头;(j)盅形存水弯;(k)地漏;(l)清扫口;(m)立管检查口

3. 管材、管件的规格表示

排水铸铁管及其管件的规格用公称直径表示,如 $DN150$。

2.1.3 铜及铜合金管

铜及铜合金管具有良好的导热性、导电性以及优良的焊接性能。其连接方法有螺纹卡套压接和焊接(有内置锡环焊接配件、内置银环焊接配件、加添焊药焊接配件等)。铜管可以有效防止卫生器具被污染,且光亮美观、豪华气派。目前其连接配件、阀门等也配套产出,管材造价较高。

铜及铜合金管材应用广泛,在实际应用中依据相关标准进行选取。常用标准有:(1)《无缝铜水管和铜气管》(GB/T 18033—2007),适用于输送饮用水、生活冷(热)水、民用天然气、煤气及对铜无腐蚀作用的其他介质的铜管,也适用于供热系统用铜管;(2)《热交换器用铜合金无缝管》(GB/T 8890—2007),适用于火力发电、舰艇船舶、海上石油、机械、化工等工业部门制造热交换器及冷凝器用的铜合金无缝圆管材;(3)《空调与制冷设备用无缝铜管》(GB/T 17791—2007),适用于空调、中小型中央空调与制冷设备用无缝铜管。

2.2 常用非金属管材及管件

非金属管材在管道工程中应用广泛,它具有质量轻、耐腐蚀性能好的优点,有逐渐取代金属材料的趋势。下面仅对常见的几种非金属管材加以说明。

2.2.1 钢筋混凝土管和混凝土管

钢筋混凝土管和混凝土管可分为自应力钢筋混凝土输水管、预应力钢筋混凝土输水管、混凝土排水管和钢筋混凝土排水管。

2.2.1.1 自应力和预应力钢筋混凝土输水管

自应力和预应力钢筋混凝土输水管通常为承插式，如图 2.11 所示。该管材可代替钢管和给水铸铁管用于农田水利工程。其常用直径见表 2.7。

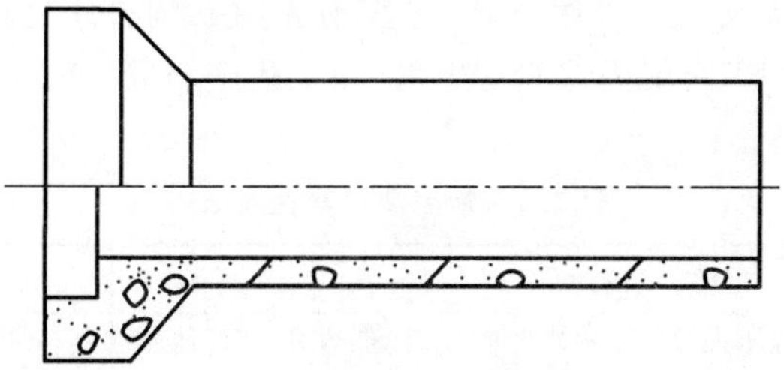

图 2.11 自应力和预应力钢筋混凝土输水管

表 2.7 自应力和预应力钢筋混凝土输水管的常用规格

自应力管				预应力管	
d(mm)	管长(m)	d(mm)	管长(m)	d(mm)	管长(m)
200	3	400	4	400	5
250	3	500	4	500	5
300	3	600	4	600	5
350	4			700	3

2.2.1.2 混凝土和钢筋混凝土排水管

钢筋混凝土排水管的接口形式分为平口式和承插式两种，如图 2.12 所示。该管材主要用于室外生活污水、雨水等排水管道工程。其常用规格见表 2.8。

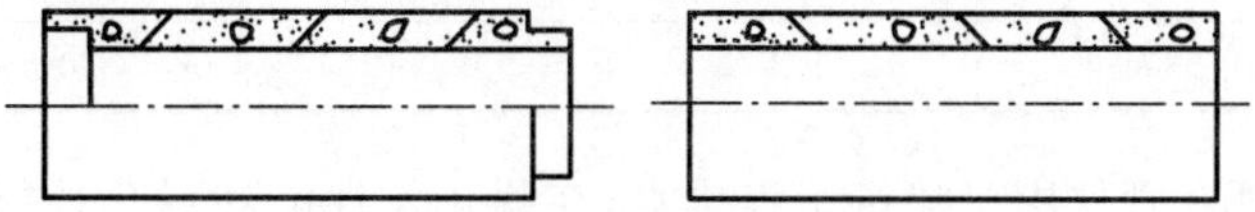

(*a*) (*b*)

图 2.12 钢筋混凝土排水管

(*a*)承插式；(*b*)平口式

表 2.8 钢筋混凝土排水管的常用规格

d(mm)	管长(m)	d(mm)	管长(m)	d(mm)	管长(m)
200	1	400	1	700	1
250	1	500	1		
300	1	600	1		

2.2.2 石棉水泥管

石棉水泥管主要用于工农业和城镇供水，按用途可分为石棉水泥输煤气管和石棉水泥输盐卤管。石棉水泥管一般用于埋地敷设管，表面光滑，质量较轻，耐腐蚀性、耐久性好，易加工，绝缘性能强，但质脆，一般用套环及橡胶圈接口或石棉水泥接口。

2.2.3 塑料管

塑料管可用于给排水及空调采暖管道，主要有聚氯乙烯排水管(PVC)、氯化聚氯乙烯管(CPVC)、聚乙烯塑料管(PE)、聚丙烯管(PP-R)和工程塑料管(ABS)等。其性能及连接方式如表 2.9 所示。

表 2.9 常用塑料管性能比较

名称	特点	连接方式
PVC	较好的抗拉、抗压强度，耐腐蚀性能优良，柔性不如其他塑料管，低温下较脆	粘接，承插胶圈连接，法兰螺纹连接
CPVC	耐热性能突出，热变形温度为 100℃，耐化学性能优良	粘接，法兰螺纹连接
PE	质量轻；韧性好，抗冲击强度高；耐低温性能较好；抗压、抗拉强度较低	热熔焊接，法兰螺纹连接
PP-R	耐腐蚀性好，具有较高的强度、表面硬度和表面光洁度，具有一定的耐高温性能	热熔焊接，法兰螺纹连接
ABS	耐腐蚀性能优良，质量轻，耐热性能高于 PE、PVC	粘接，法兰螺纹连接

2.2.3.1 聚氯乙烯排水管

1. 管材

聚氯乙烯排水管的常用规格见表 2.10。

表 2.10 聚氯乙烯排水管的常用规格

DN(mm)	管长(m)	*DN*(mm)	管长(m)	*DN*(mm)	管长(m)
50	0.5～1.5	100	0.5～1.5	150	0.5～1.5
75	0.5～1.5	125	0.5～1.5	200	0.5～1.5

聚氯乙烯排水管及管件用于建筑工程排水，在耐化学性能和耐热性能满足工艺要求的条件下，此种管材也可用于化工、纺织等工业废气排污排毒塔、气体液体输送等。

2. 管件

聚氯乙烯塑料排水管的管件常用的有斜三通、斜四通、存水弯、立管检查口、清扫口、套袖等，如图 2.13 所示。

2.2.3.2 聚丙烯管(PP-R)

1. 管材

聚丙烯管(PP-R)管材系聚丙烯树脂经挤出成型而得，其刚性、强度、硬度和弹性等机械性能均高于聚乙烯管，但其耐低温性差、易老化，常用于流体输送。按压力分为Ⅰ、Ⅱ、Ⅲ型，其常温下的工作压力：Ⅰ型为 0.4MPa，Ⅱ型为 0.6MPa，Ⅲ型为 0.8MPa。

常用规格为外径 20～63mm，壁厚 12.3～12.7mm，*PN*1.0～6.4MPa。目前这种管材已

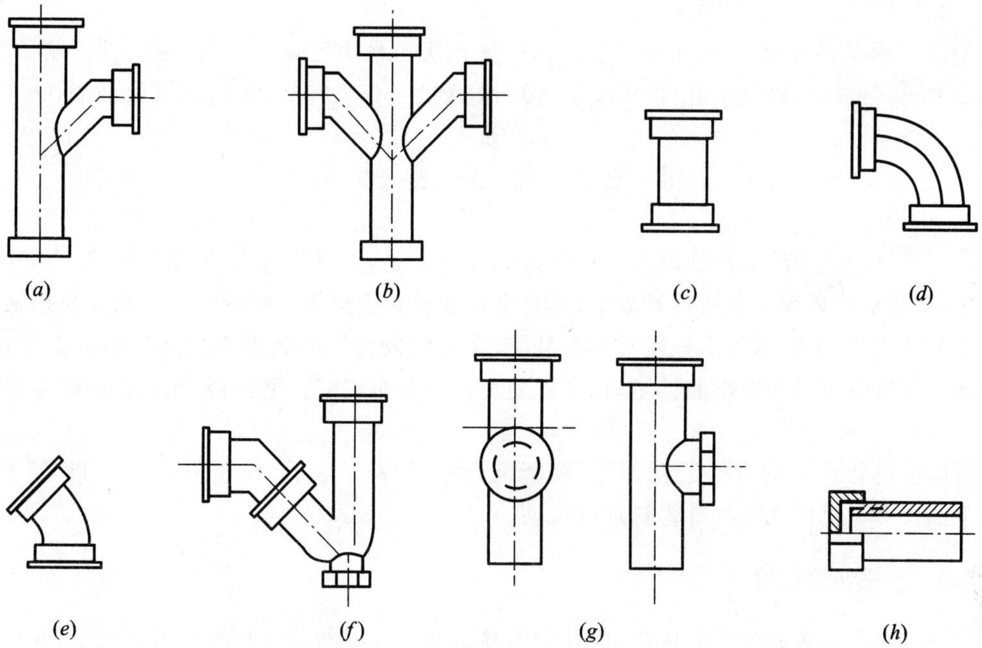

图 2.13　聚氯乙烯排水管常用管件

(a)异径斜三通；(b)异径斜四通；(c)套袖；(d)90°弯头；(e)45°弯头；(f)P 形存水弯(g)立管检查口；(h)清扫口

用于住宅、办公楼、宾馆等建筑的给水工程，也可用于冷、热水及供暖管道。

2. 管件

聚丙烯管(PP-R)的管件常用的有外螺纹接头、内螺纹接头、外螺纹三通、内螺纹三通、外螺纹 90°弯头和内螺纹 90°弯头等，如图 2.14 所示。

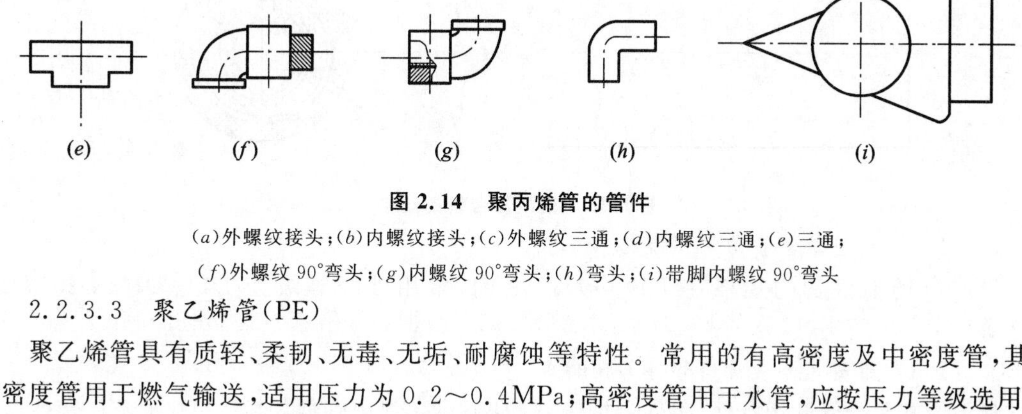

图 2.14　聚丙烯管的管件

(a)外螺纹接头；(b)内螺纹接头；(c)外螺纹三通；(d)内螺纹三通；(e)三通；
(f)外螺纹 90°弯头；(g)内螺纹 90°弯头；(h)弯头；(i)带脚内螺纹 90°弯头

2.2.3.3　聚乙烯管(PE)

聚乙烯管具有质轻、柔韧、无毒、无垢、耐腐蚀等特性。常用的有高密度及中密度管，其中中密度管用于燃气输送，适用压力为 0.2～0.4MPa；高密度管用于水管，应按压力等级选用。

2.2.3.4 ABS工程塑料管

ABS工程塑料管耐腐蚀、耐热及抗冲击性能均优于聚氯乙烯管，它由热塑性丙腈丁二烯-苯乙烯三元共聚体粘料经注射、挤压成型，使用温度为−20～70℃，压力等级为B、C、D三级。

2.3 复合管材

复合管材是由两种或两种以上材料复合而成的管子，一般以金属管材为基础，内、外焊接聚乙烯、交联聚乙烯等非金属材料成型，具有金属管材和非金属管材的优点。与介质接触层通常称为复层，而管子的承压部分通常称为基层，多采用较便宜的碳素钢或轻质铝合金等材料。管子的承压层既可以是完整的整体，也可以是钢丝网等非致密完整材料，如钢丝网骨架塑料复合管。

目前市场较普遍的有铝塑复合管、铜塑复合管、钢塑复合管、涂塑复合管、钢骨架PE管等。下面仅对常见的几种复合管材加以说明。

2.3.1 铝塑复合管

铝塑复合管有较好的保温性能，内外壁不易腐蚀，因内壁光滑，对流体阻力很小，并且可随意弯曲，所以安装施工方便。作为供水管道，铝塑复合管有足够的强度。

如果铝塑复合管横向受力太大，会影响其强度，所以宜作明管施工或埋于墙体内，甚至可以埋入地下，比如地暖中用的管子就是铝塑复合管。铝塑复合管的连接可以是卡套式的，也可以是卡压式的，因此施工中要注意以下三个方面的问题：(1)要通过严格的试压，检验连接是否牢固；(2)防止经常振动使卡套松脱；(3)长度方向应留足安装量，以免拉脱。

2.3.1.1 铝塑复合管的结构及成型工艺

铝塑复合管是通过挤出成型工艺而制成的新型复合管材，它由聚乙烯层(或交联聚乙烯)、粘合剂层、铝管、粘合剂层、聚乙烯层(或交联聚乙烯)五层结构构成，如图2.15所示。其中铝管分搭接焊、对接焊成型工艺。

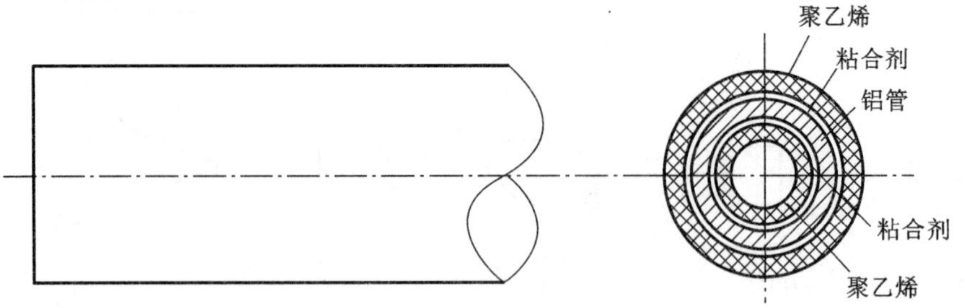

图2.15 铝塑复合管的结构

2.3.1.2 铝塑复合管的常用规格

目前市场上供货的规格在$D14 \sim D32$之间，常用外径等级为$D14$、$D16$、$D20$、$D25$、$D32$等。

2.3.1.3 铝塑复合管常用管件与附件

目前铝塑复合管常用管件、附件为铜管件和铜附件，常用管件如图2.16所示。管件连接主要是夹紧式铜接头，用于室内冷、热水管道及地面辐射采暖系统。

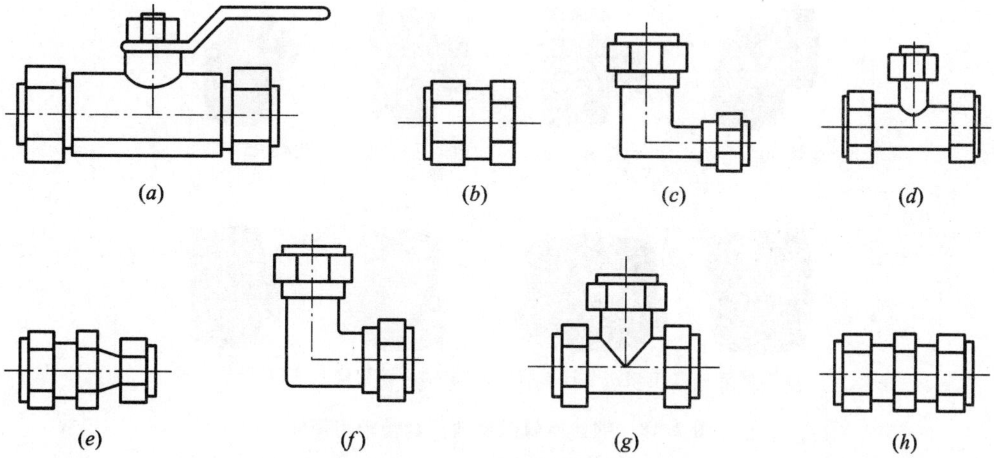

图 2.16　铝塑复合管常用管件

(*a*)球阀;(*b*)堵头;(*c*)异径弯头;(*d*)异径三通;(*e*)异径外接头;(*f*)等径弯头;(*g*)等径三通;(*h*)等径外接头

2.3.2　钢丝网骨架塑料复合管

钢丝网骨架塑料复合管采用了优质的材料和先进的生产工艺,使之具有更高的耐压性能。同时,该复合管具有优良的柔性,适用于长距离埋地用供水、建筑给水工程和输气管道系统。钢丝网骨架聚乙烯复合管采用的管件是聚乙烯电熔管件。连接时,利用管件内部发热体将管材外层塑料与管件内层塑料熔融,把管材与管件可靠地连接在一起。

2.3.2.1　钢丝网骨架塑料复合管的结构

钢丝网骨架塑料复合管主要由 5 层结构构成,从内到外依次为:内层聚乙烯塑料、高强度粘合剂、高强度过塑钢丝网、高强度粘合剂和外层聚乙烯塑料,如图 2.17 所示。

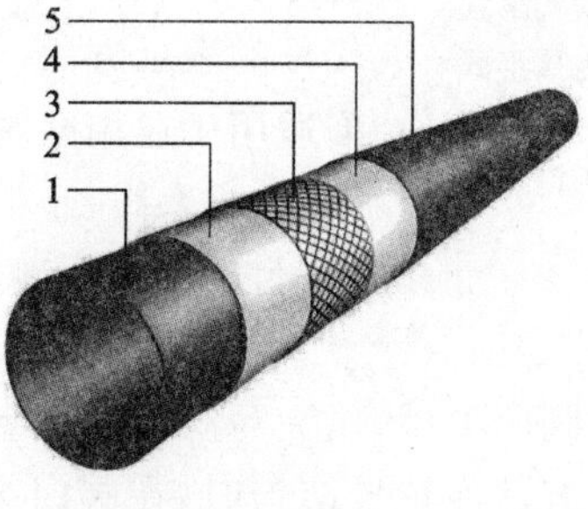

图 2.17　钢丝网骨架塑料复合管的结构

1—内层聚乙烯塑料;2—高强度粘合剂;3—高强度过塑钢丝网;
4—高强度粘合剂;5—外层聚乙烯塑料

2.3.2.2　钢丝网骨架塑料复合管常用规格

钢丝网骨架塑料复合管的公称外径为 *D*50～*D*630,用于给水管道时,常用的规格为 *D*50、*D*110、*D*250、*D*500。

2.3.2.3　钢丝网骨架塑料复合管常用管件

钢丝网骨架塑料复合管根据应用环境,可使用热熔管件、扩口管件、沟槽管件、卡槽式管件、弹性密封圈式承口管件等,如图 2.18 所示。

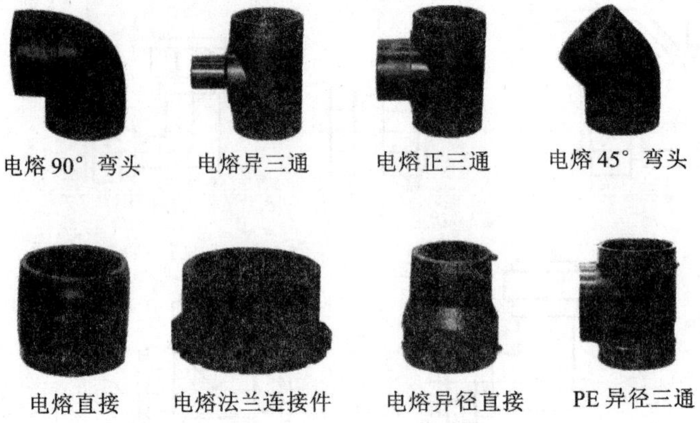

图 2.18 钢丝网骨架塑料复合管常用管件

2.4 常用阀门

阀门是通过改变内部通道面积来调控流体流量、压力和流向的管路附件，对保证管路系统的正常运行、日常维修和拆卸更换起到重要作用。

2.4.1 阀门的型号及表示方法

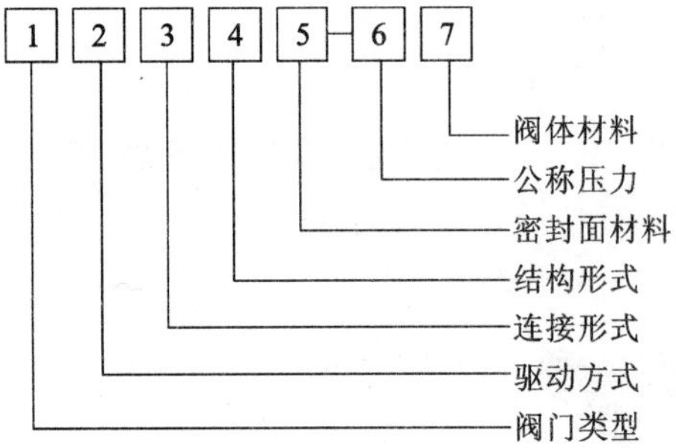

图 2.19 阀门型号的组成

阀门的制造与使用基本上已实现标准化、系列化和通用化。机械行业标准《阀门型号编制方法》(JB/T 308—2004)规定了通用阀门的型号编制、类型代号、驱动方式代号、连接形式代号、结构形式代号、密封面材料代号、阀体材料代号和公称压力代号的表示方法。编制顺序如图 2.19 所示。该标准适用于通用闸阀、截止阀、节流阀、蝶阀、球阀、隔膜阀、旋塞阀、止回阀、安全阀、减压阀、疏水阀、排污阀、柱塞阀的型号编制。

2.4.1.1 阀门类型

阀门型号组成的第一部分为阀门类型，用大写汉语拼音字母表示，按表 2.11 的规定表示。当阀门还具有其他功能作用或带有其他特异结构时，在阀门类型代号前加注一个汉语拼音字母，如表 2.12 所示。

表 2.11 阀门类别及其代号

阀门类型	代号	阀门类型	代号	阀门类型	代号
闸阀	Z	止回阀	H	旋塞阀	X
截止阀	J	减压阀	Y	节流阀	L
安全阀	A	调节法	T	电磁阀	ZCLF
疏水阀	S	隔膜阀	G		
蝶阀	D	球阀	Q		

表 2.12 具有其他功能作用或带有其他特异结构的阀门类型

第二功能作用名称	代号	第二功能作用名称	代号
保温型	B	排渣型	P
低温型	D[a]	快速型	Q
防火型	F	(阀杆密封)波纹管型	W
缓闭型	H		

注:[a] 低温型指允许使用温度低于−46℃以下的阀门。

2.4.1.2 驱动方式

阀门的驱动方式用一位阿拉伯数字表示(当阀门为手轮、手柄、扳手等时可以直接用手驱动,或者为自动阀门时,此部分省略不表示),如表 2.13 所示。

表 2.13 阀门的驱动方式及其代号

驱动方式	代号	驱动方式	代号	驱动方式	代号
涡轮	3	气动	6	电动机	9
正齿轮	4	液动	7		
伞齿轮	5	电磁	8		

2.4.1.3 阀门的连接形式

阀门的连接形式用一位阿拉伯数字表示,见表 2.14。

表 2.14 阀门的连接形式及其代号

连接形式	代号	连接形式	代号	连接形式	代号
内螺纹	1	法兰	4	对夹	7
外螺纹	2	焊接	6	卡箍	8

2.4.1.4 阀门的结构形式

阀门的结构形式用一位阿拉伯数字表示,见表 2.15。

表 2.15 阀门的结构形式及其代号

结构形式	代号	结构形式	代号
a. 闸阀			
明杆楔式单闸板	1	暗杆楔式单闸板	5
明杆楔式双闸板	2	暗杆楔式双闸板	6
明杆平行式单板	3	暗杆平行式单板	7
明杆平行式双板	4	暗杆平行式双板	8
b. 截止阀			
直通式(铸造)	1	直角式(锻造)	4
直角式(铸造)	2	直流式	5
直通式(锻造)	3	压力计用	9

续表 2.15

结构形式	代号	结构形式	代号
c.杠杆式安全阀			
单杠杆微启式	1	双杠杆微启式	3
单杠杆全启式	2	双杠杆全启式	4
d.弹簧式安全阀			
封闭微启式	1	不封闭带扳手微启式	7
封闭全启式	2	不封闭带扳手全启式	8
封闭带扳手微启式	3	带散热片全启式	0
封闭带扳手全启式	4	脉冲式	9
e.减压阀			
外弹簧薄膜式	1	波纹管式	4
内弹簧薄膜式	2	杠杆弹簧式	5
膜片活塞式	3	气垫薄膜式	6
f.止回阀			
直通升降式(铸)	1	单瓣旋启式	4
立式升降式	2	多瓣旋启式	5
直通升降式(锻)	3		
g.球阀			
直通式(铸造)	1	直通式(锻造)	3
h.疏水阀			
浮球式	1	脉冲式	8
钟形浮子式	5	热动力式	9
i.蝶阀			
垂直板式	1	杠杆式	0
斜板式	3		
j.调节阀			
薄膜弹簧式		活塞弹簧式	
带散热片气开式	1	阀前	7
带散热片气关式	2	阀后	8
不带散热片气开式	3		
不带散热片气关式	4		

2.4.1.5 阀门密封面或衬里材料代号

阀门密封面或衬里材料代号,用大写汉语拼音字母表示(除隔膜阀外,当密封副的密封面材料不同时,以硬度低的材料表示),如表 2.16 所示。

表 2.16 阀门密封面或衬里材料代号

密封面或衬里材料	代号	密封面或衬里材料	代号
铜(黄铜或青铜)	T	聚氯乙烯	SC
耐酸钢或不锈钢	H	酚醛塑料	SD
渗氮钢	D	石墨石棉(层压)	S
巴比特合金	B	衬胶	CJ
硬质合金	Y	衬铅	CQ
橡胶	X	衬塑料	CS
硬橡胶	J	搪瓷	TC
皮革	P	尼龙	NS
四氟乙烯	SA	阀体上加工密封圈	W

2.4.1.6 公称压力

阀门使用的压力级符合《管道元件——PNC 公称压力的定义和选用》(GB/T 1048—2005)的规定时,采用该标准 10 倍的兆帕单位(MPa)数值表示。公称压力小于或等于1.6MPa 的灰铸铁阀门或公称压力大于或等于 2.5MPa 的碳素钢阀门的阀体材料代号在型号编制时予以省略。

2.4.1.7 阀体材料代号

阀体材料用大写汉语拼音字母表示,如表 2.17 所示。

表 2.17 阀体材料代号

阀体材料	代号	阀体材料	代号
灰铸铁	Z	碳钢	C
可锻铸铁	K	中铬钼合金钢	I
球墨铸铁	Q	铬钼钒合金钢	V
铜合金(铸铜)	T	铬镍钼钛合金钢	R
铝合金	L	铬镍钛钢	P

2.4.1.8 阀门型号编制方法示例

(1)电动、法兰连接、明杆楔式双闸板,阀座密封面材料由阀体直接加工,公称压力 PN 0.1MPa,阀体材料为灰铸铁的闸阀:

Z942W-1 电动楔式双闸板闸阀

(2)手动、外螺纹连接、浮动直通式,阀座密封面材料为氟塑料,公称压力 PN4.0MPa,阀体材料为 1Cr18Ni9Ti 的球阀:

Q21F-40P 外螺纹球阀

(3)液动、法兰连接、垂直板式,阀座密封面材料为铸铜、阀瓣密封面材料为橡胶,公称压力 PN0.25MPa,阀体材料为灰铸铁的蝶阀:

D741X-2.5 液动蝶阀

(4)公称直径为 32mm,手动驱动,内螺纹连接,直通式,铜密封圈,公称压力 PN1.6MPa,

阀体材料为灰铸铁的截止阀：

J11T-16，DN32

（5）公称直径为50mm，自动启闭，内螺纹连接，直通升降式，铜密封圈，公称压力PN 1.6MPa，阀体材料为可锻铸铁的止回阀：

H11T-16K，DN50

2.4.1.9 阀门标志和涂漆

《阀门的标志和涂漆》(JB/T 106—2004)规定了各类通用阀门的标志内容、标记样式、标记方法和尺寸及阀门的涂漆颜色。该标准适用于各类通用阀门。

1.标志的内容

阀门承压阀体的外表面应按国家标准《工业阀门 标志》(GB/T 12220—2015)的规定标注永久的标志。标志内容应有阀门的通径、压力代号或工作压力代号、制造厂商或商标、炉号（铸造阀门）；有流向要求的阀门应标注介质流向的箭头。

2.标志的标记方法

（1）阀体采用铸造或压铸方法成型的，其标志应与阀体同时铸造或压铸在阀体上。

（2）阀体外形由模锻方法成型的，其标志除与阀体同时模锻成型外，也可采用压印的方法标记在阀体上。阀体外形采用锻件加工、钢管或钢板卷制焊接成型的，其标志除采用压印方法成型外，也可采用其他不影响阀体性能的方法。

3.阀门标志的标注位置

（1）标志内容应标注在阀体容易观看的部位。标记应尽可能标注在阀体垂直中心线的中腔位置。

（2）标志内容应明显、清晰，排列整齐、匀称。《阀门的标志和涂漆》(JB/T 106—2004)对标志的标记尺寸和字体字号等也作了规定。

4.阀门的涂漆

（1）铸铁、碳素钢、合金钢材料的阀体，外表面应涂漆出厂。阀门应按其承压壳体材料区分颜色进行涂漆，涂漆颜色见表2.18。当订货合同有规定时，可按用户指定的颜色进行涂漆。

表2.18 阀门涂漆的颜色

阀体材料	涂漆颜色	阀体材料	涂漆颜色
灰铸铁、可锻铸铁、球墨铸铁	黑色	铬-钼合金钢	中蓝色
碳素钢	灰色	低温钢	银灰色

（2）涂层应耐久、美观、无毒、无污染。除非用户要求，耐酸钢、不锈钢材质阀门承压壳体表面不涂漆。铜合金材质阀门的承压壳体表面不涂漆。

（3）手轮零件的涂漆层按企业标准执行；手动齿轮传动机构，其表面的涂漆颜色与阀门表面的颜色相同；阀门驱动装置（气动、液动、电动等）涂漆的颜色一般按企业标准的规定执行，当用户订货合同有要求时，按用户指定的颜色涂漆。

2.4.2 常用阀门

管道工程中，常用的阀门有闸阀、截止阀、球阀、止回阀、安全阀、水龙头和旋塞等。阀门应按设计选用，在安装前的检查验收和安装中往往需要综合执行若干标准的规定。以《阀门检验与管理规程》(SH 3518—2000)为例，规程规定：

(1)阀门检验工作中的安全技术和劳动防护应按国家现行有关法规、标准及《石油化工施工安全技术规程》(SH 3505—1999)的有关规定执行。

(2)凡按现行标准《石油化工钢制通用阀门选用、检验及验收》(SH 3064—2003)或 API 标准制造并有相应认证标识，且用户到制造厂监造和验收的阀门，安装前可按每批到货数量的5%(不少于 1 个)进行本规范规定的材质检查和阀门试验，如发现问题，应逐个进行检验。

(3)按国外标准制造的阀门，检验时应执行国外相应的检验标准。

这种标准内再套用其他相关标准是工业管道安装中经常遇到的情况，在阀门检验工作中应予以重视。

2.4.2.1 闸阀

闸阀是最常用的截断阀之一，主要用来接通或截断管路中的介质，不适用于调节介质流量。闸阀适用的压力、温度及口径范围很大，尤其适用于中、大口径的管道。

(1)闸阀的结构与分类

阀体内有一平板与介质流动方向垂直，又称为闸板阀。靠平板的升降来启闭介质流。其常规型号见表 2.19。

表 2.19 常用闸阀

阀门名称	型号	阀体材料	公称直径
内螺纹闸阀	Z15T-1	灰铸铁	*DN* 15～*DN* 40
内螺纹闸阀	Z15T-1K	可锻铸铁	*DN* 25～*DN* 50
法兰式闸阀	Z44W-1	灰铸铁	*DN* 125～*DN* 250
法兰式闸阀	Z41T-1	灰铸铁	*DN* 50～*DN* 100

①按闸板(平板)的结构不同分为楔式、平行式、弹性闸板三种，其中楔式与平行式闸板应用较普遍；

②按阀杆的结构不同分为明杆式(闸板升降时可看到阀杆升降)和暗杆式(闸板升降时看不到阀杆升降)两种；

③按连接形式不同分为内螺纹式与法兰式两种，如图 2.20 所示。

(2)闸阀的优点

①闸阀阀体内部介质通道是直通的，介质流经闸阀时不改变其流动方向，所以流动阻力较小。

②启闭时闸板运动方向与介质流动方向相垂直。与截止阀相比，闸阀的启闭较为省力。

③介质流动方向一般不受限制，可从闸阀两侧任意方向流入，均能达到接通或截断的目的。

④便于安装，适用于介质的流动方向可能改变的管路中。

(3)闸阀的缺点

①高度大，启闭时间长。由于开启时需将闸板完全提升到阀座通道上方，关闭时又需将闸板全部落下挡住阀座通道，所以闸板的启闭行程很大，其高度也相应增大，启闭时间较长。

②密封面易产生擦伤。启闭时闸板与阀座相接触的两密封面之间有相对滑动，在介质力作用下易产生擦伤，从而破坏密封性能，影响使用寿命。

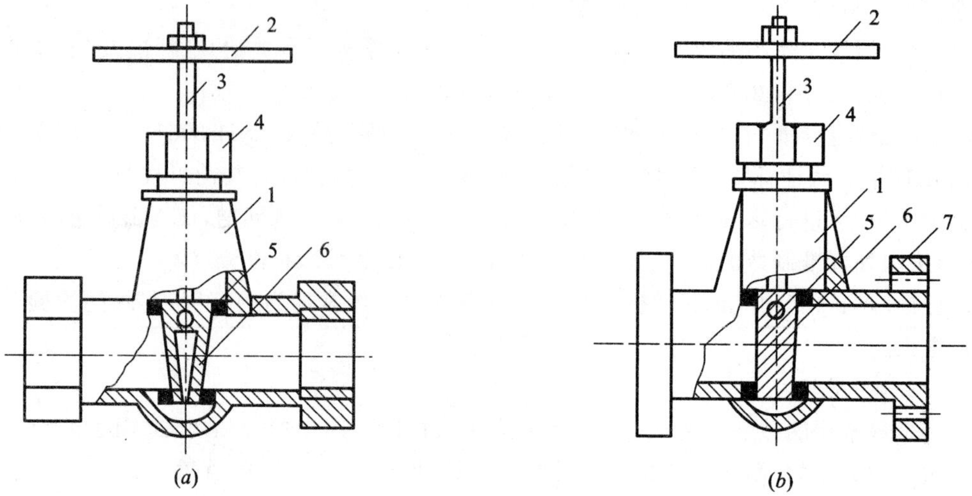

图 2.20 闸阀

(a)内螺纹式;(b)法兰式

1—阀体;2—手枪;3—阀杆;4—压盖;5—密封圈;6—闸板;7—法兰

(4)闸阀的安装

①闸阀安装时应处于关闭状态,没有介质流动方向限制。

②双闸板闸阀应直立安装,即阀杆处于垂直的位置,手轮在顶部。手动单闸板闸阀可在任意位置安装。

③带有旁通阀的闸阀,可平衡进出口的压差及减小开启力,因而在开启前应先打开旁通阀。

2.4.2.2 截止阀

截止阀是一种常用的截断阀,主要用来接通或截断管路中的介质,一般不用于调节流量。截止阀适用的压力、温度范围很大,但一般用于中、小口径的管道。

(1)截止阀的结构与分类

截止阀利用阀杆下端的阀盘(或阀针)与阀孔的配合来启闭介质流,广泛用于水暖管道和工业管道工程中,其常用规格、型号见表 2.20。

表 2.20 常用截止阀

阀门名称	型号	阀体材料	公称直径
内螺纹截止阀	J11T-1.6	灰铸铁	DN 15～DN 65
内螺纹截止阀	J11P-1K	可锻铸铁	DN 15～DN 65
法兰式截止阀	J41T-1.6	灰铸铁	DN 80～DN 200

①按结构形式不同有直通式、直流式和直角式。直通式是最常见的结构,但其流体阻力最大。直流式的流体阻力较小,多用于含固体颗粒或黏度大的流体。直角式阀体多采用锻造,适用于较小口径、较高压力的截止阀。

②按连接形式不同分为螺纹式与法兰式两种,如图 2.21 所示。

(2)截止阀的主要优点

①与闸阀相比,截止阀的结构较简单,制造与维修都比较方便;

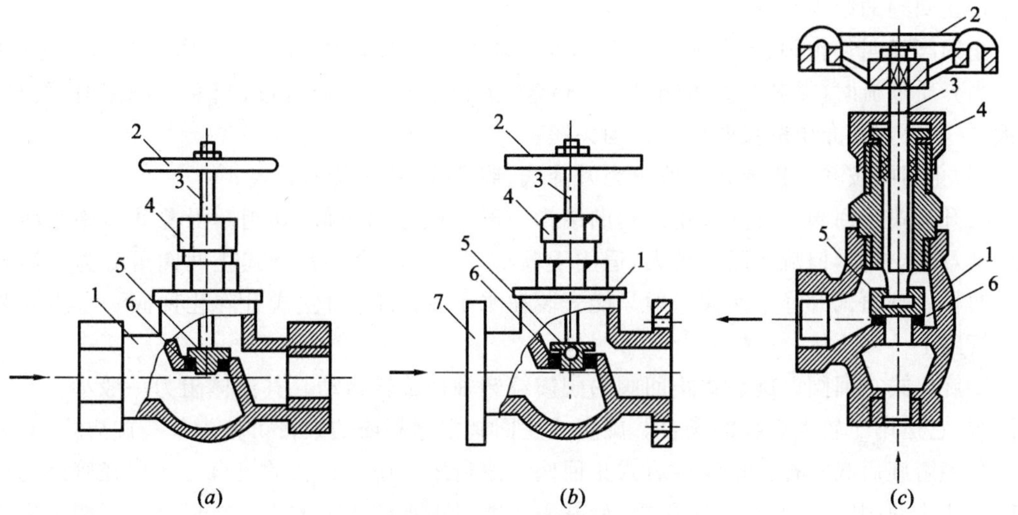

图 2.21 截止阀

(a)内螺纹直通式;(b)法兰直通式;(c)内螺纹直角式

1—阀体;2—手轮;3—阀杆;4—压盖;5—阀盘(阀针);6—密封圈;7—法兰

②密封面不易磨损、擦伤,密封性能较好,使用寿命较长;

③启闭时阀瓣行程较小,启闭时间较短,阀门高度较小。

(3)截止阀的主要缺点

①流体阻力大。阀体内介质通道比较曲折,故能量消耗较大。但直流式截止阀流体阻力相对较小。

②启闭力矩大,启闭较费力。关闭时,因为阀瓣运动方向一般与介质压力作用方向相反,必须克服介质的作用力,故启闭力矩大。中、高压较大口径的截止阀可采用平衡式结构,以减小启闭力矩。

③介质流动方向受限制。一般要求介质从下向上流动。

(4)截止阀的安装

①手轮、手柄操作的截止阀可安装在管道的任何位置上。

②安装时应注意使介质的流向与阀体上所指箭头的方向一致。

2.4.2.3 止回阀

止回阀是能自动阻止流体倒流的阀门。止回阀的阀瓣在流体压力作用下开启,流体从进口侧流向出口侧。当进口侧压力低于出口侧时,阀瓣在流体压差、本身重力等因素作用下自动关闭以防止流体倒流。止回阀广泛用于水暖管道和工业管道中,其常用规格、型号见表 2.21。

表 2.21 常用止回阀

阀门名称	型号	阀体材料	公称直径
升降式止回阀	H11T-1.6K	可锻铸铁	*DN* 15～*DN* 65
升降式底阀	H42X-0.25	灰铸铁	*DN* 100～*DN* 200
旋启式止回阀	H14T-1	灰铸铁	*DN* 15～*DN* 50

1.止回阀的结构与分类

止回阀又叫逆止阀、单向阀、单流阀，是一种自动启闭的阀门。在阀体内有一阀盘(或摇板)，当介质顺流时，靠其推力将阀盘升起(或将摇板旋开)，介质流过；当介质倒流时，阀盘(或摇板)靠其自重和介质的反向压力自动关闭。

(1)止回阀按其结构形式一般分为升降式、旋启式、蝶式及隔膜式。

①升降式止回阀。升降式止回阀的结构一般与截止阀相似，其阀瓣沿着通道中心线作升降运动，动作可靠，但流体阻力较大，适用于较小口径的场合。升降式止回阀可分为直通式和立式两种。直通式升降止回阀一般只能安装在水平管路上，而立式升降止回阀一般应安装在垂直管路上。

②旋启式止回阀。旋启式止回阀的阀瓣绕转轴作旋转运动。其流体阻力一般小于升降式止回阀，它适用于较大口径的场合。旋启式止回阀根据阀瓣的数目可分为单瓣旋启式、双瓣旋启式及多瓣旋启式三种。单瓣旋启式止回阀一般适用于中等口径的场合。大口径管路选用单瓣旋启式止回阀时，为减少水锤压力，最好采用能减小水锤压力的缓闭止回阀。双瓣旋启式止回阀适用于大、中口径管路。

③蝶式止回阀。蝶式止回阀的结构类似于蝶阀，其结构简单、流阻较小，水锤压力也较小。

④隔膜式止回阀。隔膜式止回阀有多种结构形式，均采用隔膜作为启闭件。由于其防水锤性能好，结构简单，成本低，近年来发展较快。但隔膜式止回阀的使用温度和压力受到隔膜材料的限制。

(2)止回阀按其连接形式不同可分为内螺纹式和法兰式两种，如图2.22所示。

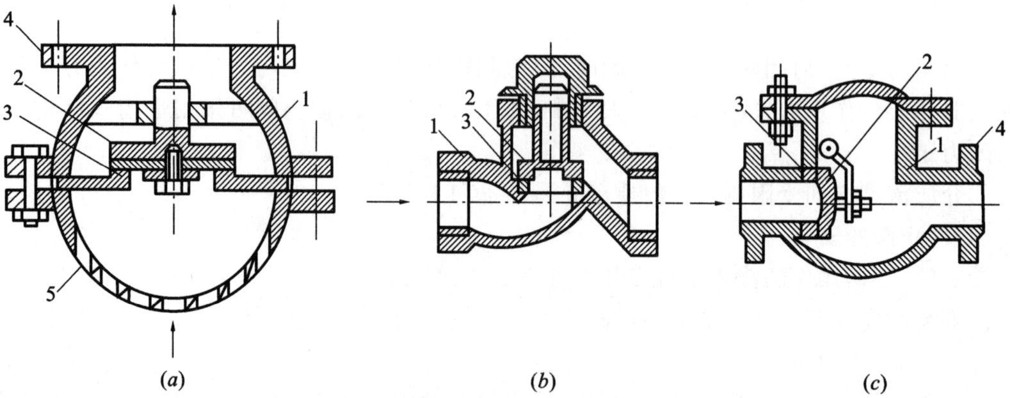

(*a*)　　(*b*)　　(*c*)

图2.22　截止阀

(*a*)法兰立式升降式；(*b*)内螺纹升降式；(*c*)法兰旋启式

1—阀体；2—阀盘；3—密封圈；4—法兰；5—水龙头

2.止回阀的安装

(1)直通式升降止回阀应安装于水平管路上，立式升降止回阀和底阀一般安装在垂直管路上，并且介质自下而上流动。

(2)旋启式止回阀安装位置不受限制，通常安装于水平管路上，但也可以安装于垂直管路或倾斜管路上。

(3)安装止回阀时，应特别注意介质流动方向，应使介质正常流动方向与阀体上箭头指示的方向相一致，否则就会截断介质的正常流动。底阀应安装在水泵吸水管路的底端。

2.4.2.4 安全阀

安全阀是自动保险(保护)装置。当被保护设备内介质压力异常升高达到设定值时,阀门自动开启,继而全量排放,以防止压力继续升高;当压力降低到另一设定值时,阀门自动关闭。

(1)安全阀的结构及分类

①按阀瓣加载方式分为重锤式、杠杆重锤式、弹簧式、气室式,如图 2.23 所示。

②按连接形式不同可分为内螺纹式和法兰式两种。

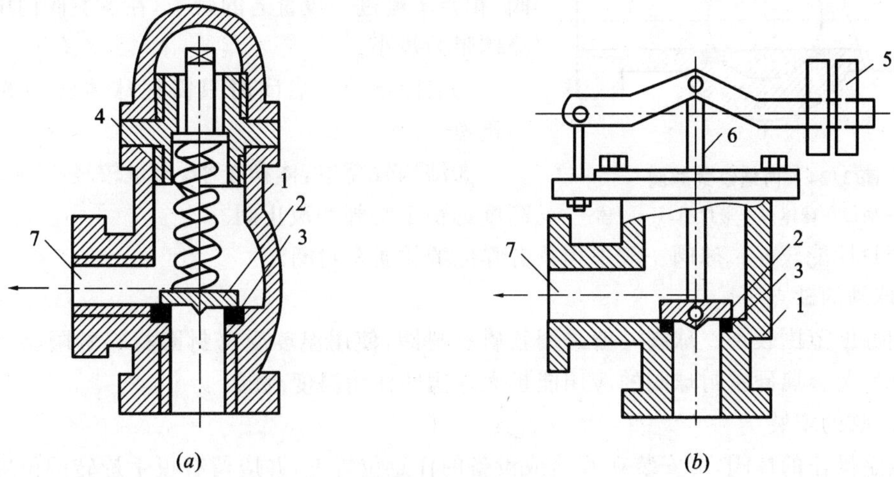

图 2.23 安全阀

(a)弹簧式;(b)杠杆重锤式

1—阀体;2—阀盘(阀针);3—密封圈;4—弹簧;5—重锤(配重);6—杠杆;7—介质排出口

(2)安全阀的安装

安全阀应按设计安装,安装时应注意下列问题:

①设备的安全阀应装在设备容器的开口上,也可装在接近容器出口的管道上,但安全阀的入口管道直径应不小于安全阀进口直径,出口管道(如需设排出管时)直径不得小于阀门的出口直径。

②安全阀应垂直安装,不得倾斜。杠杆式安全阀杠杆应保持水平,应使介质从下向上流出。

③安全阀泄压。当介质为液体时,一般排入管道或其他密闭容器;当介质为气体时,一般排至室外大气。对于单独排入大气的安全阀,应在其入口处装设一个常开的截断阀,并铅封。对于排入密闭系统或用集气管排入大气的安全阀,则应在它的入口和出口处各装一个常开的截断阀,且铅封。截断阀应选用明杆闸阀、球阀或密封好的旋塞。若安全阀排出管过长,则应加以固定。

2.4.2.5 球阀

(1)球阀的结构及分类

球阀是用带圆形通孔的球体作启闭件,球体随阀杆转动,以实现启闭动作的阀门。

按结构的密封机理,球阀分为浮动球球阀和固定球球阀。前者主要靠介质压力将球体压紧在出口端阀座上,其使用压力和口径受到一定的限制。而后者的球体由安装在阀体上的上下两个轴承支承,球体的位置固定,密封作用是靠弹簧和介质压力使阀座压向球体而实现的,因而启闭力矩较小,适用于高压和大口径的场合。

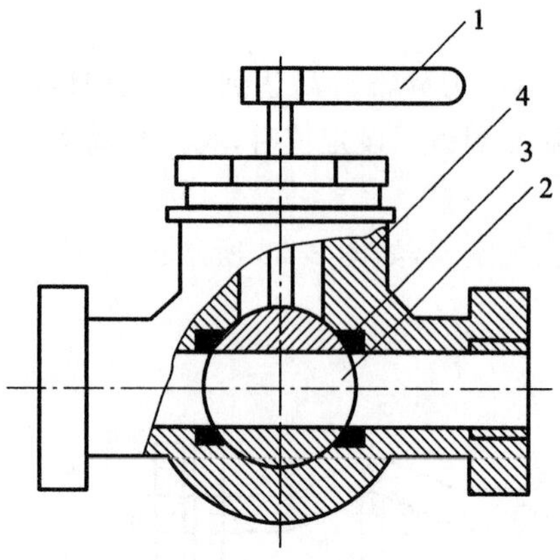

图 2.24　内螺纹式球阀

1—手柄；2—球体；3—密封圈；4—阀体

球阀比闸阀、截止阀开闭迅速，适用于工作压力较小、温度不高的水、气等管道工程中。利用手柄驱动的内螺纹式球阀如图 2.24 所示。

(2)球阀的优点

①流体阻力小。全开时球体通道、阀体通道和连接管道的截面积相等，并且呈直线相通，介质流过球阀，相当于流过一段直通的管子，在各类阀门中球阀的流体阻力最小。

②启闭迅速。启闭时只需把球体转动 90°，方便而迅速。

③结构较简单，体积较小，质量较轻。特别是它的高度远小于闸阀和截止阀。

④密封性能较好。球阀一般采用具有弹性的软质密封圈。

(3)球阀的缺点

使用温度范围较小。球阀一般采用软质密封圈，使用温度受密封圈材料的限制。密封圈材料的开发及金属硬密封球阀的应用能扩大球阀的使用温度范围。

(4)球阀的安装

带扳手操作的球阀，可安装在管路或设备的任意位置上，并应留有扳手旋转的位置。带有齿轮箱或气动驱动器的球阀应直立安装，即安装在水平管道上。操作驱动器启、闭球阀数次，应灵活无滞涩。

2.4.2.6　旋塞阀

在阀体内，位于阀杆的下端有一圆柱体，在圆柱体上有一矩形孔(或水平圆孔)，利用阀杆的转动来启闭介质流，这个圆柱体称为旋塞阀。常用的为小直径内螺纹旋塞阀，一般公称直径在 *DN*50 以内。

旋塞阀的主要优点和适用场所与球阀基本相同，利用手柄驱动的内螺纹式旋塞阀如图 2.25 所示。

2.4.2.6　水龙头

水龙头的种类比较多，普通水龙头如图 2.26 所示，其公称直径常用的有 *DN*15、*DN*20、*DN*25 三个等级。

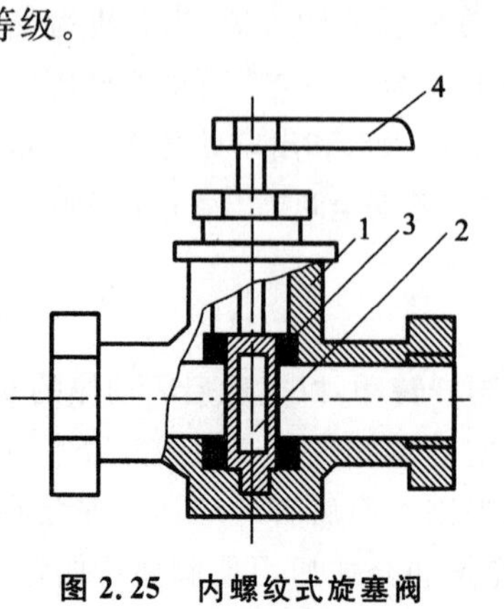

图 2.25　内螺纹式旋塞阀

1—阀体；2—圆柱体；3—密封圈；4—手柄

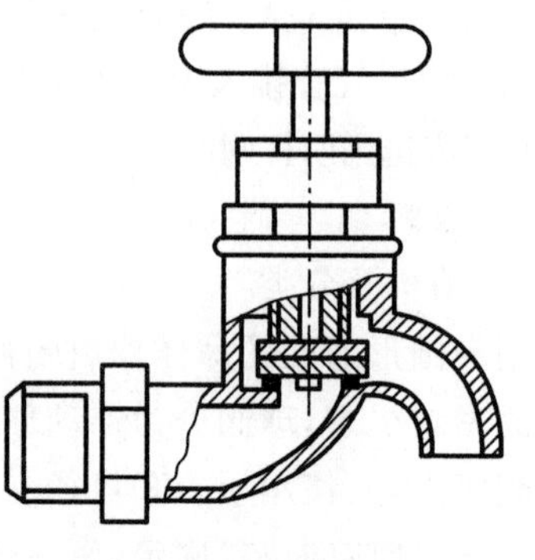

图 2.26　普通水龙头

思考与练习

2.1 常用金属管材及管件有哪些？

2.2 标注下列管材的直径：

(1)白铁管的直径 25mm；

(2)无缝钢管的直径 108mm，壁厚为 4.5mm；

(3)排水铸铁管的实测内径为 76mm；

(4)螺旋缝钢管的内径为 273mm，壁厚为 8mm。

2.3 简述常见的塑料管及各自的特点。

2.4 简述铝塑复合管的结构及敷设方式。

2.5 解释并简单命名下列阀门：

(1)Z15T-1K，*DN*50；

(2)Z44W-1，*DN*200；

(3)J41T-1.6，*DN*100；

(4)H11T-1，*DN*40；

(5)J11T-1，*DN*15。

3 管材加工及管道的连接

知识目标

本章主要包括：管道常用加工机具；管道加工下料方法；管道调直、校圆、弯曲；管道切割；管道套螺丝、坡口加工、缩口与扩口加工；管道连接。

能力目标

通过本章学习，应着重培养以下能力：

1. 掌握常用管道加工机具的使用方法；
2. 熟悉管道下料方法；
3. 熟悉管道加工方法；
4. 掌握管道连接方法。

3.1 常用加工机具

3.1.1 测量与画线工具

(1)铁水平尺　铁水平尺(铁水准尺)的每刻度为 0.5mm/m，主要用于检测水平度要求不高的设备、容器的水平程度和管道的坡度，如图 3.1(*a*)所示。

(2)框式水平仪　框式水平仪(框架式水平仪)的每刻度为 0.02mm/m，用于检测水平度要求高的机械、设备的水平程度，如图 3.1(*b*)所示。

(3)线坠　线坠(线锤)主要用于检测立管和立式容器、设备的垂直程度，如图 3.1(*c*)所示。

(4)地规　地规主要用于放样下料时画较大直径的圆或圆弧，如图 3.2(*a*)所示。

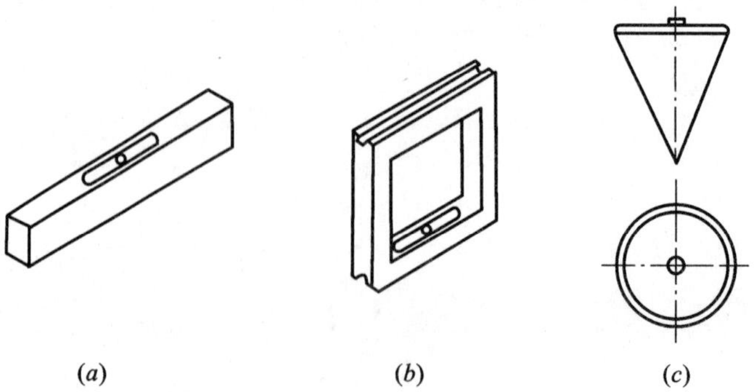

(*a*)　(*b*)　(*c*)

图 3.1　铁水平尺、框式水平仪、线坠

(*a*)铁水平尺；(*b*)框式水平仪；(*c*)线坠

(5)圆规　圆规主要用于放样下料时画较小直径的圆或圆弧，如图 3.2(*b*)所示。

(6)划针　划针主要用于放样下料时画出较深的痕迹，如图 3.2(*c*)所示。

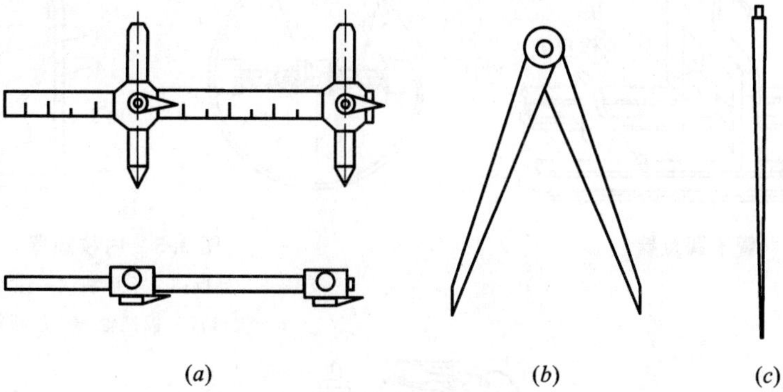

图 3.2　地规、圆规、划针

(*a*)地规；(*b*)圆规；(*c*)划针

(7)样冲　样冲主要用于放样下料时将画出的主要中心线(或圆心)冲成较深痕迹的单个或多个圆点，如图 3.3(*a*)所示。

(8)钢卷尺　钢卷尺主要用于量取长度，如图 3.3(*b*)所示。

(9)角尺　角尺主要用于放样下料和安装法兰时检测直角，如图 3.3(*c*)所示。

(10)钢板尺　钢板尺主要用于放样下料时画直线及量取长度，如图 3.3(*d*)所示。

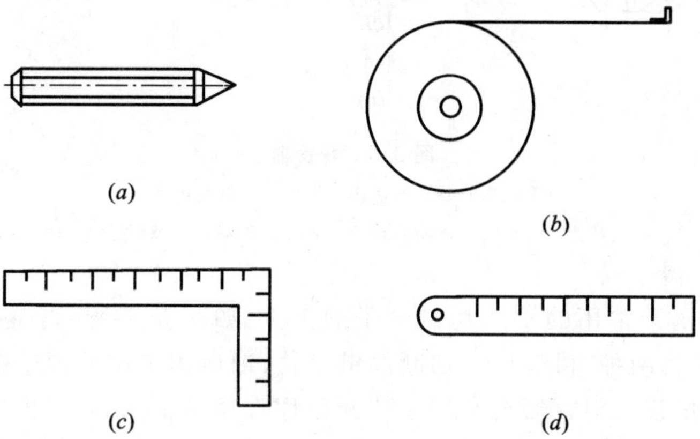

图 3.3　样冲、钢卷尺、角尺、钢板尺

(*a*)样冲；(*b*)钢卷尺；(*c*)角尺；(*d*)钢板尺

3.1.2　管子加工机具

(1)管子调直器

管子调直器主要用于校直管子弯曲部分，调直质量较好，并可减轻劳动强度，如图 3.4 所示。

(2)校圆器

如果管子的变形较大，或者有瘪口现象，需进行校圆处理。图 3.5 所示为内校圆器。

(3)弯管器

弯管器主要用于将管子弯曲至规定角度，以满足施工中改变管路走向的需要，如图 3.6 所示。

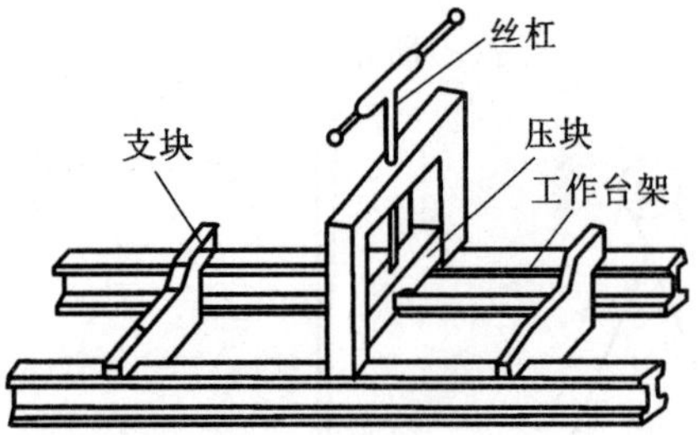

图 3.4 管子调直器

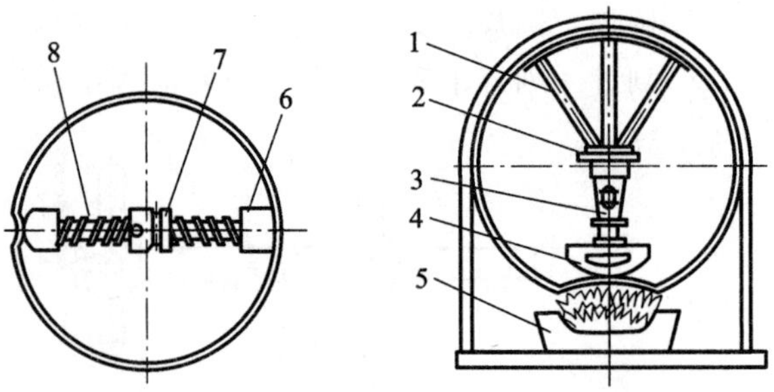

图 3.5 内校圆器

1—支柱；2—垫板；3—千斤顶；4—压块；5—火盆；
6—螺母；7—扳把轴；8—加减螺纹

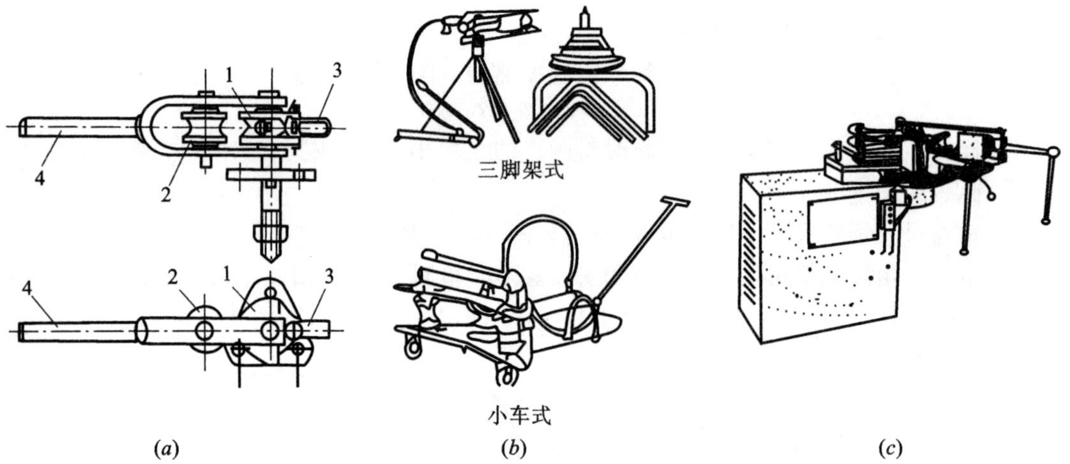

图 3.6 弯管器

(*a*)手动弯管器；(*b*)液压弯管器；(*c*)电动弯管机

1—定胎轮；2—动胎轮；3—管子夹持器；4—摭杠

(4)钢锯和割管器

钢锯和割管器属于常用的手工切割管子的工具，如图 3.7 所示。钢锯的锯齿长度为 300mm，分粗齿和细齿两种，粗齿用于切断厚壁钢管，细齿用于切断薄壁钢管。其优点是简便、省电，缺点是速度慢。割管器通常用于切断公称直径在 100mm 以内的管子以及 $DN \geqslant$ 50mm 的铜管。其优点是切割速度快、切口平齐，缺点是切口会产生缩口，因此需用绞刀刮平缩口部分。

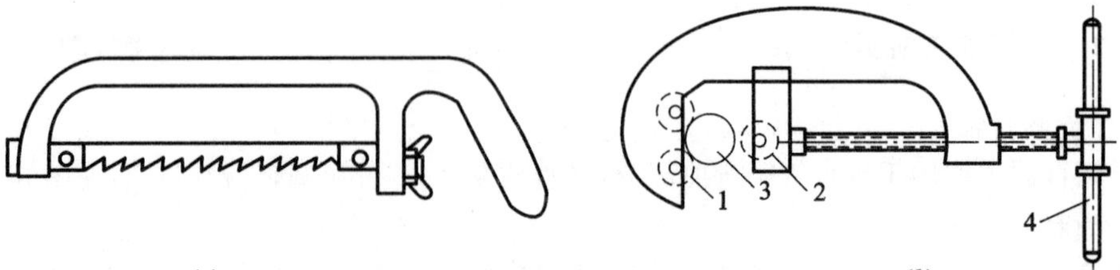

图 3.7 钢锯、割管器

(*a*)手工钢锯；(*b*)割管器

1—辊；2—刀片；3—被割钢管；4—操纵手柄

(5)砂轮切割机

如图 3.8 所示,砂轮切割机常用于切割公称直径 $DN200$ 以内的钢管和型钢等。其优点是切割速度快,缺点是噪声大。

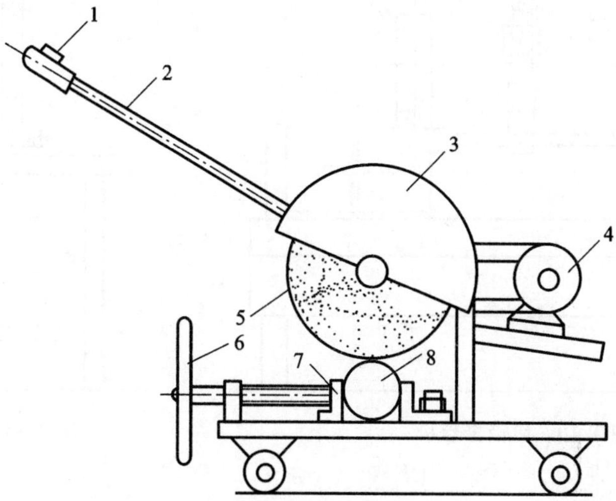

图 3.8 砂轮切割机

1—开关;2—操纵手柄;3—保护罩;4—电动机;5—砂轮片;6—调节手轮;7—夹持装置;8—被切钢管

(6)套丝板

如图 3.9 所示,套丝板(也称铰板)适用于黑、白铁管的管端加工螺纹。

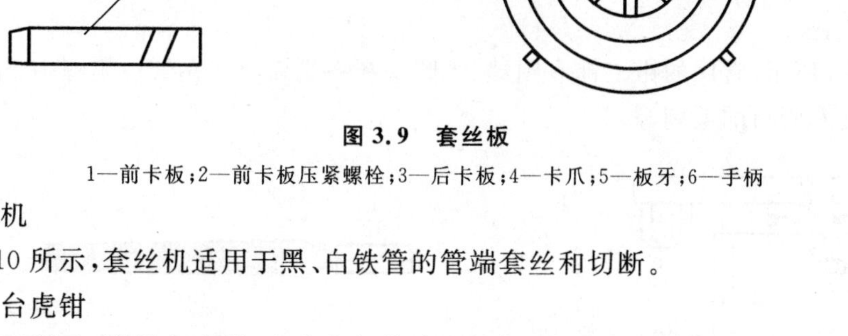

图 3.9 套丝板

1—前卡板;2—前卡板压紧螺栓;3—后卡板;4—卡爪;5—板牙;6—手柄

(7)套丝机

如图 3.10 所示,套丝机适用于黑、白铁管的管端套丝和切断。

(8)管子台虎钳

如图 3.11 所示,管子台虎钳(也称龙门轧头)适用于夹稳金属管材,进行手工锯管或套丝。

(9)捻口凿

如图 3.12 所示,捻口凿用于承插式铸铁管口的捻(打)麻和捻石棉水泥等填料。捻口凿端部的厚度有 2mm、4mm、6mm、8mm、10mm 五种,通常较长较薄的捻口凿用于捻麻,较短较厚的捻口凿用于捻石棉水泥等填料。

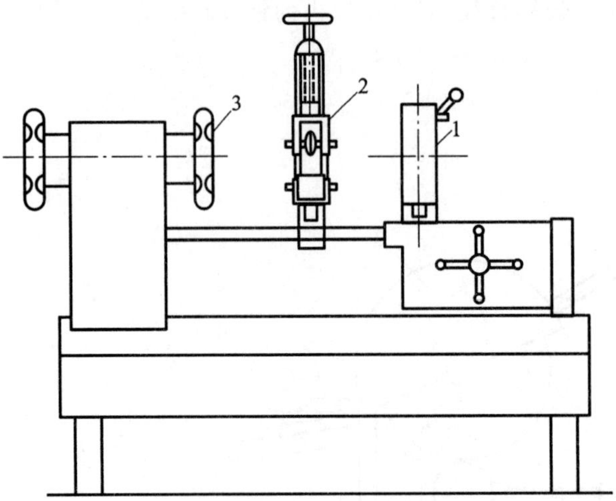

图 3.10 切管套丝机

1—套丝板;2—管子割刀;3—卡盘

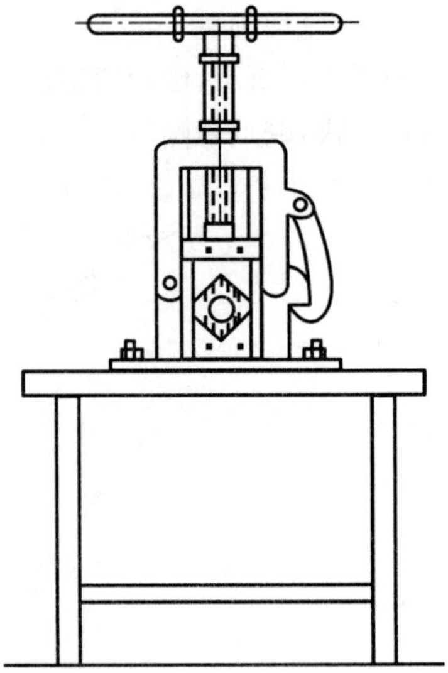

图 3.11 管子台虎钳

(10)管子钳

如图 3.13 所示,管子钳是用于黑、白铁管与其管件和附件螺纹连接的专用工具,利用管子钳可对管端的外螺纹与管件、附件的内螺纹进行拧紧操作。

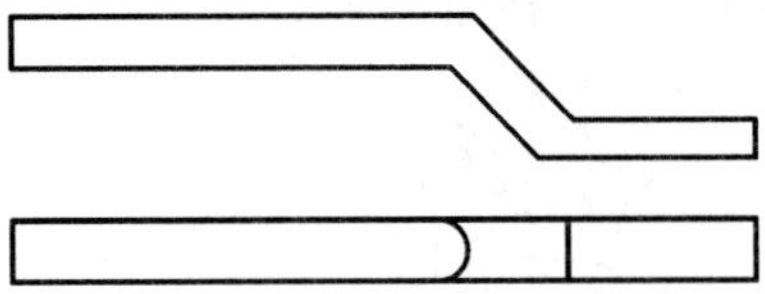

图 3.12 捻口凿

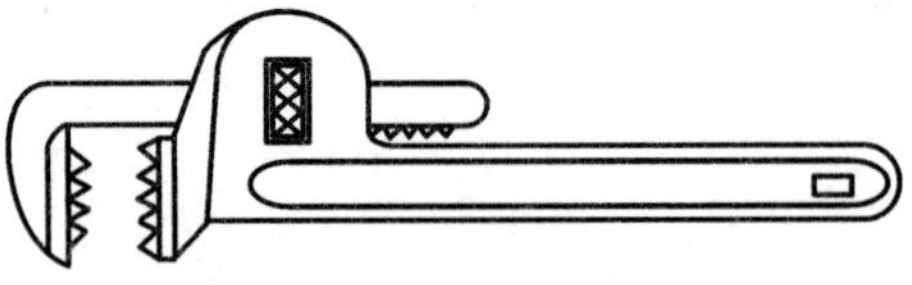

图 3.13 管子钳

(11)台钻

如图 3.14 所示,在管道工程中,台钻主要用于钻钢管法兰和通风管法兰的螺栓孔。

(12)钳工锉

如图 3.15 所示,常用的钳工锉有圆锉、半圆锉和齐头扁锉。在管道工程中,钳工锉主要用于修理螺栓孔和管口的毛刺等。

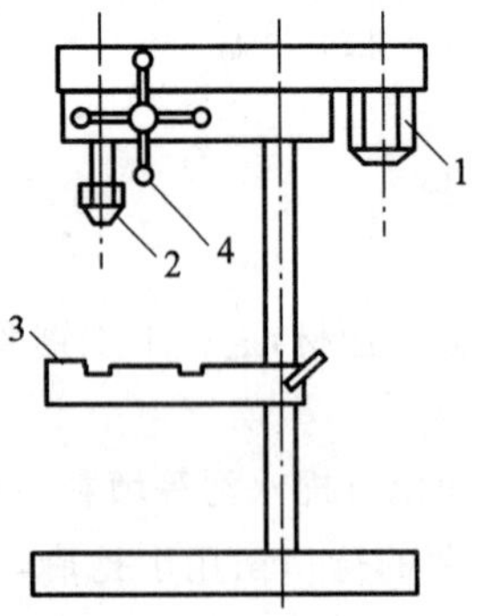

图 3.14 台钻

1—电动机;2—卡头;3—工作台;4—操纵手柄

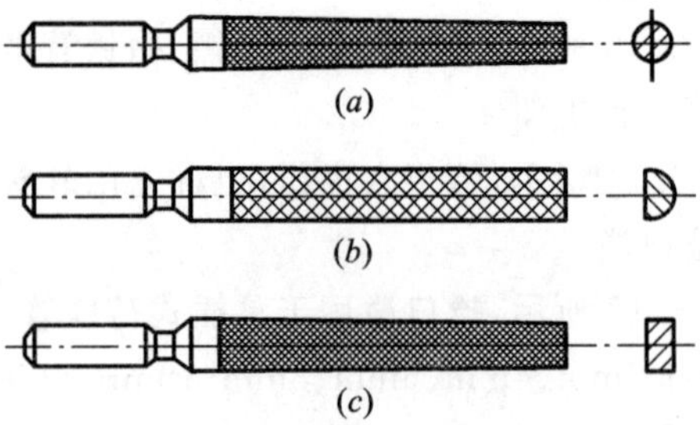

图 3.15 钳工锉

(a)圆锉;(b)半圆锉;(c)齐头扁锉

3.1.3　焊接机具

(1)电焊机

电焊机的种类、型号较多,常用的有交流和直流电焊机两种。图 3.16 所示为交流电焊机。

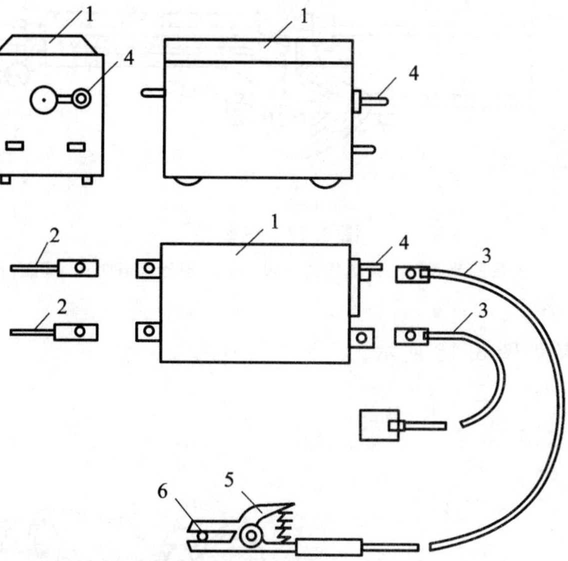

图 3.16　交流电焊机

1—电焊机;2—初级线;3—次级线;4—调节手柄;5—电焊钳;6—电焊条

(2)气焊

气焊设备如图 3.17 所示。

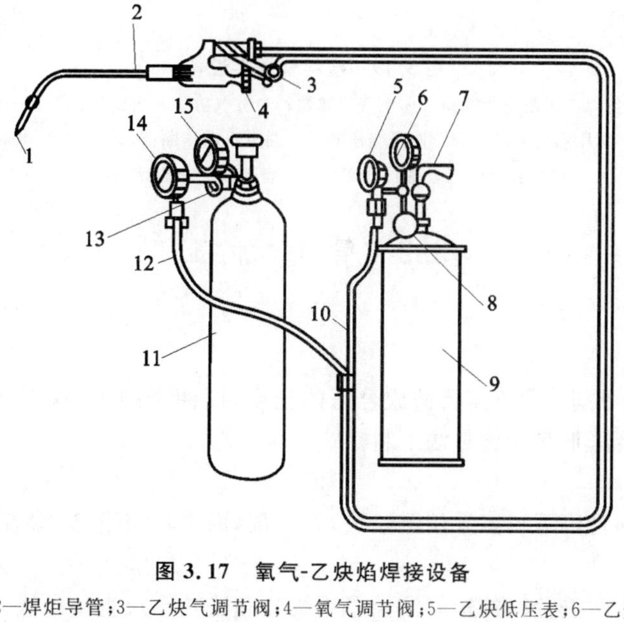

图 3.17　氧气-乙炔焰焊接设备

1—焊嘴;2—焊炬导管;3—乙炔气调节阀;4—氧气调节阀;5—乙炔低压表;6—乙炔高压表;7—溶解乙炔气瓶阀扳手;8—乙炔低压调节阀;9—溶解乙炔气瓶;10—乙炔气输出胶管;11—氧气瓶;12—氧气输气胶管;13—氧气压力调节阀;14—氧气低压表;15—氧气高压表

(3)气割枪

如图 3.18 所示,气割枪(也称射吸式割炬)常用于切割钢管、厚钢板、型钢以及钢管的坡口等。

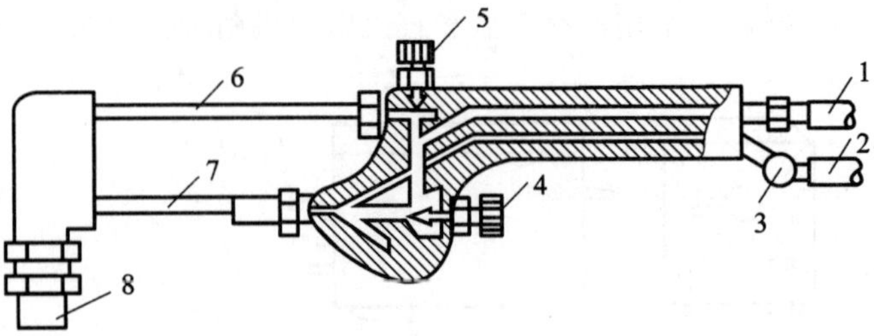

图 3.18 气割枪

1—氧气胶管;2—乙炔胶管;3—乙炔调节阀;4—预热氧调节阀;5—切割氧调节阀;6—切割氧气管;7—混合气管;8—割嘴

(4)塑料管焊接设备

塑料管的焊接设备如图 3.19 所示。

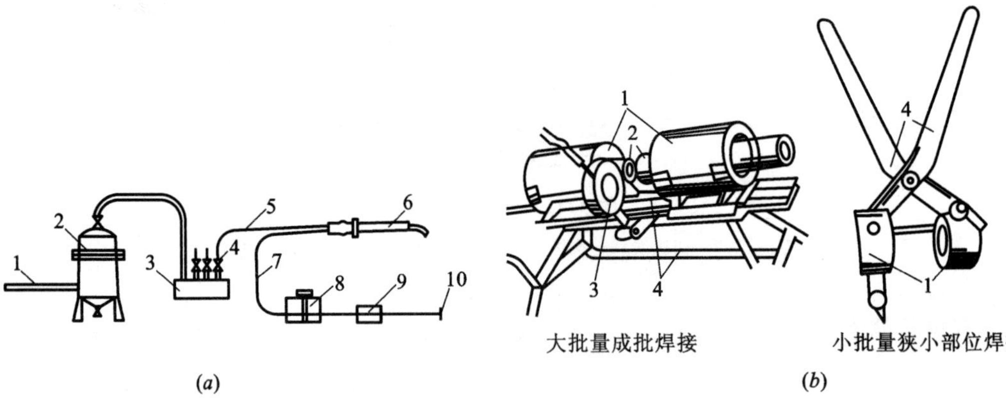

图 3.19 塑料管焊接设备

(*a*)热风焊接设备:1—压缩空气管路;2—空气过滤器;3—分气缸;4—气流控制阀;5—软管;6—焊炬;7—调压后的电源线;8—调压变压器;9—漏电自动切断器;10—220V 电源;

(*b*)塑料管熔焊设备:1—夹具;2—管端;3—加热盘;4—手柄

3.2 管道加工

3.2.1 下料

根据图纸的尺寸要求,管道需要截成合适的长度,以便于施工,这个过程称为下料。常用的下料方法包括测绘法下料和比量法下料。

1. 测绘法下料

法兰连接之间的管段下料多采用测绘法,如水泵、锅炉热交换器、除氧器、通风管道等设备配管和管道连接。

如图 3.20 所示,两法兰间的短管测绘可用线坠和法兰弯尺直接吊线测量得到下料长度。

如图 3.21 所示,两法兰间水平面上 90°弯管的测量,须同时使用两个线坠和两个弯尺。先将 *a*、*b* 的长度测量出来,然后再分别减去法兰的半径,即可得两端的实长。

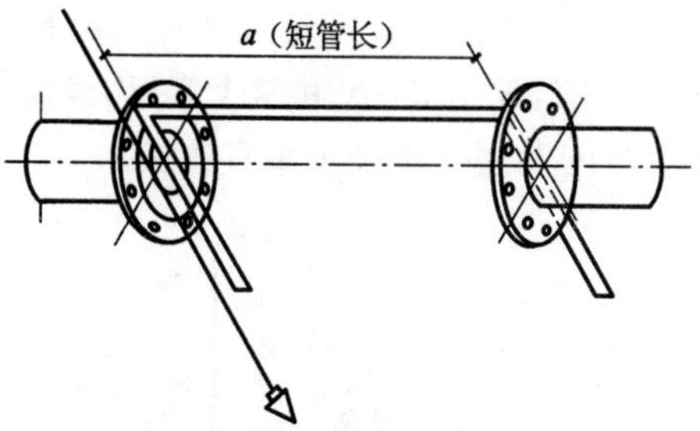

图 3.20　短管测绘方法

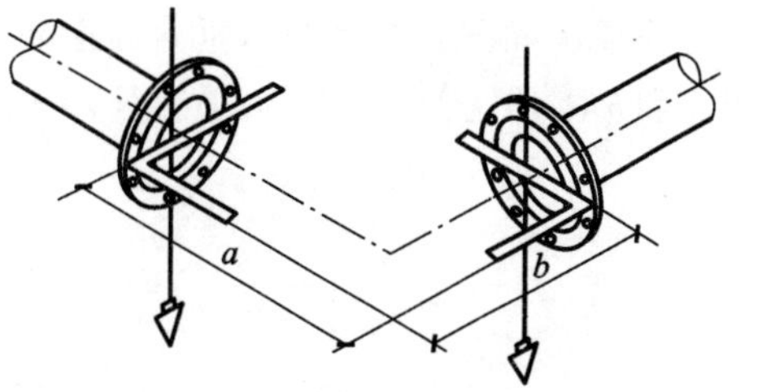

图 3.21　水平面上 90°弯管的测量

如图 3.22 所示，两法兰间的水平来回弯管长度的测量，可以用线坠和两个弯尺分别测量出 a 和 b，其中 b 加上法兰的半径即为实长。如图 3.23 所示，摆头弯管在测量时，先用线坠吊线配合水平尺和三个弯尺测量两端法兰孔是否端正，再用吊线和弯尺测绘出 a、b 的长度，并测绘出两端法兰的水平面和垂直面，最后用水平尺找平后直接测得摆头弯管高，即 h 加上法兰半径。

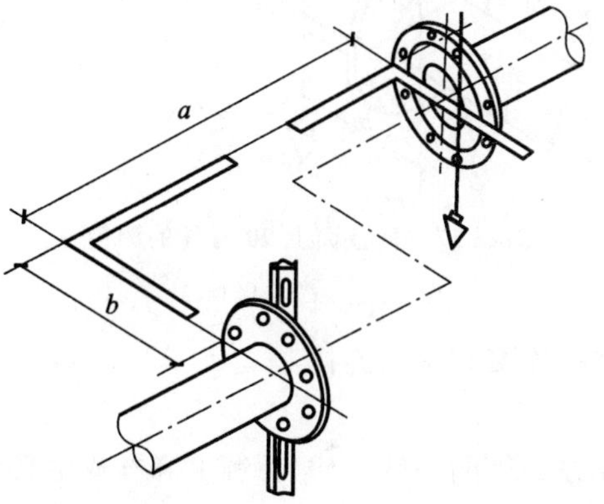

图 3.22　水平来回弯管长度的测量

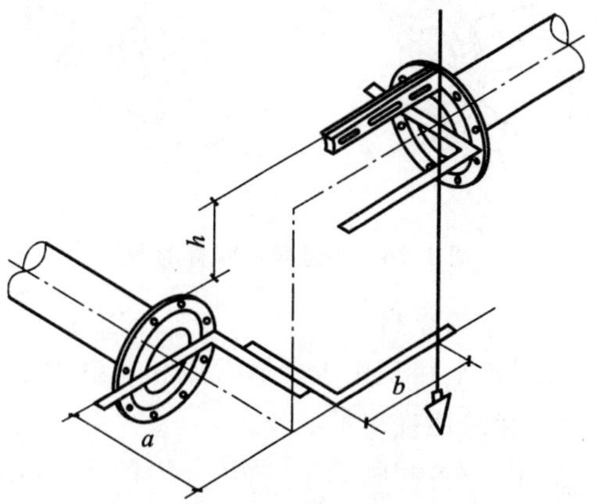

图 3.23　摆头弯管的测量

如图 3.24 所示，三通的测量可分为两步，首先是三通主管的测绘，其步骤和方法与两法兰间短管的测量完全相同。然后是三通支管的测绘，先用水平尺测绘三通支管的法兰口是否水平，再用直角弯尺或钢板尺测量法兰孔是否端正。接着用水平尺测量出三通支管的高度值 h 加上法兰的半径。若为偏心时，可以用吊线的方法进行测绘。如图 3.25 所示，180°弯管的测绘，可直接用两个水平尺测得 a 和 b。

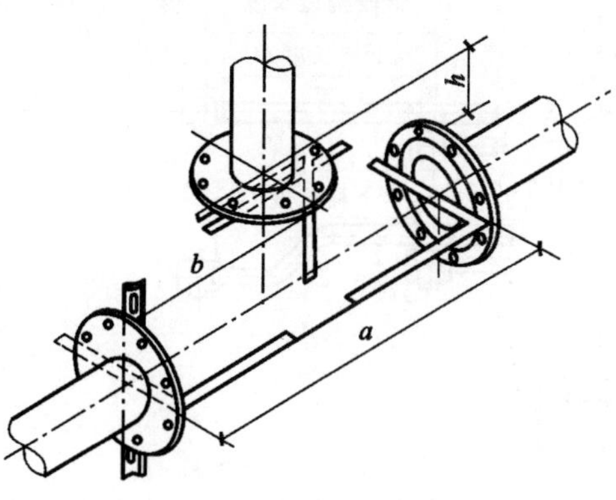

图 3.24　三通的测量

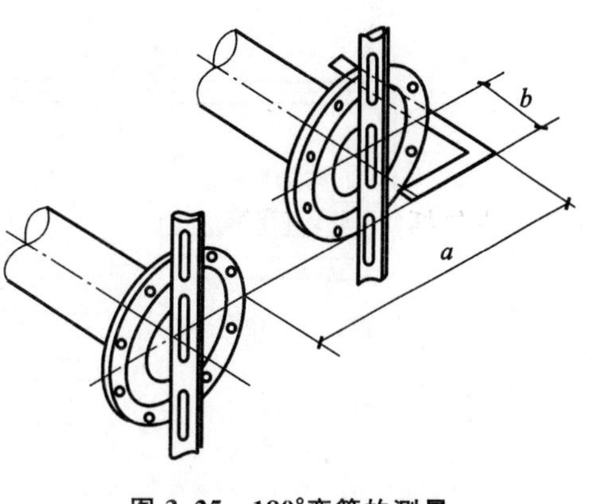

图 3.25　180°弯管的测量

如图 3.26 所示，任意角度弯管的测量，须用两个夸尺进行测量后再经过计算与放样的配合方可完成。如图 3.27 所示，垂直面上 90°弯管的测量，用线坠、水平尺和两个弯尺，经吊线可测出 b 和 h，b 加法兰半径为水平管长，h 加上水平尺的厚度及法兰半径为垂直管长。

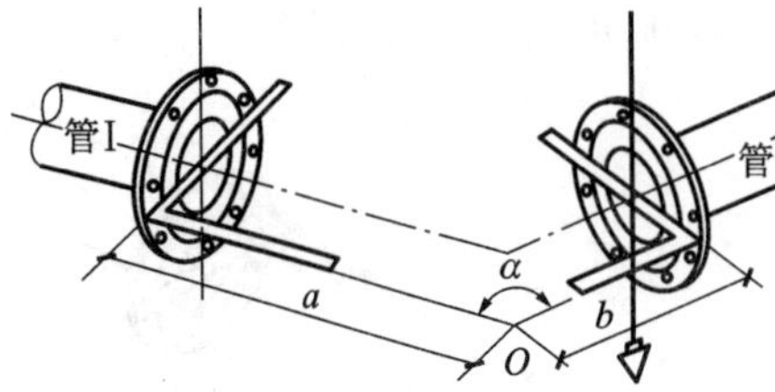

图 3.26　任意角度弯管的测量

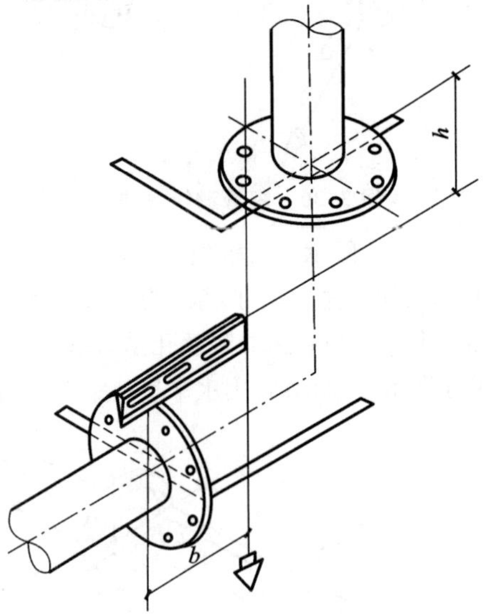

图 3.27　垂直面上 90°弯管的测量

2. 比量法下料

比量法下料多用于金属管道和非金属管道的螺纹连接和承插连接。

(1)螺纹连接比量法

如图 3.28 和图 3.29 所示。以图 3.28 为例，先在钢管的一端套丝，再缠上麻丝或生料带，并拧紧前方的管件。在管子的另一端用后方的管件比量，使两管件的中心距为构造长度 L，再从管件边缘量螺纹拧进深度 b，在钢管上用锯条锯出切断线，如图 3.28(a)所示。若遇弯管段时，先加工弯管，在弯管一端套丝，缠好填料，拧紧前方管件，再用此弯管与后方的管件进行比量，使两管中心距等于构造长度 L，量出拧进比量管件里的螺纹深度，此点画线即为切割线，如图 3.28(b)所示。也可先在一端套丝后再加工弯管，然后比量下料，如图 3.28(c)所示。

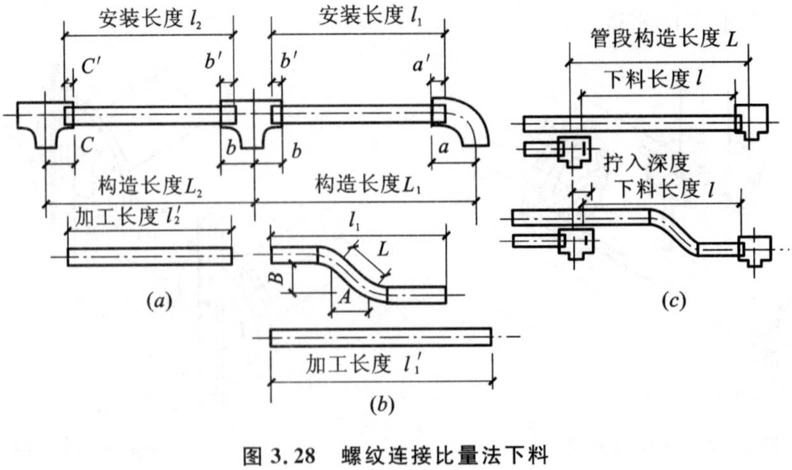

图 3.28　螺纹连接比量法下料

(2)承插连接比量法

如图 3.30 所示,将前后方两管件平放在地上,使其中心距等于构造长度 L,再将一承插直管放在两管件旁比量,置直管承口于管件插口的插入位置,另一端在管件承口插入深度的内边缘相对直管的位置上划线,即为下料切线。

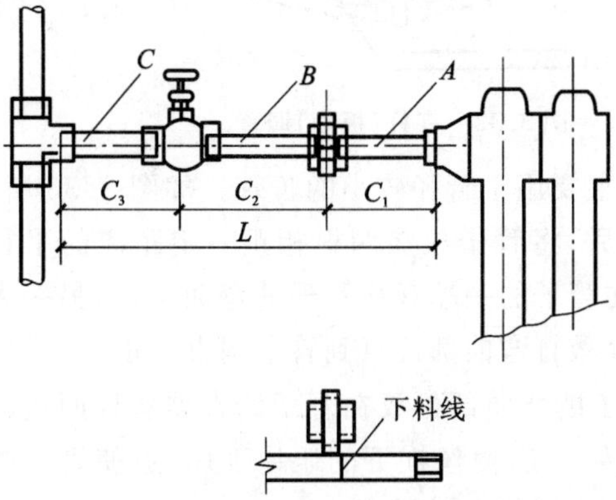

图 3.29　钢管螺纹连接比量法下料

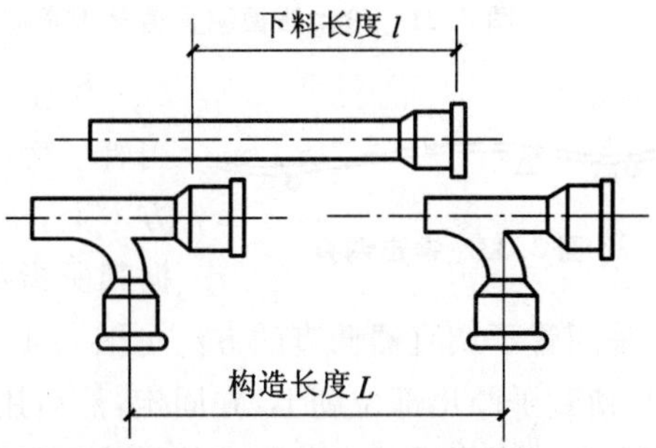

图 3.30　铸铁管承插连接比量法下料

3.2.2　管道调直、校圆、弯曲

1.管道调直

管子在装卸、搬运和存放过程中,经常会出现弯曲、管口呈椭圆或局部撞伤的现象。但是管道施工要求管子必须是直的,否则将影响管道的外形美观和应有功能。因此,安装时必须经过处理使之符合使用标准。

管道在处理之前应仔细检查变形的部位,分析变形的原因。检查的方法通常有两种:目测法和滚动法。

目测法适用于检查较短的管子,是检查管子是否弯曲最简单的方法。检查时将管子的一端抬起,用一只眼睛从一端向另一端看,管子表面上多个点都在一条直线上为直管;反之管子弯曲。

滚动法适用于检查较长的管子。如图 3.31 所示,检查时将管子平放在两根平行的钢管或方木上,慢慢滚动,当管子以均匀的速度滚动而无摆动,且可在任意一个位置停止时,那么该管为直管。若滚动快慢不均,来回摆动,说明该管是弯的,且停止时向下的一面为凸弯面,需做上记号,以便校直。

通常来说,当管径 $DN > 100$mm 时,管子产生弯曲的可能性较小,也不易调直,若有弯曲部分,可将其去掉,用在其他需要弯曲管的地方。$DN < 100$mm 的管子可以调直,管道的调直常采用冷调和热调两种方法。

(1)冷调

管径在 50mm 以内的管子一般都采用冷调直。根据具体操作方法的不同,又分为杠杆(扳别)调直、锤击调直和管子调直器调直。

杠杆(扳别)调直法如图 3.32 所示,将管子弯曲部位作支点,用手加力于施力点。调直时要不断变动支点部位,使弯曲管均匀调直而不变形。

图 3.31　滚动法检测管道是否弯曲

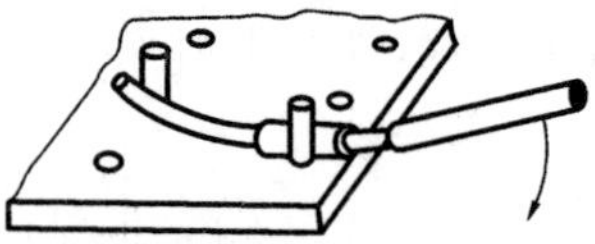

图 3.32　杠杆(扳别)调直

图 3.33　锤击调直

锤击调直法主要用于管径较小的长管。如图 3.33 所示,当管子弯度确定后,将管子放在两根相距一定距离的平行的方木上,一人站在管子的一端观察管子的弯曲部位,另一人根据其所指点,用锤敲打弯曲部位直到管子调直为止。

采用管子调直器调直的方法见图 3.4。将管子的弯曲部位放在管子调直器丝杠两边的凹槽中,使管子凸出部位朝上,并固定,然后用力旋转丝杠,使丝杠下的压块下压,迫使管子凸出部位变直。用管子调直器调直的弯管质量较好,并可减轻劳动强度。

(2)热调

直径在 100mm 以下、50mm 以上或者直径虽小但弯度大于 20°的管子,可用热调法调直。如图 3.34 所示,热调法调直是先将管子弯曲部分(不装砂子)加热(气焊或烘炉加热均可)到 600～800℃(火红色)后,平放在由四根以上管子组成的滚动支架上,加热部位放置在中央。作滚动支架用的管子应为同一管径且放在同一平面上。已加热的管子在上边滚动,就可以利用管子自重使其变直。弯曲太大的管子可以先在弯曲部位上轻压后再滚,应边滚边冷却,以保证管子不再弯曲。为加速冷却,可边滚边在加热部位均匀地涂些废机油。

由于铝管质软易变形,铝管的调直通常用木锤或方木棒轻轻敲打即可。为便于检查和操作,常把铝管紧贴在槽钢的内侧短边上,根据管子和槽钢短边的间隙拍打。

2. 管道校圆

钢管多数在管口处出现不圆的情况,其中间部分除硬性变形外,一般不易变形。管口校圆的方法有锤击校圆、特制外圆对口器校圆和内校圆器校圆三种。

(1)锤击校圆

如图 3.35 所示,用锤均匀敲击椭圆的长轴两端附近,并用圆弧样板检验校圆结果。

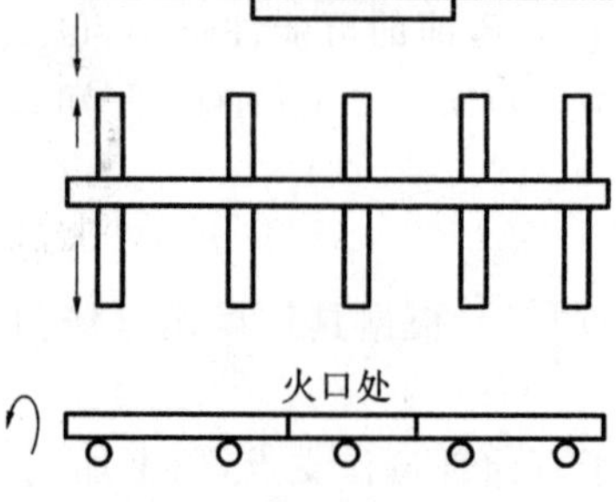

图 3.34　弯管热调直

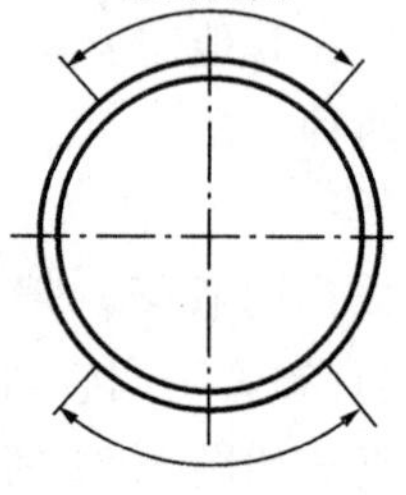

图 3.35　锤击校圆

(2)特制对口器校圆

外圆对口器适用于大口径并且椭圆度较轻的管口，在对口的同时进行校圆。管口外圆对口器的结构如图 3.36 所示，把圆箍套在圆口管的端部，并使管口超出 30mm，使之与椭圆的管口相对。在圆箍的缺口内打入楔铁，通过楔铁的挤压把管口挤圆，然后点焊。

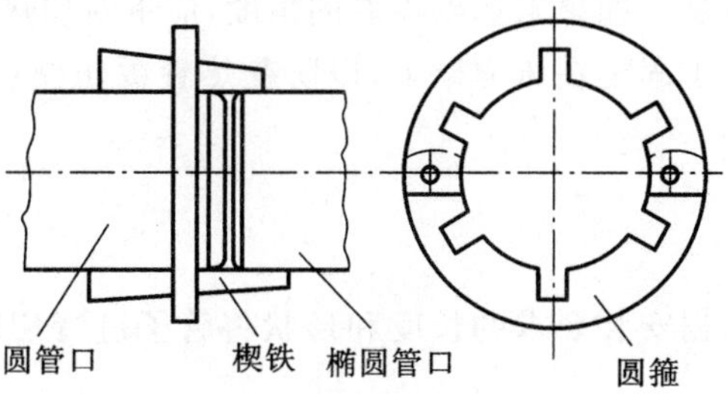

图 3.36　特制对口器

(3)内校圆器校圆

如果管子的变形较大，或者有瘪口现象，可采用内校圆器校圆，如图 3.5 所示。铝管校圆是用硬木制成的外径与管子内径相同的圆柱形胎具，将头部削圆，穿上线绳，用绳将胎具穿过管内，使变形部位随胎具而撑圆。

3. 管道弯曲

施工中常常需要改变管路走向，将管子弯曲以达到设计规定的角度。管子弯曲制作方法可分为冷弯和热揻弯两种。

(1)冷弯

冷弯是在管子不加热的情况下，对管子进行弯曲处理。冷弯通常使用手动弯管器、液压弯管器和电动弯管机等工具，其共同优点是管子不需加热，管内不需灌砂，操作简便，效率很高，但是只适用于管径小、管壁薄的管子。

手动弯管器[图 3.6(*a*)]一般可以弯制直径 32mm 以内的管子。弯管时，把需要弯曲的管子插入定胎轮和动胎轮之间，一端由夹持器固定，然后推动揻杠围绕定胎轮转动，直至弯成所需角度。每一对胎轮(胎具)只能揻制一种管径的弯管。

液压弯管器[图 3.6(*b*)]是利用液压原理通过靠模把管子弯曲，其操作方法与手动弯管器基本相同。使用液压弯管器操作省力省工，效率较高。

电动弯管机[图 3.6(*c*)]是由电动机通过减速装置带动传动胎轮，在胎轮上设有管子夹持器，以夹紧管子固定在动胎轮上。然后旋转压紧模上的丝杠使导槽与管子相接触。弯管时，动胎轮和被夹紧的管子一起旋转至所需弯曲的角度。电动弯管机也配有各种尺寸的胎轮和导槽，以满足弯制各种管径管子的需要。

(2)热揻弯

冷弯虽然因操作简便、省工省力等优点被广泛采用，但它也有无法解决的问题，如对管壁超薄、管径较大、铜铝等特殊材料制成的管子等难以满足弯管需求，而热揻弯能够解决冷弯无法解决的问题。

热揻弯首先将管子的一端用木塞堵上，灌入干燥砂(一定要干燥，必要时要进行烘烤)，用榔头轻轻在管子外壁上敲打，使管内的砂子震实，再将管子的另一端用木塞堵上，然后根据尺寸要求画好线进行加热(加热长度将在第 3.2.5 节管件制作中介绍)。加热方法既可使用加热炉，也可使用氧气-乙炔焰加热(施工现场一般采用后者加热)，要使受热管段受热均匀，并使管内的砂子同时受热，当受热管段表面呈橙红色时(900～950℃)即可进行揻制。如管径较小(32mm 以内)或者弯曲的角度不大，可适当降低加热温度。

在整个弯曲过程中用力要均匀，速度不宜过快，但操作要连续，不可间断，当受热管表面呈暗红色时(700℃)应停止揻制。如果未达到需要的角度，应重新加热后再进行揻制。在揻制过程中要注意安全，必须将管子固定在压力架下，以防受热管烫伤操作人员，并且操作人员必须穿戴好防护用品。

3.2.3 管道切割

在管道安装前，需要根据安装要求的长度和形状将管子进行切断。管道切割后的切口质量应符合下列要求：

a. 切口表面应平整，不得有裂纹、毛刺、凹凸、缩口、熔渣和铁屑等杂质存在；

b. 切口平面倾斜偏差应不大于管径的 1%，且不大于 3mm。

根据管子的材质和管径的不同，切割的方法也不同。归纳起来主要有手工切割、机械切割和爆破切割三大类。

(1)手工切割

手工切割的方法包括钢锯切割、割管器切割和錾切。

钢锯(图 3.7)适用于切割各种金属管、塑料管、胶管等，直径一般不超过 150mm。操作要点：①在被切管道上画出切割线，然后按切割线位置把管子固定在台虎钳上；②锯条安装时，应注意锯齿向前安在锯弓上，然后上直拧紧锯弓；③锯割时，右手紧握锯把，左手扶锯弓前部，用推力进刀，注意回拉时不要用力，并且始终保持锯条与管子轴线垂直；④锯口要锯到底部，不应把剩余部分折断，防止管壁变形。

割管器(图 3.7)一般可以用于切割 $DN \leqslant 100$mm、除铸铁管和铝管以外的各种金属管。割管器的管子割刀有四种规格，一号管子割刀适用于切割 $DN=15 \sim 50$mm 的管子，二号适用于切割 $DN=15 \sim 25$mm 的管子，三号适用于切割 $DN=25 \sim 75$mm 的管子，四号适用于切割 $DN=50 \sim 100$mm 的管子。其操作要点：①首先在被割管道上画出切割线，然后把管子紧固在龙门压力式台虎钳上；②将管子套到割管器的两个滚轮和一个滚刀之间，刀刃对准管子切断线，拧动把手，使滚轮夹紧管子，然后转动螺杆，滚刀即沿管壁切入；③一边转动螺杆一边拧把手，使滚刀不断切入管壁，直至切断为止；④割管器切割管子，因管口受到滚刀的挤压，内径缩小，增加管道的阻力，故在切割后须用铰刀插入管口，刮去管口缩小的部分。

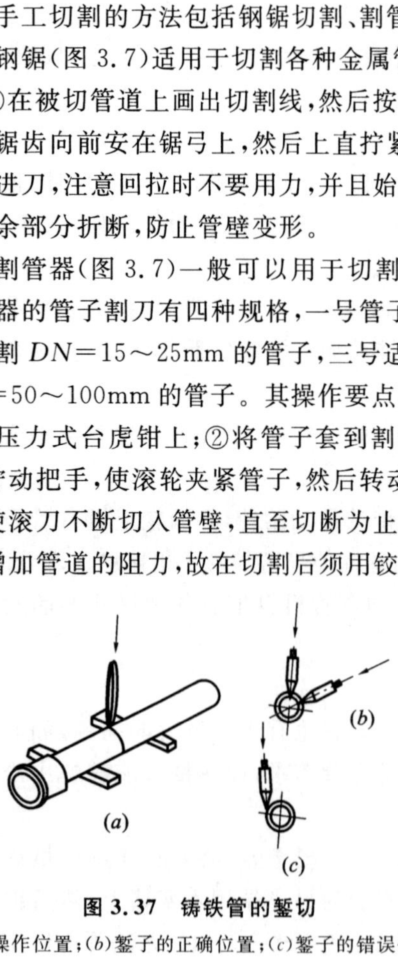

图 3.37 铸铁管的錾切

(*a*)操作位置；(*b*)錾子的正确位置；(*c*)錾子的错误位置

錾切适用于材质较脆的管子，如铸铁管、混凝土管、陶土管等。其操作要点：①錾切管子时，管子下面垫上方木，在管子上画出切断线；②錾子打击时方向要垂直通过管子的中心线，不能偏斜，如图 3.37 所示；③较大管径的管子錾切时，可由两人操作，一人掌錾子一人打锤，錾子应把正，管子两端不应站人，以防铁屑飞出伤人。

(2)机械切割

机械切割的特点是效率高、质量稳定、劳动

强度低，适用于大批量、大直径管子的切断。切割的主要方法有磨切、切管机切割及气割。

磨切是用砂轮切割机(图 3.8)进行管道切割。电动机带动砂轮高速旋转，以磨削的方式切断管子，管道切断后要及时消除管口的毛刺和铁屑。

切管机切割是以刀具和管子的相对运动来切断管子。

气割是利用氧气和乙炔燃烧时产生的热能，使切割的金属管在高温下熔化，再由气割枪(图 3.18)割嘴喷出高压氧气气流，将熔渣吹离金属，管子被切断。这种方法适用于 $DN \geqslant 40mm$ 的各种碳素钢管的切割，不适用于合金钢管、不锈钢管、铜管、铝管及需要套螺纹的管道的切割。

(3)爆破切割

爆破切割即爆破断管，是将一定数量的炸药，即直径为 5.7～6.2mm 的矿用导爆索缠绕在被切割管表面，经起爆装置(雷管)使之爆炸，以切割管体，如图 3.38 所示。爆破切割管道主要是利用导爆索高速爆炸瞬间形成的爆震波，使需切割处的管壁周围承受足够的冲击力而切断管体。爆破切管的切口质量与导爆索缠绕的数量、缠绕方式及缠绕的松紧程度有关，还与管子的材质、口径、壁厚有关。对于砂型离心铸铁管，一般采用爆切法切割。另外，导爆索还能爆切水泥管，但管壁中的钢筋无法爆断，需待混凝土爆切后用钢筋钳将钢筋剪断。由于水泥管的材质、厚度不一，导爆索的缠绕圈数均应通过试验确定。爆切不宜在人口稠密区进行。

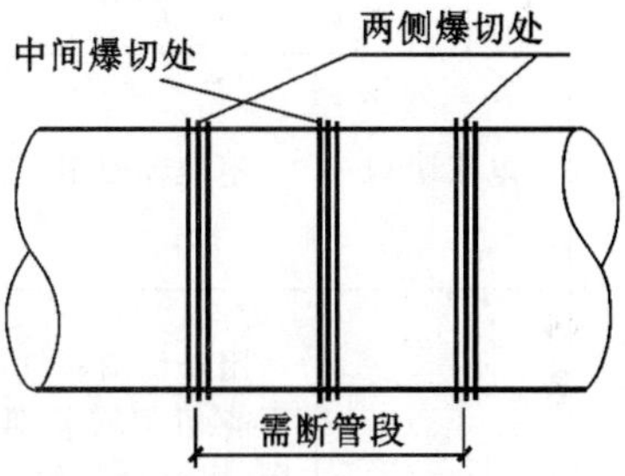

图 3.38　爆破切管

管子的切割方法较多，主要的切割方法、应用范围及特点见表 3.1。

表 3.1　管道切割方法、应用范围及特点

<table>
<tr><th>分类</th><th colspan="2">切断方法</th><th>应用范围</th><th>特点</th></tr>
<tr><td rowspan="5">机械切割</td><td rowspan="2">锯切</td><td>手工锯</td><td>多用于切断 $DN \leqslant 50mm$ 的小管子</td><td>在现场修理中应用广泛，适用于各种金属管和非金属管</td></tr>
<tr><td>锯床</td><td>多用于切割成批的管子和直径较大的管子</td><td></td></tr>
<tr><td colspan="2">刀切</td><td>通常适用于 $DN \leqslant 100mm$ 的薄壁管子的切断。不同公称直径的管子需采用不同规格的管子割刀，其对应的使用范围如下：<table><tr><th>管子割刀号</th><th>被切管子的公称直径范围(mm)</th></tr><tr><td>1</td><td>≤25</td></tr><tr><td>2</td><td>15～50</td></tr><tr><td>3</td><td>25～80</td></tr><tr><td>4</td><td>50～100</td></tr></table></td><td>刀切即是用管子割刀切断。刀切比锯切速度快，断面整齐，操作简易，但每次进刀量不宜太大，否则刀片容易崩裂损坏。在刀切过程中，刀口可加油润滑。经刀切切断的管子，其断面因受挤压内径稍有缩小，因此在要求较高的管道上，经刀切的管子端头需用锉刀或铰刀把缩小部分除去。在现场安装、修理中应用广泛</td></tr>
<tr><td colspan="2">磨切</td><td>可切割碳钢管、合金钢管，特别适合于现场切割不锈钢管</td><td>又称无齿锯切割。在切割管子用的砂轮切割机上装 2～3mm 厚的薄片砂轮来切割管子</td></tr>
<tr><td colspan="2">切管机切</td><td>主要用于大直径管子及合金钢管的切割</td><td>在切断管子的同时可切出坡口，能保证管材的性能，质量好、生产效率高，适合于大批量管子的切割和现场安装、维修时切断管子</td></tr>
</table>

续表 3.1

分类	切断方法		应用范围	特点
热切割	气割	氧气-乙炔焰	主要用于大直径碳素钢管及异形切口的切割，在现场施工中应用广泛。管道的施工规范规定，高压管、质量要求较高的管道、有淬硬倾向的合金钢管、不锈钢管、有色金属及其合金管、镀锌钢管（白铁管）不得采用气割。公称直径不小于 50mm 的中、低压碳钢管尽量不采用气割切断	利用氧气和乙炔燃烧时产生的热能，使被切割的金属在高温下熔化，生成氧化铁熔渣，然后借高压氧气流将熔渣吹离金属而切断管子。气割对切口的机械性能有影响，必须将切割表面黏附的氧化铁熔渣清除，尽可能将热影响区除去，将切口加工平整
	电弧切割		不推荐使用	电弧切割是利用电弧焊工具将电能转变为电弧的高热而进行切割，在临时性的零星修理中，为了切割高熔点金属管子（如大直径铸铁管）而时有采用
	等离子切割		用于切割氧气-乙炔焰和电弧所不能切割或较难切割的不锈钢、铜、铝、铸铁、钨、钼，甚至陶瓷、混凝土和耐火材料等非金属材料。镍铬不锈钢管应尽可能采用机械切割，若用等离子切割，切割之后应用铲、砂轮将切口上含 Cr_2O_3 和 SiO_2 的熔瘤、过热层及热影响区（一般厚 2～3mm）除去	等离子切割是利用等离子切割设备产生的等离子弧的高热进行切割。等离子弧与电弧不同的是，其电离度更高，不存在分子和原子，能产生更高的温度和更强烈的光辉。等离子弧的温度高达 15000～33000℃，由于它是将自由电弧的弧柱进行强迫“压缩”（称之为“压缩效应”）而获得的，其能量比电弧更集中，现有的高熔点金属和非金属材料在等离子弧的高温下都能被熔化。等离子切割的生产效率高、热影响区小、变形小、质量高

3.2.4 管道套丝、坡口加工、缩口与扩口加工

1. 管道套丝

管道工程中，螺纹连接（又称丝扣连接）是最常用的管道连接形式。螺纹连接是通过内、外管螺纹，把管道与管道、管道与阀件连接在一起。但要对管子进行管道套丝加工，即在管子端头加工出管螺纹，以便进行管道的螺纹连接。

管螺纹（俗称丝扣）连接有几种不同的方式，其中以圆柱形内螺纹套入圆锥形外螺纹能获得较紧密的连接。因工厂生产的阀件、管件采用圆柱形内螺纹，所以要求管端加工出来的管螺纹是圆锥形外螺纹。管道套丝有手工套丝与机械套丝两种方法。

管道套丝质量标准如下：

①螺纹端正，不偏扣，不乱扣，光滑，无毛刺，断扣和缺扣的总长度不得超过螺纹全长的 10%；

②在纵向上不得有断缺处相靠；

③螺纹要有一定的锥度，松紧程度要适当；

④螺纹长度以安装连接件后尚外露 2～3 扣为宜。

管子螺纹加工尺寸见表 3.2。

表 3.2　管子螺纹加工尺寸

管子规格 公称直径 (mm)	管子规格 公称直径 (in)	短螺纹 长度(mm)	短螺纹 螺纹扣数(扣)	长螺纹 长度(mm)	长螺纹 螺纹扣数(扣)	连接阀门的螺纹长度(mm)
15	$\frac{1}{2}$	14	8	50	28	12
20	$\frac{3}{4}$	16	9	55	30	13.5
25	1	18	8	60	26	15
32	$1\frac{1}{4}$	20	9	65	28	17
40	$1\frac{1}{2}$	22	10	70	30	19
50	2	24	11	75	33	21
65	$2\frac{1}{2}$	27	12	85	37	23.5
80	3	30	13	100	44	26

(1)手工套丝

手工套丝是使用套丝板(又称铰板,见图 3.9)实现管道套丝的。铰板分为普通式铰板、轻便式铰板和电动铰板等。管道施工中,常用的是普通式铰板。随着科学技术的不断发展和电气焊技术的日益普及,大直径管子的连接多已采用焊接连接。即使需要螺纹连接的,由于大直径管子套螺纹颇消耗体力,如今也多采用专用机床车制。在管道安装中,由于套螺纹工作量较大,为了减轻工人体力劳动,*DN*50 以上的管子多在专用机床上先车制出一端带螺纹的短管,以备将它焊在需要连接的部位上,故目前很少使用 3in 以上的铰板。

管子手工套丝步骤与方法如下:

①套螺纹前,首先选择与管径相对应的板牙,按顺序号将 4 个板牙依次装入铰板板牙室。装入前,注意把铰板上的铁屑扫净。

②将管子放在管压钳上夹持牢固,使管子呈水平状态,管端伸出管压钳约 150mm。注意管口不得有椭圆、斜口、毛刺及扩口等缺陷。

③将后卡爪滑动手柄松开,把铰板套进管口;然后转动后卡爪滑动手柄,将铰板固定在管子端头上;再将板牙松紧把手上到底,并将活动标盘对准固定盘上与管径相对应的刻度上,使其与管径相吻合;最后上紧标盘固定把手。

④操作时,首先站在管端的侧前方,面向管压钳,两腿一前一后分开。一只手压住铰板,同时用力向前推进;另一只手握住手柄,按顺时针方向扳动铰板。待铰板在管头上戴上扣后,再斜侧着身子站在管压钳旁边,扳动手柄,手工套管子螺纹操作。

⑤开始套螺纹时,动作要慢,且要稳重,注意操作者彼此协调,不可用力过猛,以免套出的螺纹与管子不同心而造成啃扣、偏扣。待套进两扣后,为了润滑和冷却板牙,要间断地向切削部位滴入机油。

⑥套制过程中吃刀不宜太深,套完一遍后,调整一下活动标盘,增加进刀量,再套一遍。一般要求:*DN*25 以内的管子,可一次套成螺纹;*DN*25～*DN*40 的管子,宜两遍套成;*DN*50 以上的管子,要分三次套制。

⑦扳动手柄时,最好由两人操作,动作要协调,这样不但操作省力,且可避免套出的螺纹产

生与管子不同心的缺陷。套制 $DN15 \sim DN20$ 的管子，一次可扳转 90°；套制稍大直径的管螺纹，一次可扳转 60°；套制 $DN50$ 或 $DN50$ 以上的管子，应视实际需要增加人力，同时也要增加扳转的次数。

⑧当螺纹加工到接近规定的长度时，一面扳动手柄，一面应缓慢地松开板牙松紧把手，且边松开边套制出 2～3 扣，以使螺纹末端套出锥度。

⑨套完螺纹退出铰板时，铰板不得倒转回来，以免损伤板牙和螺纹或造成乱扣。

⑩螺纹套好后，要用连接件试一试，以用手力能拧进 2～3 扣为宜。如套制的螺纹过松，则连接后的严密性差，且螺纹会很快被管道中的介质腐蚀；如套制的螺纹过紧，则连接时容易将管件胀裂，或因大部分管螺纹露在管件外面而降低连接强度。在严密性要求较高的情况下，可用逐渐松脱板牙松紧把手的方法，加大螺纹的锥度。

(2)机械套丝

机械套丝是指用套丝机(图 3.10)加工管螺纹。目前我国已普遍使用。使用套丝机套丝时，先将管子在卡盘内卡紧，由电动机经减速箱带动管子转动，扳动刀具托架手柄，使板牙头或铣锥作纵向运动，进行套丝及铣口工作。套完丝后可旋转切刀丝杠来进行切管。另外，套丝机的冷却液(润滑油)是通过主轴上的齿轮带动固定在机壳内的齿轮泵而喷出的。

套丝机一般以低速进行工作，操作时不可逐级加速，以防损坏板牙或毁坏机器。套丝时，不可用锤击的方法旋紧或放松背面挡脚、进刀手把和活动标盘。套长管时，要将管子架平。螺纹套成后，要将进刀手把及管子夹头松开，将管子慢慢退出，避免碰伤螺纹。直径在 40mm 以上的管子，套丝时要分两次进行，不可一次套成，以防损坏板牙或出现坏丝。前后两次套丝的螺纹轨迹要注意重合，否则将出现乱丝。

2.管道坡口加工

当管子壁厚超过 3.5mm 时，焊接前需要在管子端头加工出坡口，然后进行管子对口焊接，这样才能使管子达到一定的焊透程度，保证管子焊缝具有足够的强度。

管子焊接时，坡口的正确与否将直接影响管子的焊接质量。管子坡口形式及尺寸的选用，应考虑保证焊接接头的质量、填充金属少、便于操作及减少焊接变形等原则。当设计无规定和要求时，焊接常用的坡口形式及尺寸如表 3.3 所示。不同壁厚的管子、管件，当内壁错边量Ⅰ、Ⅱ级焊缝超过壁厚的 20%且大于 2mm 时，应采用轧制焊件坡口形式和锻、铸焊件坡口形式，如图 3.39 所示。

表 3.3　焊接常用的坡口形式及尺寸

序号	坡口名称	坡口类型	焊条电弧焊坡口尺寸(mm)				备注
1	I形坡口	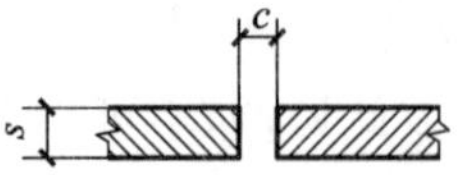	单面焊	s c	≥1.5～2 $0^{+0.5}$	>2～3 $0^{+1.0}$	
			双面焊	s c	≥3～3.5 $0^{+1.0}$	≥3.6～6 $0^{+1.0}_{-0.5}$	
2	V形坡口	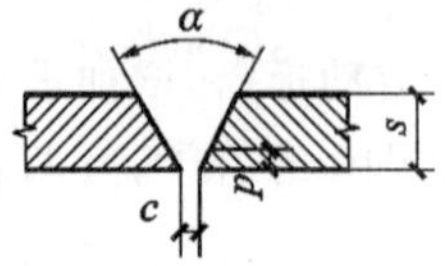		s α c p	≥3～9 70°+5° 1±1 1±1	≥9～26 60°+5° 2^{+1}_{-2} 2^{+1}_{-2}	

续表 3.3

序号	坡口名称	坡口类型	焊条电弧焊坡口尺寸(mm)	备注
3	带垫板 V形坡口	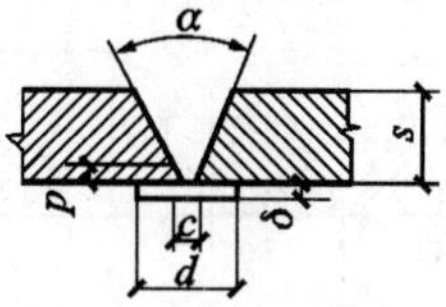	s: ≥6～9, ≥9～26 c: 4±1, 5±1 $p=1\pm1$ $\alpha=50^\circ\pm5$ $\delta=4\sim6$ $d=20\sim40$	
4	X形 坡口	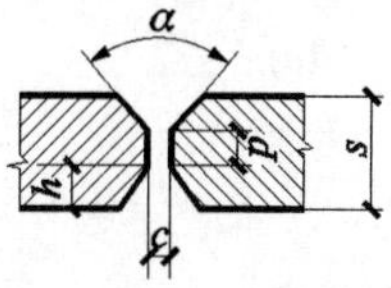	$s\geqslant12\sim60$ $c=2^{+1}_{-2}$ $p=2^{+1}_{-1}$ $\alpha=60^\circ\pm5^\circ$	
5	双V形 坡口	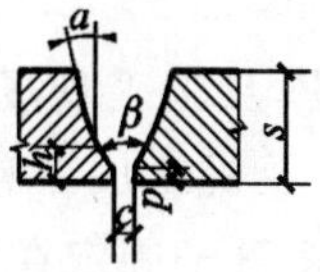	$s\geqslant30\sim60$ $c=2^{+1}_{-2}$ $p=2\pm1$ $\alpha=10^\circ\pm2^\circ$ $\beta=70^\circ\pm5^\circ$ $h=10\pm2$	
6	U形 坡口	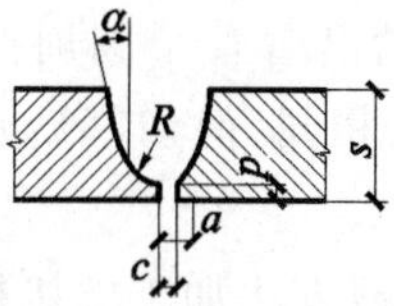	$s\geqslant20\sim60$ $c=2^{+1}_{-2}$ $p=2\pm1$ $R=5\sim6$ $\alpha=10^\circ\pm2^\circ$ $a=1.0$	
7	T形接头 不开坡口	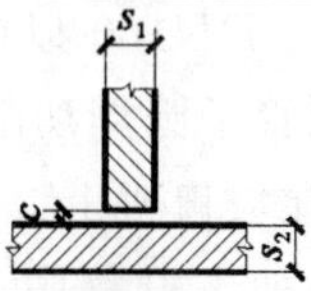	$s_1\geqslant2\sim30$ $c=0^{+2}$	
8	T形接头 单边 V形坡口	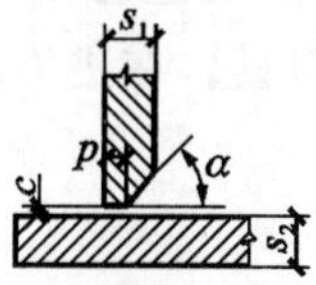	s_1: ≥6～10, ≥10～17, >17～30 c: 1±1, 2^{+1}_{-2}, 3^{+1}_{-3} p: 1±1, 2^{+1}_{-2}, 2^{+1}_{-2} $\alpha=50^\circ\pm5^\circ$	
9	T形接头 对称 K形坡口	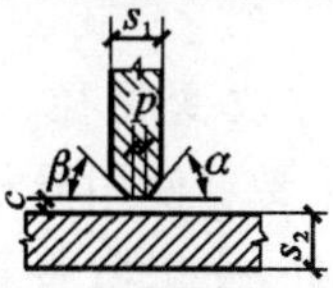	$s\geqslant20\sim40$ $c=2_{+1-2}$ $p=2\pm1$ $\alpha=\beta=50^\circ\pm5^\circ$	
10	管座坡口	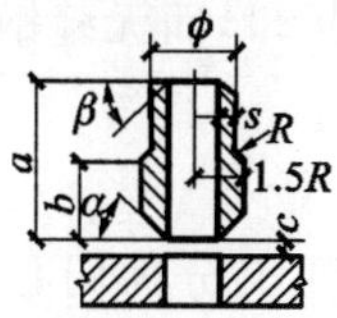	$a=100$ $b=70$ $c=2\sim3$ $R=5$ $\alpha=50^\circ\sim60^\circ$ $\beta=30^\circ\sim35^\circ$	管径 ϕ≤76mm
11	管座坡口	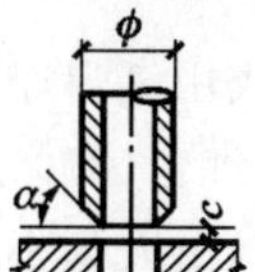	$c=2\sim3$ $\alpha=45^\circ\sim60^\circ$	管径 ϕ76～ϕ133mm

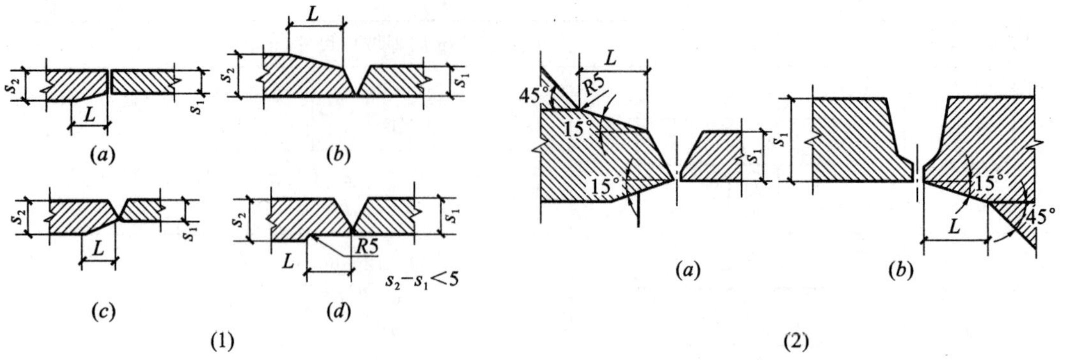

图 3.39 轧制、锻件焊件坡口形式

(1)轧制焊件;(2)锻件焊件

管道坡口的加工方法,应根据焊缝种类、管道直径、壁厚及施工现场所具备的加工条件选择。常用的加工方法有氧气切削、锉削、磨削、錾削、坡口机及机床加工等。

直径较小的管子,可用手工方法加工管子坡口。首先将管子固定在管子台虎钳上,然后用锤子敲打扁錾,使扁錾按所需的坡口角度顺次錾削,再用锉刀锉平。加工Ⅲ、Ⅳ级焊缝及较大直径的管子坡口,可采用氧-乙炔切割法。操作时,将割嘴沿着管子圆周按需要的角度顺次切割。用氧-乙炔切割管子坡口的操作方法与气割操作方法相同,但切割后必须除净其表面的氧化皮,并用手砂轮将影响焊接质量的凸凹不平处磨削平整。

Ⅰ、Ⅱ级焊缝及铝、铝合金、不锈钢管的坡口,采用机械方法加工。机械加工管子坡口常用坡口机。坡口机分手动和电动两种。手动坡口机用于加工 *DN*100 以内的管子坡口,首先将管子固定在管子台虎钳上,操作时按管径大小调整刀距,顺管子圆周切削,可以一次开成,也可多次开成。用电动坡口机加工管子坡口时,先将管子夹持在坡口机上,注意管端与刀口间要留出 2～3mm 的间隙,防止因一次进刀量过大而损坏刀具。加工过程中,应谨慎地将刀对准管端平面,要缓慢进刀,并应加注冷却液冷却刀具,防止损坏刀具。在进刀结束时,尚应保持原位继续旋转几圈,以使管子坡口光洁。

加工管子坡口除上述方法外,还有等离子弧切割法。

3. 管道缩口与扩口加工

在管道安装中,按设计要求常需要在管道的指定部位改变管径。除对某些小管径(如 *DN*32 以内的采暖管道,采用螺纹连接)管道变径须按设计要求使用异径管连接,或较大管径管道变径须采用钢板卷制或钢管焊制的大小头做连接件外,一般常将管子做成缩口或扩口。在一般情况下,焊接钢管只能在热状态下进行管子缩口或扩口,而无缝钢管只能在特殊情况下才允许在冷状态下扩口。

(1)管道缩口加工

将大管子的管端收缩变小,称为缩口。管道的缩口加工又分为同心缩口加工和偏心缩口加工。

加工同心管道缩口时,先将管子预收缩端放在烘炉里(或用气焊燎烤)加热。加热过程中,注意要边加热边转动管子,以使其加热均匀。待加热端呈橘红色(800～900℃)时取出管子,将加热端放在铁砧上,然后用手锤从后向前边锻打边转动管子,由大到小,管面圆弧逐渐过渡,使小头部分呈均匀的收缩状。锻打时,锤面要与管面垂直,防止管面产生麻面。如果要求收缩较大,为避免一次收缩不均,一遍缩口不成,可分次加热、分次锻打,直至达到需要的缩口为止。

加工偏心管道缩口时,注意管端下部不应加热。如用烘炉加热,取出管子时,可在用水冷却管子的下部后再进行缩口加工。锻打时,要注意不断地向左右旋转管子,以使其过渡均匀、圆滑。为便于掌握小管径的圆度,可先用一根管子加工成两个同心缩口,然后从中间断开即可。变径过渡部分的长度,应视管径大小而定,为减小管道阻力,变径过渡部分一般不小于该管的外径。

(2)管道扩口加工

与管道缩口相反,将管子的端部扩大,称之为管道扩口。

管道扩口,同样先将管子预扩口端放在烘炉里(或用气焊燎烤)加热,用手锤边锻打管端的管壁内面边不停地转动管子,逐渐地将管端处的管口扩大。也可将管子加热端水平套在圆钢柱上,然后用手锤在管壁的外面锻打,以逐渐减薄管壁,增大圆周长,达到扩口的目的。由于管子扩口后管壁相应变薄,因此管子扩口时只允许扩大一级管径。

经缩口和扩口的管端,不应有皱折、裂纹和壁厚不均等缺陷;管口应圆正、平直,不应出现凸凹不平的现象。

3.2.5　管件制作

在管道安装中,经常因管路走向和管径大小的变化而需要用相适应的管件来满足其变化要求。标准管件可以在市场采购,而非标准管件则需由自己加工制作。下面介绍几种施工中常用管件的制作方法,即弯头制作、变径管制作、三通制作。

1.弯头制作

弯头是改变管路走向的管件。一般可分为光滑弯管和焊接弯头两种。弯管的制造方法不同,其弯曲半径也不同。弯曲半径的尺寸,从减小变形方面来说,选得越大越好;从便于安装和美观的方面来说,选小一些较好。所以,弯曲半径的选择应在不超出允许范围的条件下,选得尽量小。

弯曲半径通常用管子公称直径或外径的几倍来表示,一般规定钢管热揻弯时,弯曲半径不小于管子外径的3.5倍,冷弯时不小于管子外径的4倍,焊接弯头不小于管子外径的1.5倍,冲压弯头不小于外径。

(1)光滑弯管

光滑弯管的制作,一般采用冷弯和热揻弯的方法(前面已作介绍)。下面只介绍光滑弯管热揻弯时加热长度的计算公式。

90°弯曲管道长度计算:如图3.40所示,图中 L_1 一般不小于400mm,从起始弯点 A 画出加热长度 L,从图3.40中可以看出管道的弯曲部分(即从 a 点到 b 点)的长度,也就是以 R 为半径所画圆周长的1/4,即:

$$ab = \frac{2\pi R}{4} = 1.57R$$

上式说明,90°弯管弯曲部分的展开长度为弯曲半径的1.57倍。

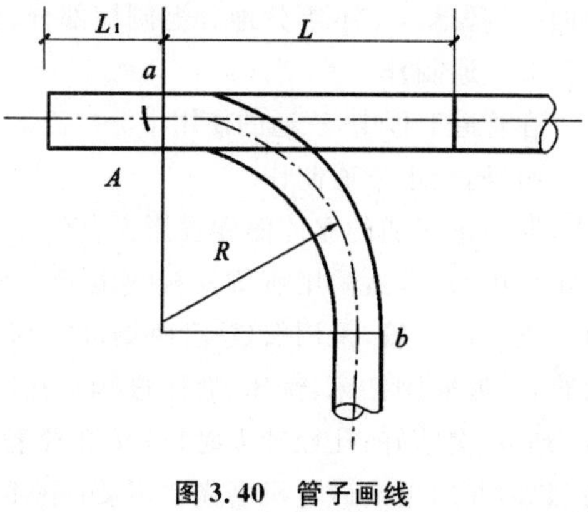

图3.40　管子画线

任意弯曲半径和任意弯曲角度的弯管,其弯

曲部分的长度计算公式为：

$$L=\frac{\pi\alpha R}{180}=0.0175\alpha R$$

式中 α——弯曲角度；

R——弯曲半径。

(2)焊接弯头

焊接弯头是由若干节带有斜截面的直管段构成的，组成的节数有两个端节及若干个中间节。端节为中间节的一半，中间节两端须带有斜截面，以便于焊接。焊接弯头适用于公称压力1.6MPa以下的管道。每个弯头的节数不应少于表3.4所列的节数。端节和中间节可用展开图的方法，先做出样板，再根据样板在管材上画出切割线，切断成若干节后，拼焊而成。

表3.4 焊接弯头的最少节数

弯头角度	节数	其中	
		中间节	端节
90°	4	2	2
60°	3	1	2
45°	3	1	2
30°	2	0	2

2.变径管(大小头)制作

当管道需要改变管径时，一般使用变径管。变径管俗称大小头，有同心和偏心之分，可根据施工和设计要求选择使用。制作大小头通常有以下两种方法：

(1)加热摔制大小头

加热摔制大小头(也称缩口)，就是将管子需摔制的一端用氧气-乙炔焰加热呈暗红色(800～900℃)，用手锤敲打，边锤击边转动管子，由大到小，使大小头均匀收缩。若管口收缩较大时，应分数次加热敲打收缩，以免一次收缩不匀。该种方法在前面已作详细说明，这里不再赘述。

(2)钢管焊制大小头

钢管焊制大小头(又称抽条)，就是把管子的圆周分成若干等分三角形，隔一去一，剩下的合拢敲圆，焊后即为小头。偏心大小头的加工方法与同心大小头基本相同，不同的是为了使管壁向一侧偏斜，应不等分地分瓣割掉部分，将余下部分合拢、敲圆、焊接。

3.三通制作

在管道工程中，三通的使用十分广泛。三通种类很多，下面介绍三种常用三通的制作方法。

(1)同径正三通制作

同径正三通的立体图和投影图如图3.41(a)所示。加工同径正三通时，首先在管道上画出定位中心线，然后用雌雄样板裹着管道对准中心，用石笔画出切割线，便可进行开孔切割。对碳钢大口径管，采用氧气-乙炔焰进行切割，对小口径管采用手锯切割。对不锈钢及有色金属管，一般采用钻床、铣床、搪床进行开孔，小口径管也可用手锯开孔。用钻床开孔时，如孔径较小应一次钻好；孔径较大时，可按孔径轮廓先钻出若干个8～12mm的小孔，用风铲铲除残留部分，并用角向砂轮机磨光。需要注意的是，同径正三通制作时，主管上的开孔应按支管内径的尺寸，并不得超过主管圆周的中心线。主管与支管组对时，最上部为角焊缝，尖角处为对接焊缝，其余部分为过渡状态。因此，主管的开孔在角焊处不坡口，而应在向对焊处伸展的中点处开始坡口，到对焊处为30°。支管要全部坡口，坡口的角度在角焊处为45°，对焊处为30°，从角焊处向对焊处逐渐缩小坡口角度，均匀过渡。

三通管件组对时，主、支管位置要正确，不能错口。制作后在平面内支管不应有翘曲，组对间隙在角焊处为2～3mm，对焊处为2mm。支管的垂直偏差不应大于其高度的1%，且不大于3mm。各类三通的制作均应符合上述要求。

(2)异径正三通制作

异径正三通由两节不同直径的圆管垂直相交而成，其立体图和投影图如图3.41(*b*)所示。异径正三通管件的开孔切割和组对方式基本上与同径正三通相同，主管上的开孔按支管内径的尺寸确定。主管与支管组对时，主管不坡口，支管坡口角度为45°，组对间隙为0.5～2.0mm。若支管管径为主管的1/3以下时，可将支管插入主管孔内进行组对，此时主管孔应进行坡口，坡口角度为45°，而支管不坡口，组对间隙仍为0.5～2.0mm，支管管端插入的深度要求与主管内壁平。

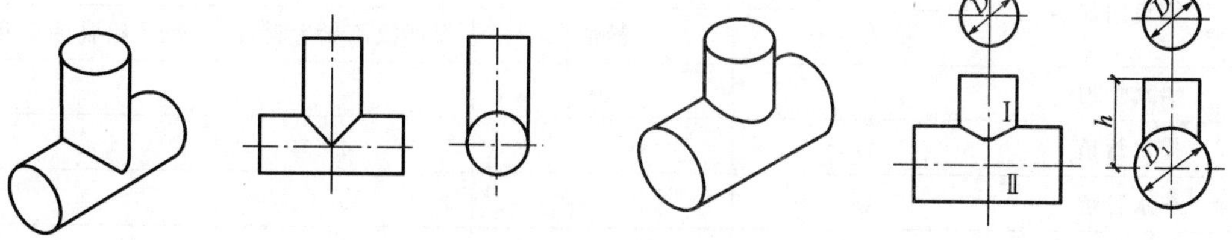

(*a*) (*b*)

图3.41 正三通立体图和投影图

(*a*)同径正三通；(*b*)异径正三通

(3)斜三通制作

斜三通的开孔切割方法同正三通，制作时一般主管与支管都需坡口，坡口应根据夹角大小和开孔大小灵活掌握，大多加工成对接焊的形式。以45°斜三通为例，在钝角一边的上半只，可全部坡口30°～45°，下半只最前面交角处为30°，逐渐向两管夹角处加大坡口角度，夹角处的坡口最大。主管与支管组对时，应留出足够的间隙，以满足焊接的要求。

3.3 管道连接

3.3.1 管道的螺纹连接

螺纹连接亦称丝扣连接，是管道连接的基本方法之一，通过内外管螺纹把管道与管道、管道与阀件、管道与设备连接在一起。螺纹连接的特点是易于安装与拆卸，便于调整，施工简单，抗压能力低，一般用于镀锌钢管、衬塑镀锌钢管、铜管、PVC-U管和一些PP-R管(在墙外面)的连接。另外，一些带螺纹的设备、附件和经常拆卸不允许动火的场合多用此种方法连接。

1.管螺纹的连接形式

管螺纹分为圆柱管螺纹和圆锥管螺纹，其牙型代号分别为G和ZG，牙形角均为55°，每英寸的牙数、螺距、螺纹高度等也相同。圆锥管螺纹的锥度为1/6。这两种管螺纹的螺线方向均分左旋螺纹和右旋螺纹，一般介质均选用右旋，只有易燃易爆等特殊介质选用左旋。

由于管螺纹有两种类型，所以管螺纹连接常用的有三种套入形式：圆柱形内螺纹套入圆锥形外螺纹、圆锥形内螺纹套入圆锥形外螺纹和圆锥形内螺纹套入圆柱形外螺纹。

一般是管件设备加工成圆柱形内螺纹，管子加工成圆锥形外螺纹，这种方法施工方便，密封性能也好；但可锻铸铁管件大都采用圆锥形内螺纹，其与管子圆锥形外螺纹连接效果更好。

2.管螺纹的连接方式

(1)短丝连接：属于固定性连接，常用于管子与设备或管子与管件的连接；

(2)长丝连接：长丝是管道的活连接部件，代替活接头，常用于与散热器的连接；

(3)活接头连接：由三个单件组成，即公口、母口和套母，常用于需要检修拆卸的地方。

管螺纹无论采用何种连接方式，均须在外螺纹和内螺纹之间加填料。常用的填料有铅油麻丝、石棉绳、聚四氟乙烯生料带等，填料的选用应根据管道所输送介质的温度和特性确定，可按表3.5选用。

表3.5 螺纹连接填料的选择

管道用途	填料选用			
	铅油麻丝	铅油	聚四氟乙烯生料带	一氧化铅甘油调和剂
给水管道	√	√	√	
排水管道	√	√	√	
热水管道	√		√	
蒸汽管道			√	
煤气管道		√		√
压缩空气管道	√	√	√	√
乙炔管道			√	√
氨管道				√
油品管道	√		√	

注：氧气管道采用螺纹连接时，可选用一氧化铅蒸馏水调和剂。

管螺纹连接安装时，常使用管钳和链钳。管钳是安装人员随身携带的工具，根据管径不同选用不同规格的管钳；链钳用于安装场所狭窄而管钳又无法工作的地方，链钳的适用管径范围较大。

3.管螺纹连接的注意事项

(1)在管端螺纹上加上填料，用手拧入2～3扣后再用管钳一次拧紧，不得倒回反复拧。铸铁阀门或管件不得用力过猛，以免拧裂。

(2)填料不能填得太多，以免堵塞管路，挤在螺纹外面的填料应及时清除。

(3)各种填料只能用一次，螺纹拆卸、重新安装时，应更换填料。

(4)一氧化铅与甘油混合后，需要在10min左右用完，否则会硬化，不能再用。

(5)在选用管钳或链钳时，应与管子直径相对应，不得在管钳手柄上套长管当手柄加大力臂。

(6)组装长丝时应采用下述步骤：

①在安装长丝前先将锁紧螺母拧到长丝根部；

②将长丝拧入螺纹接口，然后往回倒扣，使管子另一端的短丝拧入管箍中；

③管箍的螺纹拧好后，在长丝上缠麻丝抹铅油或加上其他填料，然后拧紧、锁紧螺母。

3.3.2　管道的法兰连接

法兰连接是用两片法兰将管道、阀门、设备等部件连接成一个严密的管道系统，是管道工程中常用的连接方法之一。其主要优点是拆卸方便、结合强度高、密封性能好、能够承受较大的压力；缺点是耗材多、造价高。法兰连接主要适用于钢管、铸铁管、塑料管、铜管等管材，广泛应用于带有法兰的阀件与管道的连接、需要经常检修的管道和高温高压管道的连接；适用于明设和易于拆装的沟设或井设管道上，不宜用于埋地管道上，以免腐蚀螺栓、拆卸困难。

1.法兰及法兰垫片的选用

法兰的选用应根据介质的性质(如腐蚀性、易燃易爆性、毒性和渗透性等)、温度和压力参数等进行选择；根据管道工程中介质的最大工作压力、最高温度将选用法兰材料换算为公称压力；且在选择时首先应选用国家标准法兰，其次是部标法兰，极特殊情况才采用自行设计的非标准法兰。

法兰连接时，为了使接口严密，不渗不漏，法兰盘之间须用垫片密封。常用的垫片材料有橡胶石棉板、耐酸石棉板、耐油橡胶石棉板等，应根据管道输送的介质选用。

使用法兰垫片时应注意如下事项：法兰盘的垫片要做成带把的形状，以便于安装；法兰垫片的内径不得小于法兰的孔径，外径应小于相对应的两个螺栓孔内边缘的距离，使垫片不遮挡螺栓孔；垫片边宽应一致。一个接口中只能加一个垫片，不能用加双层垫片、多层垫片或偏垫解决接口间隙过大的问题，达到严密不渗漏的目的。因为垫片层数越多，可能渗漏的缝隙越多，加之日久垫片材料疲劳老化，接口易渗漏。

法兰连接用的螺栓规格应符合标准，螺栓拧紧后两法兰密封面应平行，沿直径方向两个对称点的偏差不得超过表 3.6 的规定。此外，螺栓拧紧后露出的螺纹长度不应大于螺栓直径的一半。安装时，螺栓的朝向应一致。

表 3.6　法兰密封面平行允许偏差值

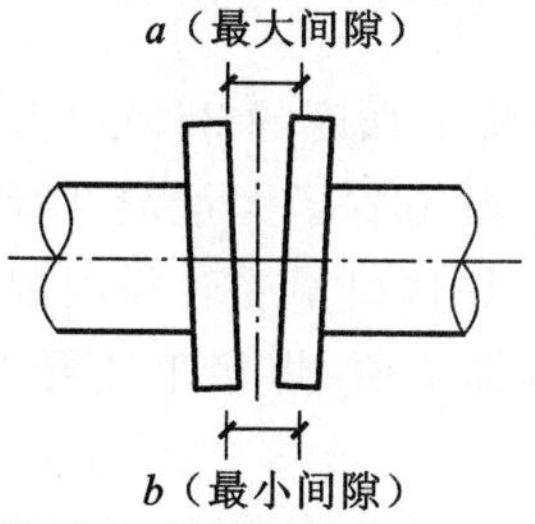

	公称直径(mm)	允许偏差($a-b$)(mm)	
		$P_\sigma<1.6$MPa	$P_\sigma=1.6\sim4.0$MPa
	≤100	0.20	0.1
	>100	0.30	0.15

2.法兰连接步骤

(1)焊接法兰时要使管子和法兰端面垂直，管口端面倾斜尺寸或垂直偏差不超过±1.5mm，组装前应进行检查。

(2)焊完后如焊缝高度高出密封面时，应将高出部分锉平。

(3)为便于装拆法兰、紧固螺栓，法兰平面距支架和墙面的距离不应小于 200mm。

(4)工作温度高于 100℃的管道，螺栓应涂一层石墨粉和机油的调和物，以便日后拆卸。

(5)拧紧螺栓应按一定顺序进行,一般每个螺栓分四次拧紧。由于螺栓数量一般为偶数,前三次应对称呈十字交叉拧动,最后一次按相邻顺序拧动。第一次拧紧程度达50%,第二次拧紧程度达60%~70%,第三次拧紧程度达70%~80%,最后按顺序拧紧程度达100%。

(6)法兰连接好后应进行试压,如发现渗漏,应更换垫片,直至合格。

(7)当法兰连接的管道需要临时封堵时,须采用法兰盖封堵,法兰盖的形式、结构、尺寸和材质应与所配用的法兰一致,只不过法兰盖中间无安装管子的法兰孔。

3.法兰不严的原因和消除方法

若通过试验发现法兰连接不严,应及时找出原因并加以处理,详见表3.7所示。

表3.7 法兰不严的原因及消除方法

主要原因	消除方法
垫片失效: (1)材料选择不当; (2)垫片过厚,被介质刺穿; (3)垫片有皱纹、裂纹或断折; (4)垫片长期使用后失效; (5)法兰张开后未换垫片,重新又合上	 更换新垫片,垫片材料应按管道输送的介质种类选用; 改换厚度符合规定的垫片; 改换质量合格的垫片; 定期更换新垫片; 安装新垫片
法兰密封面上有缺陷	(1)深度不超过1mm的凹坑和径向刮伤等,在车床上车平; (2)深度超过1mm的缺陷,在清理缺陷表面后,用电焊焊补,经手锉清理后再磨平或车平
相连接的两个法兰密封面不平行	热弯法兰一侧的管子,在需要进行弯曲的一侧,用氧炔焰管嘴将长度等于3倍直径、宽度不大于半径的带形面加热,然后弯曲管子使两个法兰密封面平行
管道投入运行后,未适当再拧紧法兰螺栓	在管道投入运行时,当压力和温度升高到一定值时,要适当再拧紧螺栓,在运行的最初几天应经常检查并继续拧紧

3.3.3 管道的焊接连接

管道的焊接连接包括电焊、气焊、氩弧焊、钎焊等多种焊接方法,多用于有缝钢管、无缝钢管、铜管、铝管和塑料管等管道的连接。镀锌钢管不能采用焊接连接方式,只能用螺纹连接,以免镀锌层被破坏。另外,塑料管通常采用热空气焊接。

焊接连接的优点:接口牢固严密,不易渗漏,焊缝强度一般达到管子强度的85%以上,甚至超过母材强度;属于管段间的直接连接,构造简单,管路美观整齐,既节省了大量定型管件,也减少了材料的管理工作;焊接口严密,不用填料,减少了维修工作;焊接口不受管径限制,速度快,比螺纹连接大大减轻了体力劳动强度。缺点是:接口固定,拆卸不便;焊接工艺要求严格,必须由专业人士操作。

1.电焊

(1)焊接时的电流计算

$$I=(m+nd)\cdot d \quad 或 \quad I=K\cdot d$$

其中 I——电流,A;

d——焊条直径,mm;

m,n——系数,$m=20,n=6$;

K——系数,一般取35~60。

焊接时电流及焊条直径的选择见表 3.8，焊接常用的坡口形式及尺寸见表 3.3。

表 3.8　焊接时电流及焊条直径的选择

钢板厚度(mm)	焊条直径(mm)	电流(A)	钢板厚度(mm)	焊条直径(mm)	电流(A)
1.6	2	40～55	9	4 5 7	170～200 230～260 260～300
2.4	2 3	60～70 85～100	12	4 5 6	180～220 250～270 270～310
3.2	2 3 4	65～80 90～110 125～140	16	4 5 6	190～220 260～270 280～310
5	3 4 3	120～130 145～170 125～145	19	4 5 6	190～225 260～270 280～320
6	4 5	160～200 180～230	25	4 5 6	190～230 260～270 280～340

(2)焊接的操作要点

①焊接时，所使用的焊条直径和焊接电流值应根据表 3.8 选择。

②每条焊波的宽度不宜大于焊条直径的 2～3 倍，高度不大于 5mm，焊波须熔合良好。

③焊接转动焊口时，公称直径不大于 200mm 的管子可沿单方向平焊完成；公称直径大于 200mm 的管子，每层施焊方向相反，且焊接起始点应错开。

④焊接固定焊口、横焊口时，应自下而上，采用短弧焊接。

⑤焊成的焊缝应有一定的加强面，加强面的高度和遮盖宽度应符合表 3.9 的要求。

表 3.9　焊缝加强面标准

管壁厚度 s(mm)	＜10	10～20	＞20
加强面高度 c(mm)	1.5＋1	2＋1	3±1
遮盖宽度 e(mm)	1～2	2～3	2～3

(3)焊接的质量检查

①外观检查。焊缝处的波纹粗细、厚薄均匀规整；加强面的高度和遮盖宽度尺寸应合乎标准；焊缝处无纵横裂纹、气孔及夹渣；管子内外表面无残渣、弧坑和明显的焊瘤。

②严密性检查。通常水和供热管道系统常用水压试验、气压试验或浸油试验检查焊口的严密性，对于高压或有特殊要求的管道，其焊接口可用 γ 射线透视或超声波探伤。一般水压试验和气压试验压力为工作压力的 1.25～1.5 倍，要求在规定的试验压力下，不渗水、不漏水为合格。

③强度检查。检查焊缝是否达到规定的机械强度。多在焊口或焊缝中抽检 5%进行强度试验，主要是进行拉伸试验及静力弯曲试验。焊缝的抗拉强度应大于母材强度的 85%。弯曲试验是当弯曲角度达到 100°时，弯曲面上无裂缝为合格。

2. 气焊

气焊是借助于气体燃烧所产生的热能，将被焊的两部分金属连接处熔化，使它们成为一个整体的过程。气焊的应用范围及优、缺点如表 3.10 所示。

表 3.10 气焊的应用范围及优、缺点

适用气焊的材料	厚度范围(mm)	主要接头形式	优点	缺点
低碳钢、低合金钢	≤6	对接、搭接、T 形接、端接	(1)设备简单,移动方便,在无电力供应地区也可以进行焊接; (2)可以焊接很薄的工件; (3)焊接铸铁和部分有色金属时焊接质量高	(1)热量较分散,热影响区及变形大; (2)生产效率低,不易焊接较厚的金属; (3)若某种金属因气焊火焰中氧、氢等气体与熔化金属发生作用,会降低焊缝性能; (4)难以实现自动化
不锈钢	≤3	对接、端接、堆焊		
铜、黄铜、青铜	≤20	对接、端接、堆焊		
铝、铝合金	≤20	对接、端接、堆焊		
镁合金	≤20	对接、端接		
铅	≤15	对接、搭接、搪铅		
硬质合金	—	堆焊		
铸铁	—	对接、堆焊、补焊		

另外,钢管管径为 15～32mm、管壁厚度小于 4mm 时,可采用气焊连接;当钢管管径为 40～80mm,施焊地点狭窄不能使用电焊连接时,也可采用气焊连接。气焊还可以焊接有色金属管道。气焊的焊丝和火焰选择见表 3.11、表 3.12。

表 3.11 气焊选用原则

参　　数	选用原则					
火焰种类	视焊接材料不同选用不同的火焰					
乙炔消耗量及氧气工作压力	根据金属熔点、焊件厚度、接头形式选择适宜火焰功率					
焊丝直径	工件厚度(mm)	1～2	2～3	3～5	5～10	10～15
	焊丝直径(mm)	1～2	2～3	3～3.5	3.2～4	4～5
焊嘴号数	根据材料厚度、材料性质、接头形式选定焊嘴					
焊嘴与焊件夹角	按焊件厚度、焊嘴大小、焊接位置确定,焊件厚度越大,夹角越大					
焊接速度	视操作技能及火焰强弱而定,在保证熔透的前提下提高速度					

表 3.12 气焊火焰选择和技术要求

焊接材料	气焊火焰选择	技术要求
钢管	中性焰	管径较小,钢管不需打坡口
黄铜管	氧化焰	用铜焊条
铬钢、铸铁、镀锌、硬质合金	还原焰	焊条与焊件材料相同

气焊操作的注意事项:

(1)乙炔瓶与焊接地点之间的距离应保证在 8m 以外,其附近严禁吸烟和点明火以免引起爆炸。

(2)当乙炔瓶冻结时,只准用蒸汽或热水解冻,不得使用火烤。乙炔气橡胶管不准沾上油脂或金属熔液。

(3)当喷嘴发生堵塞时,只允许用通针处理,不得用钢丝,以免扩大或损坏喷嘴。灭火时先关乙炔阀,后关氧气阀以免回火。点火时先开氧气阀,再开乙炔阀。

(4)对水管进行氧气切割前，应把管道内的水放掉，禁止对承压管道进行切割。

(5)钢管壁厚大于或等于3.5mm时，应用电焊，不得采用气焊。

(6)用氧气切割管子前，应先将管子上的氧化铁清除干净。

3.塑料管的焊接

塑料管的焊接通常可分为热风焊接和热熔压焊接两种，其焊口形式有插口、套管和对接三种。

(1)热风焊接

热风焊接设备如图3.19(*a*)所示，塑料焊条直径通常根据管壁厚度来确定，其选择方法可参考表3.13，塑料焊炬供气系统技术要求可参考表3.14。

表3.13 塑料焊条直径的选择

管壁厚度(mm)	单焊条直径(mm)	管壁厚度(mm)	对焊条直径(mm)
<5	2～2.5	<8	1.5～2
6～15	2.5～3	>8	2.5
>16	3～3.5	—	—

表3.14 塑料焊炬供气系统技术要求

项目		要求	备注
贮气罐压强(kPa)		3～5	实际使用1～10kPa
空气用量(m^3/h)	压强为50kPa	2～3	实际使用每支焊炬为20kPa
	压强为100kPa	4～6	
空气净化			需去油、水分及灰分

注：用快速焊炬时空气用量应大于12m^3/h。

热风焊接的操作要点：

①对焊接的管端应开60°～80°的坡口，留有1mm的钝边，对口间隙为0.5～1.5mm，焊缝处干燥清洁。

②焊接时使用的压缩空气的压力应保持在50～100kPa之间，焊接气流温度控制在200～250℃之间，焊接速度一般控制在120～150mm/min。

③焊接时，手持焊条的部位在距焊接点100～120mm处，并对焊条施加较小的压力，焊条须与焊缝垂直。

④焊炬喷嘴距焊条和焊缝的接触部位保持在7～10mm，焊炬喷嘴与焊条的夹角为45°左右。

⑤在焊接过程中，焊炬应均匀摆动，摆动频率和幅度可根据焊接温度灵活控制，要使焊条、焊缝同时加热。

⑥焊缝中的热熔焊条必须排列紧密，不能有空隙。焊缝应饱满平整，无波纹、断裂、烧焦和未焊透等缺陷。焊接完毕后，自然冷却即可。

(2)热熔压焊接

塑料管采用热熔压焊接时，使用设备如图3.19(*b*)所示，其操作要点如下：

①焊接前先将两根管口刨平，然后放在焊接设备的夹具上夹牢。

②将两根管子对正，管端间隙一般控制在0.7mm以下。

③接通电加热器电源，将管端脱脂，以电加热盘加热，使焊接表面 1～2mm 厚的塑料熔化。去掉电加热盘后，迅速将两管口以 100～250kPa 的压力加压使熔融表面联成一体。

④在上述压力下持续加压 3～10min，冷却后即可。

3.3.4 管道的承插连接

管道的承插连接分为刚性承插连接和柔性承插连接。刚性承插连接是用管道的插口插入管道的承口内，对位后先在内侧放入油麻、胶圈等嵌缝材料嵌缝，然后在外侧放入水泥、石棉、青铅、石膏等密封材料密封，使之成为一个牢固封闭的管道连接。柔性承插连接接头在管道承插口的止封口上放入富有弹性的橡胶圈，然后施力将管子插端插入，形成一个能适应一定范围内的位移和振动的封闭管。其优点是：具有较高强度、较好抗震性、水密性及粘结力好、便于拆卸。其缺点是：劳动强度大、施工操作不便。承插连接多用于带承插接头的铸铁管、混凝土管、陶瓷管、塑料管、不锈钢管的连接。

1. 接口的基本要求

(1)严密性：接口处不发生泄漏。

(2)持久性：保持较长时间的坚固和稳定。

(3)刚性接口能承受一定外来压力，接口不被破坏和渗漏；柔性接口具有一定柔性，可适应管道的少量位移和振动。

2. 嵌缝材料和密封材料的主要作用

(1)嵌缝材料的主要作用

①固定承插口之间的间隙，使承插口各处间隙相等，调整管线；

②防止密封材料塞入管道，减少通道面积；

③防止介质渗漏。

(2)密封材料的主要作用

①支撑、固定嵌缝材料用来防止嵌缝材料滑动、脱落、松散而失去防渗性能；

②密封嵌缝材料用来防止与空气接触而加速老化。

3. 接口类别、优缺点及适用条件

随着新型阻水材料和膨胀材料的出现，接口方法也越来越多，常见的接口类别及其优缺点、适用条件如表 3.15 所示。

表 3.15 常见接口的优缺点及适用条件

接口材料	优缺点	适用条件
青铅接口	刚性及抗震性能较好；不需养护，施工完后即可通水；造价高，施工难度大	穿越铁路、河谷及其他震动较大的地方；用于抢修
油麻石棉水泥接口	有一定的抗震性能及轻微的抗挠曲性能；造价较青铅低；打口劳动强度大，操作较麻烦	应用比较广泛，一般地基均可采用；震动不大的地方
自应力水泥砂浆接口	快硬早强、造价低、操作简单；刚性及抗震性能较差；抗碱性能差；填口时对手上皮肤有刺激	同油麻石棉水泥接口；遇有土质松软、基础较差地区最好不用
石膏水泥接口	材料易解决、成本低；操作简单、劳动强度低；操作时对手上皮肤有刺激	同油麻石棉水泥接口；气温低于5℃或管内水经常自接口流出时，不能使用该接口

续表 3.15

接口材料	优缺点	适用条件
银粉水泥接口	操作简单，工效高；成本比油麻石棉水泥接口降低 45%；可以承受较高水压	同油麻石棉水泥接口
楔形橡胶圈抗震接口	操作简便、抗震动；接口材料要求严格	地基条件较差、易震动的地方

4.承插连接操作

承插连接的工序一般分为管材检查和接口前准备、嵌缝材料施工、密封材料施工和养护四个阶段。

(1)管材检查和接口前准备

施工前应对管材和管件的外观质量进行检查，表面不得有裂纹，承口的内工作面不得有油污、飞刺、铸砂及凹凸不平的铸瘤等缺陷；插口的外工作面应光滑，不得有沟槽、凸脊等缺陷，必要时加以修整。所有材料的选择都必须符合相关规定。

(2)嵌缝材料施工

油麻、胶圈是承插接口的内层填料。当选用油麻作为嵌缝材料时，应将油麻拧成直径为接口间隙 1.5 倍的麻辫，长度比管子外径周长长 100～150mm。油麻辫在接口下方开始逐渐塞入承插口的间隙内，每圈首尾搭接 50～100mm，一般嵌塞油麻辫两圈，并依次用麻凿打实，填麻深度约为承口深度的 1/3。当管径大于或等于 300mm 时，可用胶圈代替油麻辫。对于有凸台的插口(砂型铸铁管)，胶圈应捻至凸台处；对于无凸台的插口(连续铸铁管)，胶圈应捻至边缘处。捻入胶圈时应使其均匀滚动到位，防止扭曲或产生“麻花”、疙瘩。如采用青铅接口，为防止高温铅液把胶圈烫坏，必须在捻入胶圈后再捻打 1～2 圈油麻。

(3)密封材料施工及养护

①青铅接口

青铅接口的优缺点及适用情况见表 3.15。在施工时，通常用 Pb-6 牌号的青铅，在铅锅内加热熔化至表面呈紫红色，铅液表面的杂质应在浇注前除去。灌铅前先检查承口内填料情况，承口内应刷洗干净、无水分，以防止爆炸。将布卡箍或三角胶带卡箍箍在承口外端，在卡箍上方留灌铅口，卡箍和管壁接缝部分用湿泥抹严。当管内有少量余水无法清除时，可在卡箍下方留一出水口，防止灌铅时爆炸。灌铅时装铅工具应事先预热，灌铅要一次完成。待铅凝固后，1～5min 即可拆除铅模，先用錾子剔掉环形间隙外部余铅，再用灰凿和锤子打实。先用较薄灰凿打一遍，再用较厚灰凿打三遍，一遍紧贴插口，一遍紧贴承口，第三遍从缝正中打，打一凿移动半凿，直至铅口表面打平打实为止。

青铅接口操作过程中要防止铅中毒。在浇注铅液前，承插口内不能有积水，否则会引起爆炸，发生烫伤事故。总之，青铅接口必须要由有实际操作经验的技工来进行示范或指导，不能单凭书面或口头交底来操作。

②油麻石棉水泥接口

油麻石棉水泥接口应用广泛，主要材料是不低于 32.5 级的水泥和软-4 级或软-5 级石棉绒，按质量比计石棉∶水泥为1∶5或 1∶10，水占水泥质量的 10%～12%。在气温较高时，水量适当增加，水的加量以灰料用手捏成团，松开手灰料在手掌中松散为好。石棉在填料中起骨架作用，可改善接口的脆性，有利于接口的操作。填打灰料前应对塞麻情况进行检查，且须用水刷洗接口使其潮湿。打灰料时，塞麻、打灰料可流水作业，但至少应相隔一个接口，打灰料应由下向上分层填打，每层厚度约10mm，最后一层不超过10mm，每层至少打两遍，靠承口和插口各打一遍，若打三遍时，中间再打一遍；每打一遍，每一凿位至少打三下，灰凿移动重叠1/2～1/3，直至表面呈灰黑色，并有强烈的回填力。最初及最后一层填打用力应较轻，打成后的接口应平整光滑、深浅一致，凹入承口边缘2～3mm，以用凿子连打三下表面不再凹入为好。填打完毕，应进行接口养护，养护方法随空气的温度和湿度而定：在暖和潮湿季节，在接口上用湿黏土盖上一圈，并定时浇水养护；也可在接口处缠绕草绳，定时浇水养护。在炎热的夏季，还必须在接口附近管面上覆盖淋湿的草袋或在接口处立即覆填松土，浇水养护。接口养护时间应在24h以上，在养护期间，管道上不准承受振动负荷，管内不能承受内压。

③自应力水泥砂浆接口

自应力水泥砂浆接口又称膨胀水泥接口，由配料比为硅酸盐水泥熟料∶矾土水泥熟料∶二水石膏＝(70～71.5)∶14∶(14.5～16)的质量比共同磨制而成。拌好的水泥要在1h内用完，夏季气温较高，应随拌随用。施工时，先将油麻打入承插口内，然后再填入自应力水泥砂浆，捣实时不得跳捣，无须用锤子敲打，一般三填三捣，第一次填入约为承口深度的1/2，第二、三次填满，使之与承口齐平或填料满面比承口外缘凹进，表面捣出见稀浆为止，然后抹光表面，用草袋子或湿泥封口，及时浇水养护，在养护期间不得移动或发生过大碰撞。在填料做好2h内，不允许向填料部位敷泥、浇水，以免损坏未凝固的填料；4h后允许地下水淹没接口；12h后允许充水养护，但水压不宜超过0.1MPa。操作时环境温度不应低于5℃；冬季施工时，应用35℃以上的热水拌和，并采取防冻措施。

④柔性橡胶圈接口

柔性橡胶圈接口是一种新型承插式接口，利用橡胶圈的良好弹性，与承口的特殊密封槽配合，能承受由外力产生的一定的位移和振动，具有在不同水压下自调压缩率的特性，从而增加了接口密封的可靠性和对承插口椭圆度、径向公差的适应性，广泛应用于地震区、软弱地基区、易产生不均匀沉陷区的铸铁管和钢筋混凝土管的连接。橡胶圈的断面形状依承口形状而异，一般由管厂配套供应，常用的有角唇形、楔形、圆形等形状。施工时，应清除承插口工作面上的污物，然后向承口胶圈槽内放置胶圈，或将胶圈套在插口管上，在插口外侧和胶圈内侧涂抹肥皂液作为润滑剂。检查胶圈就位是否正常，间隙是否均匀，找正后即可在管上部分覆土，以稳定管子。

3.3.5 粘接连接

粘接连接是通过粘合剂在胶粘的两个物件表面产生的粘结作用将两个相同或不同材料的物件牢固地粘结在一起。其优点是可以长久地承受力学荷载，粘接接头具有弹性和吸振性，并且可以粘合任意不同材料，施工简便，价格低廉。但是，管道粘接不宜在湿度很大的环境中进行，操作场所应远离火源，防止撞击，粘接接头不宜在环境温度0℃以下操作，应防止粘合剂结冻，不得采用明火或电炉等设施加热粘合剂。该连接方式主要用于塑料管的连接，如UPVC、PP-R、ABS管等。常见的粘接方式有承插粘接和平口粘接。

(1)承插粘接

承插粘接粘合强度较大，耐压较高，公称通径在200mm以下的塑料管多采用这种连接形式。塑料管及管件的承口一般生产厂供货时均已成型，若生产厂供货时不带承口，可在现场制作，扩口口径大小可根据具体接口形式确定。

承口的制作方法：首先将管端修平，使管口平面与管子中心线垂直，并清除管口上的毛刺。将管子的承口端加工成30°的内坡口，插口端加工成30°的外坡口，如图3.42所示。然后将管加热（加热方法有蒸汽加热、机油加热、电加热等）到130℃左右，使其受热均匀软化，用模具插入管端，使其扩大为需要的承口，成型后再将模具倒出即可。

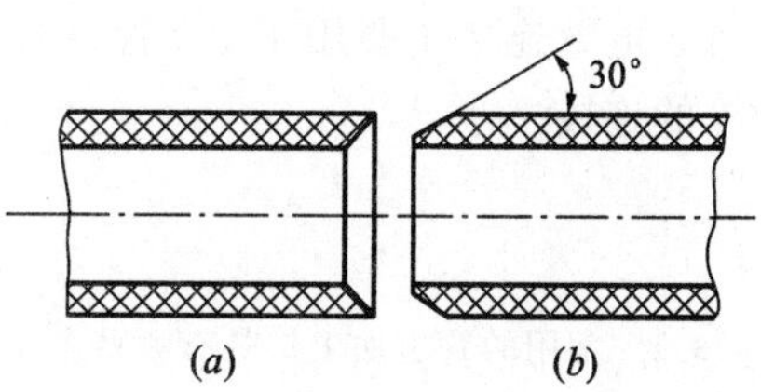

图3.42　管口扩胀前的坡口

接头粘接有冷态粘接和热态粘接。冷态粘接是先将开好坡口的管端承口内表面的油污擦干净，再用丙酮仔细擦拭，待干净后再在管端外表面和插口内表面涂抹0.2～0.3mm厚的20%过氯乙烯树脂和80%丙酮相混合的粘胶剂，同时将管端插入承口内即可。热态粘接是将承口端加热软化同时粘接的方法，即将承口端加热到软化后，再把事先用丙酮擦拭过的插口迅速插入承口内，插入之前，必须在插口外表面及承口内表面涂抹胶粘剂，插入找正后浇水冷却，再将被挤出的胶粘剂擦除干净即可。

(2)平口粘接

平口管与平口管粘接时，将两管平口端用酚醛胶泥粘接在一起，外包软板条粘接后硬化。采用这种连接方式，直管总长度不得超过4m，其连接形式如图3.43所示。

直管与筒体连接是将直管插入筒体上的开孔里，然后用酚醛胶泥粘接。直径小于100mm的筒体只需外部粘接，大直径筒体或要求较高时可采用双面粘接，如图3.44所示。

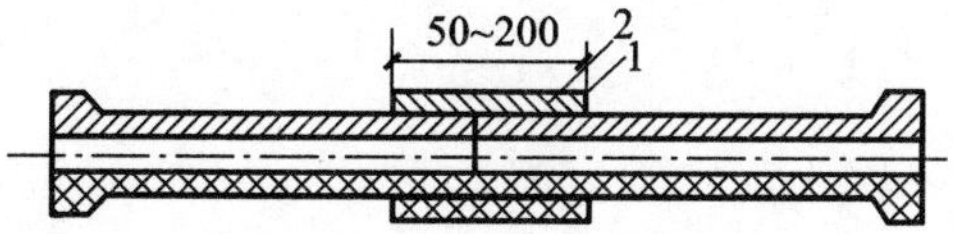

图3.43　直管粘接连接

1—软板条；2—酚醛胶泥高出管子外壁2～3mm

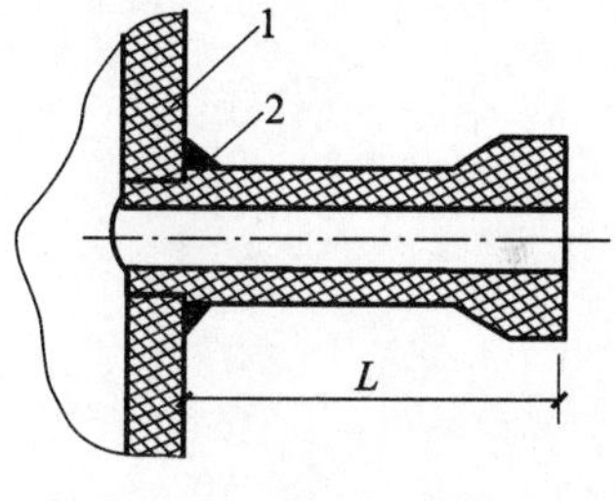

图3.44　直管与筒体粘接

1—筒体；2—酚醛胶泥

另外，还有其他管道连接方式，如卡压连接、热熔连接、沟槽（卡箍）式连接、压缩连接、伸缩可挠式连接、热缩式管件连接、电熔连接、卡套式连接等。卡压连接具有施工工艺简单、安装方便、施工工期短、无污染、安全可靠等优点，尤其在薄壁金属管、塑性非金属管之间运用广泛。热熔连接的接头或连接件都是塑料材质，不存在腐蚀问题，其连接方式的选取主要取决于塑料管材质等级、密度等因素，适用于$DN>63$mm或壁厚6mm以上的管道。沟槽式连接方式简单、快捷、方便，施工安全，系统稳定性好，管道原有的特性不受影响，维修方便，省时省工，具有良好的经济效益，多用于镀锌钢管、钢塑复合管、薄壁不锈钢管、薄壁铜管、衬塑钢管、球墨铸铁管、厚壁塑料管的连接，既可以明设，也可以埋设，既有刚性接头，又有柔性接头。压缩连接主要用于薄壁不锈钢管的连接，适用于$DN\leqslant50$mm且易于拆卸的管道，既可明装，也可暗敷，其优点是装置简单、便于维修，但成本高。伸缩可挠式连接方式主要用于薄壁不锈钢管的连接，有防地震、防基础下沉、轴向有伸缩、径向有可挠作用等优点，但成本较高。热缩式管件连接方式可用于处理工地现场无法处理焊接点的问题，采用热缩式管件作补充密封，在管道焊接点套上一个橡胶焊接套，再套上一层特制的交链聚乙烯套，在热力的作用下收缩，从而达到热缩式密封。电熔连接主要用于 PE 管、PB 管的连接。卡套式连接可用于铝塑复合管、镀锌钢管、铜管等的连接。

思考与练习

3.1 常用的管道加工机具有哪些？

3.2 管道的“冷调”是指什么？管道的“热调”是指什么？

3.3 简述管道手工套丝的步骤。

3.4 简述管道螺纹连接的注意事项。

4 管道支、吊架及防腐、保温

知识目标

本章主要包括:管道支、吊架的作用,管道支、吊架位置及类型,管道支、吊架选用原则;固定支架类型及其安装,滑动支架类型及其安装,固定支架及滑动支架布置形式;防腐蚀涂料的主要类型,目前常用的重防腐蚀涂料,防腐蚀涂料的选择与施工;管道保温材料及适用范围,管道保温施工程序,保护层施工,保温材料的类型及参考标准,保温技术要求。

能力目标

通过本章学习,应着重培养以下能力:

1.认识和了解管道支、吊架类型及其适用范围;

2.理解固定支架和滑动支架的特点;

3.形成对固定支架和滑动支架的安装操作能力;

4.培养对管道防腐、保温的操作能力;

5.加强对管道系统防腐和保温的施工组织能力。

4.1 管道支、吊架的类型及其适用范围

4.1.1 管道支、吊架的作用

在进行管道设计时,首先要考虑满足工艺要求,还要考虑设备、管道及其组成件的受力状况,以保证安全运转。管道应力分析是涉及多学科的综合技术,是管道设计的基础。在管道应力分析过程中,正确设置支、吊架是一项重要的工作。若支、吊架选型得当,布置合理,则所设计的管系不仅美观,而且经济安全。

管道支、吊架主要有以下几个方面的作用:

(1)承受管道的重力荷载(包括自重、充水重、保温重等)。

(2)阻止管道发生非预期方向的位移。

(3)控制摆动、振动或冲击。

4.1.2 管道支、吊架的位置及类型

管道支、吊架的位置及类型对已定管系的受力状态的影响很大,主要有以下两个方面:

(1)对管系的应力分布状态、最大应力值、管系的端点作用力和力矩有影响,因为这种管系端点的荷载将会传递到与该管端相连接的设备上。支、吊架设置得当,能改善管系中的应力分布和端点受力以及力矩状况。因此,管系的柔性不但受到管系形状的影响,也受到所选定支、

吊架位置和类型的影响。

(2)支、吊架的设置非常灵活,可变化的范围较大。支、吊架的位置、数量和形式选择往往因人而异。对同一个管系存在着多种支、吊架设置方案,不同的设置形式将反映出不同的应力分布、应力值及端点受力状况。因此,在进行管道设计时,为使管系具有足够的柔性,除了应注意管系走向和形状外,支、吊架位置和形式也是相当重要的。

4.1.2.1 管道支、吊架的位置

(1)间距

支、吊架间距,尤其是水平管道的承重支、吊架间距不得超过管道的允许跨距,以控制其挠度不超限。一般连续敷设的管道允许跨距应按三跨连续梁承受均布荷载时的刚度条件计算,按强度条件校验,取刚度条件决定的跨距和强度条件决定的跨距两者中的较小值。

(2)柔性

尽量利用管道的自支承作用,少设置或不设置支、吊架。要利用管系的自然补偿能力合理分配支、吊架点和选择支、吊架类型。

(3)位移

有管托的管道纵向位移不得超过管托的长度;管托长度应留足余量,并排敷设的管道横向位移不得影响相邻管道。

(4)生根条件

必须具备生根条件的支、吊架一般可生根在地面、设备或建(构)筑物上。

确定管道支、吊架位置有以下要点:

①满足管道最大允许跨度的要求。

②在有集中荷载时,支架要布置在靠近荷载的地方,以减少偏心荷载和弯曲应力。

③在敏感设备(泵、压缩机等)附近,应设置支架,以防管道荷载作用于设备管嘴。

④往复式压缩机的吸入或排出管道以及其他有强烈振动的管道,宜单独设置支架,支架生根于地面上的管墩、管架上并与建筑物隔离,以避免将振动传递到建筑物上。

⑤除振动的管道外,应尽可能利用建筑物、构筑物的梁、柱作为支架的生根点,且应考虑生根点所能承受的荷载,生根点的构造应能满足生根件的要求。

⑥对于复杂的管道,尤其是需要作详细应力计算的管道,还应根据应力计算结果调整其支、吊架的位置。

⑦应设在不妨碍管道与设备的连接和检修的部位。

⑧应设在弯管和大直径三通式分支管附近。

⑨安全泄压装置出口管道应根据需要,考虑是否设置支架。

4.1.2.2 管道支、吊架类型

(1)支、吊架从限制性可分为三类:固定架、导向架和支托架(或单向止推架)。

(2)支、吊架从力学性能又可分为刚性支架和弹性支架。

①刚性支架

从理论上说,刚性支架的刚度为无穷大,在外力荷载的作用下没有变形,一般用在无垂直位移的地方。

②弹性支架

弹簧都具有一定的刚度,在外力的作用下可以变形(位移)。弹簧支架在弹簧工作范围内,管道有小的变形过程时，不会完全失去其分配荷载，从而控制荷载转移量。弹簧支、吊架一般用于管段在垂直方向有热位移的场所。

4.1.3 管道支、吊架选用原则

(1)选用管道支、吊架时，应按照支承点所承受的荷载大小和方向、管道的位移情况、工作温度、是否保温或保冷以及管道的材质等条件选用合适的支、吊架。

(2)设计时应尽可能选用标准管托、管卡、管吊。焊接型的管托、管吊比卡箍型的管托、管吊节省钢材，且制作简单，施工方便。因此，除下列情况外，应尽量采用焊接型的管托和管吊：①管内介质温度大于或等于 400℃的碳素钢材质的管道；②低温管道；③合金钢材质的管道；④生产中需要经常拆卸检修的管道；⑤架空敷设且不易施工焊接的管道；⑥非金属衬里管道。

(3)防止管道过大的横向位移和可能承受的冲击荷载，以保证管道只沿着轴向位移，一般在下列条件的管道上设置导向管托：①安全阀出口的高速放空管道和可能产生振动的两相流管道；②横向位移过大影响邻近管道；③固定支架之间的距离过长，可能产生横向不稳定时；④为防止法兰和活接头泄漏而要求不宜发生过大横向位移的管道。

(4)热胀量超过 100mm 的架空敷设管道应选用加长管托，以免管托落到管桥梁下。

(5)支架生根在钢质设备上，若设备需热处理时，应给设备专业提供垫板委托。当设备为合金材质时，垫板材料应与设备材质相同。

(6)对于生根在设备或土建平台上荷载较大的支架，其位置、标高和荷载应事先与相关专业联系。

(7)凡需要限制管道位移量时，应考虑设置限位架。

(8)当垂直方向有位移时，可选弹簧支、吊架；弹簧根据具体情况可并联或串联。

(9)当管道在支承点有垂直位移且要求支承力的变化范围在 6%以内时，管系应采用恒力弹簧支、吊架。

(10)在管道支、吊架通用图中无法选出合适的支、吊架时，可采取其他特殊形式的支、吊架。

4.1.4 管道支、吊架应力分析

管道支、吊架的设置除了对管系一次应力的大小有着直接的影响外，还对调节管系的二次应力、端点推力起着重要的作用。正确选用支、吊架，调整和改善管系的应力分布状态，使管系适应变形的需要和管系端点推力在使用范围内是十分重要的。同时，还可选择某种类型支架来限制管系在某个方向的位移，从而减少设备管嘴的应力以保护设备，尤其是那些敏感设备，如压缩机、汽轮机和机泵的管嘴等。

4.1.4.1 泵

泵是输送液体或使液体增压的机械，它将原动机的机械能或其他外部能量传送给液体，使液体能量增加。泵主要用来输送水、油、酸碱液、乳化液、悬乳液和液态金属等液体，也可输送液、气混合物及含悬浮固体物的液体。泵按工作原理通常可分为容积式泵、动力式泵和其他类型泵三类。除按工作原理分类外，还可按其他方法分类和命名。如，按驱动方法可分为电动泵和水轮泵等；按结构可分为单级泵和多级泵；按用途可分为锅炉给水泵和计量泵等；按输送液体的性质可分为水泵、油泵和泥浆泵等；按照有无轴结构，可分为直线泵和传统泵。

泵出口管道布置见图 4.1。

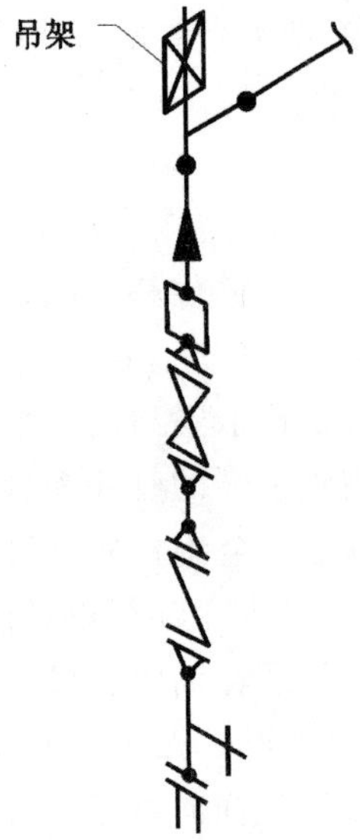

图4.1 泵出口管道布置

若弯头处选用刚性吊架，对于温度较高的介质，刚性吊架势必会托空，管系上管道、阀门等的重力以及热胀力都落在泵嘴子上，支、吊架失去了作用。改用弹簧吊架就会大大改善泵嘴子的受力状况。

4.1.4.2 杠杆效应

在利用支、吊架调节管道的应力时，管道设计中充分利用或消除支架的杠杆效应是十分重要的。由于管道是一个刚度足够大的弹性体，那么在任何有刚性支架的地方都会产生杠杆效应。以某厂减压转油线为例，见图4.2。

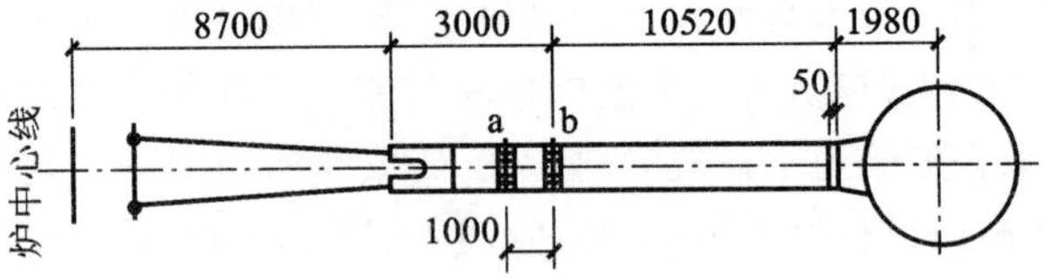

图4.2 减压转油线

整个转油线只有1个支架，它好比是1个杠杆，支架设置的位置直接影响到减压塔嘴子的受力，如图4.2中支架在a和b位置不同，减压塔嘴子的受力见表4.1。

表4.1 减压塔嘴子的受力

	F_x(N)	F_y(N)	F_z(N)	M_x(N·m)	M_y(N·m)	M_z(N·m)
操作工况 a	−234	−15832	−1970	−99082	−964	−365
操作工况 b	−278	−29327	−2776	−77412	−1006	775
自重工况 a	−78	−25845	2459	49431	−321	452
自重工况 b	−156	−38730	2390	58058	−566	519

从表中数据可以看出，由于 F_y 方向的力较大，引起的力矩 M_x 也较大，但是 F_y 值大不一定 M_x 的值就大，它还与力臂有关，所以通过应力分析不断地尝试，最终可以找到一个最理想的位置，使减压塔嘴子所受的力和力矩最小。管道设计人员在设计支、吊架时，先应将管系通盘考虑一下，如果管系复杂，可将它分成若干个较简单的管系；对于高温、高压的管道，一定要进行应力分析，以免由于支架选择不当造成不良后果。

4.2 固定支架及其安装

4.2.1 固定支架

固定支架是一种承重支架，它对承重点管线有全方位的限位作用，是管线上三维坐标的固定点，用于管道中不允许有任何位移的部位。除承重以外，固定支架还要承受管道各向热位移推力和力矩，这就要求固定支架本身具有足够的强度和刚性。固定支架是管道热胀补偿设计计算的原点，是管道内压和外力作用产生叠加应力的部位，其生根部位应牢固可靠。在安装中，固定支架的非固定和非固定支架的固定是绝对不允许的。

固定支架将管子稳固固定，不允许有任何方向的位移，因此，固定支架不仅要承受管道、附件、管内介质和保温结构的重力，同时还承受管道因温度、压力的影响而产生的轴向伸缩力，并将这些力传到支撑结构上去，因此固定支架必须有足够的强度和刚度。

固定支架的结构形式和安装位置均由设计确定并在施工图上标注。按管架标准图确定结构形式时应标注标准图号，由设计单位设计的应出设计图。固定支架安装在管线上不允许发生位移的位置，如三通、阀门及不能承受管道推拉力的设备接口等处，以及长直管道上根据所用的补偿器个数和补偿量确定的定位点。由固定的设备(接口)和固定支架把管路划分成若干不同的区段，两个固定点间的弯曲管段满足自然补偿，直线管段可利用设置补偿器进行补偿，则整个管路的变形补偿问题就解决了。

由于固定支架承受很大的推力，故必须有坚固的结构和基础，因而它是管道中造价较高的构件，为节省投资，应尽量加大固定支架的间距，减少使用数量，但间距必须满足以下要求：

(1)管段的热变形量不得超过补偿器的热补偿值。

(2)管段变形对固定支架所产生的推力不得超过支架所承受的允许推力值。

(3)不应使管道产生横向弯曲。

(4)一般不保温的管道用U形螺栓和弧形板组成固定支架。

4.2.2　固定支架安装

固定支架安装如图4.3所示。

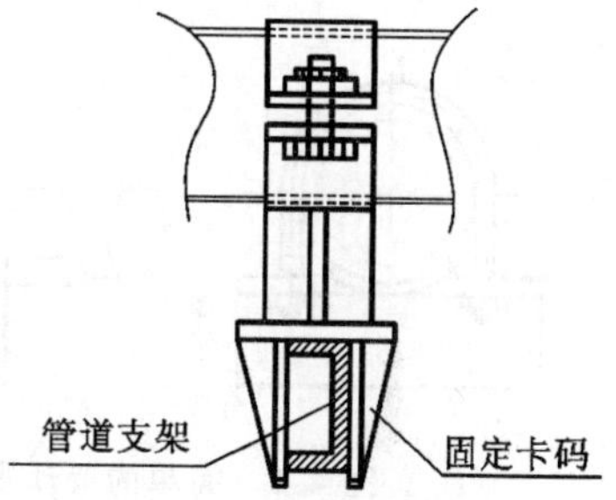

图4.3　固定支架安装

注：固定支架材料与滑动支架材料相同。

4.2.3　固定支架及滑动支架布置形式

(1)一般长度大于或等于50m的管道须制作滑动及固定支架，以利于管道受冷热所引起的膨胀与收缩。以钢铁材料为例，温度在100℃时，其伸缩量为1mm/m。因此，滑动支架安装时，应向伸缩方向预留伸缩量。

(2)一般管道的转弯位置可作为膨胀节使用，膨胀节的形式还有套管式膨胀节、不锈钢波纹膨胀节及用管道做成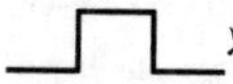状的方型膨胀节。目前最佳的膨胀节以管道弯头及方型膨胀节为首选。套管式及不锈钢波纹膨胀节安装方便，但使用寿命有限。膨胀节是用于伸缩作用的，这个部位禁止使用固定支架。

(3)伸缩支架布置形式如图4.4所示。

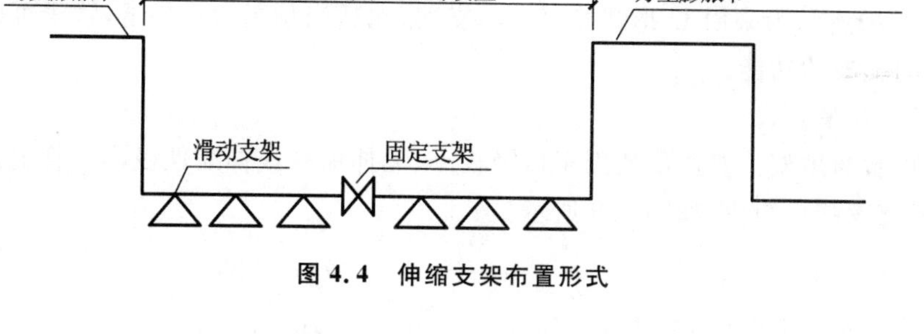

图4.4　伸缩支架布置形式

4.3 滑动支架及其安装

4.3.1 滑动支架的类型

滑动支架也称活动支架，多用于水平管线靠近弯头的部位。它是承受管道自重的一个支撑，它只对管线的一个方向有限位作用，而对其他两个方向的位移不限制。当管线在该点上有向上的热位移时，水平管(或垂直管)上的活动支架为了不托空，必须采用弹性支承，即弹簧活动支架。

4.3.1.1 简单滑动支架

采用简单滑动支架，管道相对支架能轴向和横向自动滑动，尽管会产生较大的摩擦力，但结构简单，一般管道都适用。简单的滑动支架是在支撑物上铺设固定钢板，安装时管子直接放置在钢板上。为避免与管子摩擦后管壁变薄，可在管子上焊接滑动弧形板，如图 4.5 所示。

4.3.1.2 高滑动支架

适用于保温、保冷管道。托座高 100～150mm，但必须满足绝热层施工要求。管道与托座是用电焊焊牢的，运行时托座在支承结构上可自由滑动，如图 4.6 所示。为防止冷、热桥，支承结构表面应垫经防腐处理的硬木。

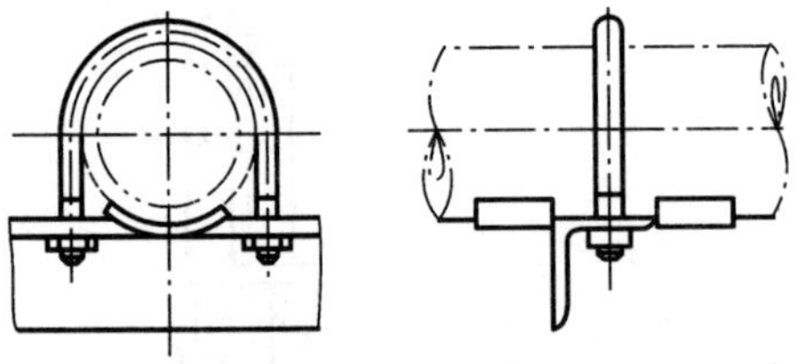

图 4.5 简单的滑动支架

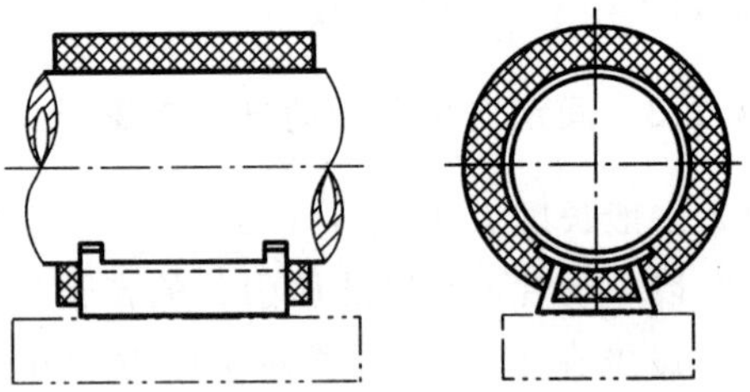

图 4.6 高滑动支架

4.3.1.3 滚动支架

滚动支架摩擦阻力很小，宜用于管径较大、介质温度较高且无横向位移的管路，但结构较为复杂。滚动支架又可分为滚柱支架和滚珠支架两种，前者摩擦阻力比后者稍大。滚动支架结构如图 4.7 所示。

4.3.1.4 导向支架

使用导向支架的目的是让管道在支架上可以产生轴向位移而限制横向移动。通常的做法是在支架滑托两侧各焊上一段角钢或扁钢，如图 4.8(*a*)所示。一般在补偿器两侧应安装导向支架。图 4.8(*b*)所示为采用 U 形螺栓固定的支架，在适当预紧力作用下，管子可以轴向滑动，具有简易导向支架的功能。

4.3.1.5 吊架

吊架常指普通吊架。普通吊架用于口径较小、无伸缩性或伸缩性极小的管道。它由卡箍、吊杆、弹簧和支承结构组成，如图 4.9 所示。

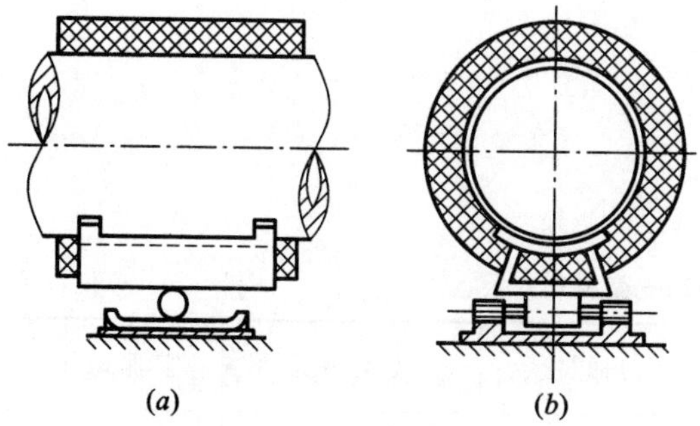

图 4.7 滚动支架

(a)滚珠式;(b)滚柱式

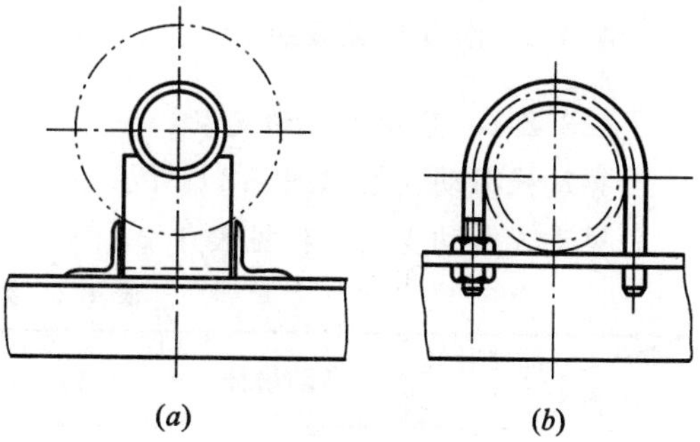

图 4.8 导向支架

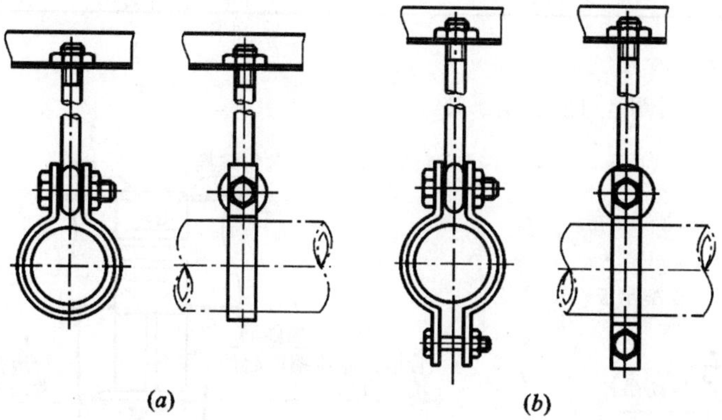

图 4.9 吊架

4.3.1.6 弹性支、吊架

根据支撑方向,弹性支、吊架也分为弹性吊架和弹性管托两类。弹性体有弹簧和橡胶两种,但多数使用弹簧。弹性支、吊架用于安装有垂直位移及存在振动的管道。弹性吊架由卡箍、吊杆、弹簧和支撑结构组成,如图 4.10(a)所示。弹性管托如图 4.10(b)所示。为缓解管道系统瞬时激振(如主气阀突然关闭、泵突然停机、地震等)所引起的自由振动,应采用管道阻尼器。

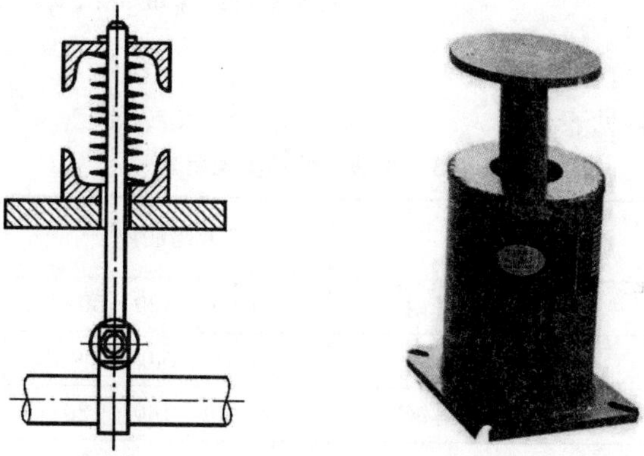

图 4.10 弹性支、吊架

(a)弹性吊架;(b)弹性管托

4.3.2 滑动支架安装

4.3.2.1 晃动式滑动支架

晃动式滑动支架如图 4.11 所示。

晃动式滑动支架材料见表 4.2。

表 4.2 晃动式滑动支架材料 单位:mm

部件名称 / 适用管道	晃动吊杆	管道卡码	六角螺栓	支架吊板	膨胀螺栓
*DN*15～*DN*25	Φ8 圆钢	δ=3 25 扁钢	M8×30	δ=6 100×100	M8×85
*DN*32～*DN*40	Φ10 圆钢	δ=4 30 扁钢	M10×30	δ=8 100×100	M10×85
*DN*50～*DN*65	Φ12 圆钢	δ=5 40 扁钢	M10×30	δ=10 100×100	M10×100

4.3.2.2 移动式滑动支架

移动式滑动支架如图 4.12 所示。

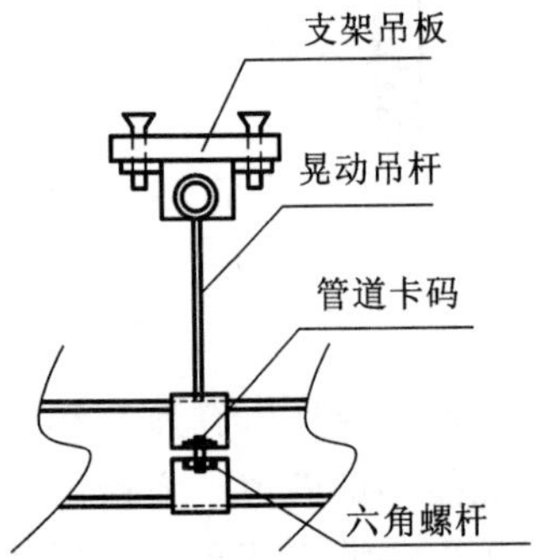

图 4.11 晃动式滑动支架

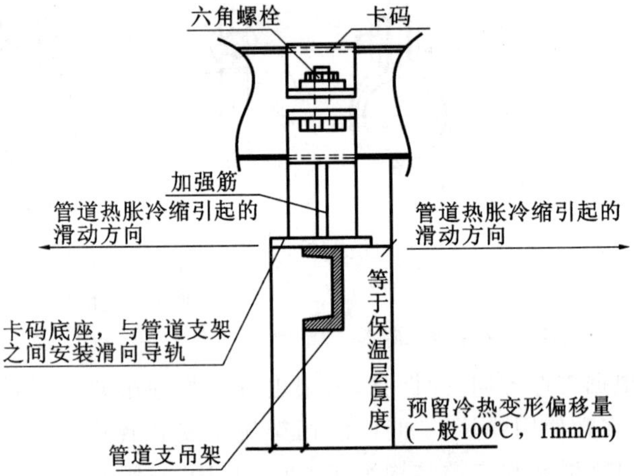

图 4.12 移动式滑动支架

注:管卡码适用于铜管、镀锌钢管等的不可焊接管支架,如无缝钢管等可焊接部位可采用焊接形式取代卡码形式。

4.3.2.3 移动式滑动支架材料

移动式滑动支架材料见表 4.3。

表 4.3 移动式滑动支架材料 单位:mm

部件名称 / 适用管道	卡码	卡码底座	六角螺栓
≤*DN*40	δ=4 40 扁钢	δ=6 120×80	M8×30
*DN*50～*DN*65	δ=5 50 扁钢	δ=8 140×100	M10×30
*DN*80～*DN*100	δ=6 60 扁钢	δ=10 160×120	M12×30
*DN*125～*DN*150	δ=8 80 扁钢	δ=10 160×120	M12×30

4.4 管道防腐

管道防腐是指在管道使用与运输过程中防止管道受使用环境与输送介质的影响发生化学或电化学反应而产生腐蚀。

根据我国统计数据,每年国内的管道腐蚀造成的直接经济损失达2800多亿元,目前全球每年因管道腐蚀损失高达5000亿美元。

为了有效地防止或控制管道腐蚀,科学家们正在寻求一个新的更好、更有效的方法。新型的管道防腐技术不断涌现,大体上可以分为以下几种类型:

4.4.1 防腐蚀涂料的主要类型

1. 油脂涂料

油脂涂料是以干性油为主要成膜物的一类涂料。其特点是易于生产,涂刷性好,对物面的润湿性好,价廉,漆膜柔韧;但漆膜干燥慢,膜软,机械性能较差,耐酸碱性、耐水性及耐有机溶剂性差。干性油常与防锈颜料配合组成防锈漆,用于耐蚀要求不高的大气环境中。

2. 国漆

国漆又称为生漆、大漆,是我国特产之一。生漆是从生长着的漆树上割开树皮流出来的一种乳白色黏性液体,经细布过滤除去杂质即是。它涂在物体表面上后,颜色迅速由白变红,由红变紫,时间较长则可变成坚硬光亮的黑色漆膜。

漆酚是生漆的主要成分,含量达30%~70%。一般来讲,漆酚含量越高生漆质量越好。

国漆附着力强、漆膜坚韧、光泽好,它耐土壤腐蚀,较耐水、耐油。缺点是有毒性,易使人皮肤过敏。此外,它不耐强氧化剂,耐碱性差。现在有不少改性的生漆涂料,不同程度上克服了上述缺点。

3. 酚醛树脂涂料

酚醛树脂涂料主要有醇溶性酚醛树脂、改性酚醛树脂、纯酚醛树脂等。醇溶性酚醛树脂涂料抗腐蚀性能较好,但施工不便,柔韧性、附着力不太好,应用受到一定限制,因此常需要对酚醛树脂进行改性。如松香改性酚醛树脂与桐油炼制,加入各种颜料,经研磨可制得各种磁漆,其漆膜坚韧,价格低廉,广泛用于家具、门窗的涂装。纯酚醛树脂涂料附着力强,耐水、耐湿热、耐腐蚀、耐候性好。

4. 环氧树脂涂料

环氧涂料附着力好,对金属、混凝土、木材、玻璃等均有优良的附着力,耐碱、油和水,电绝缘性能优良,但抗老化性差。环氧防腐蚀涂料通常由环氧树脂和固化剂两个组分组成。固化剂的性质也影响到漆膜的性能。常用的固化剂有:①脂肪胺及其改性物。特点是可常温固化,未改性的脂肪胺毒性较大。②芳香胺及其改性物。特点是反应慢,常须加热固化,毒性较弱。③聚酰胺树脂。特点是耐候性较好,毒性较小,弹性好,耐腐蚀性能稍差。④酚醛树脂、脲醛树脂等其他合成树脂。这些树脂和环氧树脂并用经高温烘烤后交联成膜,漆膜具有突出的耐腐蚀性,并有良好的机械性能和装饰性。

环氧酯树脂涂料是以环氧酯树脂作为成膜物的一种单组分涂料体系。环氧酯树脂由环氧树脂和植物油脂肪酸酯化合而成。该涂料与一般环氧涂料相比成本较低,耐碱性较差,常用作各种金属底漆和化工厂室外设备防腐蚀漆。

5. 聚氨酯涂料

用于防腐蚀涂料的聚氨酯树脂常含有两个组分：异氰酸酯基(—NCO)和羟基。使用时将双组分混合而反应固化生成聚氨基甲酸酯(聚氨酯)。

聚氨酯涂料的特点：①物理和机械性能好。漆膜坚硬、柔韧、光亮、丰满、耐磨，附着力强。②耐腐蚀性能优异。耐油、酸、化学药品和工业废气，耐碱性稍低于环氧涂料。③耐老化性优于环氧涂料。常用作面漆，也可用作底漆。④聚氨酯树脂能和多种树脂混溶，可在广泛的范围内调整配方，以满足各种使用要求。⑤可室温固化或加热固化，温度较低时(0℃)也能固化。⑥多异氰酸酯组分的贮藏稳定性较差，必须隔绝潮气，以免胶冻。聚氨酯涂料价格高，但使用寿命长。

6. 聚乙烯、聚丙烯树脂涂料

聚乙烯树脂防腐蚀涂料是以单体制成的树脂为成膜物的涂料。其中的聚乙烯涂料已大量生产和应用。

聚乙烯管道防腐密封性强，机械强度高，防水性强，质量稳定，施工方便，适用性好，不污染环境。PE 吸水率低(低于 0.01%)，同时具备环氧强度高和热熔胶柔软性好等优点，有很高的防腐可靠性。缺点是：与其他补口材料成本相比，费用高。该涂料原料来源丰富，在防腐蚀方面应用广泛。

7. 呋喃树脂涂料

呋喃树脂涂料耐各种非氧化性无机酸、电解质溶液、各种有机溶剂，其耐碱性也很突出，但抗氧化性不好。

呋喃树脂系列防腐蚀涂料包括糠醇树脂涂料、糠醛丙酮甲醛树脂涂料和改性呋喃树脂涂料等。

8. 橡胶类涂料

橡胶类防腐蚀涂料以经过化学处理或机械加工的天然橡胶或合成橡胶为成膜物质，加上溶剂、填料、颜料、催化剂等加工而成。

(1)氯化橡胶涂料。该涂料耐水性好，耐盐水和盐雾；有一定的耐酸、碱腐蚀性，在 50℃以下能耐 10% HCl、H_2SO_4、HNO_3、不同浓度的 $NaOH$ 及湿氯气。但不耐溶剂，耐老化性和耐热性差。该涂料广泛用于船舶、港湾、化工等场合。

(2)氯丁橡胶涂料。该涂料耐臭氧、化学药品，耐碱性突出，耐候性好；耐油和耐热，可制成可剥涂层。缺点是贮存稳定性差；涂层易变色，不易制成白色或浅色漆。

(3)氯磺化聚乙烯橡胶涂料。由聚乙烯树脂与氯气及二氧化硫(或氯磺酸)反应制得。涂层抗臭氧性能优良，耐候性显著，吸水率低，耐油、耐温，可在 120℃以上使用，－50℃也不发脆。

9. 沥青涂料

沥青是重要的防腐蚀涂料之一，尤以煤焦沥青为最佳，煤焦沥青涂料价格低廉，具有下列优点：①耐水，浸入水中 10 年其吸水率仅 0.1%～0.2%；②耐一些化学介质的侵蚀；③对未充分除锈的钢铁表面仍有良好的润湿性；④固含量高，可获厚膜；⑤价格低廉。其缺点是寒冬发脆，夏暑发软，曝晒后有些成分挥发逸出会使漆膜龟裂。这些缺点可通过加入一些其他树脂得到改善。例如加入氯化橡胶可提高沥青涂料的干性，改善冬脆夏软的缺点；加入环氧树脂制得的环氧沥青涂料，可兼具沥青涂料和环氧涂料的优点，在防腐蚀中获得非常满意的效果。沥青涂料已在集装箱底、船底、船坞闸门、围堰等场合使用，防腐蚀效果很好。

10.重防腐蚀涂料

重防腐蚀涂料是相对一般防腐蚀涂料而言的，它是指在严酷的腐蚀条件下，防腐蚀效果比一般防腐蚀涂料高数倍以上的防腐蚀涂料。其特点是耐强腐蚀介质性能优异，耐久性突出，使用寿命达数年以上。主要用于海洋构筑物和化工设备、贮罐和管道等的防腐。

4.4.2 目前常用的重防腐蚀涂料

(1)作为底漆的重防腐蚀富锌涂料。分厚膜型有机富锌涂料、富锌预涂底漆和无机富锌涂料三个系列。

(2)重防腐蚀中间层涂料和面漆。这类涂料可直接涂在富锌底漆上，主要有氯化橡胶系、乙烯树脂系、环氧系、聚氨酯系、氯磺化聚乙烯系、环氧焦油系等重防腐蚀涂料。

(3)玻璃鳞片重防腐蚀涂料。

(4)环氧砂浆重防腐蚀涂料。

(5)含氟涂料。如聚三氟氯乙烯涂料、氟橡胶涂料等。

4.4.3 防腐蚀涂料的选择与施工

4.4.3.1 涂料品种的选择

防腐蚀涂料品种繁多，其性能和用途各有不同，正确选用对涂层的防蚀效果和使用寿命至关重要。选用时应考虑：

(1)被涂物体表面材料性质。如黑色金属可选择铁红、红丹底漆，而红丹底漆对铝等有色金属不仅不起保护作用，反而会起破坏作用。

(2)被涂物体的使用环境。防腐蚀涂料对环境针对性很强，要根据具体使用环境，如介质的类型、浓度、温度及设备运转情况等因素来选用最适宜的涂料品种。

(3)施工条件。应根据施工现场实际状况选择适宜的涂料品种。如在通风条件差的施工现场宜采用无溶剂或高固体分或水性防腐蚀涂料。在不具备烘烤干燥条件的施工现场只能选用自干型涂料。

(4)技术、经济综合效果。不仅要考虑技术性能是否优异，还要考虑经济的合理性。在进行经济核算时，要将材料费用、表面处理费用、施工费用、涂层性能及使用寿命、维修费用等综合考虑。

4.4.3.2 防腐蚀涂料的施工原则

涂料施工质量好坏对涂层的性能影响极大。在实际涂装过程中，由于施工方法不当而达不到预期防腐蚀效果的例子很多。特别是许多性能优异的防腐蚀涂料对施工方法极为敏感，只有严格按照其各自的施工条件进行施工才可形成正常的涂层，达到预期的防腐蚀保护作用。

(1)底材必须进行严格的表面处理。钢铁基材必须经除锈、除油处理，磷化处理则可根据具体情况而定。

(2)要保证必要的涂层厚度。防腐蚀涂层厚度必须超过其临界厚度才能发挥保护作用，一般为 150～200μm。

(3)控制涂装现场的温度、湿度等环境因素。室内涂装温度应控制在 20～25℃；相对湿度视涂料品种而异，一般以 65%左右为宜。在室外施工时应无风沙、细雨，温度不低于 5℃，相对湿度不高于 85%。应避免未完全固化的涂层上结霜、降露、下雨和降落沙尘。

(4)控制涂装间隔时间。如底漆涂装后放置过久才涂面漆,则面漆将难以附着而影响整体防护效果。

此外,还必须加强施工人员培训和施工质量管理。要求施工人员了解涂料的性质、用法、施工要点和技术要求。管理人员要加强质量监控,保证每道工序都符合技术要求,以便最终得到一个性能优异的防腐蚀涂层。还要加强劳动安全防护,注意溶剂挥发,加强通风,以免中毒。

4.4.4 防腐蚀工程施工技术要求

设备及管道防腐蚀施工技术要求包括对防腐蚀材料的验收、防腐蚀结构施工技术要求及测厚检验等质量要求,应严格按《工业设备及管道防腐蚀工程施工规范》(GB 50726—2011)等相关行业标准要求执行。

4.4.4.1 对防腐蚀材料的要求

防腐蚀工程所用的原材料应有产品质量证明文件、质量检验报告和产品技术文件,并符合设计要求。当需变更设计、材料代用或采用新材料时,必须征得设计部门同意。不应使用超过存放期限的涂料。例如:

问题:涂料施工时发现颜料出现沉淀现象。

原因:涂料长期储存,储存温度高;使用不适当的稀释剂或过量稀释造成。

采取的防止措施:加强库内管理;改善储存状况;控制涂料调配。

4.4.4.2 对防腐蚀结构施工的技术要求

(1)设备和管道防腐蚀涂装宜在焊接施工(包括热处理和焊缝检验等)完毕,系统试验合格并办理工序交接手续后进行。

如在此前进行涂装,必须将全部焊缝留出,并将焊缝两侧的涂层做成阶梯状接头,待试验合格后按要求补涂。

(2)经处理后的金属表面,宜在4h内进行防腐蚀结构层的施工。当空气湿度较大,或工件温度低于环境温度时,应采取加热措施防止被处理的工件表面再度锈蚀。当涂装表面的温度高于露点温度3℃时方可施工。

(3)对于复合层涂层防腐蚀施工,底漆、中间漆、面漆应配套使用,宜选用同一厂家的产品。不同厂家的防腐蚀涂料如需配套使用,应经试验确定。配制和使用防腐蚀涂料时,宜采用气动搅拌器搅拌,并应搅拌均匀。涂底漆前应对标识、焊接坡口、螺纹等特殊部位加以保护。除产品技术文件规定的以外,前一道漆膜实干后,方可涂下一道漆。

(4)对于单层防腐蚀结构施工,如热喷涂锌、铝及其合金,涂层的施工可采用热喷涂法。若喷涂时发现涂层外观有明显的缺陷应立即停止喷涂,对于缺陷部位必须重新进行喷砂预处理。

(5)对于埋地设备及管道防腐蚀结构施工,目前常用的为环氧煤沥青及聚乙烯胶粘带防腐层施工。

环氧煤沥青防腐层施工应在底漆表干后,固化前应涂第一道面漆,且应在不流淌的前提下将漆层涂厚,并立即缠绕玻璃布。玻璃布绕完后应立即涂下一道漆。最后一道面漆应在前一道面漆实干后涂装。

聚乙烯胶粘带防腐层施工应按照制造商提供的底漆说明书要求刷底漆。待底漆表干后再缠绕胶粘带,期间应防止表面污染。胶粘带的解卷温度应满足胶粘带制造商规定的温度,在过低温度下解卷会造成胶粘带的损坏。

工厂预制防腐层，管段应有 150mm±10mm 的焊接预留段。

(6)防腐蚀工程施工结束后，在吊装和运输设备、管子、管件时，不得碰撞和损伤，在使用前应妥善保管。

4.4.4.3 对防腐蚀工程施工质量检验要求

施工过程的质量检查是防腐蚀工程检查的重点，应严格按照行业相应规范及设计要求进行。

(1)在防腐蚀工程施工过程中，必须进行中间检查。防腐蚀工程完工后，应及时进行验收。

(2)对于复合层涂层防腐蚀结构的施工质量检查，除了涂层表面脱皮、漏涂、返锈、气泡、透底、针孔、流挂、皱皮、光亮与光滑、分色界限、颜色、刷纹外，还必须对干燥漆膜厚度用涂层测厚仪进行测厚。

(3)对于埋地设备及管道防腐蚀结构的施工质量检查，除了上述两项检查外，还必须进行粘结力或附着力检查和电火花检测。

(4)牺牲阳极阴极保护、外加电流阴极保护工程的检查要求：

①检查接线的正确性，牺牲阳极材料、规格、安装位置、数量应符合设计图纸和技术文件要求；

②检查系统的运行状况，恒电位仪工作稳定可靠，被保护系统保护电位、测量接地网保护电位应达到最低保护电位。

(5)对于单层防腐蚀结构施工，如热喷涂锌、铝及其合金施工质量的检查，除应检查涂层外观是否均匀一致，无气孔或底材裸露的斑点，没有未附着或附着不牢固的金属熔融颗粒和影响涂层使用寿命及应用的一切缺陷外，还应进行喷涂层厚度的测量，测量方法、测量位置和次数应由供需双方商定。热喷涂层的厚度由最小局部厚度确定。

4.5 管道保温

随着世界范围内能源的日趋紧张，保温节能在工农业生产和居民日常生活方面的意义日显突出。为了减少设备及管道热损失，提高热能利用率，近年来众多学者开展了对于管道保温材料及其性能的研究。

4.5.1 管道保温材料及适用范围

保温材料一般是指导热系数小于或等于 0.2W/(m·K)的材料。在建筑和工业中采用良好的保温技术与材料，往往能起到事半功倍的效果。选用时除应考虑材料的导热系数外，还应考虑材料的吸水率、燃烧性能、强度等指标。

4.5.1.1 岩棉管

岩棉管壳广泛应用于石油、化工、冶金、船舶、纺织等各工业锅炉及设备管道的保温，也用于建筑行业的隔墙、吊顶及内外墙的保温及各种类型的冷、热管道和隐藏、外露管道的绝热保温。

电力、石油、化工、轻工、冶金等行业的管道保温隔热适用于各种管道的保温和隔热，尤其对小口径直管道施工方便、迅速。防水岩棉管具有防潮、排湿、憎水的特殊功能，特别适宜在多雨、潮湿环境下使用，其吸湿率在5%以下，憎水率在98%以上。

4.5.1.2 玻璃棉管

玻璃棉管的优点为：成型好、体积密度小、热导率低、保温绝热、吸音性能好、耐腐蚀、化学性能稳定，其适用特点为空调保温、风管保温、钢结构保温、锅炉保温、除尘器、蒸汽管道保温等。

4.5.1.3 复合硅酸盐

复合硅酸盐的优点为：导热系数低，保温性能好，耐热性能明显；耐700℃以上温度的保温材料中容重最低，与其他保温材料相比，还具有施工方便，无刺激，无粉尘污染，可任意裁卷，运输安装无损耗。广泛使用于石油、化工、电工、冶金、国防等行业，是各种热力罐体、管道等设备的保温隔热、耐高温、节约能源的理想材料。

4.5.1.4 聚氨酯

聚氨酯适用于冷库、冷藏车或保鲜箱，彩钢夹芯板隔热层等，石化罐体，石化、冶金等各种管道的保温、保冷，地埋式各种复合直埋管的外层等。

4.5.2 管道保温施工程序

管道保温施工程序：施工准备→防腐质量复核→材料准备→预制下料→保温→检查记录、报验→刷标识漆。

4.5.2.1 橡塑保温操作

橡塑保温操作如图4.13所示。

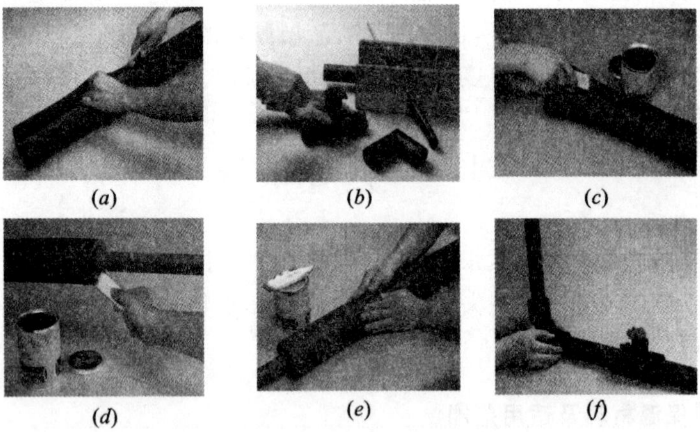

图4.13 橡塑保温操作

(*a*)切开管道保温层；(*b*)切开三通、弯头保温层；(*c*)保温层接缝刷胶；
(*d*)保温层侧面刷胶；(*e*)保温层粘接、压紧；(*f*)阀和弯头的保温

保温材料的接口、所有缝隙均要求使用闭孔发泡橡塑专用胶水粘接严密，不得存在粘接不牢或松散现象。

胶水涂刷时必须在保温管壳内部和管道外壁进行满涂。在保温材料粘接时，必须将管道表面的杂物、灰尘、油污清理干净，以保证胶水的粘接效果。为保证保温观感效果，保温层的纵向拼缝应置于管道上部，并且相邻保温层的纵向拼缝应错开一定角度。

夏季保温施工时，橡塑保温材料不能拉得过紧，以防冬季温度过低时保温层收缩开胶。

冬季保温施工时，要求室内环境温度不能低于 5℃，粘合剂及胶带低于 5℃时粘接效果不好。

管道支、吊架处必须用在热沥青中浸泡的硬木双合管夹，以防止冷桥发生。做法如图 4.14 所示。

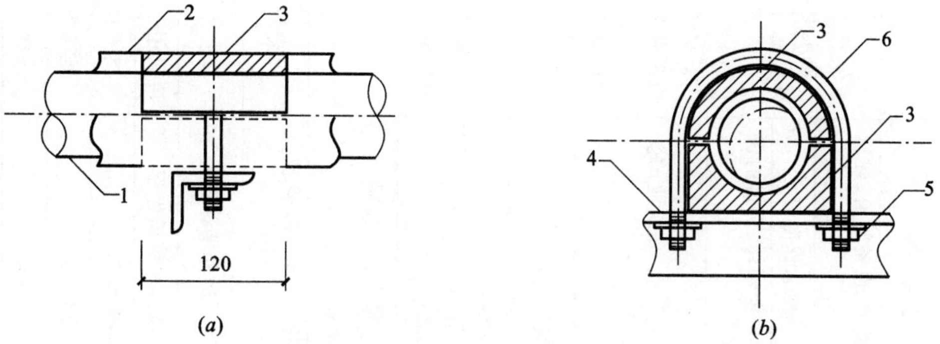

图 4.14 管道支、吊架处保温做法示意图(单位:mm)

1—水管;2—保温层;3—热沥青浸泡的硬木双合管夹;4—角钢;5—螺栓;6—U 形卡

4.5.2.2 *保护层施工*

铝合金板要压圆。安装时保护层要紧贴在保温层上，纵向管道自下而上进行施工，水平管道逆着管道坡向由低到高逐段安装，如图 4.15 所示。

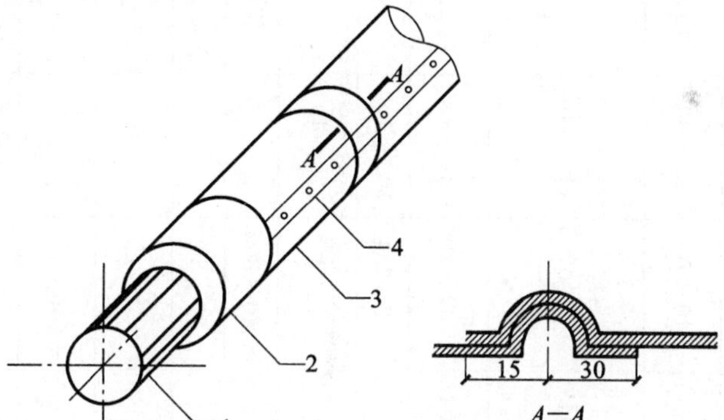

图 4.15 保温水管保护层做法示意图(单位:mm)

1—水管;2—保温层;3—保护层(搭接 50mm);4—铆钉(间距 150mm)

4.5.3 保温材料的类型及参考标准

保温材料的类型及参考标准如表 4.4 所示。

表 4.4 保温材料的类型及参考标准

序号	材料名称	耐火等级		导热系数 W/(m·K)	工作温度(℃)	密度(kg/m³)	常规板材尺寸(mm)	适用范围	备注
1	岩棉	A	不燃	0.026～0.035	−260～700	≤150	1000×630×100	工业锅炉、设备管道、建筑内保温	遇水失效，不宜用于建筑外保温
2	矿渣棉	A	不燃	0.041～0.055	≤650	60～100	1000×630×100	管道的隔热、保温等	
3	复合硅酸盐保温材料	A	不燃	0.028～0.045	−40～700	30～80	1000×500×100	化工、电业罐体、管道的保温、隔热	
4	普通硅酸铝棉	A	不燃	0.03～0.045	<1000	80～140	宽：400/600/1200	窑炉、化工业、建筑业的防火、隔热	1. 耐火温度由低到高分为普通型、高铝型、含皓型； 2. 遇水失效，不宜用于建筑外保温
5	玻璃棉板	A	不燃	0.03～0.04	−120～400	24～96	长:600～2400 宽:600～1200	室内保温材料	遇水失效，不宜用于建筑外保温
6	离心玻璃棉管	A	不燃	0.032～0.035	−4～454	100～400	内径 15～426	管道保温	
7	泡沫石棉板材	A	不燃	0.033～0.044	≤600	20～40	1000×500	化工、电力系统管道、设备、窑炉的保温	
8	硅酸镁管壳	A	不燃	≤0.042	−40～800	190～210	管径 50 厚以上	适用于管道设备保温	
	硅酸镁板材				−20～800		500×1000	适用于蒸汽管道	
9	无机墙体保温砂浆	A	不燃	≥0.04	≤600	280	/	外墙抹灰，替代砂浆及保温材料	保温效果接近挤塑板
10	彩钢夹芯板(岩棉)	A	不燃	0.026～0.035	−260～700	≤150	宽:840 长可自定义	钢结构厂房外墙保温	设备上无法使用
11	橡塑海绵(一类)	B1	难燃	≤0.038	≤110	65～85	1000×2000×100	空调、风机等管道保温	只用于室内
12	聚氨酯发泡板	B1	难燃	≤0.025	≤120	≥30	500×1000×100	建筑外墙保温	离火自熄，氧指数 28
13	酚醛保温板	B1	难燃	0.022～0.029	≤1500	45～75	1200×1000×100	建筑外墙保温	施工方法同挤塑板
14	阻燃挤塑板	/	阻燃	≤0.032	离火自熄	850	600×600/600×1200	建筑外墙保温	离火自熄，氧指数 26

说明：

(1)导热系数越小越好。

(2)氧指数：一般认为氧指数小于 22 属于易燃材料，氧指数在 22～27 之间属可燃材料，氧指数大于 27 属难燃材料。

(3)无机墙体保温砂浆，新型保温材料，耐火等级为 A 级，保温效果接近挤塑板，保温系数达到 40%，可以替代砂浆及保温材料

4.5.4 保温技术要求

(1)同层保温必须错缝,要求缝隙严密;多层保温必须压缝,压缝距离不得小于 150mm。而对于弧形设备或管道,保温制品的内外层轴向对缝应错开 15°;方形设备角部保温应错接。保温材料绑扎牢固,紧贴设备或管道壁面,保温层表面平整美观。

(2)管道保温采用绑扎法施工时,对于弧形瓦块每件至少绑扎两道镀锌铅丝或箍带,并且其间距不得大于 300mm。绑扎后将扎头嵌入保温层中。

(3)水平管道的纵向接缝位置,不得布置在管道垂直中心线 45°范围内。

(4)保温制品的拼缝宽度,一般不大于 5mm,且施工时需注意错缝。当外绝热层采用粘胶带封缝时,可以不错缝。

(5)金属保护层自下而上安装,紧贴保温层。室外水平管道金属保护层纵向接缝布置在轴中线下方 15°~45°处,缝口朝下。室内管道金属保护层的纵向接缝宜布置在隐蔽处。水平管道的环向接缝以管道坡度为准高搭低茬。金属保护层接缝为圆线筋条搭接,一般搭接尺寸不得小于 50mm,大直径高温蒸汽管道搭接量不小于 75mm。搭接缝使用抽芯铆钉固定,铆钉间距为 200mm 左右,以铆接牢固和搭接缝严密为准。铆钉抽拉时用力不能过大,钉帽下平面应紧贴于外护板表面,保证钉位处无凹陷。

(6)金属保护层沿管道纵向每隔一段距离采用活动搭接形式,即环向缝不打钉,其搭接余量为 100mm,以满足膨胀要求。在垂直管段上可使用"S"形挂钩支承上层保护层。

(7)管道弯头部位的保护层(虾米腰)搭接缝可采用双筋重叠或双筋正反扣形式。

(8)阀门、法兰、设备门孔等部位的施工应在设备管道保温施工完毕后单独进行。保温材料敷设应均匀、薄厚一致。外护板应制作成可拆卸式的阀门盒、法兰盒、门孔罩。

注意:在法兰连接处的一侧应留出拆卸螺栓的间隙,间隙中塞满软质保温材料。

(9)金属保护层安装完毕后,在明显位置涂刷介质名称和介质流向箭头,在四大管道焊口处做出标识。

(10)金属保护层下料时必须使用专用工机具,不准用气割。

思考与练习

4.1 管道支、吊架的类型有哪些?

4.2 给出几个管道支、吊架的适用范围。

4.3 简述固定支架和滑动支架的概念。

4.4 简述固定支架和滑动支架的安装操作步骤。

4.5 简述管道防腐和保温的操作要点。

4.6 简述管道系统防腐和保温的施工组织步骤及技术要求。

第二部分　室内水暖及空调系统安装施工工艺

5　室内给排水系统安装

知识目标

本章主要包括：室内给水系统组成、室内给水方式、室内给水管道布置、室内给水管道安装；室内卫生器具安装；室内排水系统组成、室内排水管道布置、室内排水管道安装。

能力目标

通过本章学习，应着重培养以下能力：

1. 提高对室内给排水管道施工准备的认识和了解的能力；
2. 掌握室内给水方式的种类及特点；
3. 掌握室内给排水管道布置形式；
4. 掌握卫生器具安装方法；
5. 掌握室内给排水管道安装方法。

5.1　室内给水系统安装

5.1.1　室内给水系统认识

5.1.1.1　室内生活给水系统组成

室内给水系统是将城镇给水管网或自备水源给水管网的水引入室内，经配水管送至生活、生产和消防用水设备，并满足各用水点对水量、水压和水质要求的冷水供应系统。

室内生活给水系统的组成如图 5.1 所示，由下列各部分组成：

(1)引入管

自室外给水管将水引入室内的管段，也称进户管。

(2)水表节点

水表节点是安装在引入管上的水表及其前后设置的阀门和泄水装置的总称。水表前后的阀门用于水表检修、拆换时关闭管路，泄水口主要用于系统检修时放空管网的余水，也可用来检测水表精度和测定管道进户时的水压值。

水表及其前后的附件一般设在水表井中，如图 5.2 所示。当室内只有一条引入管时，宜在

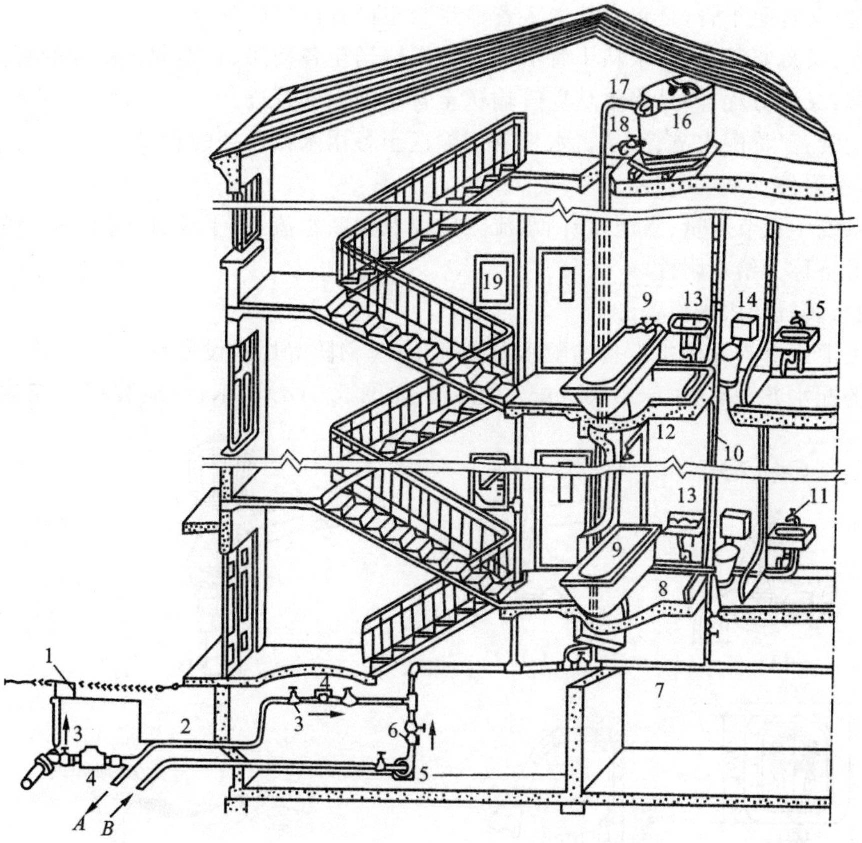

图 5.1 室内生活给水系统

1—阀门井；2—引入管；3—闸阀；4—水表；5—水泵；6—止回阀；7—干管；8—支管；9—浴盆；10—立管；11—水龙头；12—淋浴器；13—洗脸盆；14—大便器；15—洗涤盆；16—水箱；17—进水管；18—出水管；19—消火栓；A—入贮水池；B—来自贮水池

水表井中设旁通管，如图 5.3 所示。温暖地区的水表井一般设在室外，寒冷地区为避免水表冻裂，可将水表井设在不会冻结之处。

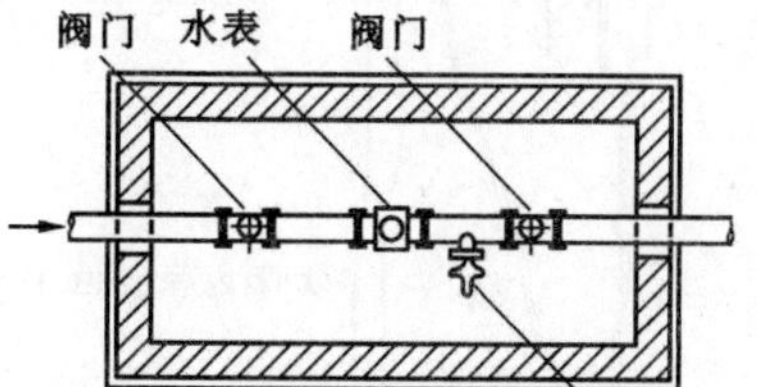

图 5.2 水表节点

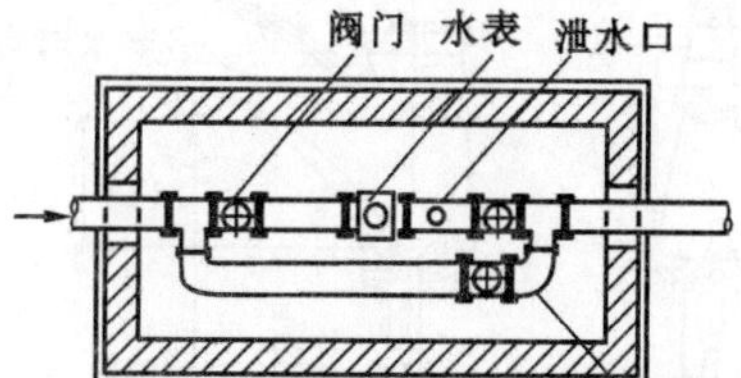

图 5.3 有旁通管的水表节点

室内不同使用性质或不同水费单价的用水系统，应在引入管后分成各自独立的给水管网，并分表计量。如在住宅类室内应安装分户水表，分户水表以前大都设在每户住宅室内的分户支管上，可在表前设阀，以便局部关断水流；现在的趋势是将分户水表集中设在户外(容易读取数据处)，即使水表设在室内，也可采用智能化水表或 IC 卡水表进行远程计量。

(3)给水管网

给水管网包括干管、立管、支管和分支管，用于输送和分配用水。

①干管：又称总干管，是将水从引入管输送至室内各区域的管段。

②立管：又称竖管，是将水从干管沿垂直方向输送至各楼层、各不同标高处的管段。

③支管：又称分配管，是将水从立管输送至各房间内的管段。

④分支管：又称配水支管，是将水从支管输送至各用水设备处的管段。

(4)给水附件

管道系统中调节水量、水压，控制水流方向以及关断水流，便于管道、仪表和设备检修的各类阀门和设备称为给水附件。

(5)配水装置和用水设备

指各类卫生器具和用水设备的配水龙头和生产、消防等用水设备。

常用的配水龙头有：①球形阀式配水龙头。如图 5.4(*a*)所示，一般装在洗涤盆、污水盆、

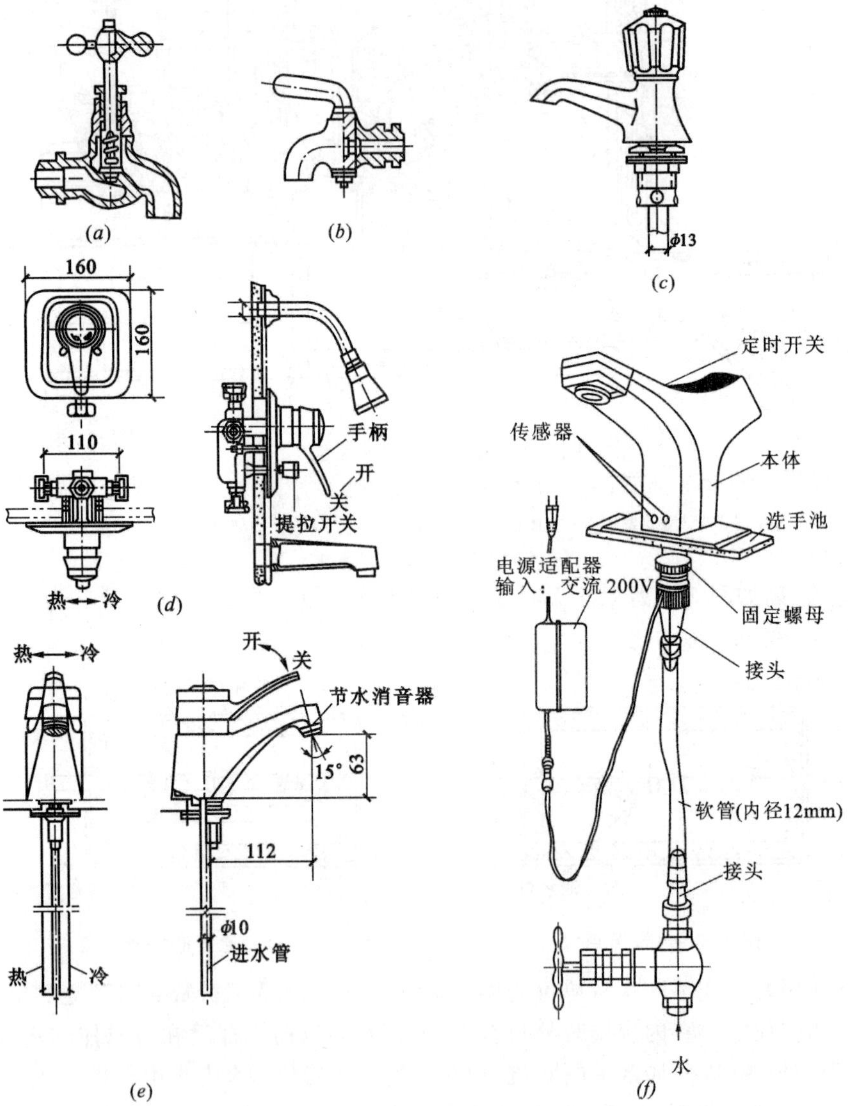

图 5.4 各类配水龙头

(*a*)球形阀式配水龙头；(*b*)旋塞式配水龙头；(*c*)普通洗脸盆配水龙头；

(*d*)单手柄浴盆配水龙头；(*e*)单手柄洗脸盆配水龙头；(*f*)自动配水龙头

盥洗槽等卫生器具上，水流通过时因改变方向，故阻力较大。②旋塞式配水龙头。如图5.4(*b*)所示，旋转90°即可完全开启，水流直线通过，阻力较小，在短时间里可获得较大流量，适用于洗衣房、开水间等用水设备，其缺点是启闭迅速易引起水锤。③普通洗脸盆配水龙头。如图5.4(*c*)所示，为单放水型，单供冷水或热水。④单手柄浴盆配水龙头。如图5.4(*d*)所示，喷头处有转向接头，可转动一定角度，手柄上下移动控制启闭，左右旋转调节水温，提起或按下提拉开关可使冷、热混合水从放水口或喷头流出。近年来各种节水、节能和低噪声的水龙头在工程中得到了较为广泛的应用，如：单手柄洗脸盆配水龙头，如图5.4(*e*)所示，其启闭和调温的方法同上述单手柄浴盆配水龙头，在它的出水口端部装有节水消声装置，一般节水消声装置内有数片滤网和孔板，可减小出水压力和噪声，使水流柔和而不四溅；自动配水龙头，如图5.4(*f*)所示，利用光电元件控制启闭，使用时手放在水龙头下，挡住了光电元件即开启放水，使用完毕时手离开水龙头即关闭停水，不但节水节能，且实现无接触操作，清洁卫生，可防止疾病的传染。

(6)增压和贮水设备

当室外给水管网的水压、水量不能满足室内用水要求，或要求供水压力稳定、确保供水安全可靠时，应根据需要在给水系统中设置水泵、气压给水设备和水池、水箱等增压、贮水设备。

5.1.1.2　室内生活用水的给水方式

给水方式即指室内内部给水系统的供水方案。合理的供水方案应综合工程涉及的各项因素，如技术因素：供水可靠性、水质对城市给水系统的影响、节水节能效果、操作管理、自动化程度等；经济因素：基建投资、年度经常费用、现值等；社会和环境因素：对室内立面和城市观瞻的影响、对结构和基础的影响、占地面积、对环境的影响、建设难度和建设周期、抗寒防冻性能、分期建设的灵活性、对使用带来的影响等，可采用综合评判法确定。在初步确定给水方式时，对层高不超过3.5m的民用建筑，室内给水系统所需的压力H(自室外地面算起)，可用以下经验法估算：1层($n=1$)为10kPa，2层($n=2$)为12kPa，3层($n=3$)及以上每增加1层，增加4kPa[即$H=120+4\times(n-2)$kPa，其中$n>2$]。

1.依靠外网压力的给水方式

(1)直接给水方式

由室外给水管网直接供水，这是最简单、经济的给水方式，如图5.5所示。适用于室外给水管网的水量、水压在一天内均能满足用水要求的情况。

(2)设水箱的给水方式

设水箱的给水方式宜在室外给水管网供水压力周期性不足时采用。如图5.6(*a*)所示，低谷用水时，可利用室外给水管网水压直接供水并向水箱进水，使水箱贮备水量。高峰用水时，室外管网水压不足，则由水箱向室内给水系统供水。当室外给水管网水压偏高或不稳定时，为保证室内给水系统的良好工况或满足稳压供水的要求，也可采用设水箱的给水方式。图5.6(*b*)所示为室外管网直接给水方式，即管网直接将水输入水箱，由水箱向室内给水系统供水。

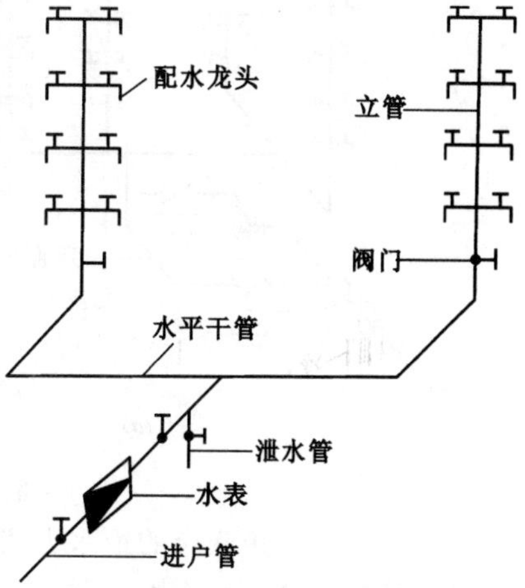

图5.5　直接给水方式

2.依靠水泵升压的给水方式

(1)设水泵的给水方式

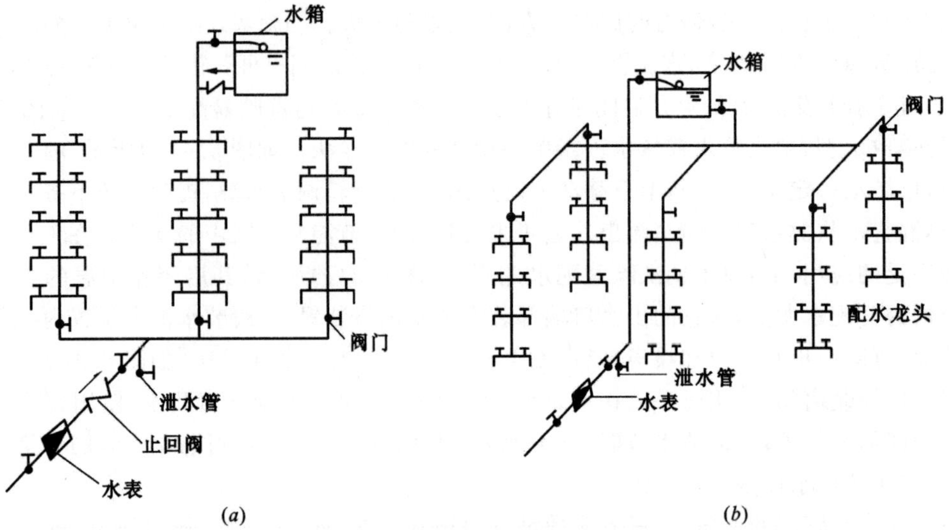

图 5.6 设水箱的给水方式

设水泵的给水方式宜在室外给水管网的水压经常不足时采用。当室内用水量大且较均匀时，可用恒速水泵供水；当室内用水不均匀时，宜采用一台或多台水泵变速运行供水，以提高水泵的工作效率。为充分利用室外管网压力，节省电能，当水泵与室外管网直接连接时，应设旁通管，如图 5.7(*a*)所示。当室外管网压力足够大时，可自动开启旁通管的止回阀直接向室内供水。因水泵直接从室外管网抽水，会使外网压力降低，影响附近用户用水，严重时还可能造成外网负压，在管道接口不严密时，其周围土壤中的渗漏水会吸入管网，污染水质。当采用水泵直接从室外管网抽水时，必须征得供水部门的同意，并在管道连接处采取必要的防护措施，以免污染水质。为避免上述问题，可在系统中增设贮水池，采用水泵与室外管网间接连接的方式，如图 5.7(*b*)所示。

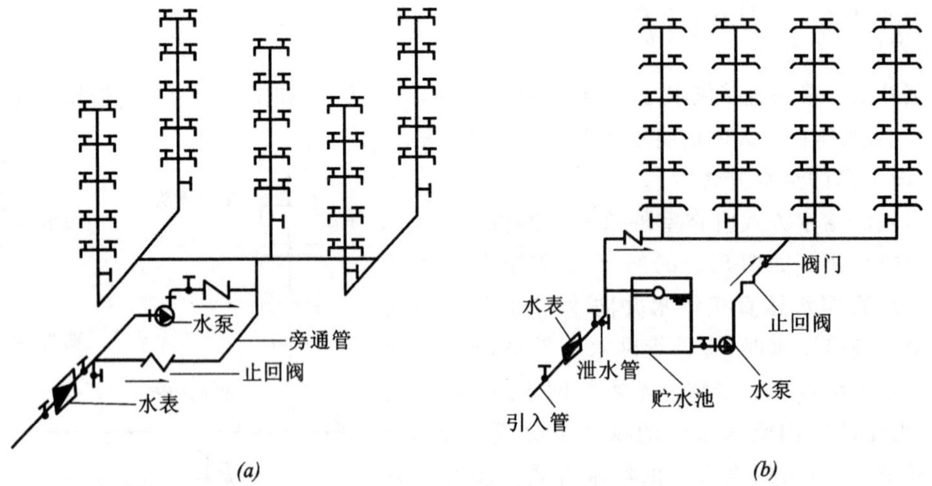

图 5.7 设水泵的给水方式

(2)设水泵、水箱联合的给水方式

设水泵和水箱的给水方式宜在室外给水管网压力低于或经常不能满足室内给水管网所需的水压，且室内用水不均匀时采用。如图 5.8 所示，该给水方式的优点是水泵能及时向水箱供水，可缩小水箱的容积，又因有水箱的调节作用，水泵出水量稳定，能保持在高效区运行。

(3)气压给水方式

气压给水方式即在给水系统中设置气压给水设备，利用该设备的气压水罐内气体的可压缩性升压供水。气压水罐的作用相当于高位水箱，但其位置可根据需要设置在高处或低处。该给水方式宜在室外给水管网压力低于或经常不能满足室内给水管网所需水压，室内用水不均匀，且不宜设置高位水箱时采用，如图 5.9 所示。

(4)分区给水方式

当室外给水管网的压力只能满足室内下层供水要求时，可采用分区给水方式，如图 5.10 所示。室外给水

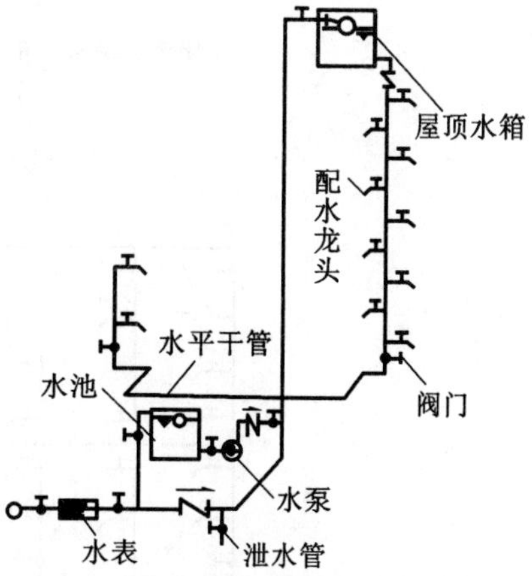

图 5.8　设水泵、水箱联合的给水方式

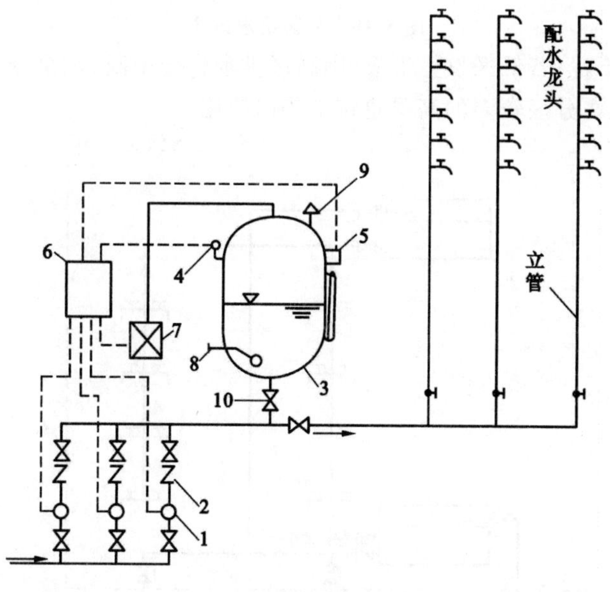

图 5.9　气压给水方式

1—水泵；2—止回阀；3—气压水罐；4—压力信号器；5—液位信号器；6—控制器；7—补气装置；8—排气阀；9—安全阀；10—阀门

管网水压线以下楼层为低区，由外网直接供水；以上楼层为高区，由升压贮水设备供水。可将两区的一根或几根立管相连，在分区处设阀门，以备低区进水管发生故障或外网压力不足时，打开阀门由高区水箱向低区供水。

高层建筑给水方式可分为串联分区给水方式、并联分区给水方式和分区减压给水方式。

①串联分区给水方式

串联分区给水方式如图 5.11 所示，分区设置高位水箱，水泵分散设置在各区的楼层之中，下一区的高位水箱兼作上一区的贮水池。低区水泵由水池吸水，压送到低区的高位水箱，向低区供水；高区水泵由低区的高位水箱吸水，压送到高区的高位水箱，向高区供水。各区水泵的扬程和流量按本区需要设计，不需要高压泵和高压管道，使用效率高，能源消耗较小，且水泵压力均衡，扬程较小，水锤影响小，设备和管道较简单，投资较省。但水泵和水箱占用楼层的使用

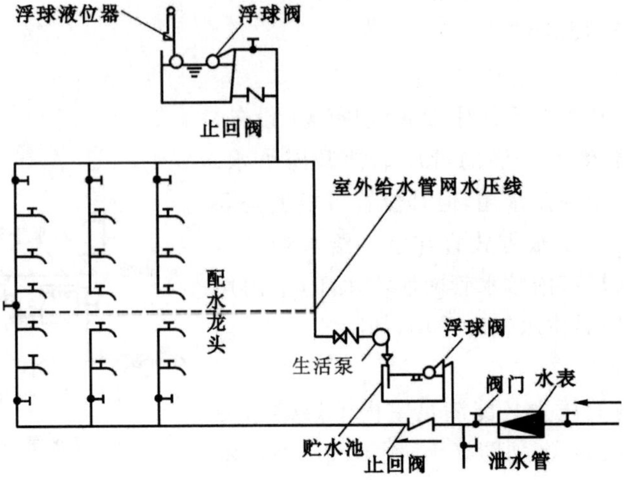

图 5.10　分区给水方式

面积，有振动和噪声干扰；若低区发生事故，则高区供水将会中断；水泵分散布置会给维护管理带来不便。这种方式在分区较多的高层建筑中普遍使用。

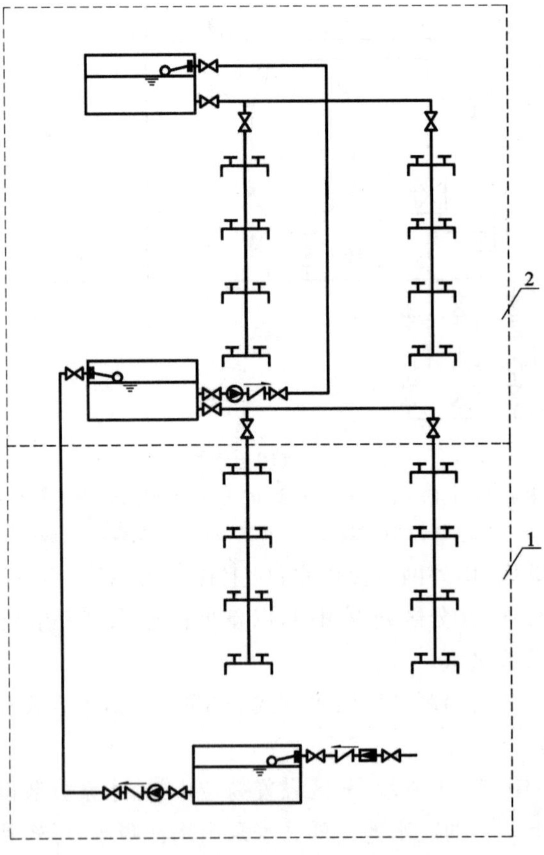

图 5.11　串联分区给水方式

1—低区；2—高区

②并联分区给水方式

并联分区给水方式如图 5.12 所示，各分区独立设置水箱和水泵，水泵集中布置在建筑底部，各区水泵独立向各区的水箱供水，互不干扰，供水安全可靠，水泵效率高，能源消耗较小。水箱分散设置，各区水箱容积小，有利于结构设计。由于高区设置独立管道，需要高压水泵和管道，设备费用增加，水箱容积虽然减小，但仍占用楼层的使用面积。这种给水方式在分区较少的高层建筑中应用广泛。

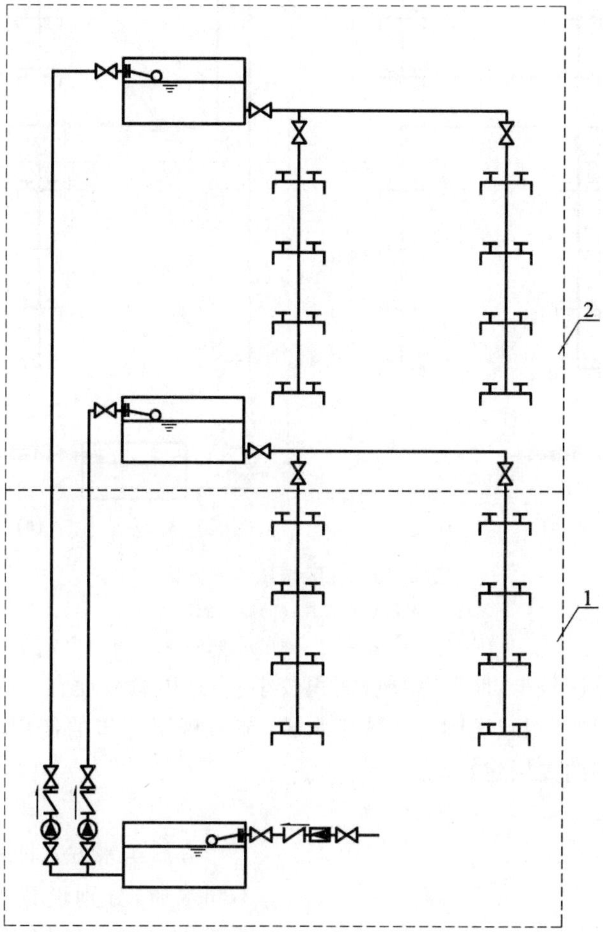

图 5.12　并联分区给水方式

1—低区；2—高区

③分区减压给水方式

建筑物的用水由设置在底层的水泵一次提升至屋顶总水箱，再由此水箱依次向下区减压供水，分为减压水箱给水方式和减压阀给水方式，如图 5.13 所示。

减压水箱给水方式是在每个分区设置高位水箱，由屋顶水箱分送至各分区水箱，由各分区水箱供水，分区水箱起到减压作用。减压水箱给水方式水泵台数少，管道简单，投资较省，设备布置集中，维护管理简单。但下区供水受上区供水限制，供水可靠性不如并联供水方式。屋顶水箱容积大，对建筑的结构和抗震不利。当建筑物高度大、分区较多时，下区减压水箱中浮球阀承压过大，易造成关闭不严的现象；上区某些管道部位发生故障时，将影响下区的供水。一

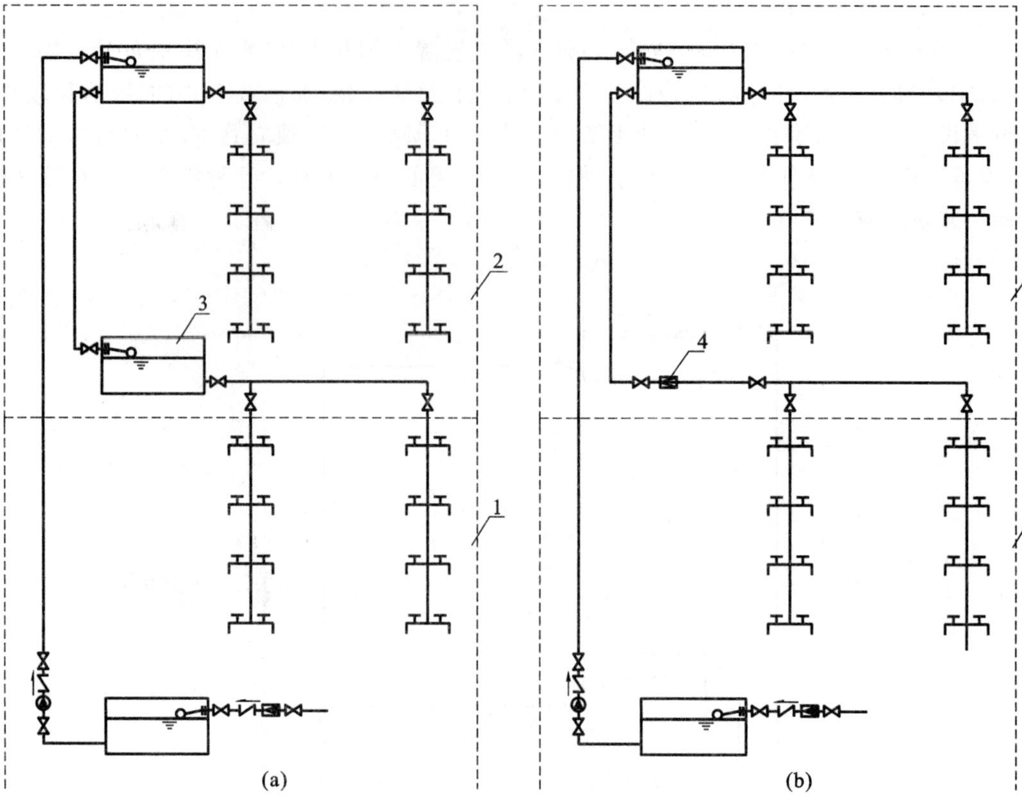

图 5.13　分区减压给水方式

(a)减压水箱给水方式;(b)减压阀给水方式

1—低区;2—高区;3—减压水箱;4—减压阀

般用于高度不太高、分区较少、地下室泵房面积较小、当地电费较便宜的高层建筑。

减压阀给水方式是利用减压阀替代减压水箱,节省楼层建筑的使用面积。一般用于分区较少、水压要求不太高的高层建筑。

(5)分质给水方式

分质给水方式即根据不同用途所需的不同水质,分别设置独立的给水系统。如图 5.14 所示,饮用水给水系统供给饮用、烹饪、盥洗等生活用水,水质符合《生活饮用水卫生标准》;杂用水给水系统水质较差,仅符合《生活杂用水水质标准》,只能用于室内冲洗便器、绿化、洗车等用水。近年来为确保水质,有些国家还采用了饮用水与盥洗、淋浴等生活用水分设两个独立管网的分质给水方式。

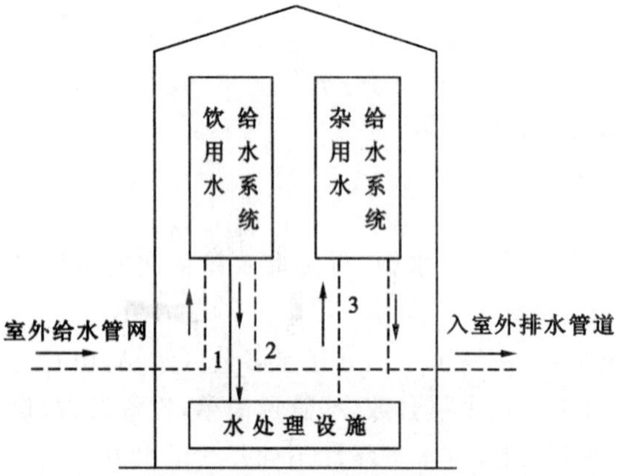

图 5.14　分质给水方式

1—生活废水;2—生活污水;3—杂用水

5.1.2　室内给水管道布置

给水管道的布置受建筑结构、用水要求、配水点和室外给水管道的位置，以及供暖、通风、空调和供电等其他建筑设备工程管线布置等因素的影响。

5.1.2.1　基本要求

进行管道布置时，不但要处理和协调好各种相关因素的关系，还要满足以下基本要求：

(1)确保供水安全和良好的水力条件，力求经济合理

管道尽可能与墙、梁、柱平行，呈直线走向，力求管路简短，以减少工程量，降低造价。但不能有碍于生活、工作和通行；一般可设置在管井、吊顶内或墙角边。干管应布置在用水量大或不允许间断供水的配水点附近，既利于供水安全，又可减少流程中不合理的传输流量，节省管材。

不允许间断供水的建筑，应从室外环状管网不同管段引入，引入管不少于两条。若必须同侧引入时，两条引入管的间距不得小于15m，并在两条引入管之间的室外给水管上装阀门。

室内给水管网宜采用枝状布置，单向供水。不允许间断供水的建筑和设备，应采用环状管网或贯通枝状双向供水。

设两条或两条以上引入管，在室内将管道连成环状或贯通状双向供水，如图5.15所示。若条件不可能达到，可采取设贮水池(箱)或增设第二水源等安全供水措施。

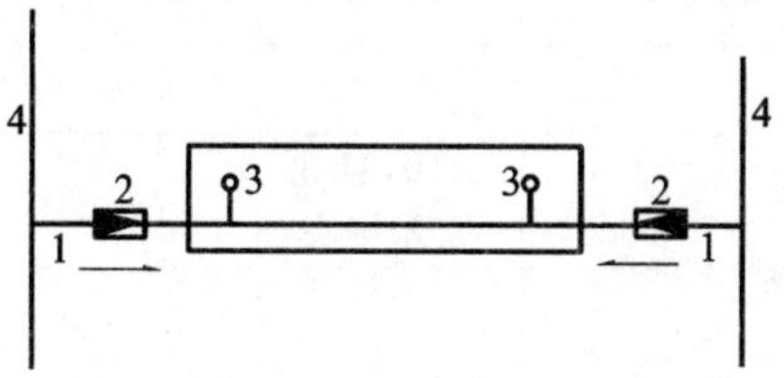

图5.15　引入管从建筑物不同侧引入室内管道贯通状布置

1—引入管；2—水表井；3—立管；4—室外给水管道

(2)保护管道不受损坏

给水埋地管道应避免布置在可能受重物压坏处。管道不得穿越生产设备基础，如遇特殊情况必须穿越时，应与有关专业协商处理。同时也不宜穿过伸缩缝、沉降缝，若需穿过，应采取保护措施。常用的措施有：在管道或保温层外皮上、下留有不小于150mm的净空；软性接头法，即用橡胶软管或金属波纹管连接沉降缝、伸缩缝两边的管道；丝扣弯头法，如图5.16所示，在建筑沉降过程中，两边的沉降差由丝扣弯头的旋转来补偿，适用于小管径的管道；活动支架法，如图5.17所示，在沉降缝两侧设立支架，使管道只能垂直位移，不能水平横向位移，以适应沉降、伸缩之应力。为防止管道腐蚀，管道不允许布置在烟道、风道、电梯井和排水沟内，不允许穿越大、小便槽，当立管距大、小便槽端部不超过0.5m时，在大、小便槽端部应有建筑隔断措施。

(3)不影响生产安全和建筑物的使用

为避免管道渗漏造成配电间电气设备故障或短路，管道不能从配电间通过，不得穿越变(配)电间、电梯机房、通信机房、大中型计算机房、计算机网络中心、有屏蔽要求的X光室、CT室、档案室、书库、音像库房等遇水会损坏设备和引发事故的房间；一般不宜穿越卧室、书房及贮藏间；也不能布置在妨碍生产操作和交通运输处或遇水能引起燃烧、爆炸或损坏的设备、产品和原料上；不宜穿过橱窗、壁柜、吊柜等设施和在机械设备上方通过，以免影响各种设施的功能和设备的维修。

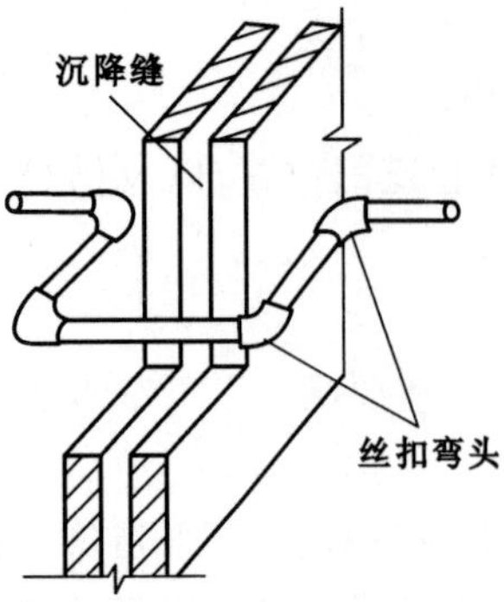

图 5.16 丝扣弯头法

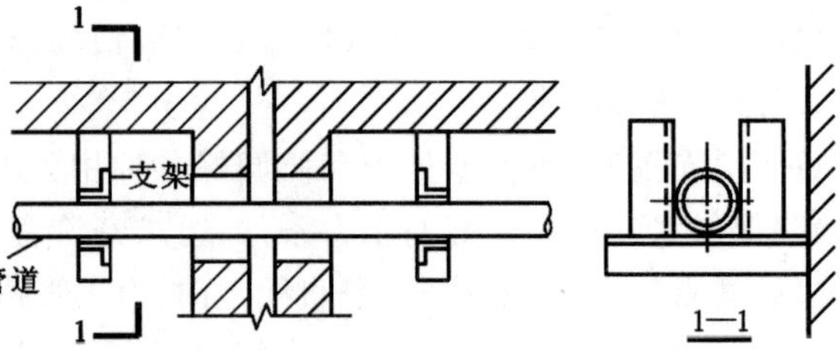

图 5.17 活动支架法

(4)便于安装维修

布置管道时其周围要留有一定的空间，以满足安装、维修的要求，给水管道与其他管道和建筑结构的最小净距见表 5.1。需进入检修时的管道井，其工作通道净宽度不宜小于 0.6m。管道井应每层设外开检修门。

表 5.1 给水管道与其他管道和建筑结构的最小净距

给水管道名称		室内墙面(mm)	地沟壁和其他管道(mm)	梁、柱、设备(mm)	排水管		备注
					水平净距(mm)	垂直净距(mm)	
引入管					≥1000	≥150	在排水管上方
横干管		≥100	≥100	≥50，且此处无接头	≥500	≥150	在排水管上方
立管	管径(mm)						
	<32	≥25					
	32～50	≥35					
	75～100	≥50					
	125～150	≥60					

5.1.2.2 布置形式

给水管道的布置按供水可靠程度要求可分为枝状和环状两种形式。前者单向供水，供水安全可靠性差，但节省管材，造价低；后者管道相互连通，双向供水，安全可靠，但管线长，造价高。一般建筑内给水管网宜采用枝状布置，按水平干管的敷设位置又可分为上行下给式、下行上给式和中分式三种形式。干管设在顶层天花板下、吊顶内或技术夹层中，由上向下供水的为上行下给式，适用于设置高位水箱的居住与公共建筑和地下管线较多的工业厂房；干管埋地、设在底层或地下室中，由下向上供水的为下行上给式，适用于利用室外给水管网水压直接供水的工业与民用建筑；水平干管设在中间技术层内或某层吊顶内，由中间向上、下两个方向供水的为中分式，适用于屋顶用作露天茶座、舞厅或设有中间技术层的高层建筑。同一幢建筑的给水管网也可同时兼有以上两种布置形式。

5.1.3 室内给水管道安装

5.1.3.1 室内给水管道安装工艺

1.工艺流程

室内给水管道安装工艺流程如图5.18所示。

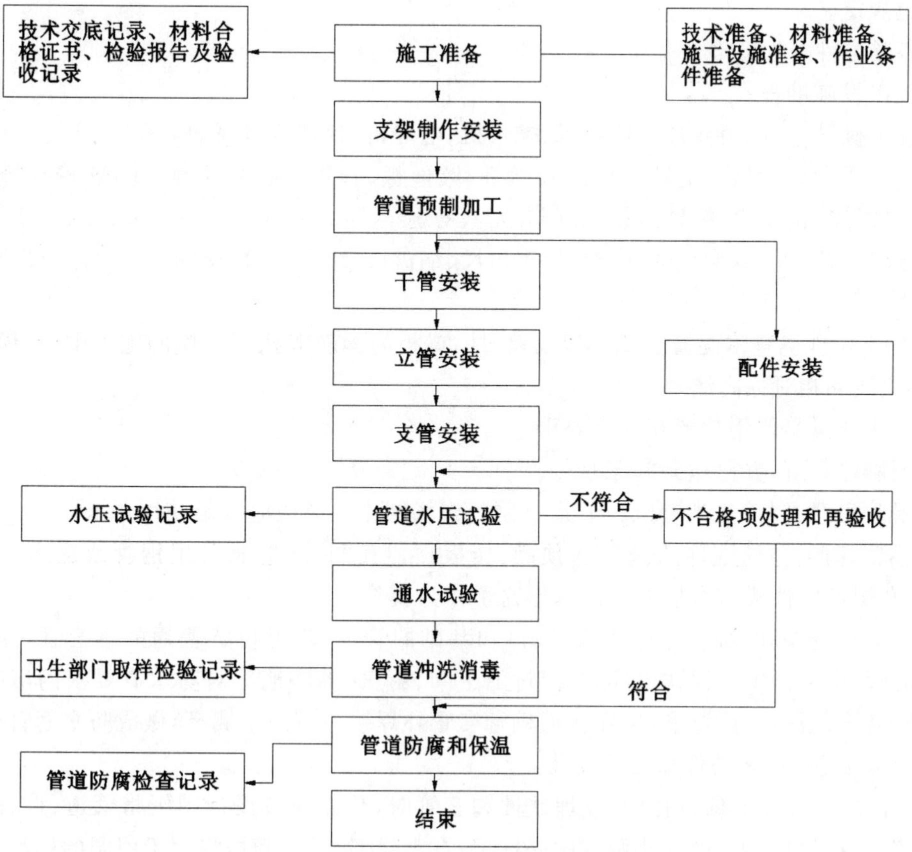

图5.18　室内给水管道安装工艺流程

2.操作工艺

(1)施工准备

①技术准备

a.图纸已会审,并形成图纸会审纪要。

b.已对施工班组进行了技术、质量、安全交底。

c.已根据设计图纸,绘制出施工草图。

d.有完整的施工组织设计,并经监理、建设单位认可。

e.技术工人应有上岗操作证,特殊工种还应有相关部门颁发的特种作业操作证。

f.认真熟悉施工图纸,根据施工方案确定的施工方法和技术交底的具体措施做好准备工作。查看有关专业图纸,核对各种管道的坐标、标高是否有交叉。

②材料准备

a.管材、管件及附属制品等,应符合国家或行业标准有关质量、技术的要求,并有产品出厂合格证明和质量证明文件。

b.连接管件不应有砂眼、裂纹、偏扣、乱扣、丝扣不全和角度不准等现象。

c.阀门的外观要规矩、无损伤,阀体严密性好,阀杆不应弯曲。安装前应按要求进行强度和严密性试验。

d. 石棉橡胶垫、油麻、线麻、水泥、电焊条、气焊丝、防腐材料、粘合剂等质量应符合设计要求及规范规定。

e. 各类配件等均已准备齐全。

③施工设施准备

a. 施工机械　包括套丝机、切割机、揻弯机、电焊机、台钻、热熔机具等。

b. 施工工具　包括手电钻、电锤、套丝板、圆丝板、管钳、扳手、手锯、手锤、橡皮锤、錾子、压力案、台虎钳、钢丝钳、螺丝刀、气焊(割)工具等。

c. 检测工具　包括水平尺、钢卷尺、钢角尺、钢盘尺、线坠、焊口检测尺、游标卡尺、小线等。

④作业条件准备

A. 在土建现浇整体混凝土基础以及墙、柱、梁板的钢筋绑扎和支模的施工中，在模板上弹出轴线、边线和相对标高线。

B. 脚手架满足使用功能和安全要求。

C. 材料已备好，并已送到施工现场。

D. 孔洞已预留好，支架、套管、管道预制等现场制作的场地应满足使用要求。

E. 预留孔洞，预埋铁件的选型和预制：楼板预留孔洞，圆形洞可用钢管或圆木柱作为模具，方形孔洞可用铁板或木板加工的方形盒子作为模具。

F. 套管的选型和预制：穿过楼板、墙体和基础的管道，均可设置普通的钢套管；穿过墙体的支管套管，也可以用镀锌铁皮卷制；穿过卫生间、厨房、淋浴池等对防水有要求的房间，可用普通钢管套管；根据设计要求，可在普通钢管套管外焊接一道防水翼环，做成防水套管。

G. 预留孔洞、预埋铁件和套管安装：

a. 在混凝土楼板上预留孔洞，预埋铁件和套管时，首先应按设计图纸将管道、设备的坐标位置测定好，在底模板上做好孔洞的中心标记；在土建绑扎钢筋时，将用于留洞的模具、铁件或者套管就位并固定牢，盒子或套管内用填充物塞满；在浇筑混凝土过程中，应有专人配合校对，看管模具、埋件或套管，以免位移。预留孔洞应配合土建施工进行，其尺寸如设计无要求时，可参照表 5.2 执行。

表 5.2　预留孔洞尺寸表

管道布置形式	管道规格(mm)	明管		暗管	
		留孔尺寸(mm)长度×宽度		暗槽尺寸(mm)宽度×深度	
		金属管	塑料管(给排水)	金属管	塑料管(给水)
供暖或给水立管	$DN\leqslant25$ $32\leqslant DN\leqslant50$ $70\leqslant DN\leqslant100$	100×100 150×150 200×200	80×80 150×150 200×200	130×130 150×130 200×200	90×90 110×110 160×160
一根排水立管	$DN\leqslant50$ $70\leqslant DN\leqslant100$	150×150 200×200	130×130 180×180	200×130 250×200	—
两根供暖或给水立管	$DN\leqslant32$	150×100	100×100	200×130	150×80
单根给水、排水立管并行	$DN\leqslant50$ $70\leqslant DN\leqslant100$	200×150 250×200	130×130 250×200	200×130 250×200	200×100 250×150
两根给水立管和一根排水立管并行	$DN\leqslant50$ $70\leqslant DN\leqslant100$	200×150 350×200	200×150 350×200	250×130 380×200	220×100 350×150

续表 5.2

管道布置形式	管道规格(mm)	明管		暗管	
		留孔尺寸(mm)长度×宽度		暗槽尺寸(mm)宽度×深度	
		金属管	塑料管(给排水)	金属管	塑料管(给水)
给水支管或散热器支管	DN≤25 32≤DN≤40	100×100 150×130	80×80 140×140	60×60 150×100	60×60 150×100
排水支管	DN≤80 DN=100	250×200 300×250	230×180 300×200	—	—
供暖或排水主干管	DN≤80 100≤DN≤125	300×250 350×300	250×200 300×250	—	—
给水引入管	DN≤100	—	—	300×200	300×200
排水排出管穿基础	DN≤80	—	—	300×300	300×300
	100≤DN≤150 DN=200	—	—	(管径+200)×(管径+200) (管径+300)×(管径+200)	

b. 在混凝土墙、板、梁、柱上预埋铁件或套管，在土建绑扎钢筋时，按图纸设计的标高和坐标将预埋件或套管固定好。固定的方法可用铁丝将预埋件或套管绑扎在钢筋上，也可用手工电焊将短钢筋焊在预埋件或套管上，再绑扎在结构钢筋上。

c. 在混凝土捣制构件中预埋管道支架时，应按支架型钢大小开孔，将支架插进模板内，长度不宜小于 120mm，并固定牢固。

d. 在楼板下和梁下预埋吊杆，按规范或图纸要求在模板上找好位置，在模板上钻眼，将吊杆穿进模板，长度不宜小于 120mm。在吊杆尾部焊接一段与其垂直的钢筋，再与结构钢筋绑扎牢固。

e. 在砖石基础中预埋套管时，按管道标高、位置在砌砖和砌石时镶入，用砂浆稳固。

f. 堵楼板孔、洞宜用定型模具或用木板支搭牢固后，先往洞内浇水润湿，再用 C20 级以上的细石混凝土或 M7.5 级水泥砂浆填平捣实。

(2)管道支架制作安装

①管道支架制作

a. 管道支架、支座的结构多为标准设计，可按国标图集《室内管道支吊架》(03S402)、《室内热力管道支吊架》(95R417—1)的要求集中预制；同类型支架的形式应一致。在满足间距的前提下，能够采用共用支架的，宜使用共用支架。也可采用符合规范要求的成品支架、支座。

b. 型钢架下料：先量出尺寸，画上标线，便可进行切断。在型钢面上画上螺栓孔眼的十字线，用眼冲、手锤冲眼，用台钻进行钻眼，不宜用气割成孔；型钢三脚架，水平单臂型钢支架栽入部分用气割形成劈叉，栽入的尾部应不小于 120mm。

管道支架、支座的制作应按照图样要求进行施工，管道支吊架、支座及零件的焊接应遵守结构件焊接工艺，焊角高度不应小于焊件最小厚度，并不应有漏焊、夹渣或焊缝裂纹等缺陷；制作好的支吊架，应进行防腐处理和妥善保管；明装管道支架应进行镀锌处理。

c. U 形卡用圆钢制作：先根据管道公称直径选用相应的圆钢；计算圆钢的下料长度；在调直的圆钢上量尺、下料，切断后用板牙套出螺纹，活动支架上的 U 形卡可一头套丝；制作时，先试套后再大批量加工。

②支架安装

A. 支架的安装应符合下列规定：

a. 铝塑复合管、塑料管、PP-R管、铜管、薄壁不锈钢管等采用金属管卡和支吊架时，金属管卡或支吊架与管道之间应采用塑料带、塑料管片或橡胶等软物隔垫。

b. 管道支架的吊杆应垂直安装，吊杆的长度应能调节。

c. 作用相同的管卡，外观形式应一致。

B. 管道支架上管道离墙、柱及管子与管子之间的距离应符合设计图纸要求；当设计无要求时，管道中心线与梁、柱、楼板等的最小距离应符合表5.3的规定。

表5.3 管道的中心线与梁、柱、楼板的最小距离

公称直径(mm)	25	32	40	50	70	80	100	125	150	200
距离(mm)	40	40	50	60	70	80	100	125	150	200

C. 立管管卡的布置应符合下列规定：

a. 每层设置不少于1个。

b. 管卡安装高度，距地为1.5～1.8m。

c. 管卡的数量应根据管材、管径确定，详见各类管材支架间距表。

d. 两个以上管卡应均匀安装，同一房间的管卡应安装在同一高度。

D. 安装方式

现场安装中，可采用栽埋法、膨胀螺栓法、预埋焊接法、抱柱法等安装方式。栽埋法适用于砖墙上支架的安装；膨胀螺栓法适用于混凝土构件上的安装；预埋焊接法适用于有预埋件的支架安装；管道沿柱子安装时，可采用抱柱法安装支架。

a. 栽埋法

埋进墙内的型钢支托架，应事先劈叉或焊接横向角钢，埋进墙内部分不应小于120mm；墙上无预留孔洞时，按拉线定位画出的支架位置标记，用电锤或手锤、錾子凿孔洞。

埋入前，先将孔洞清理干净，用水将洞内冲洗润湿；然后用1:2水泥砂浆或细石混凝土填入，再将已经防腐处理完毕的支架插入洞内；用碎石卡紧支架后，再用水泥砂浆填实。

b. 膨胀螺栓法

在没有预埋铁件的混凝土构件上，可用膨胀螺栓安装支架，但不宜安装推力较大的固定支架。膨胀螺栓法适用于C20级以上混凝土构件上的安装；不应在容易出现裂纹或已出现裂纹的部位安装膨胀螺栓。

用膨胀螺栓安装支架时，先在支架位置处钻孔，再装入套管和膨胀螺栓，拧紧螺母后即可在螺栓上安装型钢横梁。

c. 预埋焊接法

具体实施时，应配合土建施工预埋钢板。预埋件形式依设计而定；预埋时，应控制好位置、标高及钢板面与模板面的平行度，要求固定牢靠。

当支架在预埋铁件上焊接时，应先将铁件上的污物清除干净；焊接应牢固，不应出现漏焊、气孔、裂纹、夹渣、焊瘤等各种焊接缺陷。

不应在承重结构及屋架的钢筋上焊接支架。如有特殊需要，应经结构设计人员同意方准施工。

d. 抱柱法

把柱子上的安装坡度线用水平尺引至柱子侧面，弹出水平线，作为抱柱支架端面的安装标高线。

把支架紧固于柱子上，支架应保持水平，螺母应紧固。

E. 管道支架的放线定位

根据设计要求定出固定支架和补偿器的位置；把同一水平面直管段的两端支架位置画在墙上或柱上，根据高度差找出末端支架位置；在两支架点拉一根直线，均匀分布于中间支架。

a. 钢管、非沟槽式连接的钢塑管水平支架的最大安装间距应符合表5.4的规定。

b. 当钢塑复合管采用沟槽式连接时，管道支架的最大间距应符合表5.5的规定。

表5.4 钢管及非沟槽式连接的钢塑管支架最大安装间距

公称直径(mm)		15	20	25	32	40	50	70
支架最大间距	保温管(m)	2	2.5	2.5	2.5	3	3	4
	不保温管(m)	2.5	3	3.5	4	4.5	5	6
公称直径(mm)		80	100	125	150	200	250	300
支架最大间距	保温管(m)	4	4.5	6	7	7	8	8.5
	不保温管(m)	6	6.5	7	8	9.5	11	12

表5.5 钢塑复合管采用沟槽式连接时管道支架的最大间距

公称直径(mm)	70～100	125～200	250～300
最大支架间距(m)	3.5	4.2	5.0

注：①横管的任何两个接头之间应有支架；
②支架不应设置在接头上，距接头距离大于或等于100mm，且不小于管径；
③沟槽式连接管道，无须考虑管道因热胀冷缩的补偿。

c. 铜管支架最大间距应符合表5.6的规定。

表5.6 铜管管道支架的最大间距

公称直径(mm)	15	20	25	32	40	50
竖管(m)	1.8	2.4	2.4	3.0	3.0	3.0
水平管(m)	1.2	1.8	1.8	2.4	2.4	2.4
公称直径(mm)	65	80	100	125	150	200
竖管(m)	3.5	3.5	3.5	3.5	4.0	4.0
水平管(m)	3.0	3.0	3.0	3.0	3.5	3.5

d. PP-R管道支、吊架的最大间距应符合表5.7的规定。

e. 排水塑料管道支、吊架间距应符合表5.8的规定。

f. 薄壁不锈钢复合管管道固定支架间距不宜大于15m，热水管固定支架的间距应根据管线热膨胀量、膨胀节允许补偿量等确定。活动支架的最大间距可按表5.9确定。

g. 给水聚乙烯类管最大支架间距应符合表5.10的规定。

h. 铝塑复合管的支承最大间距应符合表5.11的规定。

表 5.7 PP-R 管道支、吊架最大间距

公称外径(mm)		20	25	32	40	50	63	75	90	110
立管(m)	冷水管	0.90	1.00	1.10	1.30	1.60	1.80	2.00	2.20	2.40
	热水管	0.40	0.45	0.52	0.65	0.78	0.91	1.04	1.56	1.70
横管(m)	冷水管	0.60	0.70	0.80	0.90	1.00	1.10	1.20	1.35	1.55
	热水管	0.30	0.35	0.40	0.50	0.60	0.70	0.80	1.20	1.30

注:①冷、热水管共用支、吊架时,按热水管的间距确定;

②直埋式管道的管卡,冷、热水管支架间距为 1.0～1.5m。

表 5.8 排水塑料管道支、吊架间距

管径(mm)	50	75	110	125	160
立管(m)	1.2	1.5	2.0	2.0	2.0
横管(m)	0.5	0.75	1.10	1.3	1.6

表 5.9 薄壁不锈钢复合管管道活动支架的最大间距

公称直径(mm)	10～15	20～25	32～40	50～65
水平管(m)	1.0	1.5	2.0	2.5
立管(m)	1.5	2.0	2.5	3.0

表 5.10 给水聚乙烯类管最大支架间距(m)

公称外径 *DN*		20	25	32	40	50	63	75	90	110	125	160
冷水管	横管	0.6	0.7	0.8	0.9	1.0	1.1	1.2	1.35	1.55	1.7	1.9
	立管	0.85	0.98	1.1	1.3	1.6	1.8	2.0	2.2	2.4	2.6	2.8
热水管	横管	0.3	0.35	0.4	0.5	0.6	0.7	0.8	0.95	1.1	1.25	1.5
	立管	0.78	0.9	1.05	1.18	1.3	1.49	1.6	1.75	1.95	2.05	2.2

表 5.11 铝塑复合管的支承最大支架间距

外径(mm)	20	25	32	40	50	63	75
横管(m)	0.6	0.7	0.9	1.0	1.2	1.4	1.6
立管(m)	0.8	1.0	1.2	1.4	1.6	1.8	2.0

(3)管道预制加工

现场施工中,应按设计图纸画出管道分支、管径、变径、预留管口、阀门位置等施工草图;在实际位置做上标记,按标记分段量出实际安装的准确尺寸,记录在施工草图上;然后,按草图测得的尺寸预制加工,在管道表面画出切割线,并按管段及分组编号。

①钢塑管预制加工

a. 钢塑管切割:用电动切割机断管时,应将管材放在电动切割机卡钳上,对准画线卡牢,进行断管。断管时,用力要均匀,断管后管口断面的铁屑、毛刺应清除干净。用手锯断管时,应将管材固定在压力案的压力钳内,将锯条对准画线,双手推锯,锯条与管的轴线保持垂直,推拉锯用力均匀。

b. 钢塑管调直:管段冷调直时,应放在调管架上或调管平台上,一般以两人操作为宜,一人在管段端头目测,另一人在弯曲处用手锤敲打,边敲打边观测,直至调直管段无弯曲为止。管段热调直时,可采用烘炉或气焊加热(至 750℃左右)的方法进行调直。镀锌碳素钢管不应采用加热法调直;管段调直时,不应损坏管材。

②薄壁不锈钢管预制加工

薄壁不锈钢管切断:管道的切割应根据承口深度进行。管外径小于或等于 50mm 的管材宜使用专用切刀手工断料或专用机械切割断料,管外径大于 50mm 的管材宜使用专用机械切割机断料。手工切割刀应有良好的同圆性;切割后管材端口应平整、光滑、无毛刺,不锈钢面层应向管材圆心方向收口。

③铝塑复合管预制加工

a. 铝塑复合管切断:管道切断时,应使用专用管剪子或管子割刀,不应使用其他切割工具进行切割,如锯条等。切割时,管子断面应与管中心线相垂直。

b. 铝塑复合管调直:盘卷包装的管子调直一般可在较平整的地面上进行,对管径 $DN \leqslant$ 20mm 管子的局部弯曲,可用手工调直;对管径 $DN \geqslant$25mm 管子的弯曲,应在平台上用木锤或橡皮锤轻轻敲打进行调直。

c. 铝塑复合管弯曲:铝塑复合管弯曲时,弯曲半径不能小于管子外径的 5 倍。曲弯方法为:管径不大于 25mm 的管道可将弯管弹簧塞入管子内,送至需弯处(若长度不够,可采用铁丝加长),在该处用手加力缓慢进行,成型后取出弹簧;管径大于 32mm 的管道采用专用弯管器弯曲;弯曲半径要求较小时,应采用专用弯头配件。

④PP-R 管预制加工

a. PP-R 管切断:管道的切割要使用专用管剪。切割时,管剪应垂直于管道轴线,并对切割后的管口端面进行除毛边和毛刺处理。

b. PP-R 管弯曲:管道一般使用弯头热熔或电熔连接而成。

⑤PVC-U 塑料管预制加工

PVC-U 塑料管切断:根据管线尺寸,除去配件长度后,进行断管配制。断管可手锯或采用专用断管器,断口要平齐且垂直于管轴线,用铣刀或刮刀除掉断口内外飞刺,并在端口外棱铣出 15°角。

(4)干管安装

①适用范围

适用于本操作工艺的管材及其连接方式多种多样,管材主要有钢管、钢塑复合管、铜管、薄壁不锈钢管、铝塑复合管、PP-R 管、UPVC 塑料管、铸铁管、柔性铸铁管等;管道主要连接方式有螺纹连接、焊接连接、法兰连接、卡箍式连接、沟槽式连接、热熔连接、电熔连接、粘接连接、A 型柔性抗震接口、石棉水泥接口、青铅接口、橡胶圈接口等。

管材及其连接方式由设计确定。

A. 管道螺纹连接

此种连接方式主要适用于钢管、钢塑复合管、铜管等。

a. 套丝:将断好的管材按管径尺寸分次套制丝扣,公称直径为 15~32mm 时,套两次;40~50mm 时,套三次;70mm 以上时,套 3~4 次为宜。加工后的管道螺纹应端正、完整,断丝和缺丝总长不应超过全螺纹长度的 10%。

机械套丝：将管子夹在套丝机卡盘上，留出适当长度将卡盘夹紧，对准板套号码上好板牙，按管径对准刻度的适当位置，紧住固定板机，将润滑剂管对准丝头，开机推板，待丝扣套到适当长度后，轻轻松开板机。

手工套丝：先松开固定板机，把套丝板的板盘退到零度，按顺序号上好板牙，把板盘对准所需刻度，拧紧固定板机，将管材放在压力案上的压力钳内，留出适当长度卡紧，将套丝板轻轻套入管材，使其松紧适度；两手平推并旋转套丝板，带上 2～3 扣，再站到侧面扳转套丝板，用力要均匀；丝扣即将套成时，轻轻松开板机，开机退板，保持丝扣应有锥度。管道螺纹长度尺寸详见表 5.12。

表 5.12 管道螺纹长度尺寸

项次	公称直径		普通丝头		长丝(连设备用)		短丝(连接阀类用)	
	DN(mm)	英寸	长度(mm)	螺纹数	长度(mm)	螺纹数	长度(mm)	螺纹数
1	15	1/2	14	8	50	28	12.0	6.5
2	20	3/4	16	9	55	30	12.5	7.5
3	25	1	18	8	60	26	15.0	6.5
4	32	$1\frac{1}{4}$	20	9	—	—	17.0	7.5
5	40	$1\frac{1}{2}$	22	10	—	—	19.0	8.0
6	50	2	24	11	—	—	21.0	9.0
7	70	$2\frac{1}{2}$	27	12	—	—	—	—
8	80	3	30	13	—	—	—	—
9	100	4	33	14	—	—	—	—

b. 配管安装：螺纹连接时，应在管端螺纹外面敷上填料，用手拧入 2～3 扣，再用管钳一次装紧，并留 2～3 扣螺尾；管端螺纹上均需加填料，填料的种类有铅油麻丝、聚四氟乙烯生料带和一氧化铅甘油调合剂等几种，可根据介质的种类进行选择；管道连接后，应把挤到螺纹外面的填料清除掉，填料不应挤入管道内；各种填料在螺纹里只能使用一次。螺纹连接应选用适当的管钳，不应在管钳的手柄上加套管增长手柄来拧紧管子，管钳的选用见表 5.13。安装完后，应清理麻头，做好外露丝扣处的防腐处理。

c. 铜管的螺纹连接：铜管螺纹应与焊接钢管的标准螺纹外径相当。连接时，螺纹上应涂石墨、甘油等作为密封填料。除此之外，还应遵循钢管螺纹连接的有关规定。安装完成后的所有管口应做好临时封闭。

表 5.13 管钳适用范围表

名称	规格	适用范围	
		公称直径(mm)	英制对照
管钳	12″	15～20	1/2″～3/4″
	14″	20～25	3/4″～1″
	18″	32～50	$1\frac{1}{4}$″～2″
	24″	50～80	2″～3″
	36″	80～100	3″～4″

B. 焊接连接

此种连接方式主要适用于钢管（焊接钢管 $DN>32$mm、镀锌钢管 $DN>100$mm）、铜管等。

a. 管道焊接的对口形式，设计无要求时，应符合表 5.14、表 5.15 的规定。

表 5.14 手工电弧焊对口形式及组对要求

接头名称	对口形式	接头尺寸(mm)			
		壁厚 δ	间隙 c	钝边 p	坡口角度 α(°)
管子对接 V 形坡口	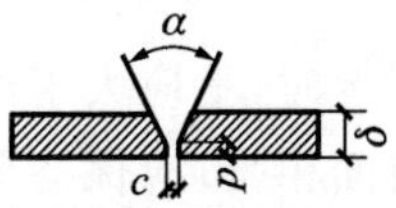	5～8 8～12	1.5～2.5 2～3	1～1.5 1～1.5	60～70 55～65

表 5.15 氧气-乙炔焰焊对口形式及组对要求

接头名称	对口形式	接头尺寸(mm)			
		壁厚 δ	间隙 c	钝边 p	坡口角度 α(°)
对接不开坡口	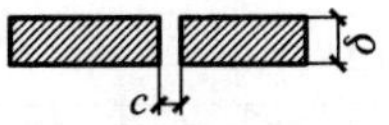	<3	1～2	—	—
对接 V 形坡口	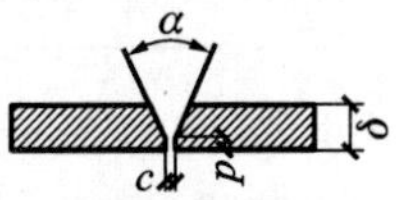	3～6	2～3	0.5～1.5	70～90

b. 管道组对前，应将坡口处及内外表面不小于 10mm 范围内的油、漆、垢、锈蚀层及毛刺等清除干净；焊接前，要将两管轴线对中，先将两管端部点焊牢，一般点焊 3 个点；管径在 150mm 以上点焊 4 个点为宜；管道点焊后，应先检查预留口位置、方向、变径等，确认无误后找直、找正，再焊接。

c. 管材壁厚在 3mm 以上者，应将管端部位加工成坡口，如用气割加工管道坡口，应用锉除去坡口表面的氧化皮、熔渣等，将影响焊接质量的表面层打磨平整。

d. 不同管径的管道焊接连接时，如两管管径相差不超过小管径的 15%，则可将大管端部缩口与小管对焊；如果两管管径相差超过小管径的 15%，则应采用成品异径短管焊接。

e. 焊缝不应出现未焊透、未熔合、气孔、夹渣、裂纹等缺陷。

f. 不应在焊缝处焊接支管，安装支架、吊架，且不应将焊缝留在墙内。

g. 碳素钢管开口焊接时，要错开焊缝，并应保持焊缝朝向易观察和维修的方向。

h. 铜管钎焊连接时，应掌握好管子预热温度，尽可能快速将母材加热，送入焊丝，焊丝应被接头处的热量熔化。焊接过程中，连接处的承口及焊丝应加热均匀。当钎料全部软化后，立即停止加热，焊料渗满焊缝后，保持静止不动，自然冷却。钎焊后的管件应在 8h 内进行清洗，除去残留的熔剂和熔渣。

C. 法兰连接

阀门、减压器、除污器等管路附属设备与管道连接多采用法兰连接。此种连接方式主要适用于钢管、钢塑复合管、铜管、PP-R 管、PVC-U 塑料管、铸铁管、柔性铸铁管等。

a. 法兰分类：法兰盘可分为平焊法兰、对焊法兰、平焊松套法兰、对焊松套法兰、螺纹法兰、翻边松套法兰、光滑面铸铜法兰等。

b. 法兰选用：法兰既可选用成品，也可按国标 GB2555 要求加工制作。法兰螺栓孔应光滑、等距，法兰接触面应平整，保证密闭性，止水沟线几何尺寸应准确。

c. 法兰与管道组装前，应对管道端面进行检查，管口端面倾斜尺寸不应大于 1.5mm；插入法兰盘的管道端部到法兰盘内端面的距离应为管壁厚度的 1.3～1.5 倍。

d. 管道轴线应与法兰盘端面相互垂直。

e. 法兰与管道焊接时，应先用法兰靠尺或角尺分两个方向进行检查后再点焊；点焊后，还需用靠尺或角尺再次检查法兰盘的垂直度，用手锤敲打找正后，再进行焊接；如管径较大，应对称和对应地分段施焊。

f. 法兰连接密封面的平行度偏差尺寸，当设计无明确规定时，不应大于法兰外径的1.5%，且不应大于 2mm；法兰与法兰对接时，密封面应与法兰密封面相符，应保持平行。法兰密封面的平行度及允许偏差值见表 5.16。

表 5.16　法兰密封面的平行度及允许偏差值(mm)

法兰公称直径 *DN*	在下列标称压力下的允许偏差(最大间隙－最小间隙)		
	PN＜1.6MPa	1.6≤*PN*≤6.0MPa	*PN*＞6.0MPa
≤100	0.20	0.10	0.05
＞100	0.30	0.15	0.06

g. 法兰垫片的材料应与介质相符。一般给水管(冷水)采用厚度为 3mm 的橡胶垫，供热、蒸汽、生活热水管道宜用厚度为 3mm 的三元乙丙(EPDM)或丁腈橡胶垫。自制加工的法兰垫片应有手柄，以便于操作；垫片大小应与法兰凸面相符，以其外边缘接近螺栓孔为宜。不应安装双垫片或偏垫片。

h. 法兰连接时，应将两片法兰对中找正，先在法兰螺孔中穿几个螺栓，将法兰垫片插入两法兰之间，垫片应装在两法兰密封面的中间，并与它们同心，不应偏移；然后，再穿剩下的螺栓并用扳手拧紧。每对法兰紧固时，应采用统一规格的螺栓，且安装方向一致。用手上螺帽至拧不动为止，按对称"十字"交叉的位置用合适的扳手分 2～3 次拧紧，如图 5.19 所示。

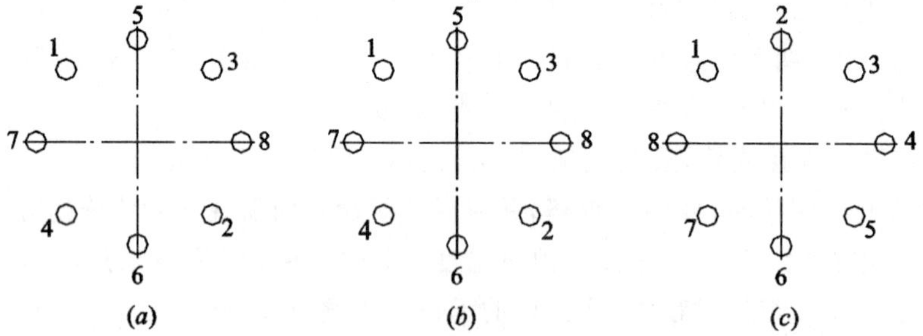

图 5.19　法兰螺栓安装操作图

(*a*)第一次对称交叉拧紧，拧紧程度为 60%；(*b*)第二次对称交叉拧紧，拧紧程度为 80%；
(*c*)第三次按顺序依次拧紧，拧紧程度为 100%

i. 连接法兰的螺栓，直径和长度应符合表 5.17 的要求，拧紧后螺栓露出丝扣的长度不应大于螺栓直径的 1/2。

j. 铜管法兰连接时，应采用橡胶制品等软垫片，采用翻边松套法兰时，应保持同心；*DN*≤50mm 时，偏差不超过 1mm；*DN*≥50mm 时，偏差不超过 2mm；除此之外，还应遵循钢管法兰安装的有关规定。管道法兰平面距支架和墙面的距离不应小于 200mm。

表 5.17 常用规格平焊钢法兰连接螺栓直径与数量表

公称直径(mm)	管子外径(mm)	PN=0.6MPa		PN=1.0MPa		PN=1.6MPa	
		螺栓直径	螺栓数量	螺栓直径	螺栓数量	螺栓直径	螺栓数量
15	18	M10	4	M12	4	M12	4
20	25	M10	4	M12	4	M12	4
25	32	M10	4	M12	4	M12	4
32	38	M12	4	M16	4	M16	4
40	45	M12	4	M16	4	M16	4
50	57	M12	4	M16	4	M16	4
70	76	M12	4	M16	4	M16	4
80	89	M16	4	M16	4	M16	8
100	108	M16	4	M16	8	M16	8
125	133	M16	8	M16	8	M16	8
150	159	M16	8	M20	8	M20	8
200	219	M16	8	M20	8	M20	12
250	273	M16	12	M20	12	M22	12
300	325	M20	12	M20	12	M22	12
350	377	M20	12	M20	16	M22	16
400	426	M20	16	M22	16	M27	16
450	480	M20	16	M22	20	M27	20
500	530	M20	16	M22	20	M30	20

D. 沟槽式连接

此种连接方式主要适用于公称直径 $DN\geqslant$80mm 的镀锌钢管、钢塑复合管等。

a. 沟槽式管件接头和配件应与管道工作压力相匹配,橡胶圈的材质应符合设计及规范的要求。

b. 压槽方法:管端面应垂直于管轴线,当管径小于或等于 100mm 时,允许偏差不超过 1mm;管径大于 125mm 时,允许偏差不大于 1.5mm。管外端应平整、光滑,不应有毛刺。毛刺应用砂轮机打磨平整;进行加工时,将钢管架设在专用压槽机及尾架上,用水平仪测量钢管水平度,调整钢管使之保持水平;将钢管端面与压槽机正面贴紧,使钢管中轴线与压槽机正面呈 90°;启动压槽机电机,持续渐进地压下千斤顶,使上压轮均匀滚压钢管,至预定沟槽深度即停机;将千斤顶卸荷,从压槽机上取下钢管;用游标卡尺检查沟槽的深度,槽深应符合表 5.18 的规定。预制好管段后进行编号,堆放在平坦的场地,管段下面用方木垫实。涂塑管的断面和涂塑被破坏的地方应用由厂家提供的专用涂塑剂进行修复。

c. 沟槽连接:检查橡胶密封圈是否匹配,涂上润滑剂,按正确的方向套在管端,将对接的另一根管子对口,将橡胶圈移至连接处,每个接口之间应留 3~4mm 的间隙;选择适当的卡箍套在橡胶圈外,将边沿卡箍嵌入沟槽中,用螺栓、螺母连接。

表 5.18 沟槽标准深度及公差

管径(mm)	沟槽深(mm)	公差(mm)
≤80	2.20	+0.30
100～150	2.20	+0.30
200～250	2.50	+0.30
300	3.00	+0.50

E. 热熔连接

热熔连接适用于 PP-R 管(*De*≤110mm)。

a. 用尺子和铅笔在管端测量并标绘出热熔深度线，热熔深度应符合表 5.19 的要求。

b. 接通热熔工具电源，待达到工作温度(250～270℃)。

c. 熔接弯头或三通时，按设计图纸要求，应注意其方向，在管件和管材的直线方向上用辅助标志标出位置。

d. 连接时，把管端旋转导入加热套内，达到标志的深度；同时，无旋转地把管件推到加热头上，达到规定标志处。加热时间应满足表 5.19 的规定(也可按热熔工具生产厂家的规定)。

表 5.19 PP-R 管热熔连接技术要求

公称直径(mm)	热熔深度(mm)	加热时间(s)	加工时间(s)	冷却时间(min)
20	11.0～14.5	5	4	3
25	12.5～16.0	7	4	3
32	14.6～18.1	8	4	4
40	17.0～20.5	12	6	4
50	20.0～23.5	18	6	5
63	23.9～27.4	24	6	6
75	27.5～31.0	30	10	8
90	32.0～35.5	40	10	8
110	38.0～41.5	50	15	10

注：①若环境温度低于 5℃，加热时间应延长 50%；

②*De*<63mm 时，可人工操作；*De*≥63mm 时，应采用专用进管机具。

e. 达到加热时间后，立即把管材与管件从加热套的加热头上同时取下，迅速、无旋转地、直线均匀地插入到所标深度，使接头处形成均匀凸缘。

f. 在冷却时间内，可对刚熔接好的接头进行校正。

F. 电熔连接

电熔连接适用于 PP-R 管(*De*>110mm)。

a. 电熔连接的标准加热时间应由生产厂家提供，并随环境温度的不同按表 5.20 加以修正。若电熔机具有温度自动补偿功能，则不需调整加热时间。

表 5.20 电熔连接的加热时间修正系数表

焊接温度(℃)	−10	0	10	20	30	40	50
加热时间修正系数	1.12	1.08	1.04	1.00	0.96	0.92	0.88

b. 在熔合及冷却过程中，不应移动、转动电熔管件和熔合的管材，不应在连接件上施加任何外力。

c. 电熔过程中，当信号眼内熔体有突出沿口现象时，加热即完成。

G. 粘接连接

此种连接方式主要适用于 UPVC 塑料管。

a. 粘接前用棉纱或干布将管件和管材的承口内侧和插口外侧擦拭干净。

b. 粘接前，应将管子和管件的承口、插口试插一次，一般插入承口的 3/4 深度。

c. 用毛刷将专用粘合剂迅速均匀地涂抹在承口的内侧及插口的外侧，先涂承口，后涂插口，涂刷均匀适量；及时用力将管端垂直插入承口，插入粘接时，将插口稍作转动，以利于粘合剂分布均匀，一般 30～60s 可粘接牢固；粘牢后，立即将溢出的粘合剂擦拭干净。

②铝塑复合管的专用管件连接

a. 盘卷包装的管子调直一般可在较平整的地面上进行，对口径 $DN\leqslant 20$mm 管子的局部弯曲可用手工调直，$DN\geqslant 25$mm 的管子，对个别死弯处用橡胶榔头在平台上调直。

b. 铝塑复合管弯曲时，弯曲半径不能小于管子外径的 5 倍。弯曲方法为：将弯管弹簧塞入管径内，送至需弯曲处（若长度不够，可采用铁丝加长），在该处用手施力缓慢进行，成型后取出弹簧。

c. 管子的切断一般使用专用管钳，也可用细齿钢锯或管子割刀将其割断，同时将割断的管口处毛刺、锯屑清除。管口端面应垂直于管子的轴线。

d. 管子的连接使用配套的管件连接，方法是：按所需长度截断管子，用扩圆器将切口扩圆；将螺帽和 C 形套环先后套入管子端头；将管件本体内芯旋插入管子；拉回 C 形套环和螺帽，用扳手将螺帽拧至以 C 形套环开口闭合为宜。

③安装要求

A. 引入管安装

引入管穿越建筑物基础时，应按图 5.20 所示的要求施工，当有防水要求时按图 5.21 所示要求施工。

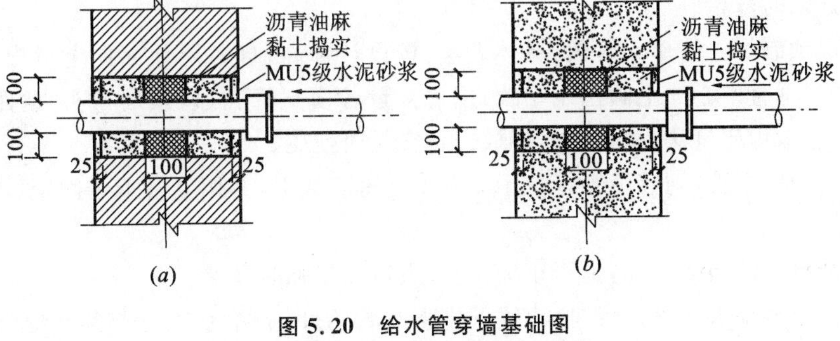

图 5.20 给水管穿墙基础图

(a)穿砖墙基础；(b)穿混凝土基础

引入管敷设在预留孔内，应保持管顶距孔壁的净空尺寸不小于 150mm，防止基础下沉而破坏引入管。

引入管进入室内，其底部宜用三通连接，在三通底部装泄水阀或管堵，以利于管道系统试压及冲洗时排水。

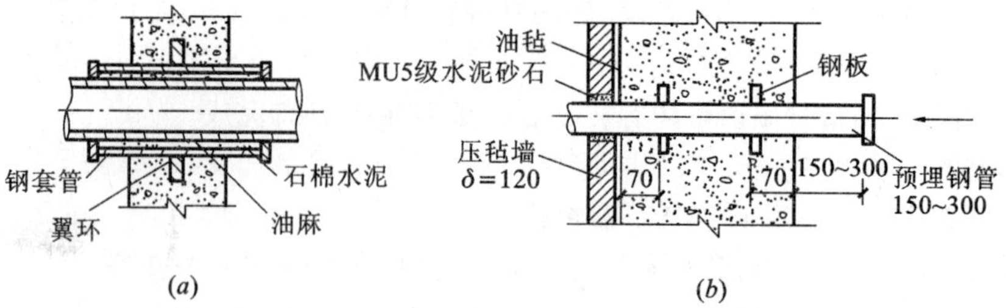

图 5.21 刚性防水穿墙图

(a)防水套管式;(b)预埋管式

B. 给水干管安装

a. 给水干管安装前先画出各立管的安装位置,以作为干管预制加工量时下料的依据。

b. 给水干管的分支用三通管件,当分支干管上装阀门时,先将阀杆卸下,以便安管时便于管子转动。

c. 给水干管的中部应设一固定支架,以保证管道的整体稳定。每安装一段干管,应用活动支架进行相对固定。

d. 给水干管应按设计要求设置坡度和坡向。

e. 对架空安装的干管,用管钳加力时,应特别注意安全操作,防止事故的发生。

f. 清除管口麻头,所有管口应加好丝堵。

(5)立管安装

①给水立管可分明装和暗装。在立管安装前,打通各楼层孔洞,自上至下吊线,并弹出立管安装的垂直中心线,作为安装中的基准线。

a. 立管明装:每层从上至下统一吊线安装固定件,将预制好的立管按编号分层排开,按顺序安装,对好调直时的印记,校核预留甩口的高度、方向是否正确。安装完后用线坠吊直找正,配合土建堵好楼板洞。

b. 立管暗装:竖井内立管安装的卡件,宜在管井口设置型钢,上下统一吊线安装固定件。安装在墙内的立管应在结构施工中预留管槽,立管安装后吊直找正,用卡件固定。支管的甩口应露明并加好临时丝堵。

②按楼层预制好立管单元管段,具体做法:按设计标高,自各层地面向上量出横支管的安装高度,在立管垂直中心线上画出十字线,用尺丈量各横支管三通(顶层弯头)的距离,得各楼层预制管段长度,用比量法下料,编号存放以备安装时使用。

③每安装一层立管,均应使管子位于立管安装垂直线上,并用立管卡子固定。立管卡子的安装高度一般为 1.5m。

④校核预留口的高度、方向是否正确,支管甩口安好临时丝堵。

⑤给水立管与排水立管并行时,应置于排水立管的外侧;给水立管与热水立管并行时,应置于热水立管的右侧。

⑥立管阀门安装朝向应便于操作和检修。立管穿各层楼板时,应加钢套管,并配合土建堵好预留洞。

(6)支管安装

从给水立管上接出,连接用水设备的管道称为支管。连接单个用水设备的给水管称支管;

连接数个用水设备的给水管称横支管。横支管可预制安装，一次与立管连接。

①支管明装：将预制好的支管从立管甩口依次逐段进行安装，有阀门时应将阀门盖卸下再安装。核定不同卫生器具的冷热水预留口高度、位置是否正确，找坡找正后栽支管卡件，上好临时丝堵。支管如装有水表，可先装上连接管，试压后在交工前拆下连接管，换装上水表。

②支管暗装：横支管暗装于墙槽中时，应把立管上的三通口向墙外拧偏一个适当角度，当横支管装好后，再推动横支管使立管三通转回原位，横支管即可进入管槽中。找平找正定位后用勾钉固定。

给水支管的安装一般先做到卫生器具的进水阀处，以下管段待卫生器具安装好后进行连接。

(7)管道试压

试压的目的是检查管道和附件安装的严密性是否达到设计和施工验收标准。

①试压前应具备的条件

a. 试压管段已安装完毕，对室内给水管道可安装至卫生器具的进水阀前；

b. 支、吊架安装完毕，管子不得涂漆和保温，经检验合格后方可涂漆和保温；

c. 直埋管道、室内管道隐蔽前，应有临时加固措施，确保安全可靠；

d. 试验装置安装完好，并已连接完毕，压力表应经检验校正，其精度等级不应低于 1.5 级，表盘满刻度值应为试验压力的 1.5～2.0 倍。

②水压试验的步骤

a. 在试压管段系统中高处装设排气阀，低点设灌水试压装置。

b. 系统注水应采用清洁的水，注水时先打开管路各高处的排气阀，直至空气排尽，系统中灌满水以后关闭排气阀和进水阀。当压力表指针移动时，应检查系统有无渗漏，若出现应及时修理。

c. 打开进水阀，启动注水泵缓慢加压到一定值时暂停加压，对系统进行检查，无问题再继续加压，直至达到试验压力值。

d. 各种材质的给水管道系统试验压力均为工作压力的 1.5 倍，但不得小于 0.6MPa。

铺设、暗装、保温的给水管道，在隐蔽前应做好单项水压试验，管道系统安装完后进行综合水压试验。水压试验时排净空气，充满水后进行加压，当压力升到规定值时停止加压，进行检查。如各接口和阀门均无渗漏，持续到规定时间，观察其压力下降在允许范围内，通知有关人员验收，办理交接手续，然后把水泄净。遭破损的镀锌层和外露丝扣处应做好防腐处理，再进行隐蔽工作。

(8)管道冲洗

水压试验合格后，应分段对管道进行冲洗。其冲洗方法为：

a. 给水系统一般用洁净的水冲洗。在沿海城市可先用海水冲洗，然后再用淡水冲洗。

b. 冲洗时，以能达到的最大流量和压力进行，并使水的流速不小于 1.5m/s。排水管断面积应不小于被冲洗管断面积的 60%。

c. 水冲洗应连续进行，当设计无规定时，以出口的水色和透明度与入口处相一致为合格。

d. 管道冲洗合格后，将水排尽。若为生活饮用水管，应用含有 20～30mg/L 游离氯的水浸泡 24h 进行消毒，再用饮用水冲洗，经有关部门化验合格后才能使用。冲洗洁净后办理验收手续。

(9)管道防腐

给水管道铺设与安装的防腐均应按设计要求及国家验收规范施工，所有型钢支架及管道镀锌层破损处和外露丝扣都要补刷防锈漆。

(10)管道保温

给水管道明装、暗装的保温有三种形式：管道防冻保温、管道防热损失保温和管道防结露保温。其保温材质及厚度均应符合设计要求，质量达到国家验收规范要求。

3. 质量标准

(1)一般规定

①本质量标准适用于工作压力不大于1.0MPa的室内给水和工作压力不大于1.0MPa的消火栓系统管道安装工程的质量检验与验收。

②给水管道必须采用与管材相适应的管件，材料必须满足设计及规范要求。

③管径小于或等于100mm的镀锌钢管应采用螺纹连接，套丝扣时，被破坏的镀锌层表面及外露螺纹部分应做防腐处理；管径大于100mm的镀锌钢管应采用法兰或沟槽式专用管件连接。

④给水塑料管和复合管的连接可以采用橡胶圈接口、粘接接口、热熔连接、专用管件连接及法兰连接等形式。塑料管和复合管与金属管件、阀门等的连接应使用专用管件连接，不得在塑料管上套丝。

⑤给水铸铁管管道应采用水泥捻口或橡胶圈接口方式进行连接。

⑥铜管连接可采用专用接头或焊接，当管径小于22mm时宜采用承插或套管焊接，承口应逆介质流向安装；当管径大于或等于22mm时宜采用对口焊接。

⑦给水立管和装有3个或3个以上配水点的支管，始端均应安装可拆卸的连接件。

⑧冷、热水管道同时安装时，应符合下列规定：

a. 上、下平行安装时热水管应在冷水管的上方。

b. 垂直平行安装时热水管应在冷水管的左侧。

(2)主控活动

①室内给水管道的水压试验必须符合设计要求。当设计未注明时，各种材质的给水管道系统试验压力为工作压力的1.5倍，但不得小于0.6MPa。

检验方法：金属及复合管给水管道系统在试验压力下观测10min，压力降不应大于0.02MPa。然后降到工作压力进行检查，应不渗、不漏；塑料管给水系统应在试验压力下稳压1h，然后在工作压力的1.15倍下稳压2h，压力降不得超过0.03MPa，同时检查各连接处不得渗漏。

②给水系统交付使用前必须进行通水试验并做好记录。

检验方法：观察和开启阀门、水嘴等放水。

③生活饮用水管道在交付使用前必须冲洗和消毒，并经有关部门取样检验，符合国家《生活饮用水标准》方可使用。

检验方法：检查有关部门提供的检测报告。

④室内直埋给水管道（塑料管道和复合管道除外）应做防腐处理。埋地管道防腐层材质和结构应符合设计要求。

检验方法：观察或局部解剖检查。

(3)一般活动

①给水引入管与排水排出管的水平净距不得小于1m。室内给水与排水管道平行敷设时，两管之间的最小净距不得小于0.5m；交叉铺设时，垂直净距不得小于0.15m。给水管应铺在

排水管上面，若给水管必须铺在排水管的下面时，给水管应加套管，其长度不得小于排水管管径的3倍。

检验方法：尺量检查。

②管道及管件焊接的焊缝表面质量应符合下列要求：

a. 焊缝外形尺寸应符合图纸和工艺文件的规定，焊缝高度不得低于母材表面，焊缝与母材应圆滑过渡。

b. 焊缝及热影响区表面应无裂纹及未熔合、未焊透、夹渣、弧坑和气孔等缺陷。

检验方法：观察检查。

c. 给水水平管道应有2‰～5‰的坡度坡向泄水装置。

检验方法：水平尺和尺量检查。

d. 给水管道和阀门安装允许偏差应符合表5.21的规定。

表5.21　管道及阀门安装的允许偏差和检验方法

项次	活动			允许偏差(mm)	检验方法
1	水平管道纵横方向弯曲	无缝钢管、铜管	每1m 全长25m以上	1 ≤25	用水平尺、直尺、拉线和尺量检查
		塑料管、复合管	每1m 全长25m以上	1 ≤25	
		铸铁管	每1m 全长25m以上	1 ≤25	
2	立管垂直度	无缝钢管、铜管	每1m 全长5m以上	3 ≤8	吊线和尺量检查
		塑料管、复合管	每1m 全长5m以上	2 ≤8	
		铸铁管	每1m 全长5m以上	3 ≤10	
3	成排管段和成排阀门		在同一平面上间距	3	尺量检查

e. 管道的支、吊架安装应平整牢固，其间距应符合《建筑给水排水及采暖工程施工质量验收规范》(GB 50242—2013)第3.3.8～第3.3.10条的规定。

检验方法：观察、尺量及手扳检查。

f. 水表应安装在便于检修、不受暴晒、没有污染和冻结的地方。安装螺翼式水表，表前与阀门之间应有不小于8倍水表接口直径的直线管段。表外壳距墙表面净距为10～30mm；水表进水口中心标高应符合设计要求，允许偏差为±10mm。

检验方法：观察和尺量检查。

5.1.4　室内给水硬聚氯乙烯管道安装

5.1.4.1　材料要求

(1)生活饮用水塑料管道选用的管材和管件应具备卫生检验部门的检验报告或认证文件。

(2)给水管道的管材、管件应符合国家标准《给水用硬聚氯乙烯管材》和《给水用硬聚氯乙烯管件》的要求。用于建筑内部的管道宜采用1.0MPa等级的管材。

(3)给水管道的使用温度不得高于45℃，给水压力不得大于0.6MPa，给水用塑料管材不得用于消防给水，室内给水系统（塑料管道）不得与消防给水系统连接。

（4）管材和管件应具有质量检验部门的质量合格证，并应有明显的标志，标明生产厂的名称和规格，包装上应有批号、数量、生产日期和检验代号。

（5）胶粘剂必须符合有关技术标准，并具有卫生检验部门的检验报告或认证文件。

（6）胶粘剂必须标有生产厂名称、厂址、出厂日期、有效使用期限、出厂合格证、使用说明书及安全注意事项等。

5.1.4.2 管材质量要求与检验

（1）管材与管件的颜色应一致，无色泽不均及分解变色线。

（2）管材与管件的内外壁应光滑、平整，无气泡、裂口、裂纹、脱皮和严重的冷斑及明显的痕纹、凹陷等。

（3）管材轴向不得有异向弯曲，其直线偏差应小于1%；管材端口必须平整，并垂直于管轴线。

（4）管件应完整，无缺损、无变形，合模缝口应平整，无开裂。

（5）管材在同一截面的壁厚偏差不得超过14%；管件的壁厚不得小于相应管材的壁厚。

（6）塑料管材和管件的承、插、粘接面，必须表面平整、尺寸准确，以保证接口的密封性能。

（7）塑料管道与金属管配件连接的塑料转换接头所承受的强度试验压力不应低于管道的试验压力，其所能承受的水密性试验压力不应低于管道系统的工作压力；其螺纹应符合现行国家标准《可锻铸铁管路连接件型式尺寸》的规定，螺纹应整洁、光滑，断丝或缺丝数不得大于螺纹全扣数的10%，不得在塑料管上套丝。

（8）胶粘剂不得有团块、不溶颗粒和其他影响粘结强度的杂质；自然状态下应呈自由流动状态。

（9）胶粘剂中不得含有毒和利于微生物生长的物质，不得对饮用水的味、嗅及水质有任何影响。

（10）胶粘剂的性能必须符合下列规定：①管径≤63mm，黏度≥0.09Pa・s（23℃）；管径≥75mm，黏度≥0.5Pa.s（23℃）。②剪切强度≥6.1MPa（23℃，固化72h后）。③最低静压水密性强度：4.2＋0.20倍公称压力下保持15min不漏水。

（11）管材和管件应在同一批中抽样进行规格尺寸及必要的外观性检查。如不能达到规定的质量要求，应按国家标准《给水用硬聚氯乙烯管材》和《给水用硬聚氯乙烯管件》的规定，由指定的检测单位进行检验。

5.1.4.3 贮存和运输

（1）管材应按不同规格分别进行捆扎，每捆长度应一致，且重量不宜超过50kg；管件应按不同品种、规格分别装箱，均不得散装。

（2）搬运管材和管件时，应小心轻放，避免油污。严禁剧烈撞击、与尖锐物品碰撞、抛摔滚拖。

（3）管材和管件应存放在通风良好、温度不超过40℃的库房或简易棚内，不得露天存放，距离热源不小于1m。

（4）管材应水平堆放在平整的支垫物上。支垫物宽度不应小于75mm，间距不应大于1m；外悬端部不应超过0.5m，堆置高度不得超过1.5m。管件应逐层码放，不得叠置过高。

（5）胶粘剂和丙酮等不应存放于危险品仓库中。现场存放处应阴凉干燥，安全可靠，严禁明火。

5.1.4.4　一般规定

(1)管道系统安装前,应对材料的外观和接头配合的公差进行仔细的检查,必须清除管材及管件内外的污垢和杂物。

(2)管道系统安装过程中,应防止油漆、沥青等有机污染物与硬聚氯乙烯管材与管件接触。

(3)管道系统安装间断或完毕的敞口处应随时封堵。

(4)管道穿墙壁、楼板及嵌墙暗敷时,应配合土建预留孔槽。其尺寸设计无要求时,应按下列规定执行:

①预留孔洞尺寸宜较管外径大 50～100mm;

②嵌墙暗管墙槽尺寸的宽度宜为 De＋60mm,深度为 De＋30mm;

③架空管顶上部的净空不宜小于 100mm。

(5)管道穿过地下室或地下构筑物外墙时,应采取严格的防水措施。

(6)塑料管道之间的连接宜采用胶粘剂粘接;塑料管与金属管配件、阀门等的连接应采用螺纹连接,如图 5.22 所示。

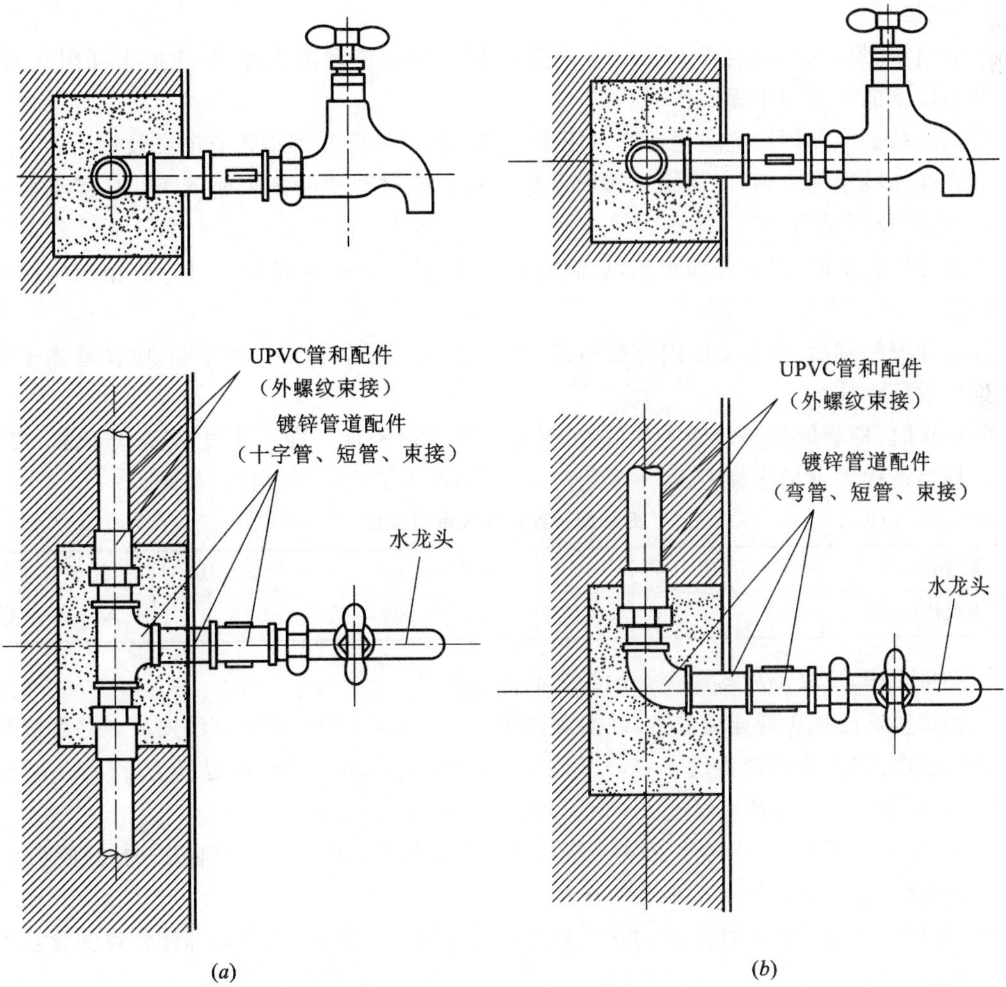

图 5.22　塑料管与配件、阀门的连接

(a)系统沿程用水器具安装(嵌装);(b)系统尽端用水器具安装(嵌装)

(7)管道的粘接接头应牢固,连接部位应严密无孔隙;螺纹管件应清洁、不乱丝,连接应紧固,连接完毕的管道应留有2～3扣螺纹。

5.1.4.5 配管与粘接

(1)管道系统的配管与管道粘接的步骤

①按设计图纸的坐标和标高放线,并绘制实测施工图;

②按实测施工图进行配管,并进行预装配;

③管道粘接;

④接口养护。

(2)管子割断

断管宜选用细齿锯、割刀或专用断管机具。断管时,断口应平整,并垂直于管轴线;应去掉断口处的毛刺和毛边,并倒角。倒角坡度为10°～15°,倒角长度宜为2.5～3.0mm。配管时,应对承插口的配合程度进行检验。将承插口进行试插,自然试插深度以承插口长度的1/2～1/3为宜,并做出标记。

(3)粘接

①管道粘接不宜在湿度很大的环境下进行,操作场所应远离火源,防止撞击和阳光直射。在−20℃以下的环境中不得操作。

②涂胶粘剂应使用鬃刷或尼龙刷。用于擦拭承插口的干布不得带有油腻及污垢。

③在涂抹胶粘剂之前,应先用干净的干棉布将承插口处待粘接表面擦净。粘接表面不得有尘土、水渍及污垢等。

④涂抹胶粘剂时,必须先涂承口,后涂插口。涂抹承口时,应由里向外。胶粘剂应涂抹均匀,并适量。

⑤涂抹胶粘剂后,应在20s内完成粘接。若操作过程中胶粘剂出现干涸,应在清除干涸的胶粘剂后重新涂抹。

⑥粘接时,应将插口轻轻插入承口中,对准轴线迅速完成。插入深度不得小于表5.22的规定。插接过程中可稍作旋转,但不得超过1/4圈,不得插到底后再进行旋转。

表5.22 管端插入承口深度

公称直径(mm)	20	25	32	40	50	75	100	125	150
插入深度(mm)	16	19	22	26	31	44	61	69	80

⑦粘接完毕,应立刻将接头多余的胶粘剂擦拭干净。

⑧初粘接好的接头应避免受力,须静置固化一定时间,牢固后方可继续安装。静置固化时间由环境温度决定,当环境温度$t_a \leqslant 0$℃时,固化时间为15min;当环境温度为0℃$< t_a \leqslant 10$℃时,固化时间为5min;当环境温度$t_a > 10$℃时,固化时间为2min。

⑨在0℃以下操作时,不得使胶粘剂冻结,不得采用明火或电炉等加热装置来加热胶粘剂。

5.1.4.6 塑料管与金属管配件的连接

(1)塑料管与金属管配件连接的管道系统大都采用螺纹连接,其连接部位管道的管径不得大于63mm。

(2)塑料管及管件与金属管配件采用螺纹连接时,必须采用注塑成型的螺纹塑料管件。

(3)注塑成型的螺纹塑料管件与金属管配件采用螺纹连接时,塑料管件为外螺纹,金属管配件为内螺纹;若塑料管件为内螺纹,则宜使用在注塑螺纹端外部嵌有金属加固圈的塑料连接件。

(4)注塑成型的螺纹塑料管件与金属管配件采用螺纹连接时,宜采用聚四氟乙烯生料带作为密封填料,不宜使用厚白漆、麻丝作填料。

5.1.4.7 塑料给水管道的安装

(1)室内明敷管道应在土建粉饰完毕后进行安装。安装前首先应复核预留孔洞的位置否正确。

(2)管道安装前,宜按要求先设置管卡。管卡安装位置要正确,埋设应平整、牢固;管卡与管道接触要紧密,但不得损伤管道表面。塑料给水管用管道支架如图 5.23、图 5.24 所示。支架材料若采用金属时,金属管卡与塑料管间应采用塑料带或橡胶板作隔垫,不得使用硬物隔垫。

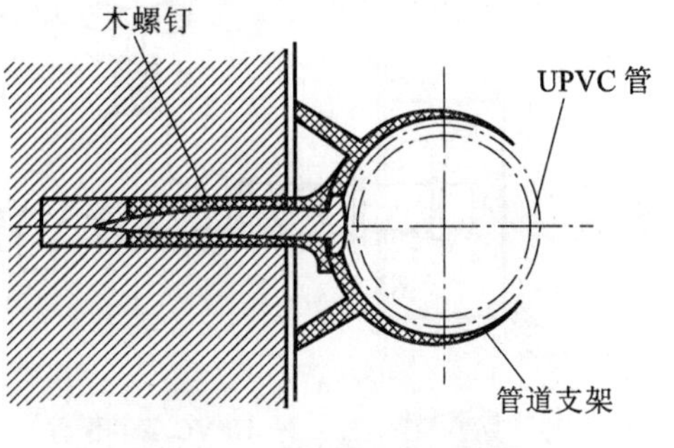

图 5.23 管道系统支架图

(3)在金属管配件与塑料管道连接时,管卡应设置在金属管件一端,并尽量靠近金属管配件。

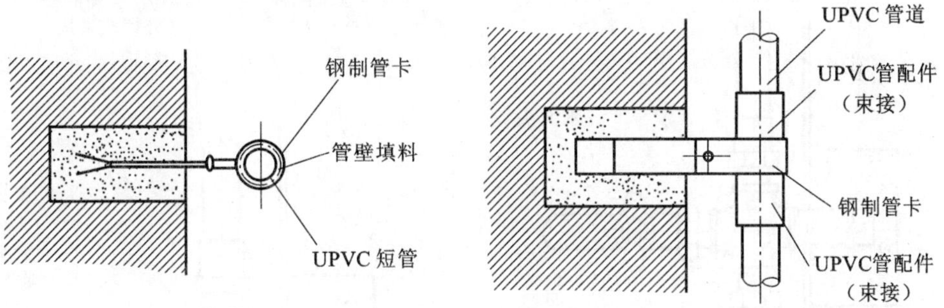

图 5.24 固定支架

(4)管道穿越楼板必须按要求设置套管;穿出屋面的套管应高出屋面且不小于 100mm,并采取严格的防水措施,如图 5.25、图 5.26 所示。

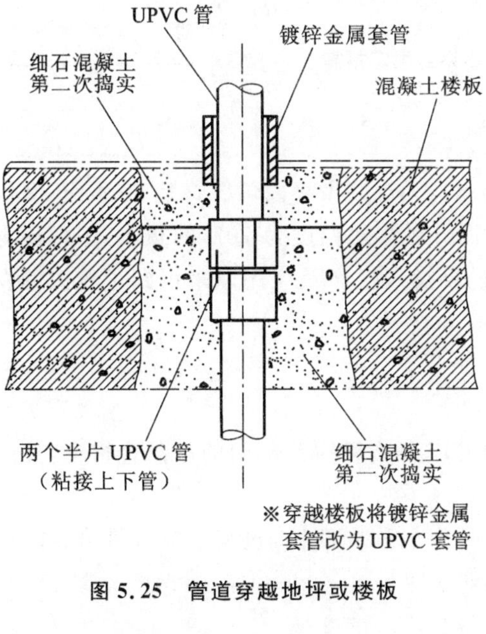

图 5.25 管道穿越地坪或楼板

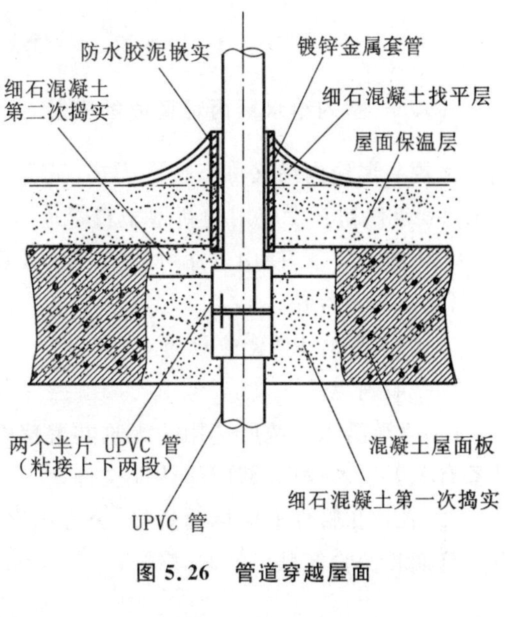

图 5.26 管道穿越屋面

(5)管道敷设严禁有轴向扭曲,穿墙或穿楼板时不得强制校正。

(6)室内暗敷的塑料管道墙槽必须采用 1:2水泥砂浆填补。

(7)在塑料管道的各配水点、受力点处,必须采取可靠的固定措施,如图 5.27 所示。

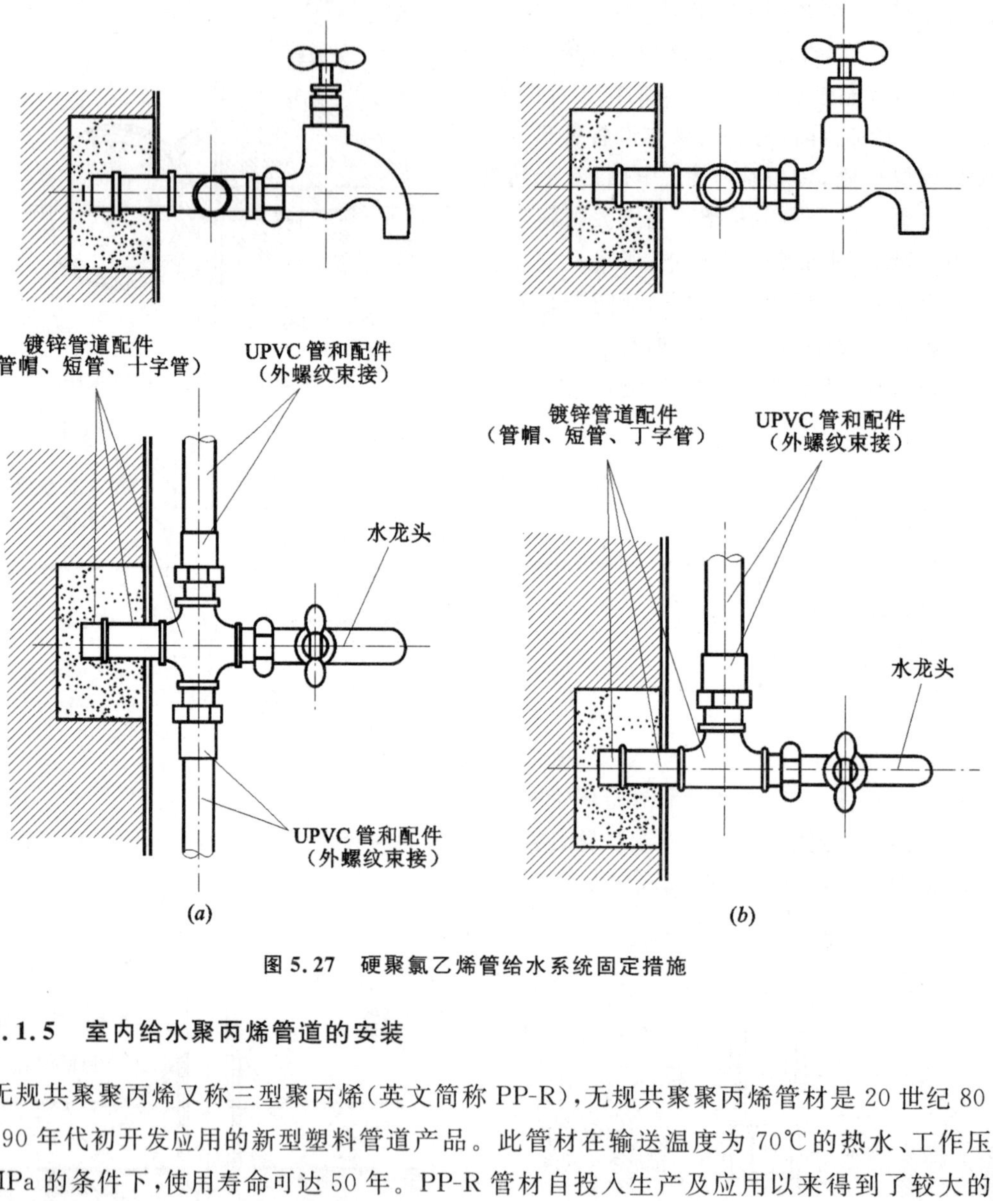

图 5.27 硬聚氯乙烯管给水系统固定措施

5.1.5 室内给水聚丙烯管道的安装

无规共聚聚丙烯又称三型聚丙烯(英文简称 PP-R),无规共聚聚丙烯管材是 20 世纪 80 年代末、90 年代初开发应用的新型塑料管道产品。此管材在输送温度为 70℃的热水、工作压力为 1MPa 的条件下,使用寿命可达 50 年。PP-R 管材自投入生产及应用以来得到了较大的发展,深受消费者青睐。

5.1.5.1 对 PP-R 管材的要求

1. 一般规定

(1)生活给水系统所选用的无规共聚聚丙烯管材,应有质量检验部门的产品合格证,并应具备有关卫生、建材等部门的认证文件。

(2)管材和管件上应标明规格、公称压力和生产厂家名称和商标,包装上应有批号、数量、生产日期和检验代号。

(3)管道热熔连接时,应由生产厂家提供专用配套的熔接工具。熔接工具应安全可靠,便于操作,并附有产品合格证和使用说明书。

(4)管道电熔连接时,应采用管道生产厂家生产的电熔管件,并由生产厂家提供专用配套的电熔连接机具。电熔连接机具应安全可靠,便于操作,并附有产品合格证和使用说明书。

(5)管道法兰连接时,应由管道生产厂家提供专用法兰连接件。

2.产品质量要求

管材和管件的外观质量应符合下列规定:

(1)管材和管件的内外壁应光滑平整,无气泡、裂口、裂纹、脱皮和明显的痕纹、凹陷,且色泽基本一致,冷水管、热水管必须有醒目的标志;

(2)管材的端面应垂直于管材的轴线;

(3)管件应完整,无缺损、无变形,合模缝口应平整、无开裂。

5.1.5.2　施工安装

1.一般规定

(1)提供的管材和管件应符合设计规定,并附有产品说明书和质量合格证书。

(2)不得使用有损坏迹象的材料。如发现管道质量有异常,应在使用前进行技术鉴定或复检。

(3)管道系统安装过程中的开口处应及时封堵。

(4)施工安装时应复核冷、热水管压力等级和使用场合。

(5)施工过程所作标记应面向外侧,处于显眼位置。

2.运输和贮存

(1)搬运管材和管件时,应小心谨慎、轻拿轻放,严禁剧烈撞击,严禁与尖锐物品碰触和抛、摔、滚、拖。

(2)搬运管材时应避免沾染油污。

(3)管材和管件应放在通风良好的库房或简易棚内,不得露天存放,防止阳光直射,注意防火安全,距离热源不得小于1m。

(4)管材应水平堆放在平整的地面上,应避免管材弯曲,管材堆置高度不得超过1.5m,管件应逐层码堆,不宜叠得过高。

3.管道敷设安装

(1)管道嵌墙暗敷时,宜配合土建预留凹槽,其尺寸设计无规定时,嵌墙暗管墙槽的深度为De+20mm,宽度为De+(40～60)mm。凹槽表面必须平整,不得有尖角等突出物。管道试压合格后,墙槽用M7.5级水泥砂浆填补密实。

(2)管道暗敷在地坪面层内,应按设计图纸位置进行。如施工现场有更改,应有图示记录。

(3)管道安装时,不得有异向扭曲;穿墙或穿楼板时,不宜强制校正。PP-R管道与其他金属管道平行敷设时应有一定的保护距离,净距离不宜小于100mm,PP-R管宜在金属管道的内侧。

(4)管道穿越楼板时,应设置钢套管,套管高出地面50mm,并有防水措施。管道穿越屋面时,应采取严格的防水措施;穿越前应设固定支架。

(5)室内明装管道,宜在土建粉饰完毕后进行,安装前应配合土建正确预留孔洞埋套管。

(6)热水管道穿墙时,应配合土建设置钢套管;冷水管穿墙时,可预留孔洞,洞口尺寸较外径大 50mm。

4.管道连接

PP-R 管道的连接方式有热熔连接、电熔连接、法兰连接和螺纹连接。

(1)热熔连接

①切管

图 5.28 切管器

当 PP-R 管外径 $De \leqslant 32$mm 时，应使用切管器(图 5.28)切管，边剪边转动，以保证切口面的圆度；当 PP-R 管外径 $De > 32$mm 时，应使用细齿锯切割，但切割后管材断面应除去毛边和毛刺。

②热熔

用卡尺与笔在管端测量并标绘出热熔深度线，热熔深度应符合表 5.23 的要求：管材与管件连接端面必须无损伤、清洁、干燥、无油污；熔接弯头或三通时，按设计要求，应注意其方向，在管件和管材的直线方向用辅助标志标出其位置；热熔工具接通单相电源($U=220$V，$f=50$Hz)进行加热，升温时间为 6min，热熔温度自动控制在 260℃左右，可连续施工，得到工作温度指示后方能开始操作；做好熔焊深度及方向记号，在熔接器加热头上把整个熔焊深度加热，包括管道和接头。

表 5.23 热熔连接技术要求

公称外径(mm)	热熔深度(mm)	加热时间(s)	加工时间(s)	冷却时间(s)
20	14	5	4	3
25	16	7	4	3
32	20	8	4	4
40	21	12	6	4
50	22.5	18	6	5
63	24	24	6	6

③插接

无旋转地把管端导入加热套内，插入到所标志的深度，同时无旋转地把管件推到加热头上，达到规定标志处，加热时间应符合表 5.23 的规定。达到加热时间后，立即把管材与管件从加热套与加热头上同时取下，迅速无旋转地直线均匀插入到所标深度，使接头处形成均匀凸缘。

④注意事项

a.在表 5.23 规定的加工时间内，刚熔接好的接头还可以校正，但严禁旋转；

b.工作时应避免焊头和加热板烫伤或烫坏其他材料，更要注意防止火灾(因 PP-R 管材是易燃材料)，要保持熔焊接头清洁，以保证焊接质量。

(2)电熔连接

①电熔承插连接管材的连接端应切割垂直，并用洁净棉布擦净管材和管连接面上的污物，并标出插入深度，刮除其表皮；

②应保持电熔管件与管材的熔合部位不潮湿；

③校直两对应的连接件，使其处在同一轴线上；

④电熔连接机具与电熔管件的导线连接应正确，连接前应检查通电加热的电压，加热时间应符合电熔连接机具与电熔管件生产厂家的有关规定；

⑤在熔合及冷却过程中，不得移动、转动电熔管件和熔合的管道，不得在连接件上施加任何压力；

⑥电熔连接的标准加热时间应由生产厂家提供，并随环境温度的不同而加以调整，电熔连接的加热时间与环境温度的关系应符合表5.24的规定。

表5.24　电熔连接的加热时间与环境温度的关系

环境温度 T(℃)	修正值	举例(s)	环境温度 T(℃)	修正值	举例(s)
−10	$t+12\%t$	112	30	$t-4\%t$	96
0	$t+8\%t$	108	40	$t-8\%t$	92
10	$t+4\%t$	104	50	$t-12\%t$	88
20	标准加热时间 t	100			

(3)法兰连接

将法兰盘套在管道上，PP-R过渡接头与管道热熔连接如图5.29所示。

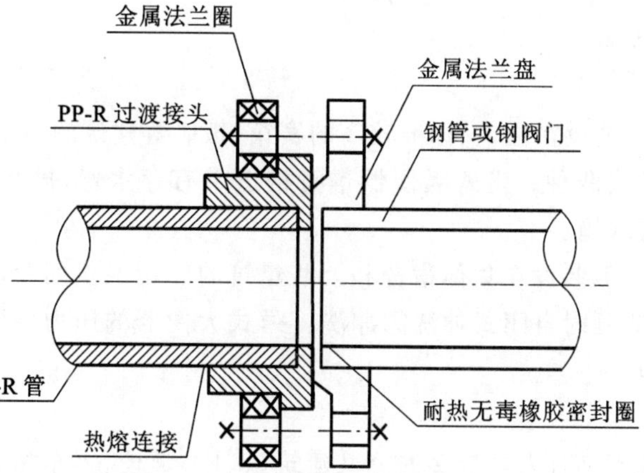

图5.29　法兰连接示意图

PP-R管道采用法兰连接时，应校直两对应的连接件，使连接的两片法兰垂直于管道中心线，且两法兰端面应平行。

法兰垫片应采用耐热无毒橡胶圈。拧紧法兰的螺栓规格应相同，安装方向应一致，拧紧螺栓时应对称拧紧。紧固好的螺栓应露出螺母之外，其长度不少于2扣，但不得大于螺栓直径的一半。

PP-R管道上采用法兰连接的部位，应加设支、吊架。

(4)螺纹连接

PP-R管与金属管件、附件相连时，应采用带金属嵌件的聚丙烯管件作为过渡。

5.支、吊架安装

PP-R管道所用支、吊架按材料分为塑料支、吊架和金属材料支、吊架。若采用金属支、吊架时，支、吊架与管道之间应采用塑料带或橡胶圈等软物隔垫。在金属管配件与给水聚丙烯管道连接部件，支、吊架应设在金属管配件的一端。

支、吊架的设置位置要正确，安装要牢靠，与管道的接触要紧密，但不得损伤管道。明敷的支、吊架做防膨胀的措施时，应按固定点要求施工。管道的各配水点、受力点以及穿墙支管节点处应采取可靠的固定措施。

5.2 卫生器具安装

5.2.1 常用卫生器具介绍

卫生器具是建筑物内部排水系统的起点，用来满足日常生活和生产过程中各种卫生要求，是收集和排除污(废)水的设备。为满足卫生清洁的要求，卫生器具一般要用不透水、无气孔、表面光滑、耐腐蚀、耐磨损、耐冷热、便于清扫、有一定强度的材料制造，常用的有陶瓷、搪瓷、塑料、水磨石、复合材料等。为防止粗大污物进入管道发生堵塞，除了大便器外，所有的卫生器具均应在排水口处设栅栏。同时，为了防止排水立管内的臭气、有害气体进入室内，还应在卫生器具排水口下设存水弯(坐便器除外)。

常用的卫生器具按其用途可分为便溺用卫生器具，盥洗、淋浴用卫生器具，洗涤用卫生器具等几类。

(1)便溺用卫生器具

①大便器

a. 坐式大便器：多装设在住宅、标准较高的宾馆、饭店等建筑的卫生间内，按其冲洗的水力原理有冲洗式和虹吸式两种。坐式大便器本身构造带有存水弯，排水支管不再设水封装置。其冲洗水箱多采用低水箱。

b. 蹲式大便器：一般装设在集体宿舍和公共建筑的公用卫生间及防止接触传染的医院厕所内，采用高位水箱或延时自闭式冲洗阀冲洗。蹲式大便器的压力冲洗水经大便器周边的配水孔将便器冲洗干净。

②大便槽

大便槽用于标准不高且人员较多的公共建筑(工厂、学校、火车站、游乐场等)或城镇公厕中，代替成排的蹲式大便器。大便槽造价低，便于采用集中自动冲洗水箱和红外线数控冲洗装置，既节水又卫生。

③小便器

小便器设于公共建筑男厕所内，有挂式和立式两种。冲洗设备可采用自动冲洗水箱或延时自闭式冲洗阀。

④小便槽

在同样的设置面积下，小便槽容纳使用的人数更多，且建造简单经济，因此，在公共建筑、学校、集体宿舍等建筑的男厕所中被广泛采用。

(2)盥洗、淋浴用卫生器具

①洗脸盆

洗脸盆装设在盥洗室、淋浴室、卫生间供洗漱用。洗脸盆大多用带釉陶瓷制成，有长方形、椭圆形和三角形，架设方式有墙架式、柱脚式和台式。洗脸盆的高度和深度应适宜，盥洗时不用弯腰较省力，使用不溅水，可用流动水管盥洗，比较卫生。

②盥洗槽

盥洗槽大多装设在公共建筑的盥洗间和工厂生活间内，可供多人同时使用。盥洗槽可做成单面长方形或双面长方形，常用瓷砖、水磨石等材料现场建造。

③浴盆

浴盆设在住宅、宾馆、医院等卫生间或公共浴室内。一般用陶瓷、搪瓷、玻璃钢等制成，外形呈长方形。浴盆配有冷(热)水管或混合龙头，有的还配有淋浴设备。

④淋浴器

淋浴器与浴盆相比，具有占地少、造价低、清洁卫生、设备费用低、耗水量小、避免疾病传染等优点，被广泛应用在工厂、学校、机关的公共浴室及集体宿舍、体育馆内。淋浴器有成品的，也有现场安装的。

(3)洗涤用卫生器具

①洗涤盆

洗涤盆装设在厨房或公共食堂内，用来洗涤碗碟、蔬菜等。有单格和双格之分，通常采用陶瓷、不锈钢等制成。

②化验盆

化验盆设置在工厂、科研院所、学校等的化验室或实验室内，盆内已带水封，根据需要可装置单联、双联、三联鹅颈龙头。

③污水池

污水池设置在公共建筑的厕所、盥洗室内，供洗涤拖把、打扫厕所或倾倒污水用。

(4)存水弯及地漏

①存水弯

为防止排水管道中的有害、有毒气体侵入室内，排水系统中需设存水弯。存水弯的形状有P弯、S弯、U弯、瓶形、钟罩形、间壁形等多种形式。

②地漏

地漏是排水的一种特殊装置，装在卫生间、浴室、厨房、厕所、盥洗间等地面需要经常清洗或地面有水需排泄处。家庭还可用作洗衣机排水口。地漏有扣碗式、多通道式、双箅杯式、防回流式、密闭式等多种类型。

卫生器具的种类按建筑用途选择，数量按使用人数计算确定。

5.2.2　一般规定

(1)本节适用于民用及一般工业建筑室内污水盆、洗涤盆、洗脸(手)盆、盥洗槽、浴盆、淋浴器、大便器、小便器、大便槽、小便冲洗槽、妇女卫生盆、化验盆、排水栓、地漏、加热器、煮沸消毒器和饮水器等卫生器具的安装工程。

(2)卫生器具应采用预埋螺栓或膨胀螺栓安装固定。

(3)卫生器具的安装高度，如无设计要求，应符合表5.25的规定。

(4)卫生器具给水配件的安装高度，如无设计要求，应符合表5.26的规定。

表 5.25 卫生器具的安装高度

项次	卫生器具名称			卫生器具的安装高度(mm)		备注
				居住建筑及公共建筑	幼儿园	
1	污水盆(池)	架空式		800	800	
		落地式		500	500	
2	洗涤盆(池)			800	800	自地面至器具上边缘
3	洗脸盆、洗手盆(有塞、无塞)			800	500	
4	盥洗槽			800	500	
5	浴盆			≯520		
6	蹲式大便器	高水箱		1800	1800	自台阶面至高水箱底
		低水箱		900	900	自台阶面至低水箱底
7	坐式大便器	高水箱		1800	1800	自地面至高水箱底
		低水箱	外露排水管式	510		自地面至低水箱底
			虹吸喷射式	470	370	
8	小便器	挂式		600	450	自地面至下边缘
9	小便槽			200	150	自地面至台阶面
10	大便器冲洗水箱			≮2000		自台阶面至水箱底
11	妇女卫生盆			360		自地面至器具上边缘
12	化验盆			800		自地面至器具上边缘

表 5.26 卫生器具给水配件的安装高度

项次	给水配件名称		配件中心距地面高度(mm)	冷热水龙头距离
1	架空式污水盆(池)水龙头		1000	—
2	落地式污水盆(池)水龙头		800	
3	洗涤盆(池)水龙头		1000	150
4	住宅集中给水龙头		1000	—
5	洗手盆水龙头		1000	—
6	洗脸盆	水龙头(上配水)	1000	150
		水龙头(下配水)	800	150
		角阀(下配水)	450	—
7	盥洗槽	水龙头	1000	150
		冷(热)水管,其中热水龙头上下并行,其中热水龙头	1100	150
8	浴盆	水龙头(上配水)	670	150
9	淋浴器	截止阀	1150	95
		混合阀	1150	
		淋浴喷头下沿	2100	—

续表 5.26

项次	给水配件名称		配件中心距地面高度(mm)	冷热水龙头距离
10	蹲式大便器（从台阶面算起）	高水箱角阀及截止阀	2040	—
		低水箱角阀	250	—
		手动式自闭冲洗阀	600	—
		脚踏式自闭冲洗阀	150	—
		拉管式冲洗阀(从地面算起)	1600	—
		带防污助冲器阀门(从地面算起)	900	—
11	坐式大便器	高水箱角阀及截止阀	2040	—
		低水箱角阀	150	—
12	大便槽冲洗水箱截止阀(从台阶面算起)		≮2400	—
13	立式小便器角阀		1130	—
14	挂式小便器角阀及截止阀		1050	—
15	小便槽多孔冲洗管		1100	—
16	实验室化验水龙头		1000	—
17	妇女卫生盆混合阀		360	—

注:装设在幼儿园内的洗手盆、洗脸盆和盥洗槽水嘴中心离地面安装高度应为 700mm,其他卫生器具给水配件的安装高度应按卫生器具实际尺寸相应减少。

5.2.3 施工准备

(1)技术准备

(2)材料要求

①卫生器具的规格、型号必须符合设计要求,并有产品出厂合格证。卫生器具的外观应规矩,造型周正,表面光滑、美观、无裂纹,边缘平滑,色调一致。

②卫生器具的零件规格应标准,质量应可靠,外表光滑,电镀均匀,螺纹清晰,锁母松紧适度,无砂眼、裂纹等缺陷。

③卫生器具的水箱应采用节水型。

④其他材料:镀锌管件、截止阀、八字门、水嘴、丝扣返水弯、排水口、镀锌螺栓、螺母、胶皮板、铜丝、油灰等均应符合材料要求。

5.2.4 卫生器具安装

1. 工艺流程

卫生器具安装工艺流程如图 5.30 所示。

2. 操作工艺

(1)小便器安装

①小便器上水管一般要求暗装,用自闭式冲洗阀或感应式冲洗阀与小便器连接;

②阀门出水口中心应对准小便器进出口中心;

③配管前应在墙面上画出小便器安装中心线,根据设计高度画出十字线,按小便器中心线

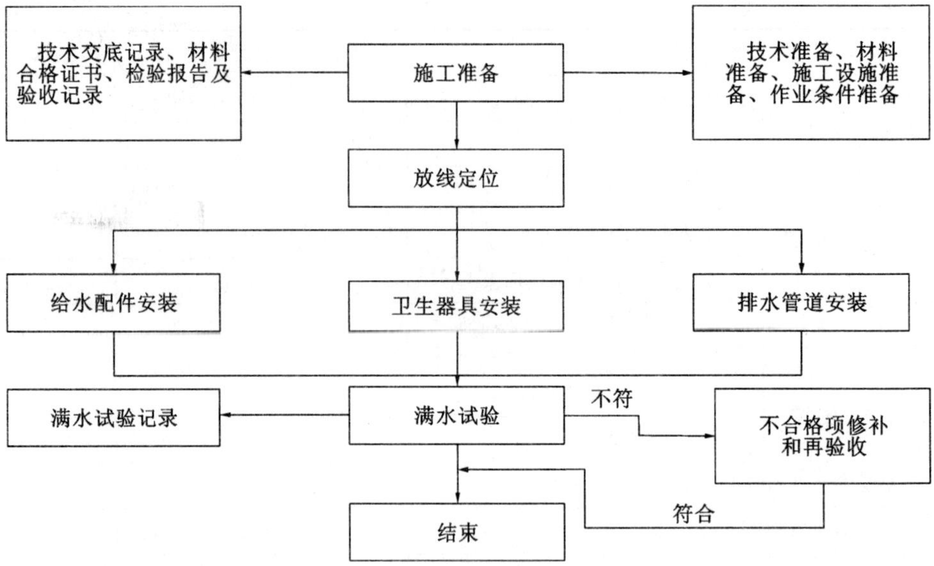

图 5.30 卫生器具安装工艺流程

打眼、楔入木针或塑料膨胀螺栓；

④用木螺钉加尼龙垫圈轻轻将小便器拧靠在木砖上，不得偏斜、离斜；

⑤小便器排水接口为承插口时，应用油腻子封闭。

(2)大便器安装

①根据房屋设计，画出安装十字线。设计上尺寸无规定时，应按产品的具体尺寸画出安装十字线。

②坐式大便器安装前应用水泥砂浆找平，大便器接口填料应采用油腻子，并用膨胀螺栓固定。

③高位水箱安装应以大便器进水口为准，找出中心线并画线，用膨胀螺栓固定。水箱拉链一般宜位于使用方向右侧。

④蹲式大便器四周在打混凝土地面前，应抹一圈厚度为 3.5mm 麻刀灰，两侧用砖挤牢固。

⑤蹲式大便器水封上下口与大便器或管道连接处均应填塞油麻两圈，外部用油腻子或纸盘白灰填实密封。

⑥安装完毕，应做好保护。

(3)洗脸盆(洗涤盆)安装

①根据洗脸盆中心及洗脸盆安装高度画出十字线，将支架用膨胀螺栓固定；

②安装多组洗脸盆时，所有洗脸盆应在同一水平线上；

③洗脸盆与排水栓连接处应用浸油石棉橡胶板密封；

④洗涤盆下有地漏时，排水短管的下端应距地漏不小于 100mm。

(4)浴盆(淋浴盆)安装

①浴盆应平稳地安装在地面上，并具有 0.005 的坡度，坡向排水栓；

②溢流管与排水栓应采用 $\phi50$ 管，并设有水封，与排水管道接通；

③热水管道如暗配时，应将管道敷设保温层后埋入墙内；

④淋浴器管道明装时，冷热水管间距一般为180mm，管外表面距离墙面不小于20mm。

(5)地漏安装

①核对地面标高，按地面水平线采用0.02的坡度，再低5～10mm为地漏表面标高；

②地漏安装后，用1∶2水泥砂浆将其固定。

3.质量标准

(1)一般规定

①卫生器具必须完好无损。

检验方法：观察检查。

②支、托架埋设要平整、牢固，砂浆饱满，但不要突出墙面，与卫生器具接触要紧密。

检验方法：用手拉动和观察检查。

③卫生器具和钢铁支、托架的铁锈、污垢要清除干净，油漆的颜色和光泽要均匀、光滑，无漏涂现象。

检验方法：观察检查。

(2)主控项目

①排水栓和地漏的安装应平正、牢固，低于排水表面，周边无渗漏，地漏水封高度不得小于50mm。

②卫生器具交工前应进行满水和通水试验。

检验方法：满水后各连接件不渗不漏；通水试验给、排水畅通。

(3)一般项目

①卫生器具安装的允许偏差应符合表5.27的规定。

表5.27　卫生器具安装的允许偏差和检验方法

序号	项目		允许偏差(mm)	检验方法
1	坐标	单独器具	10	用拉线、吊线和尺量检查
		成排器具	5	
2	标高	单独器具	±10	
		成排器具	±5	
3	器具水平度		3	用水平尺和尺量检查
4	器具垂直度		3	用吊线和尺量检查

②有饰面的浴盆，应留有通向浴盆排水口的检修门。

③小便槽冲洗管，冲洗孔应斜向下方安装，冲洗水流同墙面成45°角。镀锌钢管钻孔后应进行二次镀锌。

检验方法：观察检查。

④卫生器具的支、托架必须防腐良好，安装平整、牢固，与器具接触紧密、平稳。

检验方法：观察和手扳检查。

5.3 室内排水系统安装

5.3.1 室内排水系统认识

室内排水系统的任务，是将建筑物内部人们日常生活和生产过程中所产生的污(废)水以及降落在屋面上的雨雪及时收集起来，通过室内排水管道排到室外排水管道中去，以保证人们的正常生活和生产。

1.室内排水系统的分类与排水体制

按所排除的污(废)水的性质不同，室内排水系统可分为以下三类：

(1)生活污(废)水排水系统

生活污(废)水排水系统用于排除居住建筑、公共建筑以及工厂生活间的污(废)水。人们在日常生活中排除的盥洗、洗涤水称为生活废水，排除的粪便污水称为生活污水。生活废水经过处理后，可作为杂用水，用来冲洗厕所、浇洒绿地或道路、冲洗汽车等；生活污水需经过化粪池处理后，方可排入室外排水管道。

(2)工业污(废)水排水系统

工业污(废)水排水系统用于排除工业生产过程中产生的污(废)水，由于工业生产门类繁多，所排除的污(废)水性质也极为复杂，按其污染的程度分为生产污水排水系统和生产废水排水系统。生产污水是指被污染的工业废水以及水温过高、排放后造成热污染的工业废水，如化工工业中所产生的废水。各类生产污水受到严重污染，化学成分复杂(如污水中含有强酸碱、氰等对人体有害成分或一些贵重工业原料)均应分流，以便回收利用和处理。生产废水是指未受污染或轻微污染以及水温稍有升高的工业废水。生产废水一般均应按排水的性质分流设置管道排出，如冷却水应回收循环使用，洗涤水可回收重复利用。

(3)屋面雨雪水排水系统

屋面雨雪水排水系统用于排除降落在各类建筑物屋面上的雨水和融化的雪水。

上述三类污水如果分别设置管道排出建筑物外，称为室内排水分流制；若将其中两类或三类污(废)水口用管道排出，则称为室内排水合流制。应根据污(废)水的性质、污染程度、室外排水体制、污(废)水综合利用的可能性和处理要求等因素确定室内排水体制和设置室内排水系统。

2.排水系统的组成

室内排水系统的组成应满足以下三个基本要求：首先要能够迅速通畅地将污(废)水排到室外；其次，排水管道系统气压稳定，有毒有害气体不进入室内，保证室内环境卫生；最后，管线布置合理，工程造价低。为满足以上要求，室内排水系统一般由污(废)水受水器、排水管道系统、通气管道系统、清通设备等组成，有时根据需要应设局部污水处理构筑物及污水提升设备，如图5.31所示。

(1)污(废)水受水器

污(废)水受水器是指各种卫生器具，排放生产污(废)水的设备及雨水斗等。

(2)排水管道系统

排水管道系统包括器具排水管(含存水弯)、排水横支管、排水立管、干管和排出管。

①器具排水管：连接一个卫生器具和排水横支管的排水短管称器具排水管。器具排水管上设有水封装置(如S形存水弯和P形存水弯等)，以防止排水管道中的有害气体进入室内。

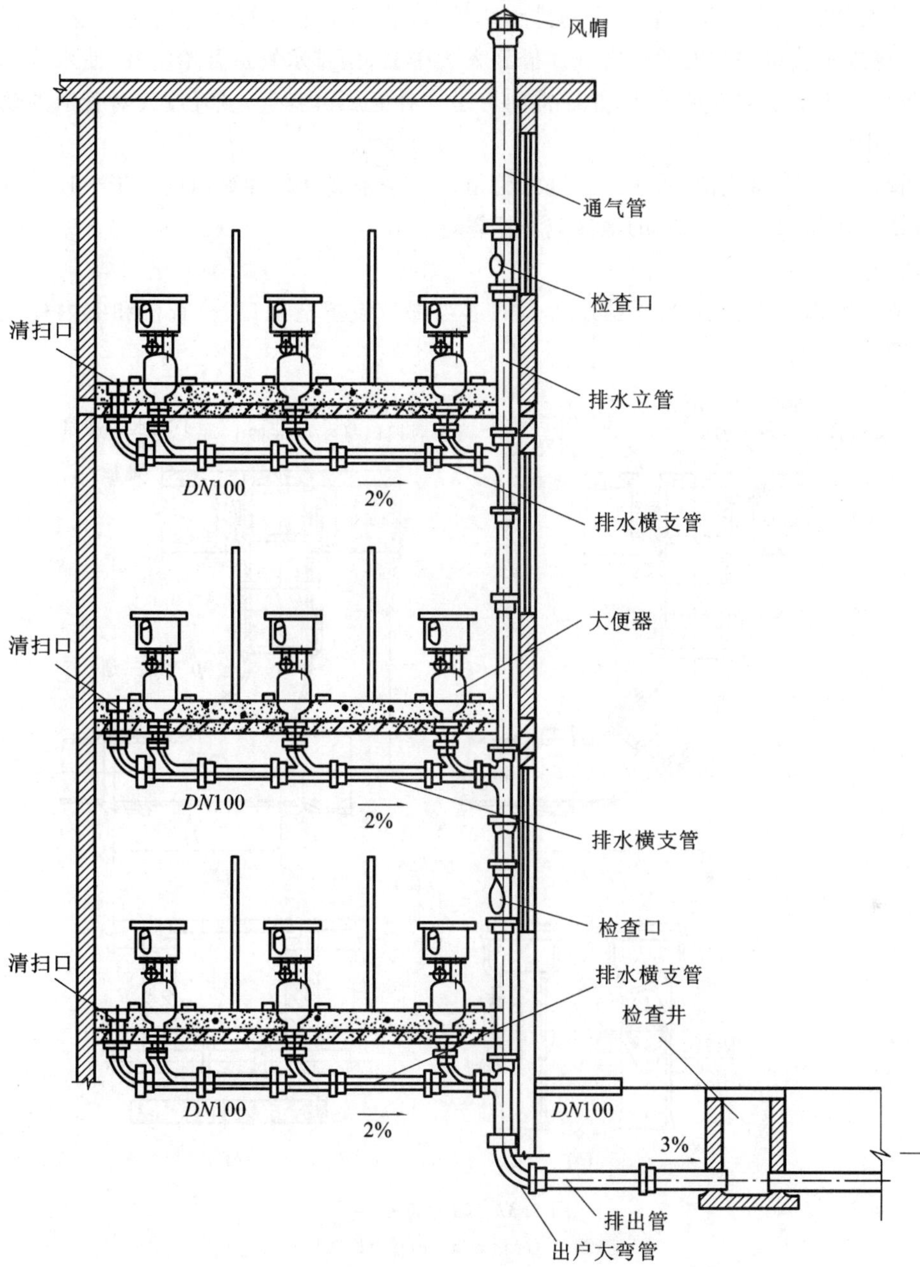

图 5.31　排水系统的组成

②排水横支管：将器具排水管送来的污水转送到排水立管的水平排水管称为排水横支管。排水横支管应有一定的坡度坡向立管，尽量不拐弯，直接与立管相连。

③排水立管：连接排水横支管的垂直排水管的过水部分称为排水立管。

④排出管：即室内污水出户管，它是室内排水系统与室外排水系统的连接管道。排出管与室外排水管道连接处应设置排水检查井。粪便污水一般先进入化粪池，再经过检查井排入室外排水管道。

(3)通气管道系统

对于层数不多、卫生器具较少的建筑物，仅设排水立管上部延伸出屋顶的通气管；对于层数较多的建筑物或卫生器具设置较多的排水系统，应设辅助通气管及专用通气管。通气管的作用，可以将排水管道中散发的有害气体排到大气中去；向排水管道补给空气，使水流畅通、气压稳定，防止卫生器具水封被破坏；并经常向管道中补充新鲜空气，减轻废气对管道的锈蚀，延长管道的使用寿命。

通气管顶部应设通气帽，防止杂物进入管道。冬季采暖室外计算温度低于－15℃的地区，应设镀锌铁皮风帽，高于－15℃的地区应设铅丝球。

(4)清通设备

为了清通室内排水管道，应在排水管道的适当部位设置清扫口、检查口和室内检查井等，其构造如图 5.32 所示。

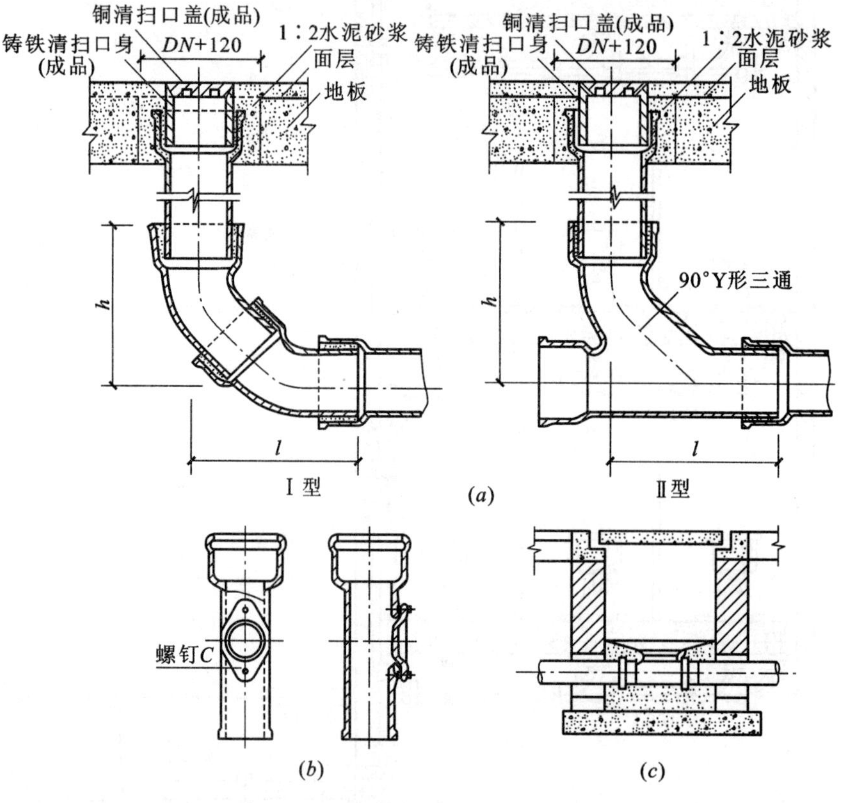

图 5.32 清通设备

(a)清扫口；(b)检查口；(c)室内检查井

①清扫口：设置在排水横管上。当排水横管上连接两个或两个以上的大便器、三个或三个以上的其他卫生器具以及横管水平转弯时，应设置清扫口；当横管较长时，每隔一定距离也应设置清扫口。清扫口宜做成上口与地面平齐。

②检查口：检查口是一个带盖的开口配件，拆开盖板即可清通管道。通常设在排水立管上，可以每隔一层设一个，但在底层和有卫生器具的最高层必须设置。检查口安装时，应使盖板向外，并与墙面成 45°夹角。检查口中心距地面 1m，并且至少高出该楼层卫生器具上边缘 0.15m。

③室内检查井：对于不散发有害气体或大量蒸汽的工业废水管道，在管道转弯、变径、改变坡度及连接支管处，可在建筑物内设检查井。在直线管段上排除生产废水时，检查井之间的距离不宜大于 30m；排除生产污水时，检查井的间距不宜大于 20m。

(5)污水局部处理构筑物及污水提升设备

①污(废)水局部处理构筑物

常用的局部污水处理构筑物有化粪池、隔油池、沉淀池、降温池、接触消毒池等。

a. 化粪池

化粪池是一种利用沉淀和厌氧发酵原理去除生活污水中悬浮性有机物的最初级处理构筑物。当建筑物所在的城镇或小区内没有集中的污水处理厂,或虽然有污水处理厂但已超负荷运行时,建筑物排放的污水在进入水体或城市管网前应进行简单处理,目前一般采用化粪池。

化粪池分为圆形和矩形两种,实际使用多为矩形,在污水量较少时可采用圆形。建池的材料可用砖、石及钢筋混凝土,通常池底用钢筋混凝土,池壁和隔墙用砖砌筑,池顶用钢筋混凝土板铺盖,并设有人孔。为了便于清掏,化粪池有双格和三格两种形式。图 5.33 为砖砌双格化粪池构造示意图。

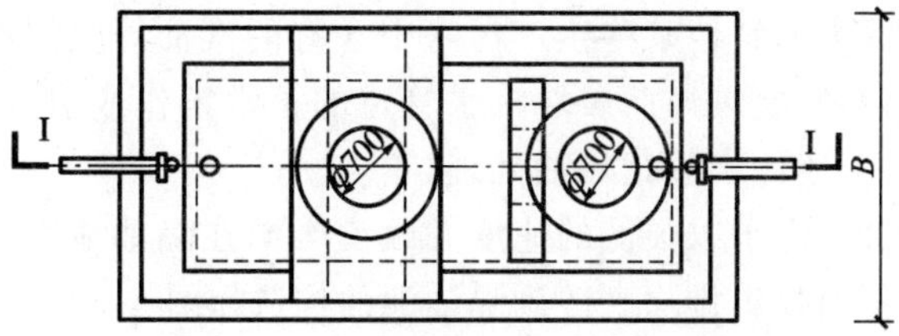

平面

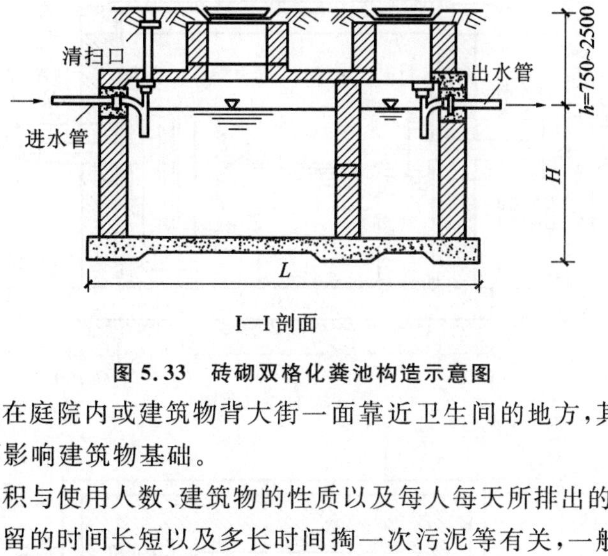

I—I 剖面

图 5.33 砖砌双格化粪池构造示意图

化粪池通常设置在庭院内或建筑物背大街一面靠近卫生间的地方,其外壁距建筑物外墙不宜小于 5m,并应不影响建筑物基础。

化粪池的有效容积与使用人数、建筑物的性质以及每人每天所排出的污水量标准有关,还与污水在化粪池中停留的时间长短以及多长时间掏一次污泥等有关,一般应经详细计算来确定。如果采用估算方法,可参照表 5.28。

表 5.28 化粪池的最大使用人数

型号	有效容积(m^3)	建筑物性质及最大使用人数			
		医院、疗养院、幼儿园(有住宿)	住宅、集体宿舍、旅馆	办公楼、教学楼、工业企业生活间	公共食堂、影剧院、体育场
1	3.75	25	45	120	470
2	6.25	45	80	200	780
3	12.50	90	155	400	1600

续表 5.28

型号	有效容积(m^3)	建筑物性质及最大使用人数			
		医院、疗养院、幼儿园(有住宿)	住宅、集体宿舍、旅馆	办公楼、教学楼、工业企业生活间	公共食堂、影剧院、体育场
4	20.00	140	250	650	2500
5	30.00	210	370	950	3700
6	40.00	280	500	1300	5000
7	50.00	350	650	1600	6500

b. 隔油池

肉类加工厂、食品加工厂及食堂、餐厅的厨房等排出的污水中含有较多的动、植物油脂，此类油脂进入排水管道中，随着水温的下降而凝固并附着于管壁上，缩小管径导致堵塞管道；由汽车库排出的汽车冲洗污水和其他某些生产污水中含有的汽油等轻油类进入排水管道内，挥发气体达到一定浓度时，易发生爆炸而破坏排水管道的正常工作或引起火灾和影响维护人员的健康等。因此，必须对上述污水进行除油处理。

隔油池的作用是使含油污水以很低的速度并改变方向在隔油池中流过，使油类浮在水面上，被隔板截留住，定期将油收集排除。砖砌隔油池的构造如图 5.34 所示。

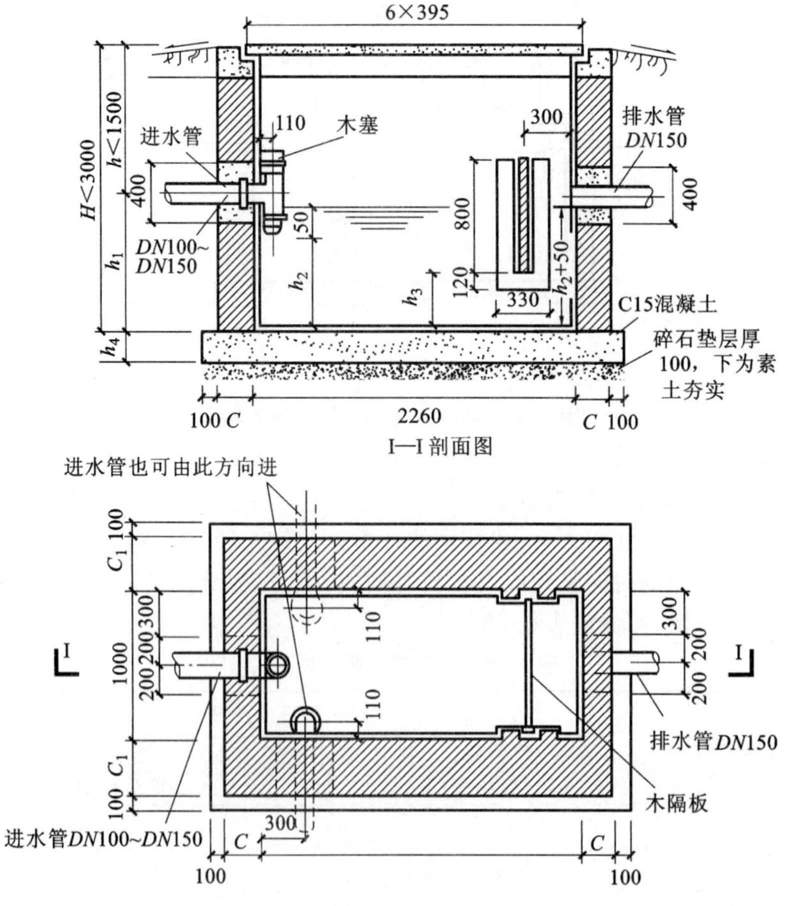

图 5.34 砖砌隔油池

为了保证隔油池的除油效果和油脂的回收利用，不得将粪便污水和其他污水排入隔油池。污水中含有汽油、煤油等易挥发油类时，隔油池不得设于室内。污水中含有动、植物油脂及重油等油脂时，隔油池可设于耐火等级为一、二、三级建筑物内，但要设在地下，并用盖板封闭。

c. 除泥池及除沙池

对汽车洗车房、厨房等排出的含有较多泥沙的废水，应设除泥池或除沙池，去除水中的泥砂。其构造如图 5.35 所示。

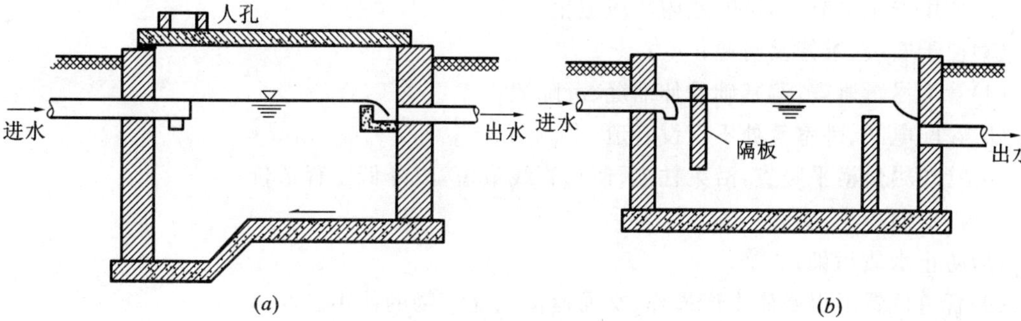

图 5.35 除泥池及除沙池

(*a*)除泥池剖面示意图；(*b*)除沙池剖面示意图

d. 降温池

建筑物附属的发热设备和加热设备排放的污水水温超过《城市污水排入下水道水质标准》中的规定（不大于 40℃）时，应进行降温处理；否则，会影响维护管理人员身体健康和管材的使用寿命。

降温池的作用就是将热污水降至符合要求的温度。如图 5.36 所示，降温池降温的方法主要有二次蒸发、水面散热和加冷水降温。以锅炉排污水为例，当锅炉排出的污水由锅炉内的工作压力骤然减到大气压力时，一部分热污水汽化蒸发（二次蒸发），减少了排污水量和所带热量，对剩余的热污水加入冷水混合，使污水温度降到 40℃，然后排放。

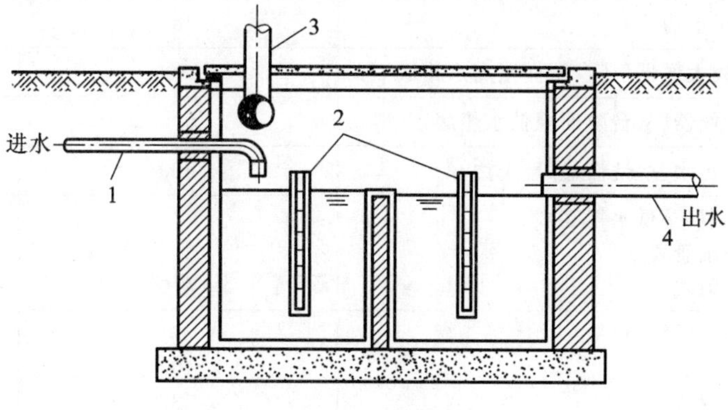

图 5.36 降温池

1—排污进水管；2—隔板；3—通气管；4—排水管

②污水提升设备

民用和公共建筑的地下室，人防建筑及工业建筑内部标高低于室外地坪的车间和其他用水设备房间排放的污水，若不能自流排至室外管道检查井，必须设置提升设备，以便及时排除室内污水，保证排水系统正常使用。建筑内部污水提升常用的设备有潜水泵、液下泵和卧式离心泵。

5.3.2 室内排水管道布置

5.3.2.1 排水管道的布置原则

建筑内部排水管道系统的布置直接关系着人们的生活和生产，为了创造一个良好的生活、生产环境，建筑内部排水管道的布置应遵循以下原则：

(1)卫生器具及生产设备中的污(废)水应就近排入立管；

(2)使用安全可靠，不影响室内环境卫生；

(3)便于安装、维修及清通；

(4)管道尽量避震，避基础及伸缩缝、沉降缝；

(5)在配电间、卧室等处不宜设管道；

(6)管线尽量横平竖直，沿梁柱走，使总管线最短，以降低工程造价；

(7)占地面积小，美观；

(8)防止水质污染；

(9)管道位置不得妨碍生产操作、交通运输或建筑物的使用。

5.3.2.2 排水管道的布置要求

(1)卫生器具的布置

根据卫生间和公共厕所的平面尺寸、所选用的卫生器具类型和尺寸布置卫生器具，既要考虑使用方便，又要考虑管线短，排水通畅，便于维护管理。卫生器具的安装高度应满足表5.29的要求。地漏应设在地面最低处，易于溅水的卫生器具附近。

表 5.29 卫生器具的安装高度

序号	卫生器具名称	卫生器具边缘距地面高度(mm)	
		住宅和公共建筑	幼儿园
1	洗手盆、洗脸盆、盥洗槽(至上边缘)	800	500
2	落地式污水盆(池)(至上边缘)	500	500
3	浴盆(至上边缘)	480	—
4	蹲、坐式大便器(从台阶面至高水箱底)	1800	1800
5	蹲式大便器(从台阶面至低水箱底)	900	900
6	架空式污水盆、洗涤盆(至上边缘)	800	800
7	坐式大便器(至低水箱底) 外露排出管式 虹吸喷射式	 510 470	 — 370
8	坐式大便器(至上边缘) 外露排出管式 虹吸喷射式	 400 380	 — —
9	大便槽(从台阶面至冲洗水箱底)	≥2000	—
10	小便器(至受水部分上边缘) 立式 挂式	 100 650	 — 450
11	小便槽(至台阶面)	200	150

续表 5.29

序号	卫生器具名称	卫生器具边缘距地面高度(mm)	
		住宅和公共建筑	幼儿园
12	化验盆(至上边缘)	800	—
13	净身器(至上边缘)	360	—
14	饮水器(至上边缘)	1000	—

(2)排水横支管的布置

①横支管不宜太长，尽量少转弯，当条件受限时宜采用两个45°弯头或乙字弯，一根支管连接的卫生器具不宜太多；

②卫生器具排水管与横支管宜采用90°斜三通连接，横管与横管或横管与立管连接宜采用90°斜三(四)通，也可以采用直角顺水三(四)通；

③横支管不得布置在食堂、饮食业的主副操作烹调设备的上方，也不得布置在遇水燃烧、爆炸或损坏原料、产品和设备的上面；

④横支管不得穿过对生产工艺或卫生有特殊要求的生产厂房、贵重商品仓库、变电室；

⑤横支管不得穿过建筑的沉降缝、伸缩缝、风道、烟道等；

⑥横支管距楼板和墙应有一定的距离，便于安装和维修；

⑦当横支管悬吊在楼板下，接有2个及2个以上大便器或3个及3个以上卫生器具时，横支管顶端应升至上层地面设清扫口。

(3)排水立管的布置

①立管应设在最脏、杂质最多及排水量最大的排水点处。

②立管宜靠外墙，以减少埋地管长度，且立管管道中心应与墙面有一定的距离(表5.30)，便于清通和维修。

表 5.30　排水立管管道中心与墙面距离

立管直径(mm)	50	75	100	125	150	200
管道中心与墙面距离(mm)	50	70	80	90	110	130

③立管不得穿越卧室、病房等对卫生及安装要求较高的房间，并应避免靠近与卧室相邻的内墙。

④当排水立管仅设伸顶通气管(无专用通气立管)时，最低排水横支管与立管连接处距排水立管管底垂直距离，不得小于表5.31的规定。

表 5.31　最低排水横支管与立管连接处距立管底部的最小垂直距离

立管连接卫生器具的层数(层)	垂直距离(m)
≤4	0.45
5～6	0.75
7～19	3.00
≥20	6.00

⑤立管应设检查口，其间距不大于10m，但底层和最高层必须设。检查口中心至地面距离为1m，并应高于该层溢流水位最高的卫生器具上边缘0.15m。

⑥立管穿越楼板时，应设套管。对于现浇楼板，应预留孔洞或镶入套管，其孔洞尺寸比管径大50～100mm。

(4)横干管及排出管的布置

①排出管应以最短的距离排出室外，尽量避免在室内转弯。

②建筑层数较多时，应按表5.31确定底部横管最小垂直距离。

③埋地管不得布置在可能受重物压坏处或穿越生产设备的基础。

④埋地管穿越承重墙或基础时，应预留孔洞，其尺寸见表5.32。并且必须在管道外套较其直径大200mm的金属套管或设置钢筋混凝土过梁，管顶上部净空尺寸不得小于0.15m。

表5.32 排水管道穿越承重墙或基础处预留孔洞尺寸(mm)

管径 D	50～75	≥100
洞口尺寸(高×宽)	300×300	$(D+300)\times(D+200)$

⑤管道穿越地下室外墙或地下构筑物的墙壁时，应采取防水措施。

⑥埋地金属管应进行防腐处理。

⑦湿陷性黄土地区的排出管应设在地沟内，并应设检查井。

⑧距离较大的直线管段上应设检查口或清扫口，其最大间距见表5.33。

表5.33 污水横管的直线管段上检查口或清扫口之间的最大距离

管道直径(mm)	清通设备种类	距离(m)		
		生产废水	生活污水及与生活污水成分相近的生产污水	含有大量悬浮物和沉淀物的生产污水
50～75	检查口	15	12	10
	清扫口	10	8	6
100～150	检查口	20	15	12
	清扫口	15	10	8
200	检查口	25	20	15

⑨排出管与室外排水管相连接，其管顶标高不得低于室外排水管管顶标高，连接处的水流转角不得小于90°，当跌落差大于0.3m时可不受角度限制。

⑩排出管与室外排水管连接处应设检查井，检查井中心到建筑物外墙的距离不宜小于3m且不大于10m，检查井至污水立管或排出管上清扫口的距离不大于表5.34中的数值。

表5.34 室外检查井中心至污水立管或排出管上清扫口的最大距离

管径(mm)	50	75	100	>100
最大长度(m)	10	12	15	20

(5)通气系统的布置

①生活污水管道和散发有毒有害气体的生产污水管道应设伸顶通气管。伸顶通气管高出屋面的高度不小于0.3m，且大于该地区最大积雪厚度；当屋顶为上人屋顶时，应不小于2m，并应按要求设置防雷装置。

②通气立管不得接纳污水、废水和雨水，通气管不得与通风管或烟道连接。

③若通气管管口周围4m以内有门窗时，其管口高度应超出窗顶0.6m或引向无门窗一侧，通气口不宜设在建筑物挑出部分(如屋檐檐口、阳台、雨篷等)的下面。

5.3.3　室内排水管道安装

5.3.3.1　工艺流程

室内排水管道及配件安装工艺流程如图5.37所示。

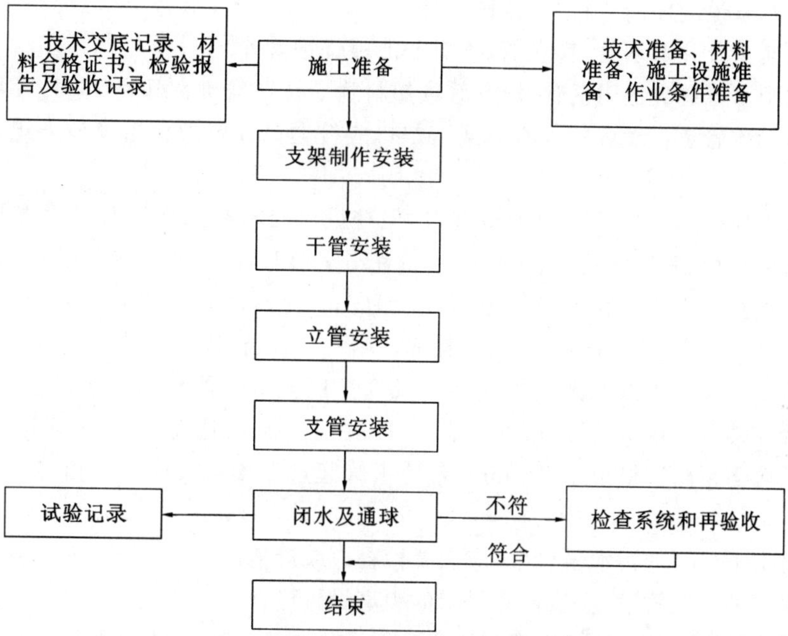

图5.37　室内排水管道及配件安装工艺流程图

5.3.3.2　施工工艺

1.施工准备

(1)技术准备(略)。

(2)材料准备

①管材、管件及附属制品等，在进入施工现场时应认真检查，管材应标有规格、生产厂的名称和执行的标准号，在管件上应有明显的商标和规格。包装上应标有批号、数量、生产日期和检验代号，并有出厂合格证及产品说明书。各种材料排水管内外表层均应光滑，无气泡、裂纹，管壁厚薄均匀，色泽一致。直管段挠度不大于1%。管件造型应规矩、光滑，无毛刺、偏扣、乱扣、方扣、丝扣不全等现象。承口应有锥度，并与插口配套。

②接口材料：水泥、石棉、膨胀水泥、石膏、氯化钙、油麻、耐酸水泥、青铅、塑料胶粘剂、塑料焊条、碳钢焊条。胶粘剂应标有生产厂名称、生产日期和有效期，并应有出厂合格证和说明书，且必须符合设计及规范要求。

③防腐材料：沥青、汽油、防锈漆、沥青漆等应按设计选用。

④其他材料：纱布、氧气、乙炔气、电焊条等。

(3)施工设施准备

①机具：套丝机、电焊机、台钻、冲击钻、电锤、砂轮机等。

②工具：套丝板、手锤、大锤、手锯、断管器、麻钎、压力案、台虎钳、管钳、小车等。

③其他：水平尺、线坠、钢卷尺、小线等。

(4)作业条件准备(略)。

2. 操作工艺

(1)一般要求

①室内排水系统管材应符合设计要求。当设计无规定时，应按下列规定选用：

a. 生活污水管道应使用塑料管、铸铁管等。

b. 雨水管道应使用塑料管、铸铁管、镀锌和非镀锌钢管等。

c. 悬吊式雨水管道应选用钢管、铸铁管或塑料管。易受震动的雨水管道应使用钢管。

②在生活污水管道上设置的检查口或清扫口应符合设计要求。当设计未规定时，应符合下列规定：

a. 在立管上应每隔一层设置一个检查口，但在最底层和有卫生器具的最高层必须设置。如为两层建筑，可仅在底层设置立管检查口；如有乙字形弯管时，则在该层乙字形弯管的上部设置检查口。检查口中心高度距操作地面一般为 1m，允许偏差±20mm，并应高于该层卫生器具上边缘 150mm；检查口的朝向应便于检修。暗装立管，在检查口处应安装检修门。

b. 在连接 2 个及 2 个以上大便器或 3 个及 3 个以上卫生器具的污水横管上应设置清扫口。当污水管在楼板下悬吊敷设时，可将清扫口设在上一层楼地面上，污水管起点的清扫口与管道相垂直的墙面距离不得小于 200mm；若污水管起点设置堵头代替清扫口时，与墙面距离不得小于 400mm。

c. 在转角小于 135°的污水横管上，应设置检查口或清扫口。

d. 污水横管的直线管段，应按设计要求的距离设置检查口或清扫口。

③金属排水管道上的吊钩或卡箍应固定在承重结构上。固定件间距：横管不大于 2m；立管不大于 3m。楼层高度小于或等于 4m，立管可安装 1 个固定件。立管底部的弯管处应设支墩或采取固定措施。

④塑料排水管道支、吊架间距应符合表 5.35 的规定。

表 5.35 塑料排水管道支、吊架最大间距(m)

管径(mm)	50	75	110	125	160
立管	1.2	1.5	2.0	2.0	2.0
横管	0.5	0.75	1.10	1.30	1.6

⑤金属和非金属的排水管道接口形式和所用填料应符合设计要求。

⑥排水通气管不得与风道或烟道连接，且应符合下列规定：

a. 通气管应高出屋面 300mm，但必须大于最大积雪厚度；

b. 在通气管出口 4m 以内有门、窗时，通气管应高出门、窗顶 600mm 或引向无门、窗一侧；

c. 在经常有人停留的平屋顶上，通气管应高出屋面 2m，并应根据防雷要求设置防雷装置；

d. 屋顶有隔热层应从隔热层板面算起。

⑦未经消毒处理的医院含菌污水管道，不得与其他排水管道直接连接。

⑧饮食业工艺设备引出的排水管及饮用水水箱的溢流管，不得与污水管道直接连接，并应留出不小于 100mm 的隔断空间。

⑨通向室外的排水管，穿过墙壁或基础必须下返时，应用45°三通和45°弯头连接，并应在垂直管段顶部设置清扫口。

⑩由室内通向室外排水检查井的排水管，其管底应高于下游排出管或两管顶相平，并有不小于90°的水流转角，如跌落差大于300mm可不受角度限制。

⑪用于室内排水的水平管道与水平管道、水平管道与立管的连接，应采用45°三通或45°四通和90°斜三通或90°斜四通。立管与排出管端部的连接，应采用两个45°弯头或曲率半径不小于4倍管径的90°弯头。

⑫雨水管道不得与生活污水管道相连接。

⑬雨水斗的连接应固定在屋面承重墙上，连接管管径不得小于100mm。

(2)排水管道安装工艺

①排出管的安装

排出管系指室内底层排水横管上的立管三通至室外第一个检查井之间的管段。施工中往往需要与土建配合，将此管段进行安装并经隐检验收合格后，再进行土建底层施工。

a. 排出管穿过承重墙或基础时，应预留孔洞，管顶上部净空不得小于建筑物沉降量，且不小于0.15m。

b. 排出管与立管的连接宜采用2个45°弯头或曲率半径不小于4倍管径的90°弯头，也可采用带清通口的弯头接出。

c. 排出管经量尺法及比量法下料、预制成整体管道后，穿过基础预留洞，经调整排出管安装位置、标高、坡度，满足设计要求后固定。

d. 排出管穿过地下室外墙或地下构筑物的墙壁处，应采用防水套管。

②底层排水横管及器具支管安装

底层排水横管一般直埋敷设或以吊、托架敷设于地下室顶棚下以及地沟内。

a. 底层排水横管直接埋地敷设的，当房心土回填至管底标高时，以安装好的排出管斜三通上的45°弯头承口内侧为基准，将预制好的管段按照承口朝向来水方向，按顺序排列，找好位置、坡度和标高，以及各预留口的方向和中心线，将承插口相连。其接口材料根据设计要求选用，按照排水铸铁管填打灰口操作步骤进行作业。敷设好的管道应及时进行灌水试验，水满后观察水位不下降，各接口及管子无渗漏，经有关人员检验，办理隐蔽工程验收手续。再将各预留管口临时封堵，配合土建填堵孔、洞和回填土。

b. 托、吊管道安装

安装在设备层内的排水铸铁管应根据设计制作托、吊架。

按设计坡度栽好吊卡，量准吊棍尺寸，对好立管预留口、首层卫生器具的排水预留管口，同时按室内地坪线、轴线尺寸接至规定高度。

按图纸检查已安装好的管路标高、预留口方向，确认无误后即可进行灌水试验，合格后办理隐检手续。

c. 底层器具支管的安装

卫生器具的排出口与排水横支管连接的一段垂直短管叫器具支管。所有器具支管均应实测下料长度。其中：

坐便器支管应用不带承口的短管接至与地面相平处，短管中心与后墙的距离为400mm；

蹲便器的支管应用承口短管接至地面上10mm。短管中心与后墙的距离，采用瓷存水弯时为 420mm；

洗脸盆、洗涤盆、化验盆等的支管应用承口短管，做到与地面相平，短管中心与后墙的距离为 80mm；

地漏安装后箅面应低于地面 20mm，清扫口（地面式）表面应与地面平齐。

③排水立管的安装

a. 根据施工图校对预留孔洞尺寸，孔洞位置与尺寸可参照表 5.36 预留。如为预制混凝土楼板按设计位置凿洞，如需断筋，必须经有关人员同意，按规定处理。

表 5.36 预留孔洞位置与尺寸(mm)

卫生器具名称	平面位置	图示
蹲式大便器	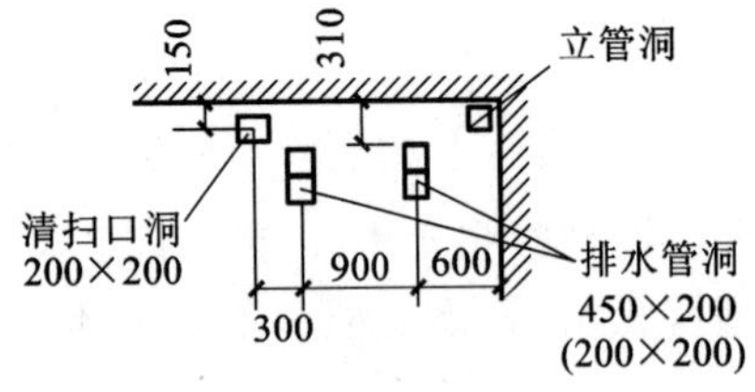	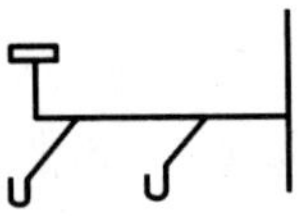
	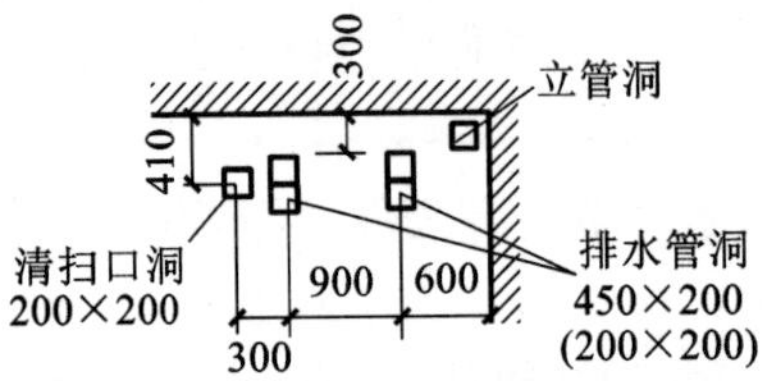	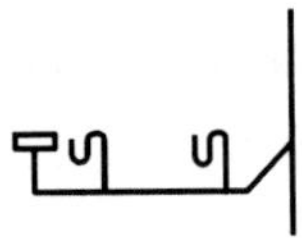
小便槽	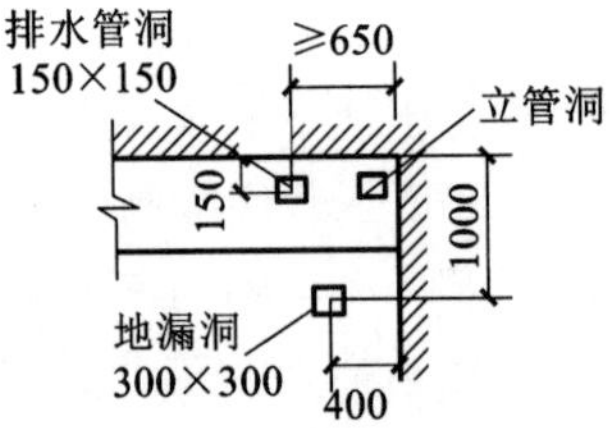	
	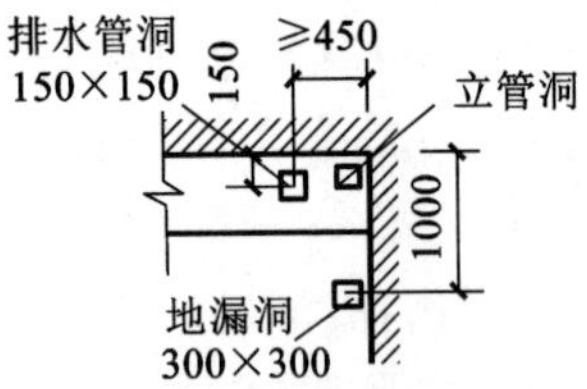	
挂式小便器	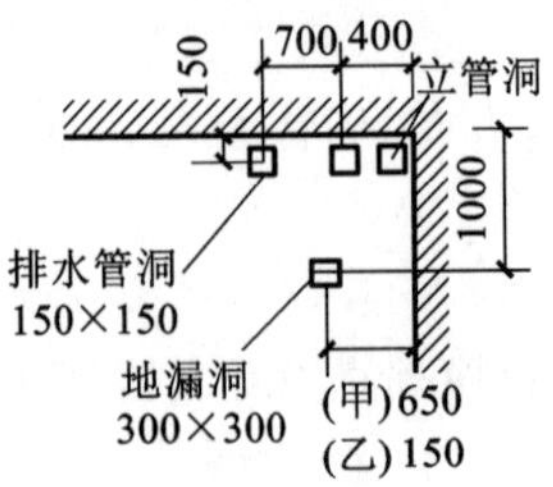	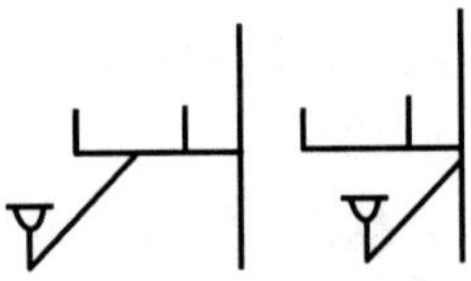 (甲) (乙)

续表 5.36

卫生器具名称	平面位置	图示
洗脸盆	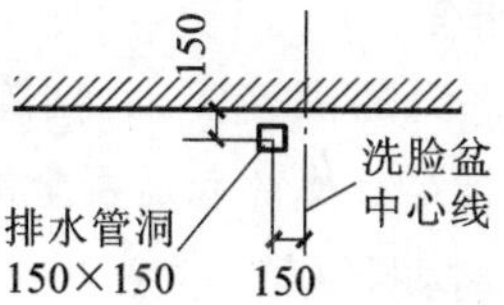	
污水盆(池)	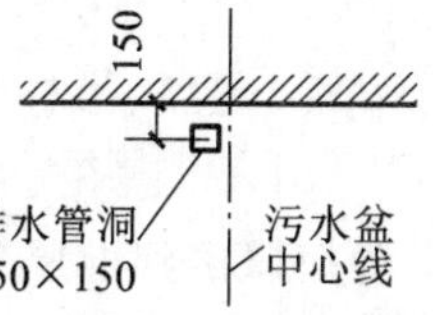	

b. 安装立管应两人上下配合，一人在上一层，由管洞穿下一根绳头，下层的人将预制好的立管上半部拴牢，上拉下托将立管下部插口插入下层管承口内。

c. 下层的人把甩口及立管检查口方向校正，上层的人用木楔将管在楼板洞口处卡牢，吊直后，打麻捻灰口。复查立管垂直度，固定牢固。

d. 立管安装合格后，配合土建用不低于楼板强度的混凝土将洞灌满捣实。如系高层建筑或管道井内，按设计要求用型钢做固定支架。

(3)铸铁排水管安装

①干管安装

a. 挖管沟至所需标高，做好垫层。将预制好的管段按照承口朝来水方向，由出水口处向室内顺序排列。

b. 将管道调直、找正，管道两侧用土培好。然后将水胶比为 1∶9的水泥捻口灰拌好后，装在灰盘内放在承插口下部，将灰口打满打平为止。用湿麻绳缠好养护或回填湿润细土掩盖养护。

c. 管道铺设捻好灰口后，再将立管首层卫生器具的排水预留管口接至规定位置、高度，将预留管口临时封堵。

d. 按照施工图对铺设好的管道坐标、标高及预留管口尺寸进行自检，确认准确无误后即可从预留管口处灌水做闭水试验，经有关人员进行检查，并填写隐蔽工程验收记录。

e. 管道系统经隐蔽验收合格后，临时封堵各预留管口，配合土建填堵孔洞，按规定回填土。

②托、吊管道安装

a. 先搭设架子或砌砖墩，将托架按设计坡度栽好或栽好吊卡，量准吊棍尺寸，将预制好的管道托、吊牢固。立管预留口位置及首层卫生器具的排水预留管口处理方法同干管。

b. 托、吊排水干管暗装者，须做闭水试验，按隐蔽工程办理验收手续。

③立管安装

a. 根据施工图校对预留管洞尺寸有无差错，如系预制混凝土楼板则须剔凿楼板洞。如需断筋，必须征得土建单位有关人员同意，按规定处理。

b. 立管检查口设置按设计要求。

c. 立管支架在核查预留洞孔无误后，用吊线锤及水平尺找出各支架位置尺寸及安装位置，统一编号进行加工，按编号进行就位，支架安装完毕后进行下道工序。

d. 两人上下配合安装立管，一人在上一层楼板上，一人在下层，上拉下托将立管下部插口插入下层管承口内。把甩口及立管检查口方向找正，用木楔将立管在楼板洞处临时卡牢，打麻、吊直、捻灰，复查垂直度，将立管临时固定卡牢。

e. 配合土建用不低于楼板标号的混凝土将洞灌满堵实，并拆除临时固定。高层建筑或管井内，应按照设计要求设置固定支架，同时检查支架及管卡是否全部安装完毕并固定。

f. 高层建筑管道立管应严格按设计装设补偿装置。

④支管安装

a. 支管安装应先搭架子，按设计坡度安装好吊架，复核吊杆尺寸及管线坡度，将预制好的管道托到管架上，再将支管插入立管预留口的承口内，固定好支管，然后打麻捻灰。

b. 支管设在吊顶内，末端有清扫口者，应将清扫口接到上层地面上。

c. 支管安装完后，可将卫生洁具或设备的预留管安装到位，找准尺寸并配合土建将楼板孔洞堵严，将预留管口临时封堵。

⑤灌水试验

a. 对标高低于各层地面的所有管口，接临时短管直至某层地面上。

b. 通向室外的排出管管口，用大于或等于管径的橡胶堵管管胆放进管口充气堵严。灌一层立管和地下管道时，用堵管管胆从一层立管检查口将上部管道堵严，再灌上层，依次类推，按上述方法进行。

c. 向管道内灌水。

d. 管内灌水水面高出地面以后，停止灌水，记下管内水面位置和停止灌水时间，并对管道接口逐一进行观察。

e. 停止灌水 15min 后在未发现管道及接口渗漏的情况下再次向管道内灌水，使管内水面恢复到停止灌水时的位置后第二次记下时间。

f. 施工人员、施工技术质量管理人员及建设单位、监理单位等有关的人员在第二次灌满水 5min 后，对管内水面共同进行检查，若水面位置没有下降则管道灌水试验合格，应立即填写好排水管道灌水试验记录，有关检查人员签字盖章。

g. 灌水试验合格后，从室外排水口放净管内存水。拆除灌水试验临时接的短管，恢复各管口原标高。用木塞、草绳等将管口临时堵塞封闭严密。

(4)塑料排水管安装

①预制加工：根据图纸要求并结合实际情况，按预留口位置测量尺寸，绘制加工草图，根据草图量好管道尺寸，进行断管。

②干管安装：首先根据设计图纸要求的坐标标高预留槽洞或预埋套管。埋入地下时，按设计坐标、标高、坡向、坡度开挖槽沟并夯实。采用托、吊管安装时，应按设计坐标、标高、坡向做好托、吊架。施工条件具备时，将预制加工好的管段按编号运至安装部位进行安装。各管段粘接连接时也必须按粘接工艺依次进行。干管安装完后应做闭水试验。地下埋设管道应先用细砂回填至管上皮 100mm，上覆过筛土，夯实时勿碰损管道。托、吊管粘牢后再按水流方向找坡度，最后将预留口封严和堵洞。

③立管安装：首先按设计坐标要求预留洞口。安装前清理场地，根据需要支搭操作平台。将已预制好的立管运到安装部位。然后清理已预留的伸缩节。立管插入端应先画好插入长度标记。安装时先将立管上端伸入上一层洞口内，垂直用力插入至标记为止(一般预留胀缩量为

20～30mm)。合适后即用自制U形钢制抱卡紧固于伸缩节上沿。最后找正、找直,并测量顶板距三通口中心是否符合要求。无误后即可堵洞,并将上层预留伸缩节封严。

④高层建筑内明敷管道,当设计要求采取防止火灾贯穿措施时,应设置防火套管及阻火圈。

⑤支管安装:首先剔出吊卡孔洞或复查预埋件是否合适。清理场地,按需要支搭操作平台。将预制好的支管按编号运至场地。清除各粘接部位的污物及水分。将支管水平初步吊起,涂抹粘合剂,用力推入预留管口。根据管段长度调整好坡度,合适后固定卡架,封闭各预留管口和堵洞。

⑥器具连接管安装:核查建筑物地面和墙面做法、厚度,找出预留口坐标、标高,然后按准确尺寸修整预留洞口。分部位实测尺寸做记录,并预制加工、编号。安装粘接时,必须将预留管口清理干净,再进行粘接。粘牢后找正、找直。最后进行闭水试验。

⑦排水管道安装后,按规定必须进行闭水试验。凡属隐蔽暗装管道,必须按分项工序进行。卫生器具及设备安装后,必须进行通水试验,且应在油漆粉刷最后一道工序前进行。

⑧粘合剂易挥发,使用后应随时封盖,涂抹时应使用鬃刷或尼龙刷。冬季施工进行粘接时,凝固时间为2～3min。粘接场所应通风良好,远离明火。

3.质量标准

(1)主控项目

①隐蔽或埋地的排水管道在隐蔽前必须做灌水试验,其灌水高度应不低于底层卫生器具的上边缘或底层地面高度。

检验方法:满水15min水面下降后,再灌满观察5min,液面不下降,管道及接口无渗漏为合格。

②生活污水铸铁管道的坡度必须符合设计或表5.37的规定。

检验方法:水平尺、拉线尺量检查。

③生活污水塑料管道的坡度必须符合设计或表5.38的规定。

检验方法:水平尺、拉线尺量检查。

④排水塑料管必须按设计要求及位置装设伸缩节。如设计无要求时,伸缩节间距不得大于4m。

高层建筑中明设排水塑料管道应按设计要求设置阻火圈或防火套管。

检验方法:观察检查。

表5.37 生活排水铸铁管道的坡度

项次	管径(mm)	标准坡度(‰)	最小坡度(‰)
1	50	35	25
2	75	25	15
3	100	20	12
4	125	15	10
5	150	10	7
6	200	8	5

表5.38　生活排水塑料管道的坡度

项次	管径(mm)	标准坡度(‰)	最小坡度(‰)
1	50	25	12
2	75	15	8
3	110	12	4
4	125	10	3.5
5	160	7	3

⑤排水主立管及水平干管管道均应做通球试验，通球球径不小于排水管道管径的2/3，通球率必须达到100%。

检查方法：通球检查。

(2)一般项目

①在生活排水管道上设置的检查口或清扫口，当设计无要求时应符合下列规定：

a.在立管上应每隔一层设置一个检查口，但在最底层和有卫生器具的最高层必须设置。如为两层建筑时，可仅在底层设置立管检查口；如有乙字弯管时，则在该层乙字弯管的上部设置检查口。检查口中心高度距操作地面一般为1m，允许偏差±20mm；检查口的朝向应便于检修。暗装立管，在检查口处应安装检修门。

b.在连接2个及2个以上大便器或3个及3个以上卫生器具的污水横管上应设置清扫口。当污水管在楼板下悬吊敷设时，可将清扫口设在上一层楼地面上，污水管起点的清扫口与管道相垂直的墙面距离不得小于200mm；若污水管起点设置堵头代替清扫口时，与墙面距离不得小于400mm。

c.在转角小于135°的污水横管上，应设置检查口或清扫口。

d.污水横管的直线管段，应按设计要求的距离设置检查口或清扫口。

检验方法：观察和尺量检查。

②埋在地下或地板下的排水管道的检查口，应设在检查井内。井底表面标高与检查口的法兰相平，井底表面应有5%的坡度坡向检查口。

检验方法：尺量检查。

③金属排水管道上的吊钩或卡箍应固定在承重结构上。固定件间距：横管不大于2m；立管不大于3m。楼层高度小于或等于4m，立管可安装一个固定件。立管底部的弯管处应设支墩或采取固定措施。

检验方法：观察和尺量检查。

④塑料排水管道支、吊架间距应符合表5.35的规定。

检验方法：观察和尺量检查。

⑤排水通气管不得与风道或烟道连接，且应符合下列规定：

a.通气管应高出屋面300mm，但必须大于最大积雪厚度。

b.在通气管出口4m以内有门、窗时，通气管应高出门、窗顶600mm或引向无门、窗一侧。

c.在经常有人停留的平屋顶上，通气管应高出屋面2m，并应根据防雷要求设置防雷装置。

d.屋顶有隔热层，应从隔热层板面算起。

检验方法：观察和尺量检查。

e. 安装未经消毒处理的医院含菌污水管道，不得与其他排水管道直接连接。

检验方法：观察检查。

f. 饮食业工艺设备引出的排水管及饮用水水箱的溢流管，不得与污水管道直接连接，并应留出不小于 100mm 的隔断空间。

检验方法：观察和尺量检查。

g. 通向室外的排水管，穿过墙壁或基础必须下返时，应采用 45°三通和 45°弯头连接，并应在垂直管段顶部设置清扫口。

检验方法：观察和尺量检查。

h. 由室内通向室外排水检查井的排水管，井内引入管应高于排出管或两管顶相平，并有不小于 90°的水流转角，如跃落差大于 300mm 可不受角度限制。

检验方法：观察和尺量检查。

i. 用于室内排水的水平管道与水下管道、水平管道与立管的连接，应采用 45°三通或 45°四通和 90°斜三通或 90°斜四通。立管与排出管端部的连接，应采用两个 45°弯头或曲率半径不小于 4 倍管径的 90°弯头。

检验方法：观察和尺量检查。

j. 室内排水管道安装的允许偏差应符合表 5.39 的相关规定。

表 5.39　室内排水和雨水管道安装的允许偏差和检验方法

项次	项目				允许偏差(mm)	检验方法
1	坐标				15	用水准仪(水平尺)、直尺、拉线和尺量检查
2	标高				±15	
3	横管纵横方向弯曲	铸铁管	每米		≯1	
			全长(25m 以上)		≯25	
		钢管	每米	管径≤100mm	1	
				管径>100mm	1.5	
			全长	管径≤100mm	≯25	
				管径>100mm	≯308	
		塑料管	每米		1.5	
			全长(25m 以上)		≯38	
		钢筋混凝土管、混凝土管	每米		3	
			全长(25m 以上)		≯75	
4	立管垂直度	铸铁管	每米		3	用吊线和尺量检查
			全长(5m 以上)		≯15	
		钢管	每米		3	
			全长(5m 以上)		≯10	
		塑料管	每米		3	
			全长(5m 以上)		≯15	

思考与练习

5.1 室内给排水管道施工的准备工作有哪些？

5.2 简述室内给水方式的种类及特点。

5.3 简述室内给水管道布置基本要求。

5.4 绘制室内给水管道安装工艺流程图。

5.5 简述室内给水立管的安装要求。

5.6 绘制室内卫生器具安装工艺流程图。

5.7 简述室内排水管道的布置原则。

5.8 简述室内排水管道的布置要求。

5.9 绘制室内排水管道及配件安装工艺流程图。

6 消防系统安装

知识目标

本章主要包括：室内消火栓系统给水方式；消火栓管道系统安装；自动喷水灭火系统安装；自动喷水灭火系统试压、冲洗和调试。

能力目标

通过本章学习，应着重培养以下能力：

1. 熟悉室内消火栓系统构成；
2. 掌握室内消火栓给水系统主要设备的设置要求；
3. 掌握室内消火栓管道系统安装；
4. 熟悉自动喷水灭火系统构成；
5. 掌握自动喷水灭火系统安装。

6.1 室内消火栓系统安装

6.1.1 室内消火栓系统

室内消火栓系统是由消防管网、消火栓箱(内设消防水带、水枪)、消防水池、消防水箱及增压设备等组成的固定式灭火系统。当建筑物某处发生火灾时，将具有一定水压的水送到室内消防系统，通过消火栓、水带，用水枪喷射水流扑灭火灾。

6.1.1.1 室内消火栓系统给水方式

根据室外消防系统提供的水量、水压及建筑物的高度、层数，室内消火栓给水系统的给水方式可分为以下几种：

(1)无加压泵、无水箱的室内消火栓给水系统

无加压泵、无水箱的室内消火栓给水系统如图 6.1 所示，适用于室外给水管网提供的水量、水压在任何时候均能满足室内任何部位消火栓的设计流量和压力要求。

(2)设水箱的室内消火栓给水系统

设水箱的室内消火栓给水系统如图 6.2 所示，适用于室外给水管网的流量能满足消防的用水量，水箱贮存火灾初期 10min 的室内消防用水量。

(3)设消防水泵、水箱的室内消火栓给水系统

设消防水泵和水箱的室内消火栓给水系统如图 6.3 所示，适用于室外管网的水量和水压不能满足室内消火栓给水系统所需水量和水压的情况，水箱贮存火灾初期 10min 的室内消防用水量。消防水箱的补水由生活或生产泵供给。消防水泵的扬程按室内最不利点消火栓的水压计算。消防水泵采用自灌式启动，并保证在火灾初期 5min 内启动供水。

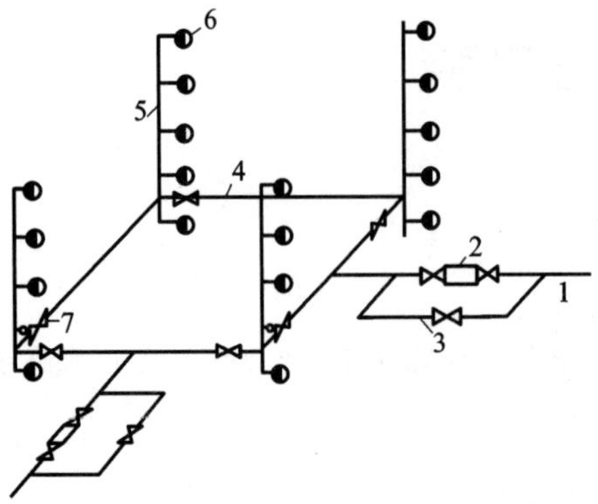

图 6.1 无加压泵、无水箱的室内消火栓给水系统

1—进水管；2—水表；3—旁通管及其阀门；4—水平干管；

5—消防立管；6—室内消火栓；7—消防阀门

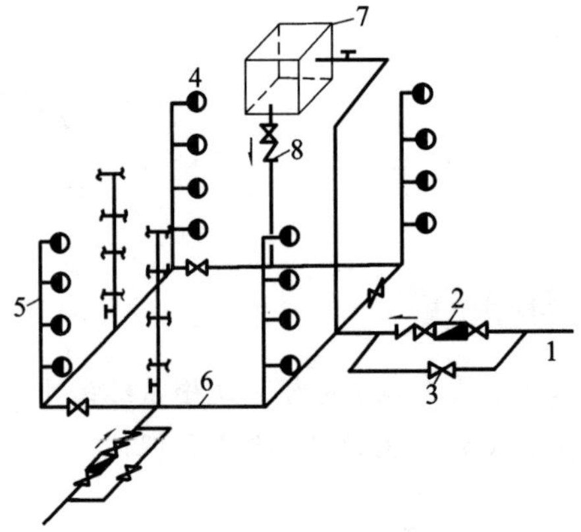

图 6.2 设水箱的室内消火栓给水系统

1—进水管；2—水表；3—旁通阀；4—室内消火栓；

5—立管；6—干管；7—水箱；8—止回阀

(4)分区供水的室内消火栓给水系统

当消火栓栓口的静水压力大于 1.00MPa 时，应采用分区供水的室内消火栓给水系统。分区方式又有并联分区和串联分区两种。并联分区的消防给水系统如图 6.4 所示，串联分区的消防给水系统如图 6.5 所示。

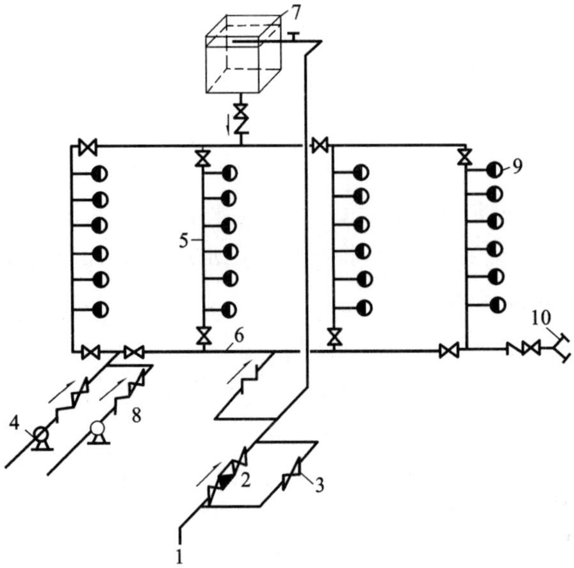

图 6.3 设消防水泵和水箱的室内消火栓给水系统

1—进水管；2—水表；3—旁通阀；4—水泵；5—立管；

6—干管；7—水箱；8—止回阀；9—室内消火栓；10—水泵接合器

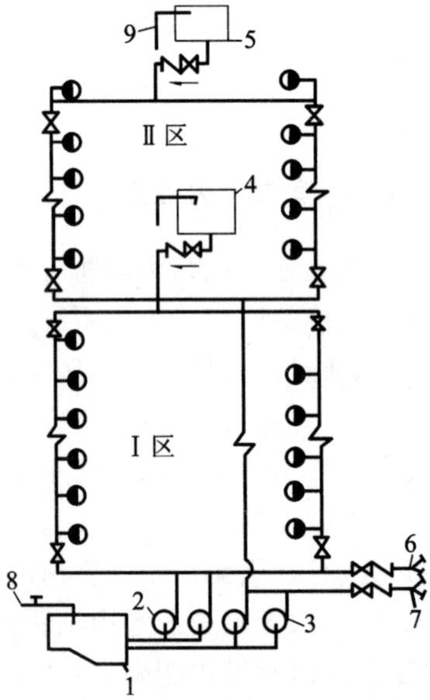

图 6.4 并联分区消防给水系统

1—水池；2—Ⅰ区消防水泵；3—Ⅱ区消防水泵；

4—Ⅰ区水箱；5—Ⅱ区水箱；6—Ⅰ区水泵接合器；

7—Ⅱ区水泵接合器；8—水池进水管；9—水箱进水管

并联分区的消防水泵集中于底层，管理方便，系统独立设置，互不干扰。但在高区的消防水泵扬程较大，管网承受的压力较高。串联分区消防水泵设置于各区，各水泵的压力相近，无须高压泵及耐高压管，但管理分散，上区供水受下区限制，高区发生火灾时下面各区水泵联动逐级向上供水，供水安全可靠性差。

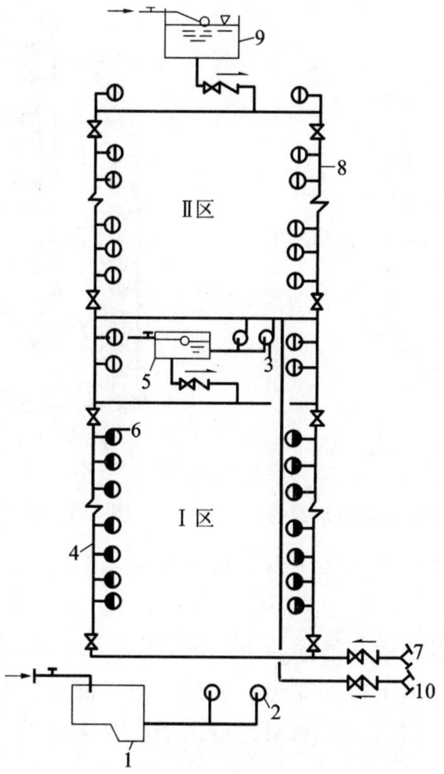

图 6.5 串联分区消防给水系统

1—水池；2—Ⅰ区消防水泵；3—Ⅱ区消防水泵；4—Ⅰ区管网；5—Ⅰ区水箱；
6—消火栓；7—Ⅰ区水泵接合器；8—Ⅱ区管网；9—Ⅱ区水箱；10—Ⅱ区水泵接合器

6.1.1.2 室内消防给水管道的布置

室内消防给水管道是保证消防系统用水的主要渠道之一，因此必须做到供水安全可靠。当室内消火栓超过 10 个且室内消防用水量大于 15L/s 时，室内消防管道应布置成环状。为确保外网的供水能力，室内消防给水管道至少应有两条进水管与室外环状管网连接，如图 6.6 所示。即当任一进水管损坏时，另一条进水管仍能保证供给全部消防用水量。

高层建筑室内消防给水系统应设置成独立的环状管网，不仅水平管道呈环状，空间也要呈环状。环状管网的进水管和区域高压或临时高压给水系统的进水管不应少于两条，应确保其中一条发生故障时，另一条进水管仍能保证全部消防用水量和水压的要求。高层建筑消防系统环状管网布置如图 6.7 所示。

室内消防竖管的直径不应小于 *DN*100。室内消防给水管道应用阀门分成若干独立段。对于单层厂房(仓库)和公共建筑，因检修而停止使用的消火栓不应超过 5 个。对多层民用建筑和其他厂房(仓库)，室内消防给水管道上阀门的布置应保证检修管道时关闭的竖管不超过 1 根，但设置的竖管超过 3 根时，可关闭 2 根。消防管道上的阀门应保持常开，并应有明显的启闭标志或信号。环状管网的阀门布置如图 6.8 所示。

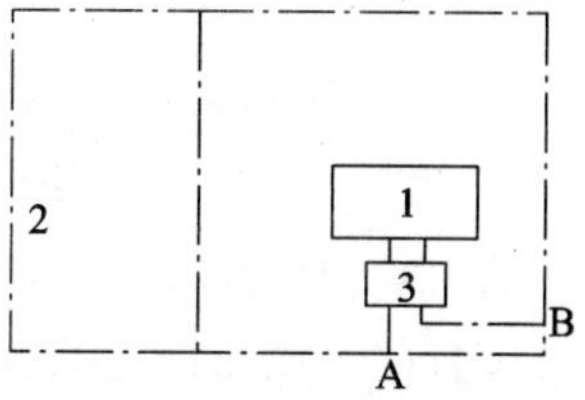

图 6.6 双进水管的连接

1—室内管网；2—室外环状管道；3—消防泵站；
A，B—进水管与室外环状管网的连接点

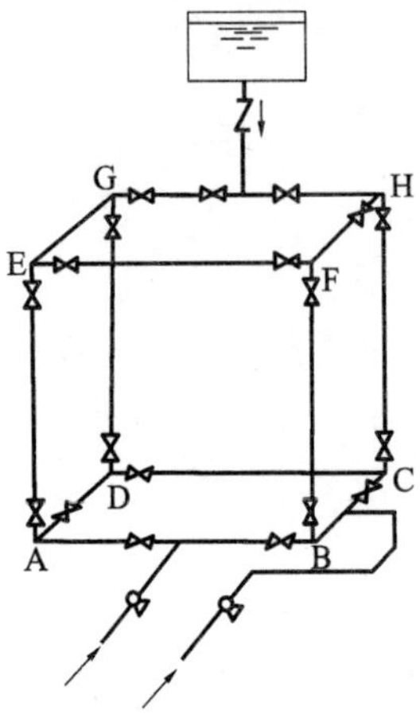

图 6.7 高层建筑消防系统环状管网布置

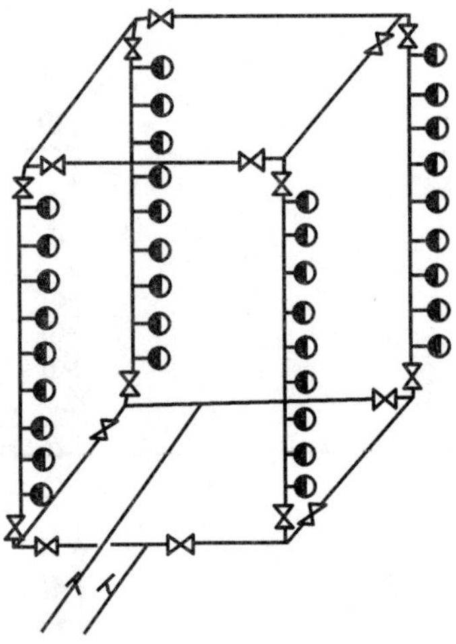

图 6.8 环状管网的阀门布置

6.1.1.3 室内消火栓给水系统主要设备的设置要求

(1)消火栓箱

室内消火栓箱由水枪、水龙带和消火栓等组成,如图 6.9 所示。室内消火栓是一种具有内扣式接头的球形阀式龙头,有单出口和双出口两种类型。消火栓的一端与消防立管相连,另一端与水龙带相连。当发生火灾时,消防水通过室内消火栓管网供至水龙带,经水枪喷射出有压水流进行灭火。

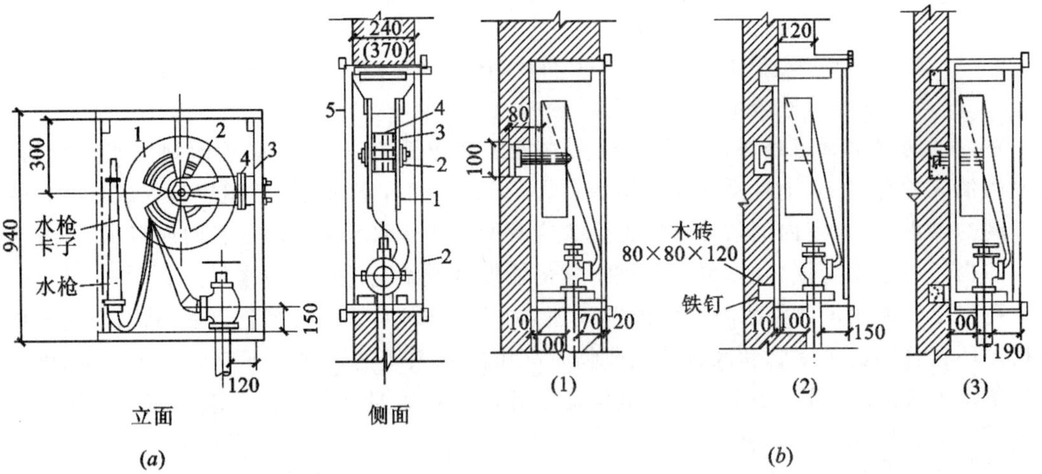

图 6.9 室内消火栓箱

(a)双开门的消火栓箱:1—水龙带盘;2—盘架;3—托架;4—螺栓;5—挡板

(b)单开门的消火栓箱:(1)暗装;(2)半明装;(3)明装

室内消火栓应设在各层明显且易于取用的地点。消火栓栓口距安装地面的高度为 1.1m,出水口方向宜向下或与设置消火栓的墙面成 90°角。栓口与消火栓箱内边缘的距离不应影响消防水带的连接。

室内消火栓栓口处的出水压力大于 0.5MPa 时,应设置减压设施;静水压力大于 1.0MPa 时,应采用分区给水系统。

消防电梯前室应设室内消火栓。冷库内的室内消火栓应设在常温穿膛或楼梯间内。室内消火栓的间距应经计算确定。高层厂房（仓库）、高架仓库和甲、乙类厂房中的室内消火栓的间距不应大于30m，其他单层和多层建筑中的室内消火栓的间距不应大于50m。

同一建筑物内应采用统一规格的消火栓、水枪和水龙带，每根水龙带的长度不应大于25m。

水枪是灭火的重要工具，其喷嘴口径分为13mm、16mm、19mm三种规格。口径为13mm的水枪配直径为50mm的水龙带；口经为16mm的水枪，可配直径为50mm的水龙带，也可配直径为65mm的水龙带；口径为19mm的水枪配直径为65mm的水龙带。

水龙带用帆布或麻织制成，有衬胶与不衬胶之分，衬胶水龙带阻力较小；其口径与消火栓配套，直径有50mm、65mm两种规格。水龙带长度有15m、20m、25m三种规格。消火栓、水龙带、水枪之间均采用内螺纹式快速接扣连接。

(2)水泵接合器

当室内消防用水量不能满足消防要求时，消防车可通过水泵接合器向室内管网供水灭火。利用水泵接合器也可以减少消防队员登高及铺设水龙带的时间，为及时扑灭火灾创造有利条件。水泵接合器的设置位置应考虑取水方便，便于消防车通行。一般距室外消火栓或消防水池取水口的间距宜为15～40m。

水泵接合器的形式有地上式、地下式和墙壁式三种，如图6.10所示。消防水泵接合器宜采用地上式；当采用地下式水泵接合器时，应有明显标志。

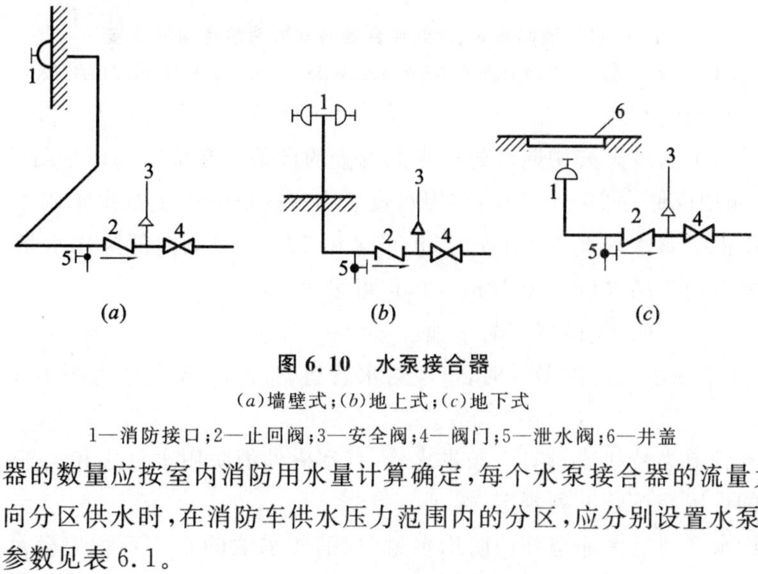

图6.10　水泵接合器

(*a*)墙壁式；(*b*)地上式；(*c*)地下式

1—消防接口；2—止回阀；3—安全阀；4—阀门；5—泄水阀；6—井盖

水泵接合器的数量应按室内消防用水量计算确定，每个水泵接合器的流量为10～15L/s。消防给水为竖向分区供水时，在消防车供水压力范围内的分区，应分别设置水泵接合器。水泵接合器的选用参数见表6.1。

表6.1　水泵接合器的选用参数

室内消防流量 Q(L/s)	水泵接合器		
	单个流量(L/s)	公称直径 DN(mm)	数量(个)
10	10	100	1
15	10	100	2
20	10	100	2
25	15	150	2

续表 6.1

室内消防流量 Q(L/s)	水泵接合器		
	单个流量(L/s)	公称直径 DN(mm)	数量(个)
30	15	150	2
40	15	150	3

水泵接合器与室内环状管网连接,其连接点应尽量远离消防水泵输水管与室内管网的连接点,以使消防水泵接合器向室内管网输水的能力达到最大。消防水泵、水泵接合器与室内消防管网的连接如图 6.11 所示。

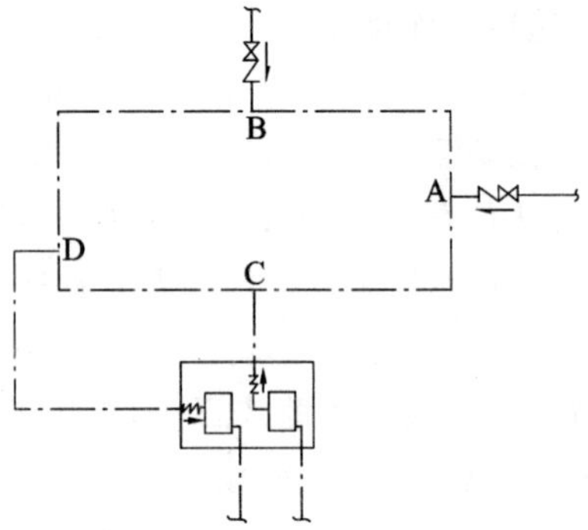

图 6.11 消防水泵、水泵接合器与室内消防管网的连接

A,B—水泵接合器与室内消防管网的连接点;C,D—水泵与室内消防管网的连接点

(3)消防水箱、消防水池

消防水箱是为了满足火灾初期消防用水而设置的设备。在临时高压消防给水系统中要设置消防水箱,水箱中应储存 10min 的消防用水量。当室内消防用水量小于或等于 25L/s,经计算消防水箱所需消防储水量大于 $12m^3$ 时,仍可采用 $12m^3$;当室内消防用水量大于 25L/s,经计算消防水箱所需消防储水量大于 $18m^3$ 时,仍可采用 $18m^3$。

符合下列规定之一的,应设置消防水池:

①当生产、生活用水量达到最大时,市政给水管道、进水管或天然水源不能满足室内外消防用水量;

②市政给水管道为枝状或只有 1 条进水管,且室内外消防用水量之和大于 25L/s。

消防水池的设置应符合下列规定:

a. 当室外给水管网能保证室外消防用水量时,消防水池的有效容积应满足在火灾延续时间内室内消防用水量的要求。当室外给水管网不能保证室外消防用水量时,消防水池的有效容量应满足在火灾延续时间内室内消防用水量与室外消防用水量不足部分之和的要求。当室外给水管网供水充足且在火灾情况下能保证连续补水时,消防水池的容量可减去火灾延续时间内补充的水量。

b. 补水量应经计算确定,且补水管的设计流速不宜大于 2.5m/s。

c. 消防水池的补水时间不宜超过 48h;对于缺水地区或独立的石油库区,不应超过 96h。

d. 容量大于 $500m^3$ 的消防水池,应分设成两个能独立使用的消防水池。

e. 供消防车取水的消防水池应设置取水口或取水井,且吸水高度不应大于 6.0m。取水口或取水井与建筑物(水泵房除外)的距离不宜小于15m;与甲、乙、丙类液体储罐的距离不宜小于40m;与液化石油气储罐的距离不宜小于60m,如果采取防止辐射热的保护措施时,可减为40m。

f. 供消防车取水的消防水池,其保护半径不应大于150m。

g. 消防用水与生产、生活用水合并的水池,应采取确保消防用水不作他用的技术措施。

h. 严寒和寒冷地区的消防水池应采取防冻保护措施。

6.1.2 消火栓管道系统安装

6.1.2.1 消火栓管道系统安装程序

消火栓管道系统安装程序:安装准备→干管安装→立管安装→消火栓及支管安装→消防水泵安装→高位水箱安装→水泵接合器安装→管道试压→管道冲洗→消火栓配件安装→系统调试。

6.1.2.2 消火栓管道系统安装

(1)管材及连接

消防管道采用普通钢管时,管道连接方式为焊接连接。采用镀锌钢管时,当管径小于或等于 *DN*100 时,采用丝扣连接;当管径大于 *DN*100 时,采用卡箍连接。安装设备、阀门时,采用法兰连接。焊接和法兰连接的焊口处应进行二次镀锌或采取其他方式的防腐措施。

(2)安装准备

①认真熟悉经消防主管部门审批的设计施工图纸,编制施工方案,进行技术、安全交底。

②核对有关专业图纸,查看各种管道的定位、标高是否存在排列位置不当;若存在,应及时与设计人员研究解决,办理设计变更手续。

③检查预埋件和预留孔洞是否准确。

④检查管材、管件、阀门、设备及组件等是否符合设计要求和质量标准。

⑤安排合理的施工顺序。

(3)干管安装

①室内消防管道安装前,应先对管材进行检查、检验,检查合格后,方可使用;检查消防干管安装时土建预留的孔洞、沟槽是否满足安装要求。

②消防管道安装所需的条件具备之后,可按管子规格以及管道坐标、标高、坡度制作安装管道支架。

③根据设计图纸和施工现场的实际状况,对管道进行测绘、下料、切割、调直、整圆、加工、预组装,并将预组装的管段进行编号。从供水管入口起向室内逐段安装、连接。安装过程中,应按施工现场测绘草图预留出各个消防立管接头的准确位置。

④凡需隐蔽的消防供水管道,必须先进行水压试验,试压合格后方可隐蔽。

6.1.2.3 消防立、支管安装

消防立管一般设在管道井内,从下向上顺序安装,安装过程中要及时固定好已安装的立管管段,并按测绘草图上的位置、标高甩出各层消火栓水平支管接头。

消防管道采用低压流体输送用镀锌焊接钢管,当公称直径 $DN<100$mm 时,应采用螺纹连接,用铅油麻丝作填料,也可用聚四氟乙烯生料带作填料。当公称直径 $DN\geqslant100$mm 时,采用卡箍连接(沟槽连接)。镀锌钢管不得焊接,非焊接不可时,焊后应进行二次镀锌或采取其他

防腐措施。

以消防管道的沟槽连接为例。

1. 沟槽式管接头和管件

(1)沟槽式管接头。沟槽式管接头如图 6.12 所示，在管材、管件平口端的接头部位加工成环形沟槽后，用拼合式卡箍件、C 形橡胶密封圈和紧固件组成快速拼装接头。安装时，在相邻管端套上橡胶密封圈后，用拼合式卡箍件连接。卡箍件的内缘嵌固在沟槽内，用紧固件紧固后，橡胶密封圈在管内水压及外压力作用下，接头的密封性能可满足要求。

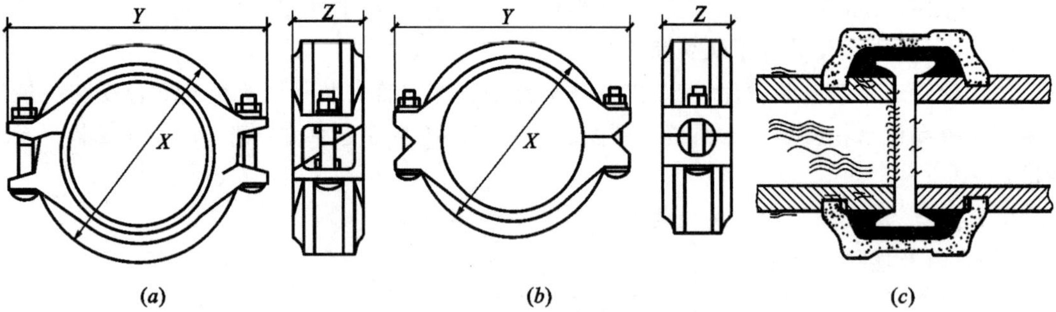

图 6.12 沟槽式管接头

(*a*)刚性(卡箍)接头；(*b*)挠性(卡箍)接头；(*c*)沟槽式接头

(2)沟槽式管件。沟槽式管件是沟槽式连接的管道系统上采用的弯头、三通、四通、异径管等管件的通称，如图 6.13 所示。沟槽式管件的接头部位均加工成与管材接头部位相同的环形沟槽。

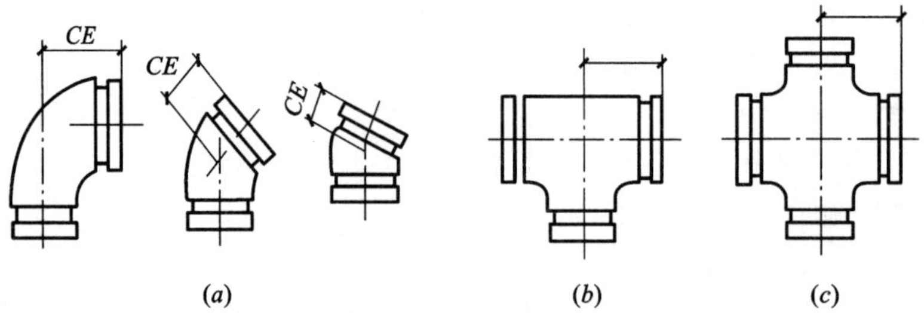

图 6.13 沟槽式管件

(*a*)弯管：90°、45°、22.5°；(*b*)三通；(*c*)四通

(3)支管接头。用于直管管道中部开孔后连接支管的鞍形拼合式连接件，有正三通和正四通两种类型，与支管的连接方式有沟槽连接和螺纹连接。正三通称为机械三通(图 6.14)，正四通称为机械四通。

2. 管材

沟槽式连接适用于镀锌焊接钢管、焊接钢管、镀锌无缝钢管、无缝钢管、不锈钢管、涂塑和衬塑钢管等。

沟槽式管接头采用的平口端环形沟槽必须采用专用的滚槽机加工成型，可在施工现场按配管长度进行沟槽加工。钢管最小壁厚和沟槽尺寸、管端至沟槽边尺寸应符合图 6.15 和表 6.2 的规定。

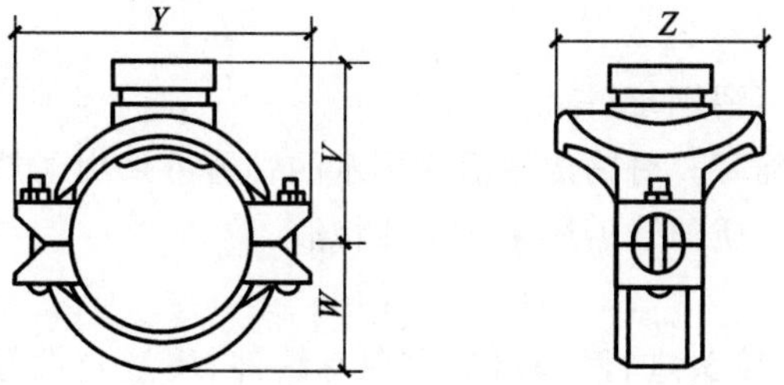

图 6.14 机械三通

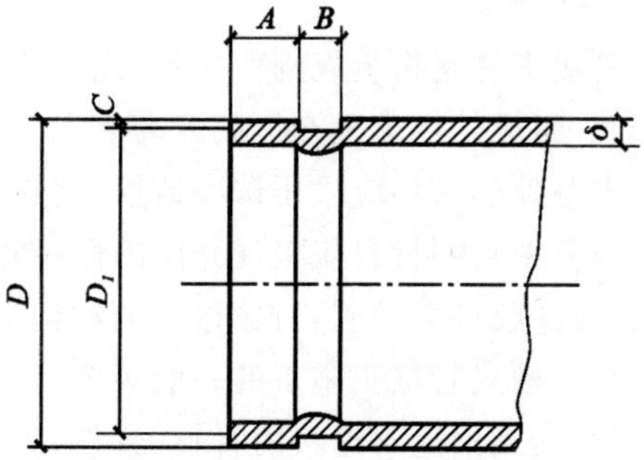

图 6.15 钢管沟槽尺寸

表 6.2 钢管最小壁厚和沟槽尺寸(mm)

公称直径 *DN*	钢管外径 *D*	最小壁厚 δ	管端至沟槽边尺寸 $A^{+0.0}_{-0.5}$	沟槽宽度 $B^{+0.5}_{-0.0}$	沟槽深度 $C^{+0.5}_{-0.0}$	沟槽外径 D_1
20	27	2.75	14	8.5	1.5	24.0
25	33	3.25			1.8	28.4
32	42	3.25				38.4
40	48	3.50				44.4
50	57	3.50	14.5	9.5	2.2	52.6
50	60	3.50				55.6
65	76	3.75				71.6
80	89	4.00				84.6
100	108	4.00	16			103.6
100	114	4.00				109.6
125	133	4.50				128.6
125	140	4.50				135.6
150	159	4.50				154.6
150	165	4.50				160.6
150	168	4.50				163.6
200	219	6.00	19	13	2.5	214.0
250	273	6.50				268.0
300	325	7.50				319.0
350	377	9.00	25		5.5	366.0
400	426	9.00				415.0
450	480	9.00				469.0
500	530	9.00				519.0
600	630	9.00				619.0

3.管接头件

管接头件是指组成刚性接头、挠性接头和支管接头的卡箍件、橡胶密封圈和紧固件(螺栓、螺母)。组成件应由生产厂商配套供应。

卡箍件的材料应采用球墨铸铁、钢(碳钢或不锈钢)或铸钢。

橡胶密封圈材料应根据介质的性质和温度确定。对输送生活饮用水的管道可采用天然橡胶、合成橡胶或硅橡胶,对输送含油和化学品等介质的管道应采用合成橡胶。

4.沟槽式管接头施工的一般规定

(1)施工前应对连接的管材、管件、沟槽式管接头进行检验,当发现有缺件、质量异常等情况时,应及时进行补充和复检。严禁使用不符合标准要求的产品。

(2)施工过程中,应配合土建做好管道穿越墙壁和楼板的预留孔洞;孔洞尺寸可比钢管外径大50~100mm。管道安装前,应检查预留孔洞和穿墙套管的位置和标高。

(3)管道穿越墙壁、楼板时均应加设套管,穿墙套管两端与墙面相平,穿楼板套管应高出地面50mm。套管内径较被套管外径大8~12mm,套管与被套管间应用柔性的不燃材料填塞。穿越基础和穿越有地下室的外墙时,应加设防水套管。

(4)沟槽式管接头不宜直接埋地敷设,必须埋地敷设时,应敷设在原状土层或地坪经回填夯实后重新开挖的槽内,埋地管道的沟槽式管接头及沟槽式管件的螺栓、螺母应进行防腐处理。

5.沟槽式管接头的装卸、搬运和贮存

(1)沟槽式管接头,沟槽式管件、附件在装卸、运输、堆放时,应小心轻放,严禁抛、摔、滚及受到强烈撞击。严禁与有腐蚀性和损坏橡胶的物质接触,避免日晒、雨淋。

(2)橡胶密封圈应放置在一起贮存和搬运,不得另行包装。紧固件应与卡箍件螺栓孔松套相连。

(3)有橡胶密封圈的沟槽式接头,应存放在阴凉、干燥、通风处。有橡胶密封圈的沟槽式接头的存放不得有热源,不得有腐蚀性气体。

6.管材的切割与加工

(1)管材切割前应按配管图先标定管子外径。管材切口断面应垂直于管子中心线,其倾斜角允许偏差 e 应符合表6.3的规定。

表6.3 切割端面倾斜角允许偏差

公称直径 DN(mm)	切割端面倾斜角允许偏差 e(mm)
$DN \leqslant 80$	0.8
$100 \leqslant DN \leqslant 150$	1.2
$DN \geqslant 200$	1.6

(2)管子切割应采用机械的方法,不应采用气割的方式。切口表面应平整、光滑,不得有裂缝、凹凸、缩口、毛刺、不圆等现象。

7.管子现场滚槽加工

滚槽机加工沟槽方法、步骤如下:

(1)将切割合格的管子架设在滚槽机和滚槽机尾架上。

(2)用水平仪测量管子,使其处在水平状态。

(3)将管子端面与滚槽机止面贴紧,使管轴线与滚槽机止面垂直。

(4)启动滚槽机,滚压环形沟槽。

(5)停机,用游标卡尺量测沟槽的深度和宽度,在确认沟槽尺寸符合要求后,滚槽机卸荷,取出管子。

(6)滚槽机滚压沟槽过程中,严禁管子出现纵向位移和角向位移。

(7)滚压成型的沟槽应满足以下要求:管端至沟槽的表面应平整,无凹凸,无滚痕;沟槽圆心应与管壁同心,沟槽宽度、深度应符合表 6.2 的规定。

8. 支管接头现场开孔

支管接头现场开孔方法、步骤如下:

(1)将开孔机固定在管道预定开孔的部位,开孔的中心线和钻头的中心线必须对准管道中轴线。

(2)启动电动机转动钻头。

(3)转动手轮使钻头缓缓向下钻孔,并适时适量地向钻头处加注润滑剂,直至钻头在管道上钻完孔洞。

(4)开孔完毕后,摇回手轮,使开孔机的钻头复位。

(5)撤除开孔机后,清除开孔部位的金属屑和残渣,并将孔洞打磨光滑。

9. 沟槽式接头连接和安装

沟槽式接头连接和安装步骤如下:

(1)用游标卡尺检查管材、管件的沟槽、卡箍的型号是否正确。

(2)在橡胶密封圈上涂抹润滑剂(润滑剂可采用肥皂水或洗洁剂,不得采用油润滑剂)并检查橡胶圈是否有损伤。

(3)连接时先将橡胶密封圈安装在接口中间部位,可将橡胶密封圈先套在一侧管端,定位后再套上另一侧管端。

(4)校直管道,使沟槽式连接件两端的管道中心线在同一直线上。

(5)在橡胶密封圈的外侧安装卡箍件。必须将卡箍件内缘嵌固在沟槽内,并将其固定在沟槽中心部位。

(6)压紧卡箍件至端面闭合后,即可安装紧固件,螺栓拧紧时应均匀交替进行。

(7)在安装卡箍件的过程中,必须目测检查橡胶密封圈,防止起皱、受力不均等。

(8)安装完毕,检查并确认卡箍件内缘全圆周是否嵌固在沟槽内。

(9)在已开孔的管道上安装机械三通、机械四通时,卡箍件连接支管的管中心必须与管道上开孔的中心对齐;安装后的机械三通、机械四通内的橡胶密封圈,必须与管道上的孔洞同心,间隙均匀。

10. 支、吊架安装

(1)立管上的支架(管卡):当建筑物层高小于或等于 5m 时,每层必须安装 1 个;当建筑物层高大于 5m 时,每层不少于 2 个。当立管上无支管接出时,支架(管卡)距地面的安全高度为 1.5～1.8m;安装 2 个支架时应对称安装。

(2)横管吊架(托架):卡箍连接的每个管段应设置一个吊架(托架),直线管段上两个吊架(托架)的间距不得大于表 6.4 的规定。

表 6.4 横管吊架(托架)允许间距(m)

公称直径 DN(mm)	25	32	40	50	65	80	100	125	150	200	250	300
刚性接头	2.10	2.10	2.10	3.00	3.65	3.65	4.25	4.25	5.15	5.75	5.75	7.00
挠性接头	3.00	3.00	3.00	3.60	3.60	3.60	4.20	4.20	4.20	4.80	4.80	4.80

注:本表适用于非保温管道,对保温管道,应根据保温材料密度的大小相应缩短支、吊架的间距。

(3)横管吊架(托架)应设置在接头(刚性接头、挠性接头、支管接头)两侧和三通、四通、弯头、异径管等管件上下游连接接头的两侧,吊架(托架)与接头的净距不宜小于 150mm,且不宜大于 300mm。

(4)在管道系统中,下列部位应设置固定支架:进水立管的底部;立管因自由长度较长而需要支承立管重量的部位;管路上加设补偿器需要管道伸缩的部位。

(5)管道安装时,应及时固定和调整支、吊架,且不宜使用临时支、吊架。支、吊架与管子接触应紧密,滑动支架面应洁净平整。

6.1.2.4 室内消火栓安装

消火栓安装分为明装、暗装和半暗装。安装时应根据设计要求和施工现场的实际情况确定安装方式;不管采用何种安装方式,均需把消火栓安装在消火栓箱内,消火栓箱安装应横平竖直,固定牢靠,箱内的消火栓栓口中心距安装地面的安装高度为 1.1m,消火栓阀门中心距箱侧面为 140mm,距箱后内表面为 100mm。

(1)明装于砖墙、混凝土墙上的消火栓箱,如图 6.16 所示。

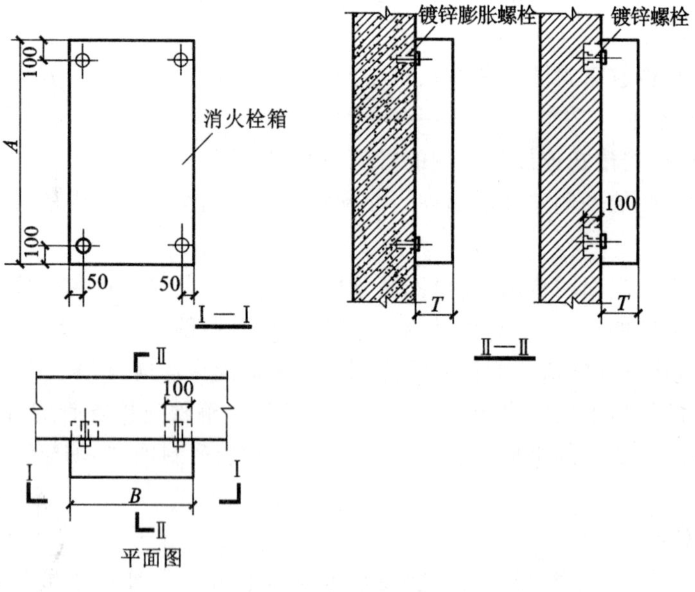

图 6.16 明装于砖墙、混凝土墙上的消火栓箱

注:砖墙(含砌块)上预埋螺栓留洞或凿孔处用 C20 级混凝土填塞。

(2)明装于混凝土柱上的消火栓箱,如图 6.17 所示。

(3)暗装于砖墙、混凝土墙上的消火栓箱,如图 6.18 所示。

(4)半暗装于砖墙上的消火栓箱,如图 6.19 所示。

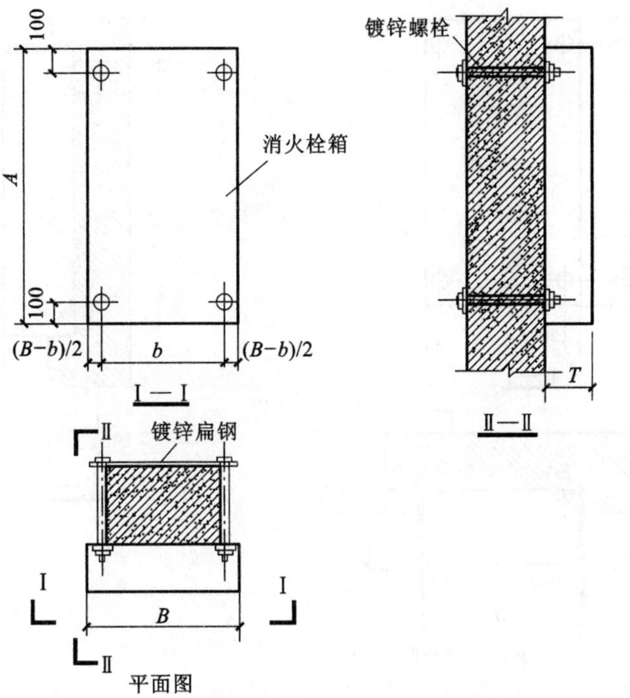

图 6.17 明装于混凝土柱上的消火栓箱

注：图中 b=柱宽+15mm

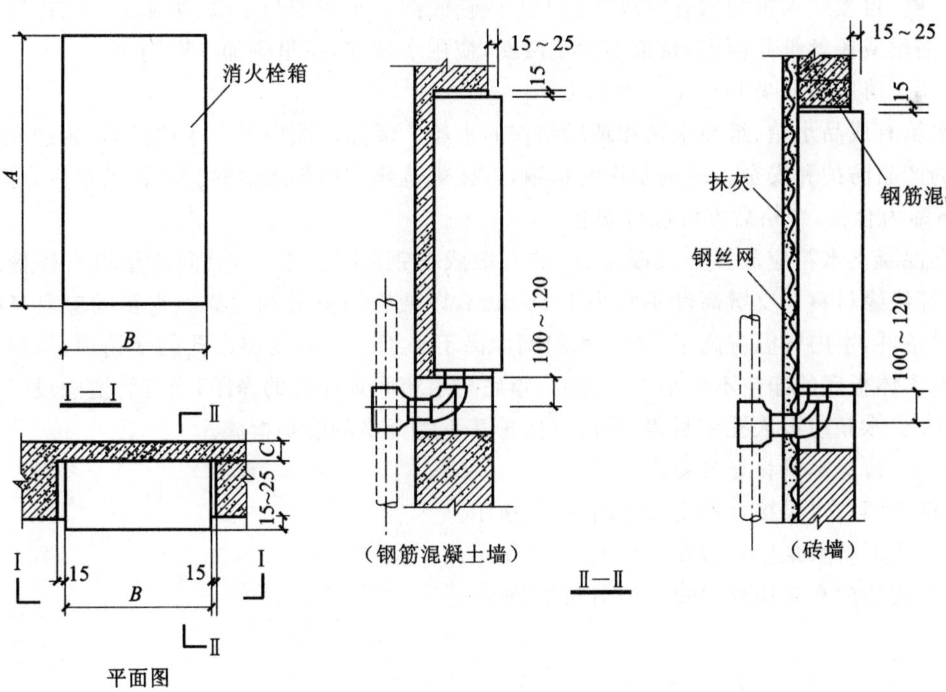

图 6.18 暗装于砖墙、混凝土墙上的消火栓箱

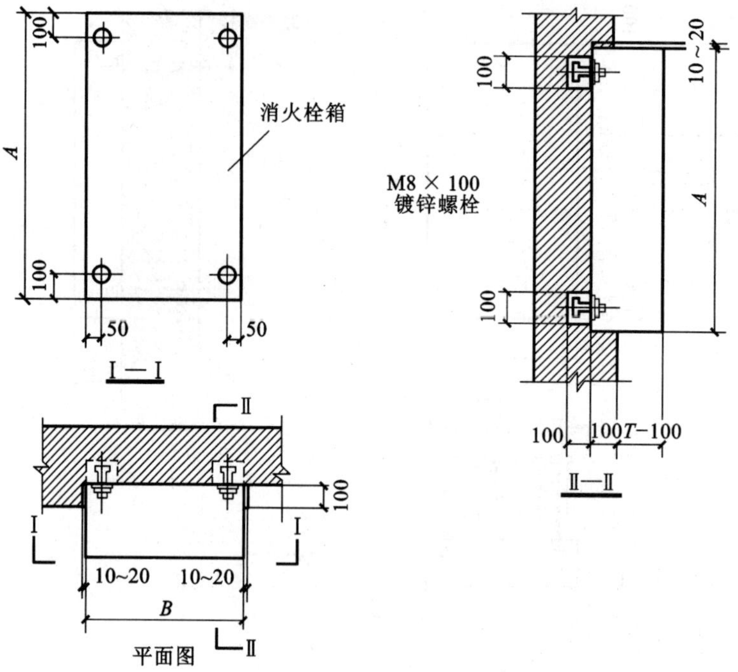

图 6.19 半暗装于砖墙上的消火栓箱

消火栓安装完毕交工前，消防水龙带应折好放在挂架上或卷实盘紧放在箱内，消防水枪要放在箱体一侧，自救式水枪和软管应放在挂卡上或箱底部。水龙带与水枪、快速接头的连接一般用 14 号钢丝或铜丝绑扎两道，每道不少于两圈，使用卡箍式，在里侧加一道钢丝。

6.1.2.5 消防水箱安装

消防水箱有成品水箱、组装水箱和现场制作的水箱。成品水箱应考虑水箱搬运、装卸和垂直起吊时的产品防护和安全。现场制作的水箱，应按规范规定做满水试验。水箱满水后，静置 24h 不渗不漏为合格，合格后方可进行安装。

非钢筋混凝土水箱应放置在混凝土、砖的支墩或槽钢（工字钢）上，其间应垫以石棉橡胶板、塑料布等绝缘材料。支墩高度不宜小于 800mm，以便管道安装和检修。水箱间应有良好的采光通风条件，室内气温应高于 5℃。水箱间净高不小于 2.2m，设有人孔的水箱顶，顶板面与上面建筑本体板底的净空不应小于 0.8m。箱底与水箱间地面板的净距，当有管道敷设时不宜小于 0.8m。水箱应设人孔密封盖，并应有保护其不受污染的防护措施。

6.1.2.6 消防水泵接合器安装

（1）墙壁式消防水泵接合器安装如图 6.20 所示。

（2）地上式消防水泵接合器安装如图 6.21 所示。

（3）地下式消防水泵接合器安装如图 6.22 所示。

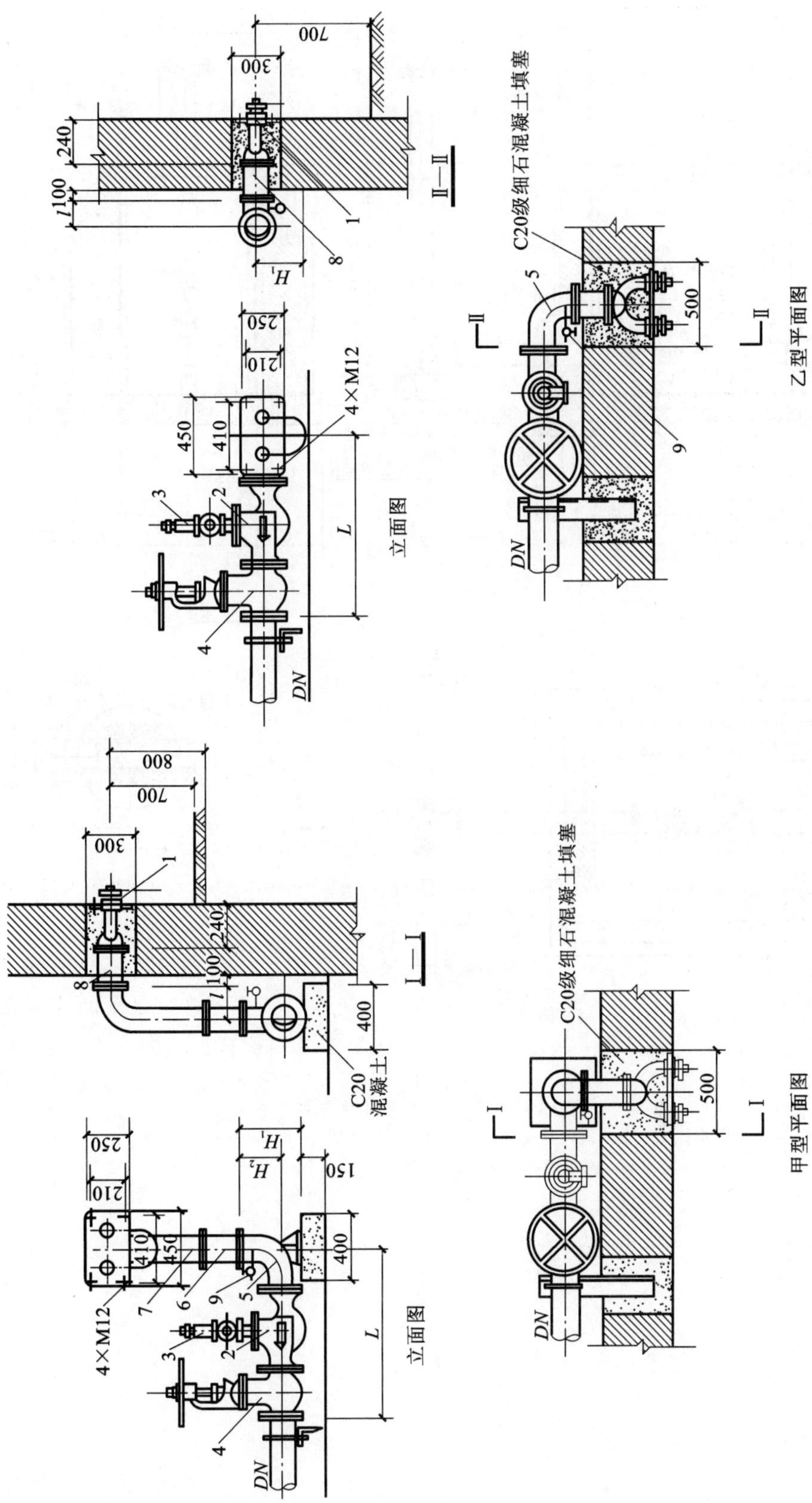

图 6.20 墙壁式消防水泵接合器安装

1—消防接口本体；2—止回阀；3—安全阀；4—闸阀；5—90°弯头；6—法兰三接管；7—法兰三弯头；8—法兰三直管；9—泄水阀

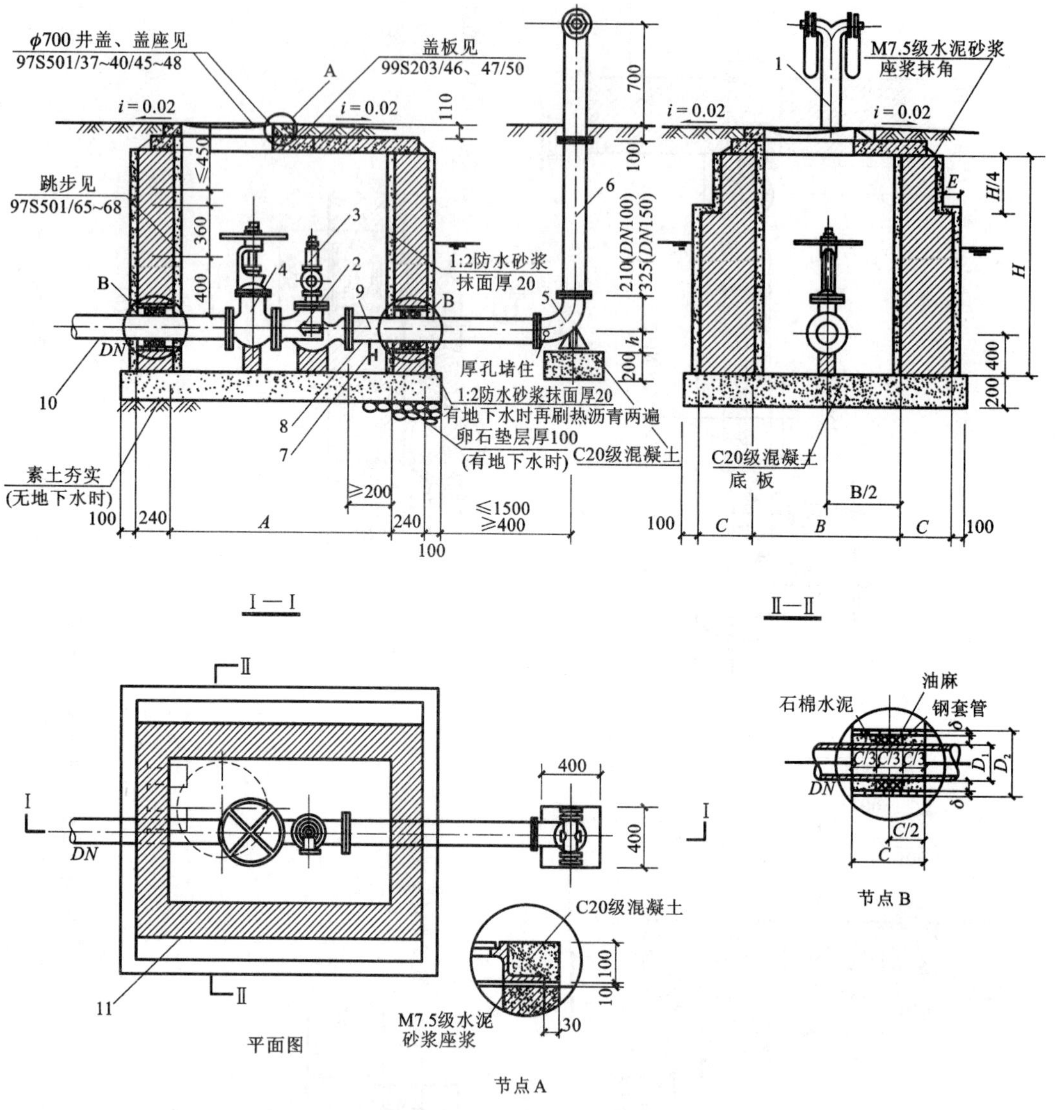

图 6.21 地上式消防水泵接合器安装

1—消防接口本体；2—止回阀；3—安全阀；4—闸阀；5—90°弯头；6，9，10—法兰直管；

7—截止阀；8—镀锌钢管；11—阀门井

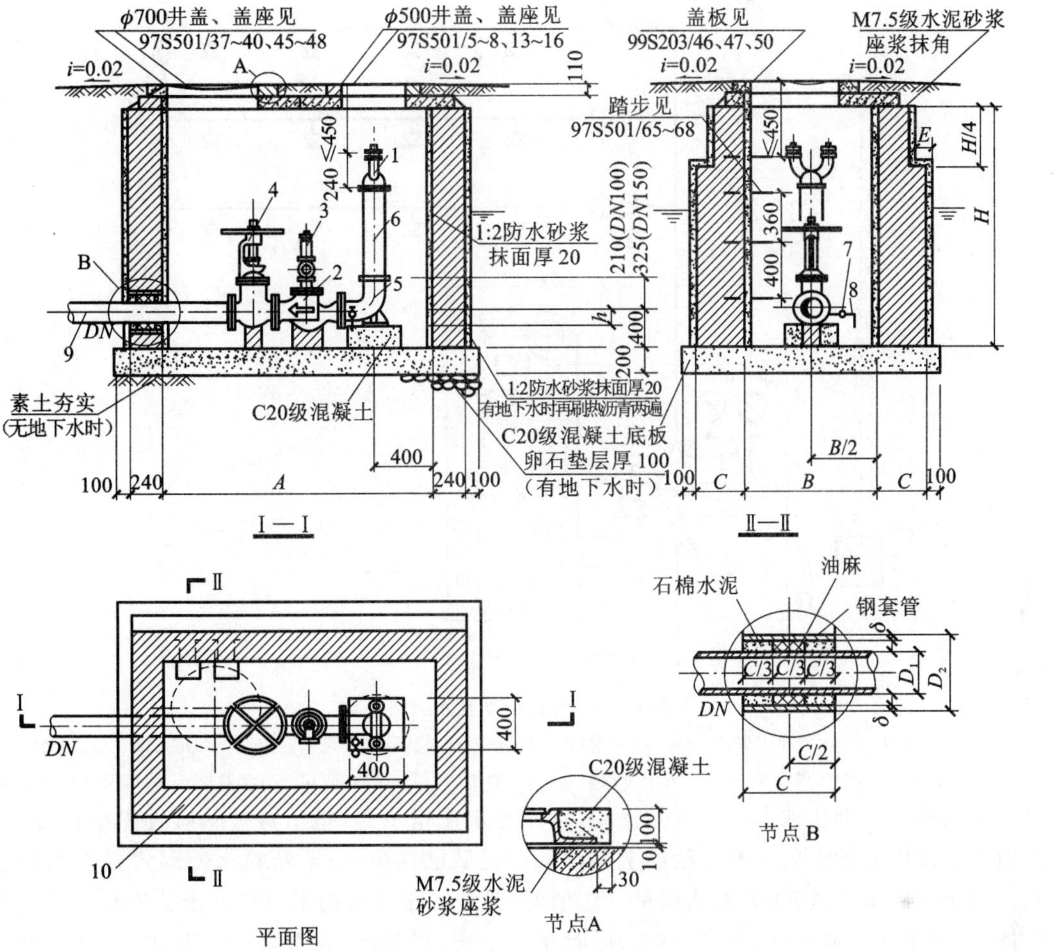

图 6.22 地下式消防水泵接合器安装

1—消防接口本体;2—止回阀;3—安全阀;4—闸阀;5—90°法兰弯头;

6,9—法兰直管;7—截止阀;8—镀锌钢管;10—阀门井

6.2 自动喷水灭火系统安装

6.2.1 自动喷水灭火系统的组成

自动喷水灭火系统根据组成构件、工作原理及设置场所的火灾特点或环境条件可以分成若干种形式,目前应用较广泛的主要有湿式系统、干式系统、预作用系统、雨淋系统、水幕系统和水喷雾系统。

1. 湿式自动喷水灭火系统

湿式自动喷水灭火系统如图 6.23 所示,适用于室内环境温度不低于 4℃和不高于 70℃的建筑物和构筑物,主要由闭式喷头、管路系统、报警装置、湿式报警阀及其供水系统组成。由于在喷水管网中充满了压力水,故称为湿式自动喷水灭火系统。

发生火灾时,高温火焰或高温气体使闭式喷头的热敏元件动作,闭式喷头自动打开喷水灭

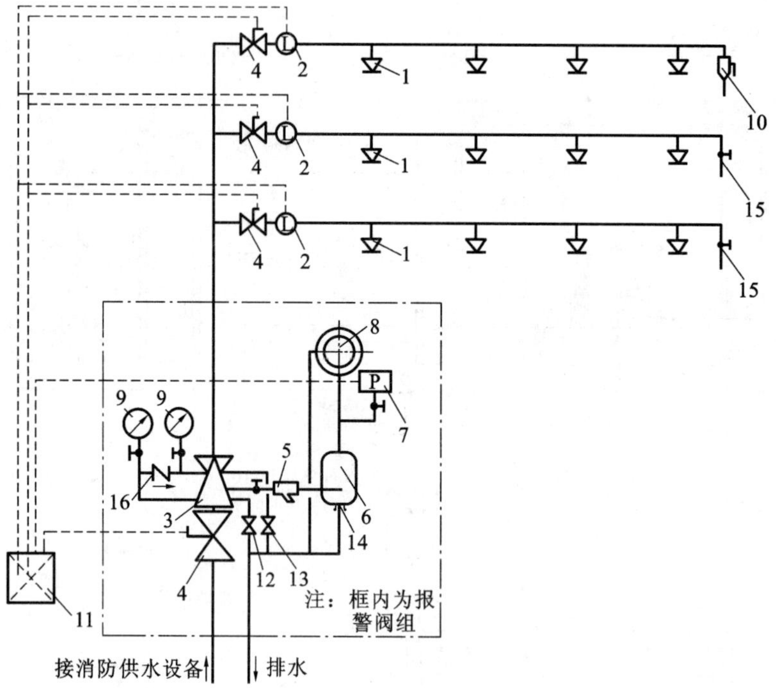

图 6.23 湿式自动喷水灭火系统

1—闭式喷头；2—水流指示器；3—湿式报警阀；4—信号阀；5—过滤器；6—延迟器；7—压力开关；8—水力警铃；9—压力表；10—末端试水装置；11—火灾报警控制器；12—泄水阀；13—试验阀；14—节流器；15—试水阀；16—止回阀

火。管网中处于静止状态的水开始流动，水流经水流指示器，指示器被感应发出电信号，在消防值班控制中心的火灾报警控制器上显示某一区域已在喷水；不断喷水使湿式报警阀的上部水压低于下部水压，当压力差达到某一定值时，具有一定压力的水将原处于关闭状态的报警阀片冲开，使水流流向干管、支管、喷头；同时压力水通过细管进入报警信号通道，推动水力警铃发出火警声音报警。另外，根据水流指示器和压力开关的报警信号或消防水箱的水位信号，控制器能自动启动消防水泵向管网加压供水，达到持续喷水灭火的目的。

2. 干式喷水灭火系统

干式喷水灭火系统如图 6.24 所示，适用于室内温度低于 4℃或高于 70℃的建筑物和构筑物，主要由闭式喷头、管路系统、报警装置、干式报警阀、充气设备及供水系统组成。由于在报警阀上部管路中充以有压气体(空气或氮气)，故称为干式喷水灭火系统。

干式喷水灭火系统的干式报警阀前管网内充满了一定压力的水，阀后的管路内充满了压缩空气，平时处于警备状态。当发生火灾时，室内温度升高使闭式喷头打开，喷出压缩空气，报警阀后的气压下降。当降至某一限值时，报警阀前的压力水进入供水管路，将剩余的气体从已打开的喷头处推赶出去，喷水灭火。同时具有一定压力的水通过另一管路系统推动水力警铃和压力开关报警，并启动消防水泵加压供水。

由于干式喷水灭火系统在报警阀后充以空气而无水，该系统在喷水之前有一个排气进水过程，使喷水灭火的动作较湿式系统慢，影响灭火速度，降低了灭火效率，因此，当管网容积超过 1500L 时，在干式报警阀出口管上应安装“快速排气机”，且管网最大容积不应超过 3000L，加速报警阀处的降压过程，缩短排气时间。

干式喷水灭火系统需要一套充气设备，管网的气密性能要求较高，系统设备也比较复杂，

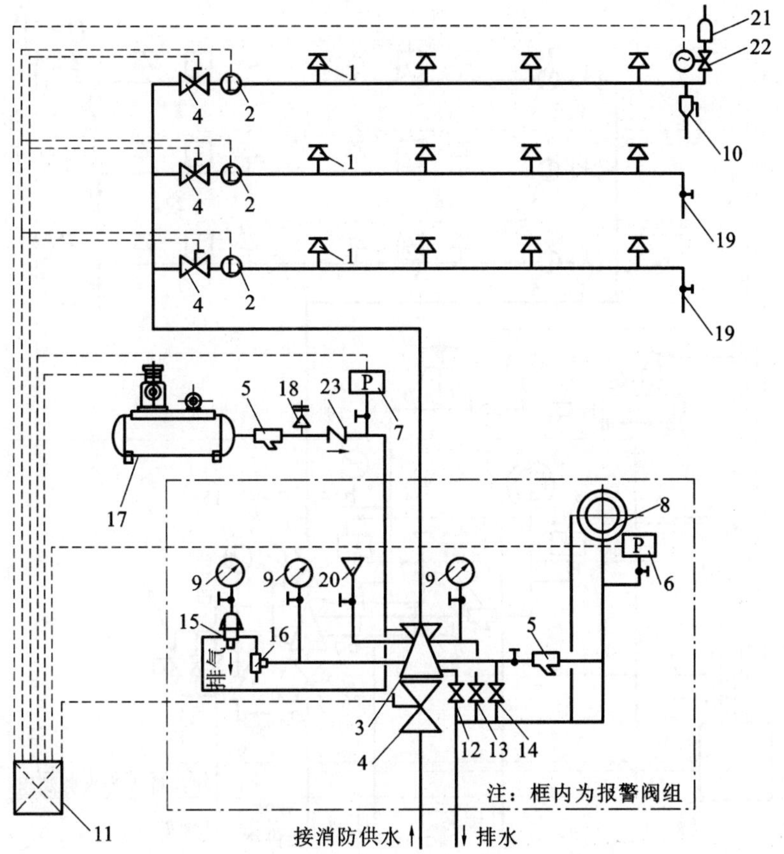

图 6.24 干式自动喷水灭火系统

1—闭式喷头；2—水流指示器；3—干式报警阀；4—信号阀；5—过滤器；6，7—压力开关；8—水力警铃；9—压力表；10—末端试水装置；11—火灾报警控制器；12—泄水阀；13—试验阀；14—自动滴水球阀；15—加速器；16—抗洪装置；17—空压机；18—安全阀；19—试水阀；20—注水口；21—快速排气阀；22—电动阀；23—止回阀

维护管理也比较麻烦。

干式自动喷水灭火系统的喷头宜向上安装，以防积液冻坏。

3.预作用喷水灭火系统

不允许有水渍损失的建筑物、构筑物中宜采用预作用喷水灭火系统，如图 6.25 所示，由火灾探测系统、闭式喷头、预作用阀、报警装置及供水系统组成。预作用喷水灭火系统将火灾自动探测与控制技术相结合，兼容了湿式系统和干式系统的特点。系统平时处于干式状态，当发生火灾时，能对火灾进行初期报警，同时迅速向管网充水，使系统成为湿式状态，进而喷水灭火。系统的这种转变过程包含着预备动作，故称为预作用喷水灭火系统。

预作用喷水灭火系统在预作用阀前充以有压或无压气体（空气或氮气），当发生火灾时，安装在现场的火灾探测器首先发出火灾报警信号，控制器将报警信号转换成声光显示的同时，自动使预作用阀开启，压力水很快进入管路系统，系统由原来的干式系统迅速自动转变成湿式系统。当温度继续升高，喷头受热自动开启，便可喷水灭火。预作用过程的充水时间不宜大于 3min，水在配管内的流速不宜大于 3m/s，闭式喷头动作前，预作用过程完成。

预作用喷水灭火系统通过火灾探测器的热敏元件启动，因此较干式灭火系统速度快。预作用喷水灭火兼有干式、湿式喷水灭火系统的优点，因此适用范围广。但系统组成结构复杂，

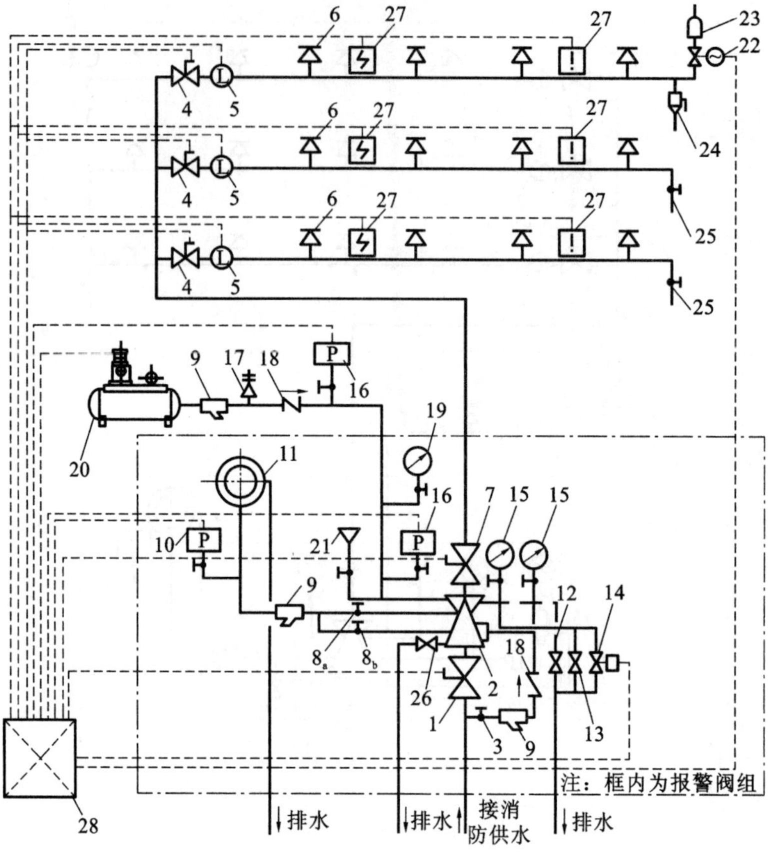

图 6.25 预作用喷水灭火系统

1—信号阀；2—预作用报警阀；3—控制腔供水阀；4—信号阀；5—水流指示器；6—闭式喷头；7—试验信号阀；8_a—水力警铃控制阀；8_b—水力警铃测试阀；9—过滤器；10，16—压力开关；11—水力警铃；12—试验放水阀；13—手动开启阀；14—电磁阀；15—压力表；17—安全阀；18—止回阀；19—压力表；20—空压机；21—注水口；22—电动阀；23—自动排气阀；24—末端试水装置；25—试水阀；26—泄水阀；27—火灾探测器；28—火灾报警控制器

自动元件多，造价高，技术要求高，对系统的管理维护要求高。

4. 雨淋喷水灭火系统

雨淋喷水灭火系统是由开式喷头（用于开式空管系统）、闭式喷头（用于闭式充水系统）、雨淋阀、火灾探测器、报警控制系统、供水系统组成。对于一般火灾危险场所，当开式空管自动喷水灭火系统工作时，全部开式喷头会同时喷水，瞬间喷出大量的水覆盖或阻隔整个火区，其效果等同于降雨一样来控制和扑灭火灾。对于易燃、易爆的特殊危险场地，应使用快速自动喷水灭火系统，可采用闭式充水系统。图 6.26 所示为具有开式和闭式喷头联合工作的雨淋自动喷水灭火系统。其中闭式充水系统进水总管连接在雨淋阀进水侧，而开式空管系统连接在雨淋阀出口后。当建筑物在系统保护区任一处发生火灾时，系统的火灾探测器会把火灾信号及时传输到自动灭火控制器，自动灭火控制器及时开启系统雨淋阀，具有一定压力的水立即充满管网，使全部开式喷头同时喷水灭火，较闭式充水雨淋系统反应更快，实现迅速灭火。

雨淋喷水灭火系统出水迅速，喷水量大，覆盖面积广，降温和灭火效果显著，因此，有利于控制来势凶猛、蔓延快的火灾。但系统的喷头全部为开式，启动完全由控制系统操纵，因而自动控制系统的可靠性高。

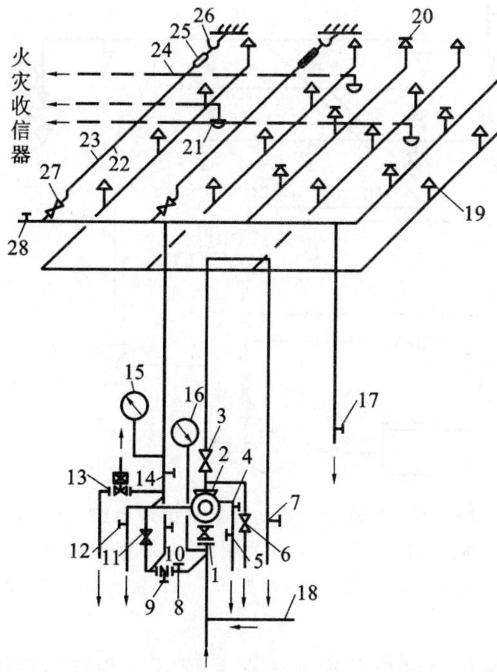

图 6.26 具有开式和闭式喷头联合工作的雨林自动喷水灭火系统

1—供水闸阀；2—雨淋阀；3—出水闸阀；4—雨淋管网充水截止阀；5—放水截止阀；6—试水闸阀；7—溢水截止阀；8—检修截止阀；9—稳压止回阀；10—传动管网注水截止阀；11—$\phi3$ 小孔闸阀；12—试水截止阀；13—电磁阀；14—传动管网检修截止阀；15—传动管网压力表；16—供水压力表；17—泄水截止阀；18—接水箱管；19—开式喷头；20—闭式喷头；21—火灾探测器；22—钢丝绳；23—易熔锁封；24—拉紧弹簧；25—拉紧联结器；26—固定挂钩；27—传动阀门；28—放气截止阀

雨淋系统采用开式洒水喷头、雨淋报警阀组，有配套使用的火灾自动报警系统(图 6.27)或传动管联动雨淋阀(图 6.28)，由雨淋阀控制其配水管道上的全部开式喷头同时喷水。

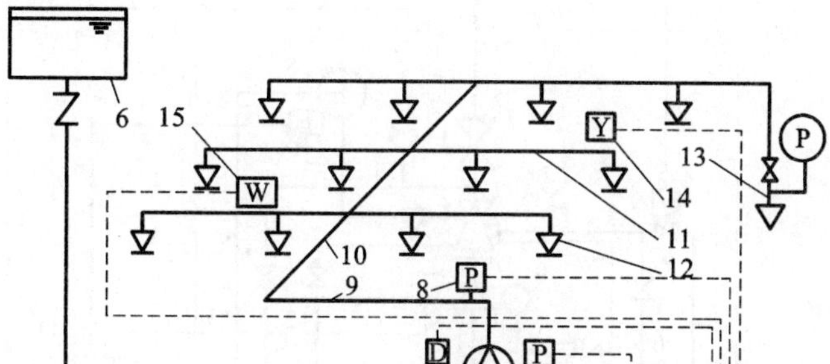

图 6.27 电动启动雨淋系统

1—水池；2—水泵；3—闸阀；4—止回阀；5—水泵接合器；6—消防水箱；7—雨淋报警阀组；8—压力开关；9—配水干管；10—配水管；11—配水支管；12—开式洒水喷头；13—末端试水装置；14—感烟探测器；15—感温探测器；16—报警控制器

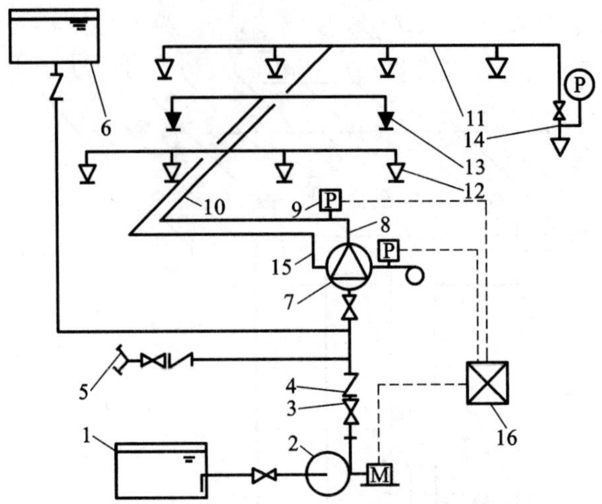

图 6.28 充液(水)传动管启动雨淋系统

1—水池;2—水泵;3—闸阀;4—止回阀;5—水泵接合器;6—消防水箱;7—雨淋报警阀组;8—配水干管;9—压力开关;10—配水管;11—配水支管;12—开式洒水喷头;13—闭式喷头;14—末端试水装置;15—传动管;16—报警控制器

5. 消防水幕系统

消防水幕系统的工作原理与雨淋自动喷水灭火系统基本相同,如图 6.29 所示,只是喷头出水的状态及作用不同。按水幕系统灭火的作用不同,可将该系统分为冷却型、局部阻火型及防火水幕带三种类型。冷却型水幕主要以冷却降温作用为主,增强建(构)筑物的耐火性能,以

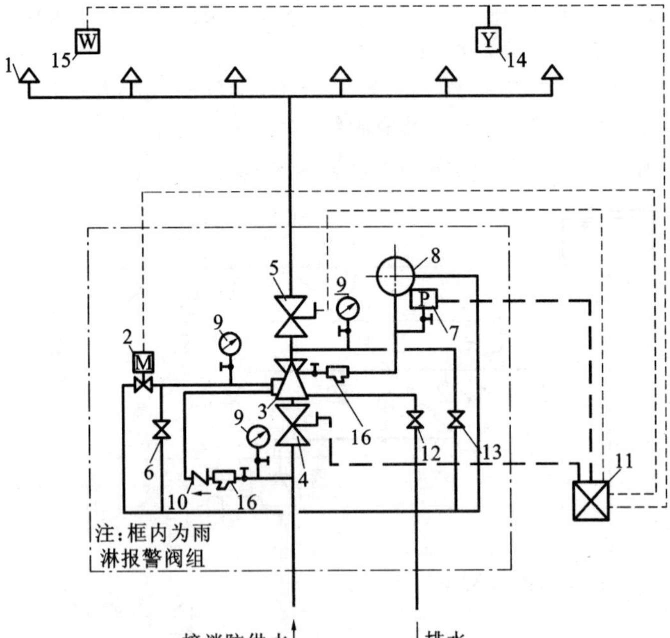

图 6.29 消防水幕系统

1—开式喷头;2—电磁阀;3—雨淋报警阀;4—信号阀;5—试水信号阀;6—手动开启阀;7—压力开关;8—水力警铃;9—压力表;10—止回阀;11—火灾报警控制器;12—泄水阀;13—试验放水阀;14—感烟火灾探测器;15—感温火灾探测器;16—过滤器

防火灾蔓延；局部阻火型水幕设置于建(构)筑物中一些面积较小(小于 $3m^2$)的孔洞、开口处；防火水幕带一般用在需要而无法装置防火分隔物的部位，如展览楼的展览厅、剧院的舞台等，可起到分隔及防止火灾进一步扩大的作用。

6. 自动喷水-泡沫联用灭火系统

自动喷水-泡沫联用灭火系统是在普通湿式自动喷水灭火系统中并联一个钢制带橡胶囊的泡沫罐，橡胶囊内装轻水泡沫浓缩液，在系统中配上控制阀及比例混合器就形成自动喷水-泡沫联用灭火系统，如图 6.30 所示。

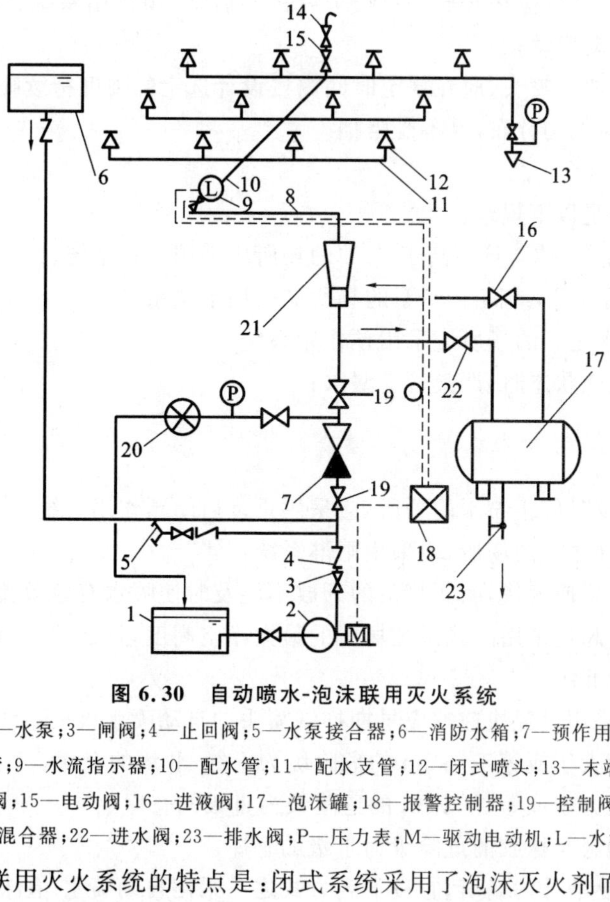

图 6.30　自动喷水-泡沫联用灭火系统

1—水池；2—水泵；3—闸阀；4—止回阀；5—水泵接合器；6—消防水箱；7—预作用报警阀组；8—配水干管；9—水流指示器；10—配水管；11—配水支管；12—闭式喷头；13—末端试水装置；14—快速排气阀；15—电动阀；16—进液阀；17—泡沫罐；18—报警控制器；19—控制阀；20—流量计；21—比例混合器；22—进水阀；23—排水阀；P—压力表；M—驱动电动机；L—水流指示器

自动喷水-泡沫联用灭火系统的特点是：闭式系统采用了泡沫灭火剂而强化了自动喷水灭火系统的灭火性能。当采用先喷水后泡沫的联用方式时，前期喷水起控火作用，后期泡沫可强化灭火效果；当采用先泡沫后喷水的联用方式时，前期泡沫起灭火作用，后期喷水可起冷却及防止复燃的作用。

6.2.2　自动喷水灭火系统的选型

1. 自动喷水灭火系统的选型规定

自动喷水灭火系统的选型应满足以下规定：

(1)自动喷水灭火系统应在人员密集、不易疏散、外部增援灭火与救生较困难的性质重要或火灾危险性较大的场所中设置。

(2)自动喷水灭火系统不适用于存放较多下列物品的场所：

①遇水发生爆炸或加速燃烧的物品；

②遇水发生剧烈化学反应或产生有毒有害物质的物品；

③洒水将导致喷溅或沸溢的液体。

(3)自动喷水灭火系统的选型应根据设置场所的火灾特点或环境条件确定，露天场所不宜采用闭式系统。

(4)自动喷水灭火系统的设计原则应符合下列规定：

①闭式喷头或启动系统的火灾探测器，应能有效探测初期火灾；

②湿式系统、干式系统应在开放一只喷头后自动启动，预作用系统、雨淋系统应在火灾自动报警系统报警后自动启动；

③作用面积内开放的喷头，应在规定时间内按设计选定的强度持续喷水；

④喷头洒水时，应均匀分布，且不受阻挡。

2. 系统选型

系统选型时应满足以下规定：

(1)环境温度不低于4℃，且不高于70℃的场所应采用湿式系统。

(2)环境温度低于4℃，或高于70℃的场所应采用干式系统。

(3)具有下列要求之一的场所应采用预作用系统：

①系统处于准工作状态时，严禁管道漏水；

②严禁系统误喷；

③替代干式系统。

(4)灭火后必须及时停止喷水的场所，应采用重复启闭预作用系统。

(5)具有下列条件之一的场所，应采用雨淋系统：

①火灾的水平蔓延速度快，闭式喷头的开放不能及时使喷水有效覆盖着火区域；

②室内净空高度超过采用闭式系统场所的最大净空高度，且必须迅速扑灭初期火灾；

③严重危险级为Ⅱ级。

(6)下列场所应采用设置快速响应早期抑制喷头的自动喷水灭火系统：

①货品堆积高度大于或等于4.5m的危险级为Ⅰ级、Ⅱ级的仓库。

②货品堆积高度大于或等于3.5m的危险级为Ⅲ级的仓库。

③储存发泡类塑料与橡胶的危险级为Ⅲ级的仓库。

(7)存放较多易燃液体的场所，宜按下列方式之一采用自动喷水-泡沫联用系统：

①采用泡沫灭火剂强化闭式系统性能；

②雨淋系统前期喷水控火，后期喷泡沫强化灭火效能；

③雨淋系统前期喷泡沫灭火，后期喷水冷却防止复燃。

(8)建筑物中保护局部场所的干式系统、预作用系统、雨淋系统、自动喷水-泡沫联用系统，可串联接入同一建筑物内的湿式系统，并与其配水干管连接。

(9)自动喷水灭火系统应有下列组件、配件和设施：

①应有洒水喷头、水流指示器、报警阀组、压力开关等组件和末端试水装置以及管道、供水设施；

②控制管道静压的区段宜分区供水或设减压阀，控制管道动压的区段宜设减压孔板或节流管；

③应设有泄水阀(或泄水口)、排气阀(或排气口)和排污口；

④干式系统和预作用系统的配水管道应设快速排气阀，有压充气管道的快速排气阀入口前应设电动阀。

(10)保护冷却水幕应直接将水喷向保护对象；防火分隔水幕不宜用于超过 15m(宽)×8m(高)的开口(舞台除外)。

6.3 喷头及控制配件

6.3.1 喷头

(1)闭式喷头。闭式喷头的喷口用由热敏元件组成的释放机构封闭，当达到一定温度时能自动开启，如玻璃球爆炸、易熔合金脱离。其构造按溅水盘的形式和安装位置有普通型、下垂型、直立型、边墙型、吊顶型和干式下垂型洒水喷头之分，常用闭式喷头如图 6.31、图 6.32 所示。

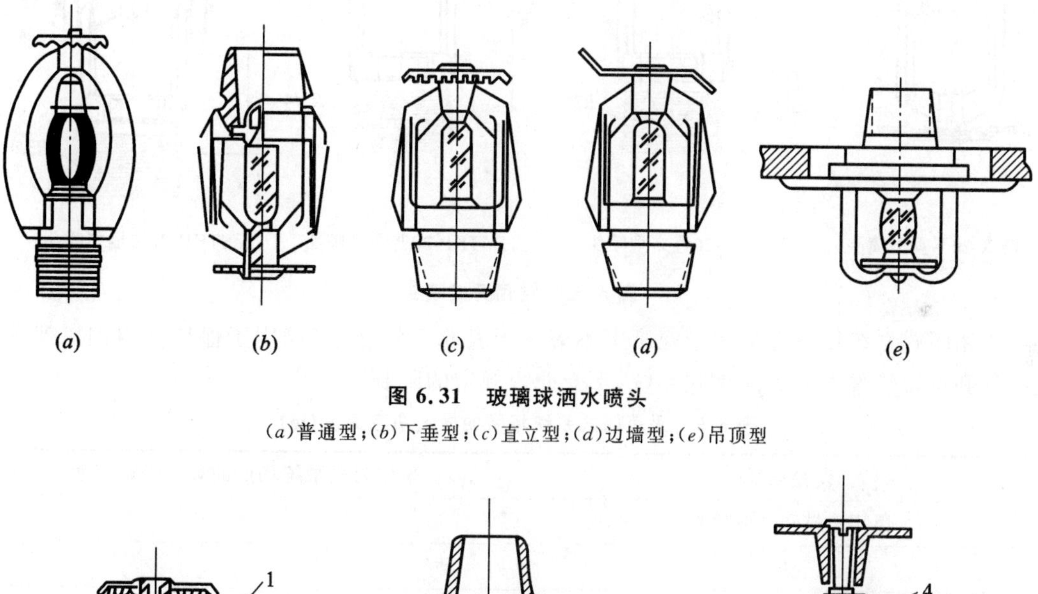

图 6.31 玻璃球洒水喷头

(a)普通型；(b)下垂型；(c)直立型；(d)边墙型；(e)吊顶型

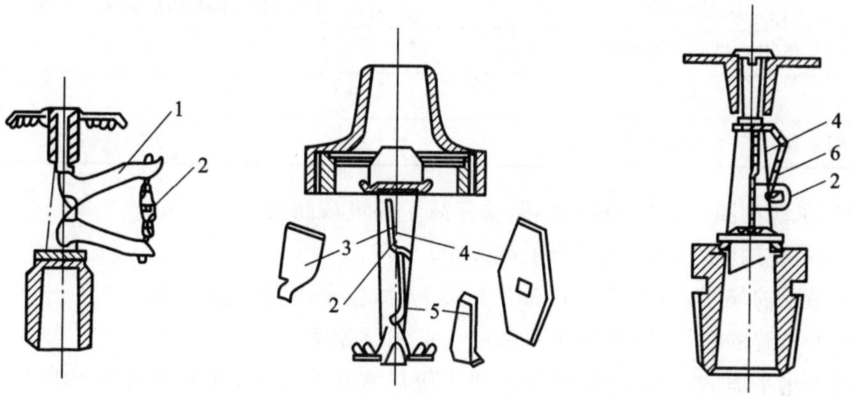

图 6.32 易熔元件洒水喷头

(a)悬臂支撑型；(b)锁片支撑型；(c)弹性锁片型

1—悬臂撑杆；2—易熔金属；3,5—锁片；4—支撑片；6—弹簧片

(2)开式喷头。开式喷头根据用途又分为开启式、水幕、喷雾三种类型，如图 6.33 所示。

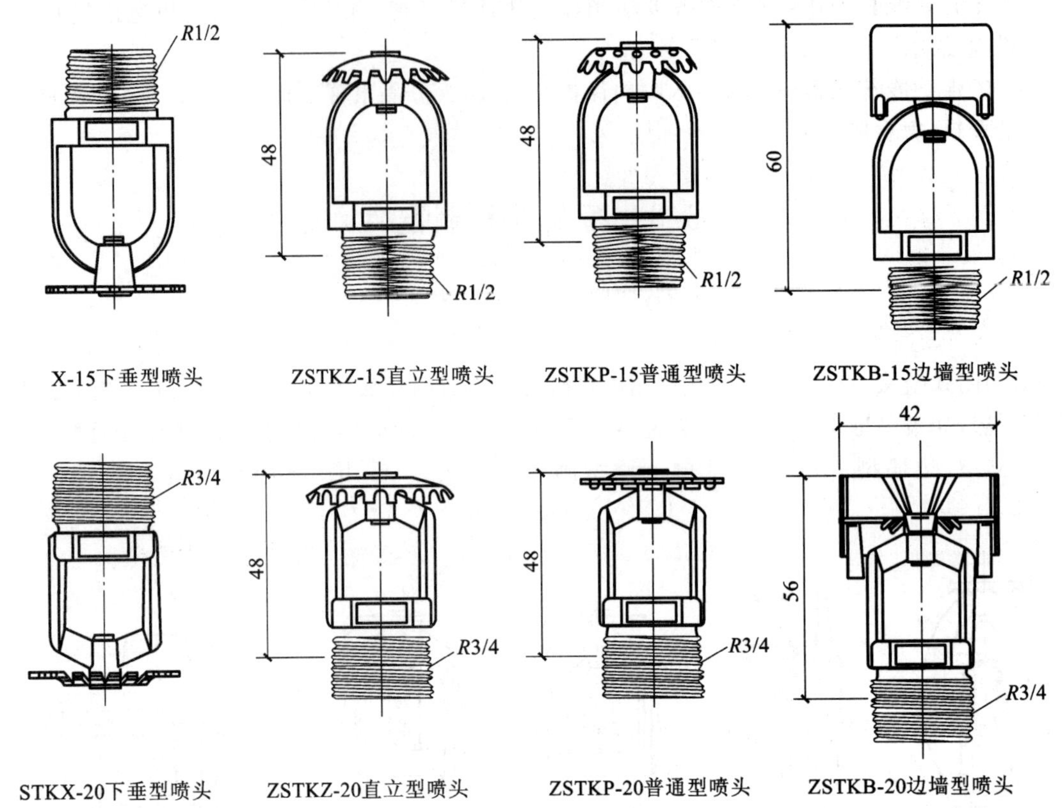

图 6.33 常用开式喷头

采用闭式系统场所的最大净空高度不应大于表 6.5 的规定(仅用于保护室内钢屋架等建筑构件和设置货架内喷头的闭式系统，不受此表规定的限制)。

表 6.5 采用闭式系统场所的最大净空高度(m)

设置场所	采用闭式系统场所的最大净空高度
民用建筑和工业厂房	8
仓库	9
采用快速响应早期抑制喷头的仓库	12

(3)闭式系统的喷头，其公称动作温度宜高于环境最高温度 30℃。

(4)湿式系统的喷头选型应符合下列规定：

①不做吊顶的场所，当配水支管布置在梁下时，应采用直立型喷头。

②吊顶下布置的喷头，应采用下垂型喷头或吊顶型喷头。

③顶板为水平面的轻危险级、中危险级Ⅰ级居室和办公室，可采用边墙型喷头。

④自动喷水-泡沫联用系统应采用洒水喷头。

⑤易受碰撞的部位，应采用带保护罩的喷头或吊顶型喷头。

(5)干式系统、预作用系统应采用直立型喷头或干式下垂型喷头。

(6)水幕系统的喷头选型应符合下列规定：

①防火分隔水幕应采用开式洒水喷头或水幕喷头；

②防护冷却水幕应采用水幕喷头。

(7)下列场所宜采用快速响应喷头：

①公共娱乐场所、中庭环廊；

②医院、疗养院的病房及治疗区域，老人、儿童、残疾人的集体活动场所；

③超出水泵接合器供水高度的楼层；

④地下的商业及仓储用房。

(8)同一隔间内应采用相同热敏性能的喷头。

(9)雨淋系统的防护区内应采用相同的喷头。

(10)自动喷水灭火系统应有备用喷头，其数量不应少于总数的1%，且每种型号不得少于10只。

6.3.2 报警阀组

报警阀组由报警阀、水力警铃、压力开关、延迟器、控制阀等组件组成，能自动控制水流、自动报警及启动消防水泵的控制组件。根据其构造和功能分为湿式报警阀组、干式报警阀组、雨淋报警阀组和预作用报警阀组。本节重点介绍湿式报警阀组，如图6.34所示。

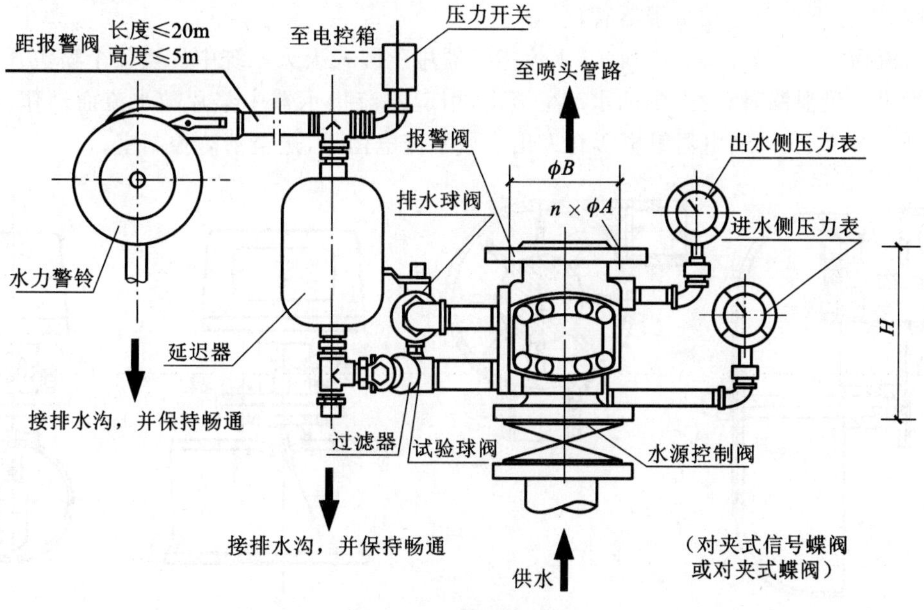

图6.34 湿式报警阀组

(1)报警阀。报警阀的主要结构原理为一止回阀，按其结构形式分为隔板座圈型和导阀型。报警阀的作用是开启和关闭管网的水流，传递信号至控制系统并启动水力警铃直接报警。有湿式、干式、干湿式和雨淋式四种类型，如图6.35所示。湿式报警阀用于湿式自动喷水灭火系统；干式报警阀用于干式自动喷水灭火系统；干湿式报警阀是由湿式、干式报警阀依次连接而成，在温暖季节用湿式装置，在寒冷季节用干式装置；雨淋阀用于雨淋、预作用、水幕、水喷雾及自动喷水灭火系统。报警阀的规格有 *DN*50、*DN*65、*DN*80、*DN*100、*DN*125、*DN*150、*DN*200七种。

(2)水流报警装置。水流报警装置主要有水力警铃、水流指示器、压力开关和延时器。

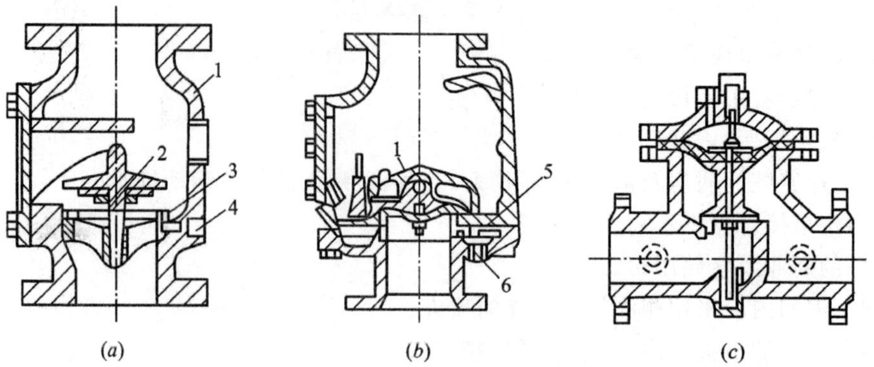

图 6.35　报警阀

(a)座圈型湿式阀；(b)差动式干式阀；(c)雨淋阀

1—阀体；2—阀瓣；3—沟槽；4,5—水力警铃接口；6—弹性隔膜

①水力警铃。如图 6.36 所示，水力警铃是一种依靠流体流动来驱动的机械警铃，直接装于报警阀组的报警管路上，当报警阀的阀瓣或阀芯打开后，阀腔中便有水流经报警连接管流向警铃中的马达，再经由一个喷嘴加速形成一股高速射流，冲击水轮带动铃锤快速旋转，敲击铃盖发出报警声音。水力警铃的声响表示喷洒灭火正在进行中。水力警铃发出警报，不受人为因素影响，因此不得由电动报警器替代。

②水流指示器。如图 6.37 所示，水流指示器用于湿式灭火系统中。当某个喷头开启喷水或管网发生水量泄漏时，管道中的水产生流动，引起水流指示器中桨片随水流而动作，接通延时电路 20～30s 之后，继电器触电吸合发出区域水流电信号，送至消防控制室。

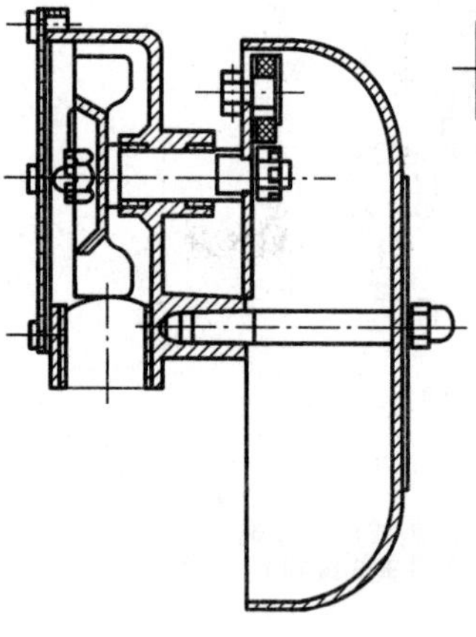

图 6.36　水力警铃

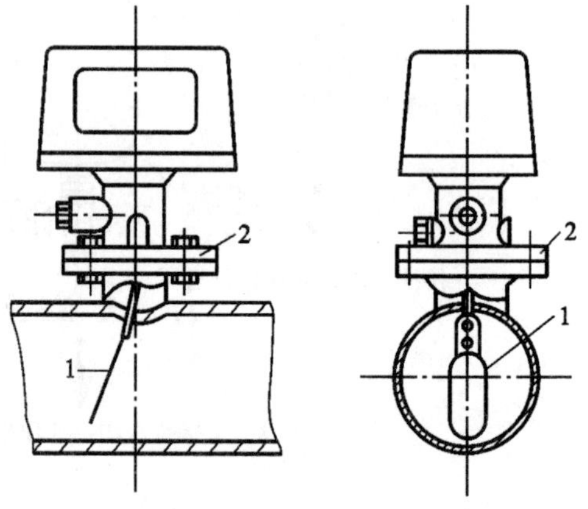

图 6.37　水流指示器

1—桨片；2—法兰

③压力开关。湿式报警阀的压力开关如图 6.38 所示，它是一种压力型水流探测开关，安装在延迟器和水力警铃之间的报警管路上。当报警阀开启后，报警管中充水，并流向水力警铃。压力开关受到水压的作用接通电接触点，给出电接点信号。报警阀压力开关的构造及安装要求是：当系统中有任一个或一个以上的喷头流量出现后，压力开关动作，自动启动喷洒水泵，并发出火警信号。当流量停止时，电触点断开。

④延迟器。延迟器如图 6.39 所示，它是一个罐式容器，安装在报警阀和压力开关之间，用

以消除因水源压力波动而引起的误报警。当湿式报警阀短时开启时，水首先进入延迟器。这时由于进入延迟器的水量很少，不会进入到水力警铃或作用到压力开关，从而起到防止误报警的作用。进入延迟器的水很快经延迟器底部的节流孔排出。只有当湿式报警阀保持其开启状态，经过其报警通道的水不断地进入延迟器，把延迟器注满，由其顶部的出口流向水力警铃和压力开关时，才会发出警报。

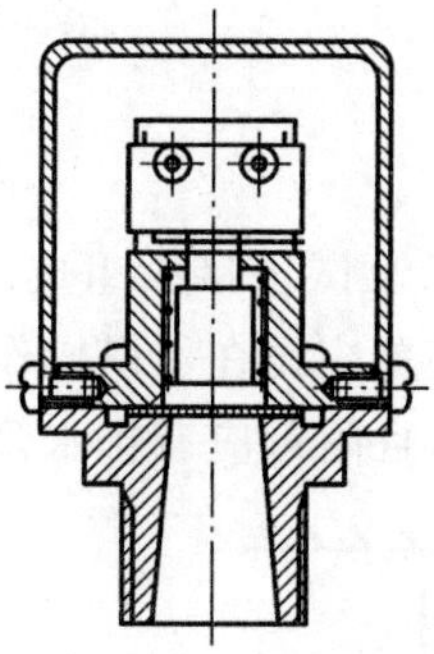

图 6.38 压力开关

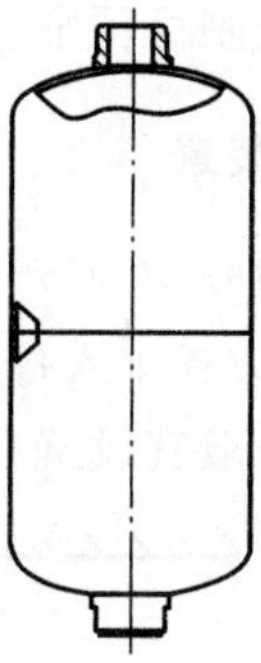

图 6.39 延迟器

湿式报警阀一旦关闭就不会再有水流入延迟器，而原来存在于延迟器中的水经过一段时间之后，便被自动排空。平时从环形槽漏入报警管的水也通过延迟器排除。

6.3.3 报警阀组的设置

(1)自动喷水灭火系统应设报警阀组。保护室内钢屋架等建筑构件的闭式系统，应设独立的报警阀组。水幕系统应设独立的报警阀组或感温雨淋阀。

(2)串联接入湿式系统配水干管的其他自动喷水灭火系统，应分别设置独立的报警阀组，其控制的喷头数计入湿式阀组控制的喷头总数。

(3)一个报警阀组控制的喷头数应符合下列规定：

①湿式系统、预作用系统不宜超过 800 只，干式系统不宜超过 500 只；

②当配水支管同时安装保护吊顶下方和上方空间的喷头时，应只将数量较多一侧的喷头计入报警阀组控制的喷头总数。

(4)每个报警阀组供水的最高与最低位置喷头，其高程差不宜大于 50m。

(5)雨淋阀组的电磁阀，其入口应设过滤器。并联设置雨淋阀组的雨淋系统，其雨淋阀控制腔的入口应设止回阀。

(6)报警阀组宜设在安全且易于操作的地方，报警阀中心距安装地面的高度为 1.2m。安装报警阀的部位应有排水设施。

(7)连接报警阀进出口的控制阀，宜采用信号阀。当不采用信号阀时，控制阀应设锁定阀位的锁具。

(8)水力警铃的工作压力不应小于 0.05MPa，并应符合下列规定：

①应设在有人值班的地点附近；

②与报警阀连接的管道，其管径应为 20mm，总长度不宜大于 20m。

6.3.4 水流指示器的设置

除报警阀组控制的喷头只保护不超过防火分区面积的同层场所外，每个防火分区、每个楼层均应设水流指示器。仓库内顶板下喷头与货架内喷头应分别设置水流指示器。当水流指示器入口前设置控制阀时，应采用信号阀。

6.3.5 压力开关的设置

雨淋系统和防火分区分隔水幕，其水流报警装置宜采用压力开关。

应采用压力开关控制稳压泵，并应能调节启停压力。

6.3.6 末端试水装置

末端试水装置如图6.40所示，由试水阀、压力表以及试水接头组成。末端试水装置的出水，应采取孔口出流的方式排入排水管道。末端试水装置应设在可以操作，且能防止非专业人员随意触摸的地方。一般宜设置在清洗间和管道井内，且附近应有排水管道。

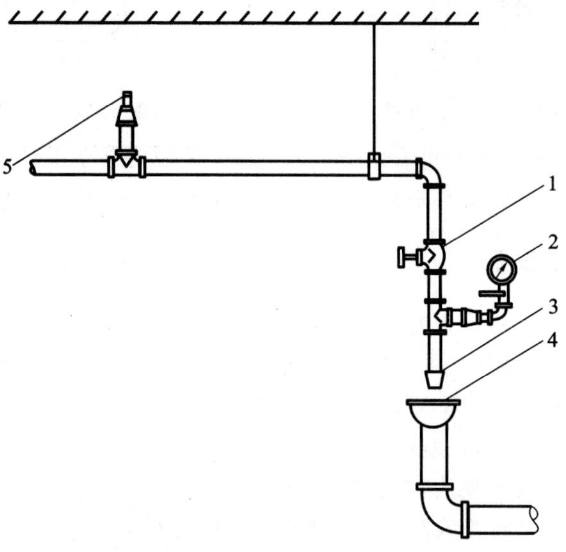

图6.40 末端试水装置

1—截止阀；2—压力表；3—试水接头；4—排水漏斗；5—最不利点处喷头

每个报警阀（雨淋阀除外）所带管网系统末端应设试水装置，试水装置由 *DN*25 的连接管、阀门、压力表和试水接头组成。其他各层或防火分区的最不利点喷头处，均应设直径为25mm的试水阀。

6.4 喷头布置

6.4.1 喷头布置应满足的规定

（1）喷头应布置在顶板或吊顶下易于接触到火灾热气流并有利于均匀布水的位置。

（2）直立型、下垂型喷头的布置，包括同一根配水支管上喷头的间距及相邻配水支管的间距，应根据系统的喷水强度、喷头的流量系数和工作压力确定，并应不大于表6.6的规定，且不宜小于2.4m。

表 6.6 同一根配水支管上喷头的间距及相邻配水支管的间距

喷水强度 [L/(min·m²)]	正方形布置的边长 (m)	矩形或平行四边形布置的长边边长(m)	一只喷头的最大保护面积(m²)	喷头与端墙的最大距离(m)
4	4.4	4.5	20.0	2.2
6	3.6	4.0	12.5	1.8
8	3.4	3.6	11.5	1.7
12～20	3.0	3.6	9.0	1.5

注:①仅在走道设置单排喷头的闭式系统,其喷头间距应按走道地面不留漏喷空白点确定。
②货架内喷头的间距不应小于 2m,并不应大于 3m。

(3)除吊顶型喷头及吊顶下安装的喷头外,直立型、下垂型标准喷头,其溅水盘与顶板的距离,不应小于 75mm,且不应大于 150mm(图 6.41)。

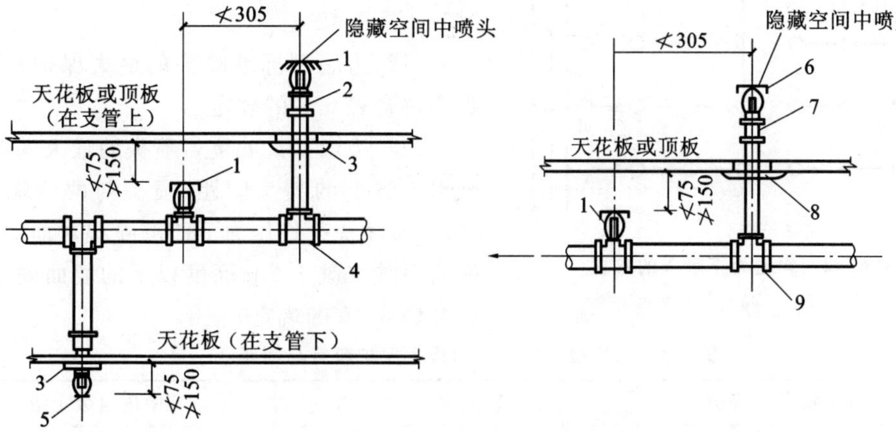

图 6.41 天花板上、下喷头的关系

1—直立型喷头;2,7—异径管接头;3,8—装饰板;4,9—三通;5—下垂型喷头;6—闭式喷头

(4)快速响应早期抑制喷头的溅水盘与顶板的距离应符合表 6.7 的规定。

(5)图书馆、档案馆、商场、仓库中的通道上方宜设有喷头。喷头与被保护对象的水平距离不应小于 0.3m;喷头溅水盘与保护对象的最小垂直距离不应小于表 6.8 的规定。

表 6.7 快速响应早期抑制喷头的溅水盘与顶板的距离(mm)

喷头安装方式	直立型		下垂型	
	不应小于	不应大于	不应小于	不应大于
溅水盘与顶板的距离	100	150	150	360

表 6.8 喷头溅水盘与保护对象的最小垂直距离(m)

喷头类型	标准喷头	其他喷头
最小垂直距离	0.45	0.90

(6)货架内喷头宜与顶板下喷头交错布置,其溅水盘与上方层板的距离不应小于 75mm,且不应大于 150mm;与其下方货品顶面的垂直距离不应小于 150mm。

(7)货架内喷头上方的货架层板应为封闭层板。货架内喷头上方如有孔洞、缝隙,应在喷头的上方设置集热挡水板。集热挡水板应为正方形或圆形金属板,其平面面积不宜小于

0.12m²，周围弯边的下沿宜与喷头的溅水盘平齐。

(8)净空高度大于800mm的闷顶和技术夹层内有可燃物时，应设置喷头。

(9)当局部场所设置自动喷水灭火系统时，与相邻不设自动喷水灭火场所连通的走道或连通开口的外侧，应设喷头。

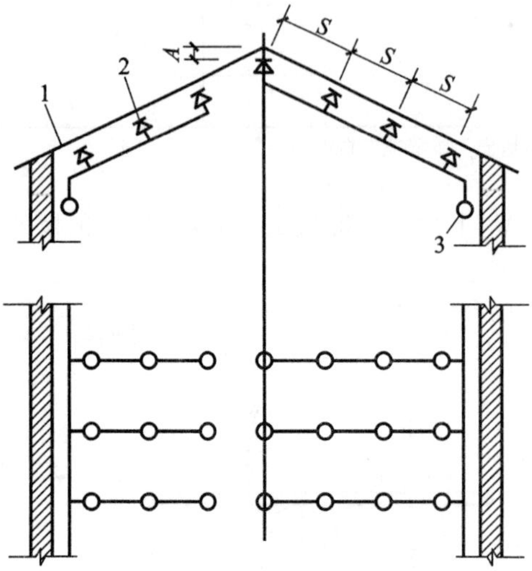

图6.42　斜屋面下喷头的布置

1—斜屋面；2—喷头；3—配水干管

(10)装设通透性吊顶的场所，喷头应布置在顶板下。

(11)顶板或吊顶为斜面时，喷头应垂直于斜面，并应按斜面距离确定喷头间距。

尖屋顶的屋脊处应设一排喷头。喷头溅水盘至屋脊的垂直距离，屋顶坡度大于1/3时，不应大于0.8m；屋顶坡度小于1/3时，不应大于0.6m(图6.42)。

(12)边墙型标准喷头的最大保护跨度与间距应符合表6.9的规定。

(13)边墙型扩展覆盖喷头的最大保护跨度、配水支管上的喷头间距、喷头与两侧端墙的距离，应按喷头工作压力下能够喷湿对面墙和邻近端墙距溅水盘1.2m高度以下的墙面确定，且应符合表6.10的规定。

表6.9　边墙型标准喷头的最大保护跨度与间距(m)

设置场所火灾危险等级	轻危险级	中危险级Ⅰ级
配水支管上喷头的最大间距	3.6	3.0
单排喷头的最大保护跨度	3.6	3.0
两排相对喷头的最大保护跨度	7.2	6.0

注：①两排相对喷头应交错布置。

②室内跨度大于两排相对喷头的最大保护跨度时，应在两排相对喷头中间增设一排喷头。

表6.10　民用建筑和工业厂房的系统设计基本参数

火灾危险等级		喷水强度[L/(min·m²)]	作用面积(m²)	喷头工作压力(MPa)
轻危险级		4	160	0.10
中危险级	Ⅰ	6		
	Ⅱ	8		
严重危险级	Ⅰ	12	260	
	Ⅱ	16		

注：系统最不利点处喷头的工作压力，不应低于0.05MPa。

(14)直立式边墙型喷头，其溅水盘与顶板的距离不应小于100mm，且不宜大于150mm，与背墙的距离不应小于50mm，且不应大于100mm(图6.43)。水平式边墙型喷头溅水盘与顶板的距离不应小于150mm，且不应大于300mm(图6.44)。

(15)防护分隔水幕的喷头布置，应保证水幕的宽度不小于6m。采用水幕喷头时，喷头不应少于3排；采用开式洒水喷头时，喷头不应少于2排。防护冷却水幕的喷头宜布置成单排。

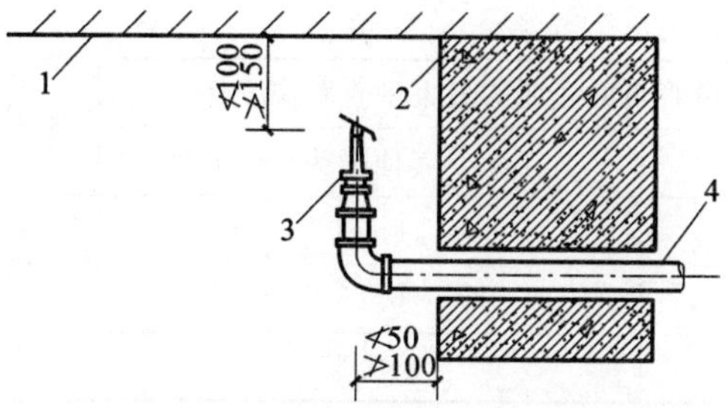

图 6.43 直立式边墙型喷头溅水盘与顶板及背墙的关系

1—顶板；2—背墙；3—直立型喷头；4—管道

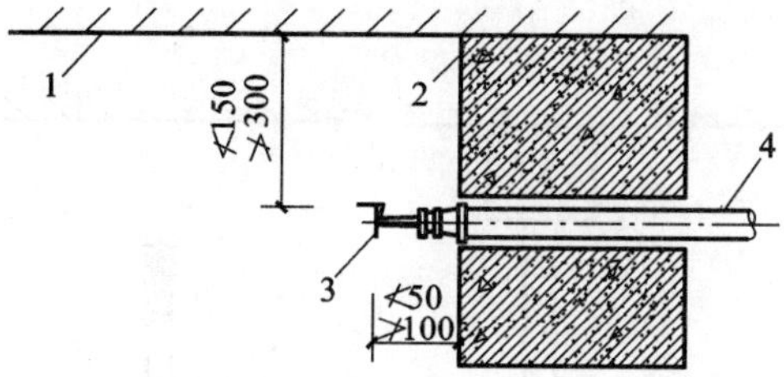

图 6.44 水平式边墙型喷头溅水盘与顶板及背墙的关系

1—顶板；2—背墙；3—直立式喷头；4—管道

6.4.2 喷头与障碍物的距离

(1)直立型、下垂型喷头与梁、通风管道的距离(图 6.45)应符合表 6.11 的规定。

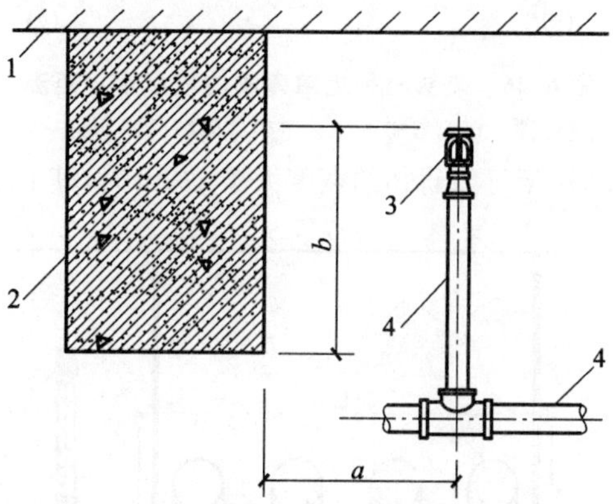

图 6.45 喷头与梁、通风管道的距离

1—顶板；2—梁(或通风管道)；3—直立型喷头；4—管道

表 6.11 喷头与梁、通风管道的距离(m)

喷头溅水盘与梁或通风管道的底面的最大垂直距离 b		喷头与梁、通风管道的水平距离 a
标准喷头	其他喷头	
0	0	$a<0.3$
0.06	0.04	$0.3\leqslant a<0.6$
0.14	0.14	$0.6\leqslant a<0.9$
0.24	0.25	$0.9\leqslant a<1.2$

续表 6.11

喷头溅水盘与梁或通风管道的底面的最大垂直距离 b		喷头与梁、通风管道的水平距离 a
标准喷头	其他喷头	
0.35	0.38	$1.2 \leqslant a < 1.5$
0.45	0.55	$1.5 \leqslant a < 1.8$
>0.45	>0.55	$a = 1.8$

(2)直立型、下垂型标准喷头的溅水盘以下 0.45m,其他直立型、下垂型喷头的溅水盘以下 0.9m范围内,如有屋架等间断障碍物或管道时,喷头与邻近障碍物的最小水平距离宜符合表 6.11 的规定(图 6.46)。

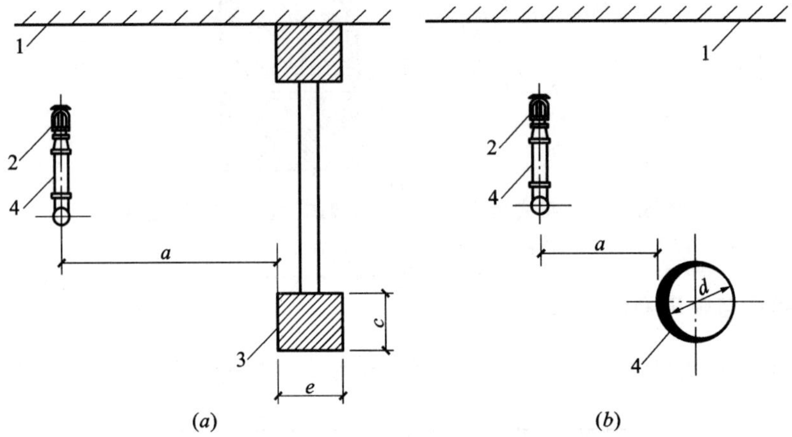

图 6.46　喷头与邻近障碍物的最小水平距离

1—顶板;2—直立型喷头;3—屋架等间断障碍物;4—管道

(3)当梁、通风管道、排管、桥架等障碍物的宽度大于 1.2m 时,其下方应增设喷头(图 6.47)。

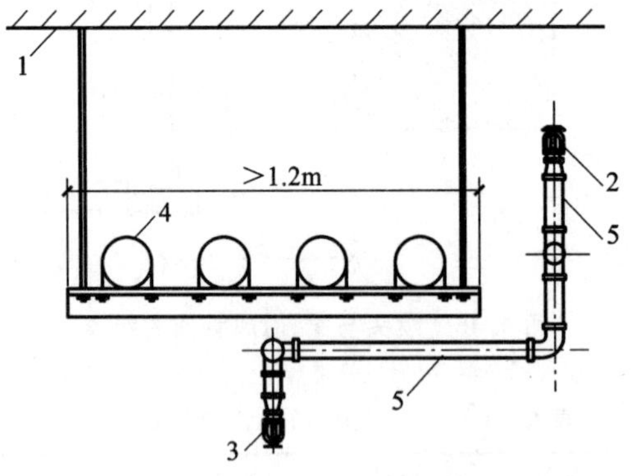

图 6.47　障碍物下方增设喷头

1—顶板;2—直立型喷头;3—下垂型喷头;4—排管(或梁、通风管道、桥架等);5—管道

(4)直立型、下垂型喷头与不到顶隔墙的水平距离,不得大于喷头溅水盘与不到顶隔墙顶面垂直距离的 2 倍(图 6.48)。

(5)直立型、下垂型喷头与靠墙障碍物的距离,应符合下列规定(图 6.49):

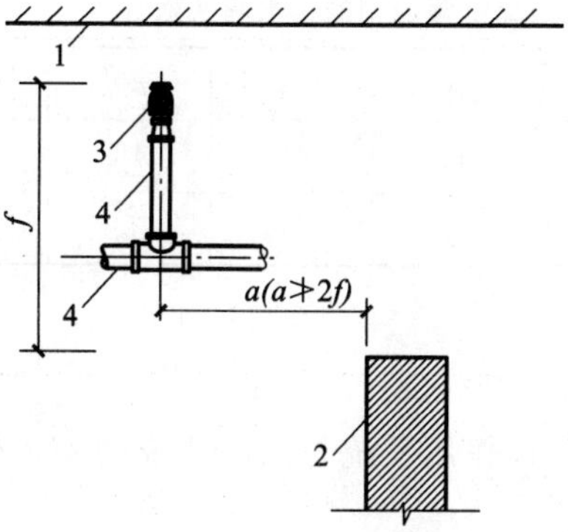

图 6.48 喷头与不到顶隔墙的水平距离

1—顶板；2—不到顶隔墙；3—直立型喷头；4—管道

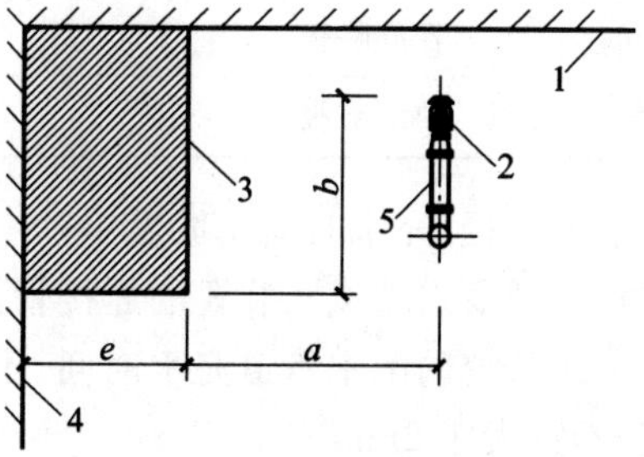

图 6.49 喷头与靠墙障碍物的距离

1—顶板；2—直立型喷头；3—靠墙障碍物；4—墙面；5—管道

①障碍物横截面边长小于 750mm 时，喷头与障碍物的距离应按下式确定：

$$a \geqslant (e-200)+b$$

式中 a——喷头与障碍物的水平距离，mm；

b——喷头溅水盘与障碍物底面的垂直距离，mm；

e——障碍物横截面的边长，mm，$e<750$mm。

②障碍物横截面边长 $e \geqslant 750$mm 或 a 的计算值大于表 6.6 中喷头与端墙距离的规定时，应在靠墙障碍物下面增设喷头。

(6)边墙型喷头的两侧 1m 及正前方 2m 范围内，顶板或吊顶下不应有阻挡喷水的障碍物。

6.5 配 管

1. 配管压力

配水管道的工作压力不应大于 1.20MPa，并不应设置其他用水设施。

2. 管材及连接

(1)管材。配水管道应采用内外壁热镀锌钢管。当报警阀入口前管道采用内壁不防腐的钢管时，应在该段管道的末端设置过滤器。

(2)管道连接。自动喷水灭火系统的管道应采用螺纹连接。公称直径 $DN \geqslant 100$mm 时，应采用法兰连接和卡箍连接(沟槽连接)。水平管道上法兰间的管道长度不宜大于 20m；立管上法兰间的距离不应跨越 3 个及以上楼层。净空高度大于 8m 的场所内，立管上应有法兰。

(3)配水管道的布置，应使配水管入口的压力均衡。轻危险级、中危险级场所中各配水管入口的压力均不宜大于 0.4MPa。

3. 配水管控制的标准喷头数

①配水管两侧每根配水支管控制的标准喷头数，轻危险级、中危险级场所不应超过 8 只，同时在吊顶上下安装喷头的配水支管，上下侧不应超过 8 只。严重危险级场所及仓库均不应超过 6 只。

②轻危险级、中危险级场所中配水支管、配水管控制的标准喷头数不应超过表 6.12 的规定。

表 6.12 轻危险级、中危险级场所中配水支管、配水管控制的标准喷头数

公称直径 *DN*(mm)		25	32	40	50	65	80	100
控制的标准喷头数(只)	轻危险级	1	3	5	10	18	48	—
	中危险级	1	3	4	8	12	32	64

4.最小管径、充水时间及坡度

①短立管及末端试水装置的连接管,其管径不应小于25mm。

②干式系统的配水管道充水时间,不宜大于1min;预作用系统与雨淋系统的配水管道充水时间,不宜大于2min。

③干式系统、预作用系统的供气管道,采用钢管时,管径不宜小于15mm;采用铜管时,管径不宜小于10mm。

④水平安装的管道宜有坡度,充水管道的坡度不宜小于0.002,准工作状态不充水的管道坡度不宜小于0.004,坡向泄水阀。

6.6 自动喷水灭火系统安装

6.6.1 自动喷水灭火系统安装程序

消火栓管道系统安装程序:施工前的准备→干管安装→立管安装→支管安装→分层或分区强度试验及冲洗→喷头及水流指示器安装→水泵接合器及报警阀组安装→消防喷淋水泵安装→系统严密性试验→系统调试。

6.6.2 施工前的准备

自动喷水灭火系统施工前应具备以下条件:

(1)全套的自动喷水灭火系统施工图及有关技术文件应齐全。

(2)土建工程应能满足安装工程的需求。

(3)设计单位已向施工单位交底。

(4)系统施工过程中,系统组件、管配件及其他设备、材料等,应能保证正常施工且能连续供应。

(5)施工现场要做到"三通一平"(水通、路通、电通,施工场地平整)。

6.6.3 安装前的检查、检验

(1)系统组件、管件及其他设备、材料,应符合设计要求和国家现行有关标准的规定,并具有出厂合格证。

(2)喷头、报警阀组、压力开关、水流指示器、消防水泵、水泵接合器等系统主要组件应经国家消防产品质量监督检验中心检测合格;稳压泵、自动排气阀、信号阀、止回阀、泄压阀、减压阀等应经相应国家产品质量监督检验中心检测合格。

(3)管材、管件应进行外观检查,并应符合下列要求:

①表面应无裂纹、缩孔、夹渣、折叠和重皮。

②螺纹密封面应完整、无损伤、无毛刺。

③镀锌钢管内外表面的镀锌层不得有脱落、锈蚀等现象。

④非金属密封垫片应质地柔软、无老化变质或分层现象,表面应无折损、皱纹等缺陷。

⑤法兰密封面应完整光洁,不得有毛刺及径向沟槽;螺纹法兰的螺纹应完整、无损伤。

(4)喷头的现场检验应符合下列要求:

①喷头的型号、规格应符合设计要求。

②喷头的商标、型号、公称动作温度、制造厂及生产年月等标志应齐全。

③喷头外观应无加工缺陷和机械损伤。

④喷头螺纹密封面应无伤痕、毛刺、缺丝或断丝的现象。

⑤闭式喷头应进行密封性能试验,以无渗漏、无伤损为合格。试验数量宜从每批中抽查1%,但不得少于5只,试验压力应为3.0MPa,保压时间不得少于3min。当2只及以上不合格时,不得使用该批喷头。当仅有1只不合格时,应再抽查2%,但不得少于10只;重新进行密封性能试验,当仍有不合格时,亦不得使用该批喷头。

(5)阀门及其附件的检验应符合以下要求:

①阀门的型号、规格应符合设计要求。

②阀门及其附件应配备齐全,不得有加工缺陷和机械损伤。

③报警阀除应有商标、型号、规格等标志外,尚应有水流方向的永久性标志。

④报警阀和控制阀的阀瓣及操作机构应动作灵活,无卡涩现象;阀体内应清洁、无异物堵塞。

⑤水力警铃的铃锤应转动灵活,无阻滞现象。

⑥报警阀应逐个进行渗漏性试验。试验压力应为额定工作压力的2倍,保压时间为5min,阀瓣处不渗不漏为合格。

(6)压力开关、水流指示器、自动排气阀、减压阀、止回阀、信号阀、水泵接合器等及水位、气压、阀门限位等自动监测装置应有清晰的铭牌、安全操作指示标志和产品说明书;水流指示器、水泵接合器、减压阀、止回阀尚应有水流方向的永久性标志;安装前应逐个进行主要功能检查,不合格者不得使用。

6.6.4 管网安装

(1)自动喷水灭火系统和水喷雾灭火系统应根据系统工作压力的高低选用管材,当系统的工作压力小于或等于1.2MPa时,应选用热镀锌加厚焊接钢管;当系统的工作压力大于1.2MPa时,应选用热镀锌无缝钢管。若选用无缝钢管时,其材质应符合国家标准《输送流体用无缝钢管》(GB/T 8163—2008)的要求。若选用镀锌焊接钢管,其材质应符合国家标准《低压流体输送用焊接钢管》(GB/T 3091—2008)的要求。

(2)管道安装前应校直管材,并应清除管材内部的杂物。如安装在有腐蚀性的场所,安装前应根据设计要求对管材、管件、附件等进行防腐处理。

(3)管道的连接方式,当选用无缝钢管时,应采用法兰连接或卡箍(沟槽)连接;当选用焊接钢管时,应采用螺纹连接、卡箍(沟槽)连接。

(4)螺纹连接应符合下列要求：

①管子宜采用机械切割，切割完毕的管口不得有飞边、毛刺；加工的管子螺纹应符合现行国家标准。

②管道变径时，宜采用异径接头；在管道弯头处，不得采用补芯；必须采用补芯连接时，三通上可用1个，四通上不得超过2个；公称直径大于50mm的管道，不宜采用活接头。

③螺纹连接的密封填料应均匀附着在管道的螺纹部分，拧紧螺纹时，不得将填料挤入管道内；连接完毕，应将连接处外部清理干净。

(5)卡箍连接(沟槽连接)应符合以下要求：

①选用的沟槽式管接头应符合原建设部标准《沟槽式管接头》(CJ/T 156—2001)的要求，其材质应为球墨铸铁，并符合国家标准《球墨铸铁件》(GB/T 1348—2009)的要求。

②卡箍连接时，管材上连接的沟槽和开孔应用专用滚槽机和开孔机加工，连接前应检查沟槽、孔洞尺寸和加工质量是否符合技术要求。加工的沟槽、孔洞处不得有毛刺、破损、裂纹和污物。

③卡箍连接的橡胶密封圈应无破损和变形，涂润滑剂后卡装在钢管两端。

④沟槽式管件的凸边应卡进沟槽后再紧固螺栓，两边应同时紧固，紧固时发现橡胶圈起皱应更换橡胶圈。

⑤机械三通连接时，应检查机械三通与孔洞的间隙，各部位应均匀，然后再紧固到位。

⑥配水干管(立管)与配水管(水平管)连接，应采用沟槽式管接头异径三通。

⑦埋地、水泵房内的管道连接应采用挠性接头，埋地的沟槽式管接头螺栓、螺帽应做防腐处理。

卡箍连接(沟槽连接)如图6.50所示。

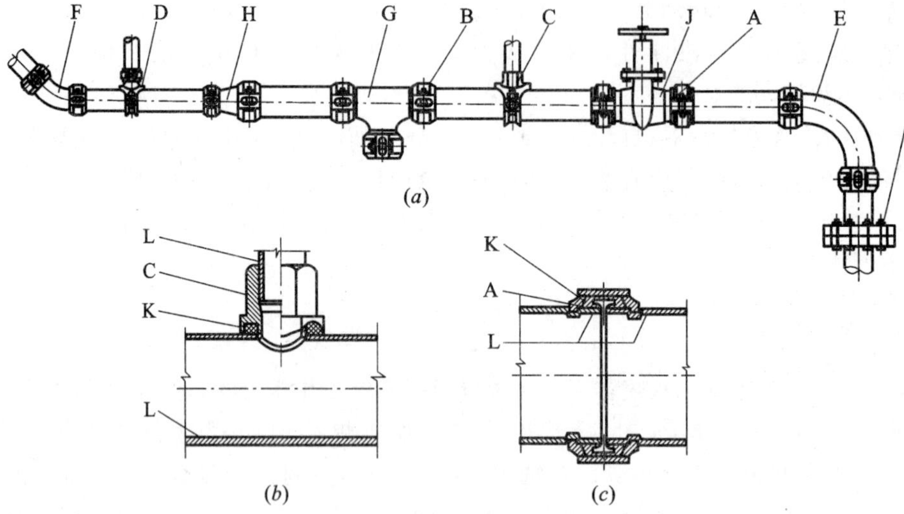

图6.50 卡箍连接(沟槽)

(a)卡箍式管道连接；(b)卡箍机械开孔三通连接；(c)卡箍直管连接

A—刚性接头；B—挠性接头；C—机械开孔三通(螺纹式)；D—机械开孔三通(卡箍式)；E—90°弯头；F—45°弯头；G—等径三通；H—异径管；I—卡箍式法兰；J—卡箍式阀门；K—橡胶密封圈；L—钢管

(6)法兰连接可采用焊接法兰或螺纹法兰。法兰连接时,焊接法兰焊接处应二次镀锌后方可连接,焊接连接的要求应符合国家标准《工业金属管道工程施工及验收规范》(GB 50235—2010)、《现场设备、工业管道焊接工程施工及验收规范》(GB 50236—2011)的有关规定。螺纹法兰连接应预测对接位置,清除外露密封填料后再紧固、连接。

(7)管道的安装位置应符合设计要求。当设计无要求时,管道的中心线与梁、柱、楼板等的最小距离应符合表6.13的规定。

表 6.13 管道的中心线与梁、柱、楼板等的最小距离

公称直径(mm)	25	32	40	50	65	80	100	125	150	200
距离(mm)	40	40	50	60	70	80	100	125	150	200

(8)管道支架、吊架、防晃支架的安装应符合下列要求:

①吊架与支架的位置以不妨碍喷头喷水效果为原则。管道支架、吊架与喷头之间的距离不宜小于300mm,与末端喷头之间的距离不宜大于750mm。

②管道支架或吊架的间距应符合表6.14的规定。

表 6.14 支架或吊架的最大间距

公称直径(mm)	25	32	40	50	65	80	100	125	150	200	250	300
间距(m)	3.5	4.0	4.5	5.0	6.0	6.0	6.5	7.0	8.0	9.5	11.0	12.0

③配水支管上每一直管段、相邻两喷头之间的管段设置的吊架均不宜少于1个;当喷头之间距离小于1.8m时,可隔段设置吊架;吊架的间距不宜大于3.6m,如图6.51所示。

④配水支管的末梢管段和邻近配水管管段上没有吊架的配水支管,其第一个管段,不论其长度如何,均应设吊架,见图6.51。

⑤在坡度大的屋面下安装的配水支管,如用短立管与配水管相连,则该配水支管应采取防滑措施,以防短立管与配水管受扭折推力,见图6.52。

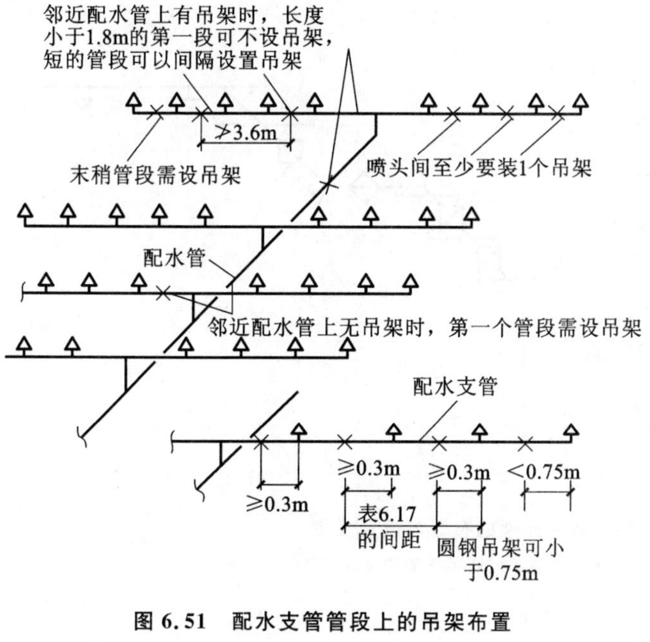

图 6.51 配水支管管段上的吊架布置

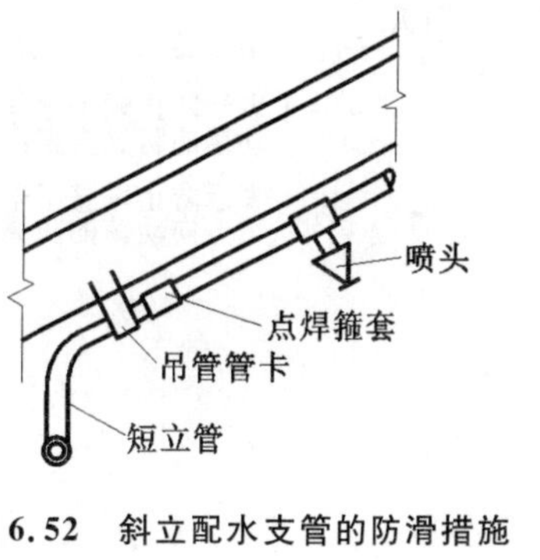

图 6.52 斜立配水支管的防滑措施

⑥为防止喷头喷水时管道产生大幅度的晃动，在立管、配水干管与配水支管上按照有关规定加设防晃支架。当管子的公称直径 $DN\geqslant50$mm 时，每段配水干管或配水管设置防晃支架不应少于 1 个；当管道改变方向时，应增设防晃支架。竖直安装的配水干管，应在其始端、终端设防晃支架或用管卡固定，其安装位置距地面或楼板面 1.5～1.8m 高处；配水干管穿越多层建筑时，应隔层设 1 个防晃支架。

⑦防晃支架的制作如图 6.53 所示，防晃支架的布置如图 6.54 所示。型钢防晃支架的最大长度见表 6.15。

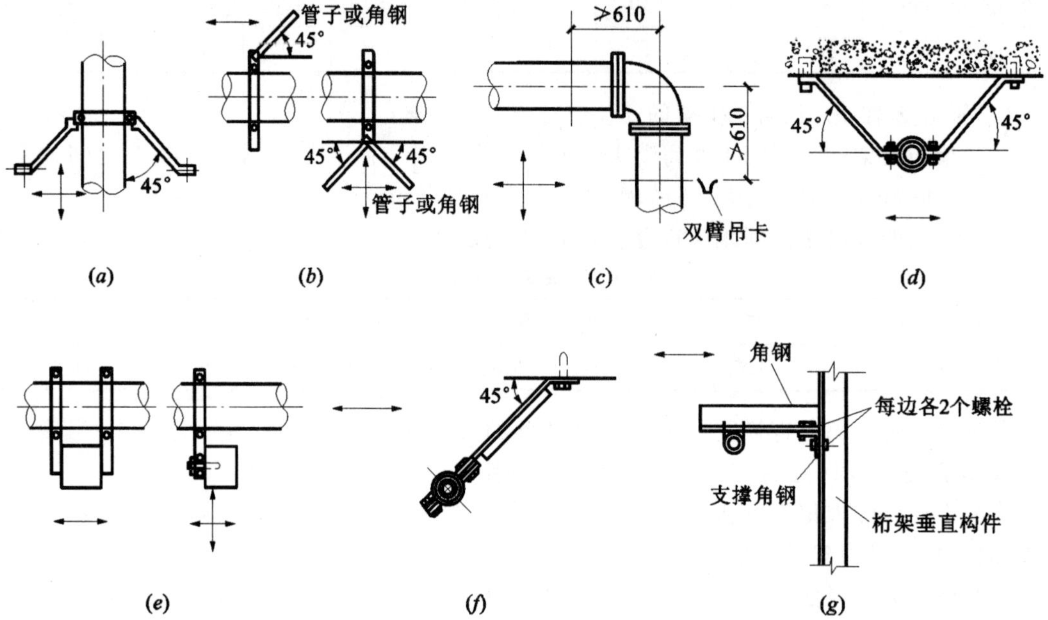

图 6.53 防晃支架制作

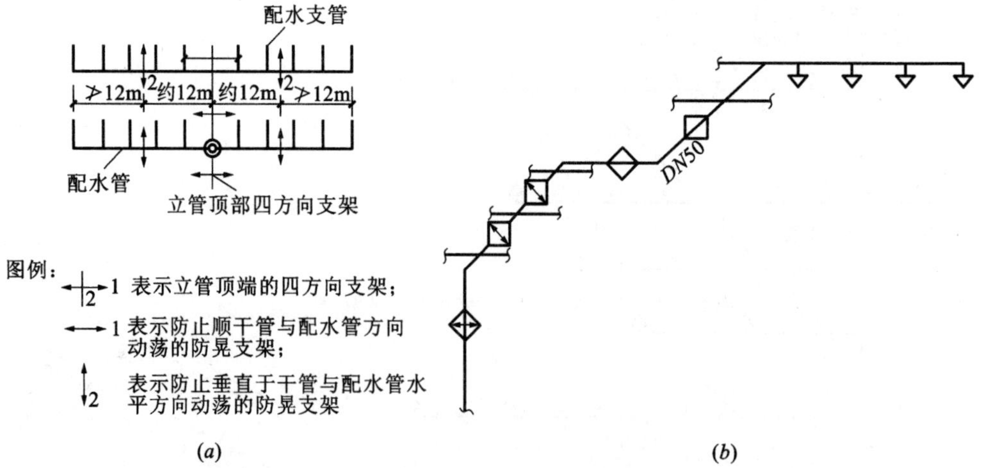

图 6.54 防晃支架的布置与设置位置

(a)防晃支架的布置；(b)防晃支架的设置位置

表 6.15　型钢防晃支架的最大长度(mm)

型号规格	最大长度	型号规格	最大长度	附注
角钢		扁钢		1. 型钢的长细比要求为： $L/r \leqslant 200$ 式中　L——支撑长度； r——最小截面回转半径。 2. 如支架长度超过表中长度，应按长细比要求，确定型钢的规格
45×45×6	1470	40×7	360	
50×50×6	1980	50×7	360	
63×63×6	2130	50×10	530	
63×63×8	2490	钢管		
75×50×8	2690	*DN*25	2130	
80×80×7	3000	*DN*32	2740	
圆钢		*DN*40	3150	
ϕ20	940	*DN*50	3990	
ϕ22	1090			

(9)管道穿过建筑物的变形缝时，应设置柔性短管。穿过墙体或楼板时应加设套管，穿墙套管应与墙壁面相平，穿楼板套管应高出楼板饰面 50mm；管道的焊缝及连接点不得设置在套管内，套管与被套管间应用柔性的不燃材料填塞密实，并用防水油膏灌注。

(10)水平安装的喷淋管道，宜设有 0.002～0.005 的坡度，坡向排水管。当局部区域难以利用排水管将水排净时，应采取相应的排水措施。当喷头数量小于或等于 5 只时，可在管道低凹处加设堵头；当喷头的数量大于 5 只时，宜装设带阀门的排水管。

(11)管道安装过程中，施工临时中断时，管道敞口应做封堵。

(12)喷水灭火系统的配水总管、配水干管应作色环标志，通常是将管子刷以红色环圈。

6.6.5　喷头安装

(1)喷头安装应在系统试压、冲洗合格后进行。

(2)喷头的连接短管在闭式系统中为 *DN*25，在开式系统中为 *DN*32，与喷头连接一律采用异径管箍(同心大小头)，如图 6.55 所示。

(3)喷头安装在三通、弯头上时，宜采用异径三通和异径弯头，不宜采用加补芯的方式连接。

(4)喷头安装时不得对喷头进行拆装、改动，并严禁给喷头附加任何装饰层。

(5)喷头安装应使用专用扳手，严禁利用喷头的框架旋拧喷头；喷头的框架、溅水盘产生变形或释放原件损伤时，应采用规格、型号相同的喷头更换。

(6)喷头的公称直径小于 10mm 时，应在配水干管或配水管道上安装过滤器。

(7)当喷头溅水盘高于附近梁底或高于宽度小于 1.2m 的通风管道腹面时，喷头溅水盘高于梁底、通风管道腹面的最大垂直距离应符合表 6.16 的规定。

(8)当通风管道宽度大于 1.2m 时，喷头应安装在其腹面以下部位。

(9)当喷头安装在不到顶的隔断附近时，喷头与隔断的水平距离和最小垂直距离应符合表 6.17 的规定。

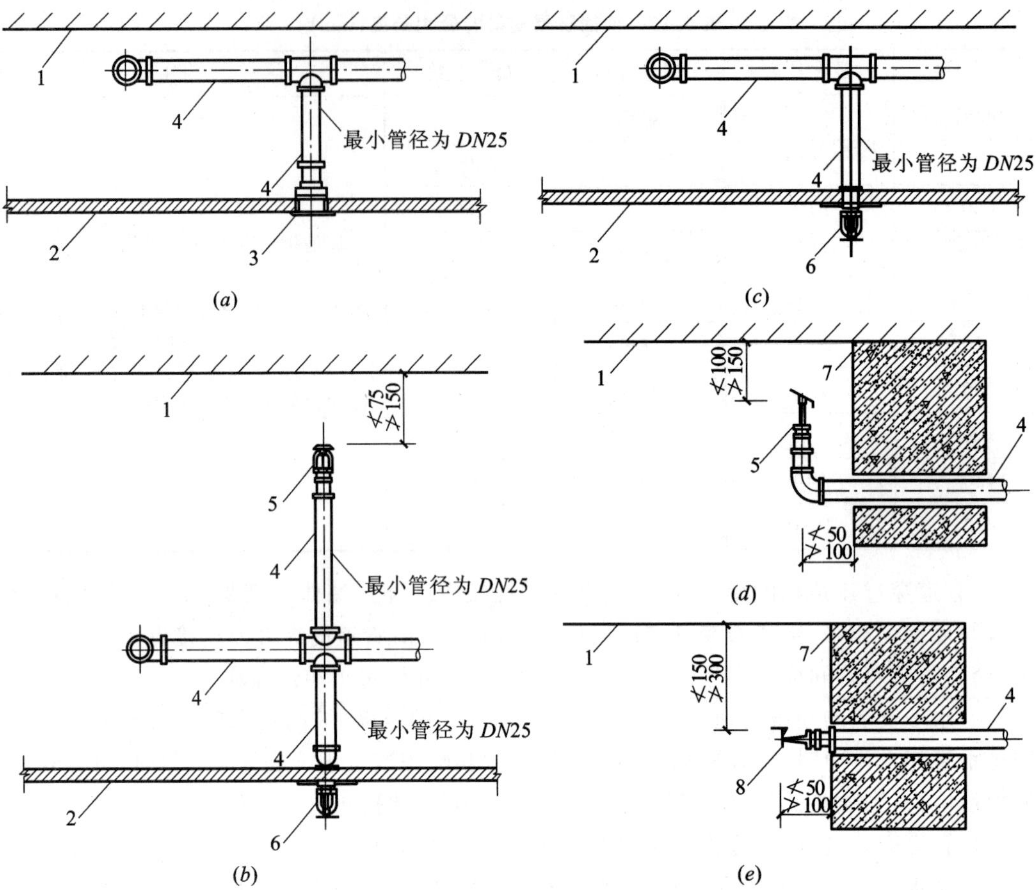

图 6.55 喷头安装

(*a*)吊顶下喷头安装；(*b*)吊顶上、下喷头安装；(*c*)吊顶下喷头安装；

(*d*)直立式边墙型标准喷头安装；(*e*)水平式边墙型标准喷头安装

1—顶板；2—吊顶；3—隐蔽型喷头；4—管道；5—直立型喷头；6—下垂型喷头；7—背墙；8—水平式喷头

表 6.16 喷头溅水盘高于梁底、通风管道腹面的最大垂直距离

喷头与梁、通风管道的水平距离(mm)	300～600	600～750	750～900	900～1050	1050～1200	1200～1350	1350～1500	1500～1680	1680～1800
喷头溅水盘高于梁底、通风管道腹面的最大垂直距离(mm)	25	75	75	100	150	180	230	280	360

表 6.17 喷头与隔断的水平距离和最小垂直距离

水平距离(mm)	150	225	300	375	450	600	750	>900
最小垂直距离(mm)	75	100	150	200	236	313	336	450

6.6.6 报警阀组安装

(1)报警阀组的安装要求

应先安装水源控制阀、报警阀，然后再进行报警阀辅助管道的连接。水源控制阀、报警阀与配水干管的连接，应使水流方向一致。报警阀组安装的位置应符合设计要求；当设计无要求时，报警阀组应安装在便于操作的明显位置，距室内地面的安装高度宜为 1.2m；两侧与墙的距离不应小于 0.5m；正面与墙的距离不应小于 1.2m。安装报警阀组的室内地面应有排水设施。

(2)报警阀组附件的安装要求

①压力表应安装在报警阀上便于观测的位置。

②排水管和试验阀应安装在便于操作的位置。

③水源控制阀应安装在易于安装、便于操作处，控制阀应有明显的启闭标志和可靠的锁定装置。

④报警阀安装，应在报警阀组系统一侧安装系统调试、供水压力和供水流量检测用的仪表、管道及控制阀，管道过水能力应与系统过水能力一致；当供水压力和供水流量检测装置安装在水泵房时，干式报警阀组、雨淋报警阀组应在报警阀组系统一侧安装控制阀。

(3)湿式报警阀组的安装

如图 6.56 所示，湿式报警阀组的安装应符合下列要求：

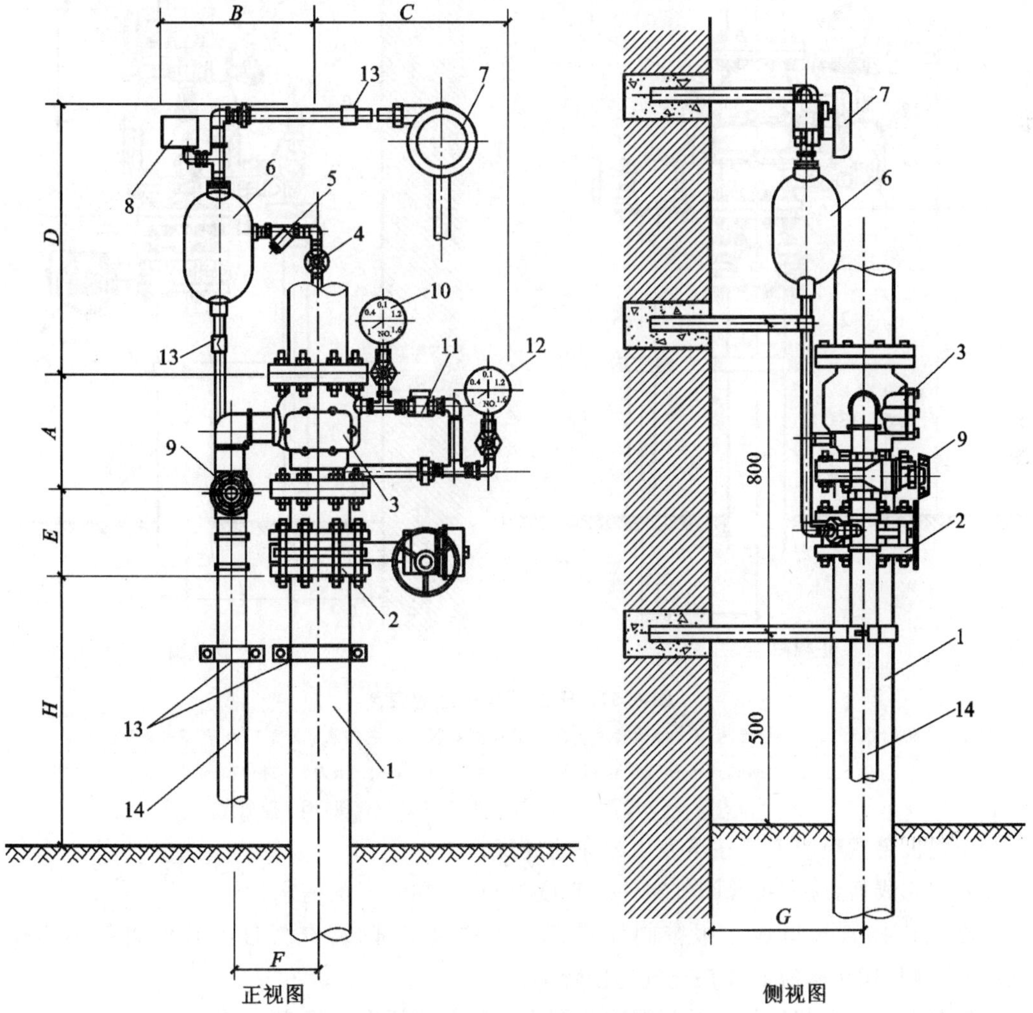

图 6.56　湿式报警阀组的安装

1—消防给水管；2—信号蝶阀；3—湿式报警阀；4，9—球阀；5—过滤器；6—延时器；7—水力警铃；8—压力开关；10—出水口压力表；11—止回阀；12—进水口压力表；13—管卡；14—排水管

①应使报警阀前后的管道中能顺利充满水；压力波动时，水力警铃不应发生误报警。

②报警水流管路上的过滤器应安装在延迟器前，且便于排渣操作的位置。

③若采用明沟排水，明沟起点深度不小于100mm，明沟的终点应设集水坑，集水坑的尺寸不小于400mm×400mm×600mm，明沟应有不小于0.02的坡度坡向集水坑。放水管、试水管、警铃出水管及延迟器余水管中的水均直接排入明沟。

(4)干式报警阀组的安装

如图6.57所示，干式报警阀组的安装应满足以下要求：

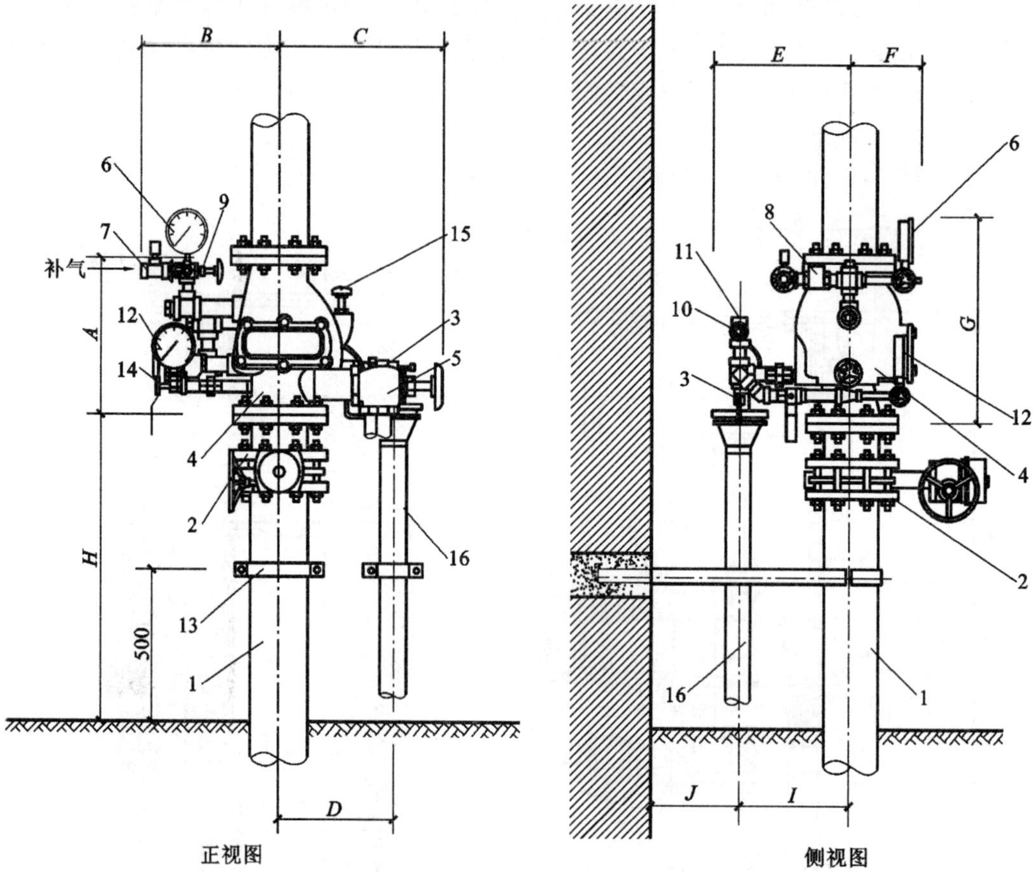

图6.57 干式报警阀组的安装

1—消防给水管；2—信号蝶阀；3—自动滴水阀；4—干式报警阀；5—主排水阀；6—气压表；7—补气接口；8—止回阀；9—补气截止阀；10—水力警铃接口；11—压力开关接口；12—压力表；13—立式管卡；14—排水阀；15—复位按钮；16—排水管

①干式报警阀组应安装在不发生冰冻的场所。

②安装完成后，应向报警阀气室注入高度为50～100mm的清水。

③充气连接管接口应在报警阀气室充注水位以上部位，充气连接管的直径不应小于15mm；止回阀、截止阀应安装在充气连接管上。

④气源设备的安装应符合设计要求和国家现行有关标准的规定。

⑤安全排气阀应安装在气源设备与报警阀之间，且应靠近报警阀。

⑥加速排气装置应安装在靠近报警阀的位置，且应有防止水进入加速排气装置的措施。

⑦低压预报警装置应安装在配水干管一侧。

⑧下列部位应安装压力表：报警阀充水一侧；空气压缩机的气泵和储气罐上；加速排气装置上。

(5)雨淋阀组的安装

雨淋报警阀组简称雨淋阀组，不仅用于雨淋灭火系统，还是水雾、水幕这类开式系统的专用报警阀门。雨淋阀阀瓣上方为自由空气，阀瓣用锁定机构扣住，锁定机构的动力由供水压力提供。失火后，启动装置使锁定机构上作用的供水压力迅速降低，从而使阀板脱扣、开启，供水进入消防管网。

雨淋阀组主要由报警阀、水力警铃、压力开关、节流阀、自动滴水球阀、启动管道与装置、控制阀等组件组成。其启动方式有三种：湿式启动、气压启动和电探测启动。

雨淋报警阀组安装如图 6.58 所示，应符合下列要求：

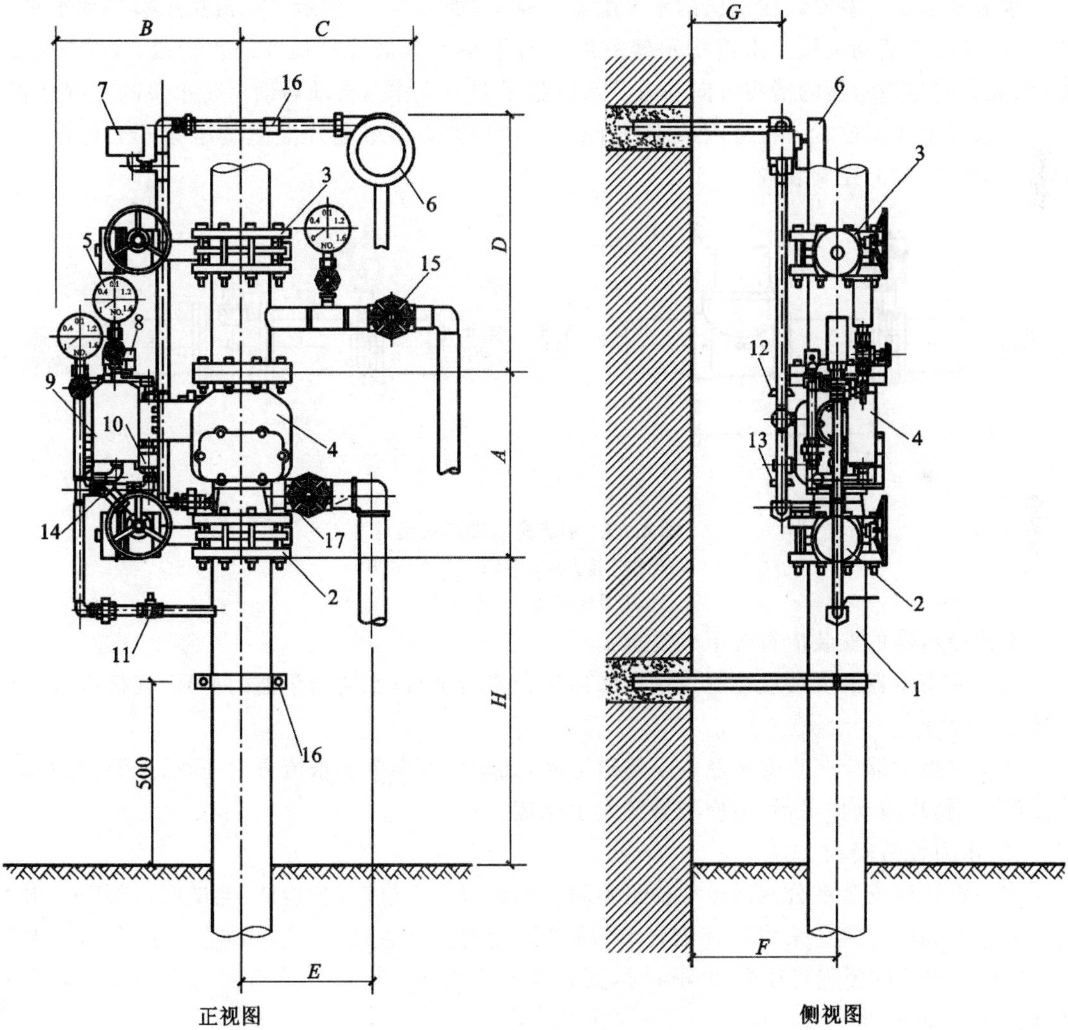

图 6.58　雨淋报警阀组的安装

1—消防给水管；2—信号阀；3—试验信号阀；4—雨淋报警阀；5—压力表；6—水力警铃；7—压力开关；8—电磁阀；9—手动开启开关；10—止回阀；11—控制管球阀；12—报警管球阀；13—试验警铃球阀；14—过滤器；15—试验放水管；16—管卡；17—泄水阀

①电动开启、传导管开启或手动开启的雨淋阀组，其传导管的安装应按湿式系统有关要求进行；开启控制装置的安装应安全可靠。

②预作用系统雨淋阀组后的管道若需充气，其安装应按干式报警阀组有关要求进行。

③雨淋阀组的观测仪表和操作阀门的安装位置应符合设计要求，并应便于观测和操作。

④雨淋报警阀组手动开启装置的安装位置应符合设计要求，且在发生火灾时应能安全开启和便于操作。

⑤压力表应安装在雨淋阀的水源一侧。

6.6.7 其他组件安装

(1)水流指示器安装

水流指示器一般安装在每层的水平配水干管上，如图6.59所示。水流指示器必须水平安装，以保证叶片活动灵敏。水流指示器前后应有不小于5倍管径长度的直管段，安装时应注意，水流方向与指示器的箭头方向一致。水流指示器不应作为自动启动消防水泵的控制装置，只能在报警中显示位置。报警阀的压力开关、水位控制开关和稳压装置的压力开关可作为自动启动消防水泵的控制装置。

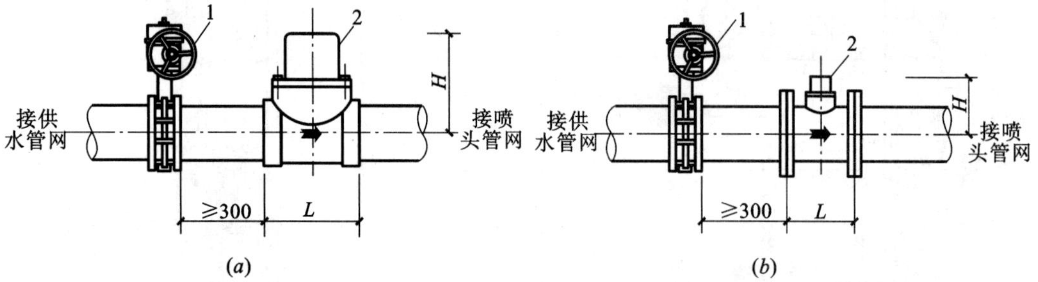

图6.59 水流指示器的安装

(a)丝扣连接方式；(b)法兰连接方式

1—信号蝶阀；2—水流指示器

水流指示器的安装应符合下列要求：

①水流指示器的安装应在管道试压和冲洗合格后进行，水流指示器的型号、规格应符合设计要求。

②水流指示器应竖直安装在水平管道上侧，其动作方向应和水流方向一致；安装后的水流指示桨片、膜片应动作灵活，不应与管壁发生摩擦。

(2)水力警铃安装

水力警铃应安装在公共通道或值班室附近的外墙上，且应安装检修、测试用的阀门。水力警铃和报警阀的连接应采用镀锌钢管，当镀锌钢管的公称直径为15mm时，其长度不应大于6m；当镀锌钢管的公称直径为20mm时，其长度不应大于20m。安装后的水力警铃启动压力不应小于0.05MPa。

(3)信号阀和控制阀安装

①信号阀应安装在水流指示器前的管道上，与水流指示器间的距离不宜小于100mm。

②控制阀的规格、型号和安装位置均应符合设计要求；安装方向要正确，控制阀内应清洁、无堵塞、不渗漏；主要控制阀应加设启闭标志；隐蔽处的控制阀应在明显处设有其指示位置的标志。

(4)排气阀、节流装置和压力开关安装

①排气阀的安装应在系统管网试压和冲洗合格后进行;排气阀应安装在配水主管凹部、配水干管的末端且应确保无渗漏。

②节流装置应安装在公称直径不小于50mm的水平管段上;减压孔板应安装在管道内水流转弯处下游一侧的直管上,且与转弯处的距离不应小于管子公称直径的2倍。

③压力开关应竖直安装在通往水力警铃的管道上,且便于在安装中拆装改动。

6.6.8 减压阀的安装

(1)弹簧式减压阀安装如图6.60所示。

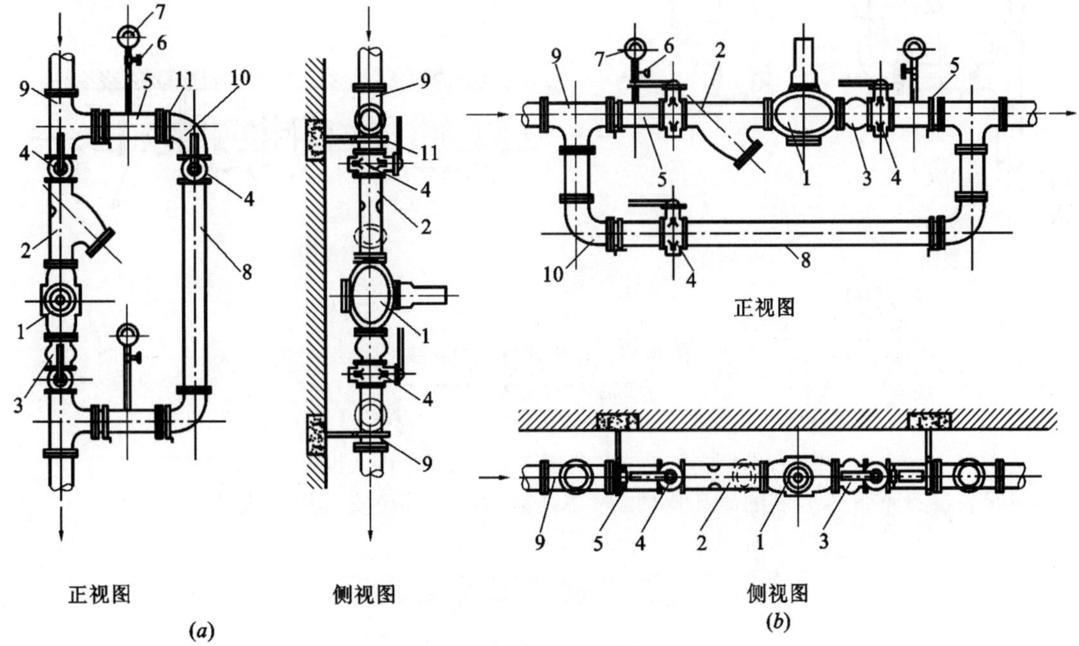

图6.60 弹簧式减压阀安装

(a)垂直安装;(b)水平安装

1—减压阀;2—Y形过滤器;3—挠性接头;4—蝶阀;5—异径三通;6—截止阀;7—压力表;8—短管;9—三通;10—弯头;11—托架

(2)比例式减压阀安装如图6.61所示。

(3)减压阀安装应符合下列要求:

①减压阀安装应在供水管网试压、冲洗合格后进行。

②减压阀安装前应检查其规格型号是否与设计相符,阀外控制管路及导向阀各连接件是否松动,外观是否有机械损伤,并应清除阀内异物。

③减压阀安装前,减压阀水流方向应与供水管网水流方向一致。

④减压阀安装,应在其进水侧安装过滤器,并宜在其前后安装控制阀,以便于维修和更换。

⑤可调式减压阀宜水平安装,阀盖应向上。

⑥比例式减压阀宜垂直安装;当水平安装时,单呼吸孔减压阀其孔口应向下,双呼吸孔减压阀其孔口应呈水平位置。

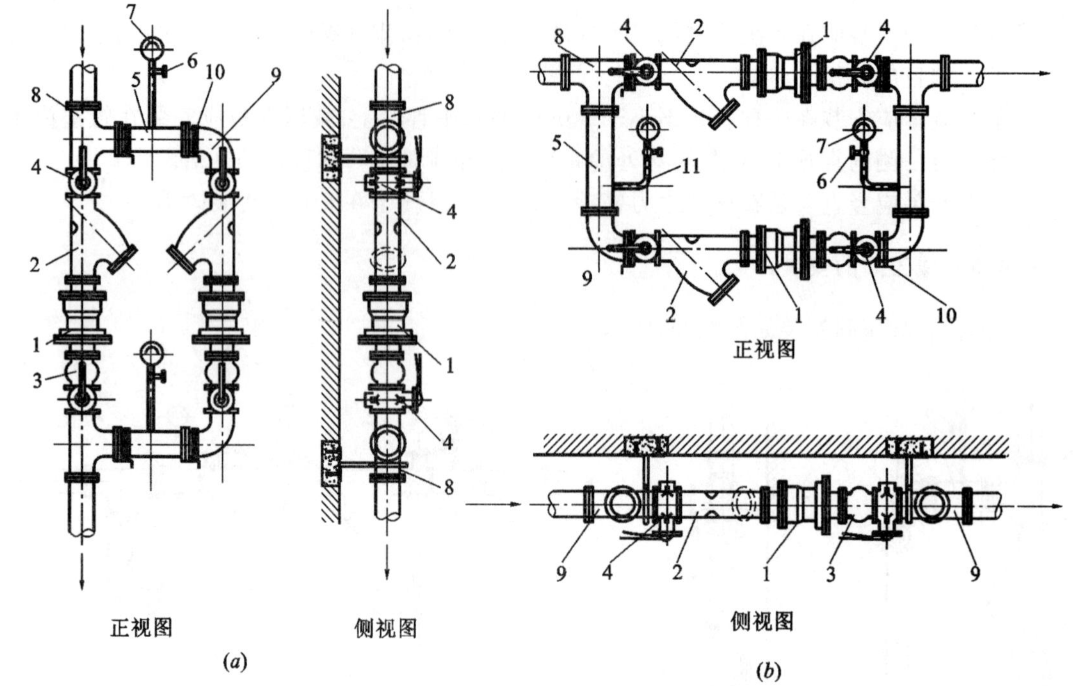

图 6.61 比例式减压阀安装

(a)垂直安装;(b)水平安装

1—减压阀;2—Y 形过滤器;3—挠性接头;4—对夹蝶阀;5—异径三通;

6—截止阀;7—压力表;8—三通;9,11—弯头;10—托架

⑦安装自身不带压力表的减压阀时,应在其前后相邻部位安装压力表。

6.7 供水设施安装与施工

自动喷水灭火系统中的供水设施是指消防水泵、消防水箱、消防水池、消防气压给水设备、水泵接合器等。供水设施安装前,应做好各项准备工作,如:预制好设施安装所需的基础(支座、支架等),检查设施是否符合设计要求,外观、组件、构件是否有缺陷,质量是否良好,清除设施内外杂质及污物。安装过程中或安装中断时,敞口处应予以封堵。

供水设施安装的环境温度不应低于 5℃。

6.7.1 消防水泵和稳压泵安装

(1)消防水泵、稳压泵的安装应符合国家标准《机械设备安装工程施工及验收通用规范》(GB 50231—2009)的有关规定。

(2)消防水泵和稳压泵的规格、型号应符合设计要求,并应有产品合格证和安装使用说明书。

(3)消防水泵的出水管上应安装止回阀、控制阀和压力表,并应安装检查和试水用的放水阀门。试水阀的规格不小于 65mm,应安装在止回阀之前(按水流方向,这时出水为水泵出水,而不至于出现水箱出水的情况);消防水泵泵组的总出水管上还应安装压力表和泄水阀;压力表安装时应加设缓冲装置，压力表和缓冲装置之间应安装旋塞，压力表量程应为工作压力的 2.0～2.5 倍。

(4)吸水管及其附件的安装应符合下列要求：

①消防水泵泄水管上的控制阀应在消防水泵固定于基础之后再进行安装，其直径不应小于消防水泵吸水口直径，且不应采用没有可靠锁定装置的蝶阀。

②当消防水泵和消防水池位于独立的两个基础上且相互为刚性连接时，吸水管上应加设柔性连接管。

③吸水管水平管段上不应有气囊和漏气现象。变径时应采用偏心异径管件，消防水泵吸入管偏心变径管的安装如图 6.62 所示。

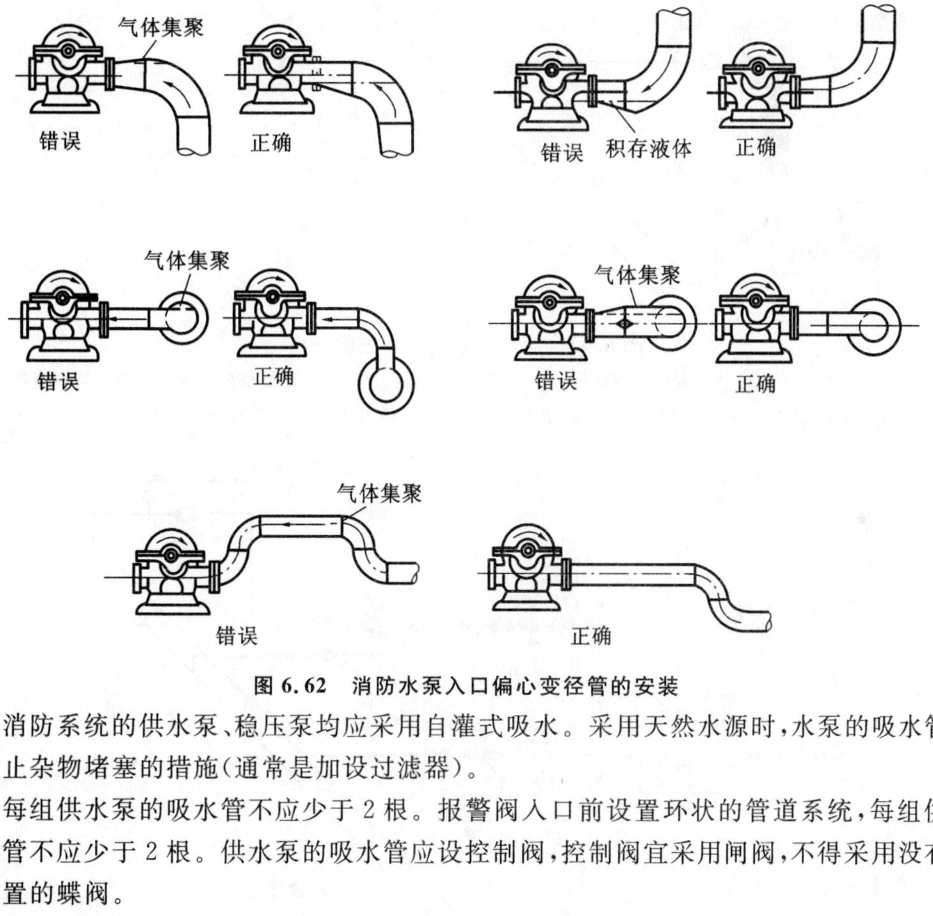

图 6.62 消防水泵入口偏心变径管的安装

④消防系统的供水泵、稳压泵均应采用自灌式吸水。采用天然水源时，水泵的吸水管上应采取防止杂物堵塞的措施(通常是加设过滤器)。

⑤每组供水泵的吸水管不应少于 2 根。报警阀入口前设置环状的管道系统，每组供水泵的出水管不应少于 2 根。供水泵的吸水管应设控制阀，控制阀宜采用闸阀，不得采用没有可靠锁定装置的蝶阀。

消防水泵管路系统如图 6.63、图 6.64 所示。

卧式多级单出口、双出口消防水泵安装如图 6.65 所示；立式多级单出口、双出口消防水泵安装如图 6.66 所示；卧式恒压消防水泵安装如图 6.67 所示。

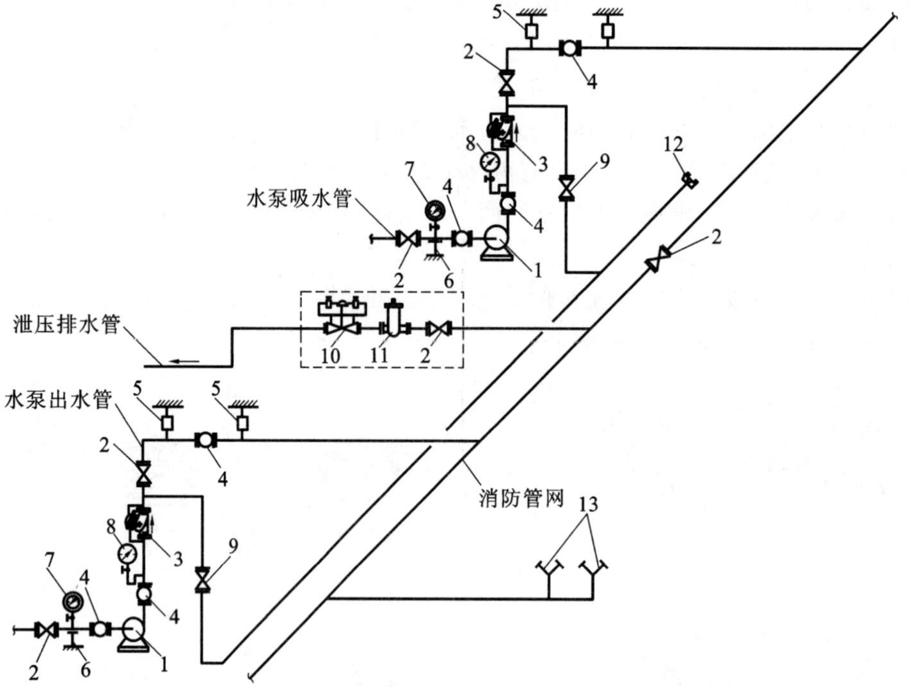

图 6.63 消防水泵管路系统图(一)

1—消防水泵;2—阀门;3—多功能控制阀;4—可曲挠橡胶接头;5—管道吊架减振器;6—管道托架减振器;7—真空表;8—压力表;9—试验放水阀;10—泄压装置;11—管道过滤器;12—消防水带接口;13—水泵接合器

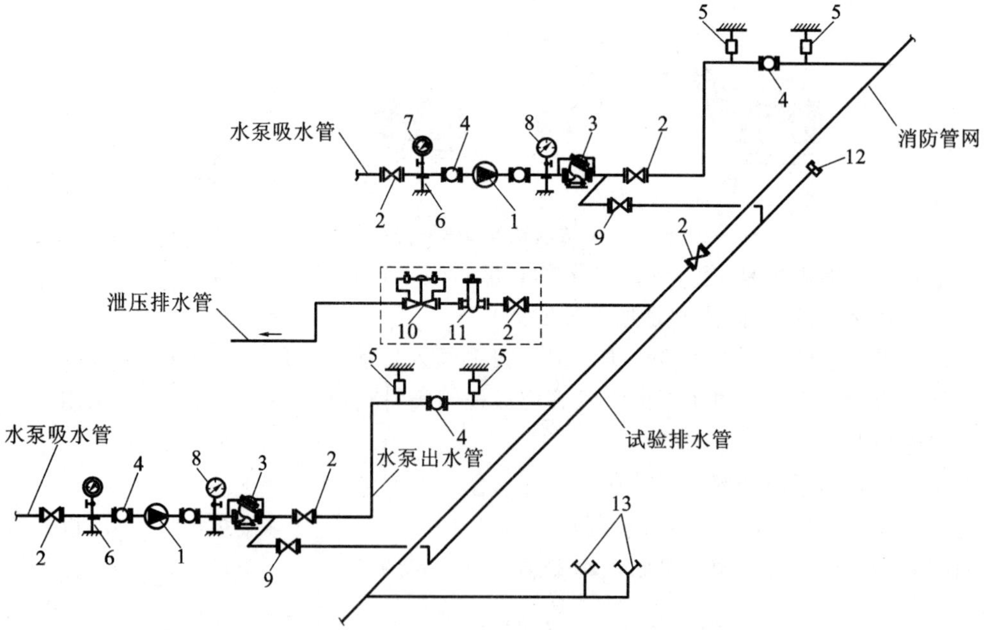

图 6.64 消防水泵管路系统图(二)

1—消防水泵;2—阀门;3—多功能控制阀;4—可曲挠橡胶接头;5—管道吊架减振器;6—管道托架减振器;7—真空表;8—压力表;9—试验放水阀;10—泄压装置;11—管道过滤器;12—消防水带接口;13—水泵接合器

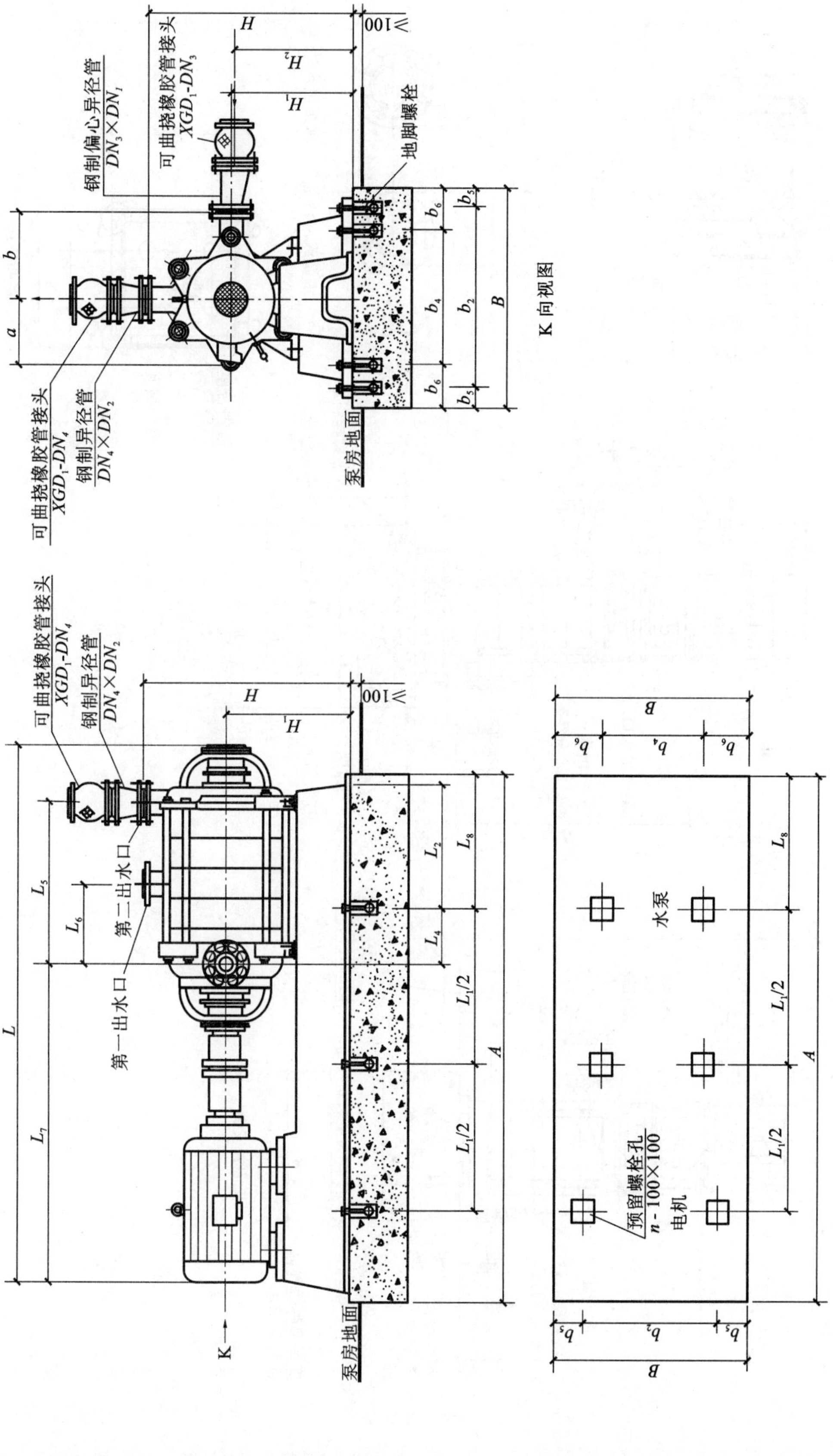

图 6.65 卧式多级单出口、双出口消防水泵安装图

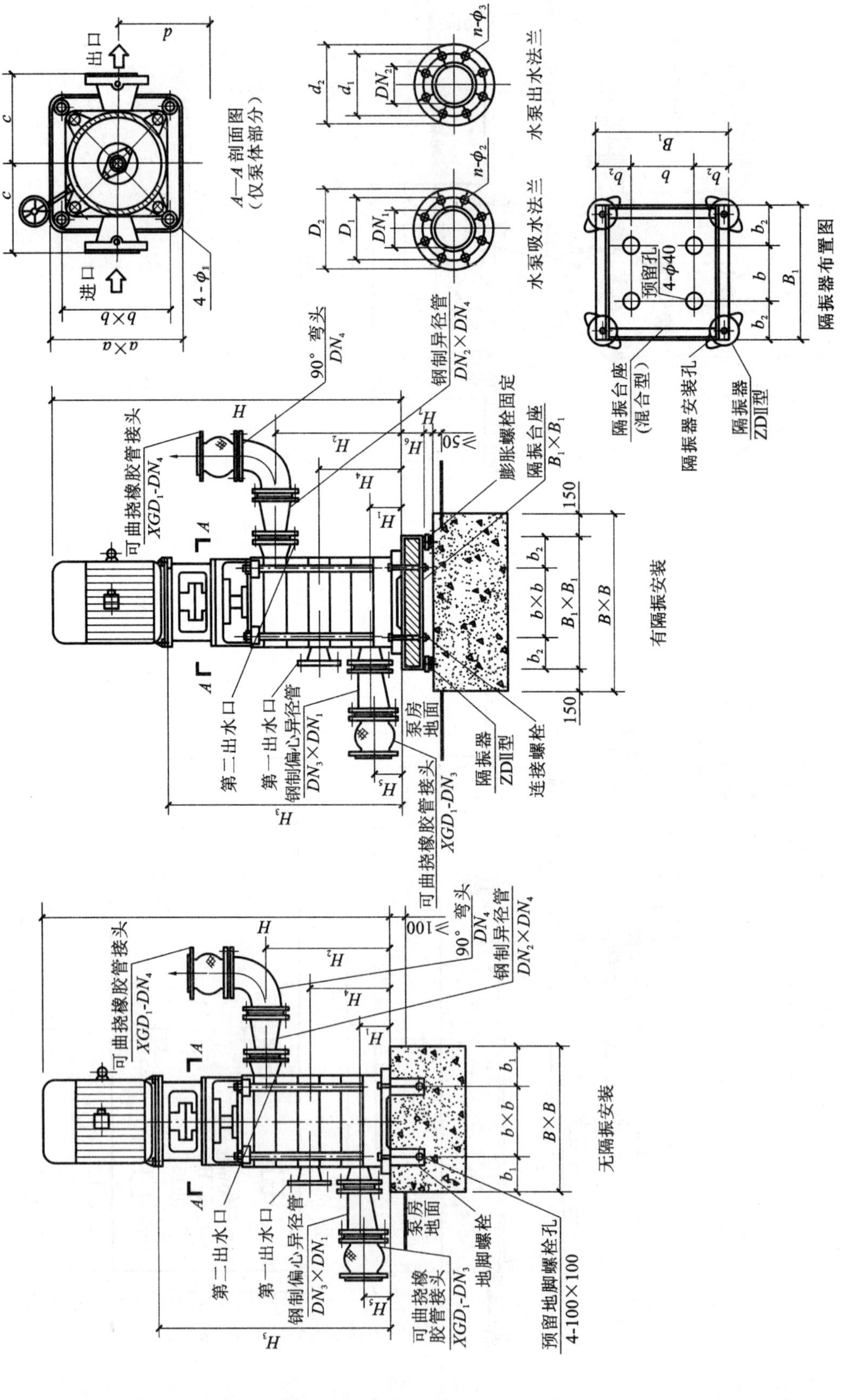

图 6.66 立式多级单出口、双出口消防水泵安装图

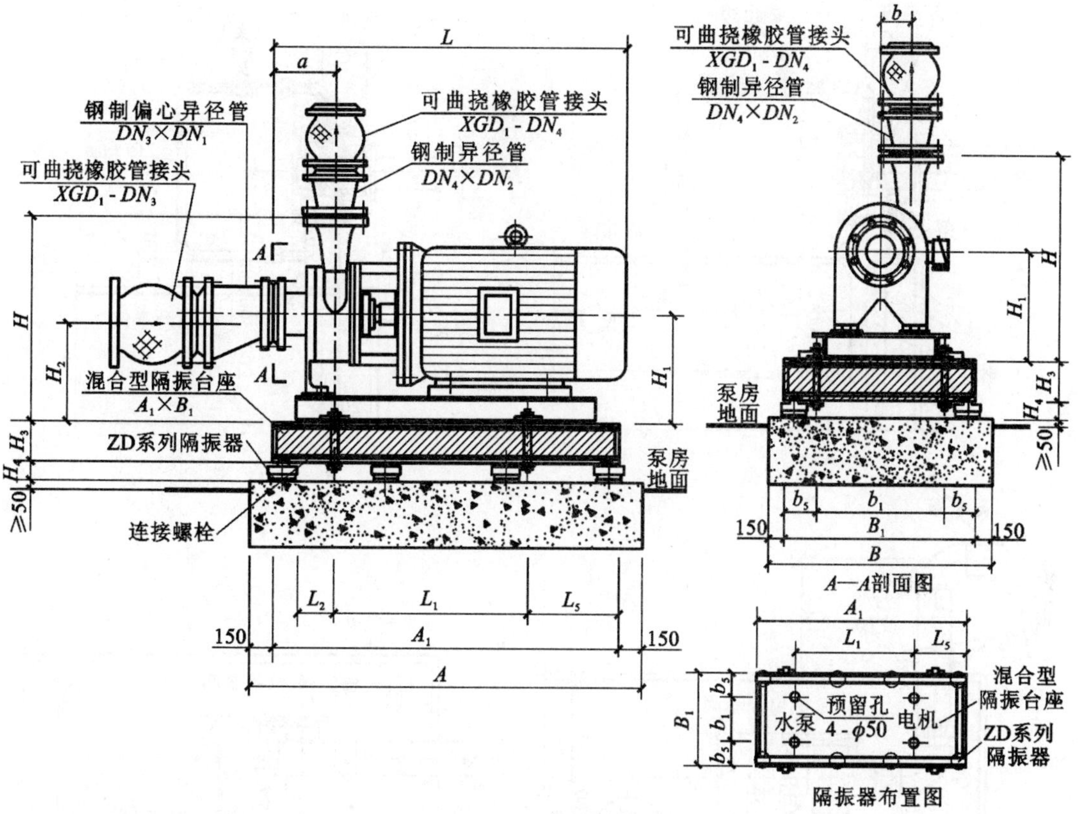

图 6.67 卧式恒压消防水泵安装图

6.7.2 消防水箱安装和消防水池施工

(1)消防水池、消防水箱如用混凝土或钢筋混凝土制作时,其安装应符合国家标准《给水排水构筑物工程施工及验收规范》(GB 50141—2008)的有关规定。

(2)消防水箱的容积、安装位置应符合设计要求。安装时,消防水箱间的主要通道宽度不应小于 1.0m;钢板消防水箱四周应设检修通道,其宽度不小于 0.7m;消防水箱顶部至楼板或梁底的距离不得小于 0.6m。钢板水箱不得直接坐落在地面上,宜采用支座支撑水箱;水箱下有管道敷设时,箱底与水箱间地面板的净距不宜小于 0.8m。

(3)消防水箱进水管安装:当消防水箱的进水管利用管网压力进水时,进水管的入口处应设浮球阀和液位控制阀,如图 6.68 所示,其数量不少于 2 个,且管径应与进水管的管径相同。液位控制阀前应装设阀门和过滤器,以便检修。

消防水箱进水管的管口和水箱溢流水位之间应有空气隔断,隔断间距应大于或等于 2.5 倍管外径,但最小不得小于 25mm,最大不大于 150mm,一般为 100mm。

(4)消防水箱出水管安装:消防水箱出水管与消防系统相连,在出水管上应加设止回阀。除串联消防给水系统外,发生火灾后消防泵供给的消防用水不应进入高位消防水箱。这主要是考虑消防灭火时消防用水经消防水箱再流入消防管网,不能保证消防设备的水压,影响消防设备作用的发挥,还延误了灭火时间。

(5)溢流管宜采用水平喇叭口集水;喇叭口下的垂直管段不宜小于 4 倍溢流管径。溢流管

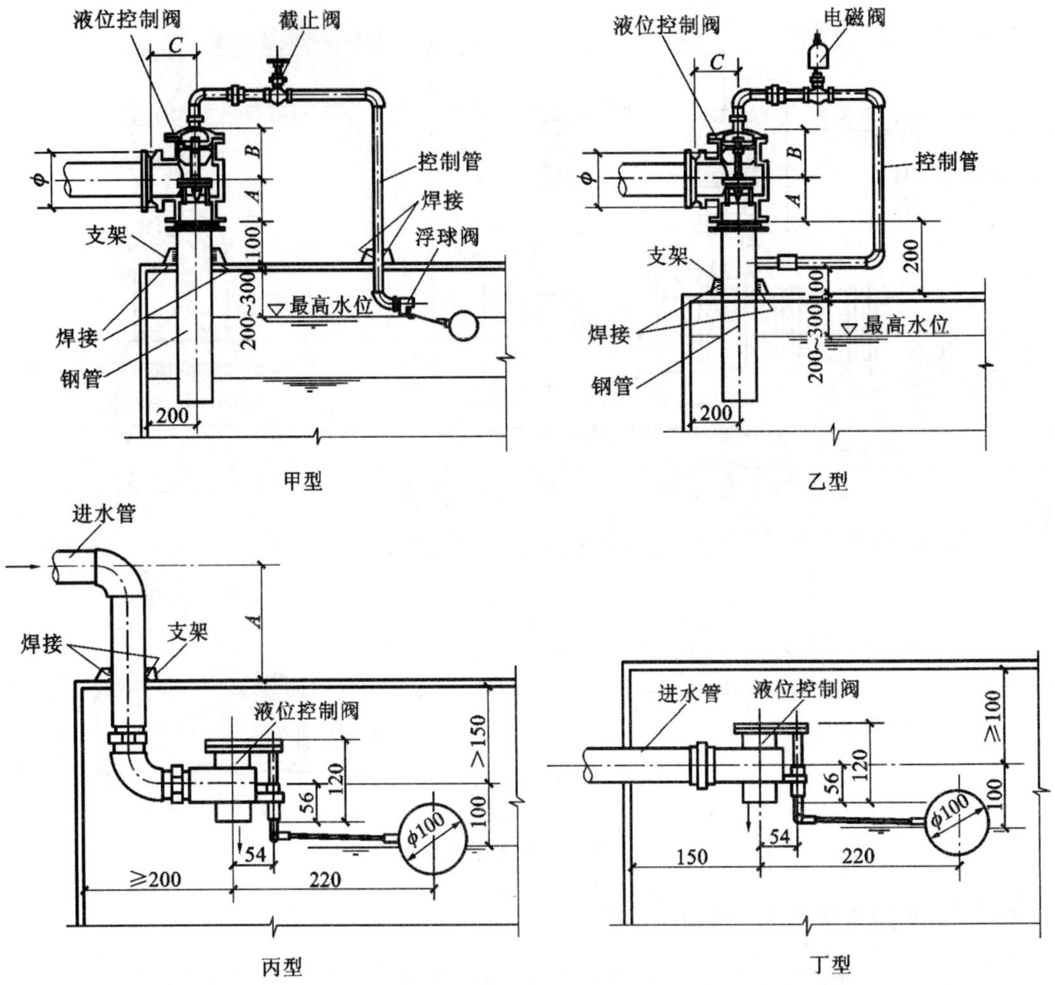

图 6.68 水箱液位控制阀安装图

的管径应按能排泄水箱的最大流量确定，并应比进水管规格大一级。溢流管的出口处应加设网罩，并采用间接排水或断流排水的方式（即溢流管不得与生产或生活用的排水系统直接相连）。溢流管上不得加设阀门。

（6）管道穿过钢筋混凝土消防水箱时，应加设防水套管；对有振动的管道，应加设柔性接头。进水管和出水管的接头与钢板消防水箱的连接应采用焊接，焊接后应做防腐处理。

6.7.3 消防气压给水设备安装

（1）消防气压给水设备的气压罐，其型号、规格、容积、气压、水位及工作压力应符合设计要求。

（2）消防气压给水设备上的安全阀、压力表、泄水管、水位指示器的安装应符合产品使用说明书的要求。

（3）消防气压给水设备的安装位置、进水管及出水管方向应符合设计要求；安装时其四周应设检修通道，其宽度不应小于 0.7m，消防气压给水设备顶部至楼板或梁底的距离不得小于 1.0m。

6.7.4 消防水泵接合器安装

(1)消防水泵接合器的组装应按接口、本体、连接管、止回阀、安全阀、放空管、控制阀的顺序进行。止回阀的安装方向要正确,即应使消防用水能从消防水泵接合器进入消防系统。

(2)消防水泵接合器的安装应符合下列规定:

①消防水泵接合器应安装在便于消防车接近的人行道或机动车行驶的地段。

②地下消防水泵接合器应采用铸有“消防水泵接合器”的铸铁井盖,并在附近设置其指示位置的固定标志。

③地上消防水泵接合器应设置与消火栓有区别的固定标志。

④墙壁式消防水泵接合器的安装应符合设计要求。设计无要求时,其安装高度为 1.1m;与墙面上的门窗孔洞的净距离不应小于 2.0m,且不应安装在玻璃幕墙上方。

(3)地下消防水泵接合器的安装,应使进口与井盖底面的距离不大于 0.4m,且不应小于井盖的半径。

(4)地下消防水泵接合器井的砌筑应符合下列要求:

①在最高地下水位以上的地方设置地下消防水泵接合器井时,其井壁宜采用 MU7.5 级砖、M5.0 级水泥砂浆砌筑。

②在最高地下水位以下的地方设置地下消防水泵接合器井时,其井壁宜采用 MU7.5 级砖、M5.0 级水泥砂浆砌筑,且井壁内外表面应采用 1∶2水泥砂浆抹面,并应掺有防水剂,其抹面的厚度不应小于 20mm,抹面高度应高出最高地下水位 250mm。当管道穿过井壁时,管道与井壁间的间隙宜采用黏土填塞密实,并应采用 M7.5 级水泥砂浆抹面,抹面厚度不应小于 50mm。

6.8 自动喷水灭火系统试压、冲洗和调试

6.8.1 自动喷水灭火系统试压、冲洗的一般规定

(1)管网系统安装完毕后,应对其进行强度试验、严密性试验和冲洗。

(2)强度试验和严密性试验宜用水进行。干式喷水灭火系统、预作用喷水灭火系统应做水压试验和气压试验。

(3)自动喷水灭火系统试压前应具备以下条件:

①埋地管道的位置及管道基础、支墩等经复查符合设计要求。

②试压用的压力表不少于 2 只,精度不低于 1.5 级,量程应为试验压力的 1.5~2 倍。

③试压冲洗方案已获批准。

④对不能参与试压的设备、仪表、阀门及附件应加以隔离或拆除;加设的临时盲板应具有凸出法兰的边耳,且应做明显标志,并记录加设的临时盲板数量。

(4)系统试压过程中,当出现泄漏时,应停止试压,并应放空管网中的试压介质,缺陷消除后,重新试压。

(5)系统试压完成后,应及时拆除所有临时盲板及试验用的临时管道,并与记录核对无误后,填写水压试验记录。

(6)管网冲洗应在试压合格后分段进行。冲洗顺序应先室外,后室内;先地下,后地上;室内部分的冲洗应按配水干管、配水管、配水支管的顺序进行。

(7)管网冲洗宜用水进行。冲洗前,应对系统的仪表采取保护措施。止回阀、报警阀、过滤器等附件应拆除,接一临时短管,待冲洗工作结束后,再将临时短管拆下,将上述附件复位。

(8)冲洗前,应对管道支架、吊架进行检查,必要时应采取临时加固措施。

(9)对不能经受冲洗的设备和可能存留脏物、杂物的管段,应进行清理。

(10)冲洗直径大于 100mm 的管道时,应对其焊缝、死角和底部进行轻轻敲打,敲打不得损伤管道。

(11)管网冲洗合格后应填写冲洗记录。

(12)水压试验和系统冲洗用水应采用生活用水,不得使用海水或有腐蚀性化学物质的水。

6.8.2 水压试验

(1)水压试验环境温度不宜低于 5℃,当低于 5℃时,应采取防冻措施。

(2)系统水压试验的压力,当系统设计工作压力小于或等于 1.0MPa 时,水压强度试验压力为工作压力的 1.5 倍,且不小于 1.4MPa;当系统工作压力大于 1.0MPa 时,水压强度试验压力为工作压力加 0.4MPa。水压强度试验的测试点应在系统的最低点。

(3)进行水压强度试验时,先向管网充水,并将管网内的空气排净,再缓慢升压,达到试验压力后,稳压 30min,目测管道系统无变形、破裂,无明显的渗水、漏水,且压力降小于或等于 0.05MPa,强度试验合格。

(4)强度试验合格后,应进行水压严密性试验。将试验压力降至设计工作压力,稳压 24h,管网无泄漏为合格。

(5)自动喷水灭火系统的水源干管、引入管和室内埋地管道应在回填前单独或与系统一起进行水压强度试验和水压严密性试验。

6.8.3 气压试验

(1)气压试验的介质宜采用空气或氮气。

(2)气压严密性试验的试验压力为 0.28MPa,稳压 24h,且压力降不大于 0.01MPa 为合格。

6.8.4 冲洗

(1)管网冲洗所采用的排水管道,应与排水系统连接可靠,其排放应畅通、安全。排水管道的截面面积不得小于被冲洗管道截面面积的 60%。

(2)管网冲洗的水流速度、流量不应小于系统设计的水流速度、流量;管网冲洗宜分区、分段进行;水平管网冲洗时其排水管位置应低于配水支管。

(3)管网的地上管道与地下管道连接前,应在配水干管底部加设堵头后,对地下管道进行冲洗。

(4)管网冲洗应连续进行,当出水口处水的颜色、透明度与入口处水的颜色、透明度基本一致时为合格。

(5)管网冲洗的水流方向与灭火时管网的水流方向一致。

(6)管网冲洗结束后,应将管网的水排除干净,必要时用压缩空气吹干。

6.8.5　系统调试

(1)系统调试应具备的条件

自动喷水灭火系统调试应在系统完成后进行。系统调试应具备下列条件:

①消防水池、消防水箱已储备设计要求的水量。

②系统供电正常。

③消防气压给水设备的水位、气压符合设计要求。

④湿式喷水灭火系统管网内已充满水;干式、预作用喷水灭火系统管网内的气压符合设计要求;阀门密封性能可靠,无任何渗漏。

⑤与系统配套的火灾自动报警系统处于工作状态。

(2)系统调试的内容和要求

①自动喷水灭火系统调试的内容有:

a. 水源测试;b. 消防水泵调试;c. 稳压泵调试;d. 报警阀组调试;e. 排水装置调试;f. 联动试验。

②水源测试应符合下列要求:

a. 按设计要求核实消防水箱的容积、设置高度及消防储水不作他用的技术措施;

b. 按设计要求核实消防水泵接合器的数量和供水能力,并通过移动式消防水泵做供水试验进行验证。

③消防水泵调试应符合下列要求:

a. 以自动或手动方式开启消防水泵时,消防水泵应在30s内投入正常运行;

b. 以备用电源切换或备用泵切换方式启动消防水泵时,消防水泵应在30s内投入正常运行。

④稳压泵调试时,模拟设计启动条件,稳压泵应立即启动;当达到系统设计压力时,稳压泵应自动停止运行。

⑤报警阀组调试应符合下列要求:

a. 湿式报警阀调试时,在试水装置处放水,当湿式报警阀进口水压大于0.14MPa,放水量大于1L/s时,报警阀应及时启动;带延迟器的水力警铃应在5～90s内发出报警铃声,不带延迟器的水力警铃应在15s内发出报警铃声;压力开关应及时动作,并反馈信号。

b. 干式报警阀调试时,开启系统试验阀,报警阀的启动时间、启动点压力、水流到试验装置出口所需时间,均应符合设计要求。

c. 干湿式报警阀调试时,当差动型报警阀上室和管网的空气压力降至供水压力的1/8以下时,试水装置应能连续出水,水力警铃应发出报警信号。

d. 雨淋阀调试宜利用检测、试验管路进行。用设计的自动或手动方式启动雨淋阀,启动装置动作后,雨淋阀应在15s之内启动,试验管路应输出设计要求的水流;公称直径大于200mm的雨淋阀调试时,应在60s之内启动。雨淋阀调试时,当报警水压大于或等于0.05MPa时,水力警铃应发出报警铃声。

⑥排水装置调试应符合下列要求:

a. 开启排水装置的主排水阀,应按系统最大设计灭火水量做排水试验,并使压力达到稳定；

b.试验过程中，从系统排出的水应全部从室内排水系统排走。

⑦联动试验应符合下列要求：

a.采用专用测试仪表或其他方式，对火灾自动报警系统的各种探测器输入模拟火灾信号，火灾自动报警控制器应发出声光报警信号并启动自动喷水灭火系统；

b.启动一只喷头或以0.94～1.5L/s的流量从末端试水装置处放水，水流指示器、压力开关、水力警铃和消防水泵等应及时动作并发出相应的信号。

联动试验可验证火灾自动报警系统与自动喷水灭火系统投入灭火时的连锁功能，可较直观地显示两个系统的部件和整体的灵敏度与可靠性是否达到要求。联动试验成功，应填写自动喷水灭火系统联动试验记录。

思考与练习

6.1 室内消火栓系统的给水方式有哪些？

6.2 简述室内消火栓给水系统主要设备的设置要求。

6.3 简述消火栓管道系统安装程序。

6.4 简述自动喷水灭火系统喷头布置要求。

6.5 简述自动喷水灭火系统水压试验。

7 室外给排水管道安装

知识目标

本章主要包括：室外给水管道的安装程序，室外给水管道施工准备要点，室外给水管道及附件的安装方法，室外给水管道的冲洗、消毒及水压试验；室外排水管道的安装流程、室外排水管道及附件的安装方法、室外排水管道的严密性试验；室外给排水管道管沟回填、室外给排水管道附属构筑物。

能力目标

通过本章学习，应着重培养以下能力：

1. 提高对室外给排水管道施工准备的认识和了解能力；
2. 增强对室外给排水管道系统的理解能力；
3. 形成对室外给排水管道及附件的安装操作能力；
4. 培养对室外给排水管道系统的调试和检验能力；
5. 加强对室外给排水管道系统的施工组织能力。

7.1 室外给水管道安装

室外给水管道的安装程序是：施工准备→沟槽开挖、沟基处理→管道安装→管道试压→管道冲洗、消毒→管沟回填。

7.1.1 施工准备

施工准备包括技术准备、材料机具准备、作业场地准备、施工组织及人员准备。

(1)技术准备要求施工人员熟悉图纸，熟悉相关的国家或行业验收规范及标准；技术人员向施工班组进行技术交底，使施工人员掌握相关操作工艺。

(2)材料机具准备要求工程所用的主要材料、成品、半成品、配件及设备必须具有中文质量合格证明文件；工程所用的材料、设备的规格型号和性能检测报告应符合国家技术标准和设计要求；所有材料进入施工现场时应进行品种、规格、外观验收；包装完好，表面无划痕及外力冲击破损；主要器具和设备应有完整的安装使用说明书；所有配件的压力等级、尺寸规格应与管道配套。所有的施工机具和测量仪器准备齐全。

(3)作业场地准备要求对施工区域内的地面进行清理，清除杂物、垃圾和障碍物；对地下电缆、电线、煤气、热力等管线进行摸底，并做出标记。

(4)施工组织及人员准备要求建立健全施工质量及施工安全管理体系；根据工程规模和工程量的大小确定施工人员的数量和专业技术人员配备。

7.1.2 沟槽开挖、沟基处理

7.1.2.1 沟槽形式

沟槽按其断面的形式不同可分为直槽、梯形槽、混合槽和联合槽四种，如图 7.1 所示。

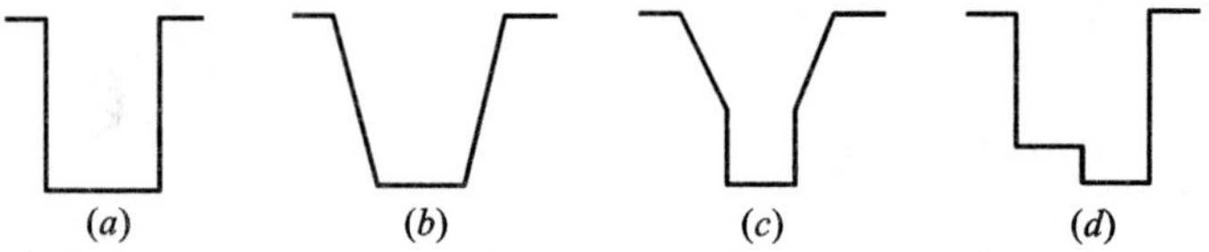

图 7.1 沟槽断面形式

(a)直槽；(b)梯形槽；(c)混合槽；(d)联合槽

7.1.2.2 沟槽的断面尺寸

管道沟槽底部的开槽宽度按下式确定：

$$B=D_1+2(b_1+b_2+b_3) \tag{7.1}$$

式中 B——沟槽底宽，mm；

D_1——管道结构的外缘宽度，mm；

b_1——管道一侧的工作面宽度，mm，可按表 7.1 采用；

b_2——管道一侧的支撑厚度，一般可取 150～200mm；

b_3——现场浇筑混凝土或钢筋混凝土灌渠一侧模板的厚度，mm。

表 7.1 沟槽底部每侧工作面宽度(mm)

管道结构的外缘宽度 D_1	管道一侧的工作面宽度 b_1		管道结构的外缘宽度 D_1	管道一侧的工作面宽度 b_1	
	非金属管道	金属管道		非金属管道	金属管道
$D_1 \leqslant 500$	400	300	$1000 < D_1 \leqslant 1500$	600	600
$500 < D_1 \leqslant 1000$	500	400	$1500 < D_1 \leqslant 3000$	800	800

注：①槽底需设排水沟时，工作面宽度 b_1 应适当增加。

②管道有现场施工的外防水层时，每侧的工作面宽度宜取 800mm。

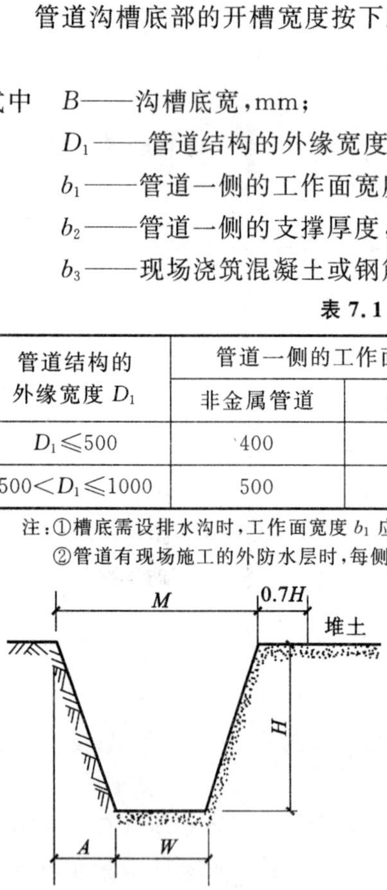

图 7.2 梯形槽断面尺寸

由此可得出梯形槽(图 7.2)顶面的开挖宽度为：

$$M=W+2A$$

$$A=H/\text{边坡坡度}$$

式中 M——梯形槽槽顶尺寸，mm；

W——梯形槽槽底宽度，mm；

H——沟槽深度，mm。

梯形槽边坡尺寸按设计要求确定；如设计无要求时，对于质地良好，土质均匀，地下水位低于槽底，沟槽深度在 5m 以内，不加支撑的最陡边坡应符合表 7.2 的规定。

表 7.2 深度在 5m 以内的沟槽边坡的最陡坡度

土的类别	边坡坡度(高∶宽)		
	坡顶无荷载	坡顶有荷载	坡顶有动载
中密度的砂土	1∶1.00	1∶1.25	1∶1.50
中密度的碎石类土(充填物为砂石)	1∶0.75	1∶1.00	1∶1.25

续表 7.2

土的类别	边坡坡度(高∶宽)		
	坡顶无荷载	坡顶有荷载	坡顶有动载
硬塑的轻压黏土	1∶0.67	1∶0.75	1∶1.00
中密度的碎石类土(充填物为黏性土)	1∶0.50	1∶0.67	1∶0.75
硬塑的亚黏土、黏土	1∶0.33	1∶0.50	1∶0.67
老黄土	1∶0.10	1∶0.25	1∶0.33
软土(经井点降水后)	1∶1.00	—	—

注:①当有成熟施工经验时,可不受本表限制。

②在软土沟槽坡顶不宜设置静载或动载;需要设置时,应对土的承载力和边坡的稳定性进行验算。

7.1.2.3　沟槽开挖

沟槽开挖是室外给水管道施工的重要环节。对于埋设较深、距离较长、直径较大的管道,由于土方量大,管道穿越地段的水文地质和工程地质复杂,在施工前应采取挖探或钻探的方法查明与施工相关的地下情况,以便采取相应的措施。沟槽开挖的方法有人工开挖和机械开挖两种。采用何种开挖方法,应根据沟槽的断面形式、地下管线的复杂程度、土质坚硬程度、工作量的大小、施工场地的实际状况以及机械配备、劳动力等条件确定。

(1)机械开挖

机械开挖应注意以下事项:

①开挖前应做详细的调查,搞清楚地下管线的种类和分布状况,严禁不做调查、分析便盲目进行大规模的机械化施工。

②机械开挖应严格控制标高,为防止超挖或扰动槽底面,槽底应留 0.2～0.3m 厚的土层暂时不挖,待管道铺设前用人工清理至槽底标高,并同时修整槽底。

③沟槽开挖需要井点降水时,应提前打设井点降水,将地下水位稳定至槽底以下 0.5m 时方可开挖,要避免挖土速度过快,因土层含水量过大支撑困难,贻误支护时机导致塌方。

④沟槽开挖支撑时,挖土应与支撑相配合,机械挖土后应及时支撑,以免槽壁失稳,导致坍塌。当采用挖掘机挖土时,挖掘机不得进入未设支撑的区域。

⑤对地下管线和各种构筑物应尽可能临时迁移;如不可能,应采用人工挖掘的方法使其外露,并采取吊托等加固措施,同时对挖掘司机做详细的技术交底。

(2)人工开挖

在工作量不大、地面狭窄、地下有障碍物或无机械施工条件的情况下,应采用人工开挖。人工开挖要集中人力尽快挖成,以转入下一道工序施工。人工开挖应注意以下事项:

①沟槽应分段开挖,并应合理确定开挖顺序和分层开挖深度。若沟槽有坡度,应由低向高处进行,当接近地下水时,应先开挖最低处土方,以便在最低处排水。

②开挖人员疏密布置要合理,一般以间隔 5m 为宜,在开挖过程中和管沟回填之前应保持沟壁完整,防止坍塌,必要时应设置支撑保护。

③开挖的沟槽如不能立即铺管,应在沟底留 0.15～0.2m 的一层暂不挖除,待铺管时再挖至设计标高。

④沟槽底不得超挖,如有局部超挖,应用相同的土壤予以填补,并夯实至接近天然密实度,或用砂、砾石填补。槽底遇有不易清除的大块石头,应将其凿至槽底以下 0.15m 处,再用砂石

填补夯实。

⑤开挖沟槽遇有管道、电缆或其他构筑物时，应严加保护，并及时与有关单位联系，会同处理。

(3)沟槽开挖的注意事项

①应向施工人员进行详细的技术、安全、施工交底，内容包括沟槽断面、堆土位置、地下水的排除、安全要求等。

②挖土机械应保持良好的工作状态，为了确保槽底土壤不被扰动和破坏，开挖时应在设计槽底高程200mm左右不挖，此层用人工清除。单斗挖土机和吊车不得在架空线路正下方工作。

③在街道、厂区、居民区及公路上开挖沟槽时，无论工程大小，应在沟槽两端设立安全设施和醒目的警告标志，如护栏、路障及危险旗，在夜晚应悬挂红灯。

④沟槽开挖深度较大时应分层开挖，合理确定分层开挖深度，并应在层间设置台阶。人工开挖槽深超过3m时，每层深度不宜超过2m。多层槽的层间留台宽度放坡时不应小于0.8m，直槽时不应小于0.5m，安装井点设备时不应小于1.5m。当沟槽采用机械开挖时，沟槽的分层深度应按机械性能确定。

⑤沟槽开挖时，弃土若堆在槽边，沟槽每侧临时堆土或施加其他荷载时，应保证槽壁稳定且不影响施工。沟槽弃土应尽量堆在沟的一侧；若沟槽较深，可两侧堆土。人工挖槽时，堆土高度不宜超过1.5m，且距槽口边缘不宜小于0.8m。

⑥沟槽堆土不得影响建筑物、各种管线和其他设施的安全，不得掩埋消火栓、管道阀门、雨水口、测量标志以及各种地下管道的井盖，以免影响正常使用。

(4)沟槽支撑

支撑是防止沟槽坍塌的一种临时性挡土结构。当沟槽土质较差、深度较大而又挖成直槽时，或高地下水位的砂性土质并采用表面排水措施时，均应设置支撑。设置支撑的直壁沟槽，可以减少土方量，缩小施工面积，减少拆迁。在有地下水时，应设置板桩支撑，由于板桩下端深入槽底，延长了地下水的渗水途径，起到一定的阻水作用。但支撑增加材料消耗，也给后续作业带来不便，因此，是否设支撑应根据土质、地下水情况、槽深、槽宽、开挖方法、排水方法和地面荷载等情况综合考虑。

1)沟槽支撑的形式

沟槽支撑一般由木材或钢材制作，支撑形式有横撑、竖撑和板桩撑等，如图7.3所示。

2)支撑的使用范围

①横撑　横撑用于土质较好、地下水量较小的沟槽。当为砂质土壤、挖深在1.5～2.5m时，采用图7.3(*a*)所示的形式；而沟槽挖深在2.5～5.0m，并有少量地下水时，可采用图7.3(*b*)所示的形式；如开挖段土质较硬时，可采用图7.3(*c*)所示的形式。

②竖撑　在土质较差、地下水较多或散砂中开挖时，采用图7.3(*d*)所示的形式。竖撑时撑板可在开挖过程中先于挖土插入土中，在回填以后再拔出，因此，支撑和拆撑都较安全。

③板桩撑　常用于地下水严重处，在沟槽开挖之前用打桩机打入土中，打入深度要超出槽底一定长度，故在沟槽开挖及其以后的施工中，不但能起到保证安全的作用，还可延长地下水的渗水路径，有效防止流沙渗入。

3)沟槽支撑间距和支撑材料

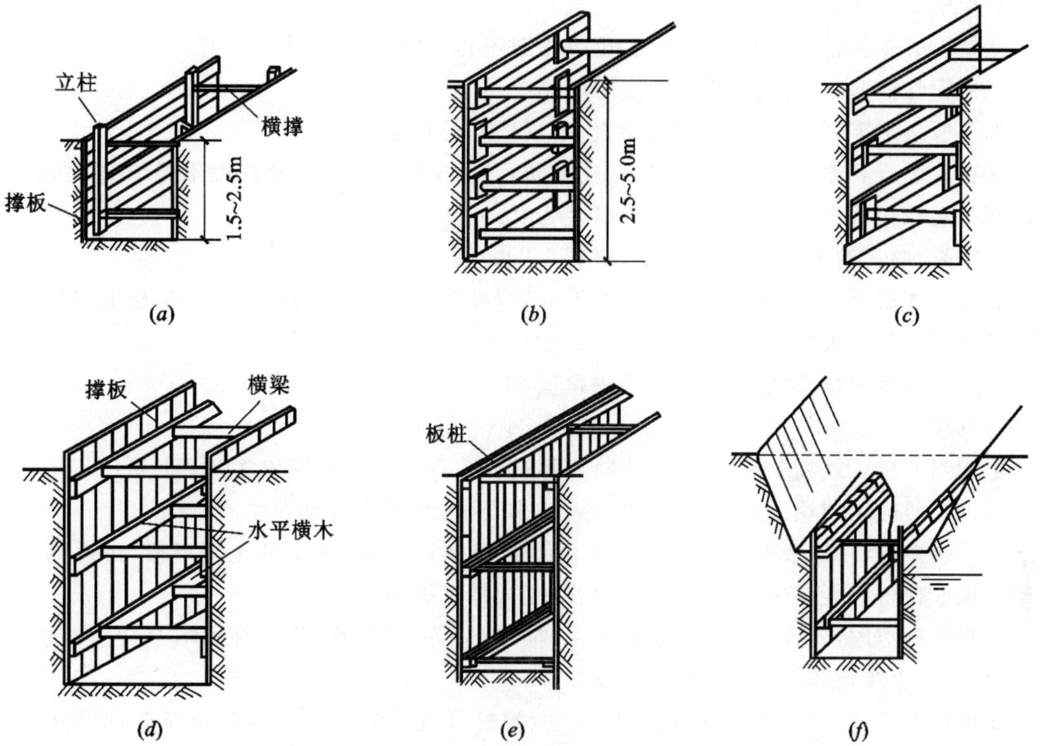

图 7.3　沟槽支撑形式

(*a*),(*b*)连续式水平支撑;(*c*)断续式水平支撑;(*d*)竖撑;(*e*)板桩撑;(*f*)部分支撑

①沟槽支撑的间距　深度在 5m 以内的支撑间距见表 7.3。

②沟槽支撑的材料　沟槽支撑的材料可选用钢材、木材或钢木混合使用。钢支撑的撑板采用钢模板,横梁或纵梁采用槽钢、工字钢,横撑可用钢管。

表 7.3　沟槽支撑间距(m)

图示	间距	管沟深度	
		3m 以内	3～5m
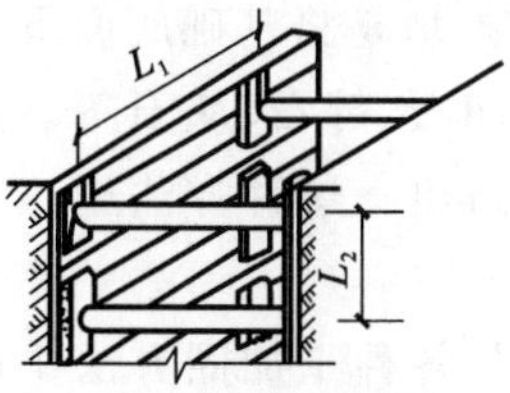	L_1	1.2～2.5	1.2
	L_2	1.0～1.2	1.0
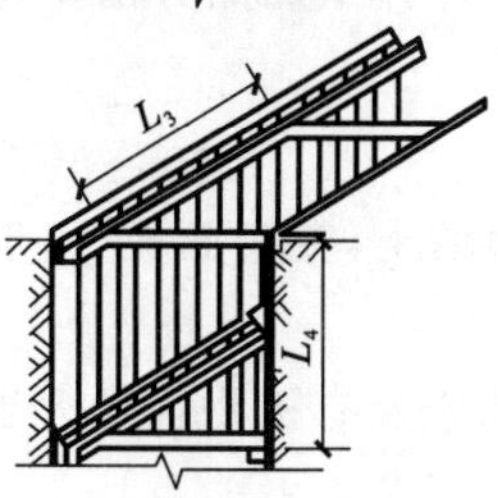	L_3	1.2～1.5	1.2
	L_4	1.0～1.2	1.0

注:撑板长度 L 一般为 4m。

4)沟槽支撑注意事项

①撑板必须随挖土深度及时安装,雨季施工不得空槽过夜。

②撑板与槽壁应均匀紧贴,当有空隙时用土填实。

③撑板必须牢固可靠,并应经常检查,发现松动及时加固。

④在软土或其他不稳定土层中采用支撑时,开始支撑的开挖沟槽深度不得超过1.0m。以后挖深与支撑交替进行,每次交替的深度宜为0.4～0.8m。

⑤劈裂、腐朽的木材不得作为支撑材料。

⑥采用木料支撑时,横撑应在垂直板上,横撑端头下方应钉木托;在水平垫板上,横撑端应用铁爪钉与水平托板钉牢,其横撑端头下方亦钉木托。

⑦上下沟槽应设安全梯,严禁攀踏踢蹬横撑。

5)拆撑

沟槽内的施工过程全部完成后,应将支撑拆除。拆除支撑时应注意以下事项:

①拆撑时应边回填边拆除,拆除时必须注意安全,继续排除地下水。

②竖撑拆除时,一般先填土至下层撑木底面,再拆除下撑,然后还土至半槽,再拆除上撑,拔出木板或板桩。竖撑板或板桩一般采用倒链或吊车拔出。

③水平拆撑时,先松动最下一层的横撑,抽出最下一层撑板,然后在回填至较上一层支撑时,用撑木将上半槽撑好后再拆除原有支撑。

④拆撑前应仔细检查沟槽两边的建筑物、电杆及其他外露管道等是否安全,必要时进行加固。

7.1.2.4 沟基处理

土体承受荷载能力的大小与其天然组分有关,因此,管道地基是否需要处理取决于地基土的强度。当地基土的强度满足不了工程需要时,则应加固。管道地基的常用加固方法有换土、压实、挤密和排水三种方式。

(1)换土和压实

换土是管道工程加固基础常采用的一种方法。换土垫层作为地基的持力层,可提高地基承载力,并通过垫层的应力扩散作用,减少对垫层下面地基单位面积的荷载。采用透水性大的材料作垫层时,有助于土中水分的排除,加速含水黏性土的固结。

换土有两种方式,一种是挖除换填,另一种是强制挤出换填。挖除换填是将基础底面下一定深度的弱承载土挖去,换为低压缩性的散体材料,如素土、灰土、砂、卵石、碎石、块石等。强制挤出换填是不挖出原软弱土层,而借换填土层的自重下沉将软弱土挤出。这种方法施工方便,但难以保证换填断面的形状正确,从而可能导致上部结构失稳。

压实就是用机械的方法使土空隙率减小,密实度提高。压实加固是各种土加固方法中施工最简单、成本最低的方法,管道基础的压实方法是夯实法。

1)素土垫层

素土垫层是先挖去基础下的部分土层或全部软弱土层,然后分层回填土,夯实而成,一般适用于处理湿陷性黄土和杂填土地基。

①材料要求:素土垫层的材料不得使用淤泥、表面耕植土、冻土、膨胀土及有机物含量大于8%的土作为填料。土料含水量应控制在最佳含水量范围内,误差不得大于2%。

②施工要点及注意事项:填土应从最低部分开始,分层铺设,分层夯实;清除槽底全部软弱

土层，铲除槽底的草皮、树皮、淤泥；垫层施工完毕，应立即进行下一道工序施工，防止水浸、晒裂。

2)砂和砂石垫层

砂和砂石垫层适用于处理槽底有地下水或含水量较大的黏性土地基。

①材料要求：砂和砂石垫层所需材料宜采用颗粒级配良好和质地坚硬的中砂、粗砂、砾石、卵石或碎石；当采用细砂时，宜掺入一定量的卵石和碎石。

②施工要点及注意事项：铺砂前应将槽内浮土清除，槽底和两侧如有空洞应先填实；垫层的底面深度不同时，土面应挖成踏步或斜坡搭接，并按先深后浅的顺序施工；采用插振法时，使垫层淋水达到饱和状态后，用插入式振动器振捣，插入间距不大于振动器有效作用半径的1.4倍，避免插至土层；捣实方法为水撼法时，注水使其略高于砂面14mm，用钢叉垂直插入摇撼数下后拔出，每层摇撼3～4遍，插入点间距100mm，直至钢叉自0.5m处自由落下，插入深度不超过100mm为止。水撼法在湿陷性黄土和膨胀土地区不得使用。

③质量要求：砂垫层每层夯实后的密实程度达到中密标准，即孔隙比不应大于0.65。测定方法是用容积不小于200cm^3的环刀取样。现场简易测定方法是：将直径16mm、长1950mm的平头钢筋自由落距为0.5m时贯入砂层，贯入深度小于70mm为合格。

3)灰土垫层

灰土垫层施工简单，取材容易，是一种最经济的地基处理方法。适用于加固一般深2m以内的各种地基，但不宜用于地下水位以下的地基加固。

①材料要求：土料可采用就地挖出的土，但不得采用表面耕植土和冻土。土料应过筛，其粒径不得大于15mm。石灰在使用前1～2d内消解并过筛，粒径不应大于5mm。

②灰土常用配合比(体积比)为石灰∶土＝2∶8(或3∶7)。拌和时，根据气候和土的湿度适量浇水，拌好的灰土应颜色均匀，土料含水量应保持在最佳含水状态。如土料水分过多或不足时，可凉干或洒水湿润，如有球团应打碎。

③施工要点及注意事项：施工前应先验槽，并将槽底夯两遍；铺灰土应分段分层夯实，采用蛙式夯实时，灰土虚铺厚度为200～250mm，夯实遍数不少于4遍，夯实后为100～150mm厚。入槽的灰土不得隔日夯实，夯实后3d内不得浸泡。灰土打完后，应尽快进入下一道施工工序，否则应作临时遮掩；遇雨时应将松软灰土除去并填补夯实。

④质量要求：灰土垫层的质量应逐层用环刀取样，测量其干密度。夯打坚实的灰土声音应清脆。

(2)挤密桩加固地基

挤密桩加固地基是在承压土层内打设很多桩或桩孔，在桩孔内贯入砂，成为砂桩，以挤密土层，减少孔隙体积，增加土体强度。或者将圆木打入槽内，成为短木桩，加固地基。

1)砂桩

当沟槽开挖遇到粉砂、细砂、亚砂土及薄层砂质黏土，下卧透水层时，由于排水不利发生扰动，深度在0.8～2.0m时，可采用砂桩法挤密排水来提高承载力。砂桩法的施工工艺是：先将钢套管打入土中，然后将砂子(中砂、粗砂，含泥量不超过5%)灌入钢管内，并进行捣实，随灌砂随拔出钢管，如图7.4所示。砂桩施工所用设备主要有落锤、振动式打桩机和拔桩机。在软土区使用振动式打桩机时应注意避免过分扰动软土。如图7.5所示，钢套管由钢管及其下端的桩靴组成，桩靴有混凝土桩靴和活瓣式桩靴。

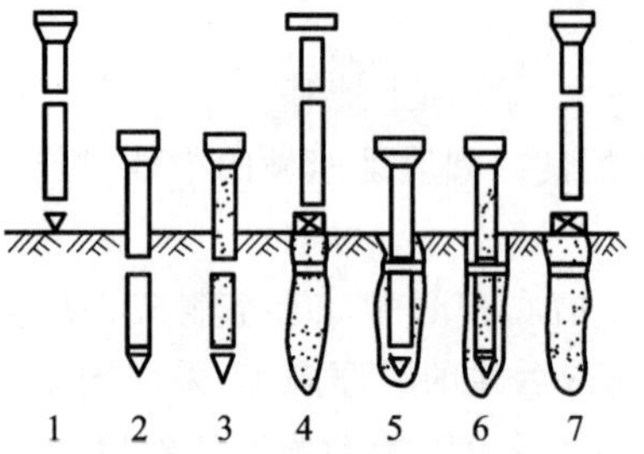

图 7.4　砂桩法施工

1—桩架就位；2—打到设计标高；3—灌注黄砂；
4—拔起桩管，砂留桩孔中；5—再次打到设计标高；
6—再次灌注黄砂；7—拔起桩管，完成扩大砂桩

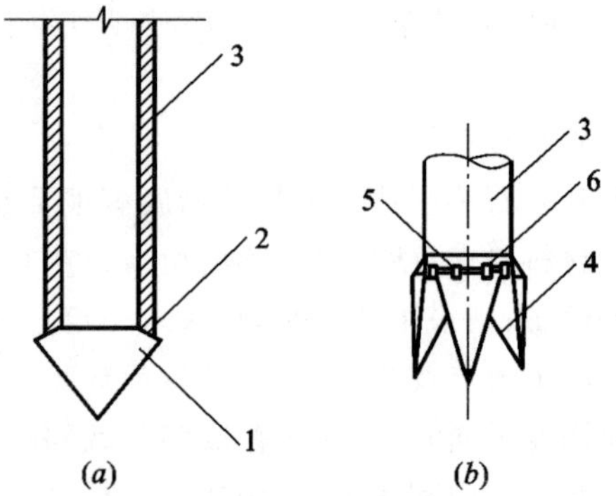

图 7.5　钢套管和桩靴

1—混凝土(木)制桩靴；2—麻绳垫；3—钢套管；
4—活瓣桩尖；5—锁轴；6—活门开启限位装置

砂桩施工及注意事项：

①砂桩可按梅花形布置，间距为 0.7～1m。最外边一排砂桩轴线距管道基础的边缘不小于 100mm。

②砂桩顶应铺砂垫层，将砂桩渗出的水引出排除。

③砂桩的施工顺序应从两边向中间进行。

④往套管中装砂时，应分层填入，边填入边捣实，并逐步拔起套管；在拔套管时，必须使砂在套管中经常保持 1～1.25m 的高度。

⑤砂桩中实际灌填的砂不得少于计算值的 95%。

⑥砂桩施工的质量要求如下：砂桩应连续，不断桩，不缩颈；桩的垂直度应小于或等于 $L/100$(L 为桩长)；桩长应符合设计要求，平面位移小于或等于 $D/2$(D 为桩径)。

2)短木桩法加固地基

这种方法是用木桩将扰动的土壤挤密，使其承载能力增加，同时，也可将荷载通过木桩传递给深层地基，如图 7.6 所示。这种方法处理效果好，但使用木材较多，适用于一般槽底软土深 0.8～2m 的地基。

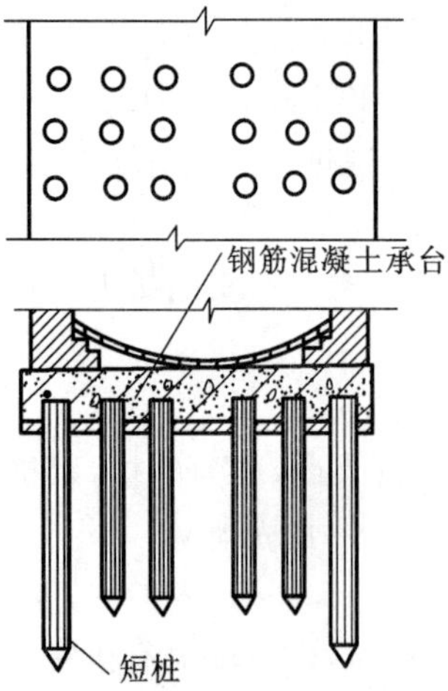

图 7.6　短木桩基础

7.1.3　管道安装

7.1.3.1　室外给水管道埋设的技术要求

(1)管道的埋设深度应根据冰冻情况、外部荷载、管材强度及与其他管道交叉等因素确定；

(2)沟槽开挖宜分段快速施工，管沟回填时间不宜过长，管道安装完毕应及时试验，合格后应立即回填；

(3)城镇给水管道与建筑物、铁路和其他管道的水平净距，应根据建筑物基础的结构、路面种类、卫生安全、管道埋深、管径、管材、施工条件、管内工作压力、管道上附属构筑物的大小及有关规定等条件确定，一般不得小于表 7.4 的规定。

表 7.4 给水排水管道与其他管线(构筑物)的最小距离

名 称	与给水管道的水平净距(m)
铁路远期路堤坡脚	5.0
铁路远期路垫坡脚	10
建筑红线	5.0
低、中压煤气管(<1.5kg/cm^2)	1.0
次高压煤气管(1.5~3.0kg/cm^2)	1.5
高压煤气管(3.0~8.0kg/cm^2)	2.0
热力管	1.5
街树中心	1.5
通信及照明杆	1.0
高压电杆支座	3.0
电力电缆	1.0

7.1.3.2 室外给水管道的敷设形式

(1)地下敷设

①埋地敷设

室外管道的埋地敷设是最主要的敷设形式。

②地沟敷设

地沟形式分通行地沟、半通行地沟和不通行地沟三种。

通行地沟适用于管道较多、管线较长、沟内任何一侧的管道排列高度均超过 1.5m 的情况。沟内管道可敷设在沟的一侧或两侧。如同一沟内有几层管道,沟内管道敷设顺序应从最下面一层开始,依次向上安装,最好是在下面一层的管道安装、试压、保温等全部做完以后,再敷设上面一层的。沟内人行通道高度不低于 1.8m,宽度不小于 0.7m;管道支架采用型钢。通行地沟每隔 100m 应设一个检修人孔。通行地沟如图 7.7 所示。

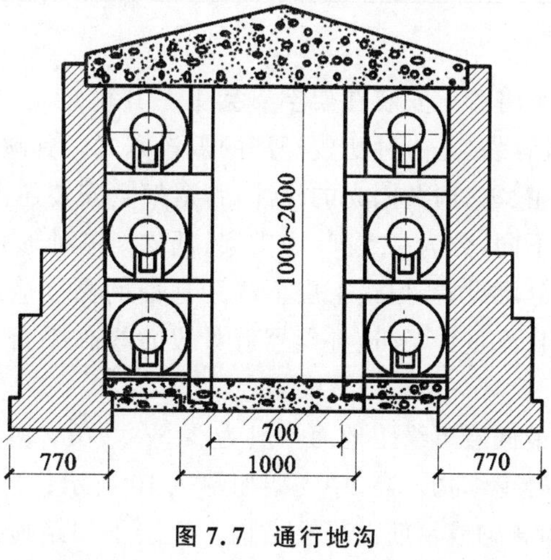

图 7.7 通行地沟

半通行地沟适用于管路不太多的情况。管道安装顺序与通行地沟相同，沟内人行通道高度通常为1.2～1.4m，宽度通常为0.5～0.7m，以满足人能弯腰行走和一般维修为宜。半通行地沟如图7.8所示。

不通行地沟一般适用于距离较短、管道较少、管径较小、不需要经常检修的管路上。地沟断面尺寸无严格规定，以能满足管道安装为宜。在不通行地沟内，管道布置成单层，管道之间的距离以满足安装和检修为准。不通行地沟如图7.9所示。

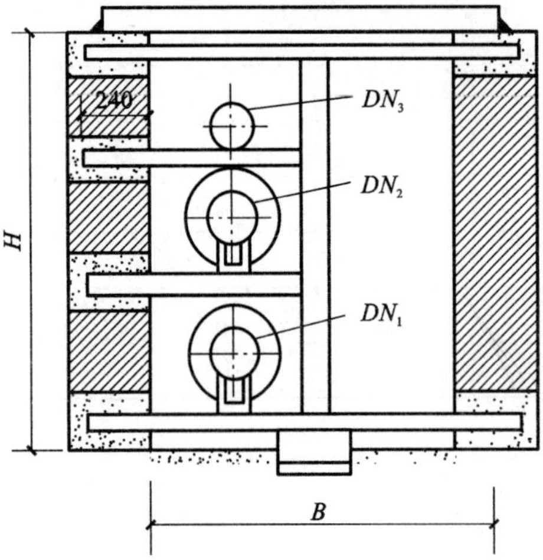

图7.8 半通行地沟

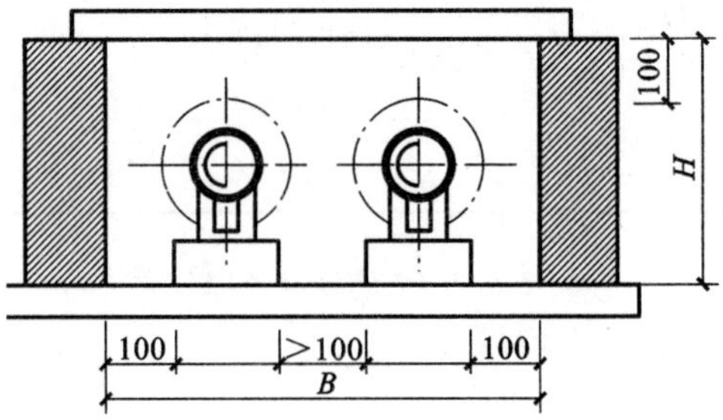

图7.9 不通行地沟

地沟的断面尺寸如表7.5所示。

表7.5 地沟的断面尺寸(m)

地沟类型＼名称	地沟净高	人行通道宽度	管道保温层表面与沟顶的净距	管道保温层表面与沟壁的净距	管道保温层表面与沟底的净距	保温层表面间的净距
通行地沟	≥1.8	≥0.7	0.2～0.3	0.1～0.15	0.1～0.2	≥0.15
半通行地沟	≥1.2	≥0.6	0.2～0.3	0.1～0.15	0.1～0.2	≥0.15
不通行地沟	—	—	0.05～0.1	0.15	0.1～0.3	0.2～0.3

(2)架空敷设

室外管道架空敷设就是将管道安装在架空支架上。其优点是安装维修较方便，对管道交叉、防腐保温等问题处理较容易，是一种比较经济的敷设方式。其缺点是管道及其防腐保温材料常年暴露在外，易受风、霜、雪、雨及阳光的侵蚀；管道架空安装还占用空间，影响交通和环境美观。根据管道架空高度不同，分为高支架、中支架、低支架三种形式。

高支架敷设管道也可分层设置，但最下层下缘距地面的高度应满足车辆等通行的有关规定。为检修方便，可在阀门、流量计、管道补偿器等处设置操作平台。高支架多采用钢结构或钢筋混凝土结构。

中支架可分2～3层，最低层下缘距地面一般为2.5～4.0m，多为厂区架空管道用。中支架多采用钢结构或钢筋混凝土结构。高、中支架如图7.10所示。

低支架也称管墩，多为砖砌或钢筋混凝土结构。底层支架距地面一般为0.5～1.0m。由于支架高度低，便于安装维修，也比较节省支架材料，是一种经济实用的支架形式。但只能用于无人员、车辆通行的地段。低支架如图 7.11 所示。

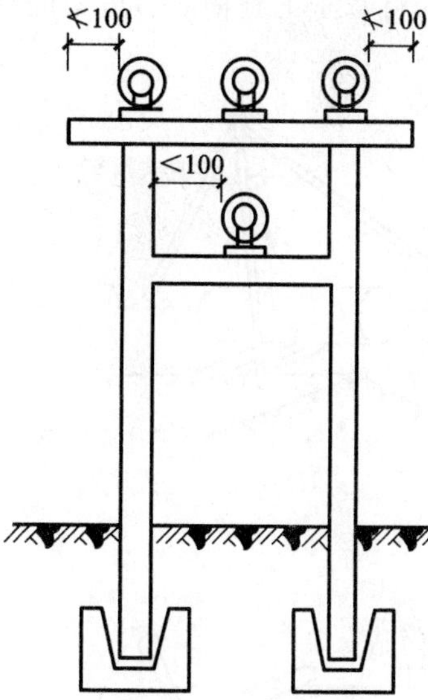

图 7.10 高、中支架

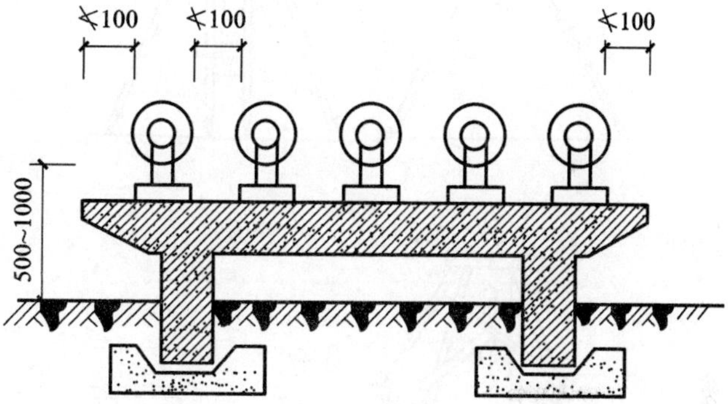

图 7.11 低支架

7.1.3.3 普通铸铁管道安装

(1)下管

下管应在沟槽和管道的基础验收合格后进行。为了防止将不合格或已经损坏的管材及管件下入沟槽,下管前应对管材进行检查与修补。经检验、修补后,在下管前应先在槽上排列成行,经核对管节、管件无误后方可下管。

下管的方法有人工下管和机械下管两种。采用何种下管方法要根据管材种类、管节的重量和长度、现场条件及机械设备等情况确定。

1)人工下管

人工下管多用于施工现场狭窄、不便于机械操作或重量不大的中小规格的管子,以方便施工、操作安全为原则。可根据工人操作的熟练程度、管节长度与重量、施工条件及沟槽深浅等情况,考虑采用何种下管方法。常用的下管方法有压绳下管法、塔架下管法和溜管下管法。

①压绳下管法 压绳下管法是人工下管法中应用较多的一种方法,如图 7.12、图 7.13 所示。其中人工压绳下管法适用于管径为 400～600mm 的管子,立管压绳下管法适用于较大管径的管子。它们的基本操作方法是,在管子两端各套一根大绳,然后由人工借助一些工具(如撬棍、立木或管子)控制大绳,使管子沿槽壁徐徐溜入槽底。

图 7.12 人工压绳下管法

1—撬棍;2—下管大绳

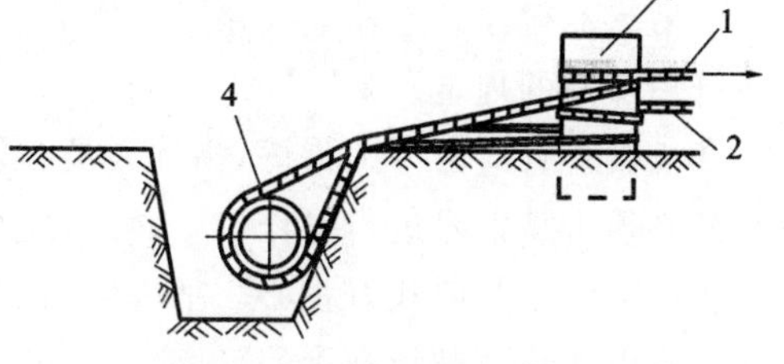

图 7.13 立管压绳下管法

1—放松绳;2—绳子固定端;3—立木;4—管子

②塔架下管法　如图 7.14 所示，它是利用装在塔架下的吊链进行下管。其方法是，先将管子滚至塔架下横跨沟槽的横梁上，然后将其吊起，撤掉横梁后，将管子下到槽底。塔架的种类有三角塔架、四角塔架及高凳等。

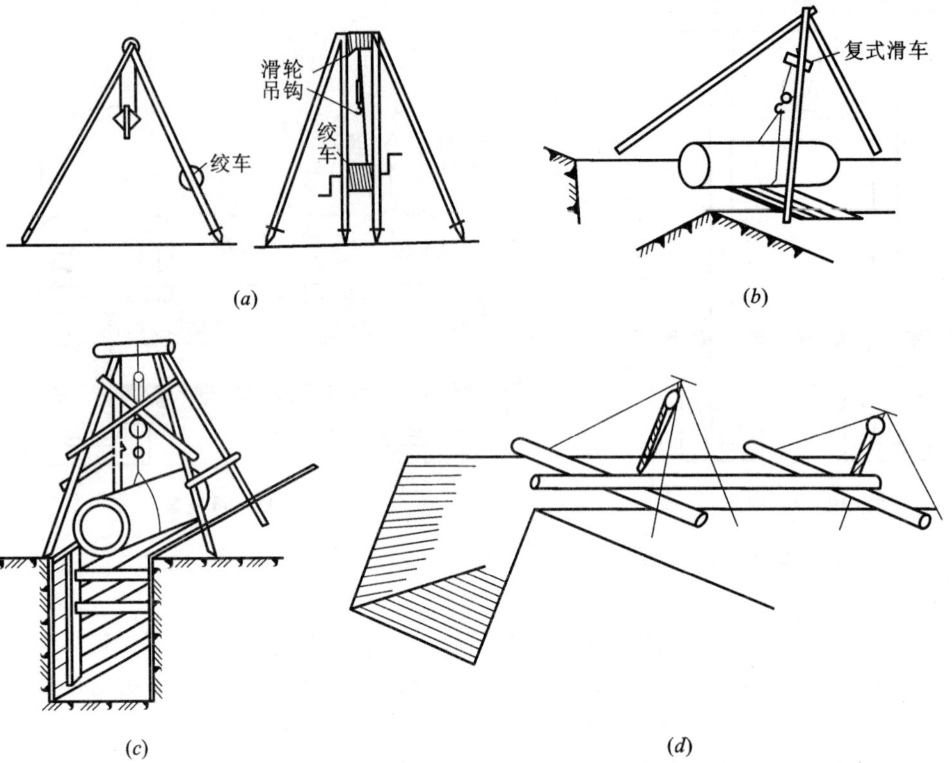

图 7.14　塔架下管法

(a)四脚塔架下管；(b)三脚塔架下管；(c)高凳下管；(d)倒链下管

2)机械下管

机械下管一般采用汽车或履带式起重机进行下管，包括分段下管和长管段下管两种方式。分段下管是起重机将管子分别起吊后下入沟槽内，这种方式适用于大直径的铸铁管和钢筋混凝土管。长管段下管是将钢管节焊接成长串管段，用 2～3 台起重机联合起重下管。由于长管段下管要多台起重机共同工作，操作要求高，故每段管道一般不宜用多于 3 台起重机联合下管。长管段下管方式如图 7.15 所示。

机械下管应注意的事项：

①机械下管时，起重机沿沟槽距沟边开行的距离应大于 1m，以避免沟壁坍塌。

②吊车不得在架空输电线路下方作业。在架空线路附近作业时，其安全距离应符合当地电业管理部门的规定。

③机械下管应由专人指挥，指挥人员必须熟悉机械吊装的有关安全操作规程和指挥信号，驾驶员必须听从信号进行操作。

④捆绑管子时应找好重心。捆绑阀门时，绳索应绑在阀体上，严禁绑在手轮、阀杆上，不得将绳索穿引在法兰螺栓孔上。

⑤起吊管子、管件、阀门时，要平吊轻放、运转平稳，不得忽快忽慢，不得突然制动。

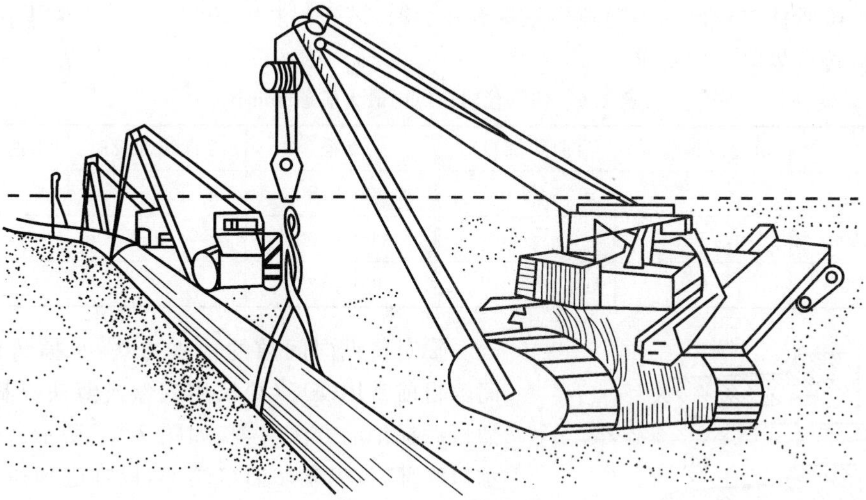

图 7.15　长管段下管方式

⑥起吊作业过程中，不得有任何人停留在作业区或从作业区穿过。

⑦起吊及搬运管材、配件时，对于法兰盘面、管材的承插口、管道防腐层，均应采取妥善的防护措施，以防损坏。

⑧管子下入沟槽时，不得与槽壁支撑及槽下的管道相互碰撞；在沟槽内运管时不得扰动天然地基。

3)管子的运输、装卸和堆放

①管子在运输过程中应有防止滚动和互相碰撞的措施。非金属管材可将管子放在有凹槽或两侧钉有木楔的垫木上，管子上下层之间应用软木或麻袋隔开。装好的管子应用缆绳或铁丝绑牢，以免防腐层受到损害。铸铁管装车运输时，伸出车体外部分不应超过管子长度的1/4。

非金属管材不得在坚硬或碎石地面上滚运，短距离搬运可在管下垫以草袋或在木板上滚运。金属管材的短距离滚运也应清除地面上的石块等杂物，以免损坏防腐层。严禁在地面上拖拉管子。

②装卸管子宜用吊车，捆绑起吊管子的方法如图 7.16 所示，不得将绳索由管膛穿过吊运管子。采用兜底平吊管子时，吊绳与管子的夹角不宜过小，一般夹角大于 45°为宜。装卸管子时严禁管子互相碰撞和自由滚落，严禁装卸时随意抛掷。

③堆放管子的场地要平整，不同类别和不同规格的管子要分开堆放。管径较小时，金属管材可以纵横交错堆放，每层管子的承插口相间平放，但应注意堆放时将管子用木块垫好，以免管子滚动。非金属管材应用垫木垫起，每层管子之间的垫木必须上下对齐在一条直线上，每根管子的两块垫木间距宜为 0.6 倍的管子长度。铸铁管、钢管堆放垛高度不得超过 3m，垛旁设支柱，防止管子滑动。

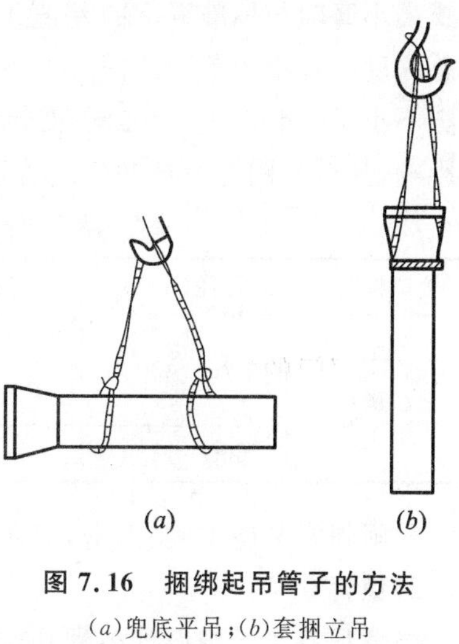

图 7.16　捆绑起吊管子的方法

(*a*)兜底平吊；(*b*)套捆立吊

(2)对口连接

1)承插式铸铁管安装对口要求

①铸铁管承插口对口纵向间隙应根据管径、管口填充材料等确定，但一般不得小于 3mm，最大间隙应符合表 7.6 的要求。

表 7.6 铸铁管对口纵向最大间隙(mm)

管径	沿直线铺设时	沿曲线铺设时	管径	沿直线铺设时	沿曲线铺设时
75	4	5	600～700	7	12
100～250	5	7	800～900	8	15
300～500	6	10	1000～1200	9	17

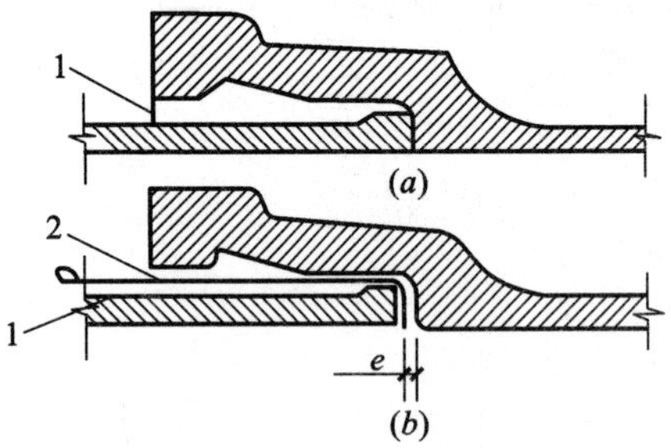

图 7.17 对口间隙检查

1—记号；2—铁丝探尺

②对口纵向间隙的检查方法：承插铸铁管纵向间隙目前常用探尺（探尺用铁丝或薄铁板制成）和在插口做标记的方法检查，如图 7.17 所示。探尺紧顶承口底部，拉出紧贴插口端部，以推进和拉出之差测量出对口间隙，按所测结果予以调整。在插口做标记的方法是，先将插口插入承口底部，在插口壁上做上记号，再根据规定的间隙将插口退出，对口间隙调整合格后即可稳定。

③沿直线铺设的承插式铸铁管的环向间隙应均匀，环向间隙及其允许偏差见表 7.7。

表 7.7 环向间隙及其允许偏差(mm)

管径	环向间隙	允许偏差	管径	环向间隙	允许偏差
75～200	10	+3，−2	500～900	12	+4，−2
250～450	11	+4，−2	1000～1200	13	+4，−2

④允许转角：在管道施工中，由于现场条件的限制，管道微量偏转和弧形安装是经常遇到的问题。承插接口相邻管道微量偏转的角度称为借转角。借转角的大小主要关系到接口的严密性，承插式刚性接口和柔性接口借转角的控制原则有所不同。对于刚性接口，一方面要求承插式最小缝隙与标准缝宽的差值不大于 5mm，否则填料难以操作；另一方面借转时填料及嵌缝总深度不宜小于承口总深度的 5/6，以保证捻口质量。柔性接口借转时，一方面插口凸台处间隙不小于 1mm；另一方面在借转时，胶圈的压缩比不小于原值的 95%，否则接口的柔性将受到影响，甚至胶圈容易被冲脱。管道沿曲线安装时，接口的允许转角应符合表 7.8 的规定。

表 7.8 管道沿曲线安装时接口的允许转角

接口种类	管径(mm)	允许转角	接口种类	管径(mm)	允许转角
刚性接口	75～450	2°	滑入式 T 行、梯唇形橡胶圈接口及柔性机械式接口	75～600	3°
				700～800	2°
	500～1200	1°		≥900	1°

⑤闸阀安装应牢固、严密，启闭灵活，与管道轴线垂直。

2)稳管

稳管是将管子按设计高程和位置稳定在地基或基础上。对距离较长的重力流管道工程，一般由下游向上游进行施工，以便使已安装的管道先期投入使用，同时也有利于地下水的排除。

①高程控制

高程控制是沿管线每10～15m埋设一坡度板（坡度板又称龙门板或高程样板），板上有中心钉和高程钉，如图7.18所示，利用坡度板进行高程控制。在稳管前由测量人员将管道的中心钉和高程钉测设在坡度板上，两高程钉之间的连线即为管底坡度的平行线，称为坡度线。坡度线上的任何一点到管内底的垂直距离为一常数，称为下返数。稳管时用一木制样尺（或称高程尺）垂直放入管内底中心处，根据下返数和坡度线则可控制高程。样尺高度一般取整数，以50cm一挡为宜，使样尺高度固定。

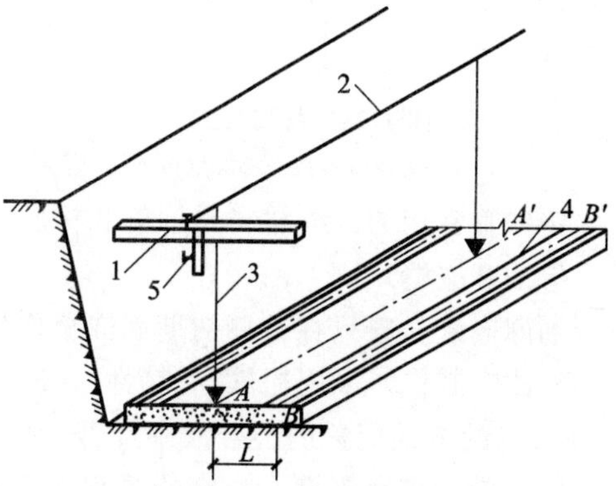

图7.18　坡度板

1—坡度板；2—中心线；3—中心垂线；4—管基础；5—高程钉

坡度板应设置在稳定地点，每一管段两头的检查井处和中间部位放测的三块坡度板应能通视。坡度板必须经复核后方可使用，在挖至底层土、做基础、稳管等施工过程中应经常复核，发现偏差及时纠正，放样复核的原始记录必须妥善保存，以备检验。

②轴线位置控制

管轴线位置的控制是指所敷设的管线符合设计规定的坐标位置，有中心线法和边线法两种。

A. 中心线法。中心线法操作如图7.19所示，在中心线上挂一垂球，在管内放置一块有中心刻度的水平尺，当垂球线穿过水平尺的中心刻度时，则表示管子已经对中。倘若垂球线往水平尺中心刻度左边偏离，表明管子往右偏离，调整管子位置使其居中。

B. 边线法。边线法操作如图7.20所示，在管子同一侧钉一排边桩，其高度接近管中心处。在边桩上钉一小钉，其位置距中心线保持同一常数值。稳管时，将边桩上的小钉挂上边线，即边线与中心线相距同一距离。在稳管操作时，使同管径的管外皮与边线保持同一间距，表示管道中心已处于设计轴线位置。边线法稳管操作简便，应用较为广泛。

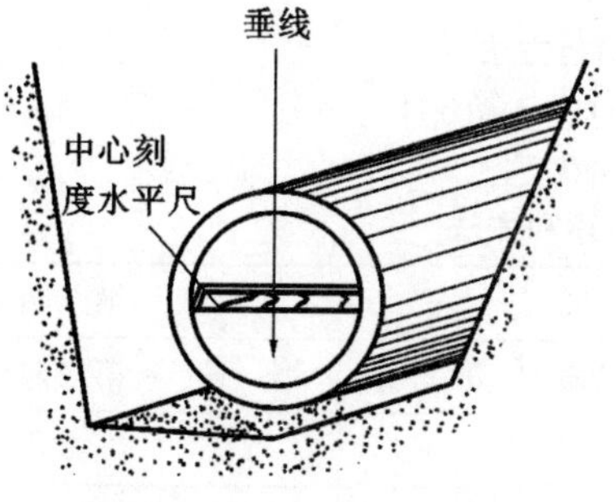

图7.19　中心线法对中

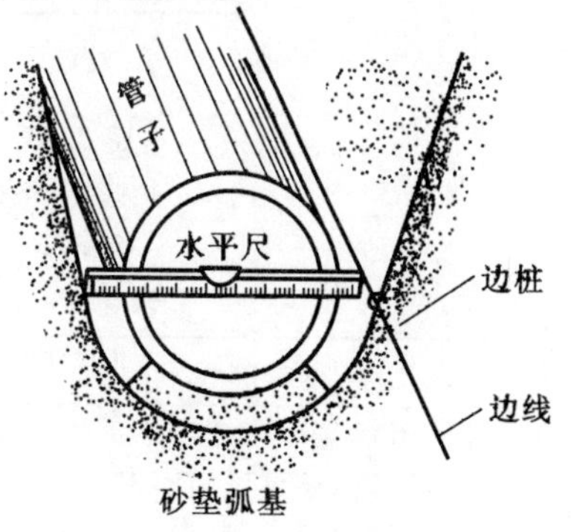

图7.20　边线法对中

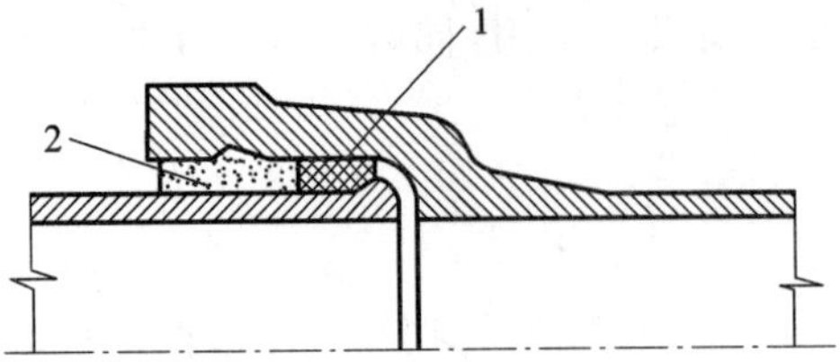

图 7.21　接口形式

1—嵌缝材料；2—密封填料

(3)承插式铸铁管接口

承插式铸铁管接口由嵌缝材料和密封填料两部分组成，如图 7.21 所示。

1)嵌缝

嵌缝的主要作用是使承插口缝隙均匀和防止密封填料掉入管内，保证密封填料击打密实。嵌缝材料有油麻、橡胶圈、粗麻绳和石棉绳等。给水铸铁管常用的嵌缝材料是油麻和橡胶圈。

①油麻嵌缝

油麻嵌缝材料只在接口初期起嵌缝作用，若干年后，油麻腐烂后这种作用就会消失。

a. 油麻制作。采用松软、有韧性、无麻皮、清洁的长纤维麻加工成辫，放在用 5％的石油沥青和 95％的汽油配置的混合液中浸透、晾干，油麻应松软而有韧性。

b. 油麻的填塞深度。油麻的填塞深度约占承口总深度的 1/3，不得超过水线里缘。当采用铅接口时，应距承口水线 5mm，如图 7.22 所示。

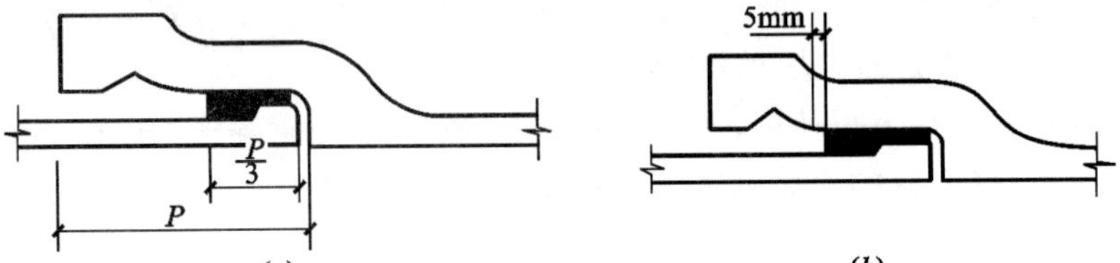

图 7.22　填麻深度

(a)石棉水泥、膨胀水泥砂浆接口的填麻深度；(b)铅接口的填麻深度

c. 油麻的填打。油麻填打时，需将麻拧成麻辫，麻辫直径约为接口环向间隙的 1.5 倍，长度应为管子外圆周长加 100～150mm，然后用特制的麻錾打入。油麻的填打方法见图 7.23 和表 7.9。

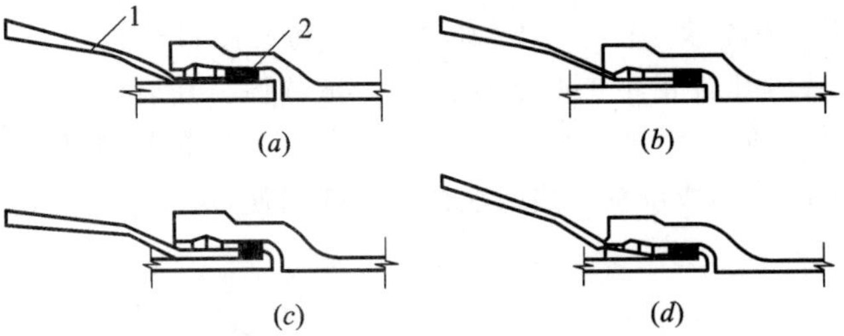

图 7.23　油麻的填打方法

(a)挑打；(b)平打；(c)贴里口；(d)贴外口

1—麻錾；2—油麻

表 7.9　油麻填打程序和方法

击打圈数	第一圈		第二圈			第三圈		
击打遍数	第一遍	第二遍	第一遍	第二遍	第三遍	第一遍	第二遍	第三遍
击数	2	1	2	2	1	2	2	1
打法	挑打	挑打	挑打	平打	平打	贴外口	贴里口	平打

②橡胶圈嵌缝

采用圆形橡胶圈作为接口嵌缝材料比油麻密封性能好，橡胶圈嵌缝不仅缝隙均匀，而且还有良好的阻水作用，而外层的密封材料既起密封作用又能稳定橡胶圈。由橡胶圈嵌缝同刚性填料组成的接口形式也称半柔性接口。

a.橡胶圈的选配。嵌缝用“O”形橡胶圈，不应有气孔、裂缝、重皮和老化等缺陷。

b.胶圈的填打方法。在管子插入承口前，先将胶圈套在插口上，插入管子并测量对口间隙；然后用铁牙将接口下方环形间隙扩大，填入胶圈；最后自下而上移动铁牙，用錾子将胶圈全部填入承口。第一遍先打入承口水线位置，填打时錾子应贴插口壁沿着一个方向顺序填打，使胶圈依次均匀滚入承口水线。第二至三遍打至插口小台，每遍不宜使胶圈滚入太多，以免出现“闷鼻”、“凹兜”、“跳井”(图7.24)等现象。若操作不当出现上述现象，可利用铁牙将接口间隙适当撑大，进行调整处理。

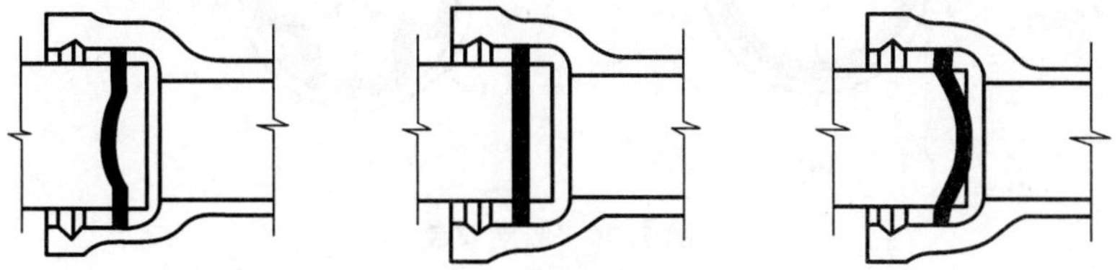

图7.24 胶圈填塞缺陷

(*a*)闷鼻；(*b*)凹兜；(*c*)跳井

2)密封填料

密封填料的作用是养护嵌缝材料和密封接口。常用的密封填料有石棉水泥、自应力水泥、石膏水泥和青铅。

石棉水泥是广泛使用的一种接口密封填料。石棉是一种矿物纤维，质轻且富有弹性，对水泥颗粒有较强的吸附能力，在填料中能形成互相交错的加筋网，改善刚性接口的脆性，阻止水泥在硬化过程中收缩，提高接口材料与管壁的黏着力和接口的密封性。

自应力水泥又称膨胀水泥，有较大的膨胀性，它能弥补石棉水泥在硬化过程中收缩和接口操作时劳动强度大的不足。

石膏水泥填料同样具有膨胀性能，但所用的材料不同。

青铅密封填料接口不需要养护，施工后即可投入运行，发现渗漏也不必剔除，只需补打数道即可。但铅是有色金属，造价高、操作难度大，只有在紧急抢修或振动大的场所使用。铅接口使用的铅纯度应在99%以上。

7.1.3.4 球墨铸铁管道安装

球墨铸铁管连接属于柔性连接，具有强度高、韧性大、抗腐蚀能力好等特点。

球墨铸铁管的接口主要有三种形式，即滑入式接口(T型接口)、机械式接口(K型接口)和法兰式接口(RF型接口)，其中以滑入式应用居多。

(1)滑入式接口(T型接口)球墨铸铁管安装

滑入式接口(T型接口)形式如图7.25所示。

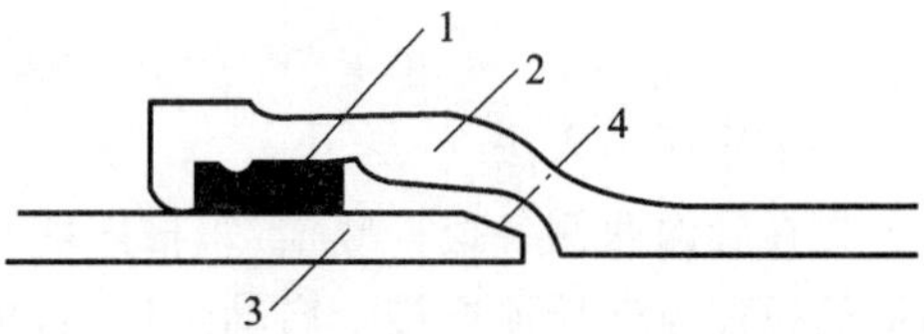

图7.25 滑入式接口(T型接口)

1—胶圈；2—承口；3—插口；4—坡口

1)安装程序

滑入式接口(T型接口)球墨铸铁管的安装程序为:下管→管口清理→清理胶圈→上胶圈→安装机具设备→在插口外表面和胶圈上涂刷润滑剂→顶推管子使插口插入承口→检查。

2)安装要点

①按下管的技术要求将管子下到沟槽底,如管子上有向上的标志,应按标志摆放管子。

②将插口内的所有杂物予以清除,并擦洗干净。

③将胶圈上的粘结物擦洗干净;手拿胶圈,将胶圈按心形或花形(大口径)装入承口槽内,并用手沿整个胶圈按压一遍,确保胶圈各个部分不翘、不扭,均匀地卡在槽内,如图7.26所示。

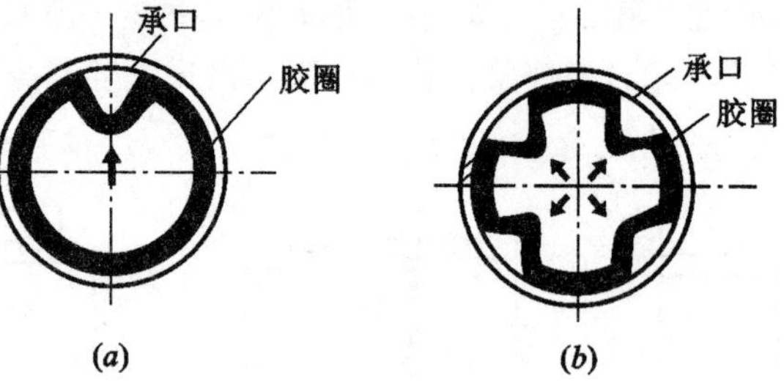

图7.26 胶圈安装

(a)心形安装;(b)花形安装

④将准备好的机具设备安装到位,安装时注意不要将已清理的管子再次污染。

⑤在插口外表面和胶圈上刷涂润滑剂。

⑥采用顶推和拉入的方法顶推管子,使之插入承口。

⑦检查插口插入承口的位置是否符合要求;用探尺伸入承插口间隙中检查胶圈位置是否正确。

3)安装方法

滑入式接口(T型接口)球墨铸铁管的安装方法有撬杠顶入法、千斤顶顶入法、吊链拉入法和牵引机拉入法等。

①撬杠顶入法

撬杠顶入法如图7.27所示,将撬杠插入已对口连接管承口端工作坑的土层中,在撬杠与承口端面间垫以木板,扳动撬杠使插口进入已连接管的承口,将管顶入。

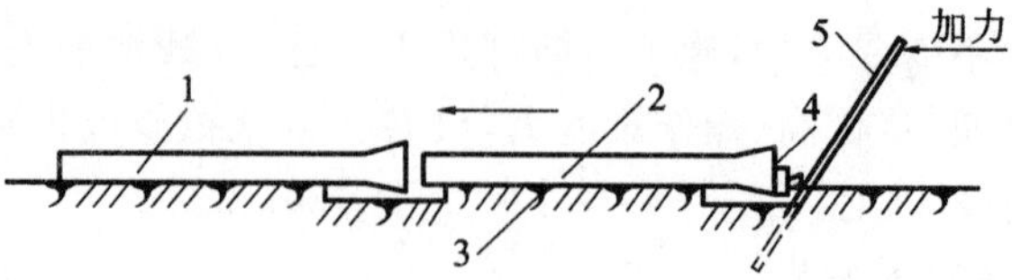

图7.27 撬杠顶入法

1—已安装的管子;2—待安装的管子;3—管沟底;4—垫木;5—撬杠

②千斤顶顶入法

先在管沟两侧各挖一竖槽,每槽内埋一根方木作为后背,用钢丝绳、滑轮将符合管节模数的钢筋拉杆与千斤顶连接。启动千斤顶,将插口顶入承口,如图7.28所示。每顶进一根管子,加一根钢筋拉杆,一般安装10根管子移动一次方木。

③吊链(手拉葫芦)拉入法

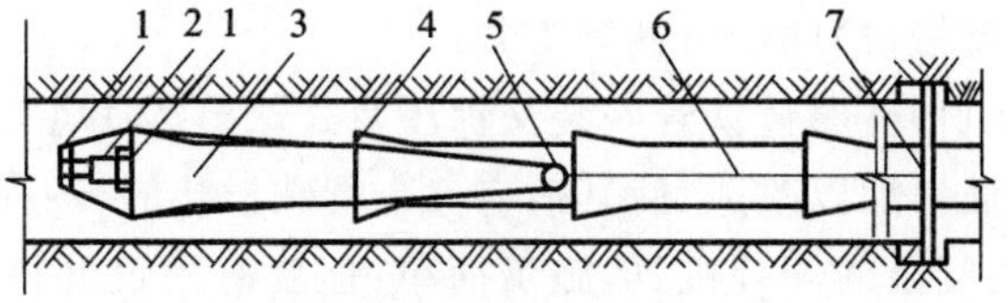

图 7.28 千斤顶顶入法

1—垫木；2—千斤顶；3—管子；4—钢丝绳；5—滑轮；6—钢筋拉杆；7—方木

在已安装稳固的管子上拴住钢丝绳，在待拉入管子承口处放好后背方木，用钢丝绳和吊链（手拉葫芦）连好绷紧对正，拉动吊链，即将插口拉入承口中，如图 7.29 所示。每接一根管子，将钢筋拉杆加长一节，安装数根管子后，移动一次拴管位置。

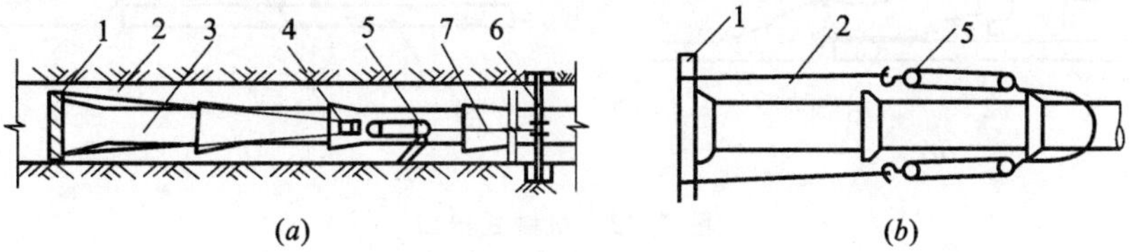

图 7.29 吊链拉入法

(*a*)单吊链拉入法；(*b*)双吊链拉入法

1—垫木；2—钢丝绳；3—管子；4—滑轮；5—吊链；6—后背方木；7—钢筋拉杆

④牵引机拉入法

在待连接管的承口处横放一根后背方木，将方木、滑轮（或滑轮组）和钢丝绳连接好，启动牵引机械（如卷扬机、绞磨）将对好胶圈的插口拉入承口中，如图 7.30 所示。

⑤锁管

安装一节管子后，当卸下安装工具时，接口有脱开的可能，故安装前应准备好配套工具，如用钢丝绳和手拉葫芦将安装好的管子锁住，如图 7.31 所示。锁管时应在插口端做出标记，锁管前后均应检查使之符合要求。

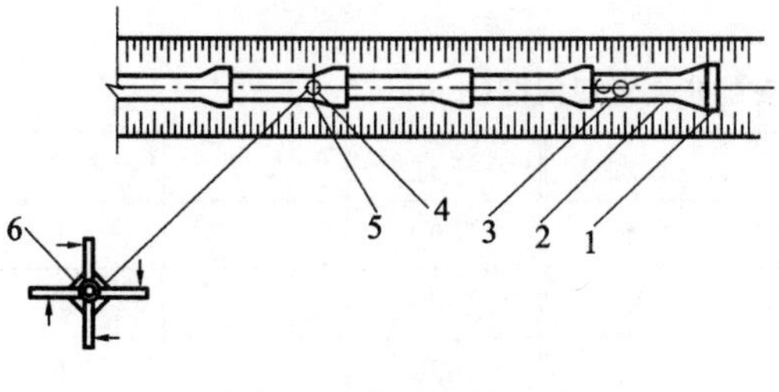

图 7.30 牵引机拉入法

1—横木；2—钢丝绳；3—滑轮；4—转向滑轮；5—转向滑轮固定钢丝绳；6—绞磨

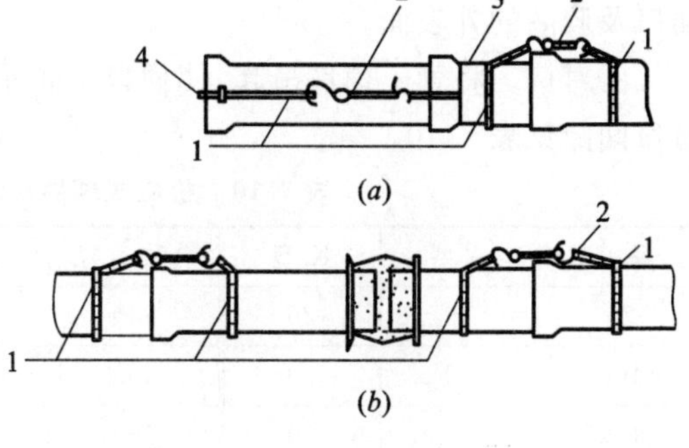

图 7.31 锁管

1—钢丝绳；2—手扳葫芦；3—环链；4—钩子

4)安装工具

安装球墨铸铁管 T 型接口所使用的工具，按照顶推工艺的要求不同而有所差异，常用的工具有吊链、手扳葫芦、环链、钢丝绳、钩子、扳手、撬棍、探尺、钢卷尺等，也有一些专用工具，如连杆千斤顶和专用环。

(2)机械式接口(K 型接口)球墨铸铁管安装

机械式接口(K 型接口)球墨铸铁管安装又称压兰式球墨铸铁管安装,属柔性接口,这种接口形式是将铸铁管的承插口加以改造,使其适应一个特殊形状的橡胶圈作为挡水材料,外部不需其他任何填料,不需要复杂的安装机具,施工简单,但要有附设配件。机械式接口主要由铸铁直管、压兰、螺栓和橡胶圈组成,接口形式有 A 型和 K 型,如图 7.32 所示。A 型接口适用于 $DN75 \sim DN350$ 的管子,K 型接口适用于 $DN75 \sim DN2600$ 的管子。

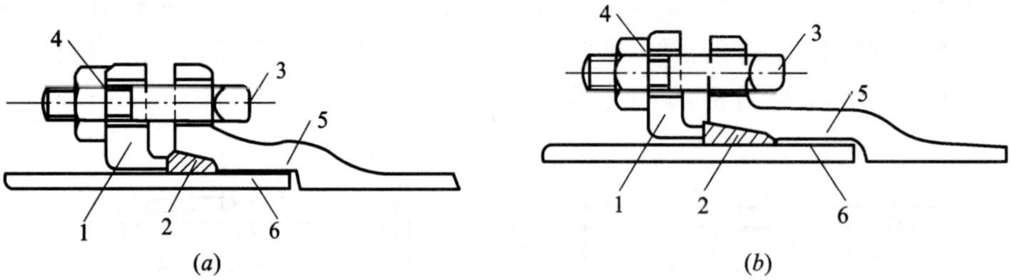

图 7.32 机械式接口

(a)A 型接口;(b)K 型接口

1—压兰;2—胶圈;3—螺栓;4—螺帽;5—承口;6—插口

1)安装程序

机械式接口(K 型接口)球墨铸铁管的安装程序为:下管→清理插口、压兰和胶圈→压兰和胶圈定位→清理承口→刷润滑剂→对口→临时紧固→螺栓全方位紧固→检查螺栓扭矩。

2)安装方法及要求

①按下管要求将管子和配件放入沟槽,不得抛掷管子和配件以及其他工具和材料。管子放入槽底时应将承口端的标志置于正上方。

②插口、压兰及胶圈定位后,在插口上定出胶圈的安装位置,先将压兰推入插口,然后把胶圈套在插口已定好的位置处。

③刷润滑剂前应将承插口和胶圈再清理一遍,然后将润滑剂均匀地涂刷在承口内表面和插口及胶圈的外表面。

④对口。将管子稍许吊起,使插口对正承口装入,调整好接口间隙后固定管身,卸去吊具。对口间隙见表 7.10。

表 7.10 机械式球墨铸铁管安装允许对口间隙(mm)

公称直径	A 型	K 型	公称直径	A 型	K 型	公称直径	A 型	K 型
75	19	20	500	32	32	1500	—	36
100	19	20	600	32	32	1600	—	43
150	19	20	700	32	32	1650	—	45
200	19	20	800	32	32	1800	—	48
250	19	20	900	32	32	2000	—	53
300	19	32	1000	—	36	2100	—	55
350	32	32	1100	—	36	2200	—	58
400	32	32	1200	—	36	2400	—	63
450	32	32	1350	—	36	2600	—	71

⑤将密封胶圈推入承插口的间隙，调整压兰的螺栓孔使其与承口上的螺栓孔对正，先用4个互相垂直方位的螺栓临时紧固。

⑥将全部的螺栓穿入螺栓孔，并安上螺母，然后按上下左右交替紧固的顺序，对称均匀地分数次上紧螺栓。

⑦螺栓上紧后，用力矩扳手检验每个螺栓的扭矩。

3)曲线安装

机械式球墨铸铁管沿曲线安装时，接口的转角不能过大，一般是根据管子的长度和允许的转角计算出管端偏移的距离进行控制的。

7.1.3.5 给水聚乙烯管道安装

聚乙烯管材具有无毒、不腐蚀、不结垢、表面光滑、水力条件好以及良好的韧性和抗冲击性能力等优点，其与管材一体化的熔接接头及对地下运动和端载荷的有效抵抗能力，大大地提高了供水的安全可靠性。埋地聚乙烯给水管道采用的管材、管件应分别符合现行国家标准《给水用聚乙烯(PE)管材》(GB/T 13663—2000)的规定，卫生性能应符合现行国家标准《生活饮用输配水设备及防火材料的安全性评价标准》(GB/T 17219—1998)的要求。

(1)管道连接的技术规定

①聚乙烯给水管道连接前应对管材、管件及管道附件按设计要求进行核对，并应在施工现场进行外观质量检查、检验。

②聚乙烯管材、管件及管道附件应采用热熔连接或电熔连接，也可采用机械连接(锁紧型和非锁紧型承插连接、法兰连接、钢塑过渡接头连接)。公称外径大于或等于63mm的管道不得采用手工热熔承插连接，聚乙烯管道不得采用螺纹连接，也不得采用粘接。

③不同系列的聚乙烯管材不得采用热熔对接连接；聚乙烯给水管与金属管、金属附件连接时，应采用法兰连接或钢塑过渡接头连接。过渡接头的公称压力不得低于管材的公称压力。公称外径小于或等于63mm的聚乙烯管可采用热熔承插连接和锁紧型承插连接；公称外径小于或等于63mm的聚乙烯管与硬聚氯乙烯管的连接，聚乙烯管与公称直径小于或等于50mm的镀锌钢管(或者内衬塑镀锌钢管)的连接，宜采用锁紧型承插连接。

④管道连接应采用相应的专用连接工具。

⑤管道连接宜采用同种牌号、压力等级相同的管材、管件以及管道附件。不同牌号的管材、管件及附件相互连接时，应经过试验，证明连接可靠时方可连接。

⑥环境温度低于−5℃或者在大风的环境下进行熔接施工时，应采取相应的保护措施，或者调整连接机具的工艺参数。

⑦管材、管件存放处的温度与施工现场的温度相差较大时，连接前应将聚乙烯管材、管件在施工现场放置一段时间，使其温度接近施工现场温度。

⑧管子切割应采用专用切割工具，切割的断面应平整、光滑、无毛刺，切割的端面与管子轴心线垂直。

(2)热熔连接

热熔连接分为热熔对接(图7.33)、热熔承插连接(图7.34)和热熔鞍形连接(图7.35)。

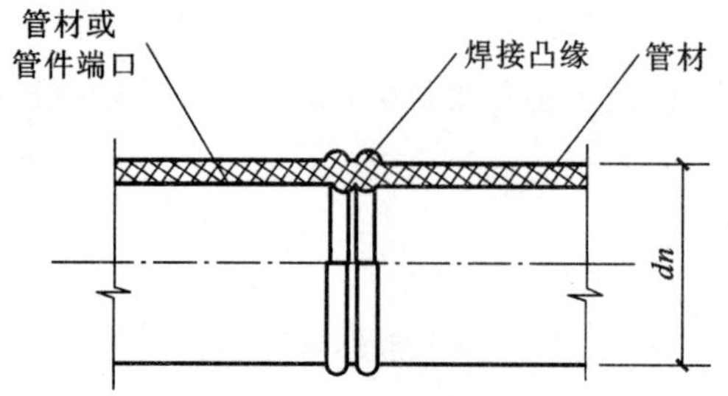

图 7.33 热熔对接

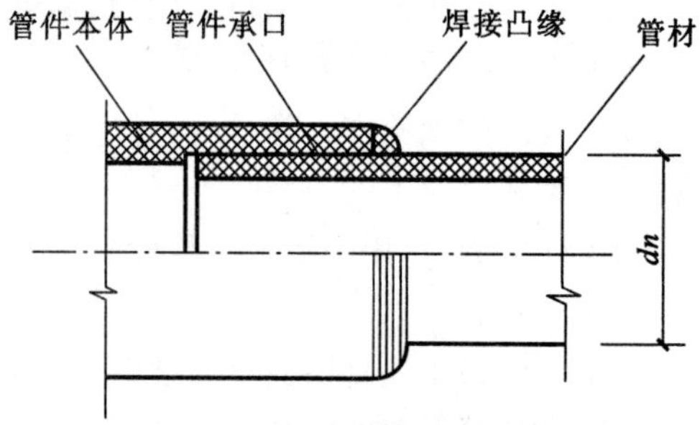

图 7.34 热熔承插连接

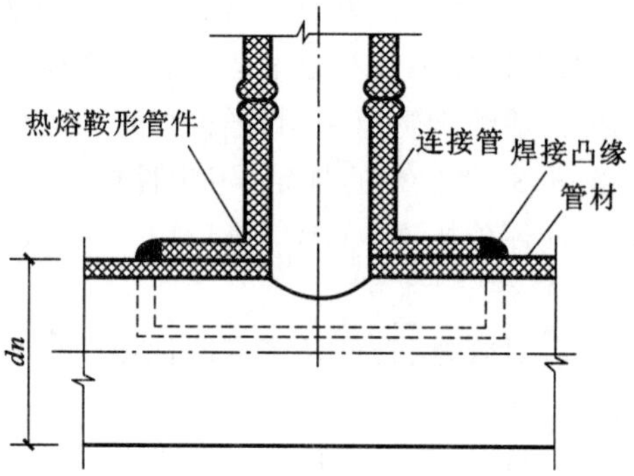

图 7.35 热熔鞍形连接

1)热熔对接

热熔对接是将热塑性管材的末端利用加热板加热熔融后相互对接融和,经冷却固定而连接在一起的方法。热熔对接多用在公称外径 $dn>63$mm 的管材连接。热熔对接通常有三个阶段,即加热阶段、切换阶段和对接阶段,如图 7.36 所示。

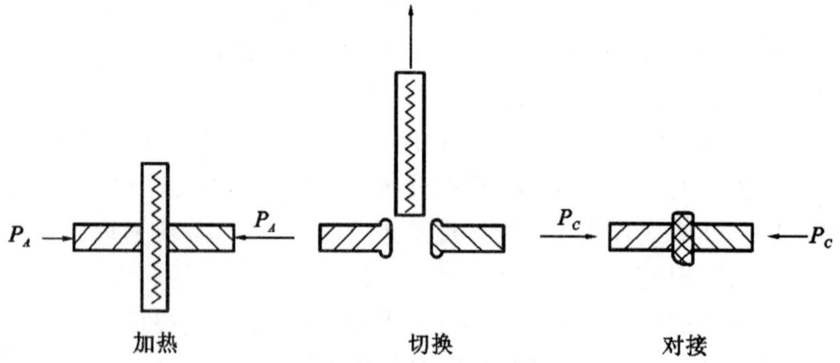

图 7.36 热熔对接

P_A—加热压力;P_C—熔接压力

①热熔对接设备

热熔对接需要的设备主要是热熔对接焊机(图 7.37)。热熔对接焊机的工作环境温度为 $-10\sim40$℃,切换时间为$(3+0.01dn)$s,公称外径 $dn\leqslant250$mm 者,最大为 6s,公称外径 $dn>250$mm 者,最大为 12s。热熔对接焊机加热板盘面应均匀涂覆聚四氟乙烯(PTEF)等耐高温的防粘层,加热板盘面最大粗糙度(R_a)为 2.5μm。

②热熔焊接方法及步骤

A. 熔接前首先检查热熔对接焊机是否正常，是否满足热熔焊接需求。主要检查机具各个部位的紧固件有无脱落或松动，焊机线路有无破损，液压箱内油液是否充足，电源与热熔对接焊机要求输入电压是否匹配，加热板是否符合要求（涂层是否有损伤），铣刀、油泵开关等运行是否正常等。然后将与管材规格一致的卡瓦装入机架，设定好加热温度至焊接温度（聚乙烯管的加热温度为 200～230℃）。加热前，应用软纸或布蘸酒精擦拭加热板表面，擦拭时动作要轻柔，不要损坏、划伤聚四氟乙烯防粘层。

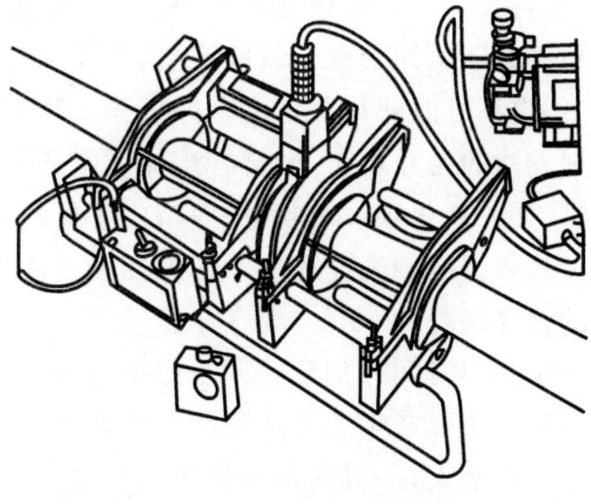

图 7.37　热熔对接焊机

B. 热熔焊接应按照熔接工艺参数进行操作，必要时应根据天气、环境温度对其进行适当调整。

C. 用干净的棉布擦拭管端，清除两管端的污物。

D. 将管材置于机架卡瓦内，使两端伸出的长度相等，伸出的长度在满足铣削和加热要求的情况下应尽可能短，通常为 25～30mm。若有必要，管材机架以外的部分用支撑物托起，使管材轴线与机架中心线处于同一高度，然后用卡瓦紧固好。

E. 置入铣刀，先打开铣刀电源开关，然后缓慢合拢两管材熔接端，并加以适当的压力，直到两端均有连续的切屑出现后，撤掉压力，略等片刻，再退开活动架，关掉铣刀电源。切屑厚度应通过调节铣刀刀片的高度控制在 0.5～1.0mm。

F. 取出铣刀，合拢两管端，检查两端是否对齐。管材两端的错位量应小于管壁厚度的 10%，且不得大于 1mm。若有偏差，可通过调整管材的直线度和松紧卡瓦进行矫正。合拢时，管材两端面间没有明显缝隙，缝隙宽度 s：公称外径 $dn \leqslant 225$mm，$s \leqslant 0.3$mm；225mm$<dn \leqslant$ 400mm，$s \leqslant 0.5$mm；$dn>400$mm，$s \leqslant 1.0$mm。否则，应再进行铣削，直到满足要求为止。

G. 测量拖拉力（移动夹具的摩擦阻力），这个压力应叠加到工艺参数压力上，得到实际施加压力。

H. 检查加热板温度是否达到设定值，加热板温度达到设定值后，将其放入机架；施加规定的压力，直到两边最小卷边达到规定宽度。

I. 将压力减小到规定值，使管端面与加热板之间刚好保持接触，继续加热至规定时间；退开活动架，迅速取出加热板，然后合拢两管端，切换时间应尽可能短，不能超过规定值。

J. 将压力上升至规定值，保压冷却。冷却到规定时间后，卸压并松开卡瓦，取出连接好的管材。

③热熔焊接工艺参数

A. 热熔焊接工艺参数

热熔焊接的工艺参数有三个，即温度、压力和时间。实际施工过程中，可根据具体材料的性质、施工环境温度和具体的连接条件确定出最优化的焊接工艺参数。

a. 热熔焊接温度。热熔焊接温度的确定要考虑材料的性质和接头质量。加热工具温度应在材料的熔融温度或材料黏流态转化温度之上，因为只有在这种情况下塑料才会产生熔融流动，塑料大分子才能相互扩散和缠绕。一般来说，随加热工具温度的提高，接头的强度就开始提高并逐渐达到最大。试验证明，聚乙烯(PE)管在低于180℃时，即使在熔化时间相当长的情况下，也不可能获得质量上乘的接头。热熔焊接温度过高也不利于形成好的焊接接头，反而会出现卷边的尺寸增大，聚合物熔体粘附在加热工具上，聚合材料的热氧化被破坏，析出挥发性产物(如一氧化碳、不饱和烃等)；由于材料结构内发生变化和出现杂质，使焊接接头的强度降低。热熔焊接的温度还应考虑聚四氟乙烯抗粘层的热稳定性。综合诸方面因素，焊接聚乙烯管的合理温度为190～230℃。

b.加热时间。加热时间是热熔焊接过程中的重要参数，它与加热工具共同决定着焊件内的温度分布及产生工艺缺陷的可能性及其形状和结构。管端熔化的最佳时间是随着焊接尺寸的增大而增大，一方面由于加热面积增大，另一方面是对流和辐射传播的能量会随着管壁厚度的增加而减小。

c.加热压力。加热时的压力应能迅速地平整管材端面上的不平度并有效地促进塑化，但压力也不能过大。因为塑料熔体在加热和压紧时压力的作用下会流向焊端的边缘而形成焊瘤刺，并改变焊接接头的形状，而且会造成焊端融化层的深度减小，改变总的温度分布，严重影响焊接质量，因此要控制好加热压力的大小，并采取阶段施压的方法，即在加热阶段初期采用较高的压力，而在随后的吸热阶段换用较小的压力。

d.熔接压力。熔接过程中施加压力的作用是排除气孔和气体杂物并尽量增加实现相互扩散的面积，消除两连接面之间受热氧化破坏的材料，并补偿塑料材料的收缩。没有压力时，收缩会导致收缩孔的出现，增大结构的缺陷和剩余应力。表面的接触应在压力下保持一段时间，使两平面牢固结合。

e.冷却压力。由于材料导热性能差，并且冷却的速度相应地缓慢，以及焊缝材料的收缩、结构的形成过程在长时间内以缓慢的速度进行，因而焊缝的冷却必须在保持压力的条件下进行。

B.影响熔接质量的其他因素

a.工作环境。大风可能会对熔接质量有致命的影响，会冷却加热板，并导致不均匀的温度分布。施工时应在工作点附近设置帐篷，以免接头受大风和尘土的影响。工作环境温度较低(指环境温度低于－5℃)也会影响焊接质量，但环境温度低并不意味着熔焊质量就差；相反，在进行适当控制时，在低的环境温度下焊接仍可获得良好的接头，但必须防止加热板和管端受到尘土的污染，否则可能导致接头的寿命大为缩短。

b.对中。管端错边影响接头强度，也会导致接头寿命大为降低。它可能是由于夹持管子的夹具对中不好或管子的端面椭圆变形过大引起的。错边过大会导致应力集中，一般应不超过壁厚的10%，且越小越好。

c.熔体流动速率。不同管材的熔接要考虑熔体流动速率的差异，通常认为熔体流动速率在0.2～1.4g/10min范围内的管材均可相互熔焊，但为了得到最佳的连接性能，熔体流动速率间的差值应尽可能小。

2)热熔鞍形连接

热熔鞍形连接就是利用热熔连接的方法将鞍形管件连接到管道上，以形成分支管。

①热熔鞍形连接设备

热熔鞍形连接的设备有鞍形熔化工具和辅助连接设备。

鞍形熔化工具包括凹凸形的加热模块及控制设备，加热工具的尺寸根据管材及鞍形管件的尺寸而定，加热模块的熔化面上应涂覆防粘材料（如聚四氟乙烯）。

辅助连接设备用来保证管材和管件的准确定位及管材在熔接压力作用下的结构稳定性。

鞍形管件如图 7.38 所示，为注塑成型管件。

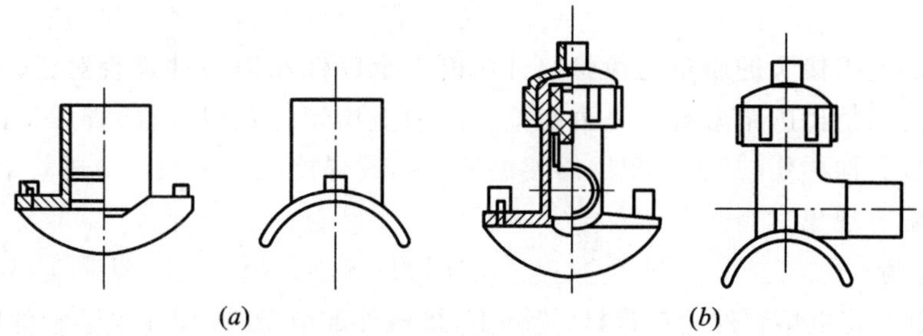

图 7.38 热熔连接鞍形管件

(a)鞍形分支管件；(b)鞍形三通管件

②聚乙烯管鞍形热熔连接的方法步骤

A. 连接前的准备。将管材外连接表面和管件的内连接表面打磨或刮削处理；将加热工具加热到热熔焊接温度，聚乙烯管的热熔焊接温度通常为 220℃±10℃；将辅助连接设备定位。

B. 连接。鞍形热熔连接的过程和工艺与热熔对接是相同的，它是利用加热工具的凹面熔化管材的外表面，凸面熔化管件的内表面，加热压力约为 0.15MPa，以形成均匀的熔珠。吸热压力近似为零，这一过程的时间须根据鞍形管件的尺寸由管件制造商给出，这一过程不应超过 8s，完成加热后迅速移走加热工具，将管材与管件的熔化面对准，在 0.15MPa 压力下进行连接。在进行下一步工作之前，应使接头冷却至环境温度。

C. 鞍形接头的检验。首先检查整个连接区域是否进行了刮皮处理，然后检查管子、管件的连接情况，确保鞍形管件的出口垂直于管材、管壁不出现塌陷现象、熔融材料不从管件内流出来等。

3）热熔承插连接

热熔承插连接又称热熔套接，是将管端外表面和承口管件内表面同时加热熔融，将融化的管端插入承口，冷却后固定的热熔连接方法，如图 7.39 所示。它适用于注塑成型的承口管件，外径在 125mm 以下的管道连接。公称外径大于或等于 63mm，小于 125mm 的管道，应采用机械装置的热熔承插连接；公称外径小于 63mm 的管道，在整圆工具的配合下，可采用手动热熔承插连接。

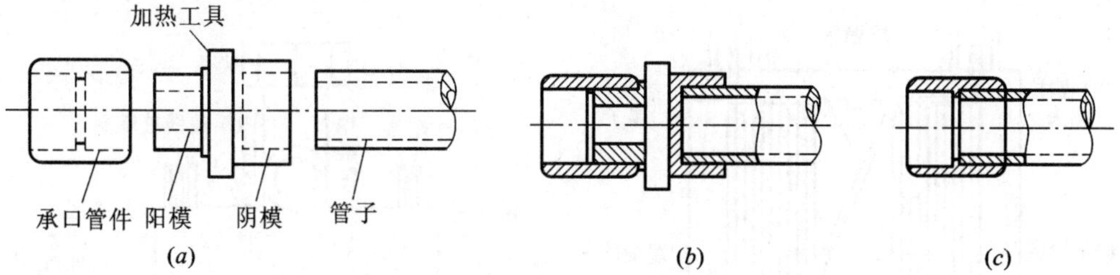

图 7.39 热熔承插连接管件

热熔承插连接的操作步骤如下：

①将加热工具加热到熔接温度。聚乙烯管的熔接温度为 260℃±10℃。插口管末端切割应平整，端面与管子中心线垂直，用笔在承口端和插口上做好标记，以便于定位连接。必要时，须对承口和插口进行整圆处理，或对插口管连接处进行刮削。

②连接。利用加热工具的凹模熔化插口端的外表面，凸模熔化承口端的内表面，这一过程的时间须根据连接尺寸而定；然后迅速移走加热工具，这一过程应尽可能短，将插口端迅速插入承口端。在达到连接强度之前，应将接头固定。在接头承受压力之前，接头应自然冷却到环境温度。

③热熔承插连接接头的质量与检验。首先检查承口件和插口件是否对正；其次检查从承口件和插口件之间挤出的熔融材料是否在整个圆周上均匀一致；最后检查焊接区域是否有杂质、缩孔、裂纹或其他损伤，是否出现因熔接温度过高或焊接压力过大而造成管壁塌陷、卷边过大或形状不正确等现象。

(3)电熔连接

电熔连接就是将电熔管件套在管材、管件上，接通外部电源，预埋在电熔管件内表面的电阻丝通电发热，产生的热能加热、熔化电熔管件的内表面及与之承插的管材外表面，使之融为一体的热熔连接方法。电熔连接分为电熔承插连接(电熔套接)和电熔鞍形连接，如图 7.40 所示。

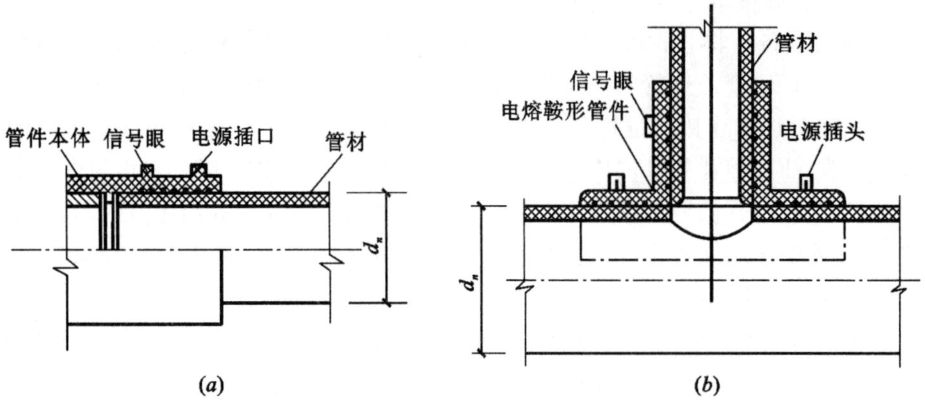

图 7.40 电熔连接

(a)电熔承插连接；(b)电熔鞍形连接

1)电熔管件

电熔承插连接是通过电熔管件实现的，电熔管件系列有套筒、鞍形件、变径管、等径三通、异径三通、弯头等。电熔管件最基本的结构形式有电熔承口管件和电熔鞍形管件，如图 7.41 所示。电熔鞍形管件有鞍形三通(T 形)和鞍形分支管件两类，如图 7.42 所示。

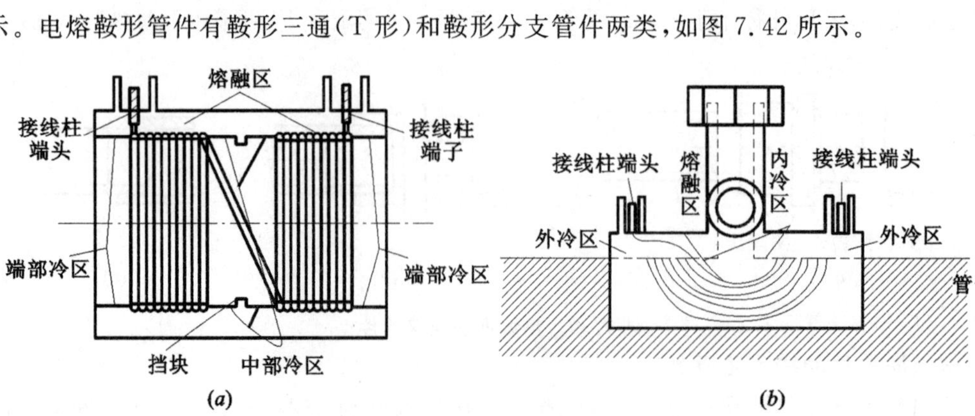

图 7.41 电熔连接

(a)电熔承口管件；(b)电熔鞍形管件

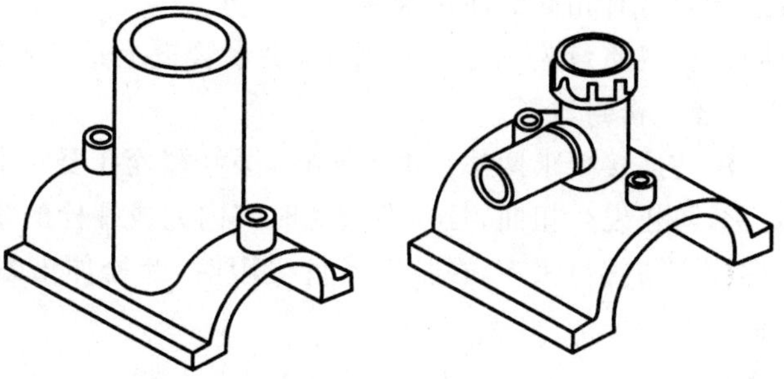
(a) (b)

图 7.42 电熔鞍形管件

(a)鞍形三通;(b)鞍形分支管件

2)电熔连接机具

电熔连接的主机具为电熔连接控制器;辅助机具有:用于管材或管件插口端头的刮削工具,夹具,管子切刀或电锯,发电机,软纸、软布,清洗液,整圆工具,保护帐篷等。

3)电熔连接方法与步骤

①电熔承插连接

用塑料管材切刀或带切屑导向装置的细齿锯切断管材,管材端面应垂直于管材轴线→用小刀切除内部边缘的毛刺→在管材或插口端的焊接区域刮皮,对焊接区域进行清洁→确保管子连接插入深度,将承口管件滑入插口端并正确定位→固定校直定位夹具,检查管材端是否对正→设置好电熔焊机,以输出正确的焊接参数(如果是自动化焊接过程,应采用适合于管件和电熔焊机的程序)→检查焊接周期是否正确完成→在冷却过程中让接头处于夹紧状态(冷却时间通常由制造商规定并在连接程序中给出)。

②电熔鞍形连接

在焊接区域刮皮,并清洁焊接区域→将鞍形管件放在管材上(有时根据管件制造商的安装要求,在管材或管件上放一个组装工具)→设置好电熔焊机,以输出正确的焊接参数(例如电压或电流、时间,如果是自动化过程,采用适合于管件和电熔焊机的程序)→检查焊接周期是否正确完成→在冷却过程中,让接头处于夹紧状态(冷却时间通常由制造商规定并在连接程序中给出)。

4)电熔接头质量检验

电熔连接完毕后,在安装现场对接头进行目检,首先查看管子、管件是否对正,插入深度是否到位,再检查熔接部位是否有熔浆材料自界面流出来,若有则不合格。在未达到规定冷却之前,不允许移走夹具。

(4)钢塑过渡连接

聚乙烯管与金属管材以及与阀门、流量表、压力表等管路附件连接时,可采用钢塑过渡连接的方法。常用的钢塑过渡连接方法有钢塑法兰连接和钢塑过渡接头连接。

1)钢塑法兰连接

聚乙烯管法兰连接如图 7.43 所示。

①聚乙烯法兰。聚乙烯法兰可以通过热熔对接、热熔承插连接、电熔承插连接或其他允许连接的方式与聚乙烯管材连接。

②松套法兰。与聚乙烯配套使用的松套法兰的材质可选用钢、球墨铸铁或铸铝。铸铝松套法兰通常用于较低压力等级下较小规格的管道。钢或球墨铸铁松套法兰应进行防腐处理,

以确保松套法兰与聚乙烯管材有相同的使用寿命。

③密封圈。密封圈的材料质量应满足密封要求，供水管道上采用乙丙橡胶(EPDM)密封材料，燃气管道采用丁腈橡胶密封材料。

④法兰连接方法。法兰连接要求两法兰端面平行，法兰螺栓孔要对中，紧固螺栓应使用扭矩扳手，螺栓紧固要对称，防止发生扭曲，且要在较短时间内完成螺栓的紧固，以消除聚乙烯材料的应力。紧固后的螺栓宜与螺母平齐，在技术条件受限时，螺栓伸出螺母的长度在1～2个扣丝的范围内仍属合格。

2)钢塑过渡接头连接

钢塑过渡接头如图7.44所示，接头的塑料端材料应采用与管道材质相同的聚乙烯(PE)或耐热聚乙烯(PE-RT)，金属端为钢或铜质，并经防腐处理。

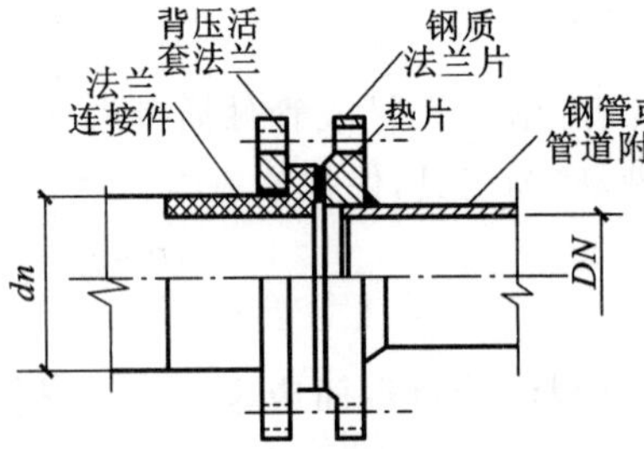

图7.43 聚乙烯管法兰连接

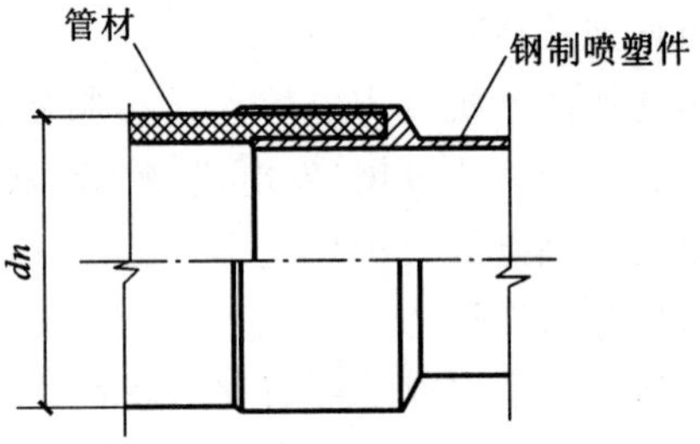

图7.44 钢塑过渡接头

钢塑过渡接头金属端与金属管焊接时，应采取降温措施，严格防止焊接端温度对钢塑过渡接头的塑料端产生影响。

7.1.4 水压试验

压力管道全部回填土前应进行强度及严密性试验，管道强度及严密性试验应采用水压试验法。

7.1.4.1 水压试验前的准备工作

(1)水压试验前应先向管道系统充水，使系统浸泡，铸铁管、球墨铸铁管和钢管无水泥砂浆衬里浸泡时间不应少于24h；有水泥砂浆衬里的浸泡时间不应少于48h。预应力、自应力混凝土管及现浇钢筋混凝土管渠，管径小于或等于1000mm时，浸泡时间不应少于48h；管径大于1000mm时，浸泡时间不少于72h。管道充水完毕后应对未回填的管道连接点(包括管子与管道附件的连接部位)进行检查，如发现泄漏，应泄水进行修复。

(2)对要试压的管段进行划分，管道水压试验的长度不宜大于1000m。对中间设有附件的管段，分段长度不宜大于500m。不同材质的管段，应分别进行试验。

(3)管道水压试验前应编制试压方案，试压方案应包括以下内容：

①管端后背及堵板的设计；

②进水管路、排气孔及排水孔的设计；

③加压设备、压力表的选择及安装设计；

④排水疏导措施；

⑤升压分段的划分及观测制度的规定；

⑥试验管段的稳定措施及其他安全措施。

(4)对试压管段端头支承挡板应进行牢固性和可靠性的检查,试压时,其支承设施严禁松动崩脱。不得用阀门作为堵板。

(5)备好、备齐试压用的试压泵、压力表。若采用弹簧管压力表时,其精度等级不应低于1.5级。压力表的量程范围应为试验压力的1.3～1.5倍,表盘直径不应小于150mm,使用前应校正。

(6)试压管段上不得含有水锤消除器、室外消火栓等管道附件,试压系统的各类阀门应处在全开状态。

7.1.4.2 水压试验

(1)管道水压试验压力应符合表7.11的规定。

表7.11 管道水压试验压力

管材种类	工作压力 P(MPa)	试验压力(MPa)
钢管	P	$P+0.5$ 且不应小于0.9MPa
铸铁管及球墨铸铁管	≤0.5	$2P$
	>0.5	$P+0.5$
预应力、自应力混凝土管	≤0.6	$1.5P$
	>0.6	$P+0.3$
现浇钢筋混凝土管	≥0.1	$1.5P$
埋地硬聚氯乙烯(塑料)管	≥0.1	$1.5P$,不小于0.8MPa

压力管道水压试验装置如图7.45所示。

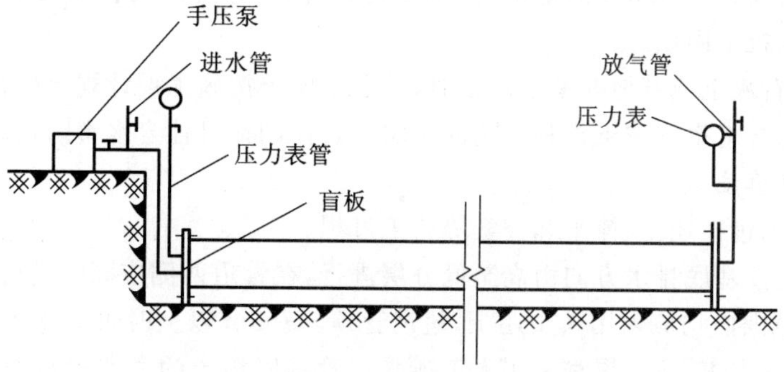

图7.45 压力管道水压试验装置示意图

(2)水压升至试验压力后,保持恒压10min,检查接口、管身无破损及漏水现象,管道强度试验为合格。

(3)非隐蔽性管道,在试验压力下,10min压力降不大于0.05MPa,且管道及附件无损坏,然后使试验压力降至工作压力,保持恒压2h,进行外观检查,无漏水现象为严密性试验合格。

(4)(隐蔽性)地下管线水压试验时,先升至试验压力,恒压不少于10min(为保持压力,允许向管内补水),检查接口及管道配件,若未发生破坏及较严重的渗水现象,即可进行渗水量试验。在进行渗水量试验时,管道未发生破坏,且实测渗水量不大于《给水排水管道工程施工及验收规范》(GB 50268—97)的允许值,为试验合格。

(5)管径不大于400mm的埋地压力管道在进行水压试验时,管道内排尽空气、试验压力在 10min 内的压力降不大于 0.05MPa，可不测渗水量，认为试验合格。

(6)管道的渗水量测定采用放水法或者注水法。

7.1.5 管道冲洗、消毒

(1)管道水压试验合格后，竣工验收前应对整条管道进行冲洗消毒。

(2)管道冲洗时，应避开用水高峰，以流速不小于 1.0m/s 的冲洗水连续冲洗，直至出口处水的浊度、色度与入口处冲洗水的浊度、色度相同为止。

(3)冲洗时应保证排水管路畅通安全。

(4)管道冲洗后应采用氯离子含量不低于 20mg/L 的清洁水浸泡 24h 消毒，再次冲洗，直至水质管理部门取样化验合格为止。

7.1.6 管沟回填

管沟回填应在管道隐蔽工程验收合格后进行。凡具备回填条件，均应及时回填，防止管道暴露时间过长造成不应有的损失。

7.1.6.1 沟槽回填应具备的条件

(1)压力管道水压试验前，除接口外，管道两侧及管顶以上回填高度不应小于 0.5m；水压试验合格后，及时回填剩余部分。

(2)管径大于 900mm 的钢管，必要时控制管顶竖向变形的措施已落实。

(3)沟槽底无杂物(草包、模板及支撑设备等)、积水，严禁带水回填。

7.1.6.2 对管沟回填土的要求

(1)沟底至管顶以上 0.5m 的范围内，不得含有机物、冻土以及直径大于 50mm 的砖石等硬块；尽量采用细粒土回填。

(2)采用砂、石灰土或其他非素土回填时，其质量要求按施工设计规定执行。

(3)回填土的含水率宜按土类和采用的压实工具控制在最佳含水率附近。

7.1.6.3 回填施工

管沟回填施工包括还土、摊平和夯实等施工过程。

(1)还土时应按基底排水方向由高至低分层进行，在管道两侧应同时进行。沟槽底至管顶以上 500mm 的范围内均应采用人工还土，超过管顶 500mm 以上时可采用机械还土。还土时按分层铺设夯实的需求，每一层都采用人工摊平。管沟回填土的夯实通常采用人工夯实和机械夯实两种方法。

(2)回填土压实的每层虚铺厚度应根据所采用的压实工具和要求确定，当采用木夯、铁夯夯实时，每层的虚铺厚度不大于 200mm；当采用蛙式夯、火力夯夯实时，每层的虚铺厚度为 200～250mm；当采用压路机夯实时，虚铺厚度为 200～300mm；当采用振动压路机夯实时，虚铺厚度不应大于 400mm。

(3)回填压实应逐层进行。管道两侧和管顶以上 500mm 范围内的压实，应采用薄夯、轻夯夯实，管道两侧夯实面的高差不应超过 300mm。管顶 500mm 以上回填时，应分层整平和夯实。若使用重型压实机械或较重车辆在回填土上行驶时，管道顶部应有厚度不小于 700mm 的压实回填土。

7.1.6.4 回填土施工应注意的事项

(1)管道两侧和管顶以上 500mm 的范围内还土应由沟槽两侧对称进行。

(2)需要拌和的回填材料应在运入沟内前拌和均匀,不得在沟内拌和。

(3)管道基础为弧形素土基础时,管道与基础之间的三角区应填实。夯实时,管道两侧应对称进行,且不得使管道位移或损伤。

(4)采用木夯、蛙式夯等压实工具时,应夯夯相连;采用压路机时,碾压的重叠宽度不得小于 200mm。

(5)当管道覆土较浅,管道的承载能力较低,压实工具的荷载较大,或原土回填达不到要求的压实度时,可与设计单位协商采用石灰、砂、砂砾等具有结构强度或容易压实的材料回填,也可采取加固管道的措施。

7.2 室外排水管道安装

室外排水管道常用的管材有混凝土管、钢筋混凝土管和埋地排水用硬聚氯乙烯(PVC-U)双壁波纹管。混凝土管的管径较小,一般小于 450mm,长度多为 1m。钢筋混凝土管分为轻型管和重型管,长度多为 2m,主要根据荷载不同而选用。管道接口分为柔性、刚性和半柔半刚性三种形式。排水管道通常要设基础,其基础和一般构筑物不同,管体受到浮力、土压力、自重等作用,在基础中保持平衡。管道基础的形式取决于外部荷载、土质、覆土厚度及管道本身的情况。

室外排水管道安装的工艺流程是:施工准备→开挖管沟→管道基础→管道安装→管道严密性试验→管沟回填。

室外排水管道安装的施工准备及管沟开挖同第 7.1.1 和 7.1.2 节。

7.2.1 排水管道基础

排水管道基础是指管子或支承结构与地基之间经人工处理过的或专门建造的构筑物,是为管道安全稳定运行而采取的一项技术措施。其作用是将管道较为集中的荷载进行均匀分布,以减少对地基单位面积的压力。

一个完整的管道基础应由两部分组成,即管座和基础。设置管座的目的是将基础和管子连成一个整体。管座包围管道形成的中心角越大,则基础所受的单位面积的压力以及对地基的单位面积的压力就越小。管座、基础及管道的中心角如图 7.46 所示。

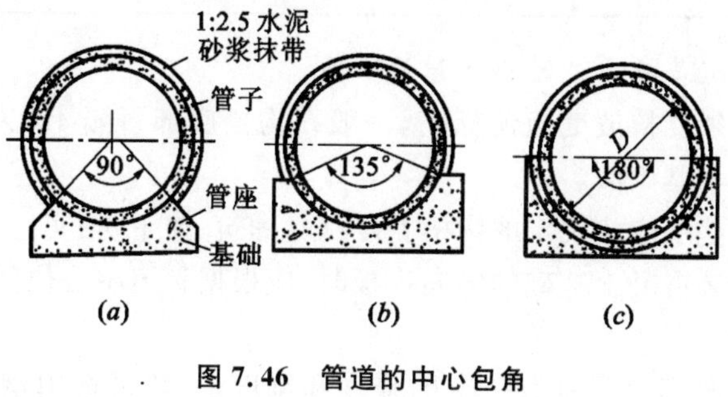

图 7.46 管道的中心包角

7.2.1.1 排水管道基础类型、适用范围

管道基础按构筑材料可分为弧形素土基础、灰土基础、砂垫基础、混凝土基础、枕基等。各种基础的适用条件和施工方法见表7.12。

表7.12 排水管道基础类型、适用条件及施工方法

基础种类	适用条件	施工方法
弧形素土基础	(1)槽底无地下水； (2)原土土质能保证挖成弧形； (3)管子规格为150～1100mm； (4)管道埋深0.8～3.0m； (5)下列情况不适用： ①管道敷设在车道下，且埋深小于1.5m； ②管道为干线； ③几种管道合槽施工	(1)弧度中心角一般采用90°，当管径为800～1100mm时，也可采用60°； (2)稳管前用粗砂按弧形填好，使管壁与弧形槽相吻合； (3)还土时采用中松侧实的还土方法，侧部夯实须达到最佳密实度的95%
灰土基础	(1)槽底无地下水； (2)土质较为松软的场所； (3)管径为150～300mm； (4)适用于下列接口的管道： ①水泥砂浆抹带接口； ②套管接口； ③承插接口	(1)灰土基础也是弧形，厚度采用150mm； (2)弧度的中心角采用60°； (3)灰土的配合比为3∶7(质量比)； (4)还土要求同弧形素土基础
砂垫基础	(1)无地下水； (2)坚硬岩石地区； (3)管道埋深1.5～3.0m，小于1.5m时不应采用	(1)砂垫层厚度采用100～150mm； (2)砂料最好采用带棱角的中砂； (3)还土要求同弧形素土基础
混凝土基础	(1)管道在地下水位以上及以下都适用； (2)槽底是在施工中未被扰动的老土； (3)管径为200～2000mm； (4)管道埋深0.8～6.0m； (5)适用于下列接口的管道： ①水泥砂浆抹带接口； ②套管接口； ③承插接口	(1)无地下水时可在槽底老土上直接浇筑混凝土基础，有地下水时可在槽底铺一层100～150mm的卵石或碎石垫层，然后在上面浇筑混凝土基础； (2)混凝土标号一般采用C10级； (3)还土要求：管道两侧最佳密实度为90%，管顶上500mm范围内密实度为85%
枕基	(1)干燥土壤； (2)适用于下列接口的管道： ①水泥砂浆抹带接口 $D\leqslant900$mm； ②承插接口 $D\leqslant600$mm	枕基常与素土基础或砂垫层基础同时使用，通常是在管道接口下做C10级的混凝土枕状垫块

7.2.1.2 排水管道基础施工时应注意的事项

(1)基础施工前必须复核坡度板的标高，一般在沟槽底部每隔4m左右打一个样桩，用样桩控制挖土面、垫层面和基础面。

(2)管道基础的砂垫层应按规定的沟槽宽度满堂铺筑、摊平、拍实。

(3)在砂垫层上安装混凝土基础的侧向模板时，应根据管道中心位置在坡度板上拉出中心线，并控制侧向模板的位置。

(4)混凝土基础侧向模板应具有一定的强度和刚度，一般可选用钢撑板、木板和钢模板。模板安装缝隙应严密，支撑牢固，并符合结构尺寸的要求。

(5)碎石垫层面上有水时,不得浇筑基础混凝土。混凝土应用拍板或平板振动器拍平。混凝土基础浇筑完毕后,12h 内不得浸水,并应进行养护。混凝土强度达到 2.5MPa 以后方可拆模。

(6)浇筑混凝土管座时还应注意:

①混凝土管座的模板可一次或两次支设,每次支设高度宜略高于混凝土的浇筑高度。

②管座分层浇筑时,应先将平基凿毛冲净,并将平基与管子相接触的部位用与管座混凝土相同强度等级的砂浆填满、捣实后,再浇筑混凝土。

③采用垫块法一次浇筑管座时,必须先从一侧灌筑混凝土,当对侧的混凝土与灌筑一侧混凝土高度相同时,两侧再同时浇筑,并保持两侧混凝土高度一致。

④浇筑混凝土管座时,应留混凝土抗压强度试块。

7.2.2 排水管道接口

7.2.1.1 排水管道接口类型、适用范围

混凝土管和钢筋混凝土管的接口形式有刚性接口和柔性接口两种,各地区采用的形式也不尽相同。刚性接口的主要密封材料为水泥,柔性接口所用的密封材料主要有沥青、橡胶圈等。

混凝土管和钢筋混凝土管的管口形式有平口、企口、承插口等。混凝土管和钢筋混凝土管常用的几种接口见表 7.13。

表 7.13 混凝土管和钢筋混凝土管常用接口

接口名称	适用条件	施工方法
水泥砂浆抹带接口	一般用于地基土质较好的雨水管,或用于地下水位以上的污水支线管道。企口管、平口管和承插口管均可适用	(1)当公称直径 $DN \leqslant 1000$mm 时,抹带宽为 120mm,带厚为 30mm;当公称直径 $DN > 1000$mm 时,抹带宽为 150mm,带厚为 30mm。 (2)抹带及接口均用 1∶2.5 或 1∶3的水泥砂浆,水泥宜采用 42.5 级普通硅酸盐水泥,砂子应经过 2mm 孔径的筛子筛选,含泥量不得大于 3%
钢丝网水泥砂浆抹带接口	钢丝网水泥砂浆抹带接口的强度较高,属于刚性接口,适用于地基土质较好的具有带形基础的雨水管道及一般污水管道	将抹带宽度(200mm)范围内的管道外壁凿毛洗净,抹 1∶2.5 或 1∶3的水泥砂浆一层,厚度为 15mm,铺 10mm×10mm 的钢丝网(钢丝直径为 20mm)一层,两端插入基础混凝土中固定,上面再压砂浆一层,厚度 10mm。抹带尺寸为:带宽 200mm,带厚 25mm,钢丝网宽 180mm
预制套环石棉水泥接口	预制套环石棉水泥接口为刚性接口,适用于地下水位以下的、地基可能产生少量不均匀沉降的管道	接口材料用 42.5 级普通硅酸盐水泥,石棉选用软 4 级或软 5 级。材料配合比为:石棉∶水泥∶水=3∶7∶1(质量比);捻缝材料用 1∶3水泥砂浆。套环与管缝对中后,用木楔保持环向间隙均匀;填打石棉水泥时,宜少填多打,$DN \geqslant 600$mm 时,应 4 填 16 打;$DN < 600$mm 时,应 4 填 8 打。油麻填打应密实
承插管水泥砂浆接口	承插管水泥砂浆接口为刚性接口,一般适用于小口径雨水管道	管道承口应朝向来水方向,承口下部灰浆为 1∶2水泥砂浆,管道位置应符合设计要求。安装第二节管子之前,先在承口内侧和插口外侧刷一道水泥浆,然后将第二节管子挤入充满灰浆的承口内,接口缝用 1∶2水泥砂浆填捣密实,口部抹成斜面

续表 7.13

接口名称	适用条件	施工方法
承插管沥青油膏接口	沥青油膏接口属于柔性接口，适用于污水管道	将管口清理干净并保持干燥，在承口内、插口外刷冷底子油一遍。将沥青油膏捏成膏条，接口下部所用膏条直径约为接口间隙的2倍，上部所用膏条直径等于接口间隙。安第一节管子时，将涂好冷底子油的管子按设计要求稳管，稳管时承口朝向来水方向。用喷灯将承口内部的冷底子油烤热，使之发黏，同时将粗膏条烤热发黏，在接口下部135°范围内用粗膏条垫好按平，厚度高出接口间隙约为5mm。将第二节管子插入垫好膏条管子的承口内并稳管。将细膏条填入接口上部，用錾子填捣密实，膏条搭接处应加强填捣。最后用錾子填捣，使接口表面平整
橡胶圈接口	橡胶圈接口属于柔性接口，可以抵抗振动和弯曲，抗应变性能好。接口填料采用橡胶圈，结构简单，施工方便，适用于土质较差、地基硬度不均匀、软土地基或地震地区	排水管道所用橡胶圈依据管口形状不同按以下规定选用： 混凝土承插管选用遇水膨胀橡胶圈； 钢筋混凝土承插管选用“O”形橡胶圈； 钢筋混凝土企口管选用“Q”形橡胶圈； 钢筋混凝土F形钢套环选用齿形止水橡胶圈

7.2.2.2 排水管道接口施工时应注意的事项

(1)承插口或企口接口应平直，环向间隙应均匀，填料密实、饱满，表面平整，不得有裂缝等缺陷。

(2)钢丝网水泥砂浆抹带接口应平整，不得有间断和断裂、空鼓等现象，抹带宽度、厚度的允许偏差应控制在0～5mm。

(3)预应力钢筋混凝土管及钢筋混凝土管乙型接口，对口间隙应符合表7.14的规定。预应力混凝土管、自应力混凝土管安装应平直，无突起、突弯现象。沿曲线安装时，管口的纵向间隙最小处不得大于5mm，接口转角不得大于表7.15的规定。

表 7.14 管口间纵向间隙(mm)

管材种类	接口类型	管径	纵向间隙
混凝土管及钢筋混凝土管	平口、企口	＜600	1.0～5.0
		≥600	7.0～15
	承插式甲型口	500～600	3.5～5.0
	承插式乙型口	300～1500	5.0～15
陶管	承插式接口	＜300	3.5～5.0
		400～500	5.0～7.0

表 7.15 曲线安装允许接口转角

管材种类	管径(mm)	转角
预应力混凝土管	400～700	1.5°
	800～1400	1.0°
	1600～3000	0.5°
自应力混凝土管	100～800	1.5°

7.2.3 排水管道安装

7.2.3.1 混凝土排水管和钢筋混凝土排水管安装

混凝土排水管和钢筋混凝土排水管的安装，应根据不同的管道接口，灵活地处理平基、稳管、管座和接口之间的关系，合理地安排施工顺序。排水管道常用的安装方法有普通法、四合一施工法、前三合一法、后三合一法和垫块法。前四种方法用于刚性基础、刚性接口的管道安装，垫块法用于大中型管道安装。

(1)普通法管道安装

管道施工时，平基混凝土、安管、做管座和接口分四步进行的方法称为普通法。它适用于雨季施工或地基不良者，常用于雨水管道的安装。

1)施工程序

普通法管道安装的施工程序为：浇筑平基混凝土→养护→下管→安管→浇筑混凝土管座→抹带接口→养护。

2)施工及要求

①平基混凝土应在验槽合格后及时浇筑，混凝土终凝前不得泡水，并应进行养护；

②平基混凝土的高程应严格控制，不得高于设计高程，低于设计高程不超过 10mm；

③平基混凝土强度达到 5MPa 以上时，方可直接下管；

④浇筑混凝土管座前平基应凿毛、冲洗干净；

⑤平基与管子相接触的三角部分应用同强度等级混凝土中的软灰填捣密实；

⑥浇筑混凝土管座时，应两侧同时进行，以防将管子挤偏。

(2)四合一施工法

四合一施工法是指把平基、稳管、管座、抹带四道工序结合在一起一次完成的施工方法。这种方法施工速度快，结构整体性好，适用于小口径抹带接口的管道施工。

1)操作程序

四合一施工法的操作程序为：验槽→支模→下管→排管→浇筑平基混凝土→稳管→做管座→抹带→养护。

2)施工及要求

①支模。由于四合一施工法要在模板上滚运和放置管子，故模板安装应特别牢固。模板材料一般使用 150mm×150mm 的方木，模板内部可用支杆临时支撑，外侧用铁钎支牢。若管道为 90°管座时，可一次支设模板，支设高度略高于 90°基础高度；如果是 135°及 180°管座基础，模板宜分两次支设，上部模板应待管子铺设合格后再安装。

②浇筑平基混凝土。平基混凝土应振捣密实，混凝土面做成弧形，并高出平基面 20～40mm(视管径大小而定)。混凝土的坍落度一般采用 20～40mm，应按管径大小和地基吸水程度适当调整。稳管前，在管口部位应铺适量的抹带砂浆，以增加接口的严密性。

③稳管。将管子从模板上移至混凝土面，轻轻揉动至设计高程(一般可高出设计高程 1～2mm，以备安装好的管子自沉)。如果管子下沉过多，可将管子撬起，在下部填补混凝土或砂浆，重新揉至设计标高。

④管座。若平基混凝土和混凝土管座为一次支模浇筑，管子稳好后，直接将管座的两肩抹平。对于分两次支设模板的，管子稳好后，支搭管座模板，浇筑两侧管座混凝土，补填接口砂

浆，捣固密实，抹平管座两肩，同时用麻袋球或其他工具在管内来回拖动，拉平砂浆。

⑤抹带。管座混凝土浇筑完毕后立即进行抹带，使带和管座连为一体。抹带与稳管至少相隔2～3节管子，以免稳管时碰撞管子影响接口质量。抹带完成后随即勾捻内缝。

(3)前三合一法

前三合一法是将平基、稳管、接口三道工序连续操作，待闭水试验合格后再浇筑混凝土管座。公称直径 DN<500mm的普通混凝土管，管座为180°或包管时可用这种方法。

(4)后三合一法

后三合一法是先浇筑平基，待平基达到一定强度后，再连续进行稳管、接口、浇筑混凝土管座三道工序。公称直径 DN 为500～900mm的普通混凝土管可采用后三合一法。

(5)垫块法

垫块法是指管道安装时先铺设垫块(每节管下设置两个垫块)，再在垫块上安管做接口，然后再浇筑混凝土基础和管座的安装方法。这种方法的优点是平基和管座同时浇筑，整体性好，且管道接口的施工质量容易保证，是污水管道常用的施工方法。

1)施工程序

垫块法的施工程序是：预制垫块→安垫块→下管→在垫块上安管→支模→浇筑混凝土→接口→养护。

2)预制混凝土垫块

垫块混凝土的强度等级同混凝土基础。垫块长度为管径的0.7倍，高度等于平基厚度，允许偏差为－10～0mm，宽度大于或等于高度。

3)施工及要求

①垫块应放置平稳，并测量高程使之符合设计要求；

②管子位置固定后，一定要用石子将管子卡住并及时做接口和浇筑混凝土基础，待基础做好后再将支承取出；

③管底部混凝土要注意振捣密实，防止形成管子漏水的通道；

④如果是钢丝网水泥砂浆抹带接口，应在插入部分另加适当抹带砂浆，认真捣固，并保持钢丝网位置正确。

(6)橡胶圈接口管道安装

1)承插安装

①管子铺设前，应清除承口内和插口外的油污及污物，检验橡胶圈有无缺陷和伤痕，将选定的橡胶圈套入插口槽内，橡胶圈应平顺、无扭曲。

②采用手扳葫芦或电动卷扬机进行管子就位。管子插入前，应在橡胶圈表面均匀涂刷中性润滑剂。插入时，管子两侧的手扳葫芦应同步拉动，使橡胶圈正确就位。管子承插过程中要用起吊设备吊住管子，待管子拉紧后将管枕击实。管枕的中心线与管端应保持220～230mm的距离。

2)企口安装

①管子铺设前，应清除承口内和插口外的油污及污物，检验橡胶圈有无缺陷和损伤，将检验合格的橡胶圈套入管子插口槽内，要求四周均匀、圆滑、无扭曲。环形的滑动部分内表面应均布硅油薄层。在管子承口端面(衬垫的位置)应预先用氯丁胶水粘接由4块多层胶合板组成的衬垫，其厚度约为12mm，按间隔90°均匀分布。

②管子安装宜采用悬吊方式进行，或用钢制管枕作为管子安装时的临时支座，钢制管枕支座面上应均匀涂抹润滑油，以降低拖管紧管的摩擦阻力和紧管拉力。

3)橡胶圈接口管道安装应注意的事项

①复核管子高程和中心线。

②检查承口与插口之间的间隙量。

③管子接缝处的承口周围不被胀裂。

④橡胶圈无脱槽、挤出、扭曲等现象。

⑤衬垫(垫块)不脱落。

⑥紧管工具放松后，管子无回弹现象。

⑦管道必须垫稳，管底坡度必须保证，缝宽应均匀。

⑧管道内不得有泥土、砖石、砂浆、木块等杂物。混凝土管座应捣实，与管壁结合紧密，管座回填的粗砂应均匀、密实。

⑨管道安装的允许偏差应符合表 7.16 的规定。

表 7.16　管道基础及安装的允许偏差

<table>
<tr><td colspan="2" rowspan="2">项目</td><td colspan="2" rowspan="2">允许偏差</td><td colspan="3" rowspan="2">项目</td><td colspan="2">允许偏差</td></tr>
<tr><td>无压力管道</td><td>压力管道</td></tr>
<tr><td colspan="2" rowspan="2">垫层</td><td>中线每侧宽度</td><td>不小于设计规定</td><td rowspan="3">土弧、砂或砂砾基础</td><td colspan="2">厚度</td><td colspan="2">不小于设计规定</td></tr>
<tr><td>高程(mm)</td><td>0～−15</td><td colspan="2" rowspan="2">支承角侧边高程</td><td colspan="2" rowspan="2">不小于设计规定</td></tr>
<tr><td rowspan="7">混凝土基础</td><td rowspan="3">管座平基</td><td>中线每侧宽度(mm)</td><td>0～+10</td></tr>
<tr><td>高程(mm)</td><td>0～−15</td><td rowspan="6">管道安装(mm)</td><td colspan="2">轴线位置</td><td>15</td><td>30</td></tr>
<tr><td>厚度</td><td>不小于设计规定</td><td rowspan="2">管道内底高程</td><td>D≤1000</td><td>±10</td><td>±20</td></tr>
<tr><td rowspan="4">管座</td><td>肩高(mm)</td><td>±20</td><td>D>1000</td><td>±15</td><td>±30</td></tr>
<tr><td>肩宽(mm)</td><td>+10～−5</td><td rowspan="3">刚性接口相邻管节内底错口</td><td rowspan="2">D≤1000</td><td rowspan="2">3</td><td rowspan="2">3</td></tr>
<tr><td>抗压强度</td><td>不小于设计规定</td></tr>
<tr><td>蜂窝麻面面积</td><td>两井间每侧小于或等于1%</td><td>D>1000</td><td>5</td><td>5</td></tr>
</table>

注：D 为管道内径(mm)。

7.2.3.2　埋地排水用硬聚氯乙烯(UPVC)双壁波纹管安装

埋地排水用硬聚氯乙烯(UPVC)双壁波纹管是以聚氯乙烯为主要原料，经挤出成型的埋地排水用管材，适用于市政排水、埋地无压农田排水和建筑物外排水，在考虑到材料的耐化学性和耐温性后亦可用于工业排污管道。

(1)用于市政排水的管材规格及承插口尺寸(用密封圈连接)应符合《埋地排水用硬聚氯乙烯(UPVC)双壁波纹管材》(GB/T 18477—2001)的规定。

(2)埋地排水用硬聚氯乙烯(UPVC)双壁波纹管在装卸、运输时，不得受到剧烈撞击和重压，不得抛、摔、滚、拖。管材存放场地应平整，堆放要整齐，堆放高度不应超过 2m，与热源净距不得小于 1.0m，不得露天存放，不得受到太阳的暴晒。存放时间不能过久，存放期自生产之日起一般不得超过两年。

(3)埋地排水用硬聚氯乙烯(UPVC)双壁波纹管安装时，必须先做好管道基础或垫层。管道基础或垫层应符合下列规定：

①管道必须敷设在原状土地基上，局部超挖部分应回填、夯实。当沟底无地下水，超挖在0.15m以内时，可用原土回填夯实，其密实度不应低于原地基天然土的密实度；超挖在0.15m以上时，可用石灰土或砂垫层处理，其密实度不应低于95%。当沟底有地下水或沟底土层含水率较大时，可用天然砾砂回填。

②当沟底遇有废旧构筑物、石头、木头、垃圾等杂物时，必须清除。管道基础做好后，铺一层厚度不小于0.15m的砂土或素土垫层，垫层要平整、夯实；对岩石基础，应铺厚度不小于0.15m的砂垫层。

(4)埋地排水用硬聚氯乙烯(UPVC)双壁波纹管采用承插接口，胶圈密封。连接操作通常是在沟槽内进行。管子移入沟槽时，不得损伤管材，管材表面不得有明显的划痕和凹坑。管子的承口方向应迎向水流方向。

7.2.4 排水管道严密性试验

(1)室外污水、雨污合流及湿陷土、膨胀土地区的雨水管道安装完毕后，回填土前应采用闭水法进行严密性试验。

(2)试验管段应按井距分隔，长度不宜大于1000m，带井试验。

(3)进行管道闭水试验时，试验管段应符合下列规定：

①管道及检查井外观质量已验收合格；

②管道未回填土且沟槽内无积水；

③全部预留孔应封堵，不得渗水；

④管道两端堵板承载力经核算应大于水压力的合力，除预留进出水管外，应封堵坚固，不得渗水。

(4)管道闭水试验应符合以下规定：

①当试验段上游设计水头不超过管顶内壁时，试验水头应以试验段上游管顶内壁加2m计；

②当试验段上游设计水头超过管顶内壁时，试验水头应以试验段上游设计水头加2m计；

③当计算出的试验水头小于10m，但已超过上游检查井井口时，试验水头应以上游检查井井口高度为准。

(5)闭水试验应按下列程序进行：

①试验管段灌满水后浸泡时间不应少于24h。

②当试验水头达到规定水头时开始计时，观测管道的渗水量，直至观测结束。同时，应不断地向试验管段内补水，保持试验水头恒定。渗水量的观测时间不得少于30min。

③实测渗水量应按下式计算：

$$q=\frac{W}{TL} \tag{7.2}$$

式中 q——实测渗水量，L/(min·m)；

W——补水量，L；

T——实测渗水量观测时间，min；

L——试验管段的长度，m。

④闭水试验应做记录，记录表如表7.17所示。

表 7.17 管道闭水试验记录表

<table>
<tr><td>工程名称</td><td colspan="4"></td><td>试验日期</td><td>年 月 日</td></tr>
<tr><td>桩号及地段</td><td colspan="6"></td></tr>
<tr><td>管道内径(mm)</td><td colspan="3">管材种类</td><td colspan="2">接口种类</td><td>试验段长度(m)</td></tr>
<tr><td></td><td colspan="3"></td><td colspan="2"></td><td></td></tr>
<tr><td>试验段上游
设计水位(m)</td><td colspan="4">试验水头(m)</td><td colspan="2">允许渗水量[m³/(24h·km)]</td></tr>
<tr><td></td><td colspan="4"></td><td colspan="2"></td></tr>
<tr><td rowspan="5">渗水量测定记录</td><td>次数</td><td>观察起始
时间 T_1</td><td>观察结束
时间 T_2</td><td>恒压时间
T(min)</td><td>恒压时间内补入
的水量 W(L)</td><td>实测渗水量 q
[L/(min·m)]</td></tr>
<tr><td>1</td><td></td><td></td><td></td><td></td><td></td></tr>
<tr><td>2</td><td></td><td></td><td></td><td></td><td></td></tr>
<tr><td>3</td><td></td><td></td><td></td><td></td><td></td></tr>
<tr><td colspan="6">折合平均实测渗水量[m³/(24h·km)]</td></tr>
<tr><td>观察记录</td><td colspan="6"></td></tr>
<tr><td>评语</td><td colspan="6"></td></tr>
</table>

(6)管道严密性试验时，应进行外观检查，不得有漏水现象，且符合下列规定时，管道严密性试验为合格：

①实测渗水量小于或等于表 7.18 规定的允许渗水量。

②管道内径大于或等于表 7.18 规定的管径时，实测渗水量应小于或等于按下式计算的允许渗水量：

$$Q = 1.25\sqrt{D} \tag{7.3}$$

式中 Q——允许渗水量，$m^3/(24h \cdot km)$；

D——管道内径，mm。

表 7.18 无压管道(混凝土、钢筋混凝土管)严密性试验允许渗水量

管径(mm)	200	300	400	500	600	700	800	900	1000
允许渗水量 [m/(24h·km)]	17.60	21.62	25.00	27.95	30.60	33.00	35.35	37.50	39.52

管径(mm)	1100	1200	1300	1400	1500	1600	1700	1800	1900	2000
允许渗水量 [m/(24h·km)]	41.45	43.30	45.00	46.70	48.40	50.00	51.50	53.00	54.48	55.90

7.2.5 管沟回填

(1)管道经验收合格后，管沟方可进行回填土。

(2)管沟回填土时，以两侧对称下土，水平方向均匀地摊铺，用木夯捣实。管道两侧直到管顶 0.5m 以内的回填土必须分层人工夯实，回填土分层厚度 200～300mm，同时应防止管道中心线位移及管口受到振动松动；管顶 0.5m 以上可采用机械分层夯实，回填土分层厚度为 250～400mm。各部位回填土干密度应符合设计和有关规范规定。

(3)沟槽若有支撑,应随同回填土逐步拆除。有横撑板的沟槽,应先拆撑后填土,自下而上拆卸支撑;若采用支撑板或板桩时,可在回填土后再拔出,拔出后立刻灌砂填实。如拆除支撑不安全,可以保留支撑。

(4)沟槽内有积水必须先排水后回填。

(5)埋地排水用硬聚氯乙烯(UPVC)双壁波纹管回填应满足下列要求:

①回填时应先填管底,再同时回填管道两侧,然后回填至管顶 0.5m 处。

②管道两侧及管顶以上 0.5m 以内的回填土,宜用砾砂或采用天然砂和素土的掺混物,回填土内不得含有碎石、砖头、瓦砾、油污、垃圾等杂物,不得用冻土回填。距管顶 0.5m 以上的回填土允许有少量直径不大于 100mm 的石块和冻土,石块和冻土不得超过回填土总体积的 15%。

③回填土应分层夯实,每层的厚度应为 200~300mm,管道两侧及管顶 0.5m 以内必须采用人工夯实。当回填土超过管顶 0.5m 以上时,可用小型机械夯实,每层的松土厚度应为 200~400mm。

管道回填土如图 7.47 所示。

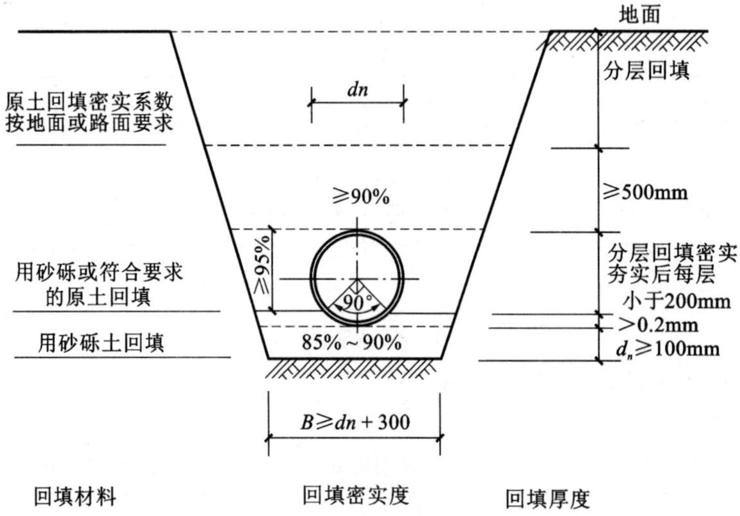

图 7.47 管道回填土

7.3 给排水管道附属构筑物施工

7.3.1 给水阀门井

(1)室外给水管道上的闸阀一般设在阀门井内,阀门井的尺寸应满足阀门操作及拆装阀门的需求。

(2)给水管道的井室安装闸阀时,井底距承口或法兰盘的下缘不得小于 100mm。井壁与承口或法兰盘外缘的距离,当管径小于或等于 400mm 时,不应小于 250mm;当管径大于或等于 500mm 时,不应小于 350mm。

(3)井室在砌筑时应同时安装踏步,踏步安装位置要正确。踏步安装后,在砌筑砂浆或混凝土强度未达到规定的强度之前,不得踩踏。混凝土井壁的踏步在预制或现浇时安装。

(4)阀门井位于铺装地面以下,井口与地面相平;在非铺装地面以下,井口应高出地面50mm,从井口向四周应有不小于0.01的坡度,坡向地面。

(5)阀门井内的支墩必须托住阀门,四周用M7.5级水泥砂浆抹八字填实。

7.3.2 检查井和雨水口

7.3.2.1 检查井

圆形排水检查井的流槽形式如图7.48所示。

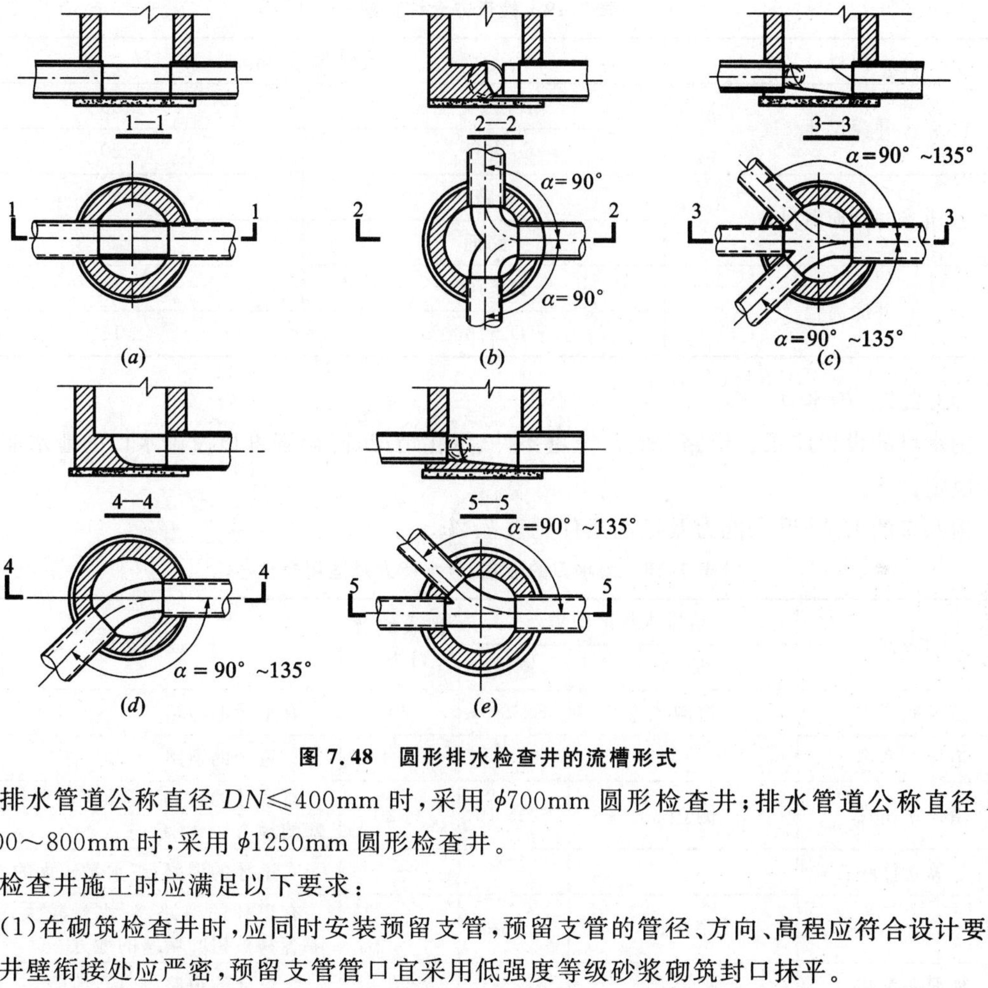

图7.48 圆形排水检查井的流槽形式

排水管道公称直径 $DN \leqslant 400$mm 时,采用 ϕ700mm 圆形检查井;排水管道公称直径 DN 为600～800mm时,采用 ϕ1250mm 圆形检查井。

检查井施工时应满足以下要求:

(1)在砌筑检查井时,应同时安装预留支管,预留支管的管径、方向、高程应符合设计要求,管与井壁衔接处应严密,预留支管管口宜采用低强度等级砂浆砌筑封口抹平。

(2)检查井接入圆管的管口应与井内壁平齐,当接入管管径大于300mm时,应设加固圈。

(3)砌筑圆形检查井时,应随时检测直径尺寸。当四面收口时,每层收进不应大于30mm;当偏心收口时,每层收进不应大于50mm。

(4)砌筑检查井及雨水口的内壁应采用水泥砂浆勾缝,有抹面要求时,内壁抹面应分层压实,外壁应采用水泥砂浆搓缝密实。

(5)检查井采用预制装配式构件施工时,企口坐浆与竖缝灌浆应饱满,装配后的接缝砂浆在凝结硬化期间应加强养护,并不得受外力碰撞或震动。

(6)检查井砌筑至规定高程后,应及时浇筑或安装井圈,盖好井盖。

(7)雨季砌筑检查井,井深应一次砌起。为防止漂管,可在检查井的井室侧墙底部预留进水孔,回填前应封堵。

(8)冬季砌筑检查井应采取防寒措施,并应在两管端加设风挡。

(9)检查井的周围回填前应符合下列规定:

①井壁的勾缝、抹面和防渗层应符合质量要求;

②井壁同管道连接处应采用水泥砂浆填实;

③检查井允许偏差应符合表7.19的规定。

表7.19 检查井允许偏差

项目	允许偏差(mm)	
井深尺寸	长度、宽度	±20
	直径	±20
井盖与路面高程差	非路面	±20
	路面	±5
井底高程	$D\leqslant1000$	±10
	$D>1000$	±15

7.3.2.2 雨水口

雨水口的设置应根据道路、地形、土壤条件、绿化情况、降雨强度以及雨水口的泄水能力等因素决定。

雨水口的形式、泄水能力及适用条件见表7.20。

表7.20 雨水口的形式、泄水能力及适用条件

形式	给排水标准图集		泄水能力(L/s)	适用条件
	原名	图号		
道牙平箅式	边沟式	S235-3	20	有道牙的道路
道牙立箅式	—	—	—	有道牙的道路
道牙立孔式	侧立式	S235-16	约20	有道牙的道路,箅隙容易被树叶堵塞的地方
道牙平箅立箅联合式	—	—	—	有道牙的道路,汇水量较大的地方
道牙平箅立孔联合式	联合式	S235-6	30	有道牙的道路,汇水量较大,且箅隙容易被树叶堵塞的地方
地面平箅式	平箅式	S235-8	20	无道牙的道路、广场、地面
道牙小箅雨水口	小雨水口	S235-10	约10	降雨强度较小,城市有道牙的道路
钢筋混凝土箅雨水口	钢筋混凝土箅雨水口	S235-18	约10	不通行重车的地方

雨水口施工质量应符合下列规定:

(1)雨水口位置应符合设计要求,不得扭曲。

(2)雨水井砌筑至规定高程后,应及时浇筑或安装井圈,盖好井盖。

(3)井圈与井墙吻合,允许偏差为±10mm。

(4)井圈与道路边线相邻边的距离应相等，其允许偏差为10mm。

(5)雨水支管的管口应与井墙平齐。

(6)雨水口与检查井的连接管应直顺、无错口，坡度应符合设计要求。雨水口底座及连接管应设在坚实土质上。

7.3.2.3　支墩

支墩应根据管道直径的大小、管内介质压力的高低、土壤耐压力的大小以及土体稳定性等情况来设置。在管道工程中，为防止所输送的介质流过弯头、三通等管件时因产生过大的拉力而造成管道连接接头松动甚至脱落、断裂，不论是山区的管道工程还是平原地区的管道工程，在一定条件下均存在着支墩的设置问题。需要说明的是，这里讨论支墩的加设是指弯头、三通等异形管件所产生或承受的水平方向的推力，或水平推力和垂直推力的合力所需设置的抵挡支墩，不包括一般因自身重力而需设置的支承支座。

支墩一般在下列情况下设置：

(1)斜坡地区的管道公称直径 $DN>100$mm，管道坡度明显变化处，即坡底、坡顶处；

(2)管道公称直径 $DN\geqslant350$mm，试验压力 $p_s\geqslant1.0$MPa 的三通、弯头处；

(3)管道公称直径 $DN<350$mm，试验压力 $p_s<1.0$MPa 的管道敷设在松软的土壤中，经计算土壤的耐压力或侧壁的支承力不能满足要求时；

(4)管道的弯头角度 $\alpha\geqslant10°$，承插接口承受的拉力大于接口的粘结力，或管材所承受的拉力大于许用应力时；

(5)管道端头有盲板、管堵，经计算超过管件的连接力时。

支墩的类型有弯管支墩、阀门支墩、三通支墩。弯管支墩又分为水平弯管支墩、垂直向上弯管支墩、垂直向下弯管支墩。

支墩施工应满足以下要求：

(1)支墩应在密实的土基或坚固的基础上修筑，其后背应为原状土，两者应紧密靠紧。若采用砖砌支墩，原状土与支墩间隙用砂浆填塞密实。

(2)向下弯管支墩为保证弯管与支墩的一体性，常用混凝土支墩，在弯管上箍以钢筋，钢筋应指向弯管的弯曲中心。

(3)向上弯管支墩的弯管应嵌进支墩，嵌进部分中心角不小于135°。

(4)砖墩砌筑时所用砖的强度等级不低于MU7.5级，混凝土强度等级不低于C15，砂浆强度不低于M5。

(5)管道支墩应在管道接口完成后，水压试验前进行砌筑。支墩的砌筑砂浆或混凝土强度达到设计要求后方能进行试压。

7.4　给排水管道工程施工安全、环保措施

7.4.1　给排水管道工程施工安全措施

(1)管沟开挖后，两侧应设置防护栏，并设置专用通道，严禁跨越管沟。

(2)沟槽开挖应严格按规定放坡，并设专人巡视沟槽边坡稳定情况。

(3)在明显位置设置安全警示标志。

(4)管道向管沟内运送时，不得倾斜滚放，应采用吊放或专用通道下管。吊装管道的绳索应绑扎牢固，吊装时要设专人统一指挥，吊物下方严禁站人。

(5)管道对口时，应相互照应，以防伤人。

(6)起重设备、切割机具等的操作和临时用电应符合有关安全用电管理规定。

(7)电焊施工时，管沟内应确保干燥无积水。焊接设备应安装漏电保护装置。

(8)管道防腐时，刷沥青漆应远离火源。

(9)非金属排水管道安装时，胶粘剂、丙酮等易燃品在存放和运输时必须远离火源，存放处应安全可靠，粘接场所严禁明火，场内应通风良好。

(10)粘接管道时，操作人员应站在上风处，并戴好防护用具。

7.4.2 给排水管道工程施工环保措施

(1)管道加工应做好隔音防护措施，减少噪音扰民。操作人员应佩戴防噪、防尘等防护用品。

(2)易燃化学用品要存放在通风的房间内，并妥善保管，防止其泄漏、遗撒污染环境，对施工中的下脚料要及时回收、清理，运送到指定地点处理。

(3)管道试压后的废水要选择好排放点，不得随意排放。

(4)拉土车出施工场地应封闭，以防遗撒。

(5)施工便道应经常洒水，防止扬尘。

思考与练习

7.1 室外给排水管道施工准备工作有哪些?

7.2 简述室外给排水管道施工管沟的开挖方法。

7.3 做出室外给排水管道施工的程序框图。

7.4 室外给水铸铁管道的接口形式有哪几种?

7.5 简述室外给排水塑料管道的接头形式及施工方法。

7.6 室外给水管道如何试压与清洗?

7.7 简述室外排水管道的严密性试验方法。

7.8 室外给排水管道管沟回填要点有哪些?

8 民用燃气系统安装

知识目标

本章主要包括：燃气的分类、性质，室内民用燃气系统的组成及各部分的作用，室内燃气管道及附件的安装方法；室外燃气管道的安装流程，各种室外燃气管道的安装方法，管道的吹洗、试压，调压器的种类、使用场合、选用原则及安装要点。

能力目标

通过本章学习，应着重培养以下能力：

1. 提高对燃气的认识和了解能力；
2. 增强对室内、外燃气系统的理解能力；
3. 形成对室内、外燃气管道及附件的安装操作能力；
4. 培养对室外燃气系统的调试和检验能力。

8.1 燃气概述

8.1.1 燃气的主要成分

燃气是由可燃成分和不可燃成分组成的气体混合物。可燃成分主要有氢、一氧化碳、硫化氢、甲烷和少量的其他碳氢化合物等；不可燃成分主要有氮、二氧化碳、水蒸气等。

8.1.2 燃气的分类

燃气按来源不同分为天然燃气和人工燃气。

(1)天然燃气

天然燃气是通过钻井由地层中开采出来的。其中有的天然燃气中含有石油，称为伴生气(也叫石油燃气)；有的天然燃气中不含石油，称为天然气。目前城市家庭用燃气大部分是天然气。

(2)人工燃气

人工燃气按制作方法不同可分为以下四种：

①干馏燃气。固体燃料在隔绝空气(氧)的条件下加热进行分解，所得到的燃气称为干馏燃气。

②液化燃气。液化燃气是指液化石油气或由天然气液化而成，其主要成分是甲烷、氢和其他碳氢化合物。它在20℃和一个大气压力下是气态，当压力稍有升高或温度降低时即变为液态。现在有些城镇居民的罐装液化气就是这种液化燃气。

③裂化燃气。将渣油(炼油时剩余的石油残渣)和水蒸气同时喷入高温(约800℃)炉内，

在催化剂的作用下，产生催化裂解，促使碳氢化合物和水蒸气之间的水煤气发生反应，进而气体中的氢与一氧化碳含量不断增加，用此法制取的燃气称为裂化燃气。它的成分和干馏燃气(煤气)近似。

④气化燃气。将固体燃料放在燃气发生炉内进行气化所得到的燃气，称为气化燃气。因为这种燃气在制取过程中是与空气混合的，所以其中不可燃成分(氮、二氧化碳)较多，而高压气化燃气不可燃成分要少些。

8.1.3 燃气的性质

燃气的主要性质是易燃、易爆、有毒。

(1)燃气的毒性

燃气中的一氧化碳、二氧化碳、硫化氢、甲烷和烃类都是有毒气体，这些毒气对人体健康影响很大。

一氧化碳无色无味，比空气稍轻，有剧毒，它和血红素有极强的化合力，一旦被人吸入肺部立即与血红素化合，使人因血液缺氧而窒息或死亡。

硫化氢有臭鸡蛋味，比空气稍重，当在空气中体积分数(浓度)较小时刺激人流泪、呕吐等，当体积分数高时使人窒息或死亡。

当空气中二氧化碳和甲烷的体积分数大于5%时会使人窒息，低于该体积分数时使人感到不舒适。

烃对人有很大的麻醉作用，当空气中烃的体积分数高时也会使人窒息。

(2)燃气的爆炸性

燃气与空气混合后，当达到一定体积分数时，若遇火焰就会立即引起爆炸。

8.1.4 燃气中的其他成分及其对管路的影响

燃气中除了上述主要成分之外，尚有焦油、萘、硫、石蜡和水分等，这些次要成分将对管路正常运行造成不利影响。

(1)有的燃气中含有硫，它对铜的腐蚀较大。如果燃气未经脱硫，燃气管路系统中就不能使用铜类阀门或管件。

(2)燃气中几乎都含有焦油，有的燃气中尚含有石蜡和少量的萘，其中焦油最容易堵塞管路，因此，燃气管路系统中应设置吹扫装置。

(3)燃气中含有少量的水蒸气，当燃气的温度低于露点温度时，其中含有的水蒸气便凝结成水，凝结水聚集多了就会阻塞管路，使燃气难以畅通。因此，燃气管路系统中应设排凝结水的装置。

8.2 室内民用燃气管道安装

8.2.1 室内民用燃气系统的组成

室内民用燃气系统一般由引入管、总立管、水平干管、立管、水平支管、下垂管、阀门、燃气表及燃气用具等组成，如图8.1所示。

引入管是将室外燃气引入室内的管道，也是室内燃气管网与室外燃气管网的连接管道。

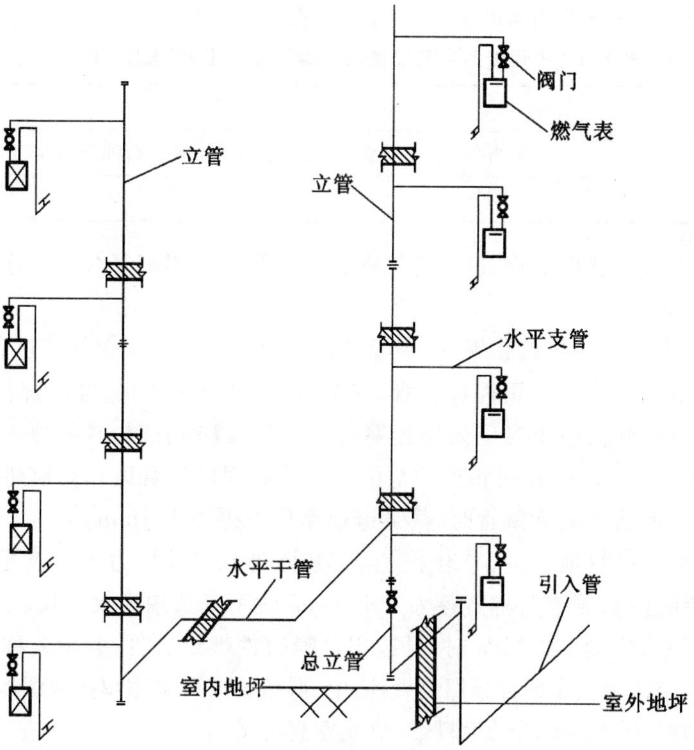

图 8.1 室内燃气系统组成

总立管是与引入管连接的立管。

水平干管是水平方向连接各立管的管段。

立管是穿越各楼层垂直方向的管段。

水平支管是每个用户与立管连接的水平方向的管段。

下垂管是用户支管上连接燃气表或燃气用具垂直方向的管段。

燃气用具是指燃气灶及燃气热水器等燃气设备。

系统附件是指管路系统上的阀门、活接头、燃气表、旋塞阀等。

8.2.2 室内燃气管道安装的一般技术要求

(1)室内燃气管道的最高压力不应大于表 8.1 的规定。

表 8.1 室内燃气管道的最高压力(表压 MPa)

燃气用户		最高压力
工业用户	独立、单层建筑	0.8
	其他	0.4
商业用户		0.4
居民用户(中压进户)		0.2
居民用户(低压进户)		<0.01

注:①液化石油气管道的最高压力不应大于 0.14MPa;

②管道井内燃气管道的最高压力不应大于 0.2MPa;

③室内燃气管道压力大于 0.8MPa 的特殊用户设计应按有关专业规范执行。

(2)民用低压用气设备燃烧器的额定压力宜按表8.2采用。

表8.2 民用低压用气设备燃烧器的额定压力(表压 kPa)

燃气 燃烧器	人工煤气	天然气		液化石油气
		矿井气	天然气、石油伴生气、液化石油气混空气	
民用燃具	1.0	1.0	2.0	2.8或5.0

(3)室内燃气管道宜选用钢管,也可选用铜管、不锈钢管、铝塑复合管和连接用软管。选用钢管时应符合下列规定:

①低压燃气管道应选用热镀锌钢管(热浸镀锌);中压和次高压燃气管道宜选用无缝钢管。

②选用符合《低压流体输送用焊接钢管》(GB/T 3091—2008)标准的焊接钢管时,其壁厚在低压时宜采用普通钢管,中压时应采用加厚管;选用无缝钢管时,其壁厚不得小于3mm,用于引入管时不得小于3.5mm;在避雷保护范围以外的屋面燃气管道和高层建筑沿外墙架设的燃气管道,采用焊接钢管或无缝钢管时,其管道壁厚均不得小于4mm。

③室内低压燃气管道(地下室、半地下室等部位除外)、室外压力小于或等于0.2MPa的燃气管道,可采用螺纹连接;管道公称直径大于$DN100$时不宜选用螺纹连接。

④管道公称压力$PN \leqslant 0.01$MPa时,可选用可锻铸铁螺纹管件;管道公称压力$0.01\text{MPa} < PN \leqslant 0.02$MPa时,应选用钢或铜合金螺纹管件;中、低压管道可采用焊接或法兰连接。

⑤密封材料宜采用聚四氟乙烯生料带、尼龙密封绳等。

(4)燃气用具连接部位、实验室用具或移动式用具等处可采用软管连接。软管最高允许工作压力不应小于管道设计压力的4倍;软管与家用燃具连接时,其长度不应超过20m,并不得有接口;软管与管道、燃具的连接处应采用压紧螺帽(锁母)或管卡(喉箍)固定,在软管的上游与硬管的连接处应设阀门;橡胶软管不得穿墙、顶棚、地面、门和窗。

(5)引入管及户内燃气管道不得敷设在卧室、浴室、厕所、密闭地下室、易燃易爆品仓库、有腐蚀性介质的房间以及配电室、变电室、电缆沟、暖气沟、烟道及风道等地方,只有在采取加套管等安全措施的条件下才可穿越暖气沟、通风道及低温烟道等。

(6)室内燃气管道应明设。水平管应有0.003的坡度,并分别坡向立管和灶具。

8.2.3 室内燃气管道安装

8.2.3.1 安装操作工艺流程

室内燃气管道安装工艺流程为:安装准备→预制加工→引入管道安装→水平管道安装→立、支管道安装→管道固定→管道试压、吹洗→燃气表安装→防腐刷油。

(1)安装准备

施工准备包括技术准备、材料机具准备、作业场地准备、施工组织及人员准备。

①技术准备要求施工人员熟悉图纸,熟悉相关的国家或行业验收规范及标准;编制施工方案,进行技术交底,使施工人员掌握相关操作工艺。

②材料机具准备要求工程所用的主要材料、成品、半成品、配件及设备必须具有中文质量合格证明文件;工程所用的材料、设备的规格型号和性能检测报告应符合国家技术标准和设计要求;所有材料进入施工现场时应进行品种、规格、外观验收;包装完好,表面无划痕及外力冲击破损;主要器具和设备应有完整的安装使用说明书;所有配件的压力等级、尺寸规格应与管

道配套。所有的施工机具和测量仪器准备齐全。

阀门应选用现行国家标准中适用于输送燃气介质，并且具有良好密封性能和耐腐蚀性能的阀门。安装前应做强度和严密性试验；燃气表应按燃气种类配套选用，具有生产许可证和出厂合格证，并且距出厂检验日期或重新校验日期不得超过半年；燃气灶具应按燃气种类配套选用，其基本参数和技术要求应符合有关标准规定，具有生产许可证和出厂合格证。

③地下管线敷设必须在房心回填土夯实后进行，沿管线敷设位置的地面要进行清理，清除杂物、垃圾和障碍物；立管安装应在主体结构完成后进行。

管道穿墙处已预留孔洞或安装套管，其洞口尺寸和套管规格应符合要求，坐标、标高正确。暗装管道应在管道井和吊顶未封闭前进行，支架安装完毕并符合要求；明装干管的托架、卡件均已安装固定，位置正确。

立管安装前每层均应有明确的标高线，暗装在竖井内的管道应先将竖井内的模板及杂物清除干净；支管安装应在墙体砌筑完毕、墙面未装修前进行。

④施工组织及人员准备要求建立健全施工质量及施工安全管理体系，根据工程规模和工程量的大小确定施工人员的数量和专业技术人员配备。

(2)预制加工

画出施工草图，在实际安装的结构位置做标记，按照标记分段量出实际安装的准确尺寸，绘制在施工草图上，最后按照草图预制加工好所用管材、管件及支(吊)架。

(3)引入管道安装

①引入管一般从室外直接进入厨房，不得穿过卧室、浴室、地下室、易燃易爆品的仓库、配电室、烟道和进风口等地方。若直接引入有困难，可从楼梯间引入，然后进入厨房。

②输送人工燃气的引入管的最小公称直径应不小于 25mm，输送天然气的应不小于 20mm，输送液化石油气的应不小于 15mm。输送湿燃气引入管的埋设深度应在土壤冰冻线以下，并应有不小于 0.01 的坡度坡向室外管道。

③地下弯管处应使用摵弯管，弯曲半径不小于弯管管径的 4 倍，地下部分应做好防腐工作。

④穿建筑物基础或墙体时，应设置套管，套管与燃气管之间每侧间隙不小于 6mm。对尚未完成沉降的建筑物，上部间隙应大于建筑物预计的最大沉降量，套管与燃气管之间的间隙应采用柔性防腐、防水材料密封。

⑤引入管阀门应当选择快速切断式阀，当地上低压燃气引入管的直径不超过 75mm 时，可在室外设置带螺塞的三通，不另设阀门。

⑥引入管必须采用整根钢管，弯管只准用摵弯，不得用焊接。

⑦引入管埋地和镶入墙内及保温层内部分必须进行防腐处理，防腐等级与庭院管道相同，引入管形式如图 8.2 所示。

⑧高层建筑和沉降量大的建筑的引入管应考虑建筑物沉降的影响，除加套管外还可采用柔性管材、挠性管或补偿器，如图 8.3 所示。

⑨引入管套管的做法如图 8.4 所示。燃气管道应处在套管的下 1/3 处，套管两旁用沥青油麻等柔性材料密封。

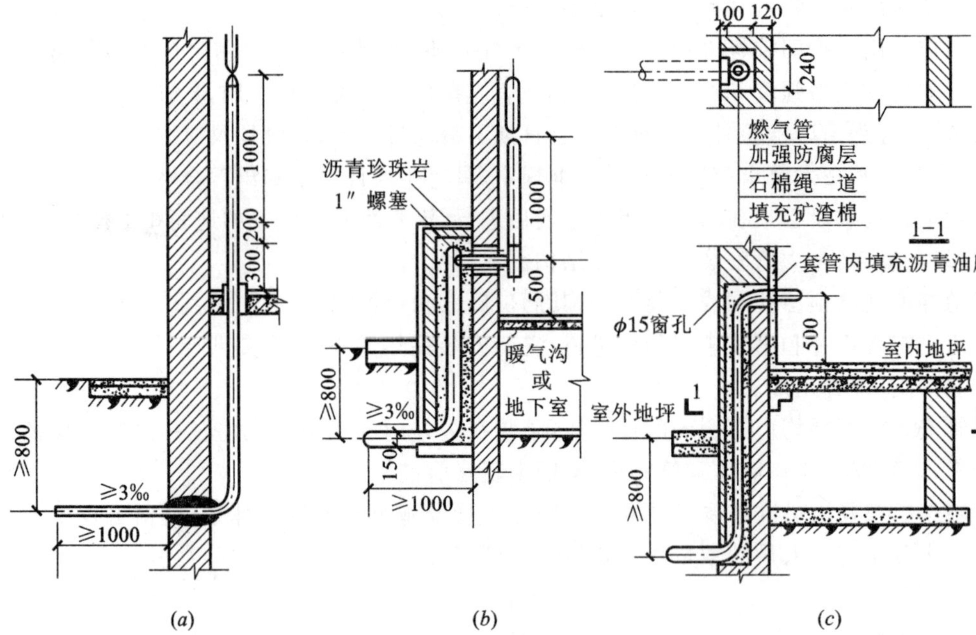

图 8.2　室内引入管形式

(a)地下引入;(b)地上墙外引入;(c)地上嵌墙引入

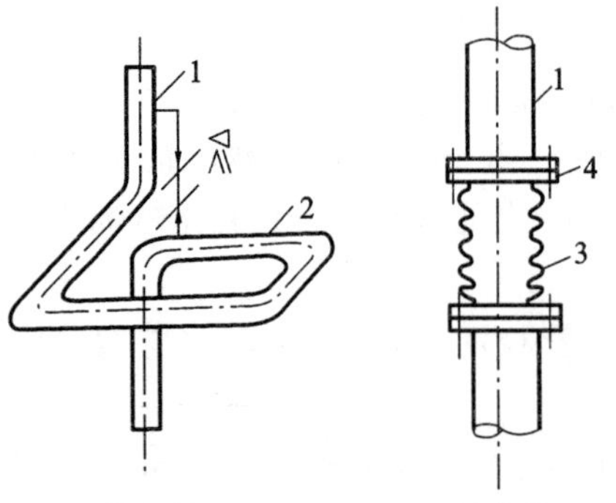

图 8.3　带补偿器的引入管

1—立管;2—挠性管;3—波纹管;4—法兰

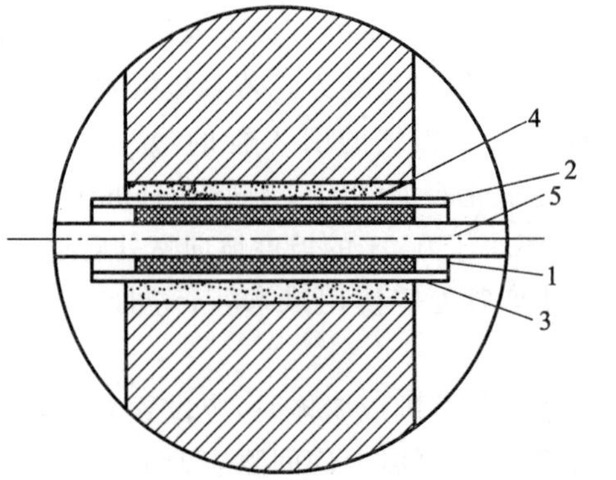

图 8.4　引入管套管做法

1—沥青密封层;2—套管;3—油麻填料;4—水泥砂浆;5—燃气管道

(4)水平管道的安装

①湿燃气管道的水平管道要求有 0.003 的坡度,管道与墙的净距应符合表 8.3 的规定。

表 8.3　燃气管道与墙的距离

管径(mm)	与墙净距(cm)	备注
15～25	3.5	允许偏差±0.5cm
32～50	6	允许偏差±0.5cm
75～100	8	允许偏差±0.5cm

②水平支管距厨房地面不低于 1.8m,上面装有燃气表及表前阀门。水平支管两端应设托钩。

(5)立、支管安装

①立管穿过楼板处应有套管，套管的规格应比立管大两号，见表 8.4。套管内不应有管接头。套管上部应高出地面 50～100mm，管口做密封，套管下部与楼板底面平齐。套管外部用水泥砂浆固定在楼板上，如图 8.5 所示。

表 8.4 套管规格

立管直径(mm)	15	20	25	32	40	50	65	80	100	150
套管直径(mm)	32	40	32	50	65	80	100	125	150	200

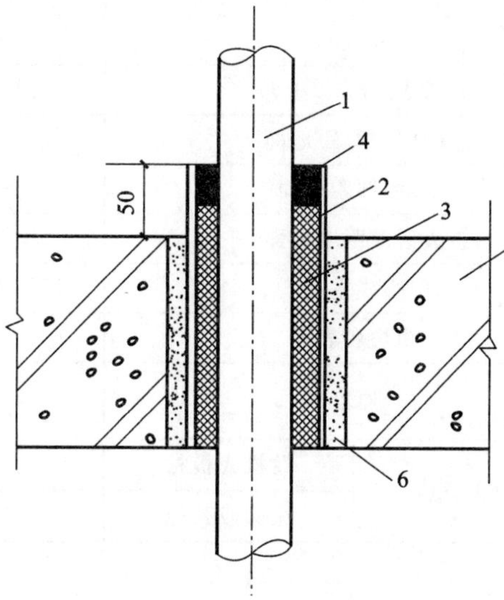

图 8.5 燃气管道穿楼板做法

1—立管；2—钢套管；3—浸油麻丝；4—密封填料；5—楼板；6—水泥砂浆

②立管上下端应设有丝堵，每层楼内应有至少一个固定卡子，每隔一层立管上应装一个活接头。

③室内燃气管道和电气设备、其他管道之间净距应不小于表 8.5 的规定。

④室内燃气管道安装偏差应满足表 8.6 的规定。

表 8.5 燃气管道和电气设备、相邻管道之间的净距

管道和设备		与燃气管道的净距(cm)	
		平行敷设	交叉敷设
电气设备	明装的绝缘电线或电缆	25	10(注)
	暗装或管内绝缘电线	5(从所做的槽或管子的边缘算起)	1
	电压小于 1000V 的裸露电线	100	100
	配电盘或配电箱、电表	30	不允许
	电插座、电源开关	15	不允许
相邻管道		应保证燃气管道和相邻管道的安装、安全维护和修理	2

注：①当明装电线加绝缘套管且套管的两端各伸出燃气管道 100mm 时，套管与燃气管道交叉净距可降至 10mm；

②当布置确有困难，在采取有效措施后，可适当减小净距。

表 8.6 室内燃气管道安装的允许偏差和检验方法

项次	项目			允许偏差(mm)	检验方法
1	坐标			10	用水平尺、直尺、拉线和尺量检查
2	标高			±10	
3	水平管道纵横方向弯曲	每 1m	管径小于或等于 100mm	0.5	用水平尺、直尺、拉线和尺量检查
			管径大于 100mm	1	
		全长(25m 以上)	管径小于或等于 100mm	不大于 13	
			管径大于 100mm	不大于 25	
4	立管垂直度	每 1m		2	吊线和尺量检查
		全长(5m 以上)		不大于 10	
5	进户管阀门	阀门中心距地面		±15	尺量检查
6	燃气表	表底部距地面		±15	吊线和尺量检查
		表后面距墙表面		5	
		中心线垂直度		1	
7	燃气嘴	距炉台表面		±15	尺量检查
8	管道保温层	厚度		+0.1 −0.05	用钢针刺入保温层检查
		表面平整度	卷材或板材	5	用 2m 靠尺和楔形塞尺检查
			涂抹或其他	10	

(6)燃气管道的固定

室内燃气管道用管道固定件固定在墙体或梁柱等构筑物上,通常在不带燃气表的严密性试验合格后进行。

①托钩。管道托钩结构如图 8.6 所示,加工尺寸见表 8.7,它适用于小管径水平管道的支撑定位。

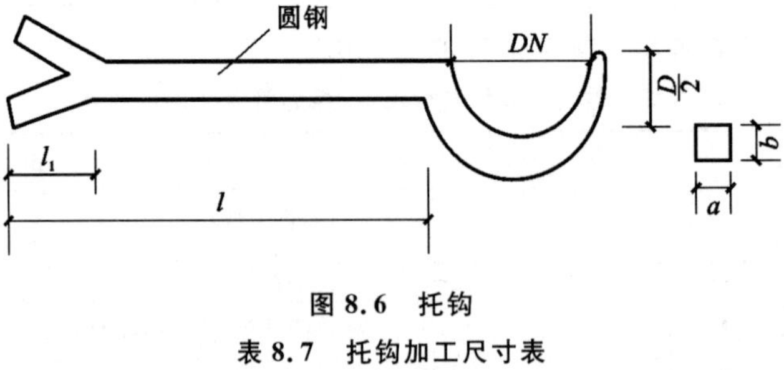

图 8.6 托钩

表 8.7 托钩加工尺寸表

尺寸(mm) \ 公称直径	DN15	DN20	DN25	DN32	DN40	DN50
l	120	120	150	150	150	170
l_1	20	20	20	25	25	25
圆钢 ϕ	10	10	10	12	12	12
$a \times b$	5×7	5×7	5×7	8×10	8×10	8×10

②钩钉。钩钉结构如图 8.7 所示，加工尺寸见表 8.8，它适用于小管径竖直燃气管道的固定。

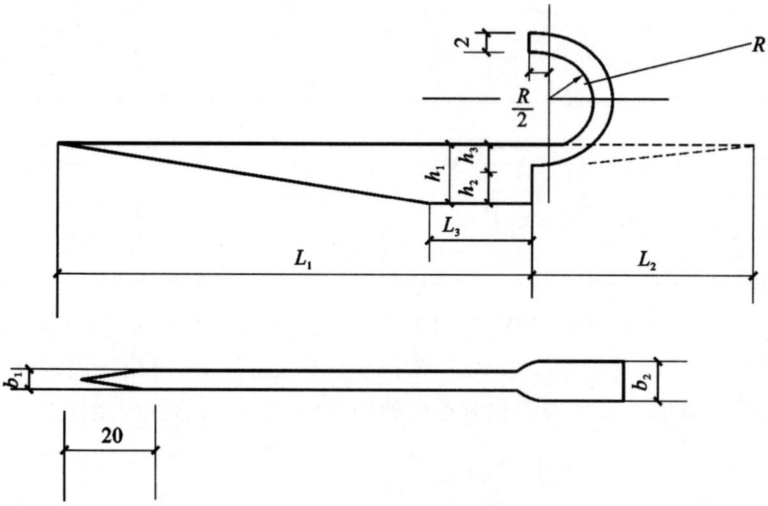

图 8.7 钩钉

表 8.8 钩钉加工尺寸表

公称直径	各部尺寸(mm)									质量(kg)
	h_1	h_2	h_3	b_1	b_2	L_1	L_2	L_3	R	
DN15	12	8	4	4	8	100	50	20	11	0.030
DN20	12	8	4	4	8	100	65	20	14	0.037
DN25	12	8	4	5	10	120	75	25	17	0.052
DN32	16	10	6	5	10	120	100	25	22	0.075
DN40	16	10	6	5	10	140	105	30	24	0.085
DN50	16	10	6	5	10	140	135	35	30	0.095

③卡子钩钉。卡子钩钉结构如图 8.8 所示，由两块扁铁(其中一块带叉角)及一紧固螺钉构成，加工尺寸见表 8.9，它适用于离墙稍远的小管径竖直管道的固定。

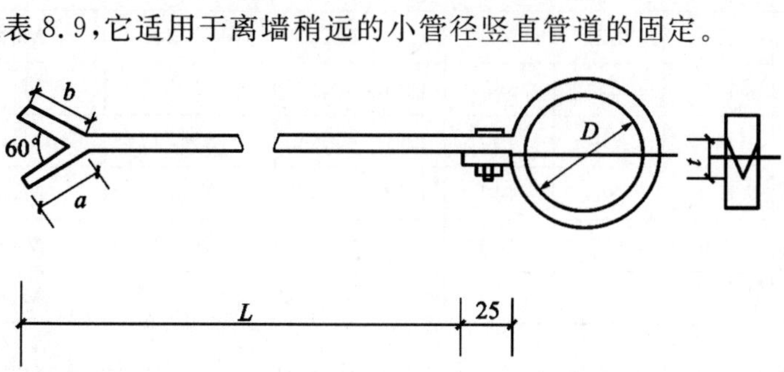

图 8.8 卡子钩钉

表 8.9 卡子钩钉加工尺寸表

尺寸(mm) \ 公称直径	*DN*15	*DN*20	*DN*25	*DN*32	*DN*40	*DN*50
L	95	95	125	125	125	145
a	20	20	20	20	20	25
t	10	10	10	15	15	15
D	19.25	24.75	31.50	40.25	46.00	58.00
螺栓	6×15	6×15	6×15	6×15	6×15	8×20
扁铁	3×20	3×20	3×20	4×25	4×25	4×30

④固定卡子。固定卡子又称角铁钉，结构如图 8.9 所示，由角铁、骑马攀、紧固螺钉等组成。所用材料及加工尺寸见表 8.10。固定卡子的支撑能力较大，可用于固定管径较大的水平及竖直管道，当管道离墙面较远或多根管道同架固定时，也可选这种固定件。

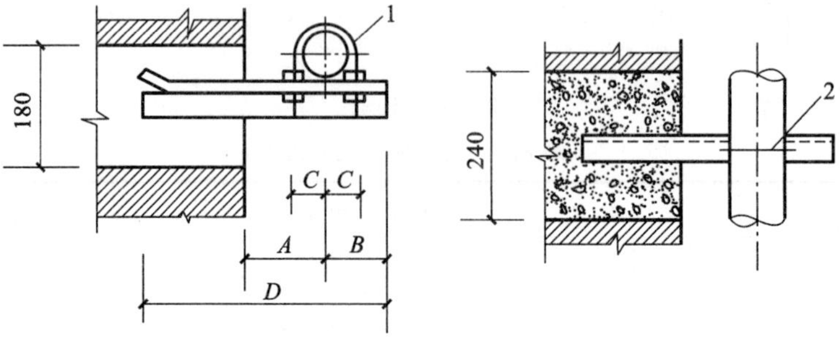

图 8.9 固定卡子

1—水平管道固定卡子；2—立管固定卡子

表 8.10 固定卡子加工尺寸表

管径 ϕ (mm)	支架各部尺寸(mm)				支架材料(mm)			跨距(m)
	A	*B*	*C*	*D*	支架	管卡	螺母	
57	80	86	36	260	L30×30×4	ϕ10×231	M10	5
76	90	105	45	300	L40×40×4	ϕ10×288	M10	7
89	100	120	52	330	L45×45×4	ϕ16×459	M12	8
108	110	130	64	360	L50×50×5	ϕ16×537	M12	9
133	130	140	79	400	L63×63×6	ϕ18×717	M16	10
159	140	150	89	440	L75×75×6	ϕ18×879	M16	11
219	170	180	119	500	[10	ϕ18×717	M18	13
273	200	210	148	600	[12	ϕ18×879	M18	15

⑤吊架。管道吊架形式如图 8.10 所示，它适用于固定在房梁、楼板处的水平管道及无法安装固定卡子的水平管道。

(7)管道试压、吹洗

①试验介质应为空气或氮气，在常温下进行。住宅燃气管道在未安装燃气表前用 7kPa

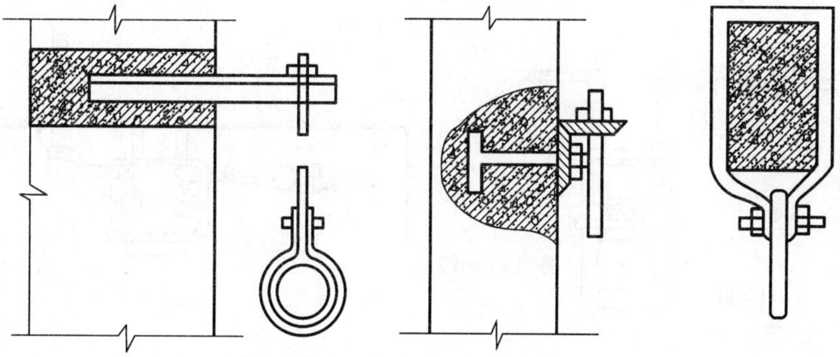

(a) (b) (c)

图 8.10 吊架

(a)活动吊架;(b)柱上预埋吊架;(c)梁上吊架

的气压对总进气管阀门到表前阀门之间的管道进行严密性测试,观察 10min 压力降不超过 0.2kPa为合格。接通燃气表后用 3kPa 气压对总进气管阀门到用具前的管道进行严密性试验,观察 5min 压力降不超过 0.2kPa 为合格。

②住宅燃气管道(不包括表、灶)强度试验压力为 0.1kPa,用肥皂水涂抹所有接头,无漏气,同时试验压力无明显下降为合格。燃气表不做强度试验,只做严密性试验,压力为 3kPa,观察 5min 压力降不超过 0.2kPa 为合格。

③管道试验完毕,可进行吹扫,但不可带燃气表进行。吹扫介质为压缩空气或氮气,吹扫时应有充足流量。吹扫应反复数次,直到吹净为止。

(8)燃气表的安装

①燃气表应有出厂合格证、生产许可证,且距出厂日期不应超过 4 个月,如超过则应经法定检测单位检测,同时应无明显损伤。

②燃气表宜安装在不燃或难燃结构、室内通风良好和便于查表、检修的地方。

③燃气表严禁安装在卧室、卫生间、更衣室内;严禁安装在有电源、电器开关及其他电气设备的管道井内,或有可能滞留泄漏燃气的隐蔽场所;严禁安装在环境温度高于 45℃的地方;严禁安装在经常潮湿的地方;严禁安装在堆放易燃易爆、易腐蚀或有放射性物质等危险的地方;严禁安装在有变、配电等电气设备或有明显振动的地方;严禁安装在高层建筑中的避难层及安全疏散楼梯间内。

④住宅内高位安装燃气表时,表底距地面不宜小于 1.4m,当燃气表装在燃气灶具上方时,燃气表与燃气灶具的水平净距不得小于 30cm;低位安装时,表底距地面不得小于 10cm。图 8.11 为户内燃气表安装示意图。

⑤燃气表与周围设施净距要求见表 8.11。

表 8.11 燃气表与周围设施最小净距

设施	低压电器	家庭灶	食堂灶	开水灶	金属烟囱	砖烟囱
水平距离(m)	1.0	0.3	0.7	1.5	0.6	0.3

⑥居民用户燃气表安装还应注意以下问题:

a.燃气表安装后要求横平竖直,不得倾斜,表的垂直偏差应小于 10mm,表下应设支托。

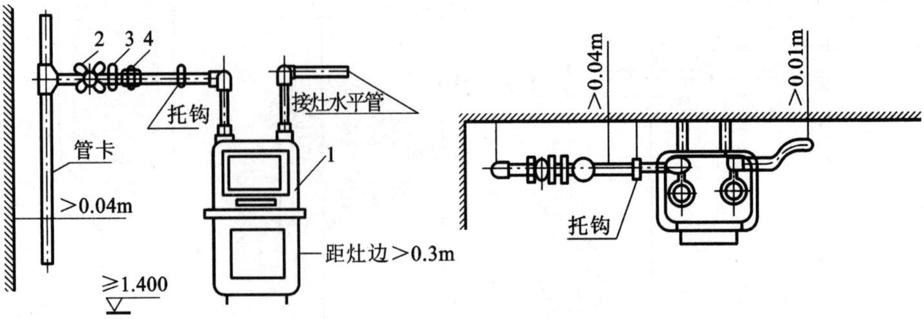

图 8.11 户内燃气表安装示意图

1—燃气表；2—表前阀门；3—外丝接头；4—活接头

b. 燃气表的进、出口管应采用钢管或铅管螺纹连接严密，铅管弯曲后应呈圆弧形，保持铅管的口径，不应产生凹瘪现象。

c. 表前水平支管应坡向立管，表后水平支管应坡向灶具(下垂管)。

d. 低位表的接灶水平支管上的活接头不得设置于灶板内。

e. 当采用单管燃气表时，应注意连接方向，严禁装错。单管表接头的侧端连进气管，顶端接出气管，下端接表处须装大小橡胶密封圈，装置的橡胶圈不得扭曲变形并且要放稳。

(9)防腐

①室内燃气管道和附件除锈处理后，刷防锈漆一道、银粉漆两道。

②燃气管道防腐最外层应涂刷黄色防腐识别漆。

8.3 室外燃气管道安装

8.3.1 室外燃气管道安装工艺流程

室外燃气管道的安装工艺流程为：施工准备→放线挖槽→管道安装→管道对口连接→附件安装→管道吹扫→管道试压→防腐→回填土。

8.3.2 管道安装

(1)施工准备

施工准备包括技术准备、材料机具准备、作业场地准备、施工组织及人员准备。

①技术准备要求施工人员熟悉图纸，熟悉相关的国家或行业验收规范及标准；编制施工方案，进行技术交底，并使施工人员掌握相关操作工艺，熟悉施工特点和特殊工序要求；组织现场勘测，绘制地下构筑物分布图，做好施工交底。

②材料机具准备要求工程所用的主要材料、成品、半成品、配件及设备必须具有中文质量合格证明文件；工程所用的材料、设备的规格型号和性能检测报告应符合国家技术标准和设计要求；所有材料进入施工现场时应进行品种、规格、外观验收；包装完好，表面无划痕及外力冲击破损；主要器具和设备应有完整的安装使用说明书；所有配件的压力等级、尺寸规格应与管道配套。非标管件应参照相应标准做性能试验或检验。所有的施工机具和测量仪器准备齐全。

阀门应选用现行国家标准中适用于输送燃气介质，并且具有良好密封性能和耐腐蚀性能的阀门。安装前应做强度和严密性试验。

③沿管线敷设位置的地面要进行清理，清除杂物、垃圾和障碍物。

④施工组织及人员准备要求建立健全施工质量及施工安全管理体系；根据工程规模和工程量的大小确定施工人员的数量和配备专业技术人员。施工用水、用电等满足要求，并能保证连续施工。

(2)放线挖槽

①开工前请相关单位进行施工测量交接桩工作；

②交接桩后应进行测量复核，对控制点加密后，测放出管道中线、高程和沟槽上口开挖线；

③沟槽开挖：参照室外给排水管沟开挖施工。

(3)管道安装

室外燃气管网敷设安装一般应符合如下要求：

①埋地燃气管道不得在堆积易燃、易爆材料和具有腐蚀性液体的场地下面穿越；且不得与其他管道或电缆同沟敷设，当需要同沟敷设时，必须采取防护措施。

②埋地燃气管道穿越下水管、热力管沟、联合地沟、隧道及其他各种用途沟槽时，应将燃气管道敷设于套管内。套管伸出构筑物外壁不应小于0.1m。

③埋地燃气管道不得从建筑物和大型构筑物的下面穿越。埋地燃气管道与建筑物、构筑物基础或相邻管道之间的水平与垂直净距，分别不应小于表8.12和表8.13的规定。

表8.12　地下燃气管道与建筑物、构筑物或相邻管道之间的水平净距(m)

<table>
<tr><th rowspan="3">序号</th><th rowspan="3" colspan="2">项目</th><th colspan="5">地下燃气管道</th></tr>
<tr><th>低压</th><th colspan="2">中压</th><th colspan="2">高压</th></tr>
<tr><th>0.7</th><th>B</th><th>A</th><th>B</th><th>A</th></tr>
<tr><td>1</td><td colspan="2">建筑物的基础</td><td>0.5</td><td>1.0</td><td>1.5</td><td>4.0</td><td>6.0</td></tr>
<tr><td>2</td><td colspan="2">给水管</td><td>1.0</td><td>0.5</td><td>0.5</td><td>1.0</td><td>1.5</td></tr>
<tr><td>3</td><td colspan="2">排水管</td><td>0.5</td><td>1.2</td><td>1.2</td><td>1.5</td><td>2.0</td></tr>
<tr><td>4</td><td colspan="2">电力电缆</td><td>0.5</td><td>0.5</td><td>0.5</td><td>1.0</td><td>1.5</td></tr>
<tr><td rowspan="2">5</td><td rowspan="2">通信电缆</td><td>直埋</td><td>0.5</td><td>0.5</td><td>0.5</td><td>1.0</td><td>1.5</td></tr>
<tr><td>在导管内</td><td>1.0</td><td>1.0</td><td>1.0</td><td>1.0</td><td>1.5</td></tr>
<tr><td rowspan="2">6</td><td rowspan="2">其他燃气管道</td><td>$DN \leqslant 300$mm</td><td>0.4</td><td>0.4</td><td>0.4</td><td>0.4</td><td>0.4</td></tr>
<tr><td>$DN > 300$mm</td><td>0.5</td><td>0.5</td><td>0.5</td><td>0.5</td><td>0.5</td></tr>
<tr><td rowspan="2">7</td><td rowspan="2">热力管</td><td>直埋</td><td>1.0</td><td>1.0</td><td>1.0</td><td>1.5</td><td>2.0</td></tr>
<tr><td>在管沟内</td><td>1.0</td><td>1.3</td><td>1.5</td><td>2.0</td><td>4.0</td></tr>
<tr><td rowspan="2">8</td><td rowspan="2">电杆(塔)的基础</td><td>≤35kV</td><td>1.0</td><td>1.0</td><td>1.0</td><td>1.0</td><td>1.0</td></tr>
<tr><td>>35kV</td><td>5.0</td><td>5.0</td><td>5.0</td><td>5.0</td><td>5.0</td></tr>
<tr><td>9</td><td colspan="2">通信照明电杆(至电杆中心)</td><td>1.0</td><td>1.0</td><td>1.0</td><td>1.0</td><td>1.5</td></tr>
<tr><td>10</td><td colspan="2">铁路钢轨</td><td>5.0</td><td>5.0</td><td>5.0</td><td>5.0</td><td>5.0</td></tr>
<tr><td>11</td><td colspan="2">有轨电车钢轨</td><td>2.0</td><td>2.0</td><td>2.0</td><td>2.0</td><td>2.0</td></tr>
<tr><td>12</td><td colspan="2">街树(至树中心)</td><td>1.2</td><td>1.2</td><td>1.2</td><td>1.2</td><td>1.2</td></tr>
</table>

表 8.13 地下燃气管道与建筑物、构筑物或相邻管道之间的垂直净距(m)

序号	项目		地下燃气管道(当有套管时,以套管计)
1	给水管/排水管或其他燃气管道		0.15
2	热力管的管沟底(或顶)		0.15
3	电缆	直埋	0.50
		在导管内	0.15
4	铁路轨底		1.20
5	有轨电车轨底		1.00

注:如受地形限制布置有困难,而又确定无法解决时,经与有关部门协商,采取行之有效的防护措施后,表 8.11 和表 8.12 规定的净距均可适当缩小。

④埋地燃气管道埋设的最小覆土厚度(路面至管顶)应符合表 8.14 的规定。

表 8.14 埋地燃气管道埋设最小覆土厚度

埋设状况	最小覆土厚度(m)
埋设在车行道下时	不得小于 0.8
埋设在非车行道下时	不得小于 0.6
埋设在庭院内时	不得小于 0.3
埋设在水田下时	不得小于 0.8

注:当采取行之有效的防护措施后,表中规定的数值均可适当降低。

⑤输送湿燃气的管道应埋设在土壤冰冻线以下。

⑥燃气管道应有不小于 0.003 的坡度,坡向凝水器,以排除凝结水。凝水器一般设在庭院燃气管道入口处。

⑦地下燃气管道的地基为原土层。凡可能引起管道不均匀沉降的地段,其地基应进行处理。

⑧埋地燃气管道要做加强防腐层或特加强防腐层,以抵抗土壤或电化学的侵蚀。

⑨室外架空的燃气管道,可沿建筑物外墙或支柱敷设。当采用支柱架空敷设时,应遵守下列规定:

a. 管底至人行道路路面的垂直净距不应小于 2.2m,管底至道路路面的垂直净距不应小于 5.0m,管底至铁路轨顶的垂直净距不应小于 6.0m。但厂区内部的燃气管道,在保证安全的情况下,管底至道路路面的垂直净距可取 4.5m;管底至铁路轨顶的垂直净距可取 5.5m。

b. 燃气管道与其他管道共架敷设时,应位于酸、碱等腐蚀性介质管道的上方;与其相邻管道间的水平间距,必须满足安装和检修的要求。

c. 输送湿燃气的管道应采取排水措施,在寒冷地区还应采取保温措施。

(4)管道对口连接

1)钢制燃气管道的连接

室外燃气管道采用钢管时,其连接方式主要是焊接,只有与其他阀门、设备连接处才用法兰连接,螺纹连接一般用于低压小管径的管道上。

①钢管壁厚在 4mm 以下时,可采用气焊焊接;管壁厚大于 4mm 或管径大于或等于 80mm 时,用电弧焊焊接。管壁厚大于 5mm 时,焊接接口应按规定开出 V 形坡口并应焊接三道;小于或等于 5mm 时焊接两道,可不开坡口。

②管径小于或等于700mm时，采用在外壁焊三道的工艺；管径大于700mm时，采用在外壁点焊固定后，先在内壁焊接一道，再在外壁焊第二、三道的工艺。

③法兰密封面应与管道中心垂直。其垂直度允许差值，$DN \leqslant 300$mm时为1mm，$DN>300$mm时为2mm。

④法兰螺孔应对正，螺孔与螺栓直径应配套。法兰连接螺栓长短应一致，螺母应在同一侧，螺栓拧紧后宜伸出螺母1～3个螺距。

⑤法兰间必须加密封垫。输送焦炉煤气时用石棉橡胶垫，输送天然气时宜用耐油橡胶垫。

⑥法兰接口不宜埋入土中，应安设在检查井或地沟内，如必须将其埋入土中时，应采取防腐措施。

⑦螺纹连接应采用锥管螺纹，螺纹应整齐光洁，中心线角度偏差不得大于10°。

⑧螺纹连接后应在适当位置设置活接头。

⑨螺纹连接处应缠绕聚四氟乙烯密封胶带。

2)铸铁燃气管道的连接

①承插式接口

铸铁燃气管道承插式接口形式、打口顺序和适用范围应符合表8.15的规定。其接口的具体操作方法与给水排水铸铁管相同。

表8.15 承插式接口形式及施工顺序

接口形式	性质	打口顺序				使用压力(MPa)
		第一道	第二道	第三道	第四道	
水泥接口	刚性	油麻丝绳	42.5级水泥	油麻丝	42.5级水泥	≤0.05
水泥接口	刚性	专用橡胶圈	52.5级水泥	油麻丝	42.5级水泥	≤0.15
铅口	柔性	油麻丝绳	青铅	—	—	≤0.05
铅口	柔性	专用橡胶圈	青铅	—	—	≤0.15

②柔性机械接口

柔性机械接口是指接口间隙采用特制的密封橡胶圈作填料，用螺栓和压紧法兰将密封圈紧压在承插口的缝隙中，从而保证管道的气密性。这种接口可挠性大，直管与套管间的折角允许值为6°，因而能在一定范围内对温差、地基下沉和地震等产生的应力进行补偿，如图8.12所示。

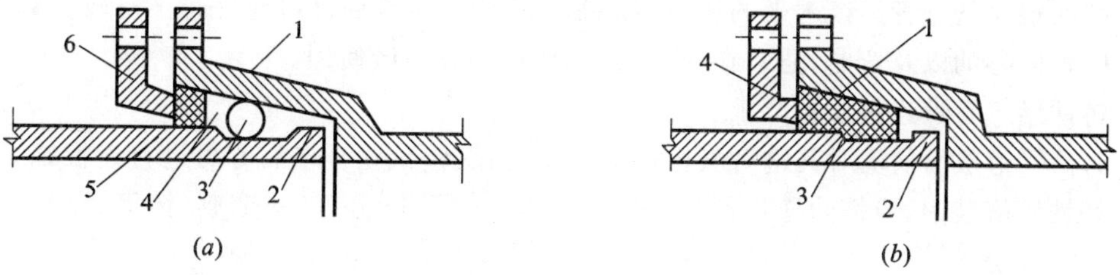

图8.12 柔性机械接口

(*a*)SMJ型接口：1—承口；2—插口；3—锁环；4—隔离圈；5—密封胶圈；6—压紧法兰；

(*b*)N型接口：1—承口；2—插口；3—密封胶圈；4—压紧法兰

③套管式接口

套管式接口是用套管把两根直径相同的铸铁管连接起来，在套管和管子之间用橡胶圈密封接口。这种接口使用的铸铁管是直管，不需要铸造承口，简化了铸铁管的铸造工艺。套管式接口有以下三种结构形式：

A. 锥套式接口

套管的内侧密封面加工成内锥状，用压紧法兰和双头螺栓把密封圈和隔离圈紧压在套管与管子间隙中，如图 8.13 所示。此种接口中的隔离圈可使燃气中的某些腐蚀介质不接触密封圈，从而延长接口的密封耐久性。

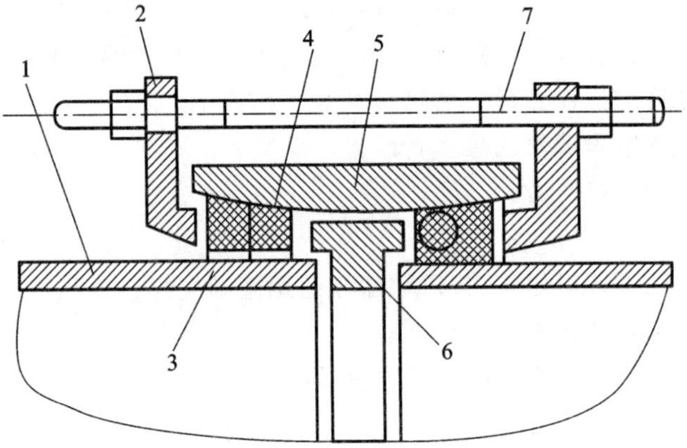

图 8.13 锥套式接口

1—铸铁直管；2—压紧法兰；3—密封圈；4—隔离圈；5—套管；6—隔环；7—双头螺栓

B. 滑套式接口

套管的内侧密封面为凹槽形，密封橡胶圈套在管端，当用外力将铸铁直管推入连接套管时，密封橡胶圈滑入凹槽内，如图 8.14 所示。这种接口施工简单，并省去了易锈蚀的螺栓，但密封橡胶圈应具有良好的弹性，并能抵抗燃气介质的腐蚀。

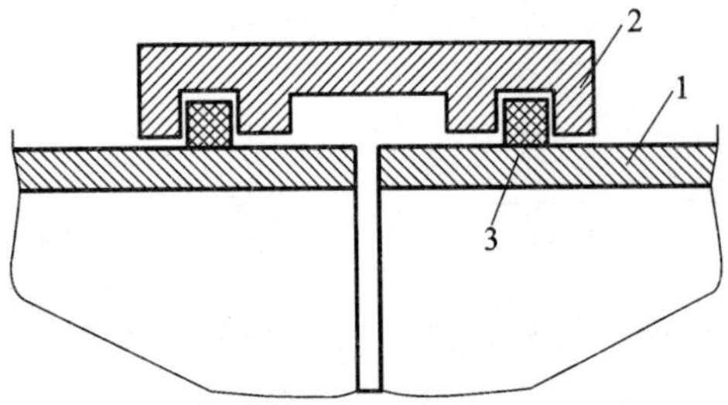

图 8.14 滑套式接口

1—铸铁直管；2—连接套管；3—密封橡胶圈

C. 柔性套管接口

柔性套管接口是用一个特制的橡胶圈和两个夹环把两根铸铁直管连接起来的接口，如图 8.15 所示。这种接口允许管子有较大幅度的摆动、错动、轴向移动以及弯曲，通常在地基松软、地震多发地区使用。

④铸铁燃气管道连接质量要求

a. 铸铁管道敷设前应对其进行气密性或水密性试验，试验合格后方可进行连接施工。

b. 铸铁管安装前，应清除连接部位（承口、插口、套管、压盘等）的毛刺、铸瘤、黏砂等，并烤去该部位沥青层。

c. 承口连接的第一道油麻丝绳（或胶圈）要均匀打平到位；青铅接头要一次浇足，水泥接头要按规定养护。

d. 柔性机械接口或套管式接口连接时，两管中心线应在同一直线上；连接螺栓的受力要均匀；对钢制螺栓要采取防腐措施。

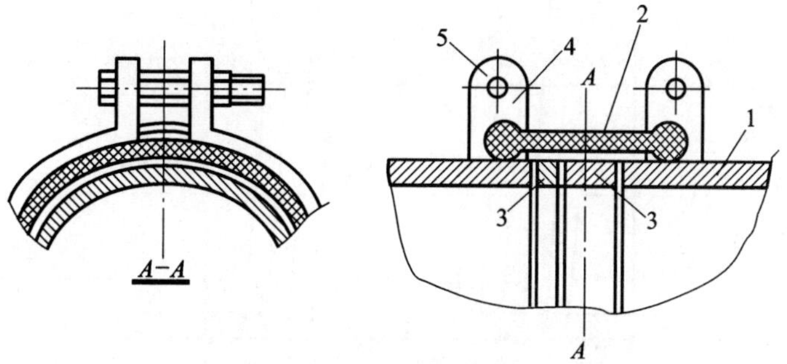

图 8.15　柔性套管接口

1—铸铁直管；2—柔性套管；3—支持环；4—夹环；5—螺栓

e. 橡胶密封圈用合成橡胶制作，对其外观质量要逐个检查。要求工作面无气泡、无杂质、无凹凸缺陷；非工作面气泡、杂质不超过 4 处且每处直径不大于 2mm；物理性能符合有关规定。

3)塑料燃气管的连接

①承插式接口

这种接口形式主要适用于硬聚氯乙烯管，如图 8.16 所示。插口端可用打磨的方法加工成 30°坡口，也可采用加热方法把端部加热至软化，然后用加热的刀子切削出坡口。承口制作可采用胀口方法，胀口时可采用金属模芯，模芯尺寸按照不同管径和插入深度而定，如表 8.16 所示。制作时将管子的一端均匀加热至塑料软化后立即插入模芯，再用冷水冷却即成承口。

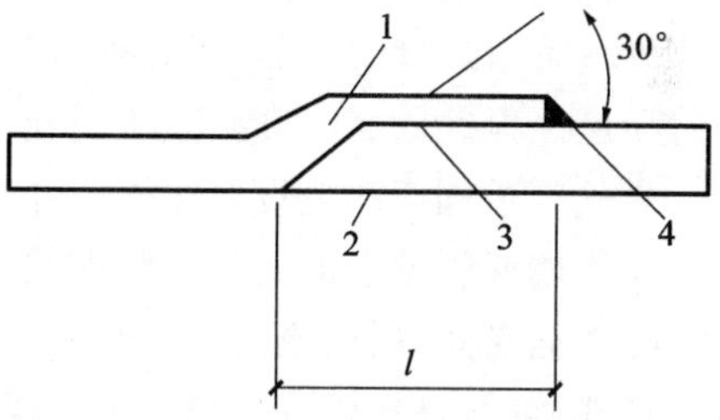

图 8.16　塑料管承插接口

1—承口；2—插口；3—粘合；4—焊接

表 8.16　硬聚氯乙烯管承插长度表

公称直径 DN(mm)	25	32	40	50	65	80	100	125	150	200
承插长度 l(mm)	40	45	50	60	70	80	100	125	150	200

承插口之间应保持 0.15～0.30mm 的负公差，使插入后达到紧密状态。插入前，承插接触面宜用丙酮或二氯乙烯擦洗干净，然后涂一层薄而均匀的胶粘剂，胶粘剂可用过氯乙烯清漆。插入后施以角焊，焊件采用热空气焊接法，焊接时热空气温度在 200～240℃为宜。温度过高，焊件与焊条易焦化；过低则不能很好地熔接，使焊缝强度降低。焊条直径一般采用 2～3mm，适用于管壁厚度 3～15mm 的管子。焊条材质应与管壁相同，但掺少量增塑剂的焊条容易操作。

②电热熔式接口

电热熔式接口主要用于聚乙烯塑料管(PE 管)，它是用特制电热熔管来完成 PE 管的连接，如图 8.17 所示。用于电热熔式接口的专用设备主要是能对电热熔管件控制电流和电压的控制箱。该接口操作时，先对连接管头进行准备，即：切平管端口，外倒角，表面打毛，用刀刮整个待熔表面，量出熔融区，并在管外壁做标记。然后将管子分别插入电热熔管接头，深度到标记处。再连接管件端子与控制箱电极，按管子规格、壁厚选择电源挡次，接通电源，经过规定的时间后停止加热(控制箱有自控和手控两种)。最后，冷却 15min 以上(或按厂家规定)，此项连接即告完成。

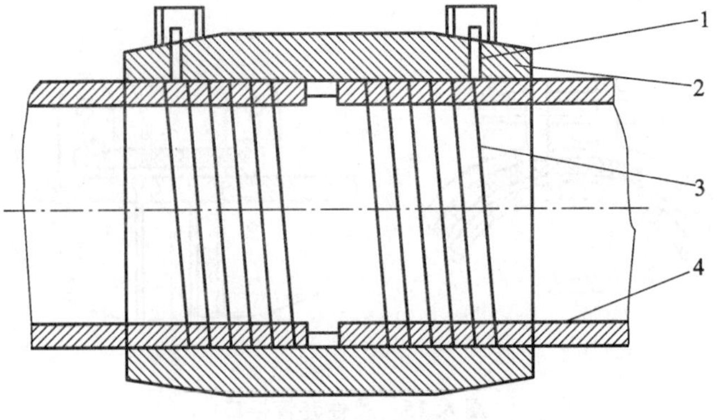

图 8.17 塑料管电热熔式接口

1—电源插头；2—套管；3—电阻丝；4—被接管道

(5)室外燃气管道附件安装

室外燃气管道附件安装主要是指阀门、补偿阀和排水器的安装。

1)阀门(井)安装

燃气管道的阀门安装前，必须对阀门进行检查、清洗、试压、更换填料和垫片，必要时还需进行研磨。电动阀、气动阀、液压阀和安全阀等还需进行动作性能检查，合格后才能安装使用。

燃气管道阀门一般设置在阀门井内，以便定期检查和启用操作。

铸铁燃气管道上的阀门安装如图 8.18 所示。安装前应先配备与阀门具有相同公称直径的承盘或插盘短管，以及法兰垫片和螺栓，并在地面上组对紧固后，再吊装至地下安装。与铸铁管道连接时，其铸铁管接口最好采用柔性接口。

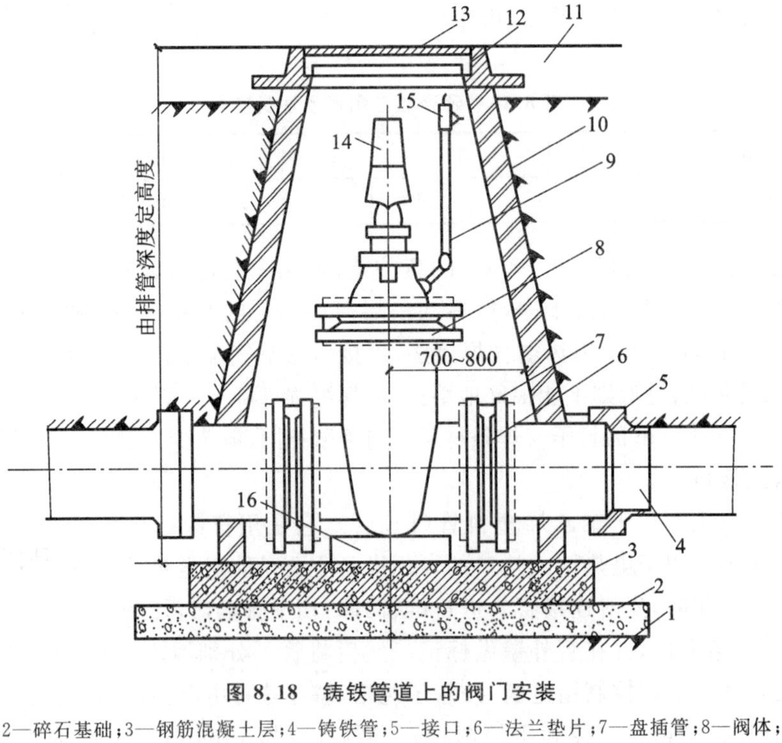

图 8.18 铸铁管道上的阀门安装

1—素土层；2—碎石基础；3—钢筋混凝土层；4—铸铁管；5—接口；6—法兰垫片；7—盘插管；8—阀体；9—加油管；10—阀门井壁；11—路基；12—铸铁井框；13—铸铁井盖；14—阀杆；15—加油管阀门；16—预制钢筋水泥垫块

2)补偿器安装

钢制燃气管道上阀门设置处一般应连接波形补偿器,阀门和补偿器可以预先组对,组对时应使阀门和补偿器中心轴线与管道一致,并用螺栓将组对法兰紧固到一定程度后再进行管道与法兰的焊接,最后加入法兰垫片把组对法兰完全紧固。

室外燃气管线上所用的补偿器主要有波形补偿器和波纹管两种,现多用碳钢波纹补偿器(图8.19),一般为2～3波,最多不超过4波,在室外架空管道上有时也用方形补偿器。燃气管道上波形补偿器的安装应满足下列要求:

①波形补偿器安装时,应按设计规定的补偿量进行预拉伸(压缩)。

②为防止波凸部位存水锈蚀,安装时应从注入孔灌满100号道路石油沥青,安装时注入孔应在下部。

③水平安装时,套管有焊缝的一侧应安装在燃气流的入端,垂直安装时应置于上部;要求补偿器与管道保持同心,不得偏斜。

④安装前不应将补偿器的拉紧螺栓拧得太紧,安装完时应将螺母松4～5个螺距。安装补偿器时,应按设计规定的补偿量进行预拉或预压试验。安装波纹管时应根据补偿零点温度定位。

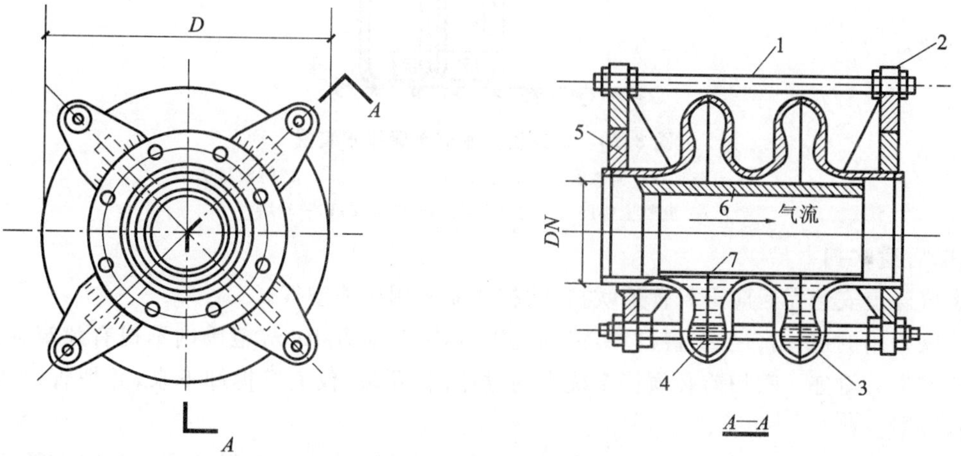

图8.19 燃气管道用波纹补偿器

1—螺杆;2—螺母;3—波节;4—石油沥青;5—法兰;6—套管;7—注入孔

3)排水器安装

排水器是用于排除燃气管道中冷凝水或轻质油的附件,由凝水罐和排水装置组成。钢制凝水罐可采用直缝钢管或无缝钢管焊接制作,也可采用钢板卷焊,制作完毕应用压缩空气进行强度试验和严密性试验,并按燃气管道的防腐标准进行防腐。

凝水器安装在管道坡度段的最低处,垂直摆放,罐底地基应夯实。对于直径较大的凝水器,罐底应预先浇筑混凝土基础,用于承受罐体及所存冷凝水的荷载。

排水装置分单管式和双管式,单管排水装置用于冬季没有冰冻期的地区或低压燃气管道上,双管排水装置用于冬季具有冰冻期的高、中压燃气管道或尺寸较大的卧式凝水罐上。低压燃气管内的燃气压力小于排水管的水柱高度,必须采用水泵抽出凝水罐内的积水;高、中压燃气管道内的燃气压力一般均大于排水管的水柱高度,打开排水管顶端的阀门,凝水罐内积水即可自动排放。

排水装置安装时,排水管底端吸水口应锯成30°～45°的斜面,并与凝水罐底保持40～

50mm 的净距，既可扩大吸水口又可减轻罐底滞留物对吸水口的堵塞，但净距过大则会使抽水效率降低。

排水装置的接头均采用螺纹连接，排水装置与凝水罐的连接可根据不同管材分别采用焊接、螺纹连接或法兰连接。排水装置顶端的阀门和螺塞经常启闭和拆装，必须外露，外露部分设井室加以保护，如图 8.20 所示。

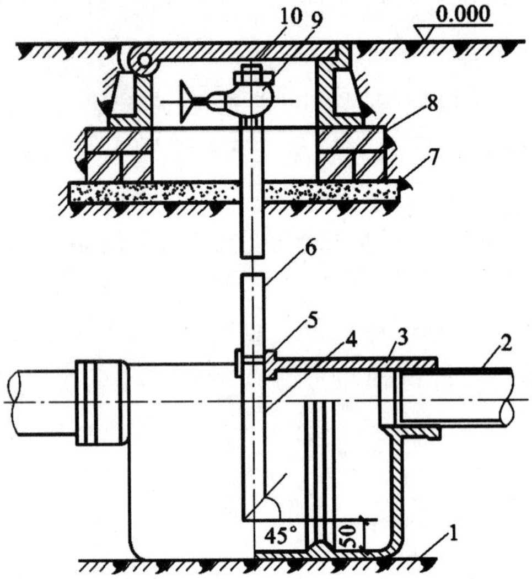

图 8.20 铸铁管排水器单管排水装置

1—素土夯实；2—铸铁管；3—凝水罐；4，6—排水管；5—内螺纹接头；
7—混凝土垫层；8—红砖垫底；9—排水阀；10—丝堵

(6)管道吹扫

燃气管道安装完后应进行管道吹扫，吹扫介质采用压缩空气。

①吹扫用的进、出口要妥善设置，特别是出口，在其前方 100m 范围内不得有建筑物，且吹扫时应有专人看守。吹扫前必须将系统中的过滤网、孔板、仪表等拆卸下来，并把管道和设备用堵板隔断。

②管道系统必须具有一定的容积来容纳足够的气量，这样才能保证在吹扫时有较高的流速。如果管道系统的容积较小，应尽可能利用储气罐来增加气量。一般管道系统为枝状管网，故必须分别对每个支管进行排气才能吹扫干净。吹扫压力大体与管道严密性试验压力相等，其流速要求不小于 15m/s。

③管道焊接完，经过探伤检查合格后，应采用压缩空气吹扫。当达到无污物和吹干水分后，应继续吹扫 5min。吹扫前应试压一次，看是否漏气；若有漏气，修理好后方可继续进行。吹扫时应妥善处理排放物，不得伤人和造成环境污染。

(7)管道试压

1)强度试验

燃气管道的强度试验采用气体作为试验介质，强度试验压力为设计工作压力的 1.5 倍，钢管不得低于 0.3MPa，铸铁管不得低于 0.05MPa。强度试验前先将待检验的管段两端用钢堵板焊住，在进气的一端堵板上焊上 *DN*20 带丝头的短管，短管长度为 100～200mm，接上压力表以备用。

当待检验的管段为铸铁管时，管段两端用管盖封堵。管盖支撑应与管道方向保持平行，设两个以上支撑点，几个支撑应用力均衡。管盖与铸铁管承插口之间的环形间隙应捻口，填充材料与管道接口材料相同。进气端的管盖应留一孔用来连接进气管，做法与钢管试压相同。

管子连接处的工作坑应全部挖开，尺寸要满足接口全方位检验的要求。对管道上的阀门、波纹伸缩器、排水器等进行仔细检查，着重检查阀门的盘根、法兰垫与螺栓、螺纹连接处有无漏气的可能。如果高压管道与中压管道或中压管道与低压管道已经连通，应用堵板将其隔断，分系统进行强度试验，以免工作压力较低的系统承受过高的压力。

若被检验管道的管径在 *DN*150 以下时可选用 0.6m^3 空气压缩机；管径在 *DN*150～*DN*600 的管道可选用 6m^3 空气压缩机；管径 *DN*＞700mm 应采用 9m^3 以上的空气压缩机。当检验长距离管道时，为缩短试验时间，空气压缩机还可适当增大。

试验压力应均匀缓慢上升，每 60min 升压不得超过 1MPa。当试验压力大于 3MPa 时，分三次升压，即在压力分别为 30％、60％试验压力时，停止升压，并稳压半小时，对管道进行观察。若未发现问题，便可继续升压，直至达到试验压力。当达到试验压力后，稳压 1h，然后进行检查。若发现有漏气点时，要及时标出漏气的准确位置，待全部接口检查完毕，将管内的压缩空气放掉后，方可进行补修。补修好后，再用同样方法进行试验，直至无漏气点为止。同时，要注意观察压力表，如无压力降，就可以继续进行严密性试验。试验用的压力表应在校验有效期内，其量程不得大于试验压力的 2 倍，弹簧压力表精度不得低于 0.4 级。压力表不应少于两块，分别安装于管道两端。

在任何情况下，强度试验压力不得小于 1.25 倍的工作压力，且不低于 2MPa。

在试验压力下，稳压 6h，并沿线检查，管道无断裂、无变形、无渗漏，其压力降小于 2％试验压力，即认为强度试验合格。

2）严密性试验

①严密性试验应在强度试验合格后进行。埋地燃气管道的严密性试验宜在回填土填至管顶以上 0.5m 后或全部回填完后进行。严密性试验采用气体作为试验介质。严密性试验压力值应遵守以下规定：

a. 设计压力 $P \leqslant 5$kPa 时，试验压力应为 20kPa；

b. 设计压力 $P > 5$kPa 时，试验压力应为设计压力的 1.15 倍，但不小于 2.0MPa；

c. 压力表等级同强度试验或采用电子压力计。

②严密性试验一般是紧接着强度试验进行的，即当强度试验合格后，放掉试验管段中的部分空气，使管内空气压力降至严密性试验的试验压力，即开始进行严密性试验。

③试验前，应事先准备经校验合格的温度计、气压计与 U 形压力计。U 形压力计与温度计均安装在管段两端，温度计应安装在无阳光照射并经过回填土的管端上，尽量做到能测出管道内空气的实际温度。在达到试验压力后，保持一定时间，使温度、压力达到稳定。燃气管道的严密性试验稳压时间宜为 24h。

④经稳压达到要求时间后，打开旋塞，待 U 形压力计水银柱稳定后就可以记录 U 形压力计高位、低位读数。与此同时，记录时间、管内气体温度和大气压力。观察记录时间为 24h，每隔 1h 记录一次。根据记录的数据按下列公式计算：

A. 设计压力 $P \leqslant 5$kPa 时

同一管径

$$\Delta P = 40T/D \tag{8.1}$$

不同管径

$$\Delta P = 40T(d_1L_1 + \cdots + d_nL_n)/(d_1^2L_1 + \cdots + d_n^2L_n) \tag{8.2}$$

B. 设计压力 $P>5\text{kPa}$ 时

同一管径

$$\Delta P = 6.47T/D \tag{8.3}$$

不同管径

$$\Delta P = 6.47T(d_1L_1 + \cdots + d_nL_n)/(d_1^2L_1 + \cdots + d_n^2L_n) \tag{8.4}$$

式中　ΔP——允许压力降，Pa；

T——试验时间，h；

D——管道内径，m；

$d_1,\cdots,d_n$——各管道内径，m；

$L_1,\cdots,L_n$——各管道长度，m。

C. 试验时应根据试压期间管道内的温度和大气压变化按下式计算修正压力降：

$$\Delta P' = (H_1 + B_1) - (H_2 + B_2)\frac{273 + T_1}{273 + T_2} \tag{8.5}$$

式中　$\Delta P'$——修正压力降，Pa；

H_1,H_2——试验开始和结束时压力计读数，Pa；

B_1,B_2——试验开始和结束时气压计读数，Pa；

T_1,T_2——试验开始和结束时管内温度，℃。

计算结果：若 $\Delta P<\Delta P'$ 时即为合格；否则，要重新进行检查，直至合格为止。

(8)管道防腐

①钢管燃气管道现场焊接完并经探伤检测和强度试验合格后应进行防腐处理。防腐施工应在不低于5℃的环境温度下进行。

②埋地管道腐蚀的程度主要取决于土壤的性质。根据土壤腐蚀性质的不同，可将防腐层结构分为普通防腐层、加强防腐层和特加强防腐层三种类型，其结构见表8.17。普通防腐层适用于腐蚀性轻微的土壤；加强防腐层适用于腐蚀性较剧烈的土壤；特加强防腐层适用于腐蚀性极为剧烈的土壤。

表 8.17　埋地管道防腐层结构

防腐层次	普通防腐层	加强防腐层	特加强防腐层
1	冷底子油	冷底子油	冷底子油
2	沥青涂层	沥青玛琋脂	沥青玛琋脂
3	外包保护层	防水卷材	防水卷材
4		沥青玛琋脂	沥青玛琋脂
5		沥青玛琋脂	沥青玛琋脂
6		外包保护层	防水卷材
7			沥青玛琋脂
8			沥青玛琋脂
9			外包保护层

③防腐层外观要求涂层表面平整，色泽均匀，无气泡，无开裂及缩孔，表面防腐层允许有轻度橘皮状花纹。

④防腐层厚度应满足表 8.18、表 8.19 的要求。

表 8.18 石油沥青涂层等级及厚度

等级	每层沥青厚度(mm)	总厚度(mm)
普通防腐	≈1.5	≥4.0
加强防腐	≈1.5	≥5.5
特加强防腐	≈1.5	≥7.0

表 8.19 环氧煤沥青涂层等级及厚度

等级	总厚度(mm)
普通防腐	≥0.4
加强防腐	≥0.6
特加强防腐	≥0.8

(9)回填土

①管沟回填前，应请相关单位和质检人员对管道埋深、管顶标高、管道绝缘防腐等进行检验和验收，管道在管沟内无悬空现象，管沟内无积水、冻雪及杂物，验收合格后方可回填。

②回填土应分层夯实，每层回填厚度为 150～200mm。管顶 500mm 以下，用人工夯实；管顶 500mm 以上，用蛙式打夯机夯实；路面用压路机压实。沟槽各部位密实度应符合图 8.21 的要求。

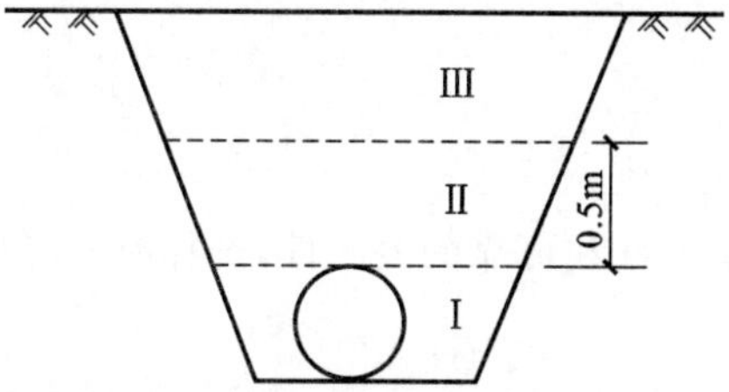

图 8.21 回填土夯实

Ⅰ—胸腔填土 95%；Ⅱ—管顶 0.5m 范围内填土 85%；Ⅲ—管顶 0.5m 以上填土 85%

③管顶以上 500mm 处，沿管道走向敷设黄色塑料标志带，搭接处的搭接长度应不少于 200mm；标志带中间不得撕裂或扭曲。

8.4 燃气调压装置安装

燃气调压装置是用于燃气管网上降压、稳压的专用设施。燃气调压装置主要是调压器。当进入调压器的燃气压力发生变化时，或出口一侧的用气量发生变化时，都能保证出口侧的燃气压力稳定；当用户完全不用气时，它还可以自动关闭，重新用气时又能自动开启。因此，调压器是变换输送燃气管网不同压力级间压力和保证用户安全用气的重要设施。

8.4.1 调压器的类型

(1)直接作用式调压器

目前直接作用式调压器主要有 Y_1-0.6 型液化石油减压器和用户调压器(箱式)(如 TMZ-311 型、TMZ-3121 型、TMZ-311Q 型、TMZ-3111/2Q 型、TMZ-312Q 型等)。

①TMZ-311/312 型燃气用户调压器适用于居民生活、公共建筑、工业用户的燃气调压,常用的箱式调压器也称调压箱。

②切断式燃气用户调压器是带有安全切断装置的新型产品,体积小,流量大,性能稳定,安全可靠,可满足高层建筑居民的使用要求,也可用于工矿企业及公共建筑的燃气用户。按其进出口尺寸不同(*DN*25、*DN*40、*DN*50)共分为 TMZ-311 型、TMZ-311 1/2 型及 TMZ-312Q 型三种。

(2)间接作用式调压器

常用的间接作用式调压器有以下几种:

①雷诺式调压器(TMJ-216-A、LN-DN150)。该调压器属于中低压调压器,压力调节性能较好,但结构较复杂,占地面积大,主要适用于区域调压及大用户调压。

②自力式调压器。目前广泛用于天然气输配系统的起点站、门站及调压计量站。*DN*20～*DN*50 为单座;*DN*60～*DN*200 为双座。

③活塞式调压器(TMJ-218、318 型)。这是一种后压反馈间接作用式气体压力自动调节设备,能够根据给定压力调节出口压力。这种调压器具有外形美观、组装紧凑、结构合理、操作简便、性能稳定、安全可靠、便于遥控等优点,适用于城市燃气输配系统中的区域性调压室或专用调压室。

8.4.2 调压器选用原则

调压器要求具有良好的稳定性和可靠的关闭性,选择时应考虑以下基本性能指标:

(1)进口压力 P_1;

(2)出口压力 P_2;

(3)关闭压力 P_b;

(4)燃气额定流量 Q;

(5)稳压精度 δ_p。

调压器前后压差应根据调压器前最低压力与调压器后所需最大压力之差来确定;调压器的计算流量应取管网最大计算流量的 1.2 倍。

8.4.3 调压器的安装

(1)调压器安装应具备的条件

①施工单位必须具有当地主管部门批准或认可的施工许可证;

②设计文件齐全,施工图纸已审定;

③有批准的施工方案,已经完成必要的技术培训和技术交底;

④材料、机具、劳动力准备齐全,施工现场环境满足施工要求;

⑤调压器、管子、管件及附属设备在安装前应按设计要求核对无误,并应进行外观检查,符

合要求方准使用；

⑥室外气源管道安装已完成；

⑦箱式调压器的安装应在进出口管道吹洗、试压合格后进行。

(2)安装调压器

①居民区调压箱一般设置在建筑物的山墙或室外空气流通的地方。

②与调压箱连接的进(中压)、出(低压)气管道应采用法兰连接。

③调压箱到建筑物的门、窗或其他通向室内的孔洞的水平净距：当调压器进口燃气压力小于或等于 0.4MPa 时，不小于 1.5m；当调压器进口燃气压力大于 0.4MPa 时，不小于 3.0m。

④调压箱不应安装在建筑物的室内(包括楼梯间)和室外门窗的下方，不应安装在室内通风机进风口的外墙上。在北方采暖地区，如果将调压箱放在室外，则燃气必须是干燥的；否则冬季就会在管中形成冰塞，影响正常供气。

⑤调压箱安装应牢固平正。切断式调压器的复位装置应操作方便。

⑥在调压器燃气入口处应安装过滤器。

⑦在调压器燃气入口(或出口)处应设防止燃气出口压力过高的安全保护装置。

⑧调压站内的管道宜采用明装，所有焊缝、法兰和螺纹等接口均不得嵌入墙壁和基础中，管道穿墙或基础时应设置套管。

⑨调压站内所有非标准设备除设计另有规定外，均按制造厂说明书进行安装和调试。

⑩调压器两端的附属设备及管道应分别按其设计压力进行气密性试验，合格后方可将其与调压器接通。

⑪调压器两端的附属设备及管道的强度试验压力为设计压力的 1.5 倍。

8.5 燃气管道工程施工安全、环保措施

8.5.1 燃气管道工程施工安全措施

(1)管沟开挖后，两侧应设置防护栏，并设置专用通道，严禁跨越管沟。

(2)沟槽开挖应严格按规定放坡，并设专人巡视沟槽边坡稳定情况。

(3)在明显位置设置安全警示标志。

(4)照明电压应不超过 36V。

(5)管道吊装时，应设专人统一指挥，吊索、吊钩要经常检查，吊物下方严禁站人。

(6)受压容器应有安全阀、压力表，并应避免暴晒、碰撞。

(7)起重设备、切割机具等的操作和临时用电应符合有关安全用电管理规定。

(8)电焊施工时，管沟内应确保干燥无积水。焊接设备应安装漏电保护装置。

(9)管道进行防腐处理时，刷沥青漆应远离火源。

(10)强度试验必须采取有效的安全防护措施，并报请主管部门批准。

(11)通气时应保证器具设备关闭，房间通风良好。

8.5.2 燃气管道工程施工环保措施

(1)管道加工应做好隔音防护措施，减少噪音扰民。操作人员应佩戴防噪、防尘等防护

用品。

(2)易燃化学用品要存放在通风的房间内,并妥善保管,防止其泄漏、遗撒而污染环境,对施工中的下脚料要及时回收、清理,运送到指定地点处理。

(3)拉土车出施工场地应封闭,以防遗撒。

(4)施工便道应经常洒水,防止扬尘。现场渣土、垃圾要及时清运。

思考与练习

8.1 燃气的组成成分有哪些?燃气的种类有哪些?

8.2 简述燃气的性质。

8.3 简述室内燃气管道施工的一般顺序。

8.4 铸铁燃气管道的接口形式有哪几种?

8.5 简述塑料管道的接头形式及施工方法。

8.6 简述室外燃气管道的施工程序。

8.7 室外燃气管道的吹洗要点有哪些?

8.8 室外燃气管道如何试压?其合格标准是什么?

8.9 简述燃气调压器的类型及各种类型的适用场合。

9 供热采暖系统安装

知识目标

本章主要包括：热水系统的分类、组成及各组成部分的作用；采暖系统的分类、组成及采暖工程中有关室内外管道、附件设备的施工程序、方法、技术要求；室外给水管道的安装程序；室内采暖管道的安装；室外供热管道的敷设、热力管道的强度与严密性试验。

能力目标

通过本章学习，应着重培养以下能力：

1. 提高对热力管道工程的认识和了解能力；
2. 增强对热力管道工程系统的理解能力；
3. 形成对热力管道工程及附件的安装操作能力；
4. 培养对热力管道工程的调试和检验能力；
5. 加强对热力管道工程系统的施工组织能力。

9.1 室内热水系统安装

9.1.1 热水系统概述

室内热水供应系统是指水的加热、储存和输配的总称，其任务是按设计要求的水量、水温和水质随时向用户供应热水。

9.1.1.1 热水供应系统的分类

按照热水供应的范围可分为局部热水供应系统和集中热水供应系统。

(1)局部热水供应系统

它是利用各种小型水加热器在用水场所将水就地加热，供给一个或几个用水点使用。这种系统适用范围较小，主要用于给单个房间、浴室、厨房等供应热水。该系统简单，维护管理方便，但热效率低，制热成本比较高，适用于热水点比较分散的建筑物。

(2)集中热水供应系统

该系统由热源、热媒管网、热水输配管网、循环水管网、热水储存水箱、循环水泵、加热设备及配水附件等组成。其原理是由锅炉产生的蒸汽经热媒管送入水加热器把冷水加热，凝结水回到凝结水池，再由凝结水泵泵入锅炉加热变成蒸汽。由冷水箱向水加热器供水，水加热器中的热水由配水管送到各用水点。为了保证热水温度，补偿配水管的热损失，需设热水循环管，如图 9.1 所示。

此系统具有水加热器及其他设备可集中管理、加热效率高、制热成本低、占地面积小等特点，但系统比较复杂，管线长，投资大，适用于住宅、高级宾馆、医院等建筑。

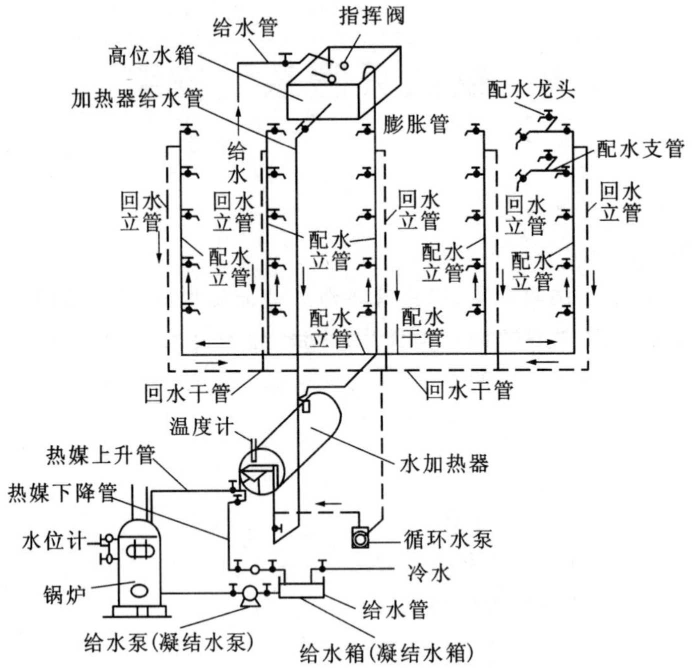

图 9.1　集中热水供应系统

9.1.1.2　热水供应系统的组成

(1)热媒循环管网

热媒循环管网又称第一循环系统,由热源、水加热器和热媒管网组成。锅炉产生的蒸汽经热媒管送入水加热器把冷水加热,蒸汽放热后变为凝结水回到凝结水池,再由凝结水泵泵入锅炉重新加热变成蒸汽。

(2)热水配水管网

热水配水管网又称第二循环系统,由热水配水管网和循环管网组成。配水管网将在加热器中加热到一定温度的热水送到各配水点,冷水由水箱或给水管网补给。一般干管和立管设循环管网,用于热水循环,以补偿热量损失,保证配水点的水温,是节能的一种措施。

(3)管网附件和仪表

包括各种阀门、水龙头、补偿器、疏水器、自动温度调节器、温度计和水位计等。

9.1.1.3　热水管网加热方式

(1)直接加热方式

直接加热方式又称一次换热方式,是利用以燃气、燃油、燃煤为燃料的热水锅炉把冷水直接加热到所需温度,或者是将蒸汽或高温水通过穿孔管或喷射器直接与冷水接触混合制备热水。此种方式仅适用于有高质量的热媒,对噪声要求不严格或定时供应热水的公共浴室、洗衣房等。

(2)间接加热方式

间接加热方式又称二次换热方式,是利用热媒通过水加热器把热量传给冷水,把冷水加热到所需热水温度,而热媒在整个加热过程中与被加热水不直接接触。此种加热方式噪声小,被加热水不会造成污染,运行安全可靠,适用于要求供水安全稳定、噪声低的旅馆、住宅、医院等。

9.1.1.4　热水管网的布置

热水管网与冷水管网的最大区别在于输送流体的温度不同,所以应考虑因高水温引起的体积膨胀、管道保温、伸缩补偿、排气、防腐等问题，其余与给水系统要求相同。对于线性膨胀系数大的管材，要特别重视直线管段的补偿，应设置伸缩器，并利用最高配水点排气，通常在配水立管最高配水点下0.5m处连接循环回水立管。

热水管网的布置形式有上行下给式与下行上给式两种。

(1)上行下给式

此种热水管网的水平干管可布置在顶层吊顶内或专用技术设备层内，并设有与水流方向相反且不小于3‰的坡度，并在最高点设自动排气装置，如图9.2所示。

(2)下行上给式

此种热水管网的水平干管可布置在地沟内或地下室顶部，不允许埋地敷设，如图9.3所示。

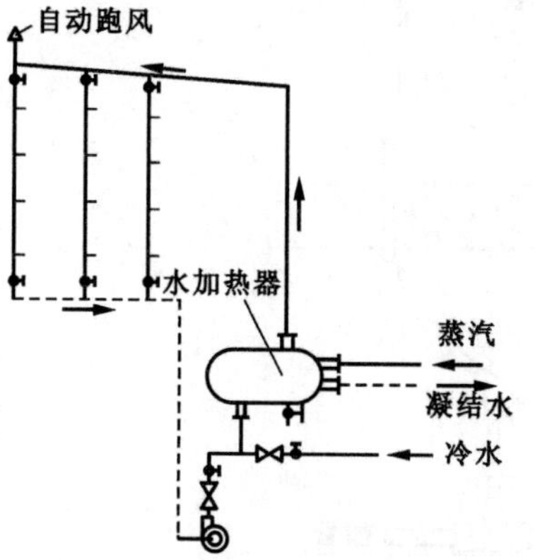

图9.2 上行下给式循环系统

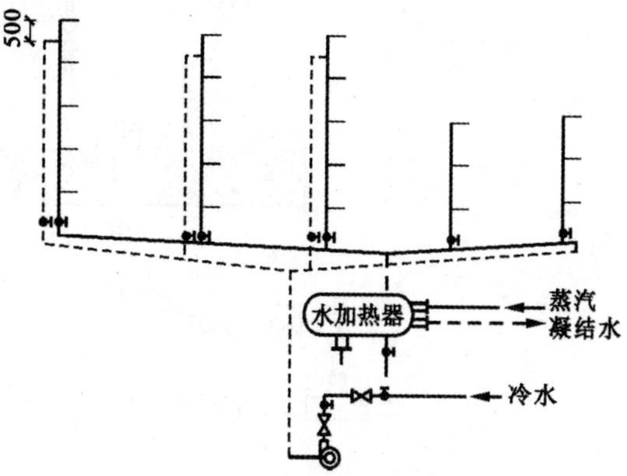

图9.3 下行上给式循环系统

9.1.2 热水系统管网的安装

热水供应系统的管道可采用塑料管、复合管、镀锌钢管或铜管，管道及配件安装的方法同给水系统。

9.1.2.1 热水管网的安装方式

(1)明装

明装管道尽可能敷设在卫生间和厨房的墙角处，沿墙、梁、柱边敷设。

(2)暗装

暗装管道可敷设在管道竖井或预留在沟槽内，塑料热水管宜暗敷。

9.1.2.2 热水管网的安装要求

(1)室内热水管道穿过建筑物顶棚、楼板及墙壁时，均应加套管，以免因管道热胀冷缩损坏建筑结构。穿过可能有积水的房间地面或楼板时，套管应高出地面50～100mm，以防止套管缝隙向下渗水。

(2)在配水立管和回水立管的端部，以及从立管接出的有3个及3个以上配水点的配水支管、居住建筑和公共建筑中每一户或单元的热水支管上，均应设阀门，以便调节流量和检修。

(3)为防止加热设备内水倒流被泄空而造成安全事故，以及防止冷水进入热水系统影响配水点的供水温度，热水管道中水加热器或贮水器的冷水供水管、机械循环第二循环回水管和冷热水混水器的冷、热水供水管上应设单向阀。

(4)当需计量热水总用水量时，可在水加热设备的冷水供水管上装冷水水表；对成组和个别用水点的热水量计量，可在专供支管上装设热水水表，有集中供应热水的住宅应装设分户热水水表。

(5)热水立管与横管连接处应考虑加设管道补偿装置，如补偿器、乙字弯管等，如图9.4所示。

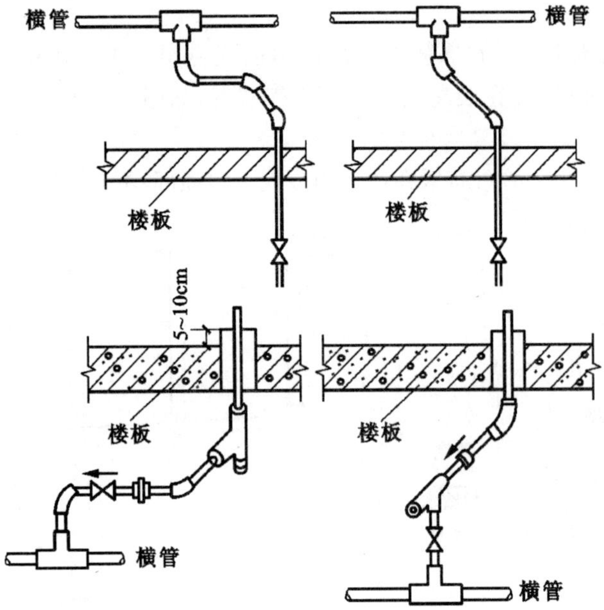

图9.4 热水立管与横管的连接

(6)冷热水管并行时，上下平行安装时热水管应在冷水管的上方，竖直平行安装时热水管应在冷水管的左侧。

9.1.2.3 热水管网的水压试验

热水管道安装完毕后，管道保温之前应进行水压试验，试验压力应符合设计要求。当设计未注明时，水压试验压力应为系统顶点的工作压力加0.1MPa，同时在顶点的试验压力应不小于0.3MPa。

检验方法：钢管或复合管道系统在试验压力下10min内压力降不大于0.02MPa，然后降至工作压力检查，压力应不降，且不渗不漏；塑料管道系统在试验压力下稳压1h，压力降不得超过0.05MPa，然后在1.15倍工作压力状态下稳压2h，压力降不得超过0.03MPa，连接处不渗不漏为合格。热水供应系统竣工后必须进行冲洗。

为减少散热损失，热水配水干管、贮水罐及水加热器等均须保温，常用的保温材料有玻璃棉、蛭石及矿渣棉等，保温层厚度应根据设计计算确定。

9.2 室内采暖系统安装

9.2.1 室内采暖工程概述

9.2.1.1 采暖工程系统分类

按介质不同，室内采暖系统可分为热水采暖系统和蒸汽采暖系统两大类。

(1)热水采暖系统

热水采暖系统按供水温度不同可分为一般热水采暖系统(供水温度95℃,回水温度70℃)和高温热水采暖系统(供水温度为96～130℃,回水温度为70℃)两种。热水采暖系统又有以下分类方法:

①按热水在系统内循环的动力不同可分为重力(自然)循环系统和机械循环系统。前者靠水的密度差进行循环,如图9.5所示;后者靠水泵提供动力进行循环,如图9.6所示。

②按供、回水方式的不同可分为单管系统和双管系统。

单管系统如图9.5所示,热水经立管或水平供水管顺序流过多组散热器,并顺序地在各散热器中冷却。

双管系统如图9.6所示,热水经供水立管或水平供水管平行地分配给多组散热器,冷却后的回水自每个散热器直接沿回水立管或水平回水管流回热源。双管系统中一般有独立的供水立管和独立的回水立管,由于循环水在上层和下层的密度不同,因此容易发生垂直失调,即上热下冷现象。

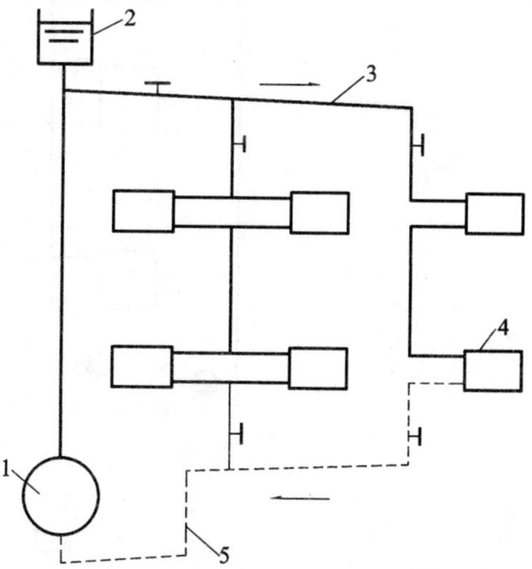

图9.5　自然循环上供式单管系统

1—锅炉;2—膨胀水箱;3—供水干管;4—散热器;5—回水干管

③按各个立管的循环环路总长度不同可分为同程式系统和异程式系统。

同程式系统如图9.7所示,通过各个立管的循环环路的总长度都相等。

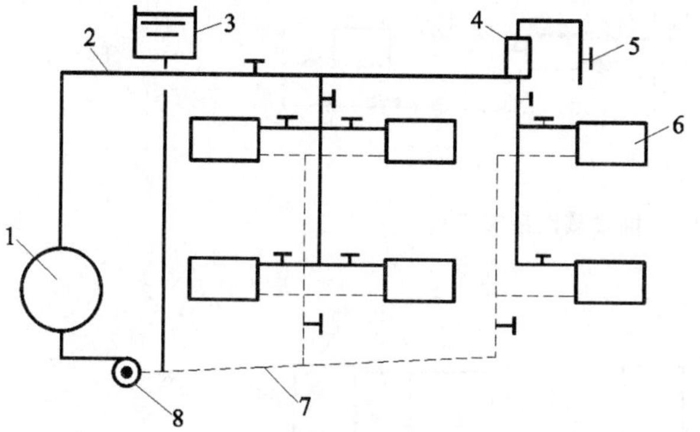

图9.6　机械循环上供式双管系统

1—锅炉;2—供水干管;3—膨胀水箱;4—集气罐;5—放气阀;6—散热器;7—回水干管;8—水泵

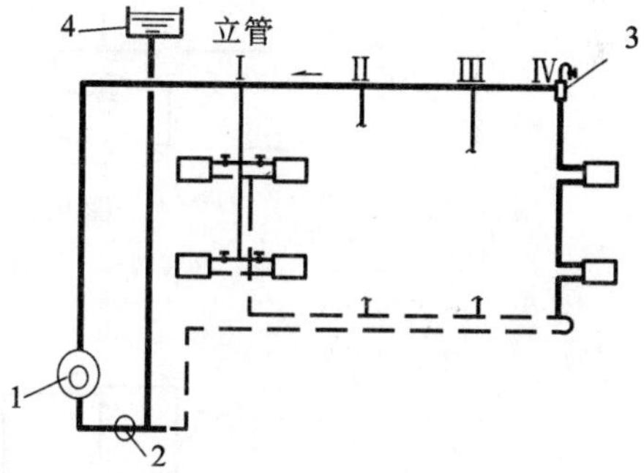

图9.7　同程式系统

1—锅炉;2—水泵;3—立式集气罐;4—膨胀水箱

异程式系统如图9.5所示,通过各个立管的循环环路的总长度不相等。

(2)蒸汽采暖系统

蒸汽采暖系统按压力不同可分为低压蒸汽采暖系统(蒸汽工作压力小于或等于0.07MPa)和高压蒸汽采暖系统(蒸汽工作压力大于0.07MPa)两种。

①按凝结水回水方式不同可分为重力回水式蒸汽采暖系统和机械回水式蒸汽采暖系统。前一种系统中的凝结水靠重力直接回到锅炉;后一种系统中的凝结水靠重力先流到锅炉房的

凝结水箱，然后再用泵抽送到锅炉内。高压蒸汽供暖系统都采用机械回水方式。

②按照蒸汽干管布置的不同，蒸汽采暖系统分为上供式、中供式、下供式三种，如图 9.8、图 9.9 和图 9.10 所示。

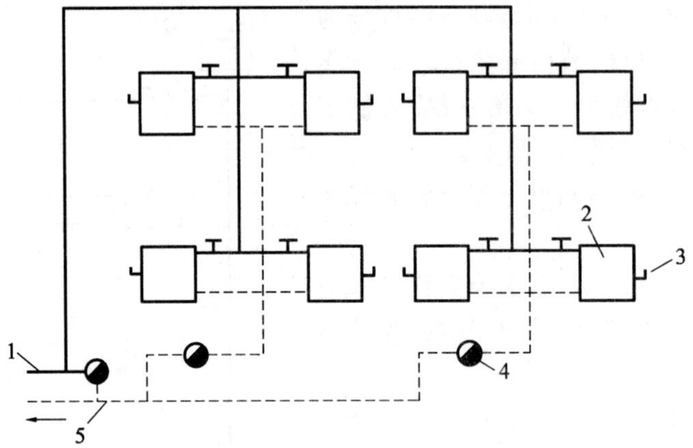

图 9.8 双管上供式蒸汽采暖系统

1—供汽干管；2—散热器；3—放气阀；4—疏水器；5—凝水干管

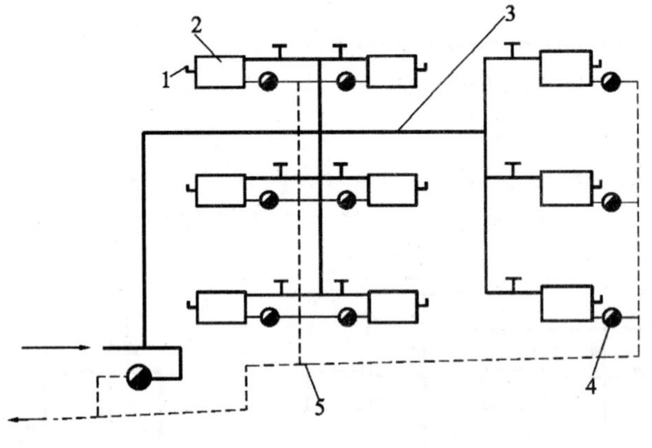

图 9.9 双管中供式蒸汽采暖系统

1—放气阀；2—散热器；3—供汽干管；4—疏水器；5—凝水干管

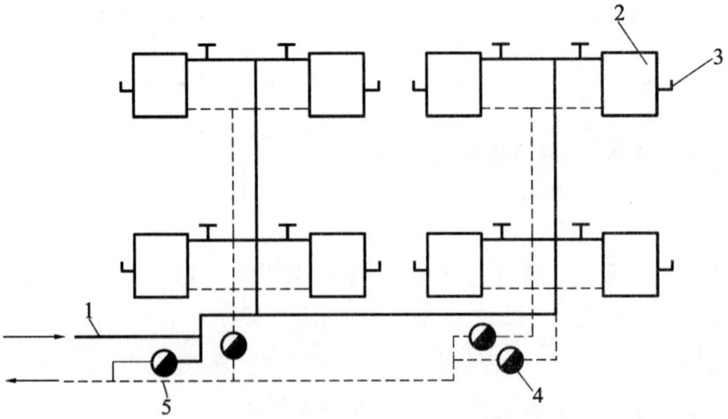

图 9.10 双管下供式蒸汽采暖系统

1—供汽干管，2—散热器；3—放气阀；4—疏水器；5—凝水干管

9.2.1.2　采暖工程系统的组成

室内采暖系统(以热水采暖系统为例)一般由主立管、水平干管、立管、散热器横支管、散热器、自动排气阀、阀门等组成,如图9.11所示。

(1)主立管　从引入口至水平干管的竖直管段。

(2)水平干管　连接主立管和各立管的水平管段。

(3)立管　连接各楼层散热器横支管,位于供(回)水水平干管之间的竖直管段。

(4)散热器横支管　连接立管和散热器的水平管段。

(5)系统附件　系统管路上的自动排气阀、调节阀或关断阀等。

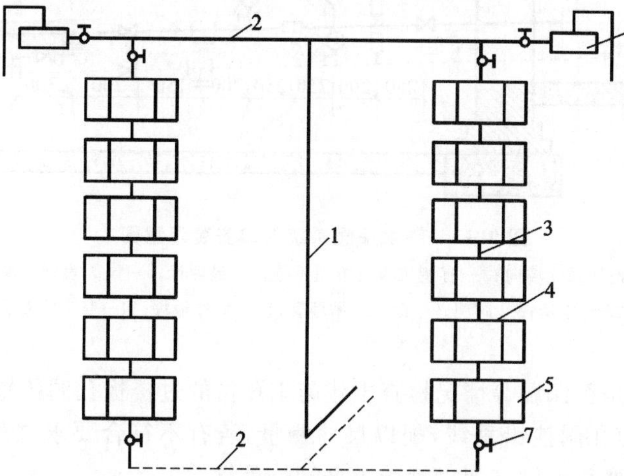

图9.11　室内热水采暖系统图

1—主立管;2—水平干管;3—立管;4—散热器横支管;5—散热器;6—自动排气阀;7—阀门

9.2.2　室内采暖管道的安装

9.2.2.1　室内采暖系统安装工艺

室内采暖系统的安装程序:供暖总管→散热设备→供暖干管→供暖立管→供暖支管。具体安装工艺流程如图9.12所示。

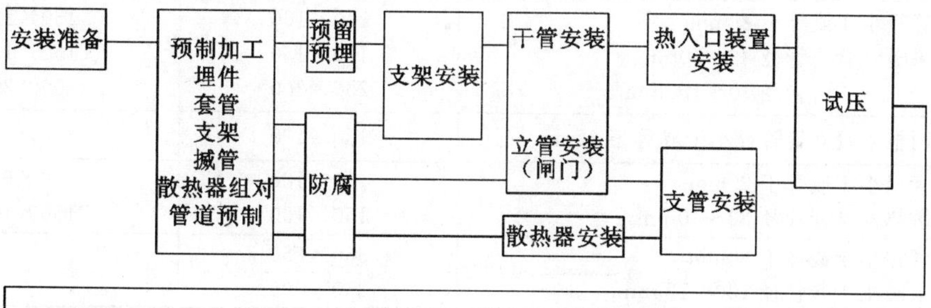

图9.12　室内采暖系统安装工艺流程

(1)采暖入口装置的安装

采暖入口装置是指室内外供热管道连接的部位,供水管上设有压力表、温度计、闸阀、泄水阀，回水管上设有压力表、温度计、过滤器和平衡阀，两管之间有循环管和旁通阀，如图 9.13 所示。

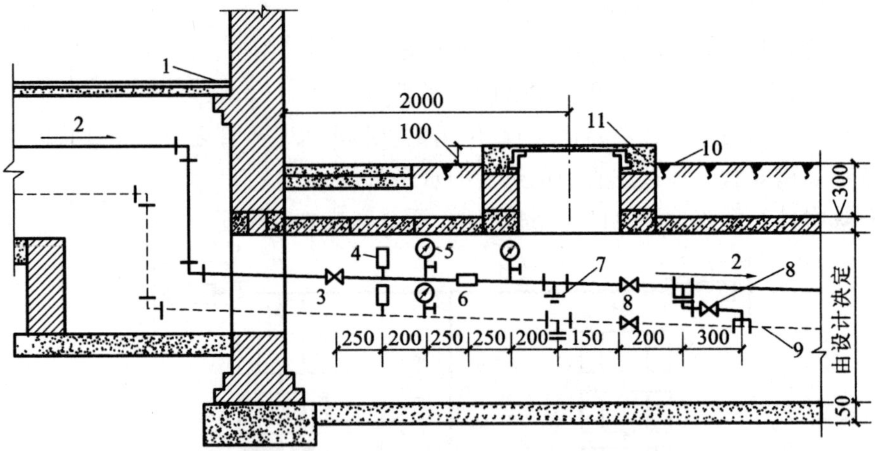

图 9.13 热水采暖系统入口安装示意图

1—室内地坪；2—坡向；3—有调压板时节门不装；4—温度计；5—压力表；6—调压板；7—*DN*25 泄水堵；8—阀门；9—*DN*25 循环管；10—室外地坪；11—100 号素混凝土

(2)主立管安装

首先根据管径和是否保温等情况检查土建施工预留的过楼板孔洞位置和尺寸是否符合要求。具体的方法是：由孔洞挂铅垂线，配以尺寸测量，若有不符合要求之处应及时加以调整。然后在主立管的下部弯头处设支架以承受主立管的重量。

主立管通常采用焊接，自下而上逐层安装。安装时穿楼板管段应加上管套并加以临时固定，然后把管子固定在支架上。

主立管的安装要求：

①管道穿楼板、墙壁预留孔洞尺寸，如设计无要求，应按表 9.1 的规定执行。

表 9.1 预留孔洞尺寸

项次	管道名称	明管留孔尺寸（长×宽）(mm×mm)	暗管墙槽尺寸（宽×深）(mm×mm)
1	采暖立管 管径小于或等于 25mm 管径 32～50mm 管径 70～100mm	100×100 150×150 200×200	130×130 150×130 200×200
2	两根采暖立管管径小于或等于 32mm	150×100	200×130
3	散热器支管 管径小于或等于 25mm 管径 32～40mm	100×100 150×130	60×60 150×100
4	采暖主干管 管径小于或等于 80mm 管径 100～125mm	360×250 350×300	—

②管道穿楼板时，应设置钢制套管，其顶部应高出地面 20～50mm（对于普通房间为 20mm，对于有积水的房间如厨房、卫生间为 50mm），底部应与楼板底面平齐。

③主立管上的管卡只起到固定主立管安装位置和垂直度的作用，而不应妨碍主立管的伸缩。

④立管上的焊口不应设在楼板内，立管底部应设刚性支撑。

⑤主立管上端如分为两个水平分支干管时，应用羊角弯连接，并用固定支架予以固定，距离主立管 2m 以内，如图 9.14 所示。

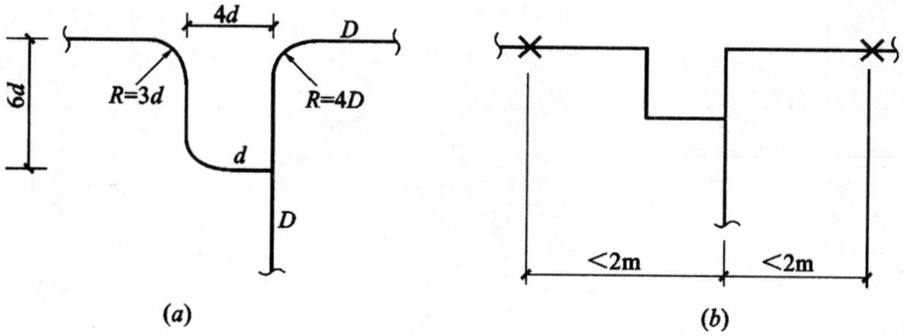

图 9.14 主立管与分支干管的连接

⑥主立管垂直度：管道垂直度公差为 2/1000，全长（5m 以上）公差不大于 10mm。

(3)干管安装

施工工艺：管子调直→除锈刷漆→管子定位→安装支架→管子地面组装→管子上架连接。

1)干管位置的确定方法

①可由施工图上标出的干管标高、管径以及是否保温等情况，在建筑物墙（柱）上画出支架的位置。一般施工图只标出干管一端的标高，可由此根据管长和坡度推算出另一端的标高和支架位置以及过墙洞位置，打通墙洞后由两端支架拉线得出干管上各支架的标高。

②采暖干管上的支架，可根据不同的建筑物、不同的敷设位置和并行敷设管道的数量，采用托架或吊架。支架的设置可根据支架高差 H 由下式确定：

$$H = iL \tag{9.1}$$

式中 i——坡度；

L——管长。

支架可分为活动支架和固定支架。

活动支架均匀分配并承担管道、热媒、保温材料等的全部荷载，允许管道在支架上自由滑动。活动支架又分为滑动支架、滚动支架、导向支架和吊架等。

固定支架是将管道在适当的位置固定在支架上，承受管道膨胀产生的水平推力。固定支架用于补偿器的两端，由设计人员确定。

管道支架具体可分为悬臂托架、三角托架和吊架等形式，如图 9.15 所示。

③支架在建筑结构上的固定方法，可根据具体情况采用在墙上打洞、灌水泥砂浆固定，或预埋金属件、焊接固定，或用膨胀螺栓、射钉枪固定，或在柱子上用拉紧角钢固定等方法。其中膨胀螺栓和射钉枪固定的方法由于能提高安装速度和施工质量、降低成本而得到广泛的应用。图 9.16 所示为胀管型膨胀螺栓，由带锥头的螺杆、胀管（在一端开有四条槽缝的薄壁管）及螺母组成，适用于砖、木及钢筋混凝土等建筑结构。使用时，随着螺母的拧紧，胀管随之膨胀紧塞于墙孔中，将支架固定。图 9.17 所示为射钉枪，它在使用时不用钻孔，而是借助于射钉枪中弹药爆炸的能量将钢钉直接射入建筑结构中，将支架固定。支架安装一定要按照施工图的要求，保证活动支架的牢固。

采暖干管管段的下料长度应根据施工现场的条件决定，为减少接口数量应尽可能用整根管子。管段在支架上做最后的接口后对其位置进行调整，干管离墙距离、干管的标高和坡度均

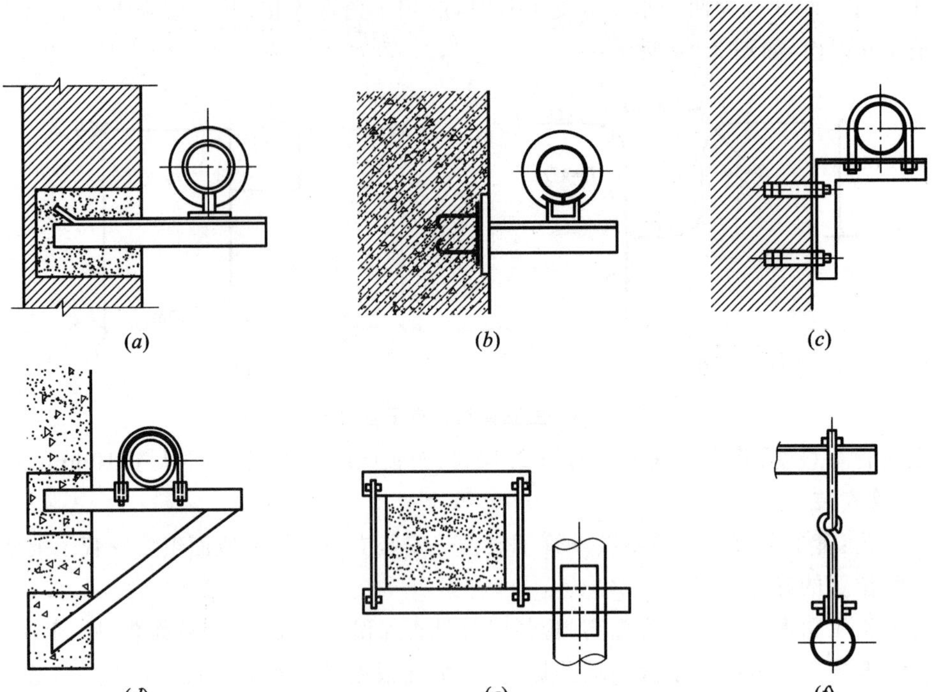

图 9.15　采暖管道支架

(*a*)埋栽在墙上的悬臂托架；(*b*)焊于预埋钢板上的托架；(*c*)膨胀螺栓固定的托架；
(*d*)埋栽在墙上的三角托架；(*e*)夹在柱子上的托架；(*f*)吊架

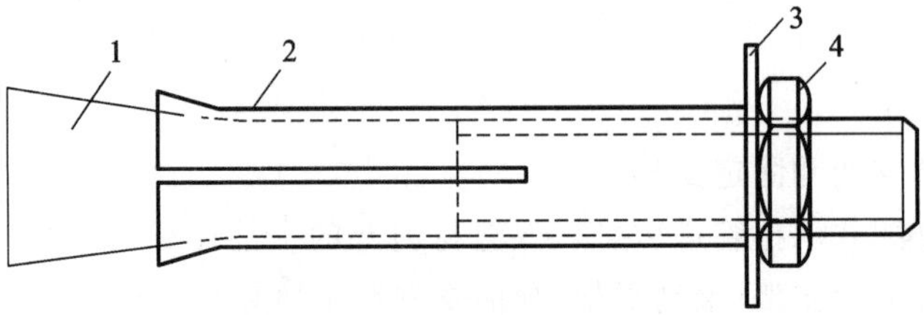

图 9.16　胀管型膨胀螺栓

1—带锥螺杆；2—胀管；3—垫圈；4—螺母

应符合规范要求，然后用管卡将管道固定在支架上。

2)干管的安装要求

①管道支架的安装应符合下列规定：

a. 位置应准确，埋设应平整牢固。

b. 与管道接触应紧密，固定应牢靠。对活动支架应采用 U 形卡环，既能让管道纵向自由伸缩，又能限制管道上下移动，以保证管道坡度；对固定支架则必须将管道固定牢固。

c. 无热伸长管道的吊架、吊杆应垂直安装。

d. 有热伸长管道的吊架、吊杆应向热膨胀的反方向偏移。

e. 固定在建筑结构上的管道支、吊架不得影响结构的安全。

②管道支架的数量和位置可根据设计要求确定，若设计上无具体要求时，按以下规定执行：

a. 活动支架的设置原则是：墙不作架、托稳转角、中间等分、不超最大。

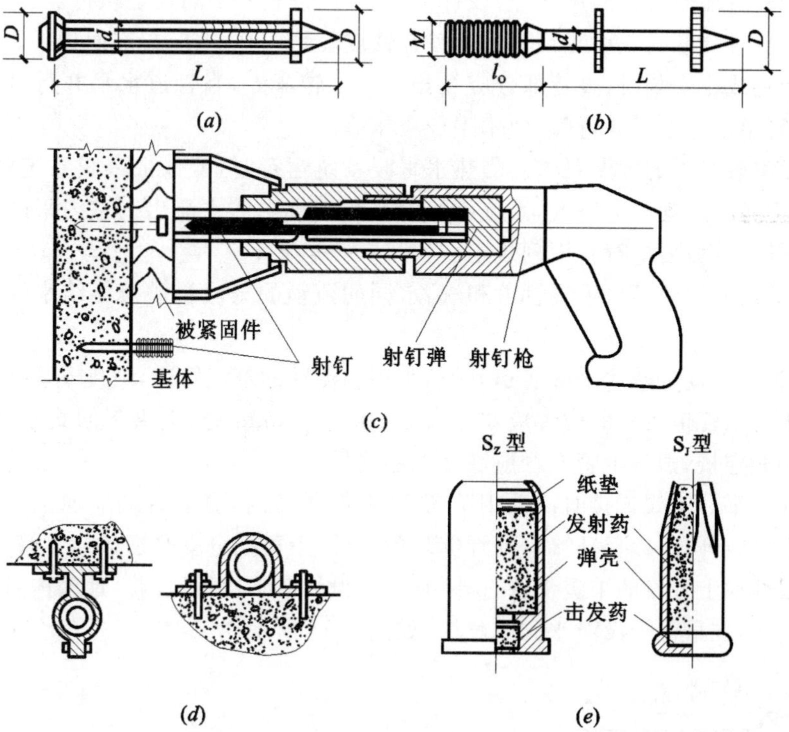

图 9.17 射钉枪

(*a*)圆头射钉；(*b*)螺纹射钉；(*c*)射钉枪射钉示意图；(*d*)射钉位置示意图；(*e*)射钉弹

“墙不作架”是指管道穿越墙体时，不能用墙作为支架，应从墙面两侧各向外量出 1m，确定支架位置。

“托稳转角”是指管道转弯的墙角，各向外量出 1m，确定支架位置。

“中间等分、不超最大”是指在穿墙、转弯处活动支架定位后，剩余的长度按不超过最大间距的原则均匀等分设置。

b. 钢管水平安装的支、吊架间距应符合表 9.2 的规定。

表 9.2 钢管管道支架的最大间距

公称直径(mm)		15	20	25	32	40	50	70	80	100	125	150	200	250	300
支架的最大间距(m)	保温管	1.5	2	2	2.5	3	3	4	4	4.5	5	6	7	8	8.5
	不保温管	2.5	3	3.5	4	4.5	5	6	6	6.5	7	8	9.5	11	12

c. 采暖系统的塑料管及复合管水平安装的支架间距应符合表 9.3 的规定。采用金属制作的管道支架，应在管道与支架间加衬非金属垫或套管。

表 9.3 塑料管及复合管管道支架的最大间距

管径(mm)			12	14	16	18	20	25	32	40	50	63	75	90	110
最大间距(m)	立管		0.5	0.6	0.7	0.8	0.9	1.0	1.1	1.3	1.6	1.8	2.0	2.2	2.4
	水平管	冷水管	0.4	0.4	0.5	0.5	0.6	0.7	0.8	0.9	1.0	1.1	1.2	1.35	1.55
		热水管	0.2	0.2	0.25	0.3	0.3	0.35	0.4	0.5	0.6	0.7	0.8	—	—

③采暖干管过墙壁的孔洞尺寸，若设计无要求，应按表9.1的规定执行。

④采暖干管过墙壁时应设置钢套管或镀锌铁皮套管，其两端应与饰面相平。

⑤明装管道成排安装时，直管部分应互相平齐。转弯处，当管道水平并行时，应与直管部分保持等距；管道水平上下并行时，曲率半径应相等。

⑥应保证采暖干管的坡度要求。当热水采暖系统运行时，要保证采暖系统的正常工作和其散热效果，需排除系统中的空气，系统维修时要将系统中的水泄出。室内采暖干管的坡度，如设计未注明时，其坡度应符合下列规定：

a. 汽、水同向流动的热水采暖管道和汽、水同向流动的蒸汽管道及凝结水管道，坡度应为0.003，且不得小于0.002。

b. 汽、水逆向流动的热水采暖管道和汽、水逆向流动的蒸汽管道，坡度不应小于0.005。

⑦采暖干管上管道变径的位置应在三通后200～300mm处，上供下回式系统的热水干管变径应顶平偏心连接，蒸汽干管变径应底平偏心连接。

⑧干管和水平分支管连接时应采用羊角弯，开孔焊接时，分支管端应加工成马鞍形管口，并在主干管上画线开孔，以保证接口处焊缝均匀一致，不可把分支管道插入干管内。

⑨在底层地面上敷设的采暖干管过外门时，应设局部不通行地沟。地沟内管道要保温，在最高处设排气阀，在最低处设泄水阀或丝堵，如图9.18所示。

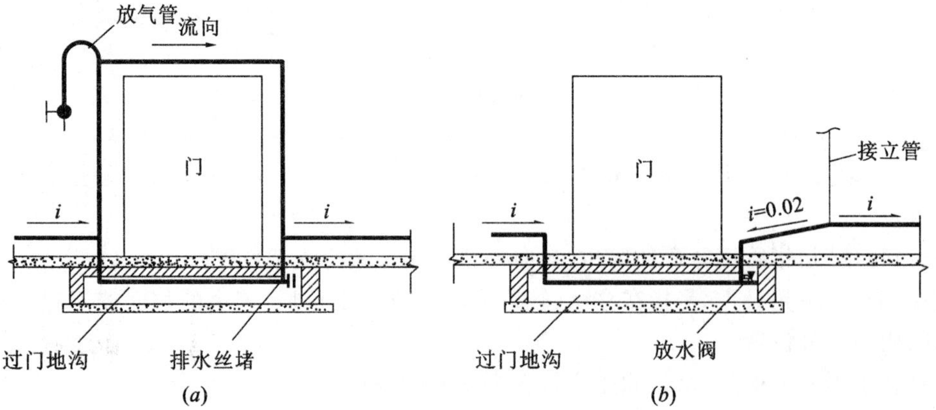

图9.18 采暖干管过外门地沟及处理

(*a*)蒸汽回水管过门；(*b*)热水管过门

⑩采暖干管纵、横方向弯曲度公差：管径小于或等于100mm时，公差为1/10000，全长(25m以上)公差不大于13mm；管径大于100mm时，公差为1.5/10000，全长(25m以上)公差不大于25mm。

(4)立管安装

立管安装前也应对预留孔洞的位置和尺寸进行检查、维修，直至符合要求，然后在建筑结构上标出立管的中心线，按照立管中心线在干管上开孔焊制三通管，一般此管段采用带乙字弯的短管。根据建筑物层高和立管的根数，按规范要求在相应的位置上埋好立管管卡。待埋藏管卡的水泥砂浆达到强度后，进行立管的固定和支管管段的安装。

先根据散热器的安装位置、散热器支管的管长和坡降要求，确定连接散热器支管的管件(弯头、三通、四通)的位置和立管上阀门的位置，再准确地对立管各管段下料，用螺纹连接各管段。

立管的安装要求：

①立管与干管的连接应采用乙字弯短管，与供水干管连接时阀门在前、活接头在后，与回水干管连接时活接头在前、阀门在后。活接头分子口和母口，母口迎水流方向安装，如图 9.19 所示。

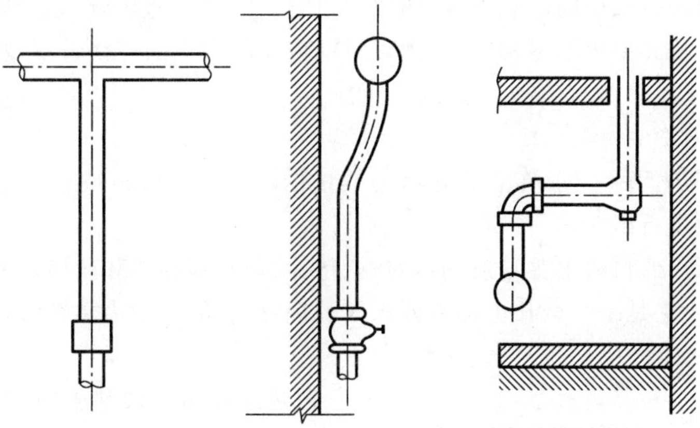

(a) (b)

图 9.19 立管与干管的连接方式

(a)供水干管连接方式；(b)回水干管连接方式

②安装管径小于或等于 32mm 不保温的采暖双立管管道，两管中心距为 80mm，允许偏差为 5mm，供水或供气管应置于面向的右侧。

③立管管卡安装主要是为保证立管垂直度，防止倾斜。当层高小于或等于 5m，每层需安装 1 个；当层高大于 5m，每层不得少于 2 个。

管卡安装高度：距地面为 1.5～1.8m，两个以上管卡应匀称安装，同一房间管卡应安装在同一高度上。

④双立管系统的抱弯应设在立管上，且弯曲部分侧向室内，这是考虑到安装或拆卸散热器时都必须先装或卸散热器支管，不需动立管。

⑤当采暖热媒为 110～130℃的高温水时，管道可拆卸件应使用法兰，不得使用长丝和活接头，法兰垫料应使用耐热橡胶板。

⑥过楼板套管及立管垂直度等要求同主立管，立管安装完毕，应将各层的钢套管内填塞石棉绳或沥青油麻加防水油膏封闭。

(5)散热器支管安装

散热器支管是室内采暖系统中结构较复杂、安装难度较大的管段。为保证散热器支管安装的准确性，施工时可取管子配件或阀门实物，逐段比量下料、安装。

散热器支管的安装要求：

①连接散热器的支管应有 0.01 的坡度，坡向应利于排气和泄水。

②应按设计要求，保证散热器支管的坡向，以利于空气经立管排出，如图 9.20 所示。

③散热器支管长度大于 1.5m 时，应在中间安装管卡或托钩。

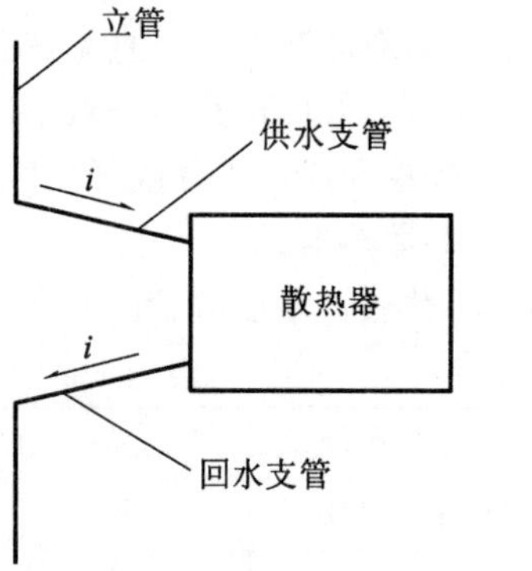

图 9.20 散热器支管坡度的设置要求

9.2.3 室内采暖设备及器具的安装

9.2.3.1 散热器的安装

散热器是室内采暖系统的散热设备，热媒通过它向室内传递热量。散热器的种类很多，不同散热器的安装方法和要求不尽相同，下面以目前应用较广泛的铸铁长翼型散热器为例，介绍散热器的安装。

(1)散热器组对

不同房间因其热负荷不同，布置散热器的数量也不同，所以，铸铁长翼型散热器的安装首先要根据设计片数进行组对。

组对散热器所用的材料主要是散热器对丝、垫片、散热器补芯和丝堵。其中对丝是两片散热器之间的连接件，它是一个全长上都有外螺纹的短管，它的一端为左螺纹，另一端为右螺纹，如图 9.21 所示。

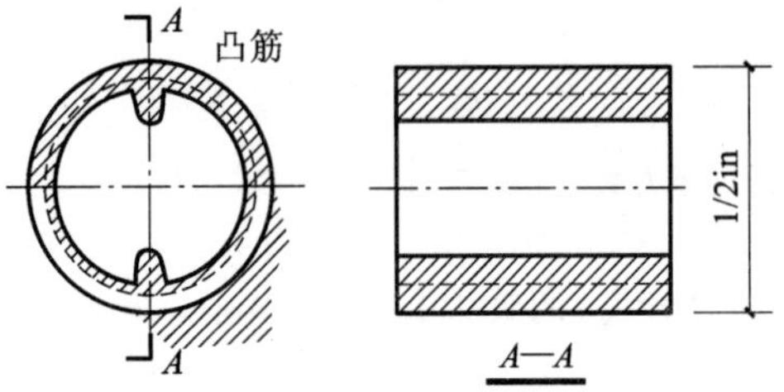

图 9.21 散热器对丝

散热器补芯是散热器管口和散热器支管之间的连接件，并起变径的作用。散热器丝堵用于散热器不接支管的管口堵口。由于每片或每组散热器接口一侧为左螺纹，另一侧为右螺纹，因此，散热器补芯和丝堵也都有左螺纹和右螺纹之分，以便对应使用。散热器组对用的工具称为散热器钥匙。

散热器组对前，应将每片散热器内部和管口清理干净，散热器片表面要除锈，刷一遍防锈漆。组对时，先将一片散热器放到组对平台上，把对丝套上垫片放入散热器接口中，再将第二片散热器(这片散热器相对接口的螺纹方向必须是相反的)的接口对准第一片散热器接口中的对丝，用两把散热器钥匙同时插入对丝孔内，同时、同向、同速度转动，使对丝同时在两片散热器接口入扣，利用对丝将两片散热器拉紧。每组散热器的片数与组数按设计规定事先应统计好，然后组对。

(2)散热器组对的要求

①散热器组对前应进行检查，长翼型散热器顶部掉翼数只允许一个，其长度不得大于 50mm；侧面掉翼数不得超过两个，累计长度不得大于 200mm，且掉翼面应朝墙安装。

②散热器的对丝应逐个逐口用手拧试，不应过松或过紧。

③组对散热器应平直紧密，垫片不得露出径外。

④组对好的散热器一般不应平放；若受条件限制必须水平堆放时，堆放高度不应超过 10 层，且每层间应用木片隔开。竖向堆放时，也应用木片或草绳隔开。

(3)散热器试压

①散热器水压试验压力如表 9.4 所示。

表 9.4 散热器试验压力

散热器型号	扁管型		板式	串片型	
工作压力(MPa)	≤0.25	>2.5	—	≤0.25	>0.25
试验压力(MPa)	0.6	0.8	0.75	0.4	1.4

②散热器水压试验的标准是：水压试验时间为2～3min，压力不降且不渗不漏为合格。

(4)散热器的安装方法及要求

①散热器位置的确定。散热器一般布置在外窗下面，这样，从外窗处渗入的冷风与散热器内上升的热气流混合后流入室内，给人以舒适的感觉。散热器布置在外窗下面，其中心线应与外窗中心线重合，即在外窗下面对称布置。散热器中心距墙面的尺寸应符合表9.5的规定，在窗台下面布置的具体要求如图9.22所示。安装散热器时，窗台与地面的距离应满足散热器及其下面布置回水管道所需的尺寸。

表9.5　散热器中心至墙表面距离

散热器型号	四柱型	圆翼型	扁管、板式(外沿)	串片型	
				平放	竖放
中心至墙表面距离(mm)	130	115	30	95	60

②埋栽散热器托钩。散热器安装有两种方式：一种是安装在墙上的托钩上，另一种是安装在地上的支座上。散热器托钩可用圆钢或扁钢制作，如图9.23所示。散热器托钩的长度见表9.6。

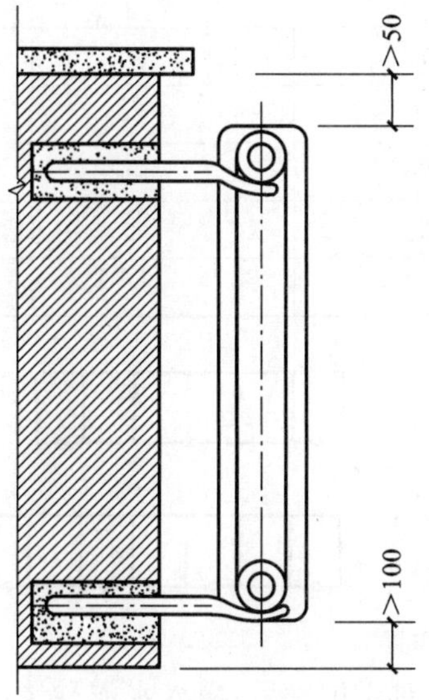

图9.22　散热器窗台下布置

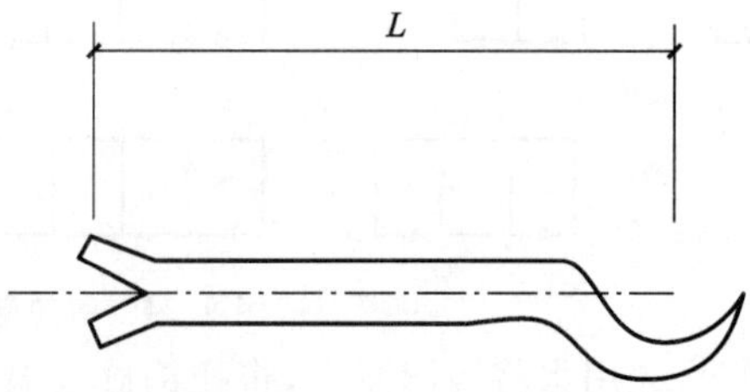

图9.23　散热器托钩

表9.6　散热器托钩长度

散热器名称	托钩长度 L(mm)
圆翼型	≥255
四柱型	≥262
五柱型	≥284

当散热器在墙上安装时，应首先确定散热器托钩的数量和位置。散热器托钩的数量因散热器的型号、组装片数不同而异，而且每组散热器上下托钩的数量也不相同，其原因是：上托钩主要保证散热器垂直度，故数量少；下托钩主要承重，故数量多。表9.7给出了长翼型散热器

和柱型散热器托钩数量。散热器托钩位置取决于散热器安装位置，具体布置如图 9.24 所示。在墙上画线时，应注意到上下托钩中心即是散热器上下接口中心，还要考虑到散热器接口的间隙，一般每个接口间隙按 2mm 计。打墙洞时，可用钢管锯成斜口管錾子，亦可用电锤，打洞深度一般不小于 120mm。

表 9.7　散热器支、托架

散热器类型	安装方式	每组片数	上部托钩或卡架数	下部托钩或卡架数	总计
长翼型	挂墙	2～4	1	2	3
		5	2	2	4
		6	2	3	5
		7	2	4	6
柱型 柱翼型	挂墙	3～8	1	2	3
		9～12	1	3	4
		13～16	2	4	6
		17～20	2	5	7
		21～25	2	6	8
柱型 柱翼型	带足落地	3～8	1		1
		8～12	1		1
		13～16	2		2
		17～20	2		2
		21～25	2		2

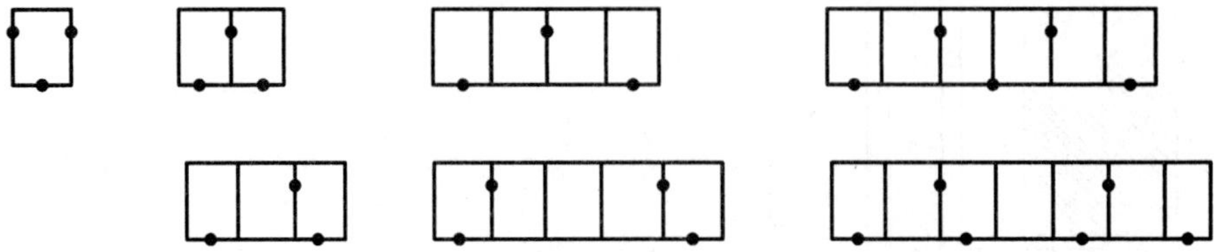

图 9.24　散热器托钩布置

栽托钩时，先用水将墙洞浸湿，将托钩放入墙洞内，对正位置后，灌入水泥砂浆，并用碎石挤紧，最后用水泥砂浆填满墙洞并抹平。

③安装散热器。待墙洞中的水泥砂浆达到强度后，即可安装散热器。安装时要轻抬轻放，避免破坏散热器托钩。安装后的散热器应满足表 9.8 的要求。

表 9.8　散热器安装的允许偏差和检验方法

序号	项目	允许偏差(mm)	检验方法
1	散热器背面与墙内表面距离	3	尺量
2	与窗中心线或设计定位尺寸	20	
3	散热器垂直度	3	吊线和尺量

9.2.3.2 集气罐安装

集气罐的作用是将热水采暖系统中的空气收集并加以排除,以保证系统的正常工作。集气罐安装在系统各段管道的最高点。集气装置有两种:一种是手动的集气罐,可按标准图用钢管或钢板制作;另一种是自动排气阀。手动集气罐根据安装形式不同又可分为卧式和立式两种,如图 9.25 所示。集气罐不要直接设在干管末端立管转弯处,以免转弯处形成气塞而导致其后的放热器不热。手动集气罐要设排气阀和排气管,排气管应接至邻近水池处,自动排气阀前应设置截止阀,以便检修或更换自动排气阀。

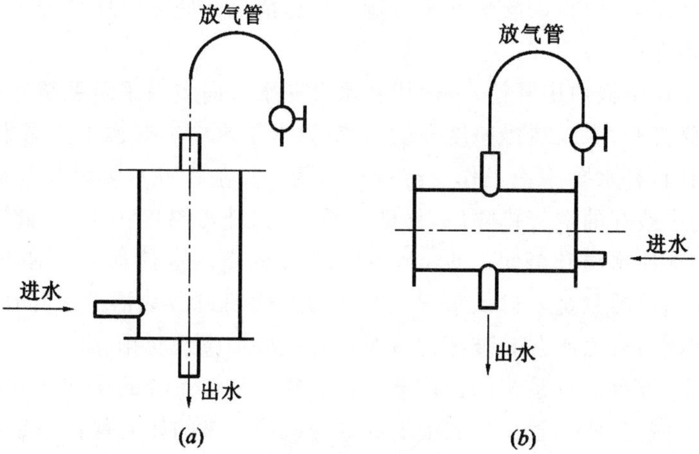

图 9.25 集气罐

(a)立式;(b)卧式

9.2.4 室内采暖系统的试压、清洗与试运行

9.2.4.1 试压

(1)室内采暖系统的水压试验压力要求

①工作压力不大于 0.07MPa 的蒸汽采暖系统,应以系统顶点工作压力的 2 倍作为试验压力,同时在系统低点不得小于 0.25MPa。

②低温水采暖或工作压力超过 0.07MPa 的蒸汽采暖系统,应以系统顶点工作压力加 0.1MPa 作为试验压力,同时系统顶点的试验压力不得小于 0.3MPa。

③高温水采暖系统,工作压力小于 0.43MPa 时,试验压力为工作压力的 2 倍;工作压力为 0.43~0.71MPa 时,试验压力为工作压力的 1.3 倍加上 0.3MPa。

(2)水压试验合格的标准

①使用钢管及复合管的采暖系统应在试验压力下 10min 内压力降不大于 0.02MPa,降至工作压力后检查,不渗、不漏。

②使用塑料管的采暖系统应在试验压力下 1h 内压力降不大于 0.05MPa,然后降至工作压力的 1.15 倍,稳压 2h,压力降不大于 0.03MPa,同时各连接处不渗、不漏。

③使用塑料管和复合管的热水采暖系统,应以系统顶点工作压力加 0.2MPa 作水压试验,同时在系统顶点的试验压力不小于 0.4MPa。

9.2.4.2 清洗

水压试验合格后,即可对系统进行清洗。清洗的目的是清除系统中的污泥、铁屑、砂石等杂物，以确保系统运行后介质流动通畅。

对热水采暖系统，可用水清洗，即将系统充满水，然后打开系统最低处的泄水阀门，让系统中的水连同污物由此排出，这样反复数次，直到排出的水清澈透明为止。对蒸汽采暖系统，可以用蒸汽清洗，清洗时应打开疏水装置的旁通阀。送汽时，送汽阀门应缓慢开启，避免造成水击，直至排气口排出干净蒸汽为止。

9.2.4.3 试运行

室内采暖系统的清洗工作结束后，即可进行系统的试运行工作。室内采暖系统试运行的目的是在系统热状态下，检验系统的安装质量和工作情况。此项工作可分为系统充水、系统通热和初调节三个步骤进行。

系统的充水工作由锅炉房开始，一般用补水泵充水。向室内采暖系统充水时，应先将系统的各集气罐排气阀打开，水以缓慢速度充入系统，以利于水中空气逸出。当集气罐排气阀流出水时，关闭排气阀门，补水泵停止工作。待一段时间（2h 左右）后，再将集气罐排气阀打开，启动补水泵，当系统中残存的空气排除后，将排气阀关闭，补水泵停止工作，此时系统已充满水。接着，锅炉点火加热使水温升至 50℃时，循环泵启动，向室内送热水。这时工作人员应注意系统压力的变化，室内采暖系统入口供水管上的压力不能超过散热器的工作压力。还要注意检查管道、散热器和阀门有无渗漏和破坏的情况；如有故障，应及时排除。

上述情况正常，方可进行系统的初调节工作。热水采暖系统的初调节方法是：通过调整用户入口的调压板或阀门，使水管压力表上的读数与入口要求的压力保持一致，再通过改变各立管上阀门的开度来调节通过各立管散热器的流量，一般距入口最远的立管阀门开度最大，越靠近入口的立管阀门开度越小。蒸汽采暖系统的初调节方法是：首先通过调整热用户入口的减压阀，使进入室内空气的蒸汽压力符合要求，再改变各立管上阀门的开度来调整通过各立管散热器的蒸汽流流量，以达到均衡采暖的目的。

9.3 室外供热系统安装

室外供热管网是由供热管道、支座、补偿器、阀门、排气泄水及机械设备等所组成。与室内采暖管道相比，室外供热管道拐弯和分支少，但管径大、管线长，所以，室外供热管道的施工中，要按设计和规范的要求安装好固定支座、活动支座和补偿器。固定支座能起到分配管道因温度变化而引起的伸缩量，分段控制管道热伸缩的作用；活动支座用来限制管道上下移动，防止弯曲，保证管道的水平与坡度，并能让管道在长度方向自由伸缩。

室外供热管道的管材应符合设计要求。当设计未注明时，应符合下列规定：

（1）管径小于或等于 40mm 时，应使用焊接钢管；

（2）管径为 50～200mm 时，应使用焊接钢管或无缝钢管；

（3）管径大于 200mm 时，应使用螺旋焊接钢管。

室外供热管道均采用焊接连接。

9.3.1 室外供热管道的安装

（1）地沟敷设管道安装

供热管道地沟敷设，即将供热管道敷设在由砖砌或钢筋混凝土构筑的地沟内。这种敷设方法能保护管道不受土压力的作用，而且管道不与土壤直接接触，能够防止地下水的侵袭，所以应用较广泛。

1）地沟的形式

地沟根据其截面尺寸和作用不同可分为以下三种：

①通行地沟。当管道的种类较多，管道的数量超过6根时，可采用通行地沟，如图7.7所示。通行地沟的截面尺寸大，检修通行方便。为此，通行地沟应每隔一定距离设置供人出入的人孔和照明灯，并应有通风措施，地沟的沟底设有坡度和排水设施。

②半通行地沟。当管道的种类和数量不多，且不能开挖路面进行管道的维修时，可采用半通行地沟，如图7.8所示。半通行地沟的截面尺寸较通行地沟小，一般净高应大于1.4m，通道净宽为600～700mm，人仅能弯腰行走进行维修工作，里面的照明和通风设施可酌情设置。半通行地沟一般只考虑单侧敷设管道。

③不通行地沟。当管道种类、数量少，平常无维修工作量时，可采用不通行地沟，如图7.9所示。这种地沟的截面尺寸可根据管道的布置来确定，一般只布置单层管道，管道之间的距离应考虑到管道保温层厚度和安装操作净距。

2）地沟内管道安装

地沟内敷设的供热管道安装，应在地沟土建结构施工结束后进行。在土建施工中，应配合土建施工预留支架孔和预埋金属件。在供热管道施工前，应对地沟结构进行验收，按设计要求检查地沟的坐标、沟底标高、沟底坡度、地沟截面尺寸和地沟防水等内容，如符合要求，做好验收记录。

地沟内管道安装，应首先安装支座。供热管道的活动支座分为滑动支座、滚动支座及悬吊支座，用得较多的是滑动支座。图9.26所示为低位滑动支座，支座焊在管道下面，可在混凝土底座上前后滑动。在支座两侧的管道保温不能影响支座自由滑动。供热管道的固定支座如图9.27所示，即用型钢支架把管道固定住。安装支座时，应按施工图要求画出各支座的位置，正确安装。

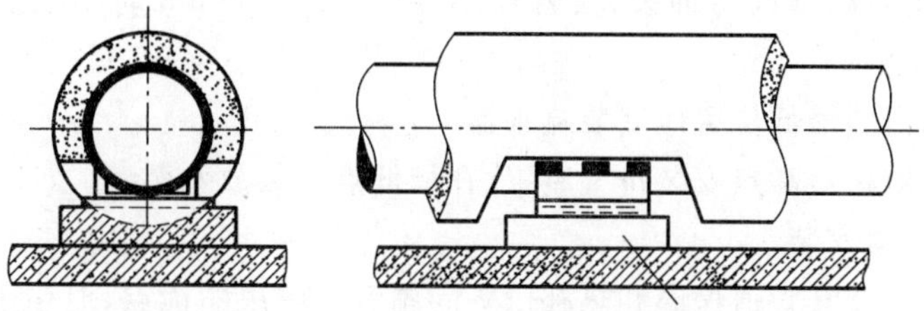

图9.26 低位滑动支座

管道的大量接口尽可能在沟外地面上焊接，这样操作方便，易保证焊口的质量。根据施工条件，将管道在地面上连接成一定长度的管段，然后再放入地沟，减少在地沟内的焊接口。管道接口做完后，按规范要求检查、调整管道的安装位置，最后将管子固定在支座上。

3）地沟内供热管道的安装要求

①供热管道的热水、蒸汽管，如设计无要求，应敷设在载热介质前进方向的右侧或上方。

②管道（包括保温层）安装位置，其净距宜符合下列规定：

a.管外表面与地沟壁：100～150mm；

b.管外表面与地沟底：100～200mm；

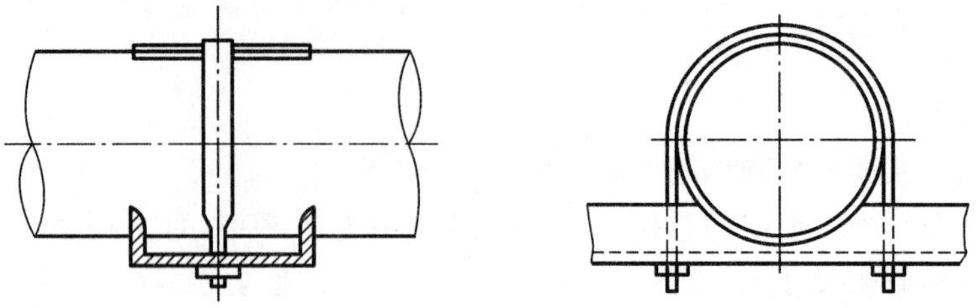

(a)

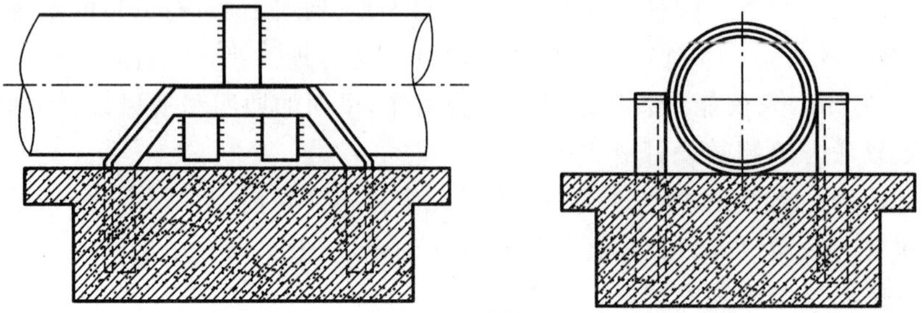

(b)

图 9.27 固定支座

(a)钢架上的固定支座;(b)水泥墩上的固定支座

c.管外表面与地沟顶:不通行地沟为 50～100mm,半通行地沟为 200～300mm。

③管道对焊时,若接口处缝隙过大,不允许采取强力推拉使管头密合,以免管道受应力作用,而应另加一段短管,短管长度应不小于管径,最短不得小于 100mm。

④供热管道坡度要求同室内采暖管道坡度要求。

⑤供热管道中心线水平方向允许偏差为 20mm,标高允许偏差为 10mm;每米水平管道纵、横向弯曲公差:管径小于或等于 100mm 时为 0.5mm;管径大于 100mm 时为 1mm。水平管道全长(25m 以上)纵、横向弯曲公差:管径小于或等于 100mm 时不大于 13mm;管径大于 100mm 时为 25mm。

⑥每段蒸汽管道的最低位置应安装疏水器。

⑦每段热水管道在最高点安装排气装置,在最低点安装放水装置。

(2)直埋敷设管道安装

地沟敷设管道虽有其管道保温和热补偿等问题容易解决的优点,但存在管网工程投资大、施工周期长的缺点,采用直埋敷设可以克服这一缺点。直埋敷设是将管道直接埋设于土壤中,由于省去了地沟结构,使得工程造价大大降低。尤其是无补偿直埋,由于减少了补偿器数量,取消了中间固定支座和滑动支座,将管道放置在原土基础上,可使工程总投资比地沟敷设下降 20%～50%,施工周期缩短一半以上。

直埋敷设管道安装,首先应测量放线、开挖沟槽。要注意到直埋敷设管道安装的特殊要求,即埋地管道的保温结构与土壤接触,直接承受土压力和向下传递的地面动荷载的作用,同时又受地下潮湿的影响。因此,对直埋管道的保温结构除了要求其具有较好的保温性能外,还应具有一定的机械强度、防水和防腐蚀性能。目前,直埋敷设管道的保温材料以聚氨酯硬质泡沫塑料应用最多。

聚氨酯硬质泡沫塑料是由多元异氰酸酯在催化剂的作用下发泡成型而形成的高分子多孔

材料，由于在发泡过程中形成的微孔中有90%以上是封闭性的小孔，因此，聚氨酯硬质泡沫塑料具有极小的导热系数、几乎不吸水、绝缘性能好、质量轻、耐腐蚀、耐热和粘结性能好等优点，是较理想的保温、防水材料。

在直埋管道验收合格后进行沟槽回填。应按要求分层回填、分层夯实，回填后应使沟槽上土面呈拱形，以免日久因土层沉降而造成地面下凹。

直埋管道的安装要求是：

①聚氨酯硬质泡沫塑料必须满足以下技术条件：

密度：60～80kg/m^3；

热导率：≤0.126kJ/(m·h·K)；

抗拉强度：200kPa；

粘结强度：200kPa。

②直埋管道的管材材质、壁厚、弹性模量和屈服强度等指标必须符合设计规定。

③须在环境温度高于5℃的条件下施工，如环境条件不能满足要求，则应对液体加热，使其温度达到20～30℃。

④调配聚醚混合液时应随用随调，以防材料失效。

⑤管道位置允许偏差及标高允许偏差均为25mm。

⑥在保护套管中伸缩的管道，套管不得妨碍管道伸缩且不得损坏管道防腐层。

⑦管道防腐应预先集中处理，管道两端留出焊口的距离，焊口处的防腐在试压完后再作处理。

⑧管道水压试验，应按设计要求和规范规定，办理隐检试压手续，结束后将水泄净。

⑨直埋供热管道的检查室施工时，应保证穿越口与管道轴线一致，公差应符合设计要求，并按设计要求做好管道穿插口的防水、防腐。

⑩直埋供热管道最小覆土深度应符合表9.9的规定。若穿越河底时，覆土深度应根据水流冲刷条件和管道稳定条件确定。回填土时要在保温管四周填100mm厚细砂，再填300mm厚素土，用人工分层夯实。管道穿越马路处埋深少于800mm时应做简易管沟，加盖混凝土盖板，沟内填砂处理。

表9.9　直埋敷设管道最小覆土深度

管径(mm)	50～125	150～200	250～300	350～400	450～500
车行道下(m)	0.8	1.0	1.0	1.2	1.2
非车行道下(m)	0.6	0.6	0.7	0.8	0.9

(3)室外架空敷设管道安装

室外架空敷设管道用于地下水位高、土质差、地形高低起伏变化大、地下管线多等不利于管道地下敷设的情况。管道架空敷设比地下敷设节省土方工程量，不受地下水的侵害，维修检查方便，但管子受风吹雨淋和日晒，管道的保温层易损坏。室外架空敷设管道安装多属空中作业，施工时应制订周密的施工技术和安全措施。室外架空敷设管道安装尽可能在地面上做接口，将其预制成一定长度的管段，用吊装的方法安放到管道支架上，以减少在空中做管道的接口，这样既加快了施工进度，又减少了施工的不安全因素。

1)管道架空敷设的形式

根据支架安装高度的不同可分为低支架、中支架和高支架三种形式。

2)架空敷设管道安装

首先应对管道支架的位置及标高进行检查,看其是否符合设计要求,检查支架安装是否牢固,支架顶面预埋钢板是否符合要求。再用经纬仪测出支架上管道的位置,并做出标记。在安装活动支架的管座时,应根据支架处管道的伸缩量将管座焊在管道上。

管道就位应采用吊装的方法,根据管子的规格和长度以及现场实际情况,借助起重设备吊装管子,将其安放在支架上调整好位置后做管道的最后接口。

3)架空敷设管道的安装要求

若设计无要求,应符合下列规定:

①架空敷设管道的安装高度(以管道保温层外表面计算),因安装位置要求不同:人行地区,不应低于 2.5m;通行车辆地区,不应低于 4.5m;跨越铁路,距轨顶不应小于 6m。

②架空管道支架允许偏斜值不应超过 20mm,每个支架的标高偏差不应超过 2mm。

③管道焊缝不应设在支架上,应离开支架一定距离,最好设在距支架为两支架间距离五分之一的位置上,此处弯矩接近于零。

④管道空中对口焊接时,应采取措施保证管子不塌腰:当管径小于 300mm 时,用弧形承托板在下面托住接口处,将接口点焊定位,然后去掉承托板施焊;管径大于 300mm 时,采用搭接板辅助对口。

⑤架空敷设管道位置允许偏差为 20mm,标高允许偏差为 10mm。

⑥为保证管道受热膨胀后滑动支架的管座中心线落在支撑板中心线上,安装时应将管座中心偏向管道受热膨胀的反方向 50mm,如图 9.28 所示。

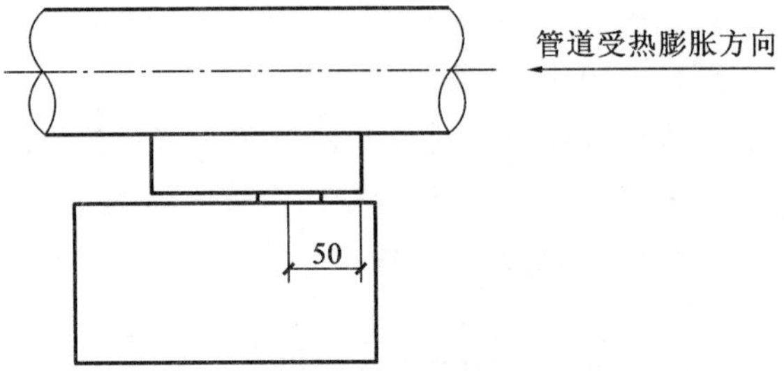

图 9.28 滑动支架安装

9.3.2 室外供热管网补偿器的安装

补偿器的作用是补偿管道因温度变化而引起的伸缩量,保护管道正常工作。

(1)方形补偿器安装

方形补偿器应按设计要求制作,最好利用一根钢管摵制。当管径较大,用一根管长度不够而需接口时,焊口的位置应设在垂直臂的中间点,因为此点所受弯矩最小,图 9.29 中的 A 点即为焊口位置,而绝不能将焊口放在水平臂上(顶部)。为减小方形补偿器在工作中的变形,提高其补偿能力,安装方形补偿器前应进行预拉伸。预拉伸可在冷态下进行,可采用拉伸器拉伸或千斤顶撑拉的方法,预拉伸的变形量应为其补偿能力的一半,如图 9.29 所示。

方形补偿器配可水平安装,也可垂直安装,其安装要求是:

①方形补偿器水平安装时,垂直臂应水平放置,平行臂应与管道坡度相同。

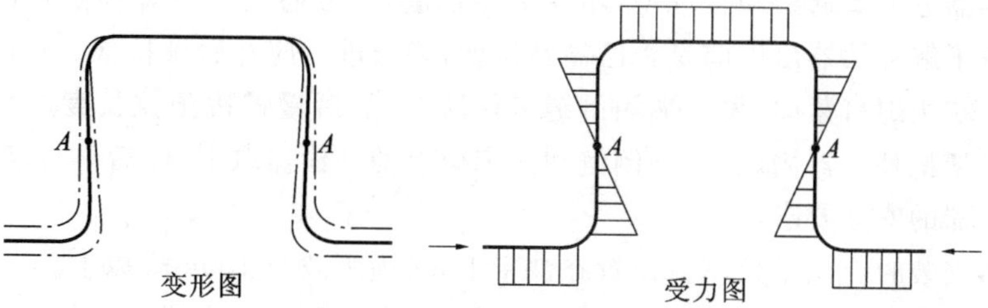

图 9.29 方形补偿器变形和受力图

②方形补偿器垂直安装时，不得在弯管上开孔安放空气管和排水管。

③补偿器处滑托的预偏移量应符合设计图纸的规定。

④补偿器垂直臂长度偏差(即平面歪曲偏差)应不超过±10mm。

⑤方形补偿器应先预拉伸，然后安装，做好固定支座后才能拆除预拉伸的支撑杆件。

(2)套管补偿器安装

套管补偿器有铸铁质和钢质两种。铸铁质套管补偿器与管道之间采用法兰连接，用在介质工作压力较低、管径较小的管道上。钢质补偿器有单向和双向两种，与管道之间采用焊接，用在介质工作压力较高、管径较大的管道上。

套管补偿器安装前应检查填料情况，石棉绳应在煤焦油中浸过，接头处要有斜度并加润滑油，以增加耐腐蚀能力，保证严密性。安装时，还要根据安装环境温度计算导管的安装位置，即导管安装时离开填料的距离 Δx(图 9.30)，以防止当管道温度低于安装环境温度时，补偿器收缩而受到破坏。Δx 可按下式计算：

$$\Delta x = \Delta x_{max}(t_1 - t_0)/(t_2 - t_0) \tag{9.2}$$

式中 Δx_{max}——套管补偿器最大补偿量，mm；

t_1——安装环境温度，℃；

t_2——热媒最高温度，℃；

t_0——设计安装环境温度，℃。

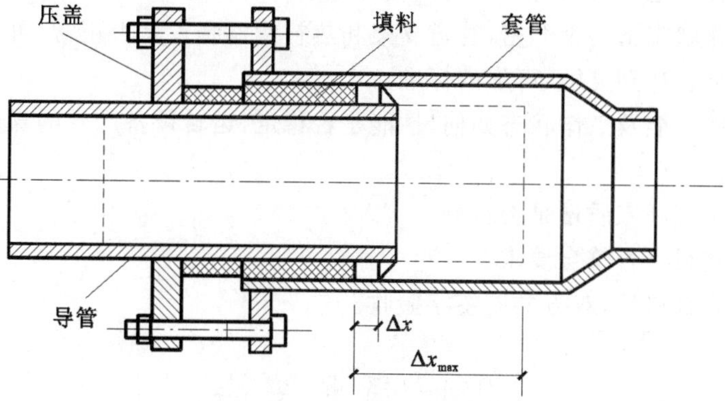

图 9.30 单向套筒补偿器安装图

套管补偿器的安装要求：

①套管补偿器与管道中心线保持一致，不得歪斜，为此，应在补偿器两侧设导向支架。

②填料的品种及规格应符合设计规定，填料应逐圈装入，逐圈压紧，各圈接口应相互错开。

(3)波形补偿器安装

波形补偿器分为普通型和直埋型，用在室外管道时，普通型应设置补偿井，直埋型不用设置。安装前应了解补偿器出厂前是否已做预拉伸，如未进行应补做预拉伸。在固定的卡架上，将补偿器的一端用螺钉紧固，另一端用倒链卡住法兰，然后慢慢按预拉长度进行冷拉，拉出规定长度后用支架把补偿器固定好，把倒链和固定架上的补偿器取下，然后再与管道相连接。

波形补偿器的安装要求：

①补偿器安装时，卡、吊架不得设置在波带上，必须距波节100mm以上。

②波形补偿器如需加大壁厚，应将内套筒的一端与波形补偿器焊接。安装时应注意使介质的流向从焊端流向自由端，并与管道的坡度方向一致。

9.3.3 室外供热管网试压与验收

(1)试压

室外供热管道的试验压力为1.5倍的工作压力，且不得小于0.6MPa。试压合格的标准是：1h内压力降不超过0.05MPa，接口处不渗、不漏为合格。

(2)工程验收

室外供热管网工程验收应由施工单位会同建设单位共同进行，为此，施工单位应提交下列技术文件：

①施工组织设计或施工技术措施。

②施工记录或施工日记。

③工程质量自检记录，工程质量管理部门的评定结论。

④材料、管件的产品合格证，材料质量证书和分析检验报告。

⑤设备的产品合格证，设备附带的专用工具和备件的移交证明。

⑥隐蔽工程验收记录，水压试验记录和其他规范规定的由施工单位进行的各种检查、检验的记录。

⑦竣工图。

建设单位应按规范的要求对工程的质量等做全面的检查，具体的内容有：

①管网在工作状态下是否严密，管道支架和热补偿器装置是否正常、可靠。

②安全装置能否达到灵敏、可靠的标准。

③各种设备的性能及工作状态如何，性能是否稳定，运转设备产生的噪声是否高于国家规定标准。

④管网防腐工程施工质量是否良好。

⑤工程档案资料是否符合要求。

上述内容检查合格后，双方共同签字验收。

9.4 锅炉安装

9.4.1 锅炉概述

锅炉是生产蒸汽或热水的换热设备，其任务是将燃料（煤、油、天然气等）的化学能转化为热能。

9.4.1.1 锅炉的分类

(1)按能源的来源不同,可分为燃煤锅炉、燃油锅炉、燃气锅炉、废热锅炉和太阳能锅炉。

(2)按载热工质不同,可分为蒸汽锅炉和热水锅炉。

(3)按用途不同可分为电站锅炉、工业锅炉和动力锅炉。电站锅炉用在火电厂,用蒸汽驱动汽轮机发电;工业锅炉用于工业生产及采暖;动力锅炉用于驱动蒸汽动力装置。

9.4.1.2 锅炉的组成

锅炉由锅炉本体、锅炉金属钢架及平台楼梯组成。

(1)锅炉本体

锅炉本体是构成锅炉的基本组成部分,包括汽锅、炉子及安装附件。

1)汽锅

锅炉本体中的汽水系统,高温燃烧产物——烟气通过受热面将热量传递给汽锅内温度较低的水,水被加热,生成热水或蒸汽。

2)炉子

炉子是锅炉本体中的燃烧设备,它将燃料的化学能转化为热能。

3)安全附件

安全附件包括安全阀、压力表、水位计、水位报警器等。

①安全阀

蒸发量大于0.5t/h的锅炉至少应安装2个安全阀(不包括省煤器的安全阀),蒸发量小于或等于0.5t/h的锅炉可装1个安全阀。安全阀必须装在锅炉的最高处,应装设直通室外的排气管。

②压力表

a.压力表的最大指示值应为锅炉工作压力的1.5~2倍。工作压力小于2.5MPa的锅炉,压力表的精度不应低于2.5级;工作压力大于2.5MPa时,压力表的精度不应低于1.5级。即锅炉工作压力越高,压力表精度要求越高。

b.压力表每半年至少应校验1次。

c.压力表不允许直接接在锅筒或管道上,应连接表弯(存水弯),表弯与压力表之间装三通旋塞阀即可。表弯的作用是积存蒸汽中的冷凝水,避免蒸汽进入弹簧管内使其过热而失灵。

③水位计

水位计是用来指示锅炉内水位的高低。

(2)金属钢架及平台楼梯

金属钢架及平台楼梯是锅炉的辅助性部分。

9.4.1.3 锅炉的基本参数

(1)蒸发量

指蒸汽锅炉每小时产生的额定蒸汽数量,符号D,单位t/h。

(2)产热量

指热水锅炉每小时的产热量,符号Q,单位kJ/h。

(3)压力

指在锅炉出口处蒸汽或热水的额定表压力,单位为MPa。0.7MPa以上为高压,0.7MPa以下为低压。热水锅炉温度高于115℃为高压,低于115℃为低压。

(4)温度

指锅炉出口处蒸汽或热水的温度。

9.4.1.4　锅炉的型号

工业锅炉的型号由三部分组成,如图9.31所示。

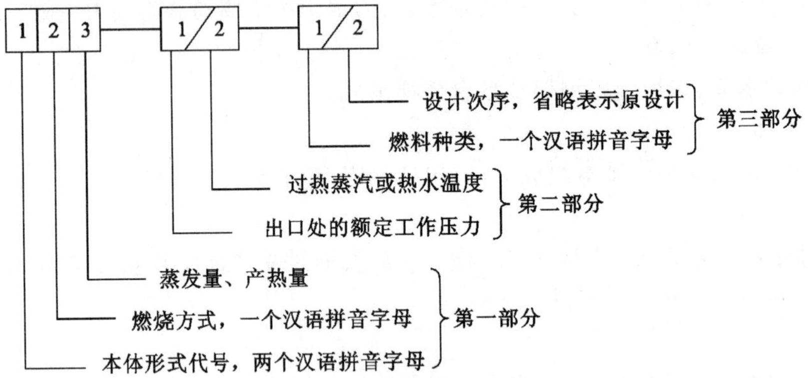

图9.31　工业锅炉的型号

工业锅炉型号各部分的代号含义见表9.10。

表9.10　工业锅炉型号的代号含义

工业锅炉型号表示法(第一部分)					
	第一段(△△)		第二段(△)		第三段(××)
火管锅炉	锅炉本体形式	代号	燃烧方式	代号	阿拉伯数字 ①供汽锅炉:表示蒸发量,单位为吨/小时(t/h)。 ②热水锅炉:表示产热量,单位为大卡/小时(4.186kJ/h)。 ③废热锅炉:表示受热面积单位为米(m)
	立式水管	LS(立、水)	固定炉排	G(固)	
	立式火管	LH(立、火)	活动手摇炉排	H(活)	
	卧式内燃	WN(卧、内)	链条炉排	L(链)	
			抛煤机	P(抛)	
水管锅炉	单锅筒立式	DL(单、立)	倒转炉排 加抛煤机	D(倒)	
	单锅筒纵置式	DZ(单、纵)	振动炉排	Z(振)	
	单锅筒横置式	DH(单、横)	下饲炉排	A(下)	
	双锅筒纵置式	SZ(双、纵)	往复推饲炉排	W(往)	
	双锅筒横置式	SH(双、横)	沸腾炉	F(沸)	
	纵横锅筒式	ZH(纵、横)	半沸腾炉	B(半)	
	强制循环式	QX(强、循)	室燃炉(煤粉)	S(室)	
	快装立式	KL(快、立)	旋风炉 X(旋)		
	快装纵式	KZ(快、纵)			
	快装横式	KH(快、横)			
	快装强制	KQ(快、强)			

续表 9.10

工业锅炉型号表示法(第二部分)	
第一段(××)	第二段(×××)
阿拉伯数字	阿拉伯数字
表示额定工作压力为若干表大气压(工业大气压)	表示过热蒸汽温度或热水温度,生产饱和蒸汽的锅炉无此段,也就无一段与二段之间的斜线

工业锅炉型号表示法(第三部分)		
第一段(△)		第二段(×)
燃料品种	代号	阿拉伯数字
无烟煤	W(无)	表示锅炉设计顺序,如按原型设计无此段,用阿拉伯数字便将顺序编制,即某种锅炉的第几型
贫煤	P(贫)	
烟煤	A(烟)	
劣质烟煤	L(劣)	
褐煤	H(褐)	
油	Y(油)	
气	Q(气)	
木柴	M(木)	
稻糖	D(稻)	
甘蔗渣	G(甘)	
煤矸石	S(石)	

如:SHL10-1.3/350-W 表示双锅筒横置式链条炉排,蒸发量为 10t/h,出口蒸汽压力为 13 表大气压(或 1.3MPa),出口过热蒸汽温度为 350℃,适用于无烟煤,按原型设计制造。

又如:QXS120-8/130/80-Y 表示强制循环式燃热水锅炉,供热量为 120×104kcal/h(502×104kJ/h 或 1396kW),热水出口温度为 130℃、回水温度为 80℃,压力为 8 表大气压(～0.8MPa),燃油,按原型设计制造。

9.4.2　整体式锅炉安装

整体式锅炉安装的特点是在锅炉房施工场地内进行整体吊装,就位于已施工验收的锅炉基础上,找平、找正,连接外部烟、风道,烟囱,汽、水、燃油、燃气管道及上煤、除灰渣系统等,即可进行试车、试运行、投产、供汽。这种安装方法适用于蒸发量不大于 4t/h 的燃煤蒸汽锅炉,热功率不大于 2.8MW 的燃煤热水锅炉,蒸发量不大于 30t/h 的燃油、燃气蒸汽锅炉以及热功率不大于 21MW 的燃油、燃气热水锅炉。上述锅炉属快装锅炉,锅炉出厂时,已将钢结构、受热面、燃烧设备、炉墙等构件和部件组合成一体,并坐落在底盘上。有些燃油、燃气锅炉还将给水泵、控制柜也与锅炉本体设置成一体。此种安装方法的优点是安装简便、速度快、工期短、施工费用低,而且由于制造厂的生产环境、设备条件、检测手段等都优于工地,使锅炉本体质量得到保证。

(1)安装前的准备工作

1)编制施工组织设计

施工组织设计是安装工程的施工总方案,是保质、保量、按期顺利完成安装任务的有效措施。整体式锅炉安装施工组织设计的内容,重点应编制大型设备的吊装和施工现场的运输方案、吊装和运输机具的选择与布置、劳动力的组织和安排等。

2)设备基础验收

由土建单位施工的设备基础达到设计强度后,安装单位应及时组织有关人员进行验收。根据设备图样核对基础各部分尺寸和标高,核对预留孔洞、预埋件尺寸与数量,检查混凝土强度试验检测报告等。

3)基础处理

首先应处理基础的尺寸和标高偏差,根据测定的标高配制垫片;然后进行基础画线,在基础上用墨线画出设备的纵向基准线和横向基准线。

(2)整体式锅炉的水平运输

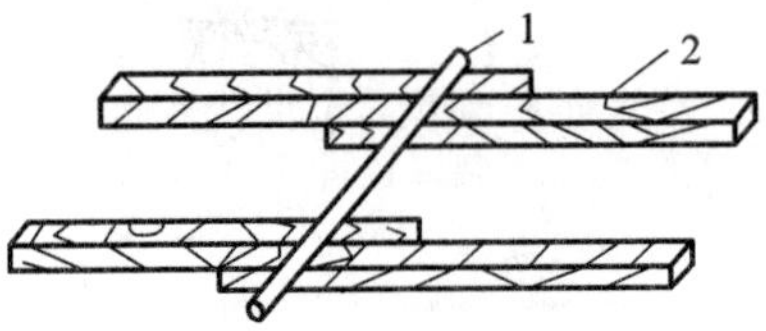

图 9.32 水平运输示意图

1—滚杠;2—道木

整体式锅炉的施工现场运输常采用水平拖运方案,即坐落在底座上的锅炉本体借助位于其下的滚杠在道木上滚动来运输。道木可用一定断面尺寸的枕木沿运输路线分两排纵向铺设在滚杠的下面,如图 9.32 所示。运输时,用卷扬机牵引锅炉底座,也可以用撬杠靠人力撬动锅炉底座,使整体式锅炉沿水平方向移动。

(3)锅炉安装程序

①吊装。用单桅杆起重机、汽车起重机或其他起重设备将整体式锅炉起吊并就位到锅炉基础上,也可以采用上述水平拖运方法,在基础上铺设道木,借助滚杠在道木上滚动将锅炉移动到基础上,再依靠千斤顶降落来就位,按照基础上已经画好的纵向和横向基准线找正,尺寸偏差不大于 5mm。标高找正以锅壳中心线为准,为利于锅炉排污,安装时,锅炉前端应较后端高 50mm,以锅壳中心线的中点标高为设计标高,所以,锅壳中心线的前端标高较设计值高 25mm,而锅壳中心线的后端标高较设计值低 25mm。

②锅壳内部检查。打开前、后烟箱及检查孔,检查烟管、胀口、焊口和焊件,并做好记录。

③安装螺旋出渣机。先将落灰斗固定在锅炉排渣口的法兰盘上,以此定位,再将螺旋出渣机的法兰盘与落灰斗上相对应的法兰盘连接,所有法兰接口处均应加石棉橡胶垫,以防泄漏。

④安装炉排调速装置。炉排调速装置联轴器的轴向、径向允许误差不大于 0.05mm。调速装置的安全离合器应调整到空载试运正常、最佳煤层厚度不跳闸。

⑤安装燃烧器。对于燃油、燃气锅炉,安装前应对燃烧器进行仔细检查,然后将其准确地就位到炉前锅壳上预留的孔洞位置,调整后用螺栓固定。

⑥安装省煤器。以锅炉的纵向和横向基准线为准,在省煤器基础上画出省煤器的纵向和横向中心线;对省煤器进行一次全面检查,然后起吊省煤器就位于基础上,并将标高调整至规定值,连接烟道。省煤器安装后应单独做一次水压试验。

⑦锅炉本体范围内汽水系统、附件安装。安全阀安装前应做水压试验,以检查其强度和严密性;蒸汽锅炉安全阀排气管应接至室外,阀体下部安装冷凝水管,接至排水地沟;热水锅炉安全阀排放管应接至软化水箱。安装快速排污阀应以顺时针方向为开,逆时针方向为关,以利于

操作。快速排污阀应紧靠锅炉本体，紧接着安装截止阀。排污时，先全开快速排污阀，再缓慢开启截止阀；排污结束时，则先关闭截止阀，再关闭快速排污阀。这样操作的目的在于保护快速排污阀，而且一旦截止阀损坏，在不停炉的情况下也可以更换。安装省煤器再循环管，并将其接至软化水箱，这样，在锅炉点火启动和停炉过程中，省煤器内始终有水循环流动，以保护省煤器不被烧坏。

9.4.3　锅炉的试运行及竣工验收

9.4.3.1　锅炉的严密性试验

严密性试验是在热状态下，用锅炉额定工作压力下的蒸汽或水来检查各承压部件和管路的严密性；同时，检查各部件在热状态下的热膨胀情况。

(1)当锅炉压力升至0.3～0.4MPa时，保持此压力，对锅炉范围内的法兰、人孔、手孔和其他连接螺栓进行一次热状态下的紧固。

(2)继续升压至工作压力，检查各人孔、手孔、阀门、法兰、垫料等处的严密性，同时观察锅筒、集箱、管路和支架等的热膨胀情况。

(3)有过热器的蒸汽锅炉，应采用蒸汽吹扫过热器。吹扫时，锅炉压力宜保持在额定工作压力的75%左右，并维持适当的蒸汽流量，吹扫时间不应少于15min。

9.4.3.2　调整安全阀

锅炉在进行严密性试验的同时，应进行安全阀的调整定压工作。

锅炉安全阀的调整定压直接关系到锅炉运行的安全性和经济性。若调整定压过大，则压力超过额定工作压力很多时，安全阀仍不动作，这种在热状态下的超压是很危险的，严重威胁着锅炉受压元件和部件的安全；若调整定压偏小，则压力刚达到或稍稍大于额定工作压力时，安全阀就动作或缓缓地冒汽，这种长期的频繁动作或漏气将影响锅炉的出力和造成汽、水损失，这是很不经济的。因此，一定要认真、精确地做好安全阀的调整定压工作，调整后的安全阀应立即铅封。

(1)蒸汽锅炉安全阀的调整定压

蒸汽锅炉锅筒和过热器的安全阀始启压力的整定应符合表9.11的规定。

表9.11　蒸汽锅炉锅筒和过热器的安全阀始启整定压力

额定蒸汽压力(MPa)	安全阀的整定压力(MPa)
$P\leqslant0.8$	工作压力+0.03
	工作压力+0.05
$0.8<P\leqslant2.5$	1.04倍工作压力
	1.06倍工作压力

注：表中工作压力是指安全阀装设地点的工作压力。

锅炉上必须有一个安全阀按表9.11中较低的始启压力进行整定，对有过热器的锅炉，按较低压力进行整定的安全阀必须是过热器上的安全阀，过热器上的安全阀应先开启，以保护过热器不被烧坏。

(2)热水锅炉安全阀的调整定压

热水锅炉安全阀始启压力的整定应符合表9.12的规定。

表 9.12 热水锅炉安全阀始启整定压力

安全阀的始启压力(MPa)
1.12倍工作压力但不小于工作压力+0.07
1.14倍工作压力但不小于工作压力+0.10

注:①锅炉上必须有一个安全阀按表中较低的始启压力进行整定。
②这里的工作压力是指与安全阀直接连接部件的工作压力。

9.4.3.3 锅炉试运行

锅炉安装各阶段验收合格后,即可进行带负荷试运行。该项工作应由使用单位持有上岗合格证的操作人员上岗操作;安装单位密切配合,负责维护、抢修。试运行时,所有的电气、仪表、自动控制系统和其他辅助系统均应与锅炉一起进行试验。在试运行期间,如发现影响锅炉安全运行的质量缺陷,应立即停止试运行,进行处理。质量缺陷经检修合格后,重新进行锅炉试运行。

整体式锅炉试运行时间为14～24h;散装式锅炉试运行时间为48h。

(1)锅炉试运行前准备工作的内容和要求

①试运行工作是由安装单位和使用单位共同完成的。为保证此项工作顺利进行,应成立试运行指挥机构,统一指挥,统一安排。

②制订锅炉试运行方案,并经上级技术部门审批。

③运行操作室内应布置各系统工艺流程图。

④各岗位操作人员经考试合格,并已取得锅炉安全监督部门颁发的上岗证。

⑤运行现场和设备周围经清理符合生产条件,照明和其他安全措施完好。

(2)锅炉试运行考核

试运行应在锅炉额定工况下进行,即在锅炉额定出力、额定工作压力和温度时对锅炉本体及所有辅助设备和系统进行全面考核。

①考核锅炉在试运行期间能否在额定参数下始终保持额定出力,而且各项运行指标(炉膛及烟气温度、负压烟气成分、蒸汽品质等)正常。

②考核各转动设备的运行工况(运行电流、振动频率、轴承温度、轴承箱油位及冷却水等),应正常。

③考核锅炉各部位的热膨胀情况,特别应注意水冷壁穿出炉墙处的间隙、炉排与侧密封板的间隙、炉排与下集箱的间隙等均应正常;锅壳、锅筒、集箱等膨胀均应正常;炉墙应无裂纹,更不允许有裂缝;每半个小时检查各部位的膨胀指示器1次,并做好记录。

④考核燃烧设备(炉排、抛煤机、流化装置、燃烧器等)的运行工况,应属正常。

⑤考核电气系统,仪表自动控制系统,送、引风系统,输煤系统,排灰渣系统,汽、水系统,排污系统,烟气净化系统,消声系统,燃油(气)供应系统等,均应运行正常且能协调一致工作。

⑥做好试运行记录。对各项运行参数每小时记录1次;对试运行中暴露出的缺陷应做详细记录,留待试运行结束后统一处理。

9.4.3.4 竣工验收

锅炉安装工程是一项要求非常严格的工作,为了保证锅炉的安装质量和安全可靠地运行,必须按照国家有关规范、标准要求对锅炉的安装质量进行验收。锅炉安装质量验收就是对新安装锅炉的工程质量进行检查、评估,并作出相应的结论。

锅炉安装质量验收分为阶段验收和总体验收。所谓阶段验收，是指安装工程进行到某一阶段时进行的定点检验，以便发现问题并得到及时的处理。所谓总体验收，是指在锅炉安装工作全部完成后对锅炉安装工程进行的全面质量检查，并作出能否交工的结论。

锅炉总体验收是在各阶段验收合格的基础上，并经过试运行考核后，由建设单位、施工安装单位、监理单位、设计单位及安全质量监督单位联合组织对新安装的锅炉进行综合性检查。全面检查现场安装设备、管道系统、电气系统、仪表及自动控制系统等的安装质量，检查阶段验收时的实测数据及超差的处理情况，并审查安装施工记录。

锅炉总体验收合格后，安装单位和建设单位应办理工程交接手续。安装单位应向建设单位移交工业锅炉安装工程质量证明书、施工安装有关记录和有关文件、所有安装设备的出厂技术文件和合格证、竣工图等资料。

锅炉安装工程交工后，由建设单位向新安装锅炉所在监督区域内的锅炉检验所申请办理锅炉运行许可证，持证后锅炉方可正式投入运行使用。

思考与练习

9.1 室内热水供应系统由哪几部分构成？热水管道安装有何特点？

9.2 单管采暖系统和双管采暖系统有何区别？

9.3 重力循环热水采暖系统与机械循环热水采暖系统有何区别？

9.4 布置散热器应注意哪些事项？

9.5 简述供暖管道穿墙壁、楼板的做法。

9.6 简述室外供热管道的敷设方法。

9.7 简述锅炉的安装过程。

10 通风空调系统安装

知识目标

本章主要包括：通风空调管道及配件加工常用的材料及加工基本操作技术；风管系统和风管配件的安装技术；通风空调水系统安装技术；风机的安装；分散式制冷设备的安装；通风空调系统试运行。

能力目标

通过本章学习，应着重培养以下能力：

1. 掌握制作通风空调管道及配件的常用材料；

2. 会制作通风空调管道及配件；

3. 掌握包含通风空调管道及配件、水系统、风机、制冷设备等的通风空调系统安装的注意事项和安装方法；

4. 了解通风空调系统试运行。

10.1 通风空调管道及配件的制作

通风工程是指一般送、排风和除尘、排毒工程，空调工程是指一般空调、恒温、恒湿与空气洁净工程。本节将介绍通风空调系统的风管及其配件制作技术。

10.1.1 常用材料

10.1.1.1 金属薄板

金属薄板是制作风管、配件和部件的主要材料，其表面应平整、光滑，有紧密的氧化物薄膜，不能有结疤、划痕、裂缝。板材厚度应一致。通常使用的有普通薄钢板、镀锌钢板、铝合金板、不锈钢板和塑料复合钢板等。

1. 普通薄钢板

普通薄钢板俗称黑铁皮，由碳素钢热轧而成，有良好的机械强度和加工性能，价格比较便宜，在通风工程中使用最为广泛。但其表面易锈蚀，故应在使用前刷油漆防腐。

2. 镀锌钢板

镀锌钢板由普通钢板镀锌后制成，俗称白铁皮，其表面锌层有良好的防腐作用，故一般不再做油漆防腐处理，常用于输送不受酸雾作用的潮湿环境中的通风、空调系统的风管及配件、部件的制作。

3. 铝合金板

铝合金板是以铝为主，加入一种或几种其他元素（如铁、镁、锰等）制成。由于铝的强度低，使其用途受到了限制，而铝合金有足够的强度，单位质量较小，塑性及耐腐蚀性能也很好，易于加工成型，且摩擦时不易产生火花，常用于通风工程中的防爆系统。

4. 不锈钢板

不锈钢板又叫不锈耐酸钢板，在空气、酸性及碱性溶液或其他介质中有较高的化学稳定性，在高温下具有耐酸碱腐蚀能力，因而多用于化学工业中输送含有腐蚀性气体的通风系统。不锈钢的钢号较多，其用途也各不相同，施工时应按设计要求选用。

5. 塑料复合钢板

塑料复合钢板是在普通钢板表面喷涂一层 0.2～0.4mm 厚的塑料层。这种复合钢板强度大，耐腐蚀，常用于防尘要求较高的空调系统和温度在 －10～70℃ 的耐腐蚀系统的风管制作。

10.1.1.2　非金属风道材料

1. 硬聚氯乙烯板

硬聚氯乙烯板又称硬塑料板，是由硬聚氯乙烯树脂加稳定剂和增塑剂热压加工而成。它在普通酸类、碱类和盐类作用下，有良好的化学稳定性，有一定的机械强度、弹性和良好的耐腐蚀性，便于加工成型，在通风风管、部件和风机制造中，得到较广泛应用。

2. 玻璃钢

目前，在通风与空调工程中，用耐酸(耐碱)合成树脂和玻璃布粘结压制而成的有机玻璃钢风管已得到广泛应用。其显著特点是具有良好的耐酸碱腐蚀性能，且不同规格的风管和法兰一道，可在工厂中加工成整体管段，极大地加快了施工安装速度。近年来，用硅藻土等无机材料和粘合剂制作的无机玻璃钢风管已经问世，其耐火、耐腐蚀性能也很突出，应用前景广阔。

3. 其他风道材料

在风道制作中，可因地制宜、就地取材，采用砖、混凝土、矿渣石膏板、木丝板等材料做成不同材质的非金属风道。

10.1.1.3　各种型钢

通风与空调工程使用大量角钢、扁钢、圆钢及槽钢等型钢材料，制作风管法兰、支(吊)架和风管部件。

10.1.1.4　辅助材料

1. 垫料

(1)石棉绳

石棉绳由矿物石棉纤维加工编织而成，一般直径为 3～5mm，用作输送介质温度高于 70℃ 的空气及烟气的风管法兰垫料。

(2)石棉橡胶板

石棉橡胶板由石棉纤维和橡胶等材料合成加工制成，常用厚度为 3～5mm，多用作输送高温气体风管的垫料。

(3)橡胶板

橡胶板具有良好的弹性，多用于严密性要求较高的防尘或空调系统的垫料。

(4)软聚氯乙烯塑料板

软聚氯乙烯塑料板具有良好的弹性和耐腐蚀性，适用于含有腐蚀性气体风管的垫料。

(5)闭孔海绵橡胶板

闭孔海绵橡胶板是一种新型垫料，其表面光滑，内部有空隙，弹性良好，最适合作输送产生凝结水或含有蒸汽的湿空气风管的垫料。

2.螺栓、螺母及铆钉

螺栓、螺母及铆钉用于通风与空调系统中支、吊架的安装及风管法兰的连接。螺栓用“直径×长度”表示，其中长度指螺栓杆净长度，常用的六角螺栓有通丝和半丝之分。螺母用直径表示。使用中，螺母规格应与螺栓规格相配套。

铆钉有半圆头、平头和抽芯铆钉三种，用于板材与板材、风管或配件与法兰之间的连接。

抽芯铆钉又叫拉拔铆钉，由防锈铝合金与钢丝制成。使用时用拉铆枪抽出钢钉，铝合金即自行膨胀，形成肩胛，将材料紧密铆接牢固。使用这种铆钉施工方便，工效很高，并可消除手工敲打噪声。

10.1.1.5 消耗材料

消耗材料指施工过程中必须使用，但施工后又无其形象存在(未构成工程实体)的材料。如切割、焊接用的氧气、乙炔气；风管法兰加热摵制时用的焦炭、木柴；施工用锯条、破布；锡焊时用的木炭、焊锡、盐酸等材料。

10.1.2 风管加工的基本操作技术

1.画线

用金属薄板加工制作风管时，用几何作图的基本方法在板面上画出各种线段和加工件的展开图形，是首要操作工序。经常画的线有直线及其平行线、直角线、各种角度的分角线、圆等。有关直线的等分、角的等分、圆的等分等几何作图方法必须熟练掌握。

常用的画线工具有以下几种：

(1)钢板尺 钢板尺用不锈钢板制成，其长度有150、300、600、900、1000(mm)几种，尺面上刻有公制长度单位。用于量测直线长度和画直线。

(2)角尺 角尺即直角尺，用薄钢板或不锈钢板制成，用于画垂直线或平行线，并可作为检测两平面是否垂直的量具。

(3)圆规 划规用于画较小的圆、圆弧，截取等长线段等；地规用于画较大的圆。划规和地规的尖端应经淬火处理，以保持坚硬和经久耐用。

(4)量角器 用于量测和划分各种角度。

(5)划针 一般由中碳钢制成，用于在板材上画出清晰的线痕。划针的尖部应细而硬。

(6)样冲 样冲多为高碳钢制成，尖端磨成60°角，用来在金属板面上冲点，为圆规画圆或画弧定心，或作为钻孔时的中心点。

(7)曲线板 曲线板用于连接曲面上的各个截取点，画出曲线或弧线。

2.剪切

金属薄板的剪切就是按画线的形状进行裁剪下料。剪切前必须对所画出的剪切线进行仔细的复核，避免下料错误造成材料浪费。剪切时应对准画线，做到剪切位置准确，切口整齐，即直线平直，曲线圆滑。

剪切分为手工剪切和机械剪切。

(1)手工剪切

手工剪切常用的工具有直剪刀、弯剪刀和手动滚轮剪刀等，可依板材厚度及剪切图形情况适当选用。剪切厚度在 1.2mm 以下。

手工剪切是常用的剪切方法，是基本操作技术之一，应熟练掌握。但劳动强度大。

(2)机械剪切

用机械剪切金属板材可成倍地提高工作效率，且切口质量较好。常用的剪切机械有：

①龙门剪板机(图 10.1)：适用于板材的直线剪切，剪切宽度为 2000mm，厚度为 4mm。龙门剪板机由电动机通过皮带轮和齿轮减速，经离合器动作，由偏心连杆带动滑动刀架上的刀片和固定在床身上的下刀片进行剪切。当剪切大批量规格相同的板材时，可不必画线，只要把床身后面的可调挡板调至所需要的尺寸，板材靠紧挡板就可进行剪切。

②振动式曲线剪板机(图 10.2)：适于剪切厚度为 2mm 以内的曲线板材。该机能在板材中间直接剪切内圆(孔)，也能剪切直线，但效率较低。它由电动机通过皮带轮带动传动轴旋转，使传动轴端部的偏心轴及连杆带动滑块作上下往复运动，用固定在滑块上的上刀片和固定在床身上的下刀片进行剪切。该机刀片小，运动速度快，剪切曲线板材最为方便。

图 10.1 龙门剪板机

图 10.2 振动式曲线剪板机

③双轮直线剪板机(图 10.3)：适用于剪切厚度在 2mm 以内的板材，可做直线和曲线剪切。使用范围较广，操作也较灵活，人工操作时手和圆盘刀应保持一定距离，防止发生安全事故。

使用机械进行板材剪切时，剪切厚度不得超过剪床规定厚度，以免损坏机械。剪床应定期检查保养。

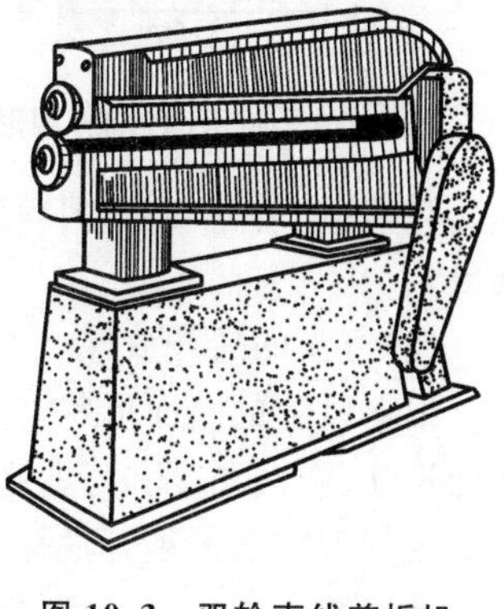

图 10.3 双轮直线剪板机

3. 放样

放样是按 1∶1的比例将风管及管件、配件的展开图形画在板材表面上，以作为下料的剪切线。放样是基本操作技术，必须熟练掌握。

(1)直风管的展开放样

直风管有圆形和矩形两种。

①圆形直风管的展开

圆形直风管的展开图是一个矩形，其一边长为 πD，另一边长为 L，其中 D 是圆形风管外径，L 是风管的长度，如图 10.4 所示。为了保证风管的加工质量，放样展开时，矩形展开图的四个角必须垂直，对画出的图样可用对角线法进行校验。当风管采用咬口卷合时，还应在图样的外轮廓线外再按板厚画出咬口留量，如图中虚线所示的 M 值。当风管间采用法兰连接时，还应画出风管的翻边量，如图中虚线所示的 10mm 值(法兰连接的风管端部翻边量一般为 10mm)。

②矩形直风管的展开

矩形直风管的展开图也是一个矩形，其一边长度为 $2(A+B)$，另一边为风管长度 L，如图 10.5 所示。放样画线时，对咬口折合的风管，同样按板材厚度画出咬口留量 M 及法兰连接时的翻边量。

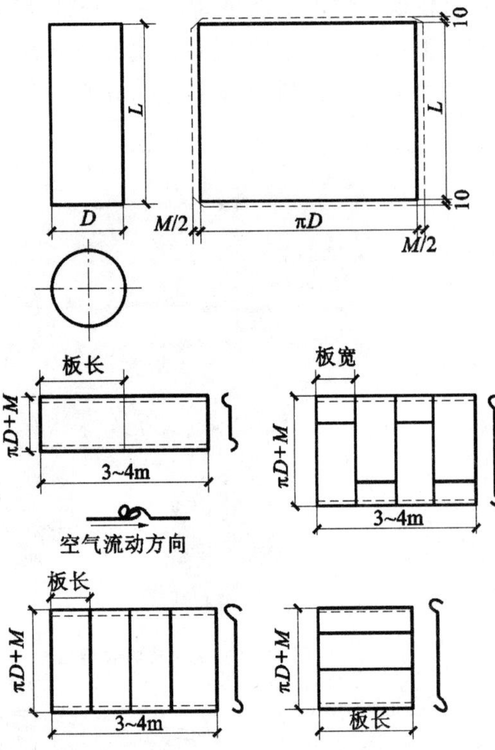

图 10.4　圆形直风管的展开

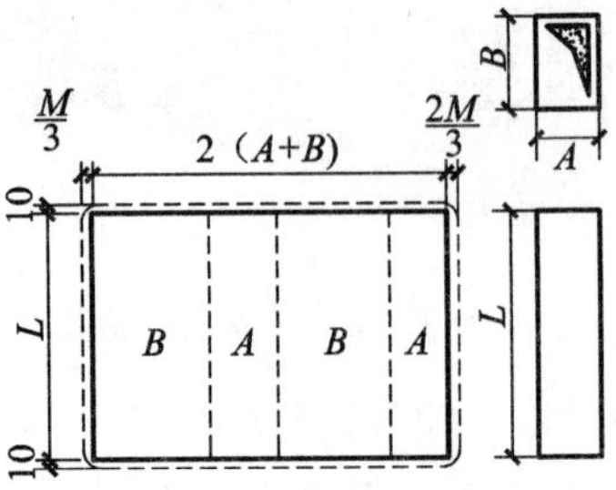

图 10.5　矩形直风管的展开

对画出的展开图必须经尺规检验，使矩形图样的四个角垂直，以避免风管折合时出现扭曲现象。

(2)弯头的展开放样

根据风管的断面形状，弯头有圆形弯头和矩形弯头两种。弯头的尺寸主要取决于风管的断面尺寸、弯曲角度和弯曲半径。

①圆形弯头的展开放样

圆形弯头俗称虾米腰，它由两个端节和若干个中间节组成，端节为中间节的一半。弯曲半径应满足工程需要，且使流动阻力不能太大，加工时省工省料。圆形弯头的弯曲半径和最少节数应符合表 10.1 的规定。

表 10.1 圆形弯头的弯曲半径和最少节数

弯管直径 D (mm)	弯曲半径 R (mm)	弯曲角度及最少节数							
		90°		60°		45°		30°	
		中节	端节	中节	端节	中节	端节	中节	端节
80～220	≥1.5D	2	2	1	2	1	2		2
220～450	(1～1.5)D	3	2	2	2	1	2		2
450～800	(1～1.5)D	4	2	2	2	1	2	1	2
800～1400	D	5	2	3	2	2	2	1	2
1400～2000	D	8	2	5	2	3	2	2	2

圆形弯管的展开采用平行线展开法。已知弯管直径，查表 10.1 确定弯管弯曲半径及最少节数，画出弯管立面图，如图 10.6 所示。如弯管直径 $D=320$mm，弯曲半径为 $R=1.5D=480$mm，由 3 个中节，2 个端节组成。放样展开时，先将垂直线夹角四等分，过等分线与内外圆弧线的交点分别作切线，内外弧上各切线交点的连线即为各节间的连接线（如 DC），图中的粗线即弯管的立面图。中间节的展开图，只要用平行线法将端节展开，取 2 倍的端节展开图，就可得到。

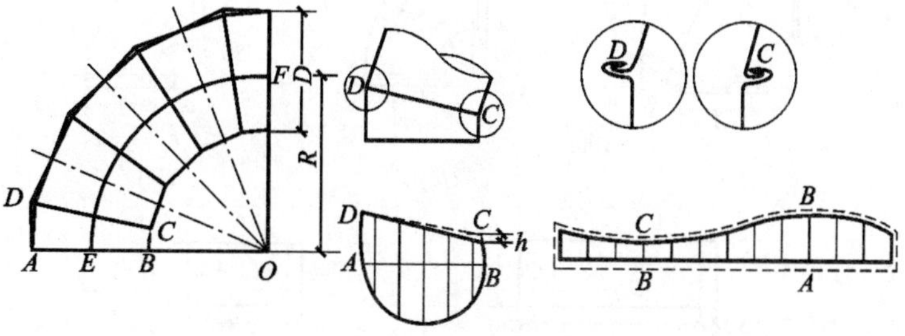

图 10.6 圆形弯管的展开

考虑到弯管咬口连接时，外侧咬口（背部）容易打紧，而内侧咬口（腹部）不易打紧的实际操作困难，画线时应将腹部尺寸减去 2mm，这样加工后的弯管将避免出现小于 90°的现象。

画好的端节、中间节展开图，均应加上咬口留量（对端节直线一侧的展开应加法兰翻边留量）后，剪下即可作为下料的样板。下料画线时，应合理用料，减少剪切工作量，常用的方法是套剪，如图 10.7 所示。套剪画线时，如样板已留出一个咬口宽度，则在端节（或中间节）的另一侧还应再留一个咬口宽度。

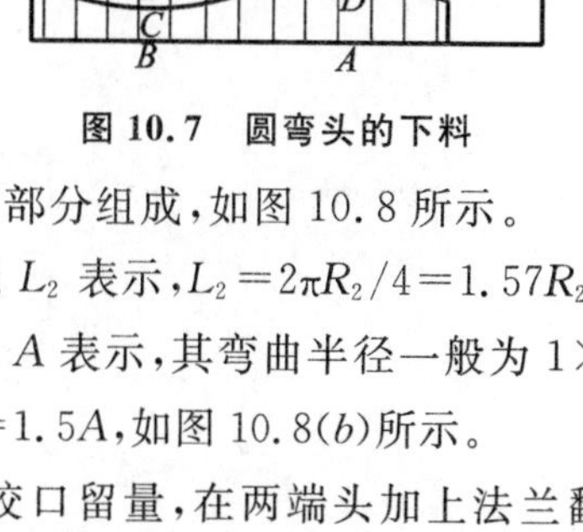

图 10.7 圆弯头的下料

②矩形弯头的展开放样

常用的矩形弯头有内弧形矩形弯头、内外弧形矩形弯头、内斜线矩形弯头。它们主要由两块侧壁、弯头背、弯头里四部分组成，如图 10.8 所示。

对于内外弧形矩形弯头，弯头背宽度以 B 表示，展开长度以 L_2 表示，$L_2=2\pi R_2/4=1.57R_2$；弯头里宽度为 B，展开长度 $L_1=2\pi R_1/4=1.57R_1$。侧壁宽度以 A 表示，其弯曲半径一般为 $1\times A$，则弯头里的弯曲半径为 $R_1=0.5A$，弯头背的弯曲半径为 $R_2=1.5A$，如图 10.8(b)所示。

画线时先用 R_1、R_2 展开侧壁，并应在两弧线侧加上单边咬口留量，在两端头加上法兰翻边量。用弯头背及弯头里的计算展开长度画线，同样应加上咬口留量（应为单边咬口留量的 2

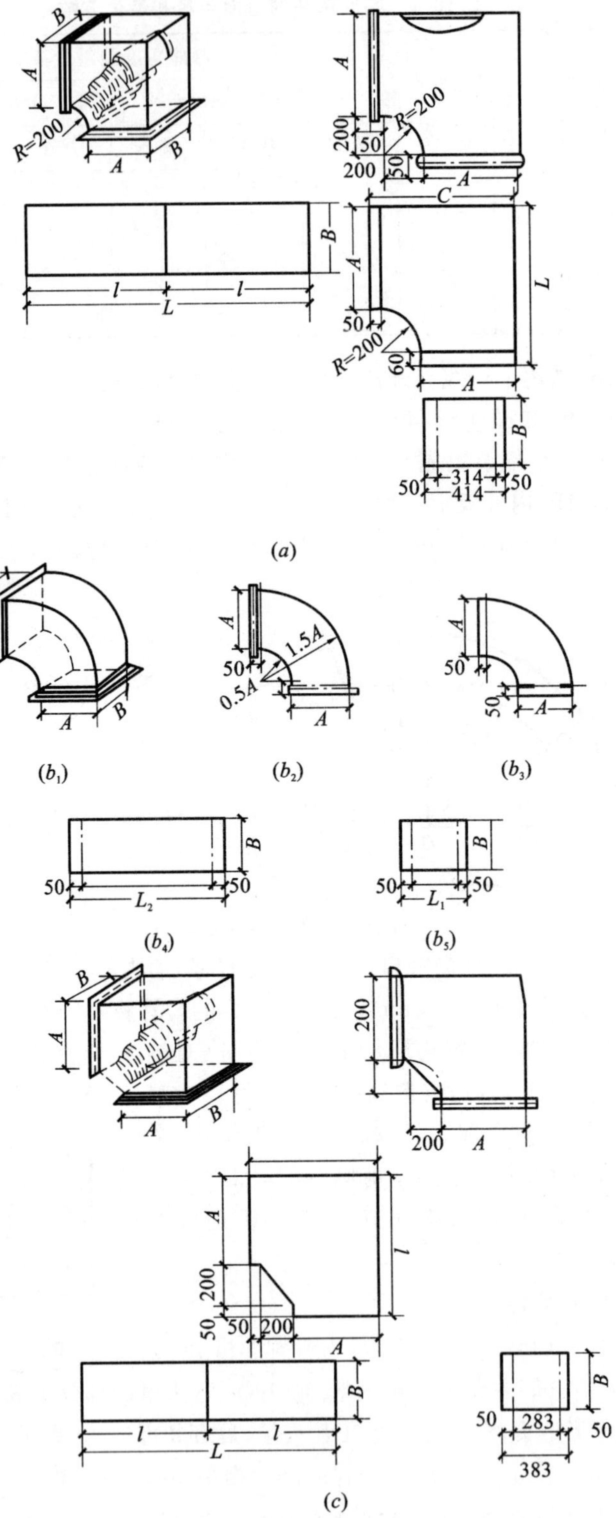

图 10.8 矩形弯头的展开

(a)内弧形矩形弯头；(b)内外弧形矩形弯头；(c)内斜线矩形弯头

倍)及法兰翻边留量。

对于内弧形矩形弯头,一般取内圆弧半径 $R=200\text{mm}$,则弯头里展开长度 $L_1=1.57R=1.57\times200=314\text{mm}$,弯头背展开长度 $L_2=2A+2R=2A+400\text{mm}$,其宽度均为 B。画线时按上述尺寸展开画线,并应加上咬口留量及法兰翻边量。

(3)三通的展开放样

三通有圆形和矩形两种。三通由主管和支管两部分组成,且按主管与支管的夹角情况不同,分为斜三通、正三通、Y 形三通等,可根据工程情况选用。

①圆形斜三通的展开放样(图 10.9)

根据主管大口直径 D,小口直径 D_1,支管直径 d,三通高 H 及主管与支管轴线的夹角 α,先画出三通立面图。在一般通风系统中 $\alpha=25°\sim30°$,除尘系统中 $\alpha=15°\sim20°$。主管和支管边缘之间的距离 δ 应能保证安装法兰时便于操作,一般取 $\delta=80\sim100\text{mm}$。

主管部分展开时,先作主管的立面图,在上下口径上各作辅助半圆并分成 6 等份,按顺序编上相应序号,并画出相应的外形素线。把主管先看作大小口径相差较小的圆形异径管,据此画出扇形展开图,并编上序号。在扇形展开图上截取 7—K,使之等于立面图上 7—K,截取 6—M_1、5—N_1、4—4′,分别使之等于立面图上的上口、下口半圆等分点连接线与支管相贯斜线交点的实长线,将各截线交 KM_1N_14' 连成圆滑的曲线,两侧对称,则得主管部分的展开图。

支管部分的展开图画法基本上和主管部分展开图画法相同,参见图 10.9(d)所示图形。

三通展开图画好后,应在法兰连接部分加法兰翻边留量。咬口连接时,主管与支管咬接部

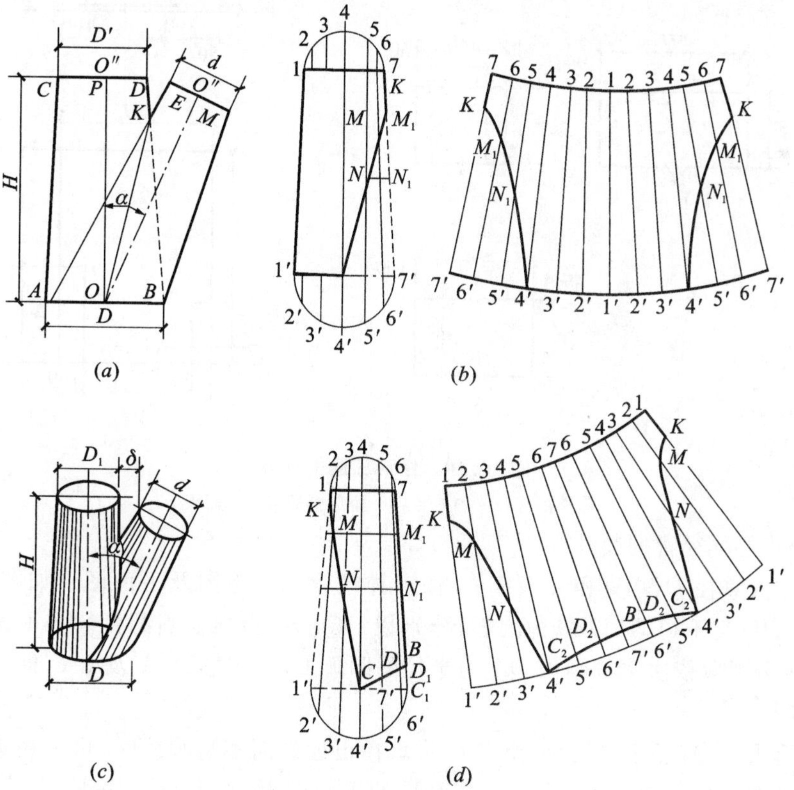

图 10.9 圆形斜三通的展开

(a)三通的侧面图;(b)三通主管的展开;(c)圆形三通示意图;(d)三通支管展开

分应加咬口留量。

②矩形三通的展开(图 10.10)

矩形整体三通由平侧板、斜侧板、角形侧板和两块平面板组成。展开时,先在矩形三通规格表中查出 A_1、A_2、A_3、B、H 等标准尺寸,再画出各部分的展开图。平侧板为一矩形,如图 10.10 中的 1;斜侧板和角形侧板也为矩形,但必须在展开图中画出折线,便于加工时拆压成型,如图 10.10 中的 2、3;两块平面板的尺寸是相同的,只画出一块即可,如图 10.10 中的 4。

三通各部分展开图画好后,应在法兰连接部分加翻边留量,咬口连接时加咬口留量。

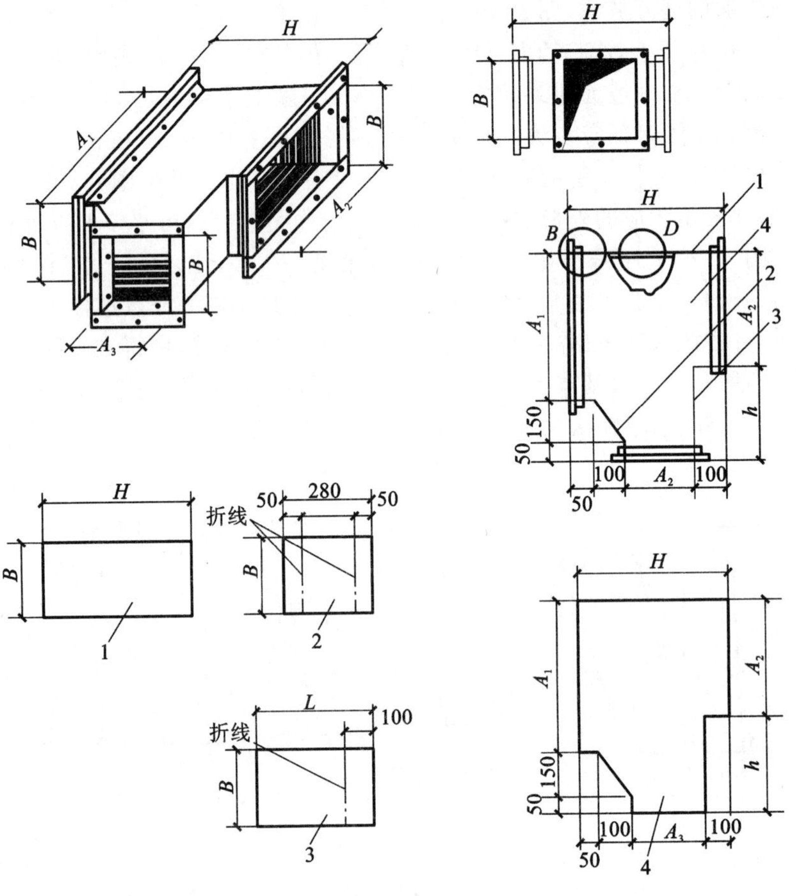

图 10.10 矩形三通的展开

1—平侧板;2—斜侧板;3—角形侧板;4—平面板

(4)圆形正心异径管的展开

根据已知大直径 D、小直径 d 及高 h,作出异径管的立面图及平面图。如图 10.11(a)所示,延长 AC、BD 交于 O 点,以 O 为圆心,分别以 OC、OA 为半径画圆弧。将平面图上的大圆 12 等分,把等分弧段依次丈量到以 OA 为半径的圆弧上,则图形 $A''A'$ 及 $C''C'$ 即为圆形正心异径管的展开图。

当异径管大、小直径相差很小,交点 O 将落在很远处而不易画线时,可采用近似的样板法作异径管展开图。如图 10.11(b)所示,在画出的平面图上,把大小圆均作 12 等分,以异径管 $\pi D/12$、$\pi d/12$ 作出分样图(样板),用小样板在薄板上依次画出 12 块,最后将上下各端点连成 πD、πd 圆弧,并经复核修正以减少误差,则得异径管的展开图。

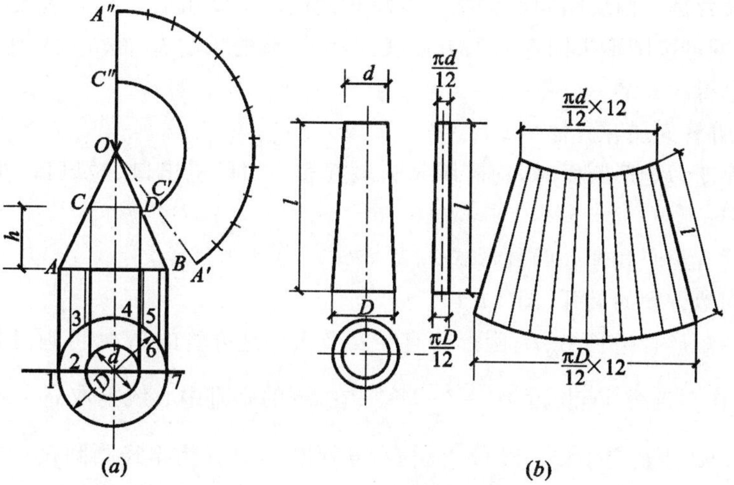

图 10.11 圆形正心异径管的展开

(a)几何作图法展开;(b)样板法展开

(5)来回弯管的展开放样

来回弯管由两个小于 90°的弯头组成,有圆形来回弯和矩形来回弯两种常用形式,其展开方法与弯头的展开方法相同。

①圆形来回弯管的展开(图 10.12)

如以 L 表示来回弯长度,h 表示偏心距。放样时先画出矩形 $ABCD$,使 $BD=h$,$CD=L$。连接 AD 并求出中点 M,分别作 AM、DM 的垂直平分线,与 DB 的延长线交于 O 点,与 AC 的延长线交于 O_1 点,O 和 O_1 点就是来回弯管中心角的顶点,按已知风管直径,分别以 A、D 两点为中点,按风管半径截取得 1、2、3、4 点,再分别以 O 及 O_1 为圆心,以 $O3$、$O4$、O_11、O_12 为半径画弧并相接,即得来回弯管的立面图。连接 OO_1 两点,把来回弯管分成两个角度相同的弯头,然后按圆形弯头的展开方法再进行分节展开。两弯头相连接处的端节画线时要画成一块,即不要把图中的 MN 线剪开,以免加工时多一道咬口,浪费人工及影响美观。

②矩形来回弯管的展开(图 10.13)

图 10.12 圆形来回弯管的展开

图 10.13 矩形来回弯管的展开

矩形来回弯管是由两块相同的侧壁和两块相同的上下壁组成。其立面图的画法与圆形来回弯管相同，侧壁可按圆形来回弯管的方法展开，上下壁的长度 L_1 是立面图上的弧线长度，可用钢卷尺围绕量得。

(6)天圆地方管的展开放样

凡圆形断面变为矩形断面时，均需用天圆地方管。如风机出口、送风口、排气罩等与圆形风管的连接处。

天圆地方管有正心和偏心两种形式。

①正心天圆地方管的展开(图 10.14)

根据已知的矩形管边长 A、B，圆形管直径 d 及天圆地方管的高 h，可画出其平面图及立面图。展开时，先作一直线 ab，长度为$\frac{2(A+B)}{\pi}$；在 ab 的垂直中心线上取高 h，作 cd，长度为圆管直径 d；连 ac、bd 使其交于 O。以 O 为圆心，分别以 Oc、Oa 为半径画圆弧。在大圆弧上依次截取 $A/2$、B、A、B、$A/2$ 得点 1、2、3、4、5、6，连接 $O1$、$O6$，与小圆弧相交于 7、8 两点，则内弧$\overset{\frown}{78}$为上口圆管的展开线。将$\overset{\frown}{78}$四等分，自各等分点与大圆弧上 2、3、4、5 点作连线，则得天圆地方管的折边线，连大圆弧上的 1、2、3、4、5、6 点间的直线，则得天圆地方管矩形管的展开图的一半。

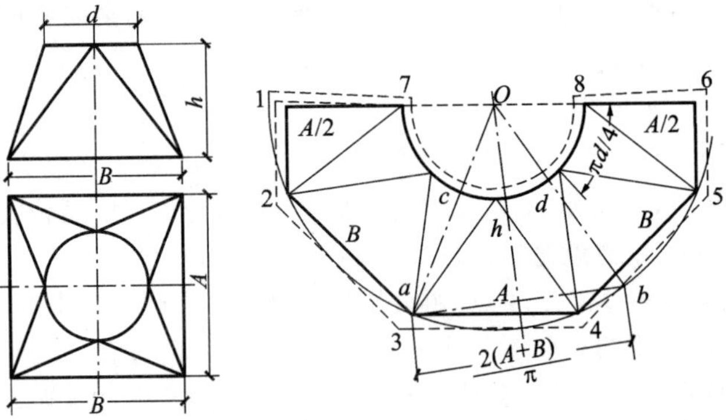

图 10.14 正心天圆地方管的展开

当两个半个天圆地方展开图需用咬口连接时，咬合处应加咬口留量；上下口与法兰嵌接时，应加上法兰翻边留量。

②偏心天圆地方管的展开(图 10.15)

根据已知圆口直径 D，矩形口边长、高度 h 及偏心距，画出偏心天圆地方管平面图及立面图，如图 10.15(a)、(b)所示。在平面图上将半圆 6 等分，编上序号 1～7，并把各等分点和矩形底边的 $EABF$ 连接起来。

利用已知直角三角形两垂直边可求得斜边长的方法，以高 h 为共用直角边，求表面各线的实长，如图 10.15(c)所示。如以 h、平面图上 E-1 为两直角边可得实长线 E-1，以 h、平面图上 A-1 为两直角边，可得实长线 A-1 等。

最后画展开图。利用三直线之长作三角形的方法，将各实长线组成的三角形画在薄板上。如先作 EA、$E1$ 垂直线，以 1 为圆心，以平面图上 1-2 为半径画弧，以 A 为圆心，以实长线 A-2 为半径画弧，使两弧交于 2。以 2 为圆心，以平面图上 2-3 为半径画弧，以 A 为圆心，以实长线 A-3 为半径画弧，两弧交于 3。以 3、A 为圆心，分别以 3-4、A-4 为半径画弧可交于 4。以 4、A 为圆心，分别以 B-4 实长线及平面图上的 AB 为半径画弧，可相交得 B 点，以下以 B 为共同圆

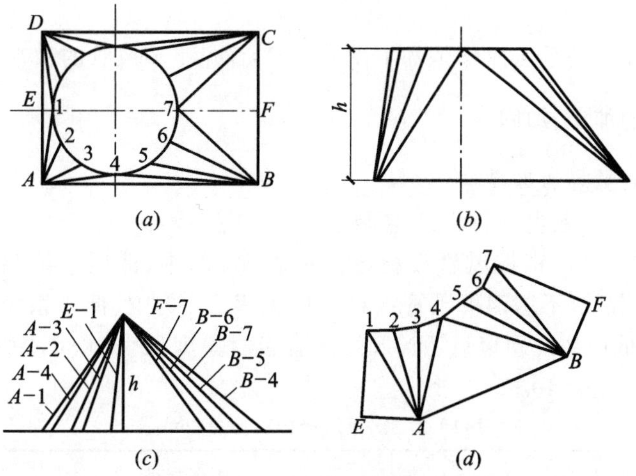

图 10.15 偏心天圆地方管的展开

心,可将 4BF7 展开图画出,其方法同上。依次连接 1234567 及 1EABF7 各点,即得偏心天圆地方管展开图对称图形的一半。图中 A-1、B-7 等各实长线即为加工时的折线。如两对称展开图用咬接方式连成天圆地方管时,应在 E-1、F-7 线外加上咬口留量。

4. 放样折方和卷圆

折方用于矩形风管和配件的直角成型。有手工折方和机械折方两种方法。

手工折方也是咬口连接的基本操作,适用于厚度为 0.5～0.75mm 钢板的加工。折方时,先将钢板放在方垫铁上(槽钢),使折方线(或咬口留量线)和槽钢边对齐,然后用硬木板将其拍打成直角棱角,最后敲打上部和侧面修整,使直角棱角平整。手动扳边机如图 10.16 所示。

卷圆用于圆形风管及配件的成型,是将下料的平板卷成圆形后,再闭合连接。卷圆有手工和机械卷圆两种方法。

手工卷圆适用于钢板厚度在 1mm 以内的加工。卷圆时先将钢板打出咬口边,再在圆管上压弯,卷接成近似圆形,使其咬接后再用硬木尺在圆管垫铁上均匀敲打找正,使圆周弧均匀一致,最后形成正圆。机械卷圆适用于钢板厚度在 2mm 以内,板宽 2000mm 以内的板材卷圆,是在由电动机带动的卷圆机上进行,如图 10.17 所示。

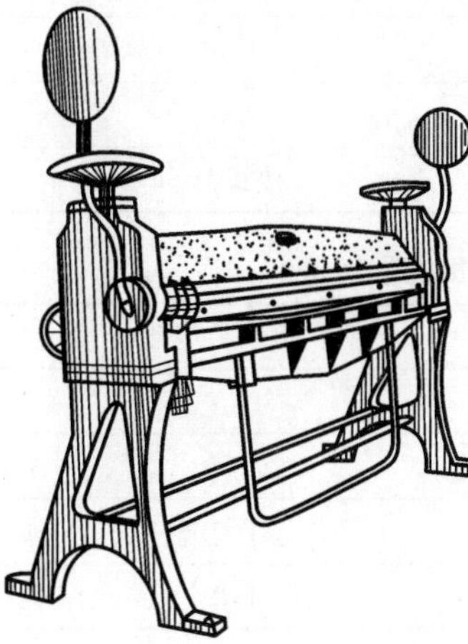

图 10.16 手动扳边机

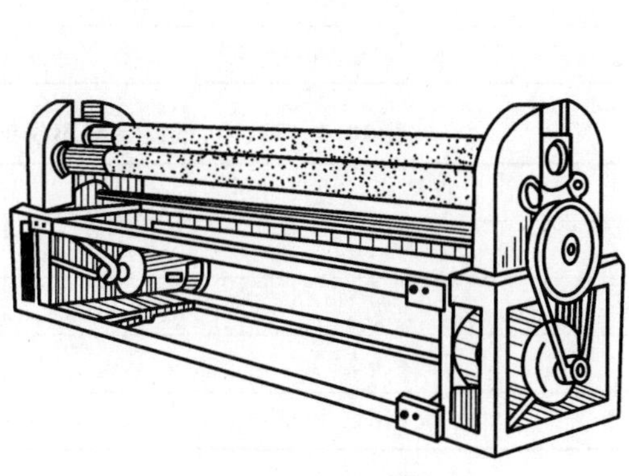

图 10.17 卷圆机

5. 咬口

各种不同形式咬口的手工操作是基本操作技术，详见下节风管的加工与加固。

10.1.3 风管的加工、加固

10.1.3.1 风管壁厚的选择

在一般送排风工程、除尘和排毒及空调系统中，可按设计要求选用板材及相应板材的厚度。当设计无明确规定时，钢板风管板材厚度见表10.2，中、低压系统铝板风管板材厚度见表10.3，高、中、低压系统不锈钢板风管板材厚度见表10.4，中、低压系统有机玻璃风管板材厚度见表10.5，中、低压系统硬聚氯乙烯圆形风管板材厚度见表10.6，中、低压系统硬聚氯乙烯矩形风管板材厚度见表10.7。

表10.2 钢板风管板材厚度(mm)

类别 风管直径 D 或长边尺寸 b	圆形风管	矩形风管		除尘系统风管
		中、低压系统	高压系统	
$D(b)\leqslant320$	0.5	0.5	0.75	1.5
$320<D(b)\leqslant450$	0.6	0.6	0.75	1.5
$450<D(b)\leqslant630$	0.75	0.6	0.75	2.0
$630<D(b)\leqslant1000$	0.75	0.75	1.0	2.0
$1000<D(b)\leqslant1250$	1.0	1.0	1.0	2.0
$1250<D(b)\leqslant2000$	1.2	1.0	1.2	按设计
$2000<D(b)\leqslant4000$	按设计	1.2	按设计	

注：①螺旋风管的钢板厚度可适当减小10%～15%。
②排风系统风管钢板厚度可按高压系统确定。
③特殊除尘系统风管钢板厚度应符合设计要求。
④不适用于地下人防与防火隔墙的预埋管。

表10.3 中、低压系统铝板风管板材厚度(mm)

风管直径或长边尺寸 b	铝板厚度
$b\leqslant320$	1.0
$320<b\leqslant630$	1.5
$630<b\leqslant2000$	2.0
$2000<b\leqslant4000$	按设计

表10.4 高、中、低压系统不锈钢板风管板材厚度(mm)

风管直径或长边尺寸 b	不锈钢板厚度
$b\leqslant500$	0.5
$500<b\leqslant1120$	0.75
$1120<b\leqslant2000$	1.0
$2000<b\leqslant4000$	1.2

表 10.5 中、低压系统有机玻璃风管板材厚度(mm)

圆形风管直径 D 或矩形风管长边尺寸 b	壁厚	圆形风管直径 D 或矩形风管长边尺寸 b	壁厚
$D(b)\leqslant 200$	2.5	$D(b)\leqslant 300$	2.5～3.5
$200<D(b)\leqslant 400$	3.2	$300<D(b)\leqslant 500$	3.5～4.5
$400<D(b)\leqslant 630$	4.0	$500<D(b)\leqslant 1000$	4.5～5.5
$630<D(b)\leqslant 1000$	4.8	$1000<D(b)\leqslant 1500$	5.5～6.5
$1000<D(b)\leqslant 2000$	6.2	$1500<D(b)\leqslant 2000$	6.5～7.5
$D(b)\geqslant 2000$	7.5～8.5		

表 10.6 中、低压系统硬聚氯乙烯圆形风管板材厚度(mm)

风管直径 D	铝板厚度
$D\leqslant 320$	3.0
$320<D\leqslant 630$	4.0
$630<D\leqslant 1000$	5.0
$1000<D\leqslant 2000$	6.0

表 10.7 中、低压系统硬聚氯乙烯矩形风管板材厚度(mm)

长边尺寸 b	不锈钢板厚度
$b\leqslant 320$	3.0
$320<b\leqslant 500$	4.0
$500<b\leqslant 800$	5.0
$800<b\leqslant 1250$	6.0
$1250<b\leqslant 2000$	8.0

10.1.3.2 风管及配件的对口连接

1.金属风管及配件的对口连接

用金属薄板制作风管及配件时，常用咬口、铆接和焊接等方法进行对口连接。连接有拼接、闭合接和延长接三种情况。拼接是将两张钢板的板边相接以增大面积；闭合接是将钢板材卷制成风管或配件时对口缝的连接；延长接是把一段段风管连接成管路系统。

(1)咬口连接

咬口连接是把需要相互结合的两个板边折成能互相咬合的各种钩形，钩接后压紧折边。这种连接方法不需要其他材料，适用于厚度 $\delta\leqslant 1.2$mm 的薄钢板、厚度 $\delta\leqslant 1.0$mm 的不锈钢板和厚度 $\delta\leqslant 1.2$mm 的铝板。其咬口形式有单平咬口、单立咬口、转角咬口、联合角咬口和按扣式咬口等，如图 10.18 所示。

①单平咬口：用于板材的拼接缝和圆形风管纵向的闭合缝，以及严密性要求不高的制品接缝。

②单立咬口：用于圆形风管端头环向接缝，如圆形弯头、圆形来回弯各管节间的接缝。

③转角咬口：用于矩形风管及配件的纵向接缝和矩形弯管、三通的转角缝连接。

④联合角咬口：也叫包角咬口，咬口缝处于矩形管角边上，用途同转角咬口。应用于有曲

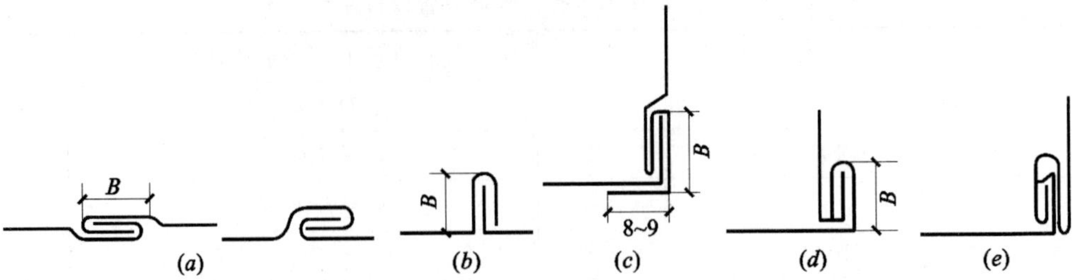

图 10.18 各种咬口形式

(*a*)单平咬口;(*b*)单立咬口;(*c*)转角咬口;(*d*)联合角咬口;(*e*)按扣式咬口

率的矩形弯管的角缝连接更为合适。

⑤按扣式咬口:适用于矩形风管和配件的转角闭合缝。在加工时,一侧的板边加工成有凸扣的插口,另一侧板边加工成折边带有倒钩状的承口,安装时将插口插入承口即可组合成接缝。这种咬口的特点是咬合紧密,运行可靠。

风管和配件的咬口宽度和板材厚度有关,单平咬口、单立咬口折边尺寸应符合表 10.8 的规定。

表 10.8 单平咬口、单立咬口折边尺寸(mm)

咬口形式	咬口宽度	折边尺寸		咬口形式	咬口宽度	折边尺寸	
		第一块钢板	第二块钢板			第一块钢板	第二块钢板
单平咬口	8	7	14	单立咬口	8	7	6
	10	8	17		10	8	7
	12	10	20		12	10	8

画线时咬口留量的大小与咬口宽度 B、重叠层数及使用的机械有关。一般对于单平咬口、单立咬口和转角咬口,在一块板上的咬口留量等于咬口宽度 B,在与其咬合的另一块板上,咬口留量为 2 倍的咬口宽度 B。对于联合角咬口,一块板上的咬口留量为咬口宽度 B,另一块板上为 3 倍的咬口宽度 B。

手工咬口使用的工具有:硬木拍板,用来平整板料,拍打咬口,其尺寸为 45mm×35mm×450mm;硬质木锤,用来打紧打实咬口;钢制小方锤,用来碾打圆形风管单立咬口或咬口合缝以修整;工作台上设置固定的槽钢,作为折方或拍打的垫铁,垫铁必须平直,保持棱角锋利:利用固定在工作台上的圆管,作为卷圆和修整圆弧的垫铁;此外还有手持垫铁及咬口套,咬口套用来压平咬口或控制咬口宽度。

咬口加工过程是折边(折方)、折边套合及咬口压实。折边的质量应能保证咬口的平整、严密及牢固,所以要求折边宽度一致,既平且直,否则咬口就扣挂不上,或压实时出现半咬口和张裂现象。折边宽度应稍小于咬口宽度,因为压实时一部分咬口留量将变为咬口宽度。当咬口宽度为 6～8mm 时,折边宽度应比咬口宽度少 1mm,咬口宽度大于或等于 10mm 时,折边宽度应比咬口宽度少 2mm。

图 10.19 所示为单平咬口加工过程,图 10.20 所示为联合角咬口加工过程。

机械咬口常用的机械有直线多轮咬口机、圆形弯头联合咬口机、矩形弯头咬口机、合缝机、按扣式咬口机和咬口压实机等。目前已生产的有适用于各种咬口形式的圆形直管、矩形直管和矩形弯管、三通的咬口机系列产品(如 SAF-3 至 SAF-10 通风机械)。利用咬口机、压实机等

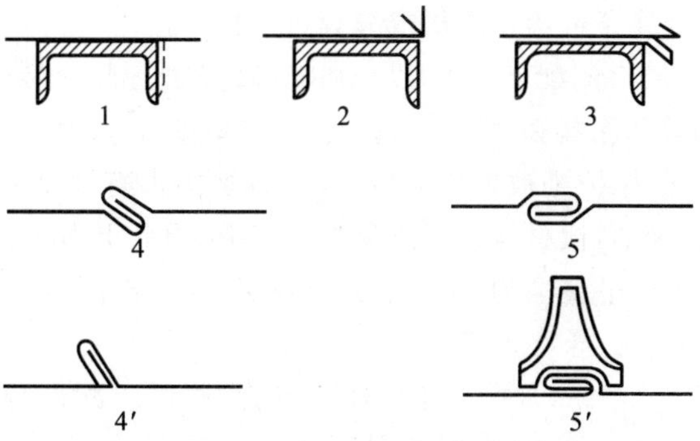

图 10.19　单平咬口加工过程

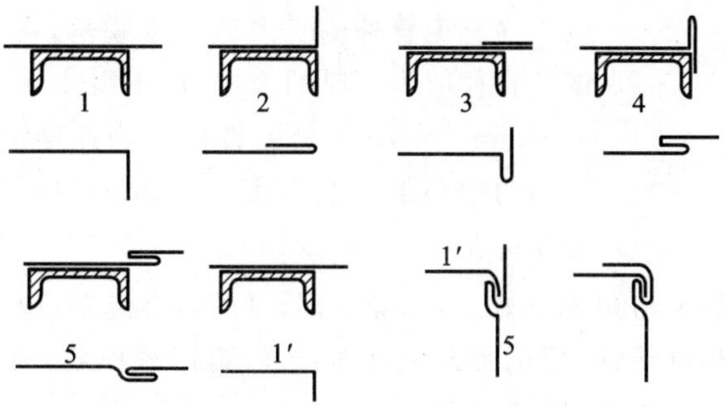

图 10.20　联合角咬口加工过程

机械加工的咬口，成型平整光滑，生产效率高，操作简便，无噪声，大大改善了劳动条件。目前生产的咬口机体积小，搬动方便，既适用于集中预制加工，也适合于施工现场使用。

(2)焊接

当普通(镀锌)钢板厚度 $\delta>1.2$mm(或 1mm)，不锈钢板厚度 $\delta>0.7$mm，铜板厚度 $\delta>1.5$mm时，若仍采用咬口连接，则因板材较厚、机械强度高而难以加工，且咬口质量也较差，这时应当采用焊接的方法，以保证连接的严密性。常用的焊接方法有气焊(氧气-乙炔焰焊)、电焊或接触焊，对镀锌钢板则用锡焊加强咬口接缝的严密性。

常用的焊缝形式有对接焊缝、角焊缝、搭接焊缝、搭接角焊缝、板边焊缝、板边角焊缝等，如图 10.21 所示。板材的拼接缝、横向缝或纵向闭合缝可采用对接焊缝；矩形风管和配件的转角采用角焊缝；矩形风管和配件及较薄板材拼接时，采用搭接焊缝、板边角焊缝和板边焊缝。

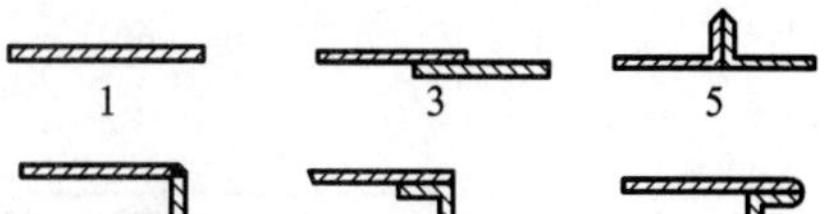

图 10.21　焊缝形式

1—对接焊缝；2—角焊缝；3—搭接焊缝；4—搭接角焊缝；5—板边焊缝；6—板边角焊缝

电焊一般用于厚度大于 1.2mm 薄钢板的焊接。其预热时间短，穿透力强，焊接速度快，焊缝变形较小。矩形风管多用电焊焊接。焊接时应除去焊缝周围的铁锈、污物，对接焊时应留出 0.5～1.0mm 的对口间隙；搭接焊时应留出 10mm 左右的搭接量。

气焊用于厚度 0.8～3mm 钢板的焊接。其预热时间较长，加热面积大，焊接后板材变形大，影响风管表面的平整度。为克服这一缺点，常采用板边缝及板边角缝，先分段点焊好后再进行连续焊接。

风管的拼接缝和闭合缝还可用点焊机或缝焊机进行焊接。

镀锌钢板的锡焊仅作咬口的配合使用,以加强咬口缝的严密度。锡焊用的烙铁或电烙铁、锡焊膏、盐酸或氯化锌等用具和涂料必须齐备,锡焊必须严格进行接缝处的除锈,方可焊接牢固。

氩弧焊接由于有氩气,保护了被焊接的板材,故熔焊接头有很高的强度和耐腐蚀性能,且由于加热量集中,热影响区小,板材焊接后不易发生变形,因此更适于不锈钢板及铝板的焊接。

所有焊接的焊缝表面应平整均匀,不应有烧穿缝、结瘤等缺陷,以符合焊接质量要求。

(3)铆接

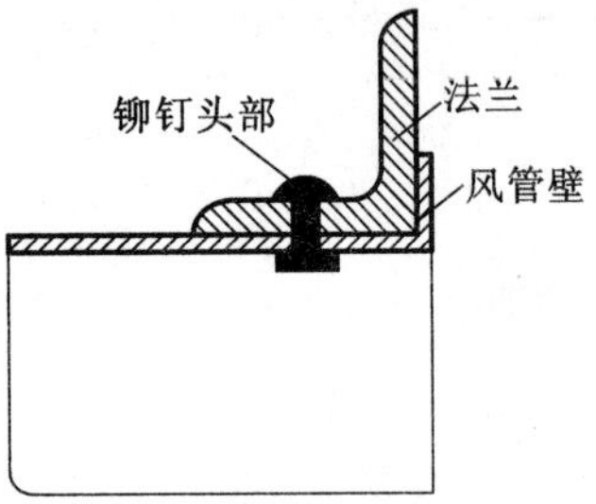

图 10.22 铆接

铆接主要用于风管、部件或配件与法兰的连接,是将要连接的板材翻边搭接,用铆钉穿连并铆合在一起的连接,如图 10.22 所示。铆接在管壁厚度 $\delta \leqslant 1.5$mm 时,常采用翻边铆接。为避免管外侧受力后产生脱落,铆接部位应在法兰外侧。铆钉直径应为板厚的 2 倍,但不得小于 3mm,其净长度 $L=2\delta+(1.5\sim2)d$,d 为铆钉直径,δ 为连接钢板的厚度,铆钉与铆钉之间的中心距一般为 40～100mm,铆钉孔中心到板边的距离应保持在$(3\sim4)d$。

手工铆接时,先把板材与角钢画好线,以确定铆钉位置,再按铆钉直径用手电钻打铆钉孔,把铆钉自内向外穿过,垫好垫铁,用钢制方锤打堆钉尾,再用罩模罩上把钉尾打成半圆形的钉帽。这种方法工序较多,工效低,锤打噪声大。

2.非金属板材的对口连接

(1)硬聚氯乙烯管的连接

当用硬聚氯乙烯板材制作风管及配件时,主要采用热空气焊接法,其焊接工艺及操作同硬塑管连接的有关操作方法。硬塑料板焊接连接的焊缝形式有对接焊、搭接焊、填角焊及对角焊四种,其中以对接焊缝的机械强度最高。

为增大焊接接触面积,提高焊接强度,在采用对接焊时先将塑料板边做成坡口,坡口形式有 V 形和 X 形两种,其焊缝张开角 α 也和焊接强度有关,一般取 $\alpha=50°\sim60°$,硬塑料板焊接的坡口形式如图 10.23 所示。

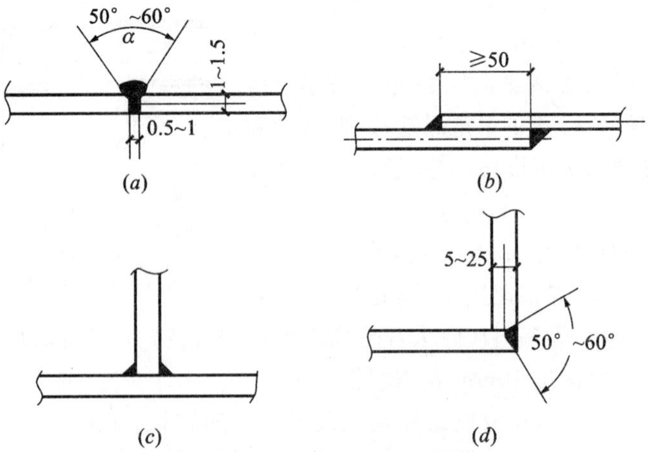

图 10.23 硬塑料板焊接的坡口形式

(a)对接焊;(b)搭接焊;(c)填角焊;(d)对角焊

(2)玻璃钢板材的连接

玻璃钢风管管段或配件采用法兰连接。为了保证质量，在加工风管或配件时，将风管连同法兰一起加工成型使其连为一体。法兰应与风管或配件轴线相垂直，法兰表面的不平整度允许偏差应不大于 2mm。

10.1.3.3　风管的加工与加固

1. 圆形直风管的加工与加固

圆形直风管是在下料后经咬口加工、卷圆、咬口打实、正圆等操作过程加工制成。其制作长度应按系统加工安装草图并考虑运输及安装方便、板材的标准规格、节省材料等因素综合确定，一般不宜超过 4m，即两张板长的拼接长度。

圆形风管(不包括螺旋风管)直径大于或等于 800mm，且其管段长度大于 1250mm 或总表面积大于 $4m^2$，均应采取加固措施。

2. 矩形风管的加工与加固

(1)矩形风管的加工

矩形风管在下料后，即可进行加工制作。当风管周长小于板材标准宽度，即用整张钢板宽度折边成型时，可只设一个角咬口；当板材宽度小于风管周长，大于周长的一半时，可设两个角咬口；当风管周长很大时，可在风管四个角分别设四个角咬口，矩形风管的咬口位置如图 10.24 所示。

风管的折边可先用手动扳边机扳成直角，再将咬口咬合打实后即成矩形风管。矩形风管可依工程要求，采用转角咬口、联合角咬口或按扣式咬口等不同形式，制作好的风管应无扭曲、翘角现象。

(2)矩形风管的加固

矩形风管与圆形风管相比，自身强度低。因此，当大边长度大于或等于 630mm，保温风管管段长度在 1.2m 以上时，为减少风管在运输和安装中的变形，制作时必须同时加固。

如图 10.25 所示，矩形风管的加固方法应根据大边尺寸确定。常用的加固方法有如下三种：

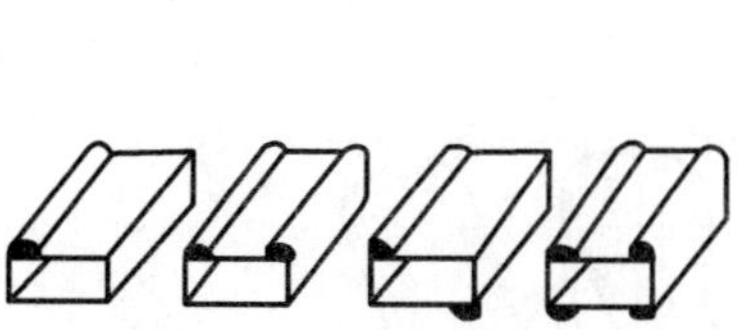

图 10.24　矩形风管的咬口位置

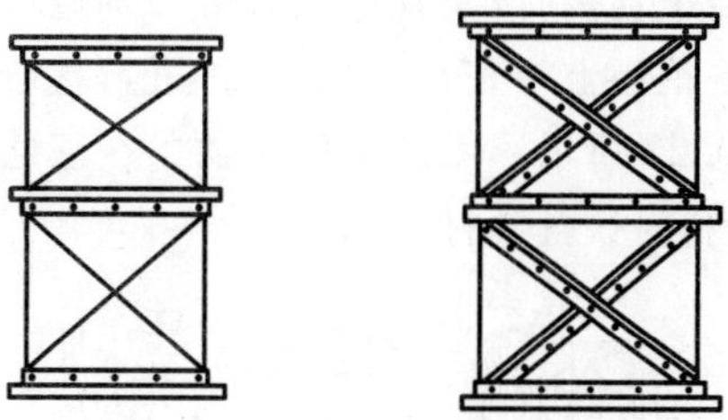

(a)　(b)

图 10.25　矩形风管的加固

(a)边长在 1000mm 以内时；(b)边长为 1500～2000mm 时

①将钢板面加工成凸棱，大面上凸棱呈对角线交叉，不保温风管凸向风管外侧，保温风管凸向内侧。这种方法不需要加固钢材，适用于矩形边长不大的风管。凸棱加固措施在空气净化系统中不能使用。

②在风管内壁纵向设置加固肋条，将镀锌薄钢板条压成三角棱柱形铆在风管内，可节省钢材，但洁净系统不能使用。

③采用角钢做加固框，这是使用较普遍的加固方法。角钢、加固筋的加固，应排列整齐、均匀对称，其高度应小于或等于风管的法兰宽度。角钢、加固筋与风管的铆接应牢固，间隔应均匀，不应大于 220mm，两相交处应连接成一体。矩形风管边长在 1000mm 以内的用∟ 25×4，边长大于 1000mm 的用∟ 30×4 做加固框，铆接在风管外侧[图 10.25(*a*)]；边长在 1500～2000mm 时，还应在风管外侧对角线铆接∟ 30×4 的角钢加固条[图 10.25(*b*)]。框与框或框与法兰之间的距离为 1200～1400mm，铆钉直径为 4～5mm，铆钉间距为 150～200mm。

10.1.4 配件的加工

1. 弯头的加工

对于圆形弯头，先把剪切下的端节和中间节做纵向接合的咬口折边，再卷回咬合成各个节管，再用手工或机械在管两侧加工出咬口的折边，进而把各节管一一组合成弯头。对于弯头的咬口，要求咬口严密一致，各节的纵向咬口应错开。成型的弯头应和要求的角度一致，不应发生歪扭现象。

当弯头采用焊接时，先将各管节焊好，修整圆度后，进行节间组对点焊成弯管整型，经角度、平整度等检查合格后，再进行焊接。点焊点应沿弯头圆周均匀分布，按管径大小确定点数，但最少不少于 3 处，每处点焊缝不宜过长，以点住为限。施焊时应防止弯管两面及局部出现受热集中现象。焊缝采用对接焊缝。

矩形弯头的咬口连接或焊接参照圆形弯头的加工。

2. 三通的加工

圆形三通主管及支管下料后，即可进行整体组合。主管和支管结合缝的连接可为咬口、插条或焊接连接。

当采用咬口连接时，采用覆盖法咬接，如图 10.26 所示。先把主管和支管的纵向咬口折边放在两侧，把展开的主管平放在支管上，按图 10.26 中(1)、(2)所示的步骤套好咬口缝，再用手将主管和支管扳开，把结合缝打紧打平，如图 10.26 中(3)、(4)所示。最后把主管和支管卷圆，并分别咬好纵向结合缝，打紧打平纵向咬口，进行主、支管的正圆修整。

当用插条连接时，主管和支管可分别进行咬口、卷圆操作，加工成独立的部件，然后把对口部分放在平钢板上检查是否贴实，再进行接合缝的折边工作。折边时主管和支管均为单平折边，如图 10.27 所示。用加工好的插条在三通的接合缝处插入，并用木锤轻轻敲打。插条插入后，用小锤和衬铁打紧打平。

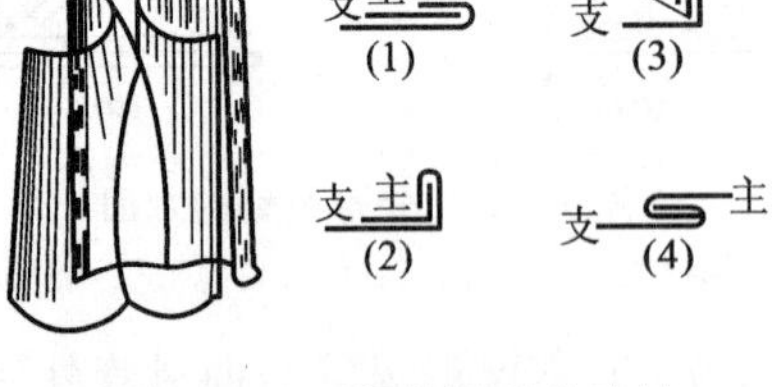

图 10.26 三通的覆盖法咬接

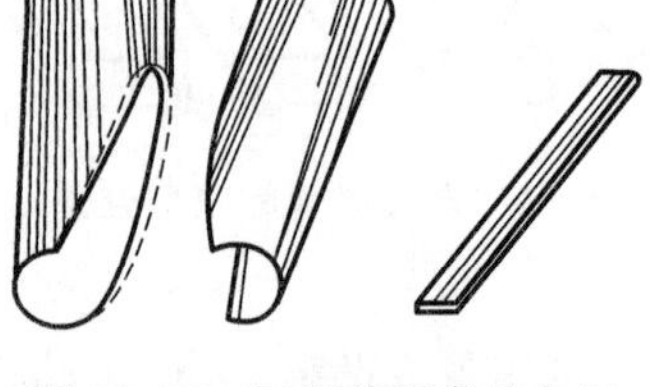

图 10.27 三通的插条法加工

当采用焊接使主管和支管连接时，先用对接缝把主管和支管的结合缝焊好，经板料平整消除变形后，将主、支管分别卷圆，再分别对缝焊接，最后进行整圆的修整。

矩形三通的加工可参照矩形风管的加工方法进行咬口连接。当采用焊接时，矩形风管和三通可按要求采用角焊缝、搭接角焊缝或板边角焊缝，焊缝设置位置参照图10.24。

3.来回弯管的加工

圆形和矩形来回弯管的加工方法与圆形、矩形弯头相同，在此不作重复介绍。

4.变径管的加工

圆形变径管下料时，咬口留量和法兰翻边留量应留得合适，否则会出现大口法兰与风管不能紧贴、小口法兰套不进去等现象，如图10.28(*a*)所示。为防止出现这种现象，下料时可将相邻的直管剪掉一些，或将变径管高度减小，将减少量加工成正圆短管，套入法兰后再翻边，如图10.28(*b*)所示。为使法兰顺利套入，下料时可将小口稍微放小些，把大口稍微放大些，从上边穿大口法兰，翻边后，再套入上口法兰进行翻边。

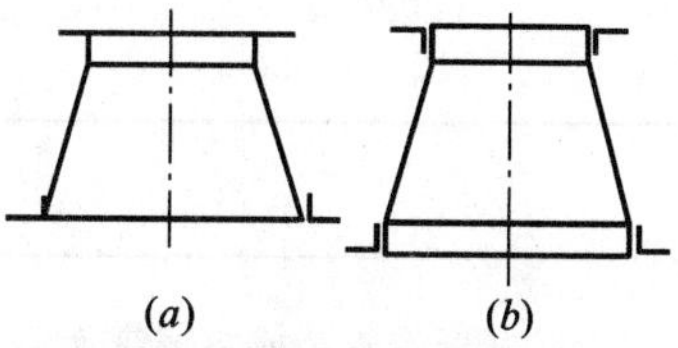

图10.28　圆形变径管的加工

矩形变径管和天圆地方管可用一块板材加工制成，为了节省板材，也可用四块小料拼接而成，即先咬合小料拼合缝，再依次卷圆或折边，最后咬口成型。

当通风或空调系统采用法兰连接时，所有直风管、风管配件在加工后均应同时将两端的法兰装配好。

5.法兰的加工

法兰有圆形和矩形两种。在通风与空调系统中，法兰用于风管与风管、风管与配件、部件之间的延长连接，同时对风管整体有一定的加固作用，使安装和维修都很方便。

(1)法兰材料的选用

风管法兰以角钢或扁钢加工制成。表10.9和表10.10为普通(镀锌)钢板圆形和矩形风管配用法兰的材料规格。铝板风管法兰见表10.11，不锈钢风管法兰见表10.12，玻璃钢风管法兰见表10.13，硬聚氯乙烯板圆形风管法兰见表10.14，硬聚氯乙烯矩形风管法兰见表10.15。

表10.9　圆形风管法兰

直径(mm)	法兰用料规格	
	扁钢	角钢
≤140	—20×4	
150～280	—25×4	
300～500		∟25×3
530～1250		∟30×4
1320～2000		∟40×4

表10.10　矩形风管法兰

大边长(mm)	法兰用料规格
	扁钢
≤630	∟25×3
800～1250	∟30×4
1600～2000	∟40×4

表 10.11 铝板风管法兰

圆形管直径或矩形管大边长(mm)	法兰用料规格	
	扁钢	角钢
≤280	—30×6	∟30×4
320～560	—35×8	∟35×4
630～1000	—40×10	
1120～2000	—40×12	

表 10.12 不锈钢风管法兰

圆形管直径或矩形管大边长(mm)	法兰用料规格
	扁钢
≤280	—25×4
320～560	—30×4
630～1000	—35×6
1120～2000	—40×8

表 10.13 玻璃钢风管法兰

圆形管外径或矩形管大边长(mm)	玻璃钢法兰(宽×厚)(mm)	螺栓规格(mm)
≤400	30×4	M8×25
420～1000	40×6	M8×30
1060～2000	50×8	M10×35

注:风管与法兰同时制作,形成一体。

表 10.14 硬聚氯乙烯板圆形风管法兰

风管直径(mm)	法兰用料规格			镀锌螺栓规格(mm)
	扁钢	孔径(mm)	孔数	
100～160	—35×6	7.5	6	M6×30
180	—35×6	7.5	8	M6×30
200～220	—35×8	7.5	8	M6×35
250～320	—35×8	7.5	10	M6×35
360～400	—35×8	9.5	14	M8×35
450	—35×10	9.5	14	M8×40
500	—35×10	9.5	18	M8×40
560～630	—40×10	9.5	18	M8×40
700～800	—40×10	11.5	24	M8×40
900	—45×12	11.5	24	M10×45
1000～1250	—45×12	11.5	30	M10×45
1400	—45×12	11.5	38	M10×45
1600	—50×15	11.5	38	M10×50
1800～2000	—60×15	11.5	48	M10×50

表 10.15 硬聚氯乙烯矩形风管法兰

风管大边长(mm)	法兰用料规格			镀锌螺栓规格(mm)
	宽×厚(mm)	孔径(mm)	孔数	
120～160	—35×6	7.5	3	M6×30
200～250	—35×8	7.5	4	M6×35
320	—35×8	7.5	5	M6×35
400	—35×8	9.5	5	M8×35
500	—35×10	9.5	6	M8×40
630	—40×10	9.5	7	M8×40
800	—40×10	11.5	9	M10×40
1000	—45×12	11.5	10	M10×45
1250	—45×12	11.5	12	M10×45
1600	—50×15	11.5	15	M10×50
2000	—60×18	11.5	18	M10×50

(2)法兰的加工

圆形风管法兰如图 10.29 所示，可用手工或机械弯制。由于法兰弯制时外圆弧受拉，内圆弧受压，改变了原来材料长度。在加热弯制时，还存在材料的受热伸长问题，均应在下料时予以考虑。圆形法兰的下料长度可用下式计算：

$$L = \pi\left(D + \frac{b}{2}\right) \tag{10.1}$$

式中 D——法兰内径，mm；

b——扁钢或角钢的宽度，mm。

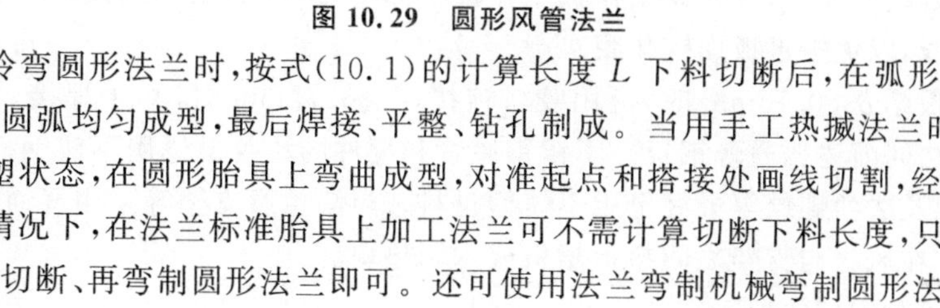

图 10.29 圆形风管法兰

当用手工冷弯圆形法兰时，按式(10.1)的计算长度 L 下料切断后，在弧形槽钢模上用锤敲打起弯，直到圆弧均匀成型，最后焊接、平整、钻孔制成。当用手工热摵法兰时，先将角钢或扁铁加热至可塑状态，在圆形胎具上弯曲成型，对准起点和搭接处画线切割，经焊接、平整、钻孔制成。一般情况下，在法兰标准胎具上加工法兰可不需计算切断下料长度，只要用长料在胎具上连续弯制、切断、再弯制圆形法兰即可。还可使用法兰弯制机械弯制圆形法兰。热弯法兰如图 10.30 所示。

矩形风管法兰如图 10.31 所示，它由四根角钢组成。总下料长度 $L = 2(A + B + 2C)$。其中 A、B 分别为矩形风管法兰的内边长，它们应大于风管外边长 2～3mm；C 为角钢宽度。

矩形风管加工时，先把角钢调直，用小钢角尺下料，下料尺寸要准确，切断组装点焊，经平整复测对角线尺寸，使规方后焊接各接口缝，最后钻孔制成。

所有圆形和矩形法兰均应配对钻孔，即将两相互连接的法兰点焊在一起，一并画线钻孔。

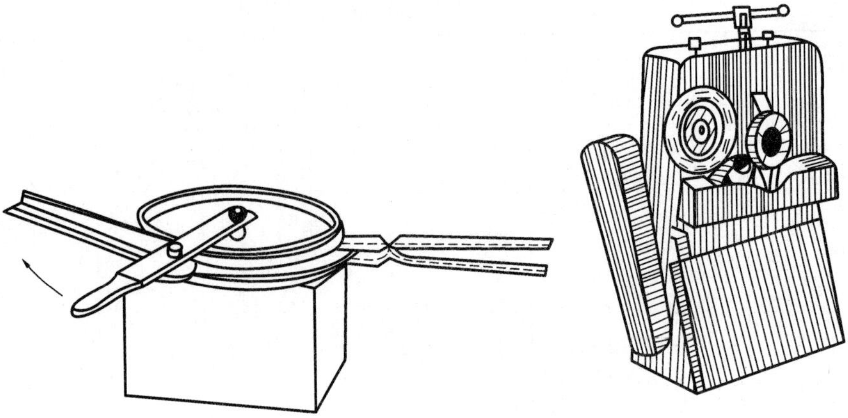

图 10.30 热弯法兰示意图

(*a*)手工热撼法兰;(*b*)法兰撼弯机

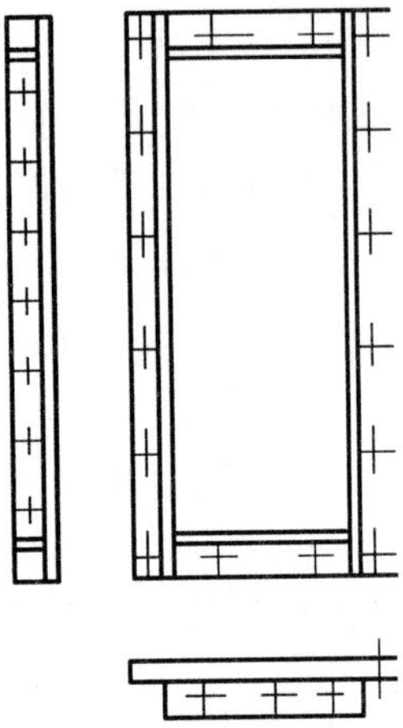

图 10.31 矩形风管法兰

钻孔直径应大于螺栓直径 1.5mm。只有在按风管或配件(附件)编号配用法兰时,方可打掉法兰点焊,将法兰按编号组装到风管或配件上。

10.1.5 其他风管和配件的加工

1.不锈钢风管及配件的加工

不锈钢钢板含有适量铬、镍成分,因而在板面形成一层非常稳定的钝化保护膜。该板材具有良好的耐高温和耐腐蚀性,有较高塑性和优良的机械性能,常用来做输送腐蚀性气体的风管和配件。

不锈钢钢板加工时不得退火,以免降低其机械强度。焊接时宜用非熔化极(钍化钨)电极的氩弧焊。焊接前,应将焊缝处的污物、油脂等用汽油或丙酮清洗干净。焊接后要清理焊缝处的焊渣,并用钢丝刷刷出光泽,再用10%的硝酸溶液酸洗焊缝,最后用热水冲洗。不锈钢板的焊接还可用电焊、点焊机或焊缝机进行。

不锈钢板画线放样时,应先做出样板贴在板材面上,用红蓝铅笔画线,不可用硬金属划针画线或作辅助线,以免损害板面钝化膜。

不锈钢板板厚 $\delta<0.75$mm 时,可用咬口连接;$\delta>0.75$mm 时,采用焊接。不锈钢风管和配件的加工方法同前述普通薄钢板。不锈钢风管和配件的法兰最好用不锈钢板剪裁的扁钢加工,风管的支架及法兰螺栓等最好也用不锈钢材料。当法兰及支架等采用普通碳钢材料时,应涂耐酸涂料,并在风管与支架之间垫上塑料或木制垫块。

2.铝板风管和配件的加工

通风工程常用的铝板有纯铝板和经退火处理的铝合金板。纯铝板有优良的耐腐蚀性能,但强度较差。铝合金板的耐腐蚀性不如纯铝板,但其机械强度高。铝板的加工性能良好,当风管和配件壁厚 $\delta<1.5$mm 时,可采用咬口连接;$\delta>1.5$mm 时,方可采用焊接。焊接,以采用氩弧焊最佳。其加工方法同前述普通薄钢板。

铝板与铜、铁等金属接触时,会产生电化学腐蚀,因此应尽可能避免与铜、铁金属接触。但在通风工程中,当铝板风道的法兰及支架等仍采用普通碳钢型钢材料时,应采用镀锌型钢或做防腐处理。

3.硬聚氯乙烯(塑料)风管和配件的加工

硬聚氯乙烯风管和配件的加工过程:画线→剪切→打坡口→加热→成型(折方或卷圆)→焊接→装配法兰。

硬塑料风管和配件的画线、展开放样方法同薄钢板风管及配件。但在画线时,不能用金属划针画线,而应用红蓝铅笔,以免损伤板面。又由于该板材在加热后再冷却时,会出现收缩现象,故画线下料时要适当放出余量。

板材的剪切既可用剪板机(剪床),也可用圆盘锯或手工钢丝带锯。剪切应在气温 15℃以上的环境中进行。如冬季气温较低或板材厚度在 5mm 以上时,应把板材加热至 30℃左右再进行剪切,以免发生脆裂现象。

板材应打坡口以提高焊缝强度。坡口的角度和尺寸应均匀一致,可用挫刀、刨子或砂轮机、坡口机进行加工。

板材的加热可用电加热、蒸汽加热和热风加热等方法。工地常用电热箱来加热大面积塑料板材。

硬塑料板的焊接用热空气焊接。

硬塑料圆形风管是在展开下料后,将板材加热至 100～150℃达到柔软状态后,在胎模上卷制成型(塑料板卷管见图 10.32),最后将纵向接合缝焊接制成的。板材在加热卷制前,其纵向接合缝处必须将焊接坡口加工完好。

硬塑料矩形风管是先将计算下料的大块板料四角折方,再将纵向接合缝焊接制成的。风管折方应加热,可用热空气喷枪加热。板厚在 5mm 以上时,可用管式电加热器,通过自动控制温度加热。它是把管式电加热器夹在板面的折方线上,形成窄长的加热区,因而其他部位不受热影响,板料变形很小,这样加热后折角的风管表面色泽光亮,弯角圆滑,管壁平直,制作效率也高。矩形风管在展开放样画线时,应注意不使其纵向接合缝落在矩形风管的四角处,因为四个矩形角处要折方。

圆形、矩形风管在延长连接组合时,其纵向接缝应错开,图 10.33 所示为矩形风管纵向接缝位置。风管的延长连接用热空气焊接。焊接前,连接的风管端部应做好坡口,以加强对接焊缝的强度。焊接的加热温度为 210～250℃,所选用塑料焊条的材质应与板材材质相同,焊条直径见表 10.16。

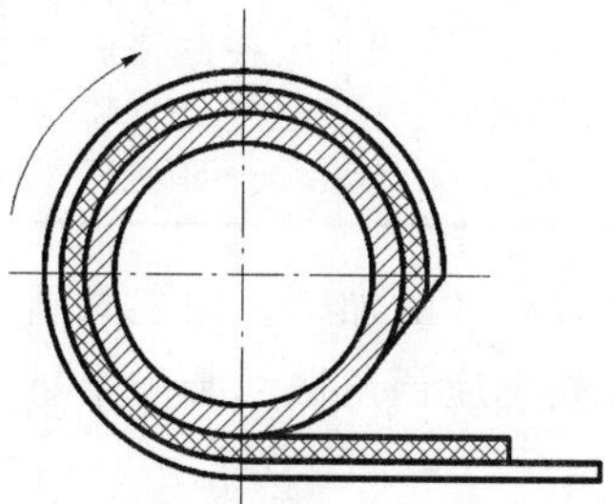

图 10.32 塑料板卷管

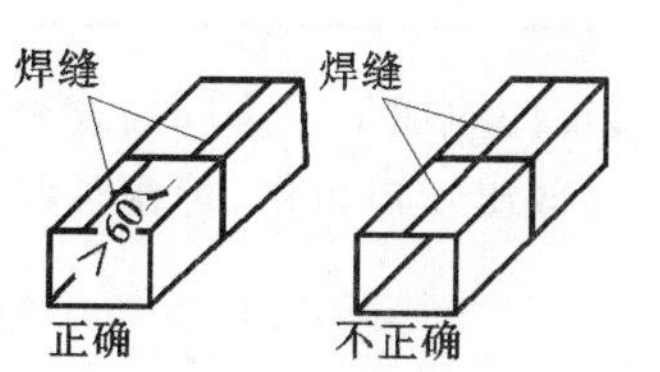

图 10.33 矩形风管纵向接缝位置

表 10.16 塑料焊条直径

板材厚度(mm)	焊条直径(mm)
2～5	2
5.5～15	3
16 以上	3.5

中、低压系统硬聚氯乙烯圆形、矩形风管板材厚度分别见表 10.6、表 10.7。

当圆形风管直径或矩形风管大边长度大于 630mm 时，应对硬塑料风管进行加固。加固的方法是利用风管延长连接的法兰加固，或用扁钢加固圈加固。塑料风管的加固见图 10.34，塑料风管加固圈规格及间距见表 10.17。

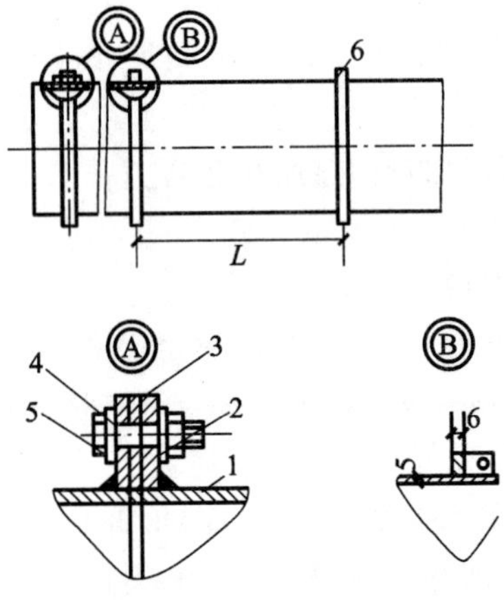

图 10.34 塑料风管的加固

1—风管；2—法兰；3—垫料；4—垫圈；5—螺栓；6—加固圈

表 10.17 塑料风管加固圈规格及间距

圆形			矩形		
风管直径(mm)	扁钢加固圈(mm)		大边长(mm)	扁钢加固圈(mm)	
	宽度($a\times b$)	间距 L		宽度($a\times b$)	间距 L
560×630	—40×8	800	500	—35×8	800
700×800	—40×8	800	650×800	—40×8	800
900×1000	—45×10	800	1000	—45×8	400
1120×1400	—45×10	800	1250	—45×10	400
1600	—50×12	400	1600	—50×12	400
1800×2000	—60×12	400	2000	—60×15	400

硬塑料风管配件的加工方法同前述普通钢板风管配件的加工。加工时画线下料均按焊接连接考虑，而不需放出咬口留量，但配件与法兰嵌接处仍应预留法兰装配余量。

10.2 通风空调管道及配件的安装

10.2.1 风管系统安装

10.2.1.1 风管系统安装施工准备

1. 技术准备

(1)安装风管前,应将图纸与施工现场进行核对,检查能否按设计的标高和位置进行安装。检查支、吊架的敷设,设备基础和预留孔洞是否符合要求。

(2)检查已制作好的风管,不应有风管变形、扭曲、开裂、孔洞,法兰脱落,法兰开焊、漏焊,漏打螺栓孔等缺陷。

(3)有完善的风管安装施工方案,并进行了技术交底。

(4)安装用工机具、计量器具准备齐全,并经检查使用性能完好。

(5)风管支、吊架的设置应根据现场情况和标准图集进行选用,尽量设置在混凝土墙、楼板和柱等部位。支、吊架的间距不得大于有关要求。

(6)支、吊架安装前,根据风管设计的安装位置,弹出风管中心线,并依线确定各个支、吊架的具体安装位置。

2. 材料要求

(1)各种安装材料应具有出厂合格证明书或质量鉴定文件及产品清单。

(2)成品不许有风管变形、扭曲、开裂、孔洞,法兰脱落,法兰开焊、漏铆、漏紧螺栓等缺陷。

(3)安装使用材料,如螺栓、螺母、垫圈、垫料、自攻螺钉、铆钉、拉铆钉、电焊条、焊丝、不锈钢焊丝、石棉布、帆布、膨胀螺栓等,都应符合产品质量要求,不得存在影响安装质量的缺陷。

(4)型钢(包括扁钢、角钢、槽钢、圆钢)应按照国家现行有关标准进行验收。

(5)风管法兰垫料的材质、规格、厚度应符合设计要求,弹性良好,厚度均匀。

(6)风管无法兰连接时,所采用法兰插条和弹簧夹的规格、厚度、强度应能满足设计和使用实际要求。

3. 主要机具设备

主要机具设备有手锤、电锤、手电钻、手锯、电动砂轮锯、角向磨光机、梯子、台钻、电气焊设备、扳手(活动扳手、双头扳手、套筒扳手、梅花扳手)、螺丝刀(一字螺丝刀、十字螺丝刀)、射钉枪、倒铁(包括加长倒链)、滑轮、绳索、刷子等。

4. 作业条件

(1)通风管道的安装,宜在建筑围护结构施工完毕,安装部位的障碍物已清理且地面无杂物的条件下进行;净化系统安装,宜在建筑物内部安装部位的地面已做好,墙面抹灰完毕,室内无灰尘飞扬或有防尘措施的条件下进行。

(2)工艺设备安装完毕或设备基础已确定,设备的连接管等方位已明确。

(3)结构预留孔洞的位置、尺寸正确,无遗漏,预留的孔洞应比风管实际截面每边尺寸大 100mm。

(4)作业地点要有相应辅助设施,如梯子、架子等,以及电源和安全防护装置、消防器材等。

(5)风管安装应有设计图纸及大样图,并有施工员的技术、质量、安全交底。

10.2.1.2 风管系统安装施工工艺

风管安装的工艺流程如下：

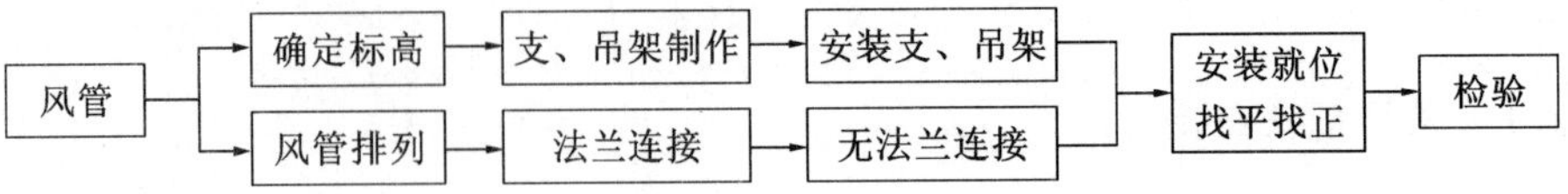

1.确定标高

按照设计图纸并参照土建基准线确定风管标高、位置、走向，并放出安装定位线。当风管较长需安装成排支架时，先把两端支架安好，然后以两端的支架为基准，用拉线法找出中间各支架的标高进行安装。

2.支、吊架制作

(1)按照设计图纸，根据土建基准线确定风管标高；并按照风管系统所在的空间位置，确定风管支、吊架形式，设置支、吊点。支、吊架制作，当设计无规定时，可按照国标图集 T616 选用强度和刚度相适应的形式和规格。

(2)风管支、吊架制作前，首先要对型钢进行矫正。矫正的方法有冷矫和热矫两种，小型钢材一般采用冷矫正，较大的型钢须加热到 900℃左右后进行矫正。矫正的顺序为：先矫正扭曲，后矫正弯曲。

(3)支、吊架的形式应符合设计规定，当设计无规定时，可按下列规定执行：

①靠墙或靠柱安装的水平风管宜用悬臂支架或有斜撑的支架，支架埋入砖墙内尺寸不小于 120mm，用水泥砂浆填实，支架应水平，且垂直于墙面；不靠墙、柱安装的水平风管宜用托底吊架。直径或边长小于 400mm 的风管可采用吊带式吊架。

②靠墙安装的垂直风管应用悬臂托架或有斜撑的支架，不靠墙、柱穿楼板安装的垂直风管宜采用抱箍支架，室外或屋面安装的立管应用井架或拉索固定。

③支架的悬臂、吊架的吊耳采用角钢或槽钢制成；斜撑的材料为角钢；吊杆采用圆钢；扁铁用来制作抱箍。

④支、吊架亦可采用组合型通风构架的形式。

⑤安装在支架上的圆形风管应设托座式支架，以增加稳固性。

(4)吊架的吊杆应平直，不得扭曲，螺纹应完整、光洁。

吊杆加长可采用螺纹连接或焊接连接。螺纹连接时，任一端的连接螺纹长度均应长于吊杆直径，并有防松动措施。焊接连接宜采用搭接，搭接长度不少于吊杆直径的 6 倍，并于两侧焊接；焊缝应饱满，不得有咬肉、夹渣、结瘤等现象。焊缝表面严禁有裂纹。

(5)支、吊架上的螺孔应采用机械加工，不得用气割开孔。

(6)支、吊架的卡箍用扁钢制作时，其尺寸应与风管断面相符。卡牢后，其两边与风管仍保持 5mm 左右的缝隙。卡箍侧面应保持在一个平面上，不得扭曲。方箍应四角平整，各为 90°；圆箍圆弧应均匀。支、吊架上的卡箍螺栓，应等法兰盘紧固后再拧紧。

(7)圆钢吊杆长度应根据风管安装标高适当截取。套丝不宜过长，丝扣末端不宜超出托架最低点，不得妨碍装饰吊顶的施工。

(8)风管支、吊架制作完成后，应进行除锈刷漆。埋入砌体、混凝土的部位不得刷油漆。

(9)用于不锈钢和铝板风管的支架、托箍应按设计要求做好防腐绝缘处理，防止电化学腐蚀。

3. 支、吊架安装

风管支、吊架安装的要求有：

(1)风管的安装标高，对于矩形风管应从管底算起，而圆形风管则应从风管中心算起。

①圆形风管的管径由大变小时，为保持风管中心线的水平，托架的标高应按变径的尺寸相应地提高。

②输送空气湿度较大的风管，为排除管内凝结水，风管安装时应保持设计要求的1%～1.5%的坡度。

③托架标高也应按风管要求的坡度安装。安装在托架上的圆形风管，宜设托座。

(2)对于相同管径的支、吊、托架应等距离排列，但不能将支、吊、托架设置在风口、风阀、检查门及测定孔等部位处，离风口或插接管的距离不宜小于 200mm，否则将影响系统的使用效果，应适当错开一定的距离。

矩形保温风管不能直接与支、吊、托架接触，应垫上坚固的隔热材料，其厚度与保温层相同，防止产生“冷桥”，造成冷(热)量的损失。

(3)矩形风管抱箍支架应紧贴风管，折角应平直，连接处应留有螺栓收紧的距离；圆形风管抱箍圆弧应均匀，且应与风管外径相一致，抱箍应能箍紧风管。

(4)支、吊架上的螺孔应采用机械加工，不得用气割开孔。

(5)支、吊、托架的预埋件或膨胀螺栓的位置，应正确和牢固可靠。支架埋入砌体或混凝土中应去掉油污(不得喷涂油漆)，以保证结合牢固。填塞水泥砂浆应稍低于墙面，以便土建修饰墙面补平。为防止圆形风管安装后变形，应在风管支、吊架接触处设置托座。

(6)安装吊架应根据风管中心线找出吊杆敷设位置。单吊杆在风管中心线上，双吊杆按托架角钢的螺孔间距或风管中心线对称安装，但吊架不能直接吊在风管法兰上。在楼板上固定吊杆时，应尽量放在预制楼板的板缝中，如位置不合适时，可用手锤、尖錾或电锤打孔，但不应破坏土建质量。

(7)安装立管卡环，应先在卡环半圆弧的中心画线，按风管位置和埋墙深度将最上面的半个卡环固定好，再用线坠吊正，在保证垂直度的情况下再将下半个卡环固定。

(8)风管支、吊架的间距，当设计无特殊要求时，应符合表 10.18 的规定。风管垂直安装，单根直管至少应有 2 个固定点。

表 10.18 支、吊架间距(m)

风管直径 D 或长边尺寸 b(mm)	水平安装间距	垂直安装间距	薄钢板法兰 风管安装间距	螺旋风管 安装间距
$b \leqslant 400$	≤4	≤4	≤3	≤5
$b > 400$	≤3	≤4	≤3	≤3.75

(9)用于不锈钢、铝板风管的支架、抱箍应按设计要求做好防腐绝缘处理，防止电化学或晶间腐蚀。

①支架在砖墙上的敷设

a. 在砖墙上敷设支架时，应先按风管安装部位的轴线和标高，检查预留的孔洞。支架的外形如图 10.35 所示。

b. 支架安装时，可根据已定的标高，在墙上量出托架角钢面离地的距离。对于矩形风管，要量出管底标高；对于圆形风管，应按风管中心标高减去风管的半径和木垫或扁钢垫的厚度。

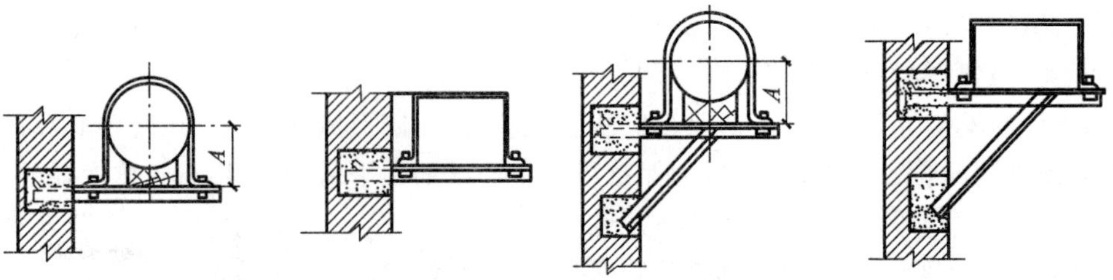

图 10.35 墙上支架安装

c. 按角钢面离地的距离，用水平尺在堵洞边上画一条水平线，检查预留孔是否合适。如不合适或遗漏时，可用手锤、錾子或电锤打出大小约 80mm×80mm 的方洞，该洞应内外大小一致，并应比支架埋进墙的深度稍深 20～30mm。

d. 洞打好后，用水把墙洞浇湿，并冲出砖屑，以利于水泥砂浆和墙洞结合牢固。然后在墙洞内先填塞一部分砂浆，放上支架。支架上的抱箍可先取下，并根据埋进墙洞的距离，在角钢上做好记号画上线，然后按记号和角钢面的水平线埋设支架。

e. 埋设时，可把水平尺放在角钢面上，检查支架是否水平，并由另一人在远处用肉眼检查支架是否放正。如果水平尺上的水泡在中间，表明支架已经放正，就可以把托架用水泥砂浆填实。

f. 在支架找平和填塞水泥砂浆时，可适当地填塞一些浸过水的石块、碎砖，便于托架固定。填塞的水泥砂浆应稍低于墙面，以便土建修饰墙面时，能把墙面补平。

g. 在砖墙或混凝土上预埋支架时，洞口内外应一致，水泥砂浆捣固应密实，表面应平整，预埋应牢固。

h. 用膨胀螺栓固定支、吊架时，应符合膨胀螺栓使用技术条件的规定。砖墙不得使用膨胀螺栓固定支、吊架。

②支架在柱上的敷设

a. 柱面预埋有铁件时，可将支架型钢焊接在铁件上面。如果是预埋螺栓，可将支架型钢紧固在上面，也可以用抱箍将支架夹在柱子上。柱上支架的安装如图 10.36 所示。

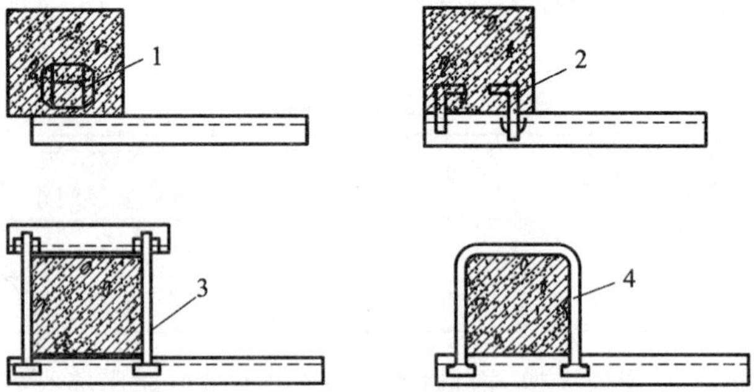

图 10.36 柱上支架安装

1—预埋件；2—预埋螺栓；3—带帽螺栓；4—抱箍

b. 当风管比较长时，需要在一排柱子上安装支架，这时应先把两端的支架安好，再以两端的支架标高为基准，在两个支架型钢的上表面拉一根钢丝。中间的支架高度按钢丝标高进行，以使安装的风管保持水平。钢丝一定要拉紧，当风管太长时，中间可适当地增加几个支架作基准面，避免钢丝下垂造成太大的误差。

c. 圆形风管有变径时，为保持风管的水平度，要注意提高相应的变径尺寸。

d. 输送易产生凝结水或含有蒸汽的潮湿空气的风管，除设计有要求外，应考虑设置坡度排除凝结水，一般采取1%～1.5%的坡度。

③吊架安装

a. 风管敷设在楼板、屋面、桁架及梁下面并且离墙较远时，一般都采用吊架来固定风管。

b. 矩形风管的吊架由吊杆和托铁组成，圆形风管的吊架由吊杆和抱箍组成。当吊杆（拉杆）较长时，中间加装花篮螺钉，以便调节各杆段长度，便于施工、攻螺纹、紧固。

c. 圆形风管的抱箍可按风管直径用扁钢制成。为了安装方便，抱箍做成两个半边。单吊杆长度较大时，为了避免风管摇晃，应该每隔两个单吊杆中间加一个双吊杆。

d. 矩形风管的托铁一般用角钢制成，风管较重时也可以采用槽钢。铁托上穿吊杆的螺孔距离，应比风管宽60mm（每边30mm），如果是保温风管则为200mm（每边宽100mm），一般都使用双吊杆固定。为了便于调节风管的标高，吊杆可分节，并且在端部套长50～60mm的螺纹，便于调节。

e. 吊杆要根据建筑物的实际情况，采用电焊或螺栓连接固定于楼板、钢筋混凝土梁或钢梁上，如图10.37所示。安装时，需根据风管的中心线找出吊杆的敷设位置，单吊杆就在风管的中心线上，双吊杆可按托铁的螺孔间距或风管中心线对称安装。

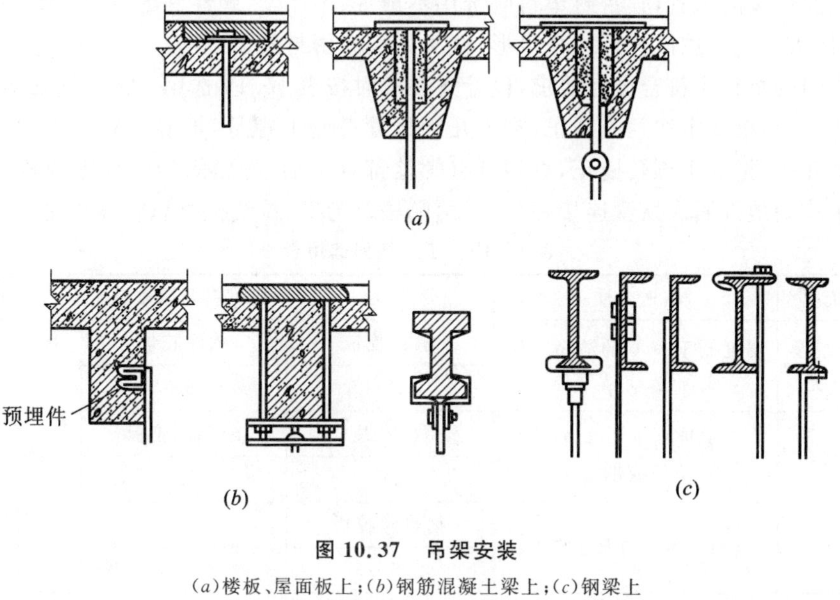

图10.37 吊架安装

(a)楼板、屋面板上；(b)钢筋混凝土梁上；(c)钢梁上

f. 在楼板上固定吊杆时，应尽量放在楼板缝中。如果位置不合适，可用手锤和尖錾打洞。当洞快打穿时，不要用力过大，以免楼板的下表面被打掉一大片而影响土建的施工质量。

g. 安装立管卡时，应先在卡子半圆弧的中点画好线，然后按风管位置和埋进墙的深度，先把最上面的一个卡子固定好，再用线坠在中点处吊线，下面的卡子可按吊线进行固定，这样可使风管安装得较垂直。

4. 风管安装

(1)风管安装前的技术复核与施工准备

风管支、吊架装好后，应再次核对图纸，对即将安装的风管管径、风管走向、安装标高、部件型号及个数进行认真检查。对照草图,查看加工的配件尺寸是否与实际相符,质量是否合格。检查现场,看预留孔洞是否达到安装要求,前期安装的支、吊架是否符合标准。确定风管的运输和吊装方法,准备脚手架、梯子等登高作业工具,检查安全防护用品可靠性,以及准备安装风管用的紧固螺栓、垫料及常用工具。

(2)风管组配

支架安装完毕、技术复核无误、准备工作结束,具备安装条件后,下一步就是根据加工安装草图在地面上对风管系统进行组配。

三通、弯头等配件与直风管预组装时,应有一根直风管将一端的法兰连接好,另一端留待施工现场按实际尺寸调整后,再装上法兰。组配好的风管为防止在施工现场安装时发生差错或安装时法兰对不上孔等弊病,应将直风管和各种部件按加工草图编号,做好对正记号。按施工验收规范或设计要求铆好加固框,并按设计要求的位置开好温度和风压测量孔。

(3)风管连接

①风管法兰连接

风管和部件按照草图编号组对,复核无误后即可将风管连接成管段。风管管段的连接长度应按风管的壁厚、法兰与风管的连接方法、安装部位和吊装方法等因素确定,一般可接至10～12m长。

采用法兰连接的风管,其密封垫料应选用不透气、不产尘、弹性好的材料,法兰垫料应尽量减少接头,接头形式采用阶梯形或企口形,接头处应涂密封胶。

法兰之间的垫料应符合设计要求,设计无要求时按表10.19选用。法兰连接时,首先按要求垫好垫料,然后把2个法兰先对正,穿上几颗螺栓并套上螺母,不要上紧。再用尖冲塞进未上螺栓的螺孔中,把2个螺孔撬正,直到所有螺栓都穿上后,拧紧螺栓。拧紧螺栓时应按十字交叉法逐步均匀地拧紧。风管连接好后,以两端法兰为准,拉线检查风管连接是否平直。

表10.19 法兰垫料选用表

应用系统	输送介质	垫料材料及厚度(mm)		
一般空调系统及送、排风系统	温度低于70℃的洁净空气或含尘、含湿气体	密封胶带	软橡胶带	闭孔海绵橡胶板
		3	2.5～3	4～5
高温系统	温度高于70℃的空气或烟气	石棉绳	耐热橡胶板	
		$\phi 8$	3	
化工系统	含有腐蚀性介质的气体	耐热橡胶板		
		2.5～3		
洁净系统	有净化等级要求的洁净空气	橡胶板	闭孔海绵橡胶板	
		5	5	
塑料风管	含腐蚀性气体	软聚氯乙烯板		

法兰垫料安装注意事项:

a.了解各种垫料的使用范围,避免用错垫料。

b.法兰表面应擦拭干净,无异物和水。

c.法兰垫料不得凸入管内。法兰垫料的安装应尽量减少接头;垫料接头时应采用梯形或榫形连接,并涂胶粘牢。

d. 严禁在法兰拧紧后往法兰缝隙填塞垫料。

法兰连接注意事项：

a. 螺母应按十字交叉法逐步均匀地拧紧。螺母应在法兰的同侧。

b. 法兰如有破损(开焊、变形等)应及时更换、修理。

c. 不锈钢风管法兰连接的螺栓，宜用同材质的不锈钢制成。如用普通碳素钢材料时，应按设计要求表面采用镀铬或镀锌处理。

d. 铝板风管法兰连接应采用镀锌螺栓，并在法兰两侧垫镀锌垫圈。

②风管无法兰连接

a. 承插式连接：主要用于圆形风管连接。按气流方向把小口插入大口，用自攻螺丝或拉铆钉紧密固定。

b. 芯管式连接：主要用于圆形风管连接。先制作连接芯管，然后插入两侧风管，再用自攻螺丝或拉铆钉将其紧密固定。

c. 抱箍式连接：主要用于圆形风管连接。将两风管对正，套上抱箍并拧紧固定螺栓。

d. 立咬口式连接：主要用于矩形风管连接。翻边或套上包边后压紧，采用拉铆钉或铆钉固定。

e. 插条式连接：主要用于矩形风管连接。将不同形式的插条插入风管两端，然后压实。

f. 软管式连接：主要用于风管与部件(如散流器、静压箱侧送风口等)的相连。安装时，软管两端套在连接的管外，然后用特制软卡把软管箍紧。

(4)风管吊装

风管连成管段后，即要按照施工方案确定的吊装方法，根据先干管后支管的安装程序进行吊装。风管吊装前，应对安装好的支、吊、托架进行进一步检查，看其位置是否正确，强度是否可靠。

吊装前，应对吊具进行检查，无误后方可挂好滑轮，穿上麻绳，牢固地捆扎好风管，进行吊装。起吊时，慢慢拉紧系重绳，使绳子受力均衡保持正确的重心。当风管离地 200～300mm 时，应停止起吊，再次检查滑轮的受力点和所绑的麻绳与绳扣。确认无误后，继续吊到安装高度，将风管放在支、吊架上，确认风管稳固后解开绳扣，去掉绳子。质量较轻、安装高度不高的风管，可先置于脚手架上，再抬到支架上。

(5)风管安装后的调整和检查

①水平安装的风管可以用吊架上的调节螺栓来找正找平。有保温垫块的风管允许通过改变垫块的厚薄来稍作调整，但不能因调整而取消垫块。风管出现扭曲时，只能用重新装配法兰的办法调整，不能用在法兰的某边多塞垫料的办法来调整。风管的水平或坡度用水平尺检查。风管连接的平直情况用线绳拉线检查，垂直风管用线坠吊线的办法检查。水平风管一般以 10m 为一个检查单位，垂直风管可以每层为一个检查单位。

②水平管道的坡度，若设计无规定，输送正常温度的空气时，可不考虑坡度；输送相对湿度大于 60%的空气时，应有 1%～7.5%的坡度，坡向排水装置。

③输送易产生冷凝水空气的风管，应按设计要求的坡度安装。风管底部不宜设纵向接缝，如有接缝应进行密封处理。

④钢板风管与砖、混凝土风道的插接应顺气流方向，风管插入端与风道表面应平齐，并应进行密封处理。

⑤输送易燃易爆气体的风管必须符合下列要求：

a. 安装易燃易爆气体的风管及安装在易燃易爆介质环境内的通风系统都必须设置有良好的接地装置，且风管应保持严密不泄漏。接地装置的做法是：在法兰两侧的铁皮风管上钻孔，装上镀锌垫片和 M8×25 螺栓，并用螺帽拧紧，待风管法兰盘连接完毕后，再在两外露的螺杆处跨接直径不小于 4mm 的裸铜导线，再用螺帽拧紧，接地点距离不超过 25m；每个跨接点电阻不大于 10m；接地极的做法应符合国家标准《电气装置安装工程接地装置施工及验收规范》(GB 50169—2006)的规定。导线跨接如图 10.38 所示。

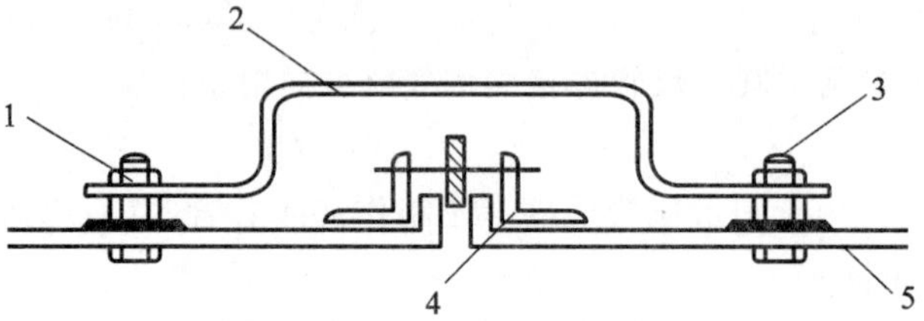

图 10.38　导线跨接示意图

1—镀锌螺帽；2—铜导线；3—镀锌螺栓；3—风管法兰；5—风管铁皮

b. 易燃易爆系统宜减少接口，通风系统通过易燃易爆环境内亦应尽量减少接口。

c. 易燃易爆系统通过生活间或其他辅助生产车间时必须保持严密，并不得设置接口。

⑥风管穿出屋面应符合下列要求：

a. 应要求设计上设置井口，并设防雨罩，与风管连接处应用腻子(桐油拌石膏粉)或防水密封胶泥进行密封，以阻止雨水顺风管下流，如图 10.39 所示。

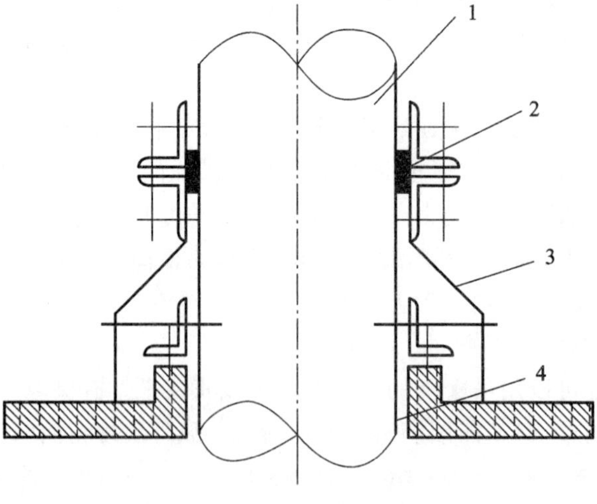

图 10.39　屋面防雨罩

1—风管；2—腻子；3—防雨罩；4—井口

b. 风管若超出屋面 1.5m 高，应设拉索一层，超过 3～8m 应设两层拉索，最上层必须固定在风帽法兰下的单独抱托上。每层应不少于三根拉索。

c. 拉索不得固定在风管法兰上，严禁拉在避雷针或避雷网上。

⑦硬质聚氯乙烯风管安装要求如下：

a. 塑料风管与热力管道之间应有足够的距离，最小间距不小于 0.5m，以防止塑料风管受热变形。

b.塑料风管在温度变化时易产生伸缩，应每隔15～20m设一个伸缩节，相邻的支管应设软接头。

c.法兰垫料宜采用3～5mm的耐酸橡胶板或软聚氯乙烯板。法兰连接螺栓应采用镀锌螺栓或增强尼龙螺栓，并且要有镀锌垫片衬垫。

d.风管穿墙或楼板时必须用金属套管加以保护。套管和风管之间应有5～10mm的间隙；套管与墙体或楼板之间应用砂浆填平。穿过楼板时，应设混凝土保护圈，防止漏水和风管受意外撞击。

预埋套管的内径尺寸应以能穿过风管的法兰及保温层为准，其壁厚不应小于2mm，外表面应配有肋板，焊接牢固，不做防腐处理；预埋套管在楼板中至少应高出楼面20mm，预埋在墙体内应与墙体表面平齐。

e.风管安装时，应轻拿轻放。吊装时，应绑控制绳，防止碰撞造成损坏。

f.矩形塑料风管与卡箍之间应垫以3～5mm厚的塑料垫片；圆形塑料风管与卡箍之间应垫软聚氯乙烯板，卡箍不宜卡得太紧，以便风管自由伸缩。

g.风管上所用的金属附件和部件，应按设计要求进行防腐处理。

h.支、吊、托架最大间距不超过3m。支、吊、托架与风管的接触处应垫厚度为3mm的橡胶板。不得将支管的重量支承于干管上。

⑧不锈钢风管与普通碳素钢支架接触处，应按设计要求在支架上喷刷涂料，或在支架与风管之间垫以3～5mm厚的橡胶板、塑料板，防止碳素钢生锈损坏不锈钢表面钝化膜。风管穿过防火防爆的墙体或楼板时应设预埋管或防护套管，风管与防护套管之间用不燃且对人体无危害的柔性材料封堵。

⑨铝板风管安装要求如下：

a.铝板风管法兰应与风管材料相同，法兰连接应采用镀锌螺栓并在法兰两侧垫以镀锌垫片。

b.铝板风管的支、吊、托架应镀锌或按设计要求做防腐绝缘处理，并垫以5mm厚的橡胶板，以防止接触时产生电化学腐蚀。

⑩玻璃钢(包括无机玻璃钢)风管的安装应符合下列规定：

a.风管不得扭曲、树脂破裂、脱落及界皮分层等，破损处应及时修复。

b.支架的形式、宽度与间距应符合设计要求。

c.连接法兰的螺栓两侧应加镀锌垫圈。

d.在运输及安装过程中严禁敲打、撞击，如有破损应及时修补。

e.所有支架安装应保持水平。

f.防护套管的内径尺寸应略大于所保护风管的法兰及保温层厚度，套管应牢固地预埋在墙体或楼板内。钢制套管的壁厚不应小于2mm。

5.净化空调系统的风管安装

净化空调系统的风管安装，与一般通风和空调系统的安装方法基本相同，其不同之处在于：施工现场的环境要干净，风管内不被污染，必须保持清洁，风管的连接应严密。在施工过程中应注意下列几点：

(1)系统安装应严格按照施工程序进行，不得颠倒。

(2)预制加工后的风管，其内部应保持清洁，塑料封口要保持密封状态。如塑料封口已损坏，应再一次清洗干净后与其他风管连接。

(3)为了避免风管在吊装过程中发生变形而降低其严密性，每次吊装的风管总长度应在6～8m的范围。

(4)风管在围护结构安装或穿过围护结构时，其接线处应采取密封措施，做到清洁、严密。

(5)法兰垫片和清扫口、检查口等的密封垫料应选用不漏气、不产尘、弹性好、不易老化和有一定强度的材料，如闭孔海绵橡胶板、软橡胶板等，厚度应为5～8mm。严禁采用厚纸板、石棉绳、铅油麻丝、泡沫塑料以及乳胶海绵等易产尘材料。

(6)法兰垫片应减少接头，接头必须采用梯形或榫形连接，垫片应干净，并涂密封胶粘牢。

(7)风管在地面上组装后，必须将两端用塑料布封口，待与系统连接时封口再拆除。

(8)暂时安装完毕的风管系统，其系统两端口或分支口要用塑料布封口，防止环境中的灰尘污染风管内部。

6.风管系统严密性检验

系统风管安装后的严密性检验，是检验风管、部件制作加工后的咬口缝、铆钉孔、风管的法兰翻边及风管与管件连接等的严密性。如果系统的漏风量超过要求，则会造成系统运行过程中的能量浪费并会缩短空气过滤器的使用寿命，甚至会使空调、洁净系统的效果达不到设计要求。因此，风管系统安装后，可根据系统大小等具体情况，对总管和支干管进行分段或整个系统的漏风量试验，待试验合格后再安装支管、部件及进行风管的保温工作。

根据我国通风与空调工程施工的实际情况，将风管系统严密性的检验分为三个等级。

高压风管系统的泄露，对系统的正常运行会产生较大的影响，应进行全数检查。对于1～5级的净化空调系统，风管的过量泄漏会严重影响洁净度目标的实现，故规定以高压系统的要求进行验收。

中压风管系统大都为低级别的净化空调系统、恒温恒湿与排烟系统等，对风管的质量有较高的要求，应进行系统漏风量的抽查检测。

低压系统在通风与空调工程中占有最大的数量，大都为一般的通风、排气和舒适性空调系统。它们对系统的严密性要求相对较低，少量的漏风对系统的正常运行影响不太大，不宜动用大量人力、物力进行现场系统的漏风量测定，宜进行现场系统的漏光检测。在漏光检测时，若风管系统没有明显的、众多的漏光点，则说明工艺质量是稳定可靠的，就认为风管的漏风量符合规范的规定要求，可不再进行漏风量的测试。当进行漏光检测时，发现大量的、明显的漏光，则说明风管加工工艺质量存在问题，其漏风量会很大，必须用漏风量的测试来进行验证。

(1)漏光法检测

漏光法检测是利用光线对小孔的强穿透力，对系统风管严密程度进行检测的方法。检测应采用具有一定强度的安全光源，手持移动光源可采用不低于100W带保护罩的低压照明灯，或其他低压光源。漏光检测时，光源可置于风管内侧或外侧，但其相对侧应为暗黑环境，检测光源应沿着被检测接口部位与接缝作缓慢移动，在另一侧进行观察，当发现有光线射出时，则说明查到明显漏风处，应做好记录，如图10.40所示。宜采用分段检测、汇总分析的方法。

(2)漏风量测试

①测试装置

漏风量测试应采用经检验合格的专用测量仪器，如风管式或风室式测试装置。风管式测试装置采用孔板作计量元件；风室式测试装置采用喷嘴作计量元件。漏风量测试装置的风机，

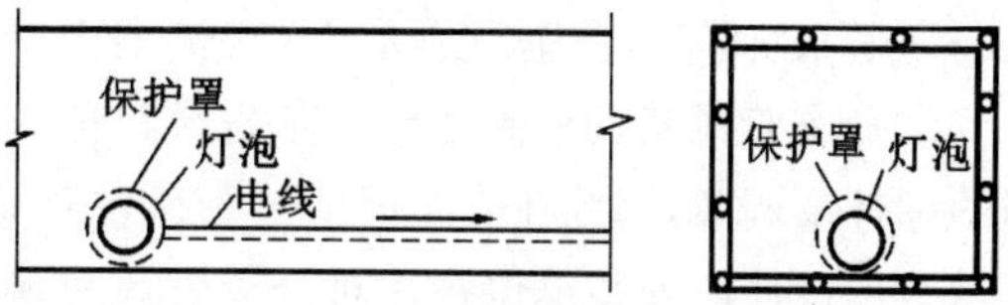

图 10.40　光源置于风管内侧时漏光检测示意图

其风压和风量应分别大于被测定系统或设备的规定试验压力及最大允许漏风量的 1.2 倍。漏风量测试装置试验压力的调节，可采用调整风机转速的方法，也可采用控制节流装置开度的方法。漏风量值必须在系统经调整后，保持稳压的条件下测得。漏风量测试装置的压差测定应采用微压计，其最小读数分格不应大于 2.0Pa。

②测试方法

正压或负压系统风管与设备的漏风量测试，分正压试验和负压试验两类，一般可采用正压条件下的测试来检验。

系统调风量测试可以整体或分段进行。测试时，被测系统的所有开口均应封闭，不应漏风。

被测系统的漏风量超过规定时，应查出漏风部位（可用听、摸、观察、水或烟检漏），做好标记；修补完工后，重新测试，直至合格。

漏风量测定值一般应为规定测试压力下的实测数值。特殊条件下，也可用相近或大于规定压力下的测试值代替，其漏风量可按式(10.2)换算：

$$Q_0 = Q\left(\frac{P_0}{P}\right)^{0.65} \tag{10.2}$$

式中　P_0——规定试验压力，500Pa；

Q_0——规定试验压力下的漏风量，$m^3/(h \cdot m^2)$；

P——风管工作压力，Pa；

Q——工作压力下的漏风量，$m^3/(h \cdot m^2)$。

10.2.2　风管配件安装

10.2.2.1　风管配件安装施工准备

风管配件安装前除应按前述有关内容进行施工准备外，还应做好以下几点准备：

(1)检查已制作好的部件，部件不应有变形、扭曲、开裂、孔洞，法兰脱落，法兰开焊、漏焊、漏打螺栓孔等缺陷。

(2)安装的阀体、罩体等部件应检查其调节装置是否灵活，消声片、油漆层有无损伤。

(3)风阀、柔性短管和风帽采用法兰连接时，其法兰规格应与风管法兰规格相匹配。

10.2.2.2　风管配件安装施工工艺

1. 风阀安装

①风管系统上安装的蝶阀、多叶阀等各类风阀，在安装前应检查框架结构是否牢固，调节、制动、定位等装置应准确灵活。安装时将风阀法兰与风管或设备上的法兰对正，加密封垫片并拧紧螺丝，使其连接牢固及严密。

②阀件的调节装置应安装在便于操作的部位。

③注意风阀的气流方向，应按风阀外壳标注的方向安装，不得装反。

④风阀的开闭方向、开启程度应在阀体上有明显和准确的标志。

⑤安装在高处的风阀，其操纵装置应距地面或平台 1～1.5m。

⑥输送灰尘和粉屑的风管，不应使用蝶阀，可采用密闭式斜插板阀。斜插板阀应顺气流方

向与风管成 45°角，在垂直管道上(气流向上)的插板阀以 45°角逆气流方向安装。

⑦分支管风量调节阀是作为各送风口的风量平衡之用，由于阀板的开启程度依靠柔性钢丝绳的弹性来调节，因此在安装时应该特别注意调节阀所处的部位，其正确的安装部位如图 10.41 所示。但设计或安装单位往往对分支管风量调节阀的性能不甚了解，有时会错误地将其安装在支管中，使风阀的阀板处于全关状态，如图 10.42 所示。

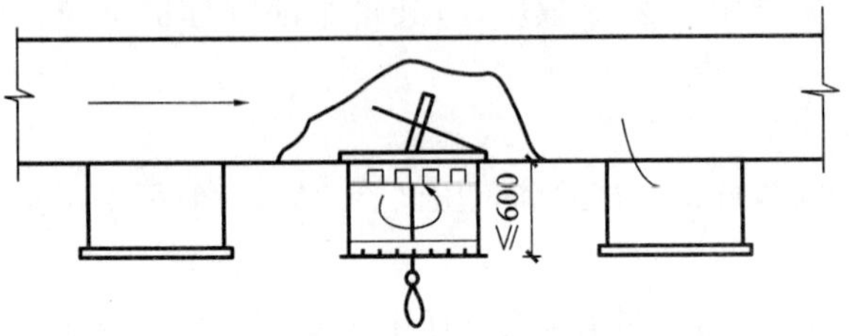

图 10.41　分支管风量调节阀安装的正确部位

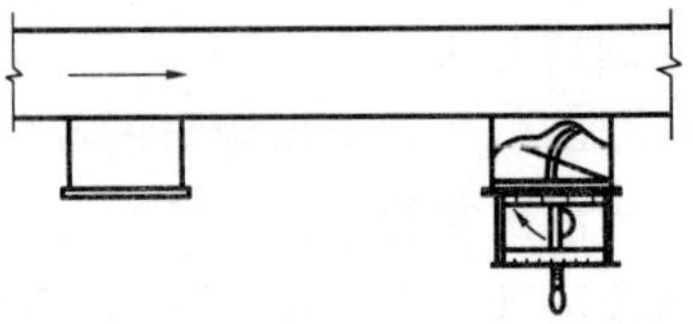

图 10.42　分支管风量调节阀安装的错误部位

2. 余压阀安装

余压阀是保证洁净室内静压能维持恒定的重要部件。它安装在洁净室的墙壁下方，应保证阀体与墙壁连接后的严密性，而且注意阀板的位置处于洁净室的外墙，以使室内气流当静压升高时而流出。安装时应注意阀板的平整和重锤调节杆不受撞击变形，使重锤调整灵活。如图 10.43 所示。

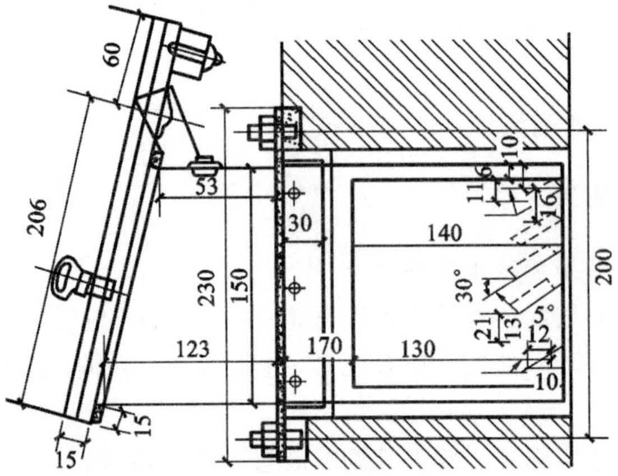

图 10.43　余压阀的安装

3. 防火阀安装

防火阀有水平、垂直、左式和右式之分，安装时不能弄错，否则将造成不应有的损失。

①防火阀楼板吊架和钢支座安装：如图 10.44 和图 10.45 所示，防火阀安装部位不同，可分别采用吊架和支座，以保证防火阀的稳固。

②风管穿越防火墙时防火阀安装：如图 10.46 所示，除防火阀单独设吊架外，穿墙风管的管壁厚度要大于 1.6mm，防火分区两侧的防火阀距墙表面应不大于 200mm，安装后应在墙洞与防火阀间用水泥砂浆密封。

③变形缝处防火阀安装：如图 10.47 所示，在变形缝两端均设防火阀，穿越变形缝的风管中间设有挡板，穿墙风管一端设有固定挡板；穿墙风管与墙之间应保持 50mm 的距离，其间用柔性不燃材料密封，保持一定的弹性。

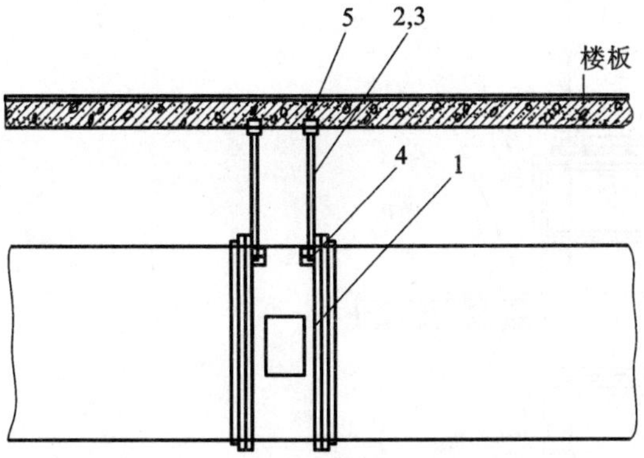

图 10.44　防火阀楼板吊架安装

1—防火阀；2，3—吊杆和螺母；4—吊耳；5—楼板吊耳

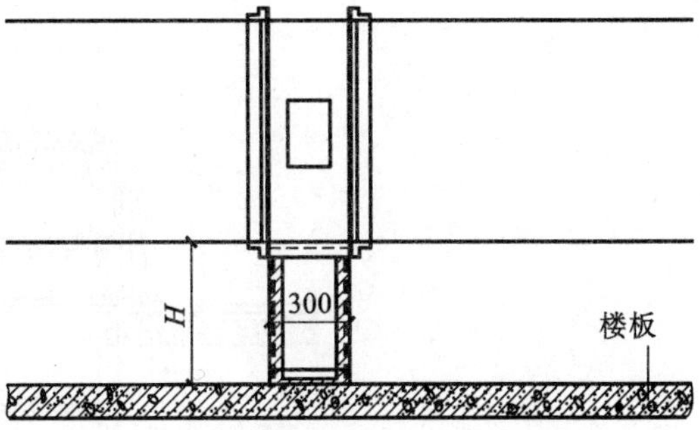

图 10.45　防火阀楼板钢支座安装

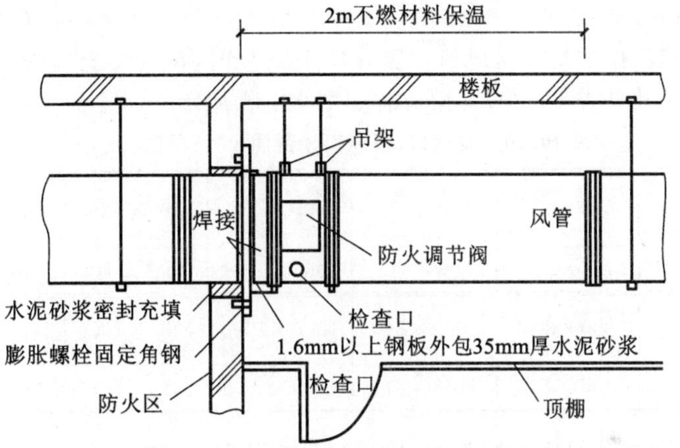

图 10.46　防火墙处的防火阀安装

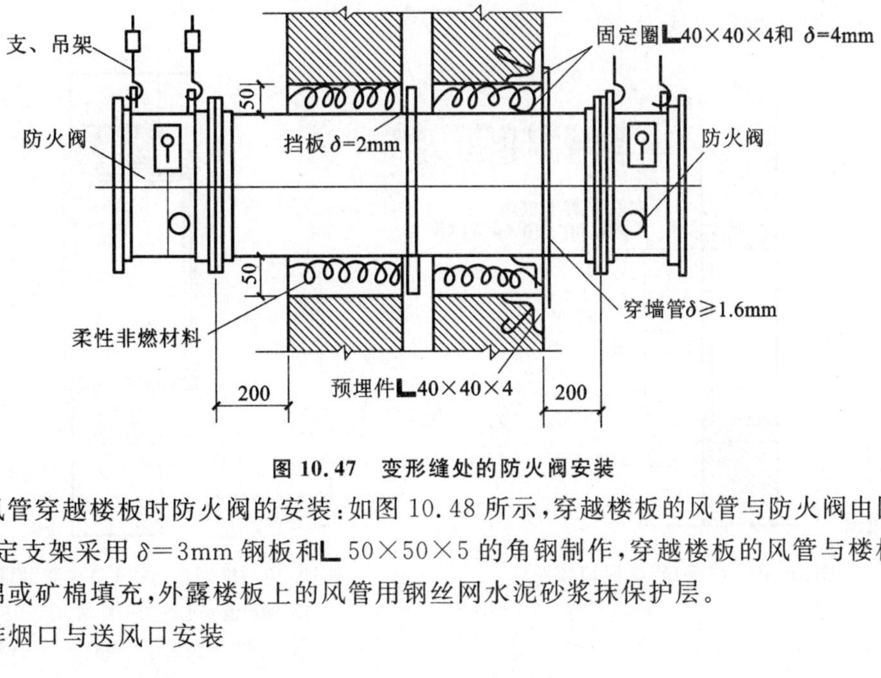

图 10.47　变形缝处的防火阀安装

④风管穿越楼板时防火阀的安装：如图 10.48 所示，穿越楼板的风管与防火阀由固定支架固定，固定支架采用 $\delta=3\text{mm}$ 钢板和∟50×50×5 的角钢制作，穿越楼板的风管与楼板的间隙用玻璃棉或矿棉填充，外露楼板上的风管用钢丝网水泥砂浆抹保护层。

4. 排烟口与送风口安装

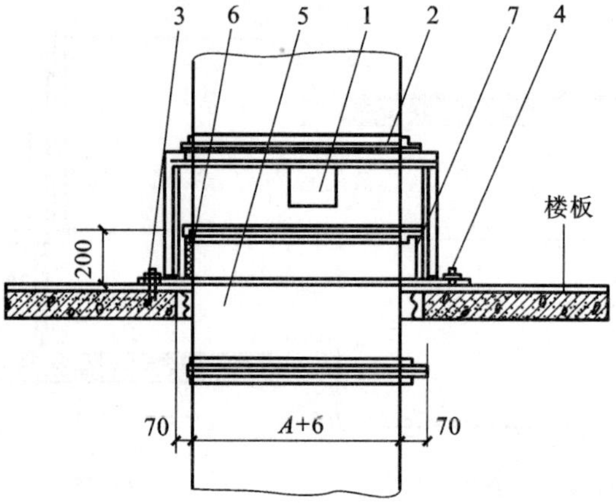

图 10.48 风管穿越楼板时防火阀安装

1—防火阀；2—固定支座；3—膨胀螺栓；4—螺母；5—穿楼板风管；6—玻璃棉或矿棉；7—保护层

①竖井墙上安装：排烟口与送风口在竖井墙上安装前，在混凝土框内应预埋∟40×40×4的角钢框，预留洞尺寸见表10.20，其预留洞如图10.49所示。

表 10.20 排烟口、送风口预留洞尺寸(单位：mm)

排烟口、送风口规格 $A\times B$	500×500	630×630	700×700	800×630	1000×630	1250×630
预留洞尺寸 $a\times b$	765×515	895×645	965×715	1055×645	1265×645	1515×645
排烟口、送风口规格 $A\times B$	800×800	1000×800	1000×1000	1250×1000	1600×1000	—
预留洞尺寸 $a\times b$	1065×815	1265×815	1265×1015	1515×1015	1865×1015	—

排烟口与送风口安装时应先制作钢板安装框，安装框与预留混凝土角钢框连接，最后将排烟口与送风口插入安装框中，并固定。排烟口和送风口如与风管连接时，钢板安装框一侧应将风管法兰钻孔后再进行连接，如图10.50所示。

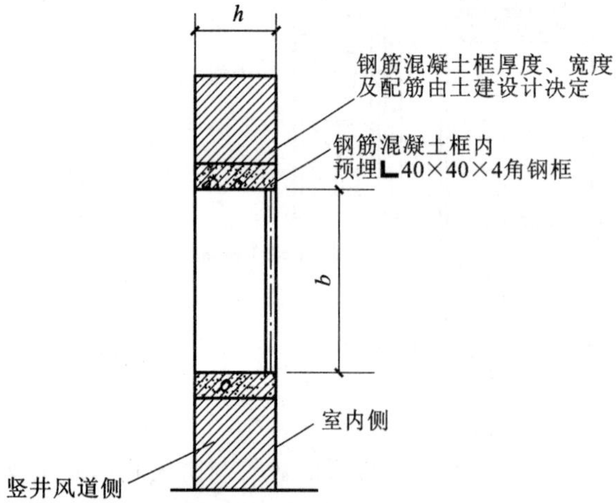

图 10.49 排烟口、送风口预留洞

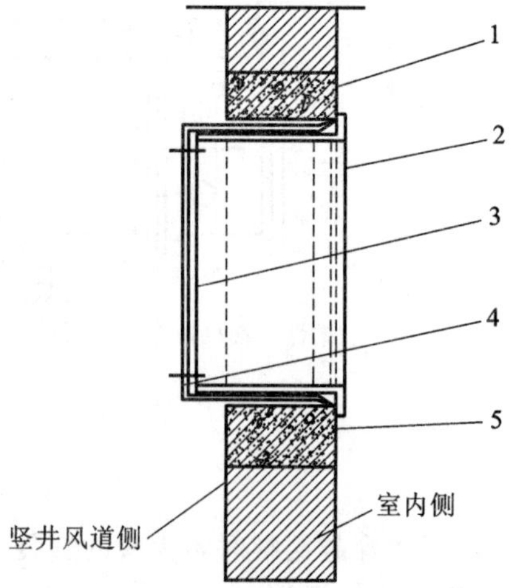

图 10.50 排烟口、送风口在竖井墙上安装

1—钢筋混凝土框；2—排烟口或送风口；3—钢筋安装框；4—螺栓；5—角钢框

②排烟口在吊顶内安装:其安装方法如图10.51所示。

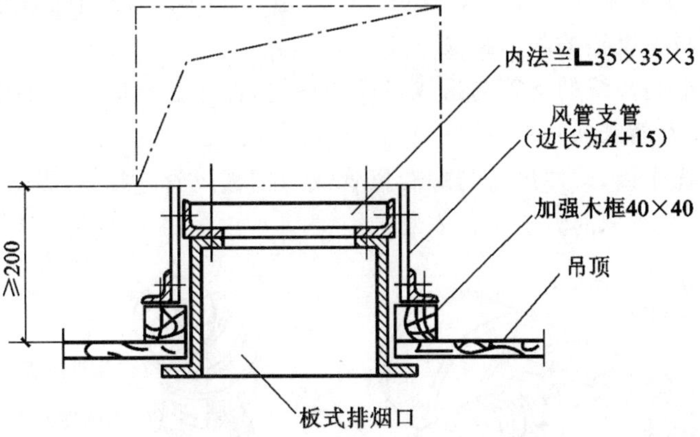

图10.51 排烟口在吊顶内安装

5.局部排气系统的部件安装

局部排气系统的排气柜、排气罩、吸气漏斗及连接管等,必须在工艺设备就位并安装好以后再进行安装,以满足工艺的要求。安装时各排气部件应固定牢固,调整至横平竖直,外形美观,外壳不应有尖锐的边缘,安装的位置应不妨碍生产工艺设备的操作。其安装要求如下:

①各类吸尘罩、排气罩的安装位置应正确,牢固可靠,支架不得设置在影响操作的部位。

②用于排出蒸汽或其他潮湿气体的伞形排气罩,应在罩口内边采取排凝结液体的措施。

③罩子的安装高度对其实际效果影响很大,如果不按设计要求安装,则不能得到预期的效果。这一高度既要考虑不影响操作,又要考虑有效排除有害气体,其高度以罩的下口离设备上口小于或等于排气罩下口的边长最为合适。

④局部排气罩不得有尖锐的边缘,其安装位置和高度不应妨碍操作。

⑤局部排气罩因体积较大,故应设置专用支、吊架,并要求支、吊架平整,牢固可靠。

6.风帽安装

①风帽可在室外沿墙绕过檐口伸出屋面,或在室内直接穿过屋面板伸出屋顶。

②穿过屋面板安装的风管,必须完好无损,不能有钻孔或其他创伤,以免使用时雨水漏入室内。风管安装好后,应装设防雨罩,防雨罩与接口应紧密,防止漏水。

③不连接风管的筒形风帽,可用法兰固定在屋面板上的混凝土或木底座上。当排送湿度较大的空气时,为了避免产生的凝结水滴漏入室内,应在底座下设滴水盘并设排水装置。

④风帽装设高度高出屋面1.5m时,应用镀锌铁丝或圆钢拉索固定,防止被风吹倒。拉索不应少于3根,拉索可加花篮螺丝拉紧。拉索可在屋面板上预留的拉索座上固定。

7.柔性短管安装

柔性短管的安装应松紧适当,不能扭曲。安装在风机吸入口的柔性短管可安装得绷紧一些,防止风机启动后被吸入而使截面尺寸减小。在连接柔性短管时应注意,不能把柔性短管当成找平找正的连接管或异径管。

柔性短管除现场制作外,还有定型的产品,它是以金属(如铝箔、镀锌薄钢板、不锈钢薄板)和涂塑化纤织物(如聚酯、聚乙烯、聚氯乙烯薄膜)为管壁材料,采用机械缠绕工艺,以金属螺旋线咬接而成。具有结构新颖、质轻性柔、耐腐防霉等特点,常用于通风、除尘、排气系统,也可用于空调系统支风管与送风口的连接等部位。

柔性风管在水平或垂直安装时，应使管道充分地伸展，确保柔性风管的直线性，一般应在管道端头施加 150N 拉力使管道舒展。管道支架应适当地增设，以消除管道的弧形下垂，并可增加外形的美观和减少管道的阻力损失。

柔性风管用作空调系统的支管与送风口的连接时，由于受空间位置的限制，可折成一定的角度，不需要施加拉力而舒展。

柔性风管与直管连接，柔性风管与螺旋风管或薄钢板风管连接，以及柔性风管与异形管件连接等，可按图 10.52 所示的方法进行安装。

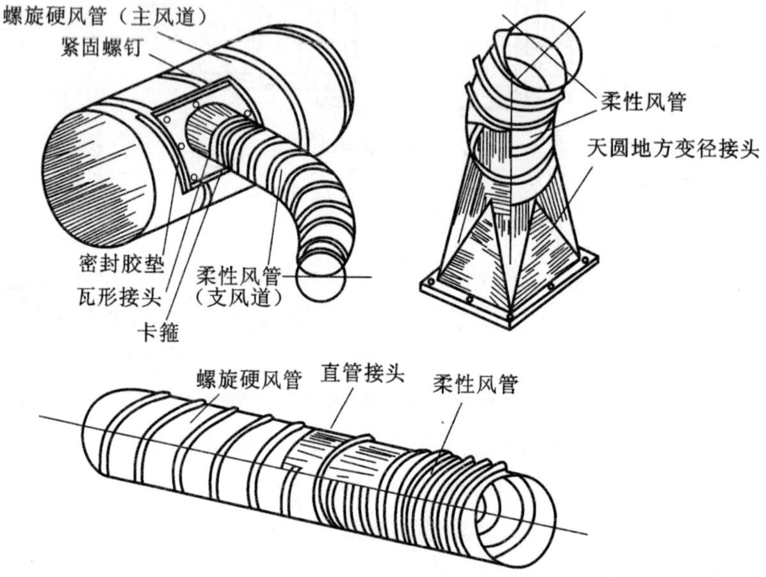

图 10.52 柔性风管的连接

10.3 通风空调水系统安装

10.3.1 空调制冷系统管道安装

1. 工艺流程

检验→施工准备→管道等安装→系统吹污→系统气密性试验→系统抽真空→管道防腐→系统充制冷剂→检验。

2. 熟悉图纸、工艺流程、施工程序及技术质量要求等技术文件（资料）。

3. 按施工图所示管道坐标进行测量放线，同时查找支、吊架及预埋件或确定支、吊架的生根方法、生根位置。

4. 管道支、吊架的形式、位置、间距、标高应符合设计要求，连接压缩机的吸、排气管道须设单独支架，管径小于或等于 20mm 的铜管道，在阀门等处应设置支架。管道上下平行敷设时，冷介质管道应在下部。

5. 保温管道与支、吊架之间应垫以绝热衬垫或经防腐处理的木衬垫，其厚度应与绝热层厚度相同，表面平整。衬垫接合面的空隙应填实。

6. 制冷剂和润滑油系统的管子、管件与阀门在安装前应清洗，以防铁锈、污物等进入系统造成制冷机、油泵等损坏，或管道、阀门、滤网被堵塞，使系统无法正常运行。管道清洗后应进行干燥处理。

7. 制冷剂(安装前)阀门的单体试压应符合下列规定：强度试验的压力为公称压力的1.5倍，时间不少于5min；严密性试验的压力为阀门公称压力的1.1倍，持续30s不漏为合格，合格后应保持阀体内的干燥。

8. 制冷剂管道安装

(1)液体管道不得向上安装成“Ω”形，气体管道不得向下安装成倒“Ω”形(特殊的回油弯除外)。

(2)从液体干管引出支管，应从干管底部或侧面接出；从气体干管引出支管，应从干管顶部或侧面接出。有两根以上的支管从干管引出时，连接部位应相互错开，间距不应少于2倍支管直径，且不宜小于200mm。

(3)与制冷压缩机或其他设备相连接的管道不得强迫对口。

(4)管道穿越墙体或楼板处应设钢制套管，管道的法兰、焊缝和管路附件不得置于套管内。钢制套管应与墙面或楼板底面平齐，但应比地面高出20mm。管道与套管的空隙宜保持10mm，间隙内不应填充材料。

(5)各设备之间连接的管道，其坡度及坡向应符合设计要求。制冷系统管道的坡度及坡向，如设计无明确规定，应满足表10.21的要求。

表10.21 制冷剂管道坡度、坡向

管道名称	坡向	坡度
压缩机吸气水平管(氟)	压缩机	≥10/1000
压缩机吸气水平管(氨)	蒸发器	≥3/1000
压缩机排气水平管	油分离器	≥10/1000
冷凝器水平供液管	贮液器	1/1000～3/1000
油分离器至冷凝器水平管	油分离器	3/1000～5/1000

(6)安全阀放空管末端宜做成“S”形水封状或“τ”形，排放口应朝向安全地带。安全阀与设备间若设关断阀门，在运转中必须处于全开位置，并予以铅封。

(7)制冷剂管道的弯管及三通应符合下列规定：弯管的弯曲半径宜取3.5～4倍弯管直径D，椭圆率不应大于$0.08D$，不得使用焊接弯管(虾壳管)及褶皱弯管。制作三通、支管应按介质流向弯成90°弧形与主管相连，不宜使用弯管半径为$1.5D$的压制弯管。

(8)铜管安装应符合下列规定：铜管切口表面应平整，不得有毛刺、凹凸等缺陷，切口平面允许倾斜，偏差为管子直径的1%。铜管及铜合金的弯管可用热弯或冷弯，椭圆率不应大于8%。铜管管口翻边后应保持同心，不得出现裂纹、分层豁口及褶皱等缺陷，并应有良好的密封面。铜管可采用对焊、承插式焊接及套管式焊接，其中承口的扩口深度不应小于管径，扩口方向应迎介质流向。

(9)几组并列安装的配管，其弯曲半径应相同，间距、坡向、倾斜度应一致。

9. 氨系统管道不得采用铜管，管内不得镀锌，系统中的附件、阀门及填料不得用铜制或铜合金材料(磷青铜除外)。

10.阀门及附件安装

(1)阀门的安装位置、方向与高度应符合设计要求,不得反装。

(2)安装带手柄的截止阀,手柄不得向下。电磁阀、调节阀、热力膨胀阀、升降式止回阀等的阀头均应向上竖直安装。

(3)热力膨胀阀的安装位置应高于感温包。感温包应安装在蒸发器末端的回气管上,与管道接触良好,绑扎紧密,并用绝热材料密封包扎,其厚度宜与管道绝热层相同。

(4)自控阀门须按设计要求安装,在连接封口前应做开启动作试验。

(5)安全阀安装前,应检查铅封情况和出厂合格证书,不得随意拆启。

(6)安全阀与设备间若设关断阀门,在运转中必须处于全开位置,并予以铅封。

11.仪表安装

(1)所有测量仪表按设计要求均采用专用产品,压力测量仪表须用标准压力表进行校正,温度测量仪表须用标准温度计校正并做好记录。

(2)所有仪表应安装在光线良好、便于观察、不妨碍操作检修的地方。

(3)压力继电器和温度继电器应安装在不受震动的地方。

10.3.2 冷(热)水系统管道安装

(1)冷(热)水、冷却水及冷凝水管道安装,以及空调用蒸汽管道安装,应符合国家标准《工业金属管道工程施工质量验收规范》(GB 50184—2011)与《建筑给水排水及采暖工程施工质量验收规范》(GB 50242—2002)的有关规定。

(2)管道安装前必须将管内的污物及锈蚀清除干净;安装停顿期间对管道开口应采取封闭保护措施。

(3)冷冻水管道系统应在该系统最高处,且便于操作的部位设置放气阀。

(4)管道安装后应进行系统冲洗,系统清洁后方能与制冷设备或空调设备连接。

(5)管道系统安装后必须进行水压试验,冷冻水系统和冷却水系统试验压力:当工作压力小于或等于1.0MPa时,为工作压力的1.5倍,但最低不小于0.6MPa;当工作压力大于1.0MPa时,为工作压力加0.5MPa。系统水压试验时,在10min内,压力下降不大于0.02MPa,且外观检查不漏为合格。

(6)冷凝水的水平管应坡向排水口,坡度应符合设计要求。当设计无规定时,其坡度宜大于或等于8%。软管连接应牢固,不得有瘪管和强扭。冷凝水系统的渗漏试验可采用充水试验,无渗漏为合格。冷凝水排放应按设计要求安装水封弯管。

(7)管道与泵的连接应采用弹性连接,并在管道处设置独立支架。

(8)空调水系统采用硬聚氯乙烯(PVC-U)、聚丙烯(PP-R)、聚丁烯(PB)和交联聚乙烯(PEX)等有机材料管道时,安装操作工艺见有关材料。

(9)系统吹污、气密性试验、抽真空、检漏和充灌制冷剂。

①系统吹污:首先,整个制冷系统是一个密封而又清洁的系统,不得有任何杂物存在,必须采用洁净干燥的空气对整个系统进行吹污,将残存在系统内部的铁屑、焊渣、泥沙等杂物吹净。其次,吹污前应在系统的最低点设排污口,用压力为0.5～0.6MPa的干燥空气或氮气进行吹扫;如系统较长,可设置几个排污口进行分段排污。系统吹污工作按次序连续反复进行多次,

用白布检查吹出的气体无污垢时为合格。

②系统气密性试验：系统内污物吹净后，应对整个系统（包括设备、管道、阀件）进行气密性试验。

10.4　风机安装

10.4.1　风机的开箱检查

风机开箱检查时，应根据设计图纸，核对风机的名称、型号、机号、传动方式、旋转方向和风口位置等。风机符合设计要求后，应检查以下几个方面：

(1)根据设备装箱清单，核对叶轮、机壳和其他部位的主要尺寸，进、出风口位置等是否与设计相符。

(2)叶轮旋转方向应符合设备技术文件的规定。叶轮或转子的平衡品质等级须符合《通风级转子平衡》(ZBJ 72042—1990)的规定，皮带轮的平衡品质等级不得超过 6.3mm/s。叶轮超速试验应符合《工业通风机叶轮超速试验方法》(JB/T 6445—2005)的规定。

(3)进、出风口应有盖板严密遮盖，检查各个切削加工面、机壳防锈情况，以及转子是否发生变形或锈蚀、破损等。

(4)在额定转速下，在工作区内，通风机的实测空气动力性能曲线与典型性能曲线的偏差应满足下列规定：

①在规定的通风机全压或静压下，所对应的流量偏差为±5%；或者，在规定流量下，所对应的通风机全压或静压偏差为±5%。

②通风机的全效率不得低于其对应点效率的5%(轴流风机为3%)，轴流风机静压效率不得低于其对应点效率的2%。

③以上所指的典型性能曲线是指新产品鉴定时确认的性能曲线。

$$偏差 = \frac{实测值 - 标准值}{标准值} \times 100\%$$

(5)通风机的噪音应符合《通风机噪声限值》(JB/T 8690—2014)的规定。

(6)通风机的机械运转试验结果，轴承的温度、振动速度有效值应符合下列规定：

①轴承表面温度不得高于环境温度 40℃；

②振动速度有效值不得超过 6.3mm/s。

(7)进风口与叶轮盖进口的径向单侧间隙为叶轮直径的 0.15%～0.4%，轴向重叠长度为叶轮直径的 0.8%～1.2%。

(8)轴流风机的机壳与叶轮径向间隙均匀，其径向单侧间隙应为叶轮直径的 0.15%～0.35%。

(9)依据开箱检查，核对、测量和翻阅相关资料文件等，如实填写“设备开箱检查记录”(表 10.22)，经相关人员签字后归入竣工档案资料。

表 10.22　设备开箱检查记录

工程名称：

编　　号：

设备名称			型号规格		
安装位号		台(套)数		净重	
制造厂		件(个)数		毛重	
设备所带资料					

随设备配件和材料明细表

序号	名称	规格	单位	实收数	备注

建设单位代表：　　　　　　　　　　　　施工单位代表：

注：此表作施工记录用，交工时附在竣工资料中。

10.4.2　通风机的搬运与吊装

通风机的搬运和吊装应按施工方案进行，在搬运和吊装过程中须注意以下几点：

(1)整体安装的通风机，搬运和吊装的绳索不能捆绑在机壳和轴承的吊环上。与机壳边接触的绳索，在棱角处应垫上柔软的材料，防止磨损机壳和切断绳索。

(2)解体安装的风机，搬运吊装时，不能损坏主轴、轴衬表面、机壳、叶轮等部件。

(3)搬动风机时，不得将叶轮、齿轮轴直接放在地上滚动或移动；吊装过程中不得损坏输送特殊介质的风机叶轮及机壳内的保护层。

(4)防止吊装时通风机与建筑物相碰，应另绑牵引绳控制方向。

10.4.3　轴流式通风机的安装

轴流式通风机的安装形式通常有墙洞内安装和支架上安装两种。

1. 在墙洞内安装

轴流式风机可直接安装在预留的墙洞内。安装形式有无支座固定式安装(甲型)、有支座安装(乙型)和无支座活动式安装(丙型)，如图10.53所示。风机出口处可安装弯管、百叶等，还可根据设计要求加装防寒装置。

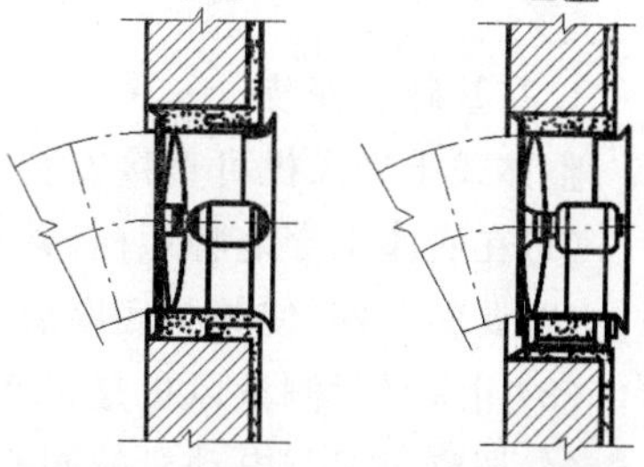

图10.53　轴流式风机在墙洞内的安装

安装前，三种不同安装形式均应配合土建施工预留墙洞。预留安装孔洞尺寸见表10.23，孔洞的结构形式如图10.54所示。安装时风机应放置端正，先用碎砖挤紧机壳使之初步固定，经校正使位置正确，标高符合设计要求后，再用水泥砂浆填塞机壳与墙洞的间隙，最后抹平压光。先安装风机后用法兰螺栓固定出风弯管(或遮光风口)。

表10.23　轴流式风机预留安装孔洞尺寸(mm)

机号	甲型	乙型		丙型
	D	R	H	D
$1\frac{1}{2}$	360	180	210	400
3	420	210	240	470
$1\frac{1}{3}$	480	240	270	520
4	540	270	310	570
5	640	320	370	680
6	740	370	450	790
7	860	430	500	900

风机底座必须与安装基面自然结合，不得敲打强行稳固，以防底座变形。安装时底座必须找平，拧紧固定螺栓。安装后风机外壳与安装孔洞之间的缝隙用填充物封严。

风机在窗口安装时，固定在木结构上，并用1mm厚的钢板将四周缝隙封严。

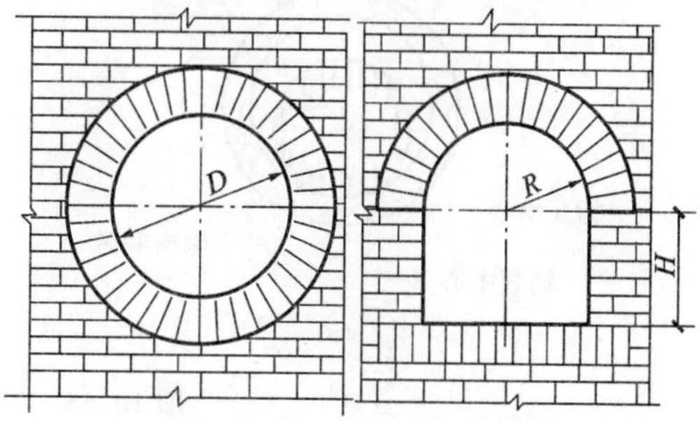

图10.54　轴流式风机在墙洞内安装的预留洞

2. 在支架上安装

安装前，应按设计要求做好支架，埋于墙体或柱内，悬臂支架应有30°～45°的斜支撑，支撑横梁的栽埋深度不小于200mm。支架应枝干竖直、牢固可靠。支架栽埋达到强度后才能进行风机安装。风机应平稳地固定于支架上。

轴流式风机安装后，应检查叶轮与风筒间的间隙是否均匀，用手拨动叶片检查有无刮壳现象。

轴流式风机在墙内安装时，预留墙洞的直径、中心标高应符合设计规定，圆形或拱形的预留孔洞，应用砖拱旋砖砌筑，孔洞的表面应平整，圆弧均匀，砖缝灰浆饱满。

10.4.4　离心式通风机的安装

离心式通风机的安装有两种形式，一种为有底座直接安装在基础上，另一种为安装在支架上。

1.在基础上安装

整体式小型风机可直接安装，程序如下：

(1)在底座上穿地脚螺栓，并拧满螺母，将风机连同底座一起吊装在基础上。

(2)调整底座，使其与底座上画定的横向及纵向中心线吻合。

(3)用水平尺测量风机是否水平，如不水平，可通过在底座四角下垫铁找平。

(4)调整风机与电动机的同心度。调整时，松动风机或电动机与底座的固定螺栓，微调后，再拧紧螺栓。

(5)二次浇筑，将地脚螺栓孔用细石混凝土浇灌、捣实。将基础面与底座间缝隙抹平压光。

(6)二次浇筑固结后，再次校正风机与电动机的水平度与同心度，合格后拧紧螺栓。

解体式风机应分步安装，步骤如下：

(1)清理好基础和螺栓孔，并在基础上画出风机，安装纵向及横向中心线。

(2)将底座穿上地脚螺栓拧上螺母，把机壳、机座吊装到基础上，并就位，调整风机使其对准安装中心线。

(3)将叶轮装上轮轴，将电动机及轴承架吊放在基础上。

(4)用水平尺检查风机轮轴的水平度，如不水平，可加垫铁找平。找平后，将垫铁点焊固定。

(5)检查和调整滑动轴承轴瓦间隙，参见图10.55。一般顶部间隙为(0.0018～0.002)d(d为轴颈直径)，侧向间隙应为顶部间隙的一半；推力间隙$a+b=0.3\sim0.4$mm，膨胀间隙e不应小于轴受热膨胀伸长量，f应为0.5mm。

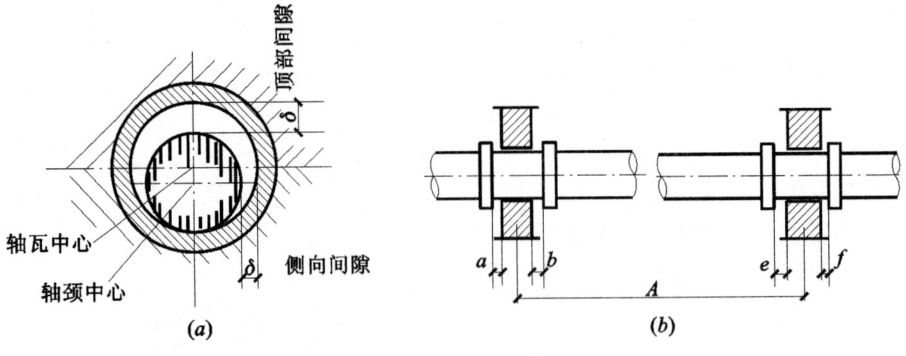

图10.55　滑动轴承轴瓦间隙

(a)袖颈和袖瓦的轴向间隙；(b)轴颈和袖瓦的径向间隙

(6)风机外壳找正，使机壳和叶轮及轴承不互相摩擦。

(7)电动机找正，应在风机组合体安装后进行。用联轴器安装时，联轴器两端应调整到与外圆同心，端面平行，风机与电动机联轴器端面的间隙值应符合表10.24的规定。风机联轴器找平后，同心度允许偏差参见表10.25。

表 10.24 风机与电机联轴器端面间隙

风机类型	间隙(mm)
大型	8～12
中型	6～8
小型	3～6

表 10.25 风机同心度允许误差

转速(r/min)	刚性联轴器(mm)	弹性联轴器(mm)
<3000	≤0.04	≤0.06
<1500	≤0.06	≤0.08
<1000	≤0.08	≤0.10
<500	≤0.10	≤0.15

(8)进行二次浇筑。

(9)安装皮带轮。注意安装后应有一定的松紧度,且拉紧一面应位于皮带轮下方。

2.在支架上安装(与轴流式风机安装类同)

(1)离心式风机本体安装要求:使通风机的叶轮旋转后,每次都不停留在原来的位置上,且不得碰擦机壳。安装允许偏差见表 10.26。机壳进风斗的中心线与叶轮中心线应在同一条直线上,机壳进风斗与叶轮的轴向间隙见图 10.56,间隙值应符合表 10.27 的规定。

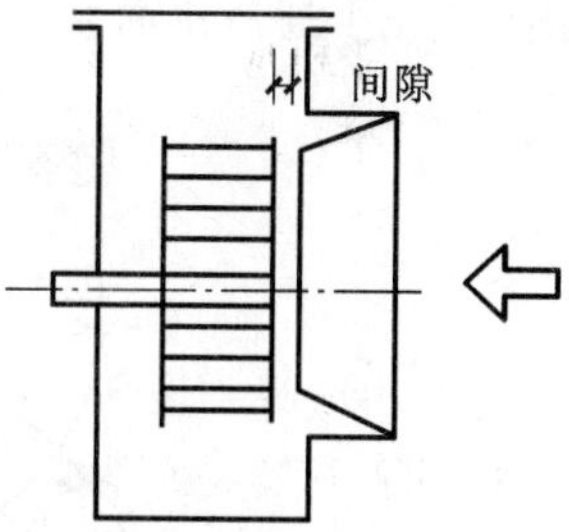

图 10.56 通风机机壳进风斗与叶轮的轴向间隙示意图

表 10.26 风机安装允许偏差(mm)

中心线的平面位置	标高	皮带轮轮宽中心平顶位置	传动轴水平度		联轴节同心度	
			纵向	横向	径向位移	轴向倾斜
10	±10	1	0.2/1000	0.3/1000	0.05	0.2/1000

表 10.27 风机安装允许间隙(mm)

离心式风机机号	间隙(mm)
2～3	≤3
4～5	≤4
6～11	≤6
12 以上	≤7

(2)电动机的安装:电动机可水平安装在滑座上或固定在基础上。电动机按通风机找平、找正。

(3)风机与电动机的连接:通风空调系统中通常采用联轴器连接。此时两轴中心线应该在同一条直线上,其轴向允许偏差为 0.2‰,径向位移允许偏差为 0.05mm,见图 10.57。联轴器安装时可能出现的情况见图 10.58。

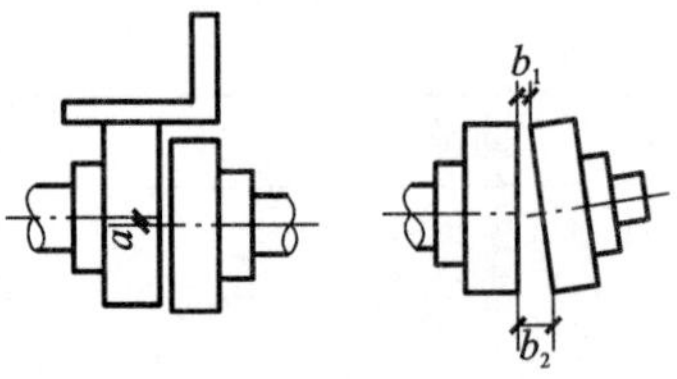

图 10.57 联轴器找正示意图

(a)径向偏差;(b)倾斜偏差

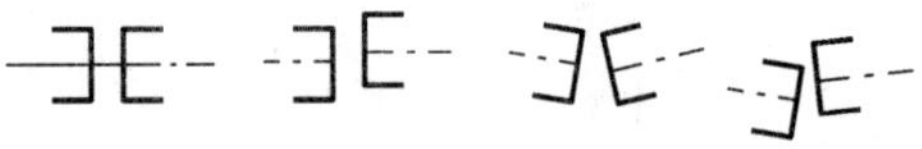

图 10.58 联轴器安装可能出现的几种情况

(a)两中心线完全重合;(b)两中心线有径向位移;

(c)两中心线有角位移;(d)两中心线既有径向位移,又有角位移

10.4.5 通风机的消声与减振

通风机运行振动所产生的噪声,常通过楼地面、风管等传递到许多房间,干扰人们的正常生活。为此,采取以下措施来减轻通风机的振动和噪声。

(1)常将通风机安装在减振垫(如橡胶减振垫)上或减振器(如弹簧减振器、剪切减振器)钢支架上来减少通风机向基础传递的振动和噪声,做法见图 10.59。

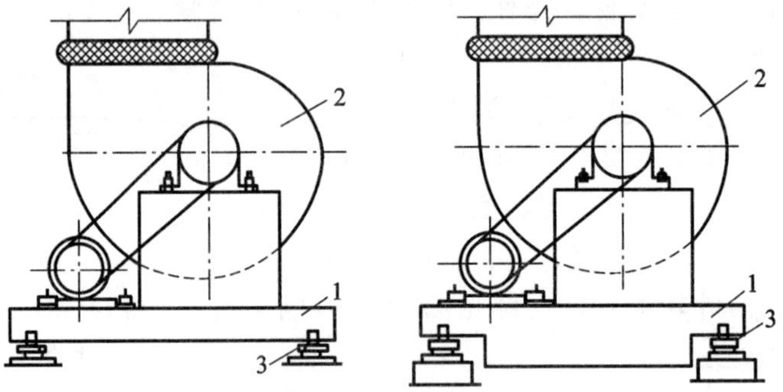

图 10.59 隔振简图

1—台座;2—通风机;3—减振器

(2)为防止通风机将振动和噪声经过通风管道传到各个通风空调房间,通常在通风机出口段上设软接风管段,以缓冲噪声;在通风机房外设静压箱(静压箱一般采用比连接风管大 2~3 号的箱体)来降低风速,减小噪声。在通风管路系统中,为保证个别空间特殊的噪声标准,常在进入房间前设消声器,做法见图 10.60。

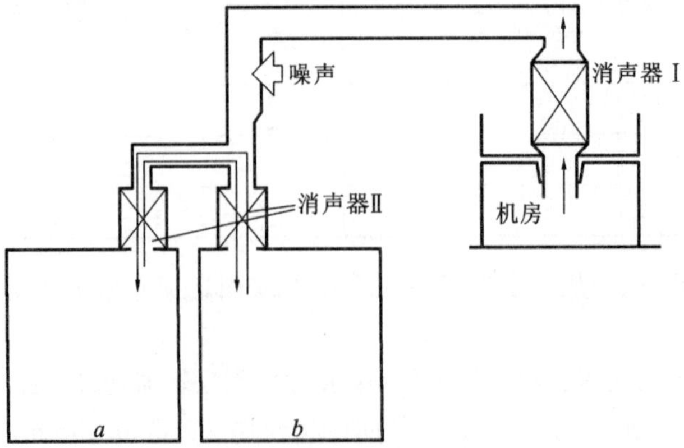

图 10.60 系统消声器的合理配置

10.5 制冷设备安装

制造厂生产的制冷设备有散装式、组装式和整体式三种。从安装设备的角度出发,散装式制冷设备安装复杂,组装式和整体式制冷机组的安装都比较简单。但从安装方面来看,它们有许多共同规律,安装方法也基本相同。因此,本节重点讲述散装的活塞式制冷设备的安装。

制冷系统安装质量的好坏,直接关系到制冷系统的正常运转,甚至影响制冷压缩机的使用寿命。安装制冷设备不同于安装其他机械设备,它有自身的特殊性。充分重视制冷设备安装的特殊要求,是保证制冷系统正常运转的关键。制冷设备安装最主要的特殊要求有两方面。第一,各部件间的管路连接要有可靠的严密性。这是因为制冷系统是与大气相隔绝的密闭式系统,若系统不严密,制冷剂将可能从系统中漏出或是外界空气渗入到系统内部,造成制冷机不能正常运转。第二,在安装时,应注意保持系统内部清洁,否则,会影响制冷机的正常运转和制冷机的使用寿命。因此,安装制冷系统时,必须注意施工的各个环节,严格按照有关规范及产品说明书中的技术要求施工,确保工程质量。

10.5.1 安装前的准备工作

安装工作开始前,应具备全部设备和所需的技术资料,了解设计内容,编制安装施工组织计划,准备施工中的用水用电,并做好以下各项准备工作:

(1)认真做好制冷设备开箱检查工作。检查主体和零、部件等是否齐全和表面有无缺损及锈蚀情况,并做好开箱记录。

(2)按照设计图纸(或设备技术资料)检查核对设备基础位置、尺寸和全部土建预埋件及预留孔是否符合设计要求。

(3)活塞式制冷机辅助设备在安装前或就位后,应用0.6MPa的压缩空气将其内部彻底吹洗干净,不得有污物、铁屑等存留在设备内。

(4)对冷凝器、贮液器、蒸发器、油分离器等受压容器,应做强度试验和严密性试验。制冷系统辅助设备试验压力见表10.28。对无产品合格证的受压容器,未经检验合格时,严禁使用,不得安装。

表10.28 压力试验压力值(MPa)

名称	强度试验(水压)			气密性试验(空气或氮气)		
	R717	R22	R12	R717	R22	R12
在冷凝压力下工作的设备	3	3	2.4	2.4	2.4	1.6
在蒸发压力下工作的设备	2.4	2.4	1.6	1.6	1.6	1.0

由于氟利昂对系统中所含水分要求严格,有的热交换设备盘管来回弯曲,水分不易清除,因此在一般情况下不做水压试验,应做气密性试验。若对设备性能确实无把握,需做水压试验时,试压后务必将水分清除干净,然后边抽真空边干燥。如果设备外表漆层已掉,生锈严重,应将锈层彻底除去,然后补刷底漆两遍待装(漆层不宜过厚,而且要求均匀)。

水压试验装置如图10.61所示。

(5)准备好安装工具,吊装设备和其他必要的物资等。

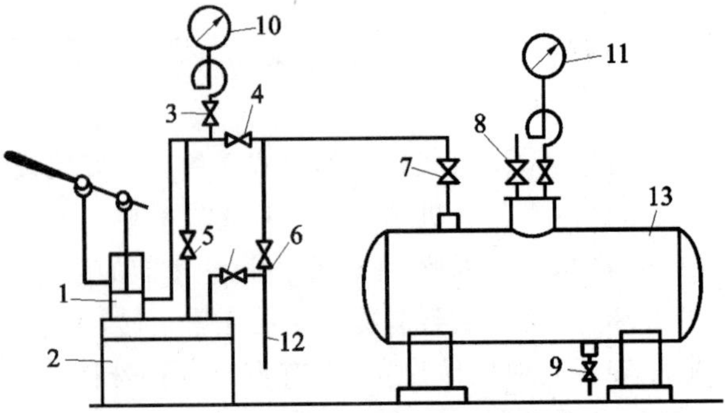

图 10.61 水压试验装置示意图

1—试压泵；2—水箱；3，4，5，6—阀门；7—进水阀；8—排气阀；
9—排水阀；10，11—压力表；12—自来水管；13—容器

10.5.2 压缩机安装

压缩机安装就位之前，应根据房间的墙、柱中心线，按图纸要求尺寸画出压缩机的基础中心线，如系多台压缩机时，应使中心线平行且对齐。用强度足够的钢丝绳吊装压缩机，一般是先安装机体，然后以机体为基准再安装电动机。因为一般机体比电动机重，而且它要与其他设备用管路相互连接；而电动机的位置则可根据机体的具体位置作适当调整。机体的安装分如下步骤：

1. 机体的就位安装

对于小型的压缩机，可由 2～4 人抬起放到机座上；对于中型压缩机，可用拖运架和滚杠在斜面上滚动的方法运输和安装就位，如图 10.62 所示。中型压缩机如安装场地宽阔，也可采用铲车直接就位；对于大中型压缩机，可用两木搭起重架吊装，有时也可用单桅杆滑轮组和在建筑物上挂滑轮组配合进行吊装，如图 10.63 和图 10.64 所示。吊装这些设备也可利用车间的起重设备，如桥式起重机、电动葫芦吊装。

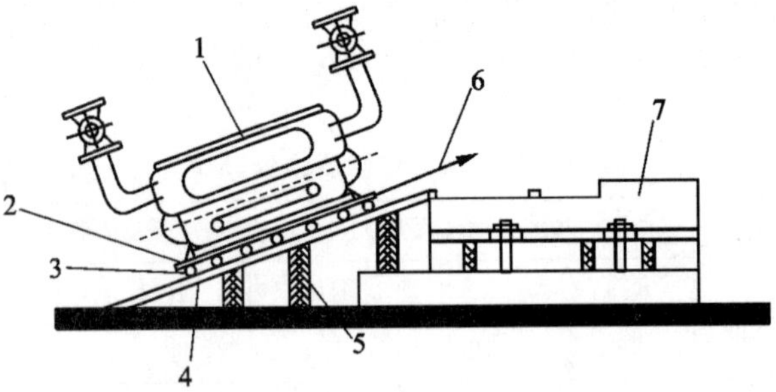

图 10.62 中型压缩机的滚动安装

1—压缩机体；2—拖运架；3—滚杠；4—斜面；5—枕木；6—绳索；7—机座

起吊运输时，应正确选择绳索的绑扎位置，吊绳的转折处与设备接触部位应以软质材料衬垫，以防设备、机体、管路、仪表、附件等受损和擦伤油漆。不许将绳索绑扎于压缩机的各连接管、压缩机轴和法兰盘上。

机体的纵向中心线是以曲轴中心为准，机体的横向中心线是以排气管出口为中心。找正时，对准基础中心线调整基体中心，使整台机器符合设计位置要求。

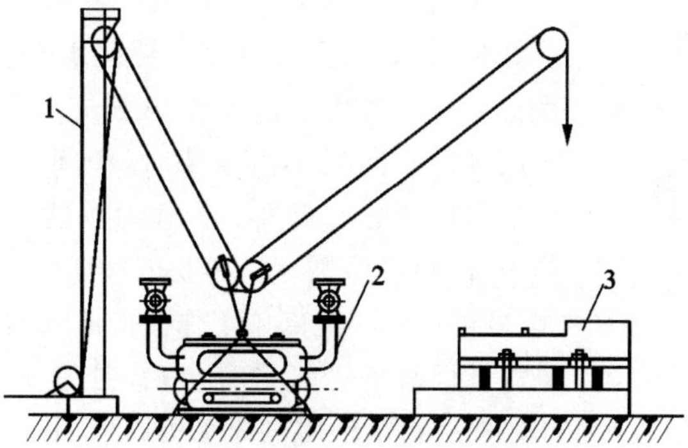

图 10.63　利用人字架起吊压缩机

1—桅杆；2—压缩机；3—机座

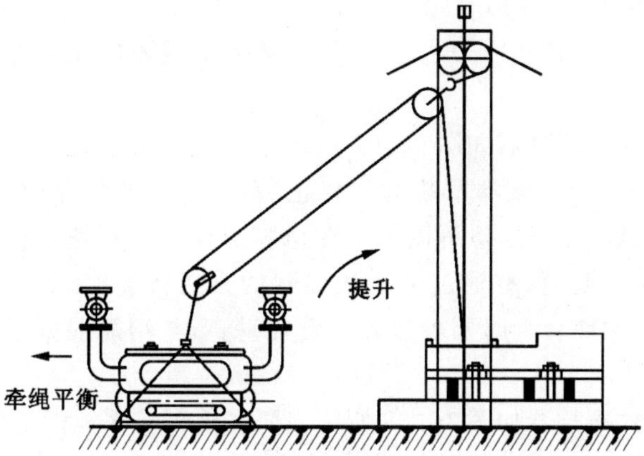

图 10.64　利用单桅杆起吊压缩机

2.机体找平

将水平仪放在压缩机的加工基准面上(对于立式或六缸压缩机，把气缸盖打开，放在气缸上部端面检查，如图 10.65 所示。对于四、八缸压缩机，则利用飞轮基准面或曲轴伸出端进行检查)，利用垫铁调至水平。安装精度是机身纵横向水平度均不应大于 0.2/1000mm。对于有公共底座的冷水机组，应按主机结构选择适当位置作基准面。垫铁与机底之间不能有间隙，使其受力均匀。

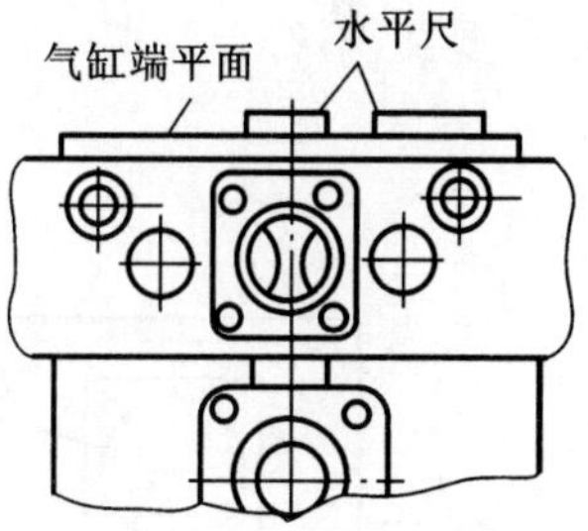

图 10.65　立式压缩机的机体找平

3.电动机安装

安装电动机的主要工作，就是把电动机的中心线调整到与压缩机的中心线在一条直线上。电动机与压缩机轴的连接有皮带轮连接和联轴器连接两种，所以电动机安装的主要工作就是皮带轮或联轴节的找正。

如果电动机和压缩机无公共底盘，在安装压缩机的同时，将电动机及电动机导轨安装好，并用拉线的办法使电动机和压缩机皮带轮在一个平面上。若是直接传动，还须调节电动机和压缩机的两轴使之同心，其径向偏差不大于 0.2～0.3mm，否则弹性橡皮易坏，并能引起振动。方法如图 10.66 所示。

4.地脚螺栓灌浆

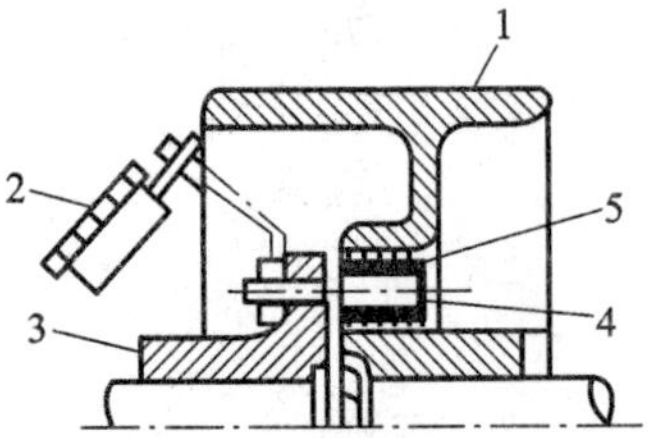

图 10.66 找同轴度示意图

1—压缩机串联轴器；2—千分表；
3—电动机串联轴器；
4—联轴器螺钉；5—弹性橡皮

压缩机机体及电动机安装好后，即可进行地脚螺栓灌浆。在灌浆前，必须全面复测各部位水平度，并做好垫铁的隐蔽工程记录。灌浆用的混凝土标号应高于基础混凝土标号，一般采用细碎石混凝土。灌浆时，中间不得停顿，要一次浇完，灌浆过程中要分层捣实。操作时不能碰撞设备。灌完后要洒水养护，以免产生裂缝。养护时间随温度而定，但最少不能少于 8 天，方可进行其他部位工作。待地脚螺栓混凝土凝固后，再调整垫铁进行精平。精平合格后，拧紧地脚螺栓（螺母露出 2～3 扣），然后将垫铁用电焊互相焊牢，最后进行二次灌浆。

10.5.3 冷凝器与贮液器安装

1. 立式冷凝器安装

立式冷凝器一般安装在室外冷却水池顶上的槽钢上或不完全封顶的钢筋混凝土水池盖上。

安装在水池顶上的立式冷凝器如图 10.67 所示。这种形式在安装时应根据冷凝器地脚螺栓的位置预埋好地脚螺栓，待冷凝器吊装就位找正后，再拧紧地脚螺栓。采用各种安装形式时，要求地脚螺栓预埋准确。另外，也可以采用在地脚螺栓位置预埋直径较大的套管，待冷凝器就位找正后，将螺栓穿入套管，并通过上下加垫圈的方法将螺栓、冷凝器和套管紧固起来。采用这种安装方法时，在预埋套管时要求套管埋设要垂直，与钢筋混凝土中的钢筋焊牢，以防套筒脱落或松动。

安装在槽钢上的立式冷凝器如图 10.68 所示。先在混凝土水池面上预埋长 300mm，宽度与池壁厚度相同，厚度为 10mm 的钢板预埋件。安装时先按冷凝器底板地脚螺栓孔尺寸及位置在槽钢上钻孔，将槽钢放在预埋钢板上，再将冷凝器吊装到槽钢上，并用螺栓固定，然后对冷凝器找垂直，不符合要求时用垫铁调整；达到要求后将槽钢、垫铁及预埋钢板用电焊固定。

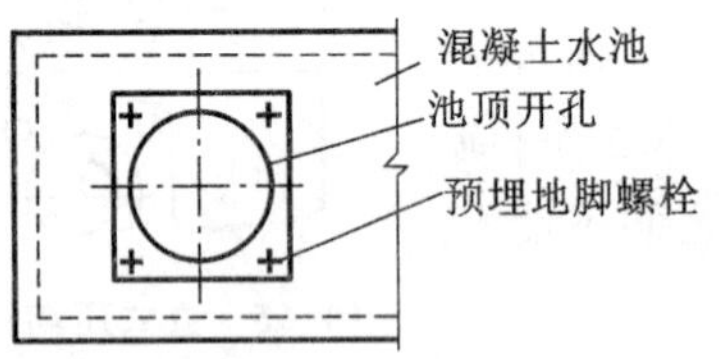

图 10.67 冷凝器在水池顶上安装示意图

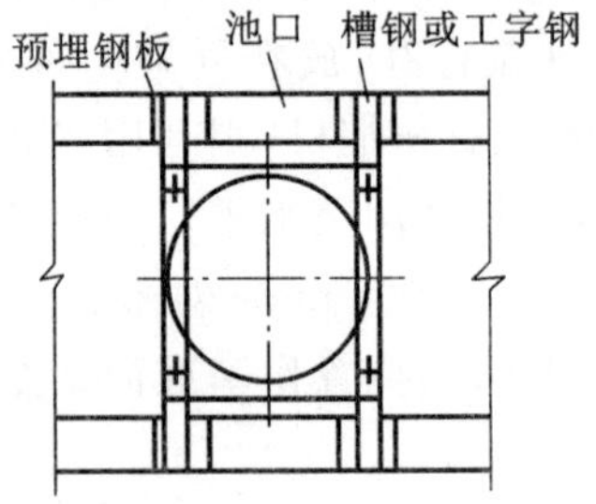

图 10.68 冷凝器在槽钢上安装示意图

立式冷凝器安装后应使其垂直，允许偏差不得大于 1/1000。测量偏差的方法是在冷凝器顶部吊一线坠，测量筒体上、中、下三点距垂线的距离，x、y 方向各测一次。

吊装冷凝器时，不许将绳索绑扎在连接管上，应绑扎在筒体上。立式冷凝器的重心较高，就位后应采取措施防止其摇摆或倾倒。待冷凝器安装完毕，再安装梯子、平台、顶部水槽等附件。

2. 卧式冷凝器与贮液器安装

卧式冷凝器一般安装在室内，也可安装在室外。当安装在室内时，应考虑到在其一端应留有相当于冷凝器内管子长度的距离，或者在对准它的端部外开设门、窗，以便修理或更换管子。采用卧式冷凝器时，为了减少占地面积和管路长度，可将贮液器设在卧式冷凝器下部。但是安装高差必须保证冷凝器中的制冷剂能顺利流到贮液器中。

卧式冷凝器一般用混凝土作基础，也可以用槽钢作支架。图 10.69 所示是卧式冷凝器与贮液器共同安装在混凝土基础的槽钢支架上。

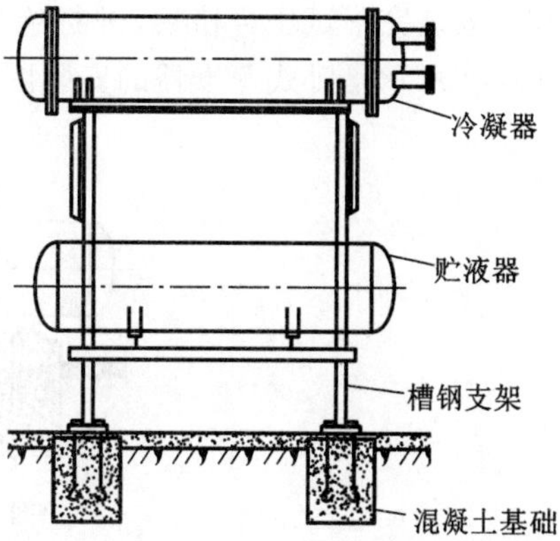

图 10.69 卧式冷凝器与贮液器安装示意图

卧式冷凝器与贮液器一起安装在钢架上时，钢架必须垂直，应用吊垂线的方法进行测量。设备的水平度主要取决于钢架的水平度，焊接钢架的横向型钢时，要求用水平仪进行测量，并应多选几处进行测量，取其平均值作为水平度。卧式冷凝器水平度的要求，一般情况下，当集油罐在设备中部或无集油罐时，设备应水平安装，允许偏差不大于 1/1000；当集油罐在一端时，设备应设 1/l000 的坡度，坡向集油罐。

所有冷凝器与贮液器之间都有严格的高差要求，安装时应严格按照设计的要求安装，不得任意更改高度。一般情况下，冷凝器的出液口应比贮液器的进液口至少高 200mm。

卧式高压贮液器顶部的管接头较多，安装时不要错接，特别是进、出液管更不得接错。因进液管是焊在设备表面的，而出液管多由顶部表面插入筒内下部，接错了不仅不能供液，还会发生事故，因此应特别注意。一般进液管直径大于出液管直径。

10.5.4 蒸发器安装

1. 立式蒸发器安装

立式蒸发器一般安装于室内的绝热基础上，如图 10.70 所示。

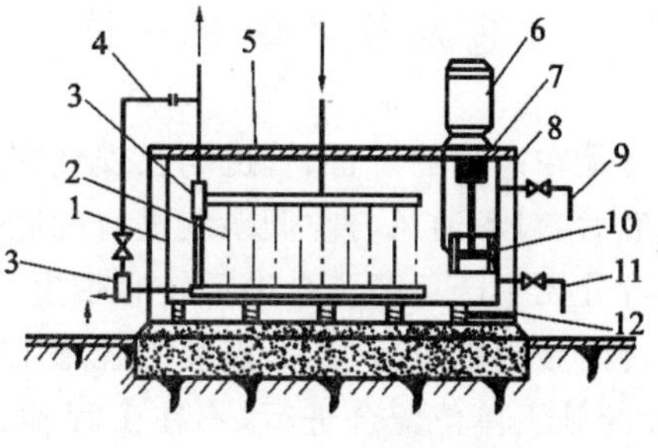

图 10.70 立式蒸发器安装

1—蒸发水箱；2—蒸发管组；3—气液分离器；4—平衡管；5—盖板；6—电动机；
7—刚性联轴器；8—保温层；9—溢水管；10—搅拌器；11—出水口；12—泄水器；13—集油包

蒸发器水箱就位前应做渗漏试验，具体做法为：将水箱各处管接头堵死，然后盛满水保持 8～12h，以不渗漏为合格。吊装水箱时，为防止水箱变形，可在水箱内支撑木方或其他支撑物。水箱就位后，将各排蒸发管组吊入水箱内，并用集气管和供液管连成一个大组，然后垫实固定。要求每排管组间距相等，并以 1/1000 的坡度坡向集油器。

由制造厂供货的立式蒸发器均不带水箱盖板，为减少冷损失，必须设置盖板。通常的方法是用 5mm 厚并经过刷油防腐的木板做成活动盖板。

2. 卧式蒸发器的安装

卧式蒸发器一般安装在室内的混凝土基础上，用地脚螺栓与基础连接。为防止"冷桥"的产生，蒸发器支座与基础之间应垫50mm厚的防腐垫木，垫木的面积不得小于蒸发器支座的面积。安装完毕试压合格后，进行绝热。其他安装要求如水平允许偏差等均同卧式冷凝器。图10.71所示是卧式蒸发器的安装图。

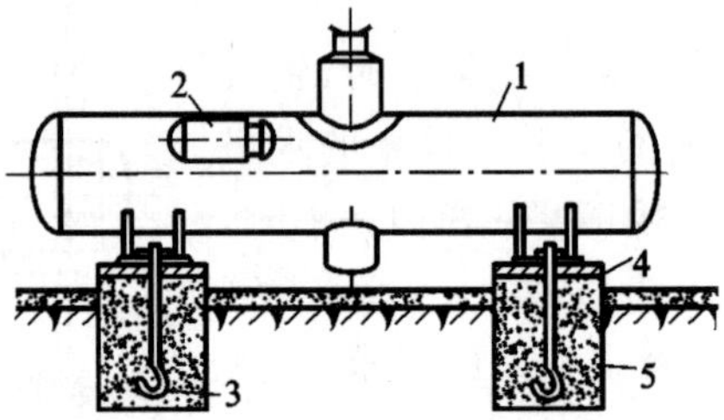

图10.71 卧式蒸发器安装

1—蒸发器；2—浮球阀；3—地脚螺栓；4—垫木；5—混凝土支墩

10.5.5 油水分离器的安装

油水分离器多安装在室内或室外的混凝土基础上，用地脚螺栓固定，垫铁调整水平。洗涤式油水分离器安装时应特别注意与冷凝器的相对高度，一般情况下，洗涤式油水分离器的进液口应比冷凝器的出液口低200～250mm。

油水分离器应垂直安装，允许偏差不得大于1.5/1000，可用吊垂线的方法进行测量，也可直接将水平仪放置在油水分离器顶部接管的法兰盘上测量，符合要求后拧紧地脚螺栓将油水分离器固定在基础上，然后将垫铁点焊固定，最后用混凝土进行二次灌浆。

其他辅助设备如空气分离器、中间冷却器、集油器等设备可参考以上方法进行安装。

10.6 通风与空调系统试运行

通风与空调系统的试运行是在系统的设备、管道均已安装完好，设备安装已进行单机试运行并均已达到合格及以上标准后，对各通风与空调系统进行的联合试运转。

通风与空调系统的试运行分无生产负荷联合试运转和带生产负荷的综合效能试验与调整两个阶段。前一阶段的试运转由施工单位负责，是安装工程施工的组成部分；后一阶段的试验与调整由建设单位负责，设计与施工单位配合进行，不在工程验收范围以内，本节将不作重点讨论。

通风与空调工程的无生产负荷联合试运转应包括如下内容：通风机的风量、风压及转数的测定；系统与风口的风量平衡；制冷系统的压力、温度、流量等各项技术数据，应符合有关技术文件的规定；空调、通风、除尘系统的试运行。

1. 通风机的风量、风压及转数的测定

离心式通风机在安装完毕，试运转合格后，即可进行风量、风压及转数的测定。

(1)通风机风压的测定

通风机的压力常以全压表示。应测出通风机压出端和吸入端全压的绝对值，两者相加即为通风机的全压。测定通风机全压的仪器常选用毕托管和倾斜式微压计，如图10.72所示。

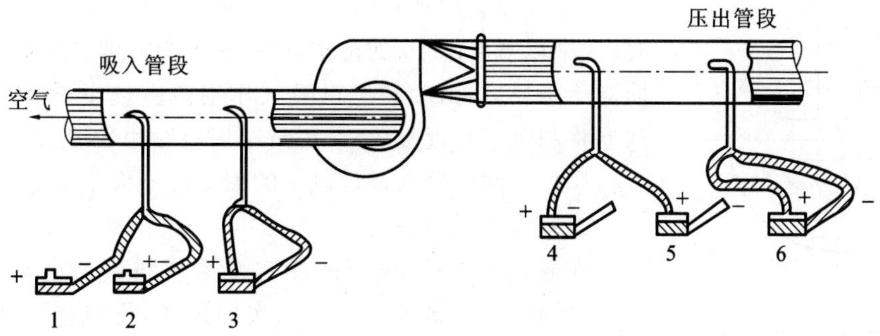

图 10.72 毕托管和倾斜式微压计的连接

(2)通风机风量的确定

在分别测定吸入端和压出端动压平均值后,代入平均风速的计算公式,分别计算出吸入端及压出端的平均风速,最后代入流量方程式,分别计算出吸入端风量 L_x 及压出端风量 L_y。如计算结果 L_x 及 L_y 的差值超过 5%,则应重新测定。

通风机的平均风量 L_1 按式(10.3)计算:

$$L_1 = \frac{L_x + L_y}{2} \quad (\mathrm{m^3/h}) \tag{10.3}$$

即通风机的平均风量为吸入端风量与压出端风量之和的平均测定值(应略大于空调系统总风量)。

(3)通风机转速的测定

用转数表可直接测量通风机或电动机的转数。对于皮带传动的通风机,也可在测得电动机转数的情况下,用式(10.4)计算通风机转速:

$$n_t = \frac{n_d \cdot D_d}{D_t \cdot K_p} \tag{10.4}$$

式中 n_t,n_d——通风机、电动机的转速,r/min;

D_t,D_d——通风机、电动机皮带轮直径,mm;

K_p——皮带的滑动系数,取 $K_p = 1.05$。

2.系统风压及风量的测定

(1)风管内风压及风量的测定

系统总风管和各支管内风量、风压的测定方法与通风机风量、风压的测定方法相同。测定截面的位置应选择在气流均匀处,按气流方向,应选择在局部阻力之后大于或等于 4 倍管径(或矩形风管大边尺寸),以及局部阻力之前大于或等于 1.5 倍管径(或矩形风管大边尺寸)的直管段上;当条件受到限制时,距离可适当缩短,且应适当增加测点数量。

系统总风管、主干风管、支风管各测点实测风量与设计风量的偏差应不大于 10%。

(2)风口风量的测定

用叶轮风速仪或杯式风速仪,在紧贴近风口处做定点测量或采取等速回转法测量风速,取定点法各测点风速的平均值,或等速回转法三次以上测量的风速平均值,再按送、回风口的截面积代入流量方程式,即可求得送、回风口的实测风量。用等速回转法的操作路线如图 10.73 所示。

在计算送风口风量时,由于大部分送风口带有格栅或网格,其有效面积和外框面积相差较大，送出气流会出现紧缩现象。因此，当计算采用风口外框面积时，应乘以0.7～1.0的修正系数，使计算风量更符合实际风量。而对于吸风口，由于吸风口吸气作用范围较小，气流相对均匀，只要将测定点靠近吸风口，测量结果一般相当准确。

风口实测风量与设计风量的偏差应不大于10%。

3. 系统风量的平衡

在通风机风量、风压的测定及系统风量的全面测定（包括送、回风总风量，新风量，一、二次回风量，排风量以及系统中各总、干、支风管风量，风口风量，室内正压值等）达到设计要求后，即在全系统风量摸底的基础上，方可进行系统的调整，从而达到系统风量的平衡。

系统风量的平衡调整，可通过各类调节装置实现。如利用系统新风，一、二次风风口处的百叶窗及百叶阀，风机及各部管道处的调节阀等。调整常用的方法为：

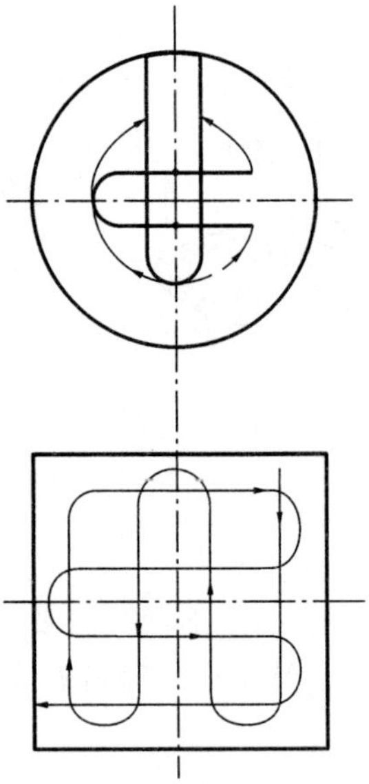

图 10.73　等速回转法测定风速

(1)等比流量分配法

图10.74所示为空调系统风量调整示意图。当采用等比流量分配法进行风量平衡调整时，先从系统最不利环路（一般为系统最远的一个分支系统，如图10.74中的1、2支管）开始，根据支管1、2的实测风量数值，利用调节阀将其风量L_2'/L_1'的比值调整到与设计风量L_2/L_1的比值近似相等，即使$L_2'/L_1'=L_2/L_1$后，再依次调整使$L_3'/L_4'=L_3/L_4$、$L_5'/L_6'=L_5/L_6$、$L_7'/L_8'=L_7/L_8$，最后调整9管段，使$L_9'/L_9\approx1$（实际总风量近似等于设计总风量）。

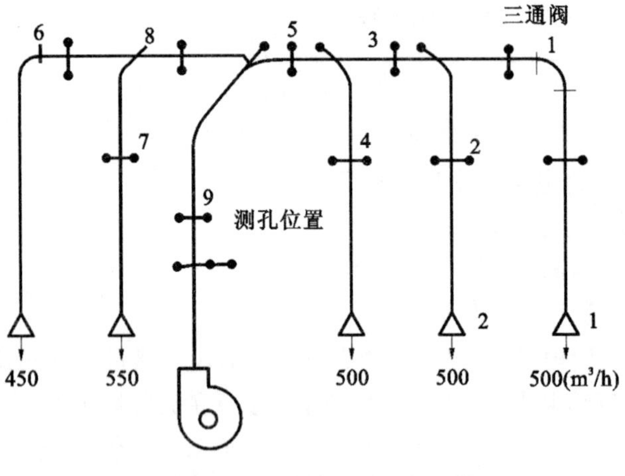

图 10.74　空调系统风量调整示意图

(2)逐段分支调整法

这种方法是先从通风机开始，将通风机送风量调整到大于设计总风量5%～10%，再调整7、8两分支管，1和2支管，使之依次接近于设计风量，将不利管路调整近似平衡后，再调整5、6支管。最后再调整9管段的总风量，使之接近于设计风量。

这种调整方法带有一定的盲目性，属于“试凑”性的方法，由于前后调整都互有影响，必须经数次反复调整才能使结果较为合适。但对于较小的系统，有经验的试调人员也常采用。

4. 制冷系统的压力、温度、流量

制冷系统的压力、温度、流量等各项技术数据应符合有关技术文件的规定。

5.通风与空调系统的试运行

通风与空调系统的试运行是在系统风机、风管、风口风量、风压测定，以及系统风量平衡的基础上，冬季竣工时通入热源，夏季竣工时通入冷源，对空调系统进行联合试运行，其连续运转时间不少于8h。对通风、除尘系统，应在无生产负荷下进行风机、风管与附件等全系统的联合试运转，其连续运转时间不少于2h。

当空调系统的竣工季节与设计条件相差较大时，仅做不带冷(热)源的试运转。

所有各通风、除尘、空调系统的联合试运转情况，均应做好运行记录，作为工程验收的技术文件之一。如各系统在连续运转的时间内运转正常，则可认为系统联合试运转合格。

思考与练习

10.1 简述通风空调管道及配件的常用材料。

10.2 简述风管加工的基本操作技术。

10.2 简述风管系统安装的基本施工工艺。

10.3 简述通风与空调系统的试运行。

参 考 文 献

[1] 北京城建集团.建筑给排水　暖通　空调　燃气工程施工工艺标准.北京:中国计划出版社,2004.
[2] 邓曾禄,郑道才.水暖安装技术手册.郑州:河南科学技术出版社,2001.
[3] 王旭.管道施工简明手册.上海:上海科学技术出版社,1998.
[4] 李旭伟.安装施工工艺.北京:高等教育出版社,2003.
[5] 中国建筑工程总公司.给排水与采暖工程施工工艺标准.北京:中国建筑工业出版社,2004.
[6] 中华人民共和国国家标准.室外给水设计规范(GB 50013—2006).北京:中国计划出版社,2006.
[7] 中华人民共和国国家标准.室外排水设计规范(GB 50014—2006).北京:中国计划出版社,2006.
[8] 中华人民共和国国家标准.城镇燃气设计规范(GB 50028—2006).北京:中国建筑工业出版社,2006.
[9] 中华人民共和国国家标准.建筑给水排水及采暖工程施工质量验收规范(GB 50242—2002).北京:中国建筑工业出版社,2006.
[10] 中华人民共和国国家标准.建筑给水聚丙烯管道工程技术规范(GB/T 50349—2005).北京:中国计划出版社,2005.
[11] 中华人民共和国国家标准.建筑设计防火规范(GB 50016—2014).北京:中国计划出版社,2014.
[12] 中华人民共和国国家标准.建筑排水硬聚氯乙烯管道工程技术规程(CJJ/T 29—2010).北京:中国计划出版社,2011.
[13] 中华人民共和国国家标准.给水排水管道工程施工及验收规范(GB 50268—2008).北京:中国建筑工业出版社,2008.
[14] 陈耀宗,姜文源,等.建筑给水排水设计手册.北京:中国建筑工业出版社,2005.
[15] 陆耀庆.供暖通风设计手册.北京:中国建筑工业出版社,1987.
[16] 秦树和,秦渝.管道工程识图与施工工艺.重庆:重庆大学出版社,2013.
[17] 刘成毅.工业管道安装.北京:高等教育出版社,2010.
[18] 李新华.管路附件选用手册.北京:机械工业出版社,2008.